Theodor Griesinger

Mysterien des Vatikans

oder

Die geheimen und offenen Sünden des Papsttums

Theodor Griesinger

Mysterien des Vatikans

oder

Die geheimen und offenen Sünden des Papsttums

Impressum:
(c) 2016 Matthias Wagner
Herstellung und Verlag: BoD – Books on Demand, Norderstedt.
ISBN: 978-3-7412-8286-7

Inhalt.

Erster Teil.

I. Buch.
Der Papst und die Armut.

1. Kapitel. Die ersten Bischöfe und der Vatikan zu Rom. 8
2. Kapitel. Der Anfang des Reichtums, der Legate und Erbschleicherei. 19
3. Kapitel. Die weltliche Macht des Papstes. 25
4. Kapitel. Der Peterspfennig. 51
5. Kapitel. Das Jubeljahr und der Ablass. 55
6. Kapitel. Der Wucher der Päpste. 72

2. Buch.
Der Papst und die Demut.

1. Kapitel. Die Entwicklung des Begriffs vom Papsttum oder die römischen Bischöfe in den ersten neun Jahrhunderten. 92
2. Kapitel. Das Papsttum in seiner Glorie oder die drei großen Musterpäpste.
1. Der Pseudo-Isidor. 114
2. Papst Nikolaus I. oder der Große (858 – 867) und der Bannfluch. 120
3. Papst Gregor VII. (1073 – 1086) und das Zölibat. 135
4. Die beiden Innozenz (III. und IV. 1198 – 1254) und die Bettelmönche. 157
3. Kapitel. Der Fall der päpstlichen Zwingherrschaft. 186

3. Buch.
Der Papst und die Keuschheit.

1. Kapitel. Das Damenregiment in Rom oder Theodora und Marozia nebst der Päpstin Johanna. 200
2. Kapitel. Das Regiment von Avignon. 213
3. Kapitel. Alexander VI. und seine Tochter Lucrezia. 218
4. Kapitel. Der Nepotismus (Die Vetternwirtschaft). 240

Zweiter Teil.

1. Buch.
Der Papst und die Duldsamkeit.

1. Kapitel. Die Waldenser oder die Uranfänge des Ketzertums. **251**
2. Kapitel. Der Ketzermord im Großen. **263**
3. Kapitel. Die Vorläufer der Reformation. **273**
1. Die Spiritualen und ihre Genossen. **274**
2. John Wycliffe. **277**
3. Jan Hus und Hieronymus von Prag. **286**
4. Kapitel. Die Ausrottung des Protestantismus in aller Herren Länder. **304**
1. Die Ausrottung des Protestantismus in Deutschland. **304**
2. Die Ausrottung des Protestantismus in Frankreich. **314**
3. Die Ausrottung des Protestantismus in England. **342**
4. Die Ausrottung des Protestantismus in Spanien. **344**
5. Die Ausrottung des Protestantismus in Italien. **348**

2. Buch.
Der Papst und die Unfehlbarkeit.

1. Kapitel. Die Zeit bis zu den großen Schismen. **352**
2. Kapitel. Die Zeit der großen Schismen. **369**

3. Buch.
Der Papst und die Neuzeit.

1. Kapitel. Die Wiederauferstehung des Papsttums. **392**
2. Kapitel. Die Päpste bleiben die Alten. **400**
3. Kapitel. Schlusswort. **438**

Anhang
Liste der römischen Bischöfe. **443**

Erster Teil.

Vorwort.

Es dürfte vielleicht manchen wundern, wie ich dazu gekommen bin, dieses Buch zu schreiben, und Einzelne dürften möglicherweise sogar den Kopf darüber schütteln, dass ich den alten päpstlichen Sauerteig noch einmal aufgerührt habe.
«Lass die Toten ruhen,» werden sie mir entgegenrufen, «die Zeiten der päpstlichen Hierarchie sind längst vorüber. - Warum also die Katholiken an die Sünden der früheren Oberhirten der Kirche erinnern?»
Auf diese Art wird man mir entgegentreten, aber ich frage nun umgekehrt: «Ist das Papsttum wirklich tot, oder hat es sich nicht vielmehr in den letzten zehn Jahren von Neuem aufgerafft und alle ihm zu Gebot stehende Macht angewandt, um das Mittelalter von Neuem heraufzubeschwören? Ist nicht in den letzten zehn Jahren alles geschehen, was nur geschehen konnte, um der Priesterherrschaft den alten Glanz zu verleihen und die christliche Menschheit wieder in die vorreformatorische Macht zurückzustürzen? Ja, war es nicht bereits wieder so weit gekommen, dass man in gewissen Kreisen jeden, welcher pfäffische Übergriffe und ultramontane Intoleranz mit den richtigen Worten zu bezeichnen wagte, als einen Feind der katholischen Religion ausschrie und so, die Begriffe absichtlich miteinander verwechselnd, den Gegner des Papismus als einen Gegner des Katholizismus verlästerte?
Der Ultramontanismus[1] ist also nicht tot und ebensowenig die Sucht des Papsttums, die alte despotische Macht wieder zu erlangen. Beweis genug hierfür sind die teils abgeschlossenen, teils versuchten Konkordate[2], noch mehr aber das Gebaren des Klerus in den Ländern, in welchen ein solches Konkordat Gesetzeskraft erlangt hatte. Hier wurden nicht mehr bloß die Fühler herausgestreckt, sondern man griff vielmehr mit fast Gregorischen Krallen zu. War es also nicht an der Zeit, den Mund aufzutun und dem Pfaffentum eins auf die Tatze zu geben?
Von diesem Gesichtspunkt aus bitte ich dieses Buch zu betrachten und wenn es auch in historischer Beziehung außer der gewählten Form nichts Originales bietet, so dürfte es doch wenigstens dem Nichttheologen gegenüber den Wert haben, dass es eine klare Übersicht gibt über das, was die Päpste einst taten und bezweckten, sowie darüber, wie sie es taten und mit welchen Mitteln.
Stuttgart, im September 1861.
Theodor Griesinger.

---

[1] Ultramontanismus: Streng päpstliche Gesinnung, bes. im ausgehenden 19. Jahrhundert. (Anm. des Hg.)
[2] Konkordate sind Vergleiche oder Verträge weltlicher Fürsten mit dem Papst in Kirchensachen. (Anm. des Hg.)

I. Buch.

Der Papst und die Armut.

Motto:
Wo Geiz ist und Gier nach fremd' Geld und Gut,
Da der Betrug auch nicht ausbleiben tut.
Darauf der diebisch' Teufel sich nicht säumt,
Sein Ross hat er bald aufgezäumt;
Den Wucher hat er in seinem nächsten Gefolg'
Und selbst Mord scheut er nicht für's Geld.
(Aus dem Buch: *Von den zehn Teufeln*[3])

I. Kapitel.

Die ersten Bischöfe und der Vatikan zu Rom.

Die gesellschaftliche Einrichtung der ersten Christengemeinden war eine äußerst einfache und entsprach ganz dem Geist, welcher vom Gründer des Christentums ausging. In jenen Zeiten, das heißt in den Zeiten, in welchen Christus auf Erden wandelte, hatten sich die verschiedenen Religionen, denen die Völker huldigten, besonders aber auch das Judentum in einen eitlen Zeremonien- und Opferdienst verwandelt und die ganze Gottesverehrung bestand aus einem äußeren Kult, einer äußeren Gesetzesbeachtung, woraus jeder Geist und jedes innere Leben gewichen war. Diesem Zeremoniendienst trat Christus entgegen und lehrte, dass nicht die äußere Beachtung des Kultes oder des Gesetzes die Religiosität ausmache, sondern vielmehr die Gesinnung, die «Anbetung Gottes im Geiste und in der Wahrheit.» Er verwarf die Satzungen der Priester, die den starren Buchstaben befolgt wissen wollten, und bewies, dass nur Liebe, Demut und Duldsamkeit den Menschen zu einem Kind Gottes machen.

Dieser Geist der Liebe, Demut und Duldsamkeit wehte also in den ersten Christengemeinden, welche von den Aposteln und deren Jüngern hier und dort gegründet wurden. Kein Einziger der Neubekehrten stand über dem Anderen, kein Einziger hatte einen Vorzug vor seinem Mitbruder, es sei denn den der größeren Liebe, der größeren Demut. Alle waren gleich und hatten gleiche Rechte und gleiche Pflichten. Auch die Apostel selbst stellten sich nicht höher als ihre Mitchristen. Sie bestrebten sich bloß eines größeren Eifers, einer größeren Tätigkeit, als die anderen, und setzten ihren Ruhm in die Opfer, welche sie der Verbreitung der neuen Lehre brachten. Demnach kann man sich wohl denken,

---

[3] Von Nikolaus Schmidt

dass, wenn in den einzelnen Gemeinden jedes Mitglied dem anderen durchaus gleichgestellt war, auch die Gemeinden selbst keinen Vorzug oder gar Vorrang voreinander hatten. Der einzige Unterschied bestand darin, dass die eine mehr Mitglieder zählte, und vielleicht auch reichere als die andere, und möglicherweise in einer Provinz lag, in der sie sich weniger der Verfolgung ausgesetzt sah, als diese oder jene in einem anderen Land.[4]

Jede Christengemeinde war also der anderen in Bezug auf Rechte und Pflichten gleich und dasselbe war der Fall mit jedem Mitglied in der Gemeinde. Eine Ordnung herrschte deswegen aber dennoch, und die Geschäfte der Gemeinde, ihre Regierungs- und Verwaltungsangelegenheiten, wenn wir so sagen dürfen, litten durch diese Freiheit und Gleichheit keine Not, denn die Gemeindemitglieder wählten sich ihre Vorsteher und Beamten, denen sie die Handhabung der Ordnung anheimstellten, und somit war eine Regierung vorhanden, wenn auch eine freigewählte. Diese Vorsteher nun nannte man (nach dem Muster der jüdischen Synagogen) Presbyter oder Älteste, nicht selten Episcopi (woraus dann das Wort Bischof entstanden ist) oder Aufseher, einfach weil dieselben die Aufsicht über die Gemeindeangelegenheiten hatten. Neben ihnen fungierten die Diakone oder Almosenpfleger als die «Kassierer» der Gesellschaft, welcher sie auch als solche verantwortlich waren.[5] Weitere Beamte aber gab es nicht und namentlich waren keine besonderen Lehrer und Prediger bestellt, sondern jeder, der den Beruf und die Fähigkeit in sich fühlte, durfte in den fast allabendlich stattfindenden Versammlungen als Lehrer, Erbauer und Prediger auftreten. Auch Frauen waren nicht ausgeschlossen, und man hat aus jenen Zeiten verschiedene Beispiele von ihnen, die mit besonderem Eifer und Glück wirkten. Natürlich oder sozusagen selbstverständlich war übrigens, dass man nur solche Männer zu Episcopi oder Ältesten wählte, welche sich durch besondere Frömmigkeit und hervorragende geistige Eigenschaften auszeichneten, und dass dann diese «Aufseher» eben ihrer hervorragenden Eigenschaften wegen auch oft und viel als Lehrer und Prediger auftraten. So wurde es nach und nach Brauch, dass man keinen mehr zum Ältesten wählte, wenn er nicht auch zugleich die Gabe der Redekunst besaß. Aber neben ihm durften, wie schon gesagt, auch andere lehren und predigen, und er als Episcopus hatte keinerlei Privileg oder Vorrecht.

Solcherart war die Verfassung der ersten Christengemeinden zur Zeit der Apostel und ihrer Schüler bis tief ins zweite Jahrhundert nach Christi Geburt hinein. Ja

---

[4] Bekanntlich waren die ersten Christen großen Verfolgungen ausgesetzt, weil sie von Seiten der Juden den römischen Kaisern und Machthabern als eine abtrünnige jüdische Ketzersekte denunziert wurden, welche staatsgefährliche Grundsätze hege.

[5] Die «Kassierer» hatten wenig anderes zu tun, als das von den reicheren Brüdern gespendete Geld unter die ärmeren Brüder zu verteilen. Hierdurch wurde die Gleichheit praktisch hergestellt, artete aber, weil das Almosen ein freiwilliges war, nie in Kommunismus aus, welcher bekanntlich das Teilen mit den Reichen als ein Recht beansprucht.

sogar im dritten Jahrhundert, als die Lehre Jesu bereits Hunderttausende von Anhängern zählte, hatte sie sich noch nicht viel anders gestaltet. Doch konnte es nunmehr nicht fehlen, dass einzelne größere Gemeinden ein gewisses Ansehen vor anderen erlangten. Dies waren die Muttergemeinden, von denen aus das Christentum in das Umland gekommen war, denn die Erfahrung lehrt, dass Kolonien immer mit einer gewissen Ehrfurcht auf den Mutterstaat sehen. Überdies erbaten sich die neu entstehenden Dorfgemeinden meist ihre Lehrer und Ordner von den Stadtgemeinden und stellten sich somit zwar in kein „Abhängigkeits-" aber doch in ein „Anhänglichkeitsverhältnis" zu den letzteren. So bildeten sich sozusagen von selbst „Parochien" oder „Diözesen"[6] um die Muttergemeinde herum, und das Ansehen der Letzteren stieg umso höher, in je größerem Ansehen die Stadt stand, in welcher sich die Gemeinde befand. War dann eine solche Gemeinde gar von einem Apostel gegründet worden, und hatte sie damit die Lehre Christi sozusagen aus erster Hand empfangen, so gab dies ihrer Autorität noch ein besonderes Gewicht, denn man wandte sich nun von allen Seiten an sie, um sich in strittigen Fällen beraten zu lassen und zu erkunden, wie es die Apostel in dieser oder jener Beziehung gehalten hätten. Dies war jedoch nur eine freiwillige Ehrerbietung, keineswegs eine Unterordnung und noch weniger eine Abhängigkeit. Das einzige Band, das sie alle vereinigte, war der gleiche Glaube, die gleiche Liebe und die gleiche Hoffnung.

Gerade wie mit den Gemeinden, so ging es auch mit den Vorstehern der Gemeinden. Wuchs nämlich eine solche bedeutend an, so genügten natürlich ein Diakon und noch weniger ein Presbyter nicht mehr. Mit der Kopfzahl vermehrten sich auch die Geschäfte und es mussten also mehrere Diakone, mehrere Älteste gewählt werden. Diese zusammen bildeten ein Kollegium, welches natürlich seinen Vorstand oder Präsidenten zu wählen hatte, da ja sonst kein ordentlicher Geschäftsgang herzustellen gewesen wäre. Zu diesem Präsidenten oder „Oberältesten" nahm man gewöhnlich den Tüchtigsten und Angesehensten und man pflegte ihn nun zum Unterschied von seinen Mitpresbytern dadurch auszuzeichnen, dass man ihm «ausnahmsweise» den Titel, «Episcopus oder Bischof» zu geben anfing. Man wollte ihn dadurch von den anderen Ältesten, seinen Kollegen, sozusagen unterscheiden, doch ohne ihm damit eine Gewalt oder ein Vorrecht zu übertragen. Er war der Erste an Ansehen in der Gemeinde, unterschied sich aber sonst durchaus in nichts von den Übrigen, denn alle Christen waren damals noch Brüder und einen Unterschied zwischen Laien und Klerikern oder zwischen Weltlichkeit und Priesterschaft kannte man noch nicht.

Also, o Leser, denke dir die christliche Kirche in den ersten paar Jahrhunderten ihrer Existenz – in jenen Jahrhunderten nämlich, als die neue Religion vom Staat noch nicht anerkannt war und die Reichen und Vornehmen es für unschicklich

---

[6] Verwaltungsgebiete der Kirche.

hielten, sich durch die Taufe der Christensekte anzuschließen. Nun aber, o Leser, folge mir nach Rom, der damaligen Hauptstadt der Welt, damit ich dir das zeige, was in wenigen Jahrhunderten mit dieser selben christlichen Kirche vorgegangen ist, deren außerordentliche Einfachheit du soeben erst kennen gelernt hast. Du erinnerst dich ohne Zweifel aus dem christlichen Schulunterricht, den du genossen hast, dass der Apostel Paulus selbst nach Rom kam, um eine Gemeinde daselbst zu gründen, und dass er zwei Jahre dort verweilte, bis er alles richtig instand gesetzt hatte. Du weißt also, dass Rom schon sehr früh eine christliche Gemeinde besaß, und du kannst dir auch denken, dass der „Oberälteste" derselben, den man am Ende ausnahmsweise Episcopus nannte, bei den Gemeinden ringsum ein ziemliches Ansehen genoss. Aber du weißt auch, dass die Kaiser Nero und Caligula, nebst vielen anderen ihrer Nachfolger mit großer Grausamkeit über die armen Christusbekenner herfielen und zeitweise nicht wenige von ihnen hinmordeten, so dass die ganze Gemeinde oft in den unterirdischen Kellern der Katakomben[7] ihre Zuflucht suchen musste, und du kannst dir also wohl denken, dass nur ein frommer, gottergebener Mann, einer, welcher die Schätze des Himmels dem irdischen Wohlergehen vorzog, sich zu dem gefährlichen Amt, der oberste Vorsteher der Christengemeinde in Rom zu sein, hergeben konnte. Somit wird es dich nicht wundern, wenn ich dir sage, dass die Oberältesten oder Bischöfe Roms in den Urzeiten des Christentums sehr einfache und arme, wenngleich fromme und tugendhafte Menschen gewesen sind, die zwar nichts von Macht und Hoheit wussten, aber desto mehr die Gesetze der Demut, der Eintracht und der Bruderliebe kannten. Hatten sie doch damals noch nicht einmal eine Kirche oder ein Gotteshaus, wo sie ihre Andacht feiern konnten![8] Wussten sie doch oft nicht, wo sie ihr Haupt niederlegen sollten, wenn die grausamen Imperatoren ihre Blutbefehle über sie und ihre Gemeinde ergehen ließen! Starben doch fast alle mit

---

[7] Die Katakomben sind große, aber unregelmäßige, unterirdische Aushöhlungen, welche sich unter einem großen Teil von Rom hinziehen und von ursprünglichen großartigen Steinbrüchen und Sandgruben herrühren. Sie hängen alle miteinander zusammen, sind aber jetzt an vielen Stellen durch Einstürze ungangbar geworden, so dass man sie nicht mehr ganz begehen kann. Doch man sagt, dass sie sich drei Meilen weit fortziehen und erst in Ostia ein Ende nehmen. Eingänge in dieselben gibt es mehrere, meist unter einer Kirche, so bei San Sebastiano, bei San Pancrazio oder bei San Lorenzo. Auch befinden sich mehrere Kapellen unten, unter deren Altären die Körper von Märtyrern ruhen. In früheren Zeiten waren sie die natürlichen Zufluchtsstätten der Christen, wenn diese von den Kaisern verfolgt wurden, und zugleich rettete man dahin die Leiber der getöteten Märtyrer, um ihnen hier ein ewiges Gedächtnis zu stiften. Im Ganzen genommen wurden hier über 174000 Menschen begraben (man legte die Toten, in doppelten und dreifachen Reihen, in eine Höhlenabteilung zusammen und schloss dann den Zugang zu derselben mit Mörtel und Marmorgestein), und darunter waren nicht weniger als vierzehn römische Bischöfe.
[8] Der erste christliche Tempel wurde in Rom unter Kaiser Konstantin erbaut. An anderen Orten gab es schon unter Diokletian kleinere Christentempel.

nur ganz wenigen Ausnahmen den Märtyrertod und werden noch jetzt als solche, die ihr Leben für ihren Glauben geopfert haben, in der katholischen Kirche verehrt!⁹

Du weißt dies alles, o Leser, aber nun komm mit mir, und stelle dich hin vor die Behausung, die ich dir zeige! Siehst du es, das Riesengebäude, das größer ist, als irgendein sonstiger Bau in der Welt? Siehst du den Koloss, der düster und finster drohend gleich einem Donnergott mit dem Haupt in den Wolken zu verschwinden scheint, während seine Felsenfüße die Erde stampfen, dass sie sich ächzend gefangen gibt? Weißt du, wer dieser Koloss ist? Das ist der Vatikan, das Eigentum der Nachfolger jener armen Oberältesten oder Bischöfe, von denen ich dir erzählt habe! Das ist der Vatikan, der Wohnsitz des Papstes, des Stellvertreters Christi auf Erden, des unbeschränkten Gebieters über Glauben und Denken der gesamten christlichen Menschheit, in dessen Hand Himmel, Fegefeuer und Hölle gegeben sind! Das ist der Vatikan, dessen Bauten ein Feld von 500 Metern Länge und 250 Metern Breite bedecken. Der Vatikan, in dessen Inneren es zwanzig Höfe, zweihundert Treppen und elftausend Gemächer, Galerien und Säle gibt, der Vatikan, dessen Herstellungskosten sich auf Hunderte von Millionen beliefen!

Welch furchtbare, wahnsinnige Veränderung von damals und jetzt! Man denke sich auf der einen Seite die demütigen Märtyrer der drei ersten Jahrhunderte und auf der anderen die Beherrscher dieses Palastes, der Seinesgleichen an Reichtum und Herrlichkeit nicht hat in der ganzen Welt! Dieser äußere Gegensatz schon wirkt betäubend, aber es ist nicht genug hieran. Folge mir, o Leser; ich will dich in sein Inneres führen, damit du dich selbst überzeugen kannst.

Durch einen langen Säulengang am St. Petersplatz kommen wir in eine Vorhalle, wo die Reiterstatue Konstantins des Großen steht. Dann betreten wir die „Königliche Treppe des Bernini," so genannt, weil sie von dem Künstler Bernini herrührt und eines Königs, ja eines Kaisers wert ist. Von ihr aus gelangen wir in den „Königssaal" *Sala regia*, welcher seinen Namen schon seiner Größe wegen mit vollstem Recht trägt. Die Decke ist mit reichen Stukkaturarbeiten geziert und den Boden deckt carrarischer Marmor; die Hauptzierde aber bilden fünf große Gemälde: der Bannfluch Gregors IX. gegen Kaiser Friedrich II. gemalt von Giorgio Vasari; die katholische Liga gegen die Türken anno 1571, ebenfalls von Vasari; die Rückkehr Gregors XI. von Avignon nach Rom, von Taddeo Zuccari; die Schlacht von Lepanto, von demselben, und endlich die Pariser Bluthochzeit von Vasari.

An den Königssaal stößt die *Sistina*, die Sixtinische Kapelle, deren Ruhm die Welt erfüllt. Die Kapelle, welche Sixtus IV. anno 1473 durch den Baumeister Pintelli

---

⁹ Als solche Märtyrerbischöfe werden angeführt der heilige Anaklet, der heilige Sixtus, der heilige Viktor, der heilige Calixtus, der heilige Dionysius, der heilige Marcellinus, der heilige Stephan usw.

anlegen ließ, ist nämlich ein Muster von architektonischer Schönheit und zugleich so reich ausgestattet, dass sie allein fast eine Million wert ist. Den Hauptwert hat aber ein Gemälde von Michelangelo, das „Jüngste Gericht" vorstellend, welches so groß ist, dass es eine ganze Wand einnimmt. Hier drinnen werden in der Karwoche große Festlichkeiten gefeiert, denen der Papst mit den Kardinälen in voller Amtstracht beiwohnt, und die Misereres eines Allegri und Palestrina[10], aufgeführt von den noch nie übertroffenen Sängerchören der päpstlichen Kapelle, können nur hier allein in ihrer ganzen Großartigkeit gewürdigt werden. Darum besucht auch kein Fremder Rom, ohne diese Kapelle gesehen zu haben.

Eine andere Nebenkapelle des Königssaals ist die Paulinische Kapelle, berühmt durch zwei Gemälde Michelangelos, das eine die Bekehrung des Apostels Paulus, das andere die Kreuzigung des Apostels Petrus vorstellend. Auch in dieser Kirche finden zu bestimmten Zeiten große Kirchenfeierlichkeiten statt, und wenn dieselbe bei der Vorstellung des heiligen Grabes durch Tausende von Fackeln und Wachskerzen erleuchtet wird, so glaubt man sich ins Reich der Feen und Zauberer versetzt,

Neben der Paulinischen Kapelle dehnt sich der Herzogssaal aus, ein mächtiges Gewölbe mit Deckengemälden von Lorenzino, Rafaellino, Matteo da Siena und anderen. Am Gründonnerstag findet hier unter großem Andrang des Volks die Fußwaschung der zwölf Apostel statt, und daneben befinden sich die Gemächer der sogenannten *Paramente*, in welchen der Papst die Messgewänder anlegt, wenn er, gefolgt vom Kardinalskollegium, auf seinem kostbaren Thronsessel in die Peterskirche getragen wird, um dort das Hochamt zu halten.

Die bis jetzt angeführten Säle, Kapellen und Gemächer bilden einen eigenen, vier Stockwerke hohen Flügel des Vatikan, um welchen vier Arkadengänge, die sogenannten Loggias, immer einer über den anderen herumlaufen. Diese Loggias sind äußerst merkwürdig, denn ursprünglich von Giuliano da Maiano herrührend, wurden sie nach einer Zeichnung des Künstlerfürsten Raffael umgebaut und überdies enthalten die Arkaden des zweiten Stockwerkes nicht weniger als zweiundfünfzig Gemälde dieses berühmtesten aller Maler. Man nennt daher den zweiten Arkadengang die „Loggia di Raffaele." Auch die anderen Loggias enthalten schöne Gemälde und die Wände des dritten Stockwerks sind mit Landkarten aus der Zeit von 1572 – 1583 geschmückt, welche der Dominikaner Ignazio Danti malte.

Wir betreten nun den sogenannten Neuen Palast, der die Aussicht nach dem großen Platz des Vatikan hat und auf Befehl Gregors XIII. von Fontana erbaut wurde. Darin befinden sich die Wohngemächer des Papstes nebst den Büros des Kardinalstaatssekretäres und den übrigen päpstlichen Beamten. Es ist eine ganze Masse von Zimmern und Sälen, welche einzeln anzuführen zu weit führen würde. Wir nennen daher von den Hunderten nur einige wenige, nämlich den Clemen-

---

[10] Katholische Kirchengesänge. (Anmerk. d. Hg.)

tinischen Saal, dessen Fresken die Taten des heiligen Clemens vorstellen, dann die Säle der Gräfin Mathilde, gleichfalls geschmückt mit Bildern aus dem Leben dieser großen «Freundschaft» des Papsts Gregor VII. und der römischen Kirche, und schließlich die Gemächer des Papstes Nikolaus V., welche von Bernardo Rossellini erbaut wurden. Von diesen Gemächern aus kommt man in vier mächtig große Säle, die Stanzen von Raffael[11] genannt, welche von jedem Besucher nur mit der tiefsten Ehrfurcht betreten werden dürfen.

Diese Stanzen sind das größte Werk, welches Raffael hervorgebracht hat, und schon die Art ihrer Entstehung ist merkwürdig genug. Papst Sixtus IV. hatte nämlich jene vier Säle bereits mit Gemälden der berühmtesten Künstler seiner Zeit schmücken lassen, da ließ Julius II. Raffael nach Rom rufen und beauftragte ihn, den Streit über das Sakrament zu malen. Raffael kam dem Befehl nach und malte die *Disputa*; aber sein Kunstwerk machte einen solchen Eindruck auf den Papst, dass derselbe augenblicklich befahl, die bisher in den vier Sälen angebrachten Gemälde gänzlich zu vernichten, weil sie nicht würdig seien, neben der Disputa zu bestehen, und dagegen Raffael anwies, die Wände und Decken von Neuem zu malen. So entstanden die Stanzen Raffaels, Kunstwerke, deren Wert unschätzbar, weil unmöglich durch andere zu ersetzen ist! Der erste Saal ist der des Konstantin (Sala di Konstantino), so genannt, weil sämtliche Bilder und Gemälde an Wänden und Decken sich auf Kaiser Konstantin und dessen Bekehrung durch Papst Sylvester beziehen.[12] Der zweite Saal heißt der Heliodor, weil ein großes Gemälde darin den Präfekten des Königs Seleukus Philopator, mit Namen Heliodor, darstellt, wie er durch das Gebet des jüdischen Hohepriesters von der Plünderung des Tempels Salomons abgehalten wird. Den dritten Saal nennt man den Saal der Signatur oder auch den Saal der Wissenschaften, indem darin die Schule von Athen mit allen Weisen des Altertums sowie auch die Theologie, die Rechtswissenschaft und die Poesie (Apollo mit den Musen, nebst Dante, Vergil, Petrarca, Sappho, Pindar, Ovid, Horaz, Boccaccio usw.) abgebildet sind. Der vierte Saal endlich, der Saal der Feuersbrunst von Borgo (Stanze dell' incendio des Borgo vecchio) hat seinen Namen von dem großen Wandgemälde *Der Brand des Dorfes Borgo, welchen Leo IV. durch ein Wunder löschte*. Die vielen anderen Gemälde, mit welchen (außer den eben genannten) die vier Säle geschmückt sind, mit Namen anzuführen, erlasse uns der Leser, indem es wohl genügen wird, zu sagen, dass die

---

[11] Von ital. *stanza*, Zimmer. (Anm. d. Hg.)

[12] Eines der Bilder stellt die Schlacht dar, welche Kaiser Konstantin dem Gegenkaiser Maxentius an der Milvischen Brücke lieferte, und aus welcher er „durch das Voranleuchten des Kreuzes Christi" siegreich hervorging. Dieses Gemälde, von Giulio Romano nach den Kartons seines Meisters Raffael ausgeführt, ist bei einer Höhe von 4, 5 Metern nicht weniger als 10 Meter lang, und wird als das reichste, größte und schönste Schlachtenbild in der ganzen Welt allgemein betrachtet.

meisten von der Hand Raffaels selbst oder doch von seinen Schülern unter seiner Oberleitung herstammen.

Von den Gemächern Nikolaus V. gelangt man in die Gemächer des Papstes Pius V., welche die große Gemäldegalerie des Vatikan enthalten. Hier stehen die berühmtesten Werke der berühmtesten Meister, und wenn daher andere Galerien mehr Gemälde aufzuweisen vermögen, so ist doch keine Sammlung auf der ganzen Erde zu treffen, welche der vatikanischen Galerie in Bezug auf Kunstwert auch nur annähernd gleichkäme. Hier sieht man: «Christus zwischen den Engeln sitzend» von Coreggio; hier «Eine Magdalene» von Guercino; dann «Den heiligen Hieronymus, wie er das Nachtmahl empfängt» von Domenichino; weiter «Die Kreuzigung St. Peters» und «Eine Madonna» von Guido Reni; «Christi Grablegung» von Caravaggio; «Die heilige Helena» von Paolo Veronese; «Den Dogen von Venedig» und «Eine Madonna» von Tizian; die «Legende des Sankt Nikolaus» von Angelico da Fiesole; «Sankt Benedikt» und «Christi Auferstehung» von Pietro Perugino; die «Krönung der heiligen Jungfrau» (La Madonna dei fiori), die «Verkündigung Mariä», die «Anbetung der drei Könige», «Glaube, Liebe, Hoffnung», die «Madonna di Foligno» und «Christi Verklärung» von Raffael usw. Wo in aller Welt findet man solche unsterblichen Kunstschätze in einer Sammlung vereinigt? Weder der Reichtum Englands, noch der der französischen Könige, noch der der russischen Kaiser war imstande, auch nur ein Dritteil von Werken ähnlichen Wertes zusammenzubringen!

Doch wir sind noch lange nicht zu Ende, sondern besuchen nun das hochberühmte Museum des Vatikans (*Museo Vaticano*), welches eine solch kolossale Masse von Bildhauerarbeiten aufweist, dass man seinen Wert nach Millionen bemessen muss. Da ist zuerst die Galerie der Vasen und Kandelaber. Sie besteht aus sechs Räumen, welche durch auf Marmor ruhende Bögen abgeteilt sind, und enthält Bacchus- und Bacchantinnenstatuen, Sarkophage der Niobe, Diana, Klytämnestra etc., Faune, Silene, ägyptische Monumente usw. Dann kommt der Saal der Biga, eines antiken Wagens mit zwei Rossen von Marmor, nebst acht Statuen des Apollo, Bacchus, Perseus, Alkibiades usw. Weiter folgen die Säle des etruskischen Museums, worunter der größte der Saal der Bronzen, ferner des griechischen Kreuzes mit seinen Prachturnen, der runde Saal mit einem aus einem einzigen Stück Porphyr gehauenen Bassin von 44 ½ Fuß im Umfang,[13] der Saal der Musen mit Apollo als Zitherspieler, der Saal der Statuen, früher die Palastwohnung Innozenz VIII. bildend, der Saal der Masken, das Kabinett des Laokoon, sogenannt, weil darin die «Laokoon-Gruppe», ein wahres Wunderwerk der Bildhauer Agesander, Polydor, und Athenodor von Rhodos aufgestellt ist, das Kabinett des Apollo mit dem Apollo von Belvedere, das Kabinett des Perseus und das des Merkur, das ägyptische Museum, das Museum der Antiken, die Galerie des Museums Tiara-

---

[13] Rund 14 Meter. (Anmerk. d. Hg.)

monti und endlich das Museo Gregoriano mit seinen zehn Zimmern und Sälen. Staunend durchwandert man die weiten Räume, die meist von korinthischen Säulen getragen werden, und staunend steht man endlich still, schier überwältigt von den vielen Wunderwerken aus einer längst vergangenen Zeit!

Eine würdige Nebenbuhlerin des Museums an Seltenheiten und Prachtstücken von unermesslichem Wert ist die vatikanische Bibliothek, deren ersten Grund schon Papst Hilarius im Jahre 465 im Lateran durch die Sammlung von Manuskripten legte. Sixtus V. verlegte sie nach dem Vatikan, nachdem er durch seinen Baumeister Fontana einen eigenen neuen Flügel für sie hatte bauen lassen, und von nun an geschah sehr viel für ihre Vergrößerung, denn die Beherrscher des Vatikan hatten «Quellen», die in anderen Ländern und Reichen nicht fließen. Verschmolzen sie doch nicht weniger als zehn große andere Bibliotheken mit der vatikanischen, darunter die Palatina von Heidelberg, ein Geschenk Kurfürst Maximilians von Bayern im Jahre 1623[14], die Alessandrina, im Jahre 1690 durch Alexander VIII. von der Königin Christine von Schweden als Präsent erworben[15], die Urbinische von den Herzogen von Urbino usw.! Der Hauptreichtum der Vatikanischen Bibliothek besteht übrigens nicht allein in den gedruckten Büchern, sondern vielmehr in den Manuskripten auf Pergament, von denen nicht weniger als 24277 vorhanden sind, und zwar 18108 in lateinischer, 3469 in griechischer, 1466 in asiatischen und 851 in afrikanischen Sprachen. Viele dieser Manuskripte haben einen wahrhaft unbezahlbaren Wert, und andere sind zumindest so merkwürdig, dass sie nur mit großen Summen erworben werden könnten, so das überreiche Brevier des Königs Mathias Corvinus von Ungarn, eine Bibel aus dem sechsten Jahrhundert, die älteste Handschrift des Terenz, siebzehn Originalbriefe Heinrichs VIII. an Anne Boleyn, ein Manuskript des Dante von Bocacchio geschrieben, viele Handschriften Luthers und besonders schön gemalte Miniaturen zum Vergil aus dem 4. Jahrhundert. Auch in dieser Beziehung findet sich keine Bibliothek der Welt, die mit der vatikanischen wetteifern könnte!

Nach der Bibliothek besuchen wir noch das «heilige» und das «profane» Museum, jenes eine Sammlung von christlichen Altertümern der mannigfaltigsten Art (Bischofsstäbe von Elfenbein und Metall, Marterwerkzeuge der ersten Christen, das ältestes Bildnis Christi, usw.), dieses ein buntes Gemisch von Götzenbildern in Gold, Silber, Bronze, Stein, Metall, Elfenbein usw., nebst heidnischen Waffen, Gerätschaften, Mosaiken usw.; Zum Schluss aber verfügen wir uns noch in das «Apartement Borgia», welches Alexander VI. zu seinem eigenen Gebrauch erbaute.

---

[14] Tilly raubte die Bibliothek und gab sie seinem Landesfürsten Maximilian, dem sie der Papst abschmeichelte.

[15] Gustav Adolf, der Vater Christines, hatte diese Bücherschätze meist in Deutschland erobert (während des Dreißigjährigen Krieges) und Christine, als sie katholisch wurde, wusste nichts Besseres zu tun, als die Schuld des Vaters auf die oben angegebene Weise zu tilgen.

Aber so bescheiden der Name «Apartement» klingt, so wenig entsprechen die Lokalitäten der Bescheidenheit, denn sie bestehen aus einer Menge von Gemächern, darunter vier große Säle, die von Pinturicchio, Perino del Vaga und anderen Künstlern gemalt sind. Auch kann man hier die «Aldebrandinische Hochzeit» sehen, ein antikes Gemälde, das bis vor kurzem noch als eines der seltensten und kostbarsten Kunstwerke galt. Freilich ist die übrige Ausschmückung nicht mehr dieselbe, wie einst unter Alexander VI., doch damals herrschte auch ein Luxus und eine Pracht hier, wie an keinem morgenländischen Hofe, selbst nicht an dem des Großmoguls in Indien.

Du hast nun mit mir den Vatikan durchwandert[16], o Leser, du hast gesehen, welch fabelhafte Summen nötig waren, um hier alles zu vereinigen, was Natur und Kunst hervorzubringen vermag, und es will dir immer noch unmöglich dünken, dass die Nachfolger der armen Oberältesten der christlichen Gemeinde zu Rom einen solch ungeheuren Palast mit einem solch wahnsinnig reichen Inhalt haben schaffen können. Aber – du hast noch lange nicht alles gesehen, o Leser, denn der Vatikan ist nur ein geringer Teil dessen, was jene Männer ins Leben riefen, und es gehörten wahrhaft ungeheuerliche Summen dazu, um alle diese Schöpfungen auszuführen. Wende dich nach rechts, so hast du die Engelsburg vor dir, ein festes Kastell, das mit dem Vatikan durch einen bedeckten Gang verbunden ist. Einst war es ein Grabmal – das des Kaisers Hadrian – aber die römischen Bischöfe, die Nachfolger jener alten Märtyrer, verwandelten es in eine Zitadelle mit einer Sternschanze und vielen starken Außenwerken, damit sie eine Zufluchtsstätte hätten, worin sie gegen alle Feinde gesichert wären[17]. Von der Engelsburg wende dich nach links auf den Vatikanplatz zurück, und siehe da, welcher Riesenkoloss starrt dir hier entgegen?

---

[16] Über das Geschichtliche des Vatikan müssen wir hier ein paar Worte hinzufügen. Schon Kaiser Konstantin errichtete hier eine Wohnung für den römischen Bischof, der ihn getauft hatte und die späteren Bischöfe, besonders Liberius und Symachus, erweiterten diesen Wohnsitz im Verhältnis ihres wachsenden Einkommens. Gegen Ende des 8. Jahrhunderts war der Vatikan schon so groß, dass Karl der Große, als ihn Leo III. in Rom krönte, darin sein Absteigequartier nehmen konnte. Später geschah noch viel mehr für dieses großartige Bauwesen, und ein Flügel nach dem andern wurde beigefügt, so besonders unter Gregor dem Großen, unter Sixtus IV. (Sixtinische Kapelle) unter Alexander VI. (Apartement Borgia), unter Julius II. und Leo X. (Raphaelische Zeit) unter Paul III. (Paulinische Kapelle) und Clemens XIV. nebst Pius VI. (Museum).

[17] Das Grabmal Hadrians wurde im Jahre 140 von Kaiser Antoninus vollendet und war ein eines Kaisers würdiger Prachtbau. Der innere runde Raum hatte eine Höhe von 150 und einen Umfang von 576 Fuß, die Grabkammer selbst war 24 Fuß lang, 24 Fuß breit und 32 Fuß hoch, den äußeren Bau aber schmückten Marmorsäulen und Statuen – die Verwandlung des Mausoleums in eine Festung geschah schon frühzeitig, allein in den verschiedenen Kämpfen der Römer mit den Päpsten und dieser letzteren mit Franzosen und Deutschen litt dieselbe oft Not, und wurde sogar mehrmals halb zerstört. So wie sie jetzt steht, rührt sie von den Päpsten Bonifaz IX und Urban VIII. her.

Das ist die Peterskirche, der größte und zugleich kostbarste Dom, den es in der Welt gibt, denn seine Dimensionen sind so furchtbar kolossal, dass nicht einmal die Hagia Sophia in Konstantinopel oder die Saint Paul's Cathedral in London mit ihm verglichen werden können, und was seine Kosten anbelangt, so waren nach genauer Rechnung der St. Peterskanzlei bis zum Anfang des vorigen Jahrhunderts nicht weniger als 46 800 498 Goldtaler für ihn verausgabt worden. Bedenke, o Leser, 46 Millionen Goldtaler, also mehr als 1000 Millionen Gulden,[18] für eine einzige Kirche! Und bei dieser Kirche ließen es die Nachfolger der «armen Märtyrer und Oberaufseher der Christengemeinde zu Rom» noch lange nicht bewenden. Gibt es doch in dieser großen Priesterstadt nicht weniger als 311 Kirchen[19], von deren Erbauungskosten die Päpste mindestens ein Drittel allein trugen, während sie zu den Kosten der anderen zumindest Beiträge lieferten! Was sagst du nun, o Leser? Glaubst du nun an die Fabelhaftigkeit der Einnahmen jener «Nachfolger der Märtyrer», welche oft nichts hatten, wo sie ihr Haupt hinlegen sollten? Wenn du aber noch nicht überzeugt bist, so besieh dir den Quirinal, den Sommerpalast der Päpste. Du denkst dir vielleicht, es werde eine leichte, luftige Wohnung mit zehn oder zwanzig Zimmern sein; aber du täuscht dich gewaltig, denn nur allein der Flügel nach der Porta Pia hin hat eine Länge von dreihundert Schritten,[20] und es gibt eine solche Anzahl von Zimmern und Sälen, dass die Kaiserburg in Wien deren nicht einmal die Hälfte zählt. Und doch ist es nur ein päpstlicher Sommerpalast! – Natürlich entspricht die Ausschmückung des Quirinal seinem Äußeren und ist eines Kaisers würdig; so namentlich der «königliche Saal», der «Audienzsaal» und der «Saal der Kongregationen». Überdies stößt ein Park hinten an, der sogenannte «päpstliche Garten», der eine Meile im Umfang hat und mit einer Masse von Säulen und Springbrunnen, namentlich aber auch mit einem Pavillon geziert ist, in dessen Sälen der Papst den Damen, die ihn sehen wollen, Audienz zu erteilen pflegt. Aber auch am Quirinal ist es noch nicht genug, sondern es gibt noch eine dritte Residenz der Nachfolger der Oberältesten Roms, welche an innerem Wert und Reichtum dem Vatikan wenig nachgibt. Dies ist der Palast des Laterans, in welchem jetzt das «Museo lateranense» untergebracht ist. Derselbe stand schon im sechsten Jahrhundert, und wurde früher vielfach von den Päpsten bewohnt – sowohl vor ihrer Auswanderung nach Avignon, als auch später nach ihrer Rückkehr -, aber mit der Zeit wurde er ihnen zu klein und Sixtus V. ließ ihn daher ganz abreißen und vom Jahre 1586 an durch den berühmten Fontana neu und großartig aufbauen. Von dem ursprünglichen Palast steht nichts mehr als die päpstliche Kapelle Nikolaus des Großen mit 55 gewundenen Säulen, aber in dieser

---

[18] Das sind nach heutigem Geldwert rund sieben Milliarden Euro. (Anmerk. d. Hg.)
[19] Auf diese Kirchen komme ich später näher zu sprechen und gehe daher jetzt nur kurz darüber hinweg. Ich führte sie in diesem Kapitel nur an, um den Reichtum der Päpste zu beweisen.
[20] Das sind rund 240 Meter. (Anm. d. Hg.)

Kapelle befindet sich ein Heiligtum von wahrhaft unschätzbarem Wert, nämlich die heilige Treppe (Scala sancta) aus dem Richthaus des Pilatus zu Jerusalem, auf deren 28 Marmorstufen er einst Jesus Christus, als er vor Gericht stand, um zum Tode verurteilt zu werden, auf und nieder wandelte.

Bist du nun endlich überzeugt, o Leser, dass die Schätze der halben Welt nötig waren, um all die Pracht und die Kostbarkeiten anzusammeln, welche man in dem Bischofssitz zu Rom trifft? Bist du es aber noch nicht, so besehe dir das neue Kapitel[21], welches Michelangelo auf Befehl und Kosten Pauls III. und Bonifaz IX. erbaute und zu welchem dann später die Flügel gefügt wurden, in welchen das kapitolinische Museum und die kapitolinische Gemäldegalerie – beide von unschätzbarem Wert – aufbewahrt werden. Wie hoch glaubst du wohl, wird sich der Wert dieser hier aufgehäuften Schätze belaufen, wenn ich dir sage, dass nur allein der Katalog der Antiken vier starke Foliobände füllt?

Doch genug! Der Augenschein lehrt es, dass die Nachfolger jener armen ersten römischen Bischöfe über unermessliche Reichtümer zu gebieten haben mussten. So fragen wir nun: «Wie kamen sie zu diesen kolossalen Reichtümern?» und werden diese Frage in den nächsten Kapiteln beantworten.

2. Kapitel.

Der Anfang des Reichtums, oder Legate und Erbschleicherei.

Die ersten Episcopi oder Bischöfe auch der größten Städte waren, wie wir gesehen haben, nichts anderes als Oberälteste oder Oberpresbyter, die keinerlei Vorrechte vor den anderen Christen besaßen. Nur ihren größeren geistigen Begabungen hatten sie die Stellung zu verdanken, zu der sie von ihren Mitbrüdern erhoben worden waren. Aber die Menschen sind immer Menschen und wer viel hat, will noch mehr. So kam es denn, dass dieser oder jener Bischof, wenn er sah, dass irgendeine Gemeinde ihrem Episcopus, also seinem Kollegen, wegen dessen hoher Tugend besondere Ehrfurcht zollte, dieselbe Ehrfurcht als ein Recht, das zu seinem Amt gehöre, beanspruchte, obwohl er wusste, dass diese Ehrfurcht seinem Kollegen nicht des Amtes, sondern der Person wegen gezollt wurde. Wenn aber dem Bischof wegen seines Amtes Ehrfurcht gezollt werden musste, so hatte er schon ein *Vorrecht* als Bischof, und mit der Gleichstellung der Christen untereinander war es dann zu Ende. Einige Beispiele mögen dies erläutern.

Es kam, wie natürlich, gleich in den ersten Jahrhunderten vor, dass über diesen oder jenen Brauch, über diese oder jene Lehre unter den weit zerstreuten

---

[21] Ein Kapitelsaal ist ein Versammlungs-, Beratungs-, und Erbauungsraum in kirchlichen Gemeinschaften. (Anmerk. d. Hg.)

Christengemeinden einige Meinungsunterschiede herrschten. Man versuchte sich also zu verständigen und durch Zusammenkünfte (sogenannte Synoden) der Nachbargemeinden die Wahrheit zu ermitteln. Natürlich aber konnten nicht die gesamten Gemeinden zusammenkommen, sondern man sandte Abgeordnete, - und, wen hätte man besser zum Abgeordneten wählen können, als den Presbyter oder Episcopus, da dieser die Angelegenheiten der Gemeinde sowie die dort herrschenden Bräuche und Lehren am genauesten kannte? Es war ein Zeichen der Achtung, welche man der Person des Bischofs oder Presbyters zollte; diese aber machten gleich darauf ein Recht daraus, das mit dem Amt des Bischofs und Presbyters verbunden sei. So wurden die Bischöfe Stimmführer auf den Provinzialsynoden und wussten sich nach und nach (denn wenn man dem Teufel nur einen Finger bietet, so nimmt er gleich die ganze Hand) das ganze Kirchenregiment anzumaßen, da das, was auf den Synoden beschlossen wurde, für alle teilnehmenden Gemeinden verbindlich wurde.

Die ersten Christengemeinden achteten darauf, dass nur tugendsame und fromme Menschen zu ihren Mitgliedern gehörten und schlossen grobe Sünde aus der Gemeinschaft aus. Dies geschah anfangs in Gemeindeversammlungen durch allgemeine Abstimmung, deren Ergebnis der Presbyter zu verkünden hatte. Als aber die Gemeinden größer wurden, überließ man, weil eine Versammlung der ganzen Gemeinde zu umständlich gewesen wäre, die Untersuchung solcher Angelegenheiten dem Presbyterkollegium, das dann unter dem Vorsitz des Episcopus die Ausstoßung vornahm. Doch sobald diese Methode einmal im Brauch war, so erklärten die Bischöfe die Verhängung der Ausstoßung aus der Gemeinde (die Exkommunikation) als eines ihrer Vorrechte.

Wenn ein Apostel eine Gemeinde gegründet und diese dann einen Presbyter gewählt hatte, so pflegte der Apostel den Letzteren zu ermahnen, seine Stelle christlich zu versehen, und betete mit ihm, indem er ihm die Hand auf das Haupt legte. Dies war eine Art Einsegnung, und das Handauflegen bedeutete, dass Gott den Neugewählten seines Geistes teilhaftig werden lassen möge. Gerade so taten auch die Presbyter und Bischöfe, wenn sie einen Kollegen in sein Amt einführten: aber bald machte man aus dieser schönen symbolischen Handlung eine Ordination oder Weihung und sah die Sache so an, als ob durch die rein äußerliche Handlung des Handauflegens der wirkliche heilige Geist vom Himmel herabzitiert und dem Geweihten inkorporiert worden sei. Die Ordination wurde also eine Art Zauberschlag, welcher aus einem Bischof einen ganz anderen Menschen machte, als die übrigen Gemeindemitglieder waren, und so musste notwendig der Unterschied zwischen dem Klerus und dem Laientum entstehen.[22]

---

[22] Laientum und Klerus! Beide Worte kommen vom Griechischen her und zwar bedeutet *Laos* das gemeine Volk, während *Kleros* Erbteil oder Eigentum heißt. Die Presbyter oder Bischöfe des dritten Jahrhunderts machten also wegen ihrer Ordination darauf Anspruch, exklusive das «Eigentum Gottes» zu sein, und natürlich wusste sich dieses «exklusive

Auf diese Art entwickelte sich der Begriff des «christlichen Priestertums», und bald dachten die Ehrgeizigsten unter den Bischöfen an nichts eifriger, als diesen Begriff weiter und weiter auszudehnen. Ja sie fingen bald an, sich mit den jüdischen Priestern zu vergleichen und alle Rechte in Anspruch zu nehmen, die den Leviten nach dem mosaischen Recht gebührt hatten. Doch so sehr sich auch der Geist des Hochmuts in den neuen Priestern geltend zu machen suchte, so hatte die Sache doch ziemlich wenig zu bedeuten, so lange die römischen Kaiser das Christentum als Religion nicht zu Recht bestehen ließen, denn wenn die christlichen Gemeinden als solche rechtslos waren, so konnte auch von einer Machtstellung ihrer Vorsteher keine Rede sein und die Anmaßungen einzelner Bischöfe zerstoben vor der Wirklichkeit wie Seifenblasen. Aber siehe da, auf einmal zu Anfang des vierten Jahrhunderts trat ein Ereignis ein, das die ganze Sachlage wie mit einem Zauberschlag änderte; denn Kaiser Konstantin wurde Christ und der Bischof zu Rom taufte ihn. [23] Nun natürlich konnten die Bischöfe wahrmachen, was sie vorher nur in Gedanken angestrebt hatten!

Eigentum Gottes», also die Priesterschaft, bald auch durch die Kleidung vom gemeinen Volk zu unterscheiden, d. h. sie trugen in der Regel ein weißes Oberkleid (ähnlich dem jetzigen Chorhemd) und darüber eine sogenannte *Stola* (das griechische *Orarion*), die jetzt noch üblich ist. Überdies fingen diese exklusiven Herren an, auf einen eigenen Platz in den Versammlungshäusern der Christen Anspruch zu erheben, und schließlich zeichneten sie sich dadurch vor den Laien aus, dass man von ihnen forderte, sie sollten sich nur mit göttlichen Dingen, nicht aber mit weltlichen (z. B. Handelschaft, Gewerbe, usw.) beschäftigen. So wurden sie nach und nach ein eigener Stand.

[23] Kaiser Konstantin (von den christlichen Priestern «der Große» genannt), geboren 274, wurde 306 in Britannien von den Truppen zum Kaiser ausgerufen, hatte aber zwei Rivalen: Galerius und Maxentius, von denen besonders der letztere ein sehr gefährlicher Gegner war. Galerius starb nämlich 311, aber Maxentius besaß Rom, Italien und den Orient. Um nun seiner Partei einen starken Hinterhalt zu geben, beschloss Konstantin, die damals schon sehr verbreiteten Christengemeinden Italiens auf seine Seite zu ziehen und die christliche Geistlichkeit wusste ihn in diesem Beschluss natürlich auf jede Weise zu stärken. Nachdem dieser Handel abgeschlossen war, ging Constantius über die Alpen und schlug seinen Gegner den 27. Oktober 312 vor Rom bei der Milvinischen Brücke. Während der Schlacht aber erschien ein flammendes Kreuz unter der Sonne mit der Unterschrift «in hoc signe vinces» (das Kreuz wird dir ein Siegeszeichen sein) und von dort an ließ Konstantin alle seine Kriegsfahnen mit dem Kreuz bezeichnen.

Seinen späteren Gegner Licinius besiegte Konstantin ebenfalls mit Hilfe der Christen, und es ist daher als Tatsache festzustellen, dass die Motive seines Übertritts zum Christentum keineswegs in der Religiosität zu suchen sind, obwohl der Aberglaube sowie die Hoffnung, durch die Taufe eine Entsühnung für die Masse der von ihm begangenen großen Verbrechen zu bekommen, nicht wenig zu seiner Bekehrung beigetragen haben mögen. Von welcher Art diese Verbrechen waren, darüber möge sich der Leser aus der weltlichen Geschichte orientieren, wir selbst finden keinen Raum, näher hierauf einzugehen und führen daher nur an, dass dieser «große» Kaiser unter anderem seinen eigenen Sohn

Welche Glorie für den Bischof von Rom, den großen Kaiser getauft und so aus der verfolgten und rechtslosen Christenheit die tonangebende, in jeder Hinsicht begünstigte Religionsgemeinschaft geschaffen zu haben! Schon vorher war der «Oberälteste» oder Episcopus der römischen Gemeinde eine unter den übrigen Gemeinden ringsum sehr angesehene Person, denn fast alle diese waren von Rom aus gegründet worden und betrachteten die Letztere als die Mutterstadt. Überdies genoss die römische Gemeinde, weil von einem Apostel gegründet, und weil Rom damals die Hauptstadt der Welt war, ohnehin ein besonderes Ansehen. So war es natürlich, dass sich die Bischofe der Landgemeinden um Rom herum in sehr vielen Angelegenheiten an den römischen Bischof wandten, um sich von ihm Rat und Hilfe zu erbitten. Auch ließen sie ihm, wenn sie zusammenkamen oder eine Synode hielten, als dem Vornehmsten unter ihnen, recht gerne den Vorsitz, so dass er sozusagen stillschweigend als «der Erste unter Seinesgleichen» gelten konnte. Große Vorteile aber hatte er zuerst nicht davon; aber wie ganz anders gestaltete sich die Sache, als Konstantin die christliche Religion zur begünstigten im Staate machte? Als er den Christen das Recht gab, Versammlungshäuser (Kirchen) zu bauen und selbst hierin mit gutem Beispiel voranging? Als er die Bischöfe oder Vorsteher der größeren Christengemeinden auszuzeichnen anfing und ihnen oder vielmehr den Kirchen, welchen sie vorstanden, verschiedene Privilegien nebst Grundeigentum anwies, damit die Bedürfnisse der gottesdienstlichen Handlungen und der Geistlichkeit daraus bestritten werden könnten? Wird man es nun nicht für natürlich finden, dass der Bischof von Rom, der das Glück gehabt hatte, den Kaiser zu taufen, besonders begünstigt wurde, und dass derselbe sich auch alle Mühe gab, seiner Kirche so viel Privilegien als möglich zuzuwenden? Wird man dies nicht umso natürlicher finden, wenn wir dem Leser sagen, dass jener Bischof, sein Name war Sylvester, mit einer ausnehmenden Klugheit und einer noch größeren Kriecherei einen Erwerbsinn verband, der bereits an die Bodenlosigkeit dessen, was man später gemeinhin «Pfaffensack» nannte, erinnerte?

So brachte es Bischof Sylvester durch seine gewandte Hofmanier und durch die Art und Weise, wie er den Kaiser zu behandeln verstand, dahin, dass ihm dieser einen Palast zum Bischofsitz übergab und zugleich den Bau einer Kirche begann, welcher er bedeutende Einkommensteile anwies. Auch erhielt Sylvester das Privilegium, Erbschaften und Schenkungen anzunehmen, und man kann sich denken, dass er dieses Privileg zu nutzen verstand. Weil nämlich nunmehr der Hof christlich und das Christentum Staatsreligion geworden war, ließen sich jetzt schnellstens eine

---

Crispus, sowie seine eigene Frau Fausta ermorden ließ. Auch wäre man sehr im Irrtum, wenn man glauben würde, Konstantin sei ein guter Christ gewesen. Er war im Gegenteil so unreligiös, wie nur immer möglich und frönte sogar noch rein heidnischen Gebräuchen, wie man z. B. im Jahre 330 bei der Einweihung Konstantinopels zur zweiten Hauptstadt des Reichs sehen kann. Das Christentum benützte er nur zu seinen politischen Zwecken. (Siehe Burckhardt, *Die Zeit Konstantin des Großen*. 1853. 8)

Menge von vornehmen Personen taufen, so dass der Bischof mit seinen bisherigen Presbytern und Diakonen nicht mehr auskam, sondern verschiedene weitere Priester (zu denen er natürlich besonders passende Personen auswählte) ordinieren musste. Hierdurch aber erwarb Sylvester einen solchen Einfluss auf die vornehme Welt Roms, dass es bald zum guten Ton gehörte, die Kirche zu beschenken. Ganz wie er handelten auch seine Nachfolger, welche es ebenfalls in ihrem Nutzen fanden, einen ganzen Kreis von beredten und wohlgestalteten jüngeren Priestern an den neu entstandenen Kirchen anzustellen, und so kam es denn nach gerade mal zwanzig oder dreißig Jahren schon so weit, dass der Kirchenvater Hieronymus sich folgender Worte über den römischen Bischof und seine Geistlichen bediente: «Die römischen Priester, welche durch ihr erhabenes und ernstes Wesen den Weibern Ehrerbietung abzwingen sollten, küssen dieselben (in den Kirchen) zuerst gar zärtlich mit dem Bruderkuss; dann strecken sie die Hand aus, als ob sie ihnen den Segen geben wollten, in Wahrheit aber, um für ihren Segen eine Schenkung zu erhalten.» So der heilige Hieronymus. Andere Schriftsteller gehen noch mehr ins Detail und von ihnen erfahren wir, dass es der römischen Geistlichkeit vor allem zur Pflicht gemacht wurde, die vornehmen Damen und unter diesen wieder die Witwen auszukundschaften, welche als besonders leicht manipulierbar bezeichnet werden konnten.[24] Solche Damen durften nun sicher sein, recht viele geistliche Besuche zu bekommen, und wenn dann die Herren Besucher unter den Hausgerätschaften oder Schmucksachen der Dame etwas recht Kostbares fanden, so besahen sie es, in laute Bewunderung ausbrechend, so lange von allen Seiten, bis die Dame nicht mehr umhin konnte, dem frommen Mann ein Präsent damit zu machen. Auch andere Kunstgriffe wurden angewandt und z. B. die Freigiebigkeit dieses oder jenes Christen so außerordentlich herausgestrichen, bis derjenige, zu dem man sprach, aus Schamgefühl auch freigiebig wurde. Sterben aber durfte in Rom ohnehin fast niemand mehr, wenn er nicht vorher die Kirche, oder vielmehr den römischen Bischof und seine Geistlichkeit im Testament bedacht hatte. Ja sogar das Gut der Waisen ließ man nicht in Ruhe und überhaupt wurde die Erbschleicherei so schamlos getrieben, dass der Kaiser Valentinian I., welcher im Jahre 364 den Thron bestieg, genötigt war, strenge Gesetze gegen eine solch fluchwürdige Geldgier zu erlassen. Namentlich verbot der Kaiser dem damaligen römischen Bischof Damasus, von Frauen oder Witwen, mit denen die Herren Geistlichen «unter einem gottseligen Vorwand» sich in eine nähere Verbindung eingelassen hätten, irgendwelche Schenkungen anzunehmen, da solche null und nichtig und die Obrigkeiten angewiesen seien, solche unwürdigen Priester aus den Häusern jener betörten Damen, welche ihre eigenen Söhne und Töchter, um den

---

[24] Der Leser bedenke, dass Rom damals eine Einwohnerzahl von einer Million Menschen hatte, und dass es daher wohl der Kundschafter bedurfte, um alle Familienverhältnisse zu erkunden.

Bischof von Rom und seine Priester zu bereichern, enterbten oder doch benachteiligten, wenn es sein müsste, sogar mit Gewalt zu vertreiben! So weit war es also in den wenigen Jahren gekommen![25]

Mit den Schenkungen hatte es übrigens, trotz des kaiserlichen Erlasses, doch kein Ende. Im Gegenteil, sie nahmen von Jahr zu Jahr zu, und in der zweiten Hälfte des vierten Jahrhunderts, also kaum 60 Jahre, nachdem die christliche Religion ans Ruder gekommen war, lebten die Bischöfe zu Rom bereits in einer Pracht und Herrlichkeit, dass sie weniger geistlichen Hirten und Seelsorgern als vielmehr vornehmen weltlichen Herren glichen, welche ein fürstliches Einkommen zu verprassen haben. Die leckersten Speisen standen auf ihrer Tafel, die kostbarsten Kleider umhüllten ihren Leib, die kriecherischsten Bediensteten warteten ihnen auf und die stolzesten Pferde zierten ihre Karossen! Ja, ihr Aufwand war so groß, dass sie es sogar dem kaiserlichen Hof gleichtaten und es darf uns daher nicht wundern, wenn der damals noch heidnische Statthalter oder Gouverneur von Rom mit Namen Praetextatus, als man ihn zum Christentum bekehren wollte, ausrief: «Macht mich zum Bischof von Rom, dann will ich sogleich ein Christ werden!»[26] Und woher kam das Geld? Alles von den Schenkungen der römischen Damen, wie einstimmig von den Schriftstellern jener Zeit berichtet wird.

Hierin lag der Anfang des päpstlichen Reichtums. Die Bischöfe von Rom bereicherten sich auf Kosten der Waisen und gesetzlichen Erben, die Damen Roms aber, die viele Sünden zu verbüßen hatten – denn nirgends in der Welt wurde ein verschwenderischeres, üppigeres, sinnlicheres und ausschweifenderes Leben geführt, als in dem damals auf der höchsten Stufe der Schwelgerei und Entsittlichung stehenden Rom – vermeinten mit solche Schenkungen ein verdienstvolles Werk getan zu haben und nunmehr nach ihrem Sterben direkt in den Himmel zu fahren, trotz ihres bisherigen liederlichen und gottlosen Lebenswandels![27]

Doch, da nun einmal die Habgier der römischen Bischöfe geweckt war, braucht man nicht zu glauben, dass sie sich mit Schenkungen von Kostbarkeiten und Bargeld begnügt haben! Bargeld und kostbare Geschmeide sind wohl recht annehmbare Dinge, aber noch annehmbarer, weil mehr wert, sind die liegenden Güter, die Ländereien, die Fürstentümer, die Königreiche! Sehen wir also, wie die letzteren Akquisitionen zustande kamen.

---

[25] Das betreffende Gesetz, welches jetzt noch im *Codex Theodosianus* nachgelesen werden kann, musste öffentlich in den christlichen Kirchen von der Kanzel herab gelesen werden, und somit scheint die Erbschleicherei eine immense gewesen zu sein!

[26] So schreibt der heilige Hieronymus selbst! Eine noch drastischere Schilderung des üppigen Lebens der römischen Bischöfe in jener Zeit gibt der bekannte Schriftsteller Ammianus Marcellinus.

[27] Wir könnten hier auf verschiedene Details eingehen, die pikant genug wären, aber wir unterlassen es, weil der Stoff, den wir zu bewältigen haben, viel zu reichhaltig ist, als dass wir uns hierbei länger aufhalten dürften.

3. Kapitel.

Die weltliche Macht des Papstes.

Man hat früher einmal die Fabel in Umlauf zu setzen versucht, der Bischof Sylvester I. hätte von Kaiser Konstantin, den er taufte, im Gegenzug ganz Italien und noch eine ziemliche Portion vom übrigen Abendland in einem geheimen Handel geschenkt bekommen. Der Blödsinn dieser Lüge ist aber längst selbst von den ersten und raffiniertesten Verteidigern des Papsttums zugegeben worden, denn Kaiser Konstantin und seine Nachfolger hielten an ihrer Herrschaft über Italien mit derselben Zähigkeit fest, wie nur irgendein Monarch an seinem Königtum. Auch betrachteten und behandelten sie den römischen Bischof nur als einen «geistlichen Hirten», nie aber als einen «weltlichen Herrn» oder gar als einen mit den Rechten eines weltlichen Fürsten Begabten! Dagegen ist es eine unbestrittene Tatsache, dass die erste christliche Kirche, welche Konstantin in Rom baute, von ihm mit vielen Ländereien beschenkt wurde, deren Verwaltung natürlich dem Bischof von Rom zustand. Auch andere Gotteshäuser, welche den ersten nachfolgten, wurden mit Ländereien dotiert und bald war es allgemeine Sitte, die Güter, welche ehemals zu den heidnischen Tempeln gehört hatten, den neuen Christenkirchen zuzuweisen. Dazu kamen noch die «Erbvermachungen» der Reichen und Großen, welchen die frommen Geistlichen keine Ruhe ließen, bis die betreffenden Testamente so ausfielen, wie sie sich dieselben wünschten. Kurz, das Grundeigentum der verschiedenen Kirchen vermehrte sich schon im 4. Jahrhundert so außerordentlich, dass man es in jener Zeit auf mindestens ein Zehntel des gesamten italienischen Grund und Bodens schätzte. Zudem wurde der Klerus vom Laientum vollständig unabhängig, weil er in finanzieller Beziehung selbstständig geworden war. Als der Reichste unter den Reichsten galt übrigens der Bischof von Rom, denn die unter seiner Verwaltung (Patrimonium)[28] stehenden Güter umfassten zu Anfang des achten Jahrhunderts bereits einen bedeutenden Komplex und erstreckten sich weit über Rom und dessen nächste Umgebung hinaus, bis nach Unter- und Oberitalien, ja bis nach Sizilien und Korsika, und sogar bis nach Dalmatien, Gallien und den Küstenstrichen von Afrika. Sahen doch Kaiser Konstantin und seine unmittelbaren Nachfolger ihren Vorteil darin, die Macht des Christentums und seiner Träger zu heben, um dadurch die Macht des Heidentums

---

[28] Die römischen Kaiser nannten ihr Privatvermögen «*patrimonium privatum*» und ihre Domänen «*patrimonium sacratum*». Dementsprechend nannte man die Kirchengüter ebenfalls Patrimonium und fügte, um sie voneinander zu unterscheiden, immer den Namen des Heiligen bei, der als der Schutzherr des betreffenden Tempels betrachtet wurde. Daher kam es, dass das römische Kirchengut den Namen «Patrimonium Petri» erhielt, weil der Apostel Petrus als der Schutzpatron der römischen Kirche galt.

auf das sich alle Gegenkaiser stützten, zu vernichten! Aus denselben Gründen beschenkte der fränkische König Chlodwig, nachdem er zum Christentum übergetreten war, den Bischof von Rom mit Liegenschaften und sogar mit einer goldenen, mit Edelsteinen besetzten Krone, die den Wert einer Königskrone hatte! Und die Herren Oberpriester von Rom wussten, wenn es mit dem Erwerb eines Gutes auf gewöhnliche Art (durch Schenkung, Legat usw.) nicht ging, auch andere Hebel in Bewegung zu setzen und z. B. durch falsche Besitztitel oder unterschobene Testamente (wie so einige Prozesse und Klagen jener Zeit beweisen) sich die Ländereien anzueignen, nach denen sich ihr Herz sehnte![29] Obwohl aber diese Güter sehr bedeutend gewesen sein mussten[30], hatten sie nur den Charakter von «Privateigentum». Überdies waren die Päpste nicht einmal die Grundbesitzer, sondern sie durften sich nur am Ertrags dieser Güter, welche den Kirchen gehörten, erfreuen, und von einer Gerichtsbarkeit, von einer weltlichen Souveränität, war keineswegs die Rede. Diese blieb vielmehr, was die italienischen Güter anbelangt, dem Kaiser, und in Bezug auf die in Gallien gelegenen Patrimonien den fränkischen Königen, wie man aus den Briefen Papstes Gregor des Großen, sowie aus anderen zeitgenössischen Dokumenten ersehen kann.

---

[29] Es wird genügen, ein Beispiel anzuführen. Zur Zeit der deutschen Kaiser war es Sitte, von Zeit zu Zeit einen Oberrichter nach Rom zu senden, um die Klage des Volkes zu hören. Zu Kaiser Lothars Zeiten nun kam der Abt Ingoald des Klosters Farfa im Herzogtum Spoleto zu diesem Richter und beklagte sich, dass die Päpste Hadrian und Leo fünf große Landgüter an sich gerissen hätten, welche dem Kloster gehörten. Das Kloster habe lange Zeit um sein Recht prozessiert, sei aber immer, auch unter den Päpsten Stefanus, Paschalis und Eugenius, abgewiesen worden, «indem diese logen und widerrechtlich behaupteten, die Güter hätten von jeher zum heiligen Stuhle gehört.» Der Richter nahm die Klage des Abtes an und die Sache wurde nun im lateranischen Palast in Gegenwart des Papstes Gregor IV. und vieler Bischöfe verhandelt. Gregor IV. beharrte darauf, dass diese Güter zum Patrimonium Petri gehörten und legte Papiere vor, die seine Behauptung rechtfertigen sollten. Doch Abt Ingoald zog die Originalurkunde der ersten Schenkung, die vom Langobardenkönig Desiderius beglaubigt war, hervor. Draufhin erklärte der Papst diese Urkunde kurzerhand für eine Fälschung und war bereit, dies zu beschwören. Doch Abt Ingoald hatte sich vorgesehen und verschiedene Zeugen mitgebracht, welche nicht bloß die Echtheit der Urkunde bewiesen, sondern zugleich einen feierlichen Eid darauf ablegten, dass das Kloster früher im unbestrittenen Besitz der von Papst Hadrian geraubten Güter gewesen sei. So gab der Richter seine Entscheidung für das Kloster und gegen den Papst und das erstere erhielt seine Güter zurück, obwohl Gregor an den Kaiser appellierte.

[30] Gregor der Große zum Beispiel erwähnt in seinen Briefen, dass die gallischen Besitzungen bei Marseille ihm vierhundert Goldgulden jährlich einträgen – eine für die damalige Zeit bedeutende Summe, und Gregor II. zahlte dem Herzog von Neapel 70 Pfund Gold, damit er ihm sein Gut bei Kumae, welches die Langobarden erobert hatten, zurückeroberte. Dieses Gut muss also einen großen Wert gehabt haben!

Jedoch sollte es durch die Klugheit der römischen Bischöfe, welche die Zeitumstände zu nutzen verstanden, bald anders kommen. Im Jahre 330 unter Kaiser Konstantin wurde das alte Byzanz unter dem Namen Konstantinopel zur zweiten Hauptstadt des Reichs erhoben und das römische Kaisertum spaltete sich später in zwei Kaiserreiche, das abendländische und das morgenländische, von denen das erstere (mit dem Sitz zu Rom) unter dem letzten Kaiser Romulus Augustulus zugrunde ging. Von dieser Zeit an war Italien in verschiedene Herrschaften zersplittert und gerade die Päpste sorgten dafür, dass es zersplittert blieb! Denn ihre Politik – der Fluch Italiens – zielte von Anfang an darauf ab, jenes schöne Land durch die Zerteilung in verschiedene, aufeinander eifersüchtige und miteinander in Zwietracht lebende Herrschaften in steter Ohnmacht zu erhalten, damit sie selbst in Bezug auf ihre weltlichen Interessen umso leichtere und reichere Beute machen könnten!

In Oberitalien hatten sich, nachdem verschiedene germanische Völkerschaften während der Völkerwanderung Italien besucht hatten, im Verlauf des sechsten Jahrhunderts die Langobarden bleibend festgesetzt und die Stadt Pavia zu ihrem Königssitz erhoben. Mittelitalien nebst Neapel und Kalabrien, sowie auch die große Insel Sizilien, ehe diese den Sarazenen anheimfiel, gehörte den byzantinischen Kaisern (die Generale Belisar und Narses hatten das Land wieder erobert), welche einen Statthalter oder «Exarchen» in Ravenna sitzen hatten.[31] Ravenna wurde nämlich zur Hauptstadt des dem Kaiser von Konstantinopel angehörenden Teiles von Italien erkoren und man nannte das Land um Ravenna herum (die jetzige Romagna) das *Exarchat*, weil es von den Exarchen persönlich verwaltet wurde. Untergouverneure saßen zu Rom, zu Neapel, zu Gaeta, zu Amalfi usw., und da sie den offiziellen Namen «Duces» (Herzoge) führten, so hießen die von ihnen verwalteten Provinzen Ducate. Nur allein die fünf Küstenstädte Ancona, Sinigaglia, Fano, Pesaro und Rimini nebst den dazugehörenden Landen erhielten die Bezeichnung Pentapolis oder «der Fünfstädtebezirk», wurden aber ebenfalls von einem Unterstatthalter im Namen des Exarchen regiert. All dieses Land, also bei weitem der größere Teil Italiens, gehörte den morgenländischen oder griechischen Kaisern, während nur der kleinere obere Teil der Halbinsel im Besitz der Langobarden war; aber diese Kaiser waren meist schwächliche Herrscher, wie denn das griechische Kaisertum selbst langsam dahinsiechte, um am Ende total zu verfaulen. Somit hatten die Exarchen in Ravenna, weil sie von Konstantinopel keine oder nur wenig Hilfe bekamen, einen sehr schweren Standpunkt gegen die stets ruhelosen und eroberungssüchtigen Langobarden und mussten die Verteidi-

---

[31] Rom hatte während der Stürme des fünften und sechsten Jahrhunderts mehr als neunzig Prozent seiner Einwohnerschaft verloren und konnte sich seit dieser Zeit nie mehr zu seiner früheren Bedeutung erheben. Gab es doch Perioden, wo die Stadt aufgrund der ewig sich wiederholenden Kämpfe nicht mehr als 35 Tausend Menschen zählte, während sie unter den Kaisern des ersten bis dritten Jahrhunderts eine Million und mehr gehabt hatte!

gung des Landes sozusagen dem Land selbst, d. h. seinen Bewohnern und Grundbesitzern überlassen. Nun war aber der Bischof zu Rom einer der größten, wenn nicht der größte Grundbesitzer im kaiserlichen Italien und musste also schon aus diesem Grund sein Möglichstes zur Abwehr der grausamen Räuber und Zerstörer, als welche sich die Langobarden erwiesen, beitragen. Dazu kam noch ein besonderer Grund. So lange nämlich Rom von einem Dux unter dem Exarchen von Ravenna regiert wurde, konnte sich der römische Bischof viel herausnehmen und sich in manchem eine Gewalt anmaßen, die ihm nicht gebührte. Der Exarch brauchte ja seine Hilfe gegen die Langobarden und der in Konstantinopel residierende Kaiser war zu weit entfernt und zu machtlos, um alle und jede päpstliche Übergriffe ahnden lassen zu wollen oder zu können! Wenn es aber dem Langobardenkönig gelang, ganz Italien sich zu unterwerfen, so musste natürlich die Abhängigkeit von diesem ganz in der Nähe residierenden Monarchen eine völlig andere und weit drückendere sein, als die vom Exarchen zu Ravenna, und von einem weltlichen Herrschertum, dessen Keime in den Päpsten eben zu wuchern begannen, wäre da nie und nimmer die Rede gewesen. Der Einigung Italiens unter den Langobarden musste also um jeden Preis vorgebeugt werden, und somit taten dir römischen Bischöfe oder Päpste alles, was sie konnten, um deren Weitervordringen zu verhindern. Ja, sie opferten sogar bedeutende Summen, um auf eigene Faust Soldaten zu werben oder die kaiserlich-griechischen Truppen zu besolden, und als besonders eifrig hierin kann Gregor der Große (590-604) bezeichnet werden, auf dessen hohe geistige Gaben und unbeugsame Willenskraft, durch welche er die Idee des Papsttums auf die außerordentlichste Weise förderte, wir in einem späteren Kapitel zurückkommen werden. Freilich – umsonst tat er es nicht, sondern er verlangte, dass ihm für seine guten Dienste die weltliche Gerichtsbarkeit über seine Grundholden und die Befugnis, die weltlichen Ämter in den Landstrichen, in welchen der Bischof von Rom Patrimonien eignete, zu besetzen, vom Kaiser eingeräumt würden. Überdies gewöhnte er durch seinen kräftigen Widerstand gegen die Langobarden die Römer und Mittelitaliener daran, sich in weltlichen Nöten lieber an ihn, als an den Exarchen oder gar den Kaiser von Konstantinopel zu wenden, von denen sie doch keine Hilfe erhielten.

Nun trat noch ein weiteres Ereignis ein, welches die Zwecke der römischen Bischöfe ungemein förderte. Unter dem Pontifikat Gregors II. (715-731) nämlich brach der berüchtigte «Bilderstreit» aus, wegen dessen ganze Ströme von Blut vergossen wurden und der für Italien die Folge hatte, dass es sich schließlich vom oströmischen Reich gänzlich lostrennte.

In früheren Zeiten hatte es für gottlos gegolten, körperliche Bilder von Gott oder Christus in einer Kirche aufzustellen und noch Gregor der Große schrieb ausdrücklich, dass Bilderverehrung ein großes Verbrechen sei. Aber die große Masse wollte etwas fürs Auge haben und weidete sich an den Abbildungen Jesu Christi, seiner Mutter, der Apostel und der Märtyrer. Von dieser Augenweide aber war es nur ein Schritt bis zur Verehrung der Bilder und diese letztere nahm im Verlauf der Zeit, insbesondere im Morgenland, mit Riesenschritten zu, so dass man dort schon im siebten Jahrhundert anfing, die Bilder zu küssen, vor ihnen niederzufallen, ihnen Weihrauch anzuzünden, sie anzubeten, ihnen Wunder zuzuschreiben, und was dergleichen Unsinn mehr ist. Juden und Muslime spotteten über diesen neuen Fetischdienst derer, welche die reinste Religion besitzen wollten. Dennoch verbreitete sich jene Abgötterei doch immer weiter und weiter und am Ende auch über das Abendland. Es lag schließlich im Interesse der Geistlichkeit (besonders derer, welche Kutten trugen), den Aberglauben zu vermehren und das Volk, damit es mehr zum «Schenken» bereit sei, vom «Denken» abzuhalten! Endlich wurde dieses wahnsinnige Treiben dem konstantinopolitanischen Kaiser Leo, dem «Isaurier», wie man ihn nannte, doch zu bunt und er beschloss, den neuen Götzendienst auszurotten. Er erließ einen strengen Befehl, aus allen Kirchen seines großen Reichs die Bilder zu entfernen und die Anbetung derselben, wo es nicht anders ging, mit Gewalt zu unterdrücken. Natürlich fühlte sich das abergläubische Volk hierüber arg verletzt und es kam daher, durch Aufhetzung der Geistlichkeit, an vielen Orten zum offenen Aufstand; doch es gelang dem Kaiser, zumindest im Morgenland all diese Aufruhrversuche zu unterdrücken. Nicht so glücklich war er im Abendland, oder vielmehr in Mittelitalien, und am allerwenigsten in Rom. Auf dem dortigen Bischofsitz saß nämlich damals Gregor II. (715-31), ein energischer, herrschsüchtiger Mann, dem jedes Mittel recht war, wenn es nur zum Ziel führte, und als nun der Kaiser Leo seinem Stellvertreter in Italien, dem Exarchen von Ravenna, befahl, auch in den italienischen Provinzen den Bilderdienst auszurotten, so erklärte sich der Papst sogleich und unbedingt gegen diesen Befehl. Der Exarch wies also seinen Unterstatthalter, den Dux von Rom, an, den Befehl mit Gewalt durchzuführen; aber da er selbst von Konstantinopel aus nicht mit gehörigen Streitkräften versehen wurde, konnte er auch seinem Dux keine geben und so kam es, dass der letztere vom römischen Volk, das für den Papst Partei ergriff, in einem blutigen Aufstand vertrieben wurde. Diesen Aufstand zu veranstalten gelang dem Papst umso leichter, weil die Römer über die von Konstantinopel aus ihnen auferlegten Steuern, gegen die sich Papst Gregor, um das Volk zu gewinnen, ebenfalls erklärte, äußerst erbost waren, und überdies hatte der (auf die angegebene Weise populär gewordene) Kirchenfürst das Gerücht verbreitet, man trachte ihm von Seiten der konstantinopolitanischen Partei nach dem Leben und habe Meuchelmörder nach ihm ausgesandt. Natürlich vermehrte sich hierdurch die Begeisterung für den Papst außerordentlich und die Einwohnerschaft Roms machte ihn nach der Vertreibung des Dux zu ihrem weltlichen Oberhaupt. Dies geschah im Jahr 727, und der römische Bischof hatte nun erlangt, nach was er so lange gestrebt hatte. Aber die Freude wurde ihm bald arg verbittert, denn nicht nur konfiszierte ihm der Exarch alle in Unteritalien (das dem Kaiser treu geblieben war) gelegenen Güter und

Patrimonien, sondern es begann auch Luitprand, der König der Langobarden, ein ebenso kluger als tapferer Fürst, welcher den Zeitpunkt für geeignet hielt, die Griechen gänzlich aus Italien zu verjagen und sich zum Alleinherren der schönen Insel zu machen, seine Streitkräfte zu sammeln, rückte sofort in das Exarchat ein und eroberte Ravenna nebst fünf andern Städten. Allerdings schien es nun, König Luitprand mache gemeinschaftliche Sache mit dem Papst, denn nicht nur erklärte er sich ebenfalls, wie letzterer, für den Bilderdienst, sondern er machte auch dem römischen Bischof eine nicht unbeträchtliche Schenkung mit dem Städtchen Sutri (in der nachherigen Legation Viterbo), indem er ihn zugleich wie einen unabhängigen weltlichen Fürsten behandelte. Dessen ungeachtet aber ließ sich der Papst nicht blenden, sondern er sah vielmehr ein, dass er, wenn es den Langobarden gelänge, ihre Pläne durchzuführen, in kurzer Zeit genötigt sein würde, sie als seine Herren und Gebieter anzuerkennen. Somit wandte er sich eiligst an die Venezianer, welche die einzigen in Oberitalien waren, die den Langobarden nicht unterworfen waren, sondern unter einem Herzog ein zwar kleines, aber unabhängiges Fürstentum bildeten, und beschwor sie aufs innigste, dem Exarchen, «gegen das verruchte Volk der Langobarden» beizustehen. Zu gleicher Zeit wusste er unter den Vasallen Luitprands ein Aufbegehren anzuzetteln, und Luitprand dadurch, sowie durch den Zuzug der Venezianer so in die Enge zu treiben, dass derselbe das Exarchat wieder räumte. Die langobardische Gefahr war also für diesmal wenigstens beseitigt, wenngleich durch eine nicht gerade ehrenhafte Politik, aber der Papst wollte lieber den schwachen Exarchen in der Nähe haben, als den starken Luitprand.

Auf Gregor II. folgte Gregor III. (731-741) und dieser trat ganz in die Fußstapfen seines Vorgängers. Der Bilderstreit dauerte fort und Kaiser Leo versuchte mit allen Mitteln, mit seiner aufgeklärteren Ansicht auch in Italien durchzudringen. Der Papst jedoch widersetzte sich energischer denn je und drang nun erst recht auf die Ausschmückung der Kirchen mit Bildern, um das Volk für sich zu gewinnen. Auch besaß der Statthalter des Kaisers zu wenig Macht, um den Papst gewaltsam zur Nachgiebigkeit zu bringen, und dieser ging daher in seiner Anmaßung so weit, den Exarchen als einen Ketzer mit dem Bann zu belegen.[32] Dagegen fing ein anderer Feind wieder an, gefährlich zu werden, nämlich König Luitprand, der sich zwischenzeitlich von seiner letzten Niederlage wieder erholt hatte. Um nun auch dieser Gefahr begegnen zu können, verband sich Gregor III. mit den Herzogen von Spoleto und Benevent, obwohl diese Vasallen des Langobardenkönigs waren, zu einem Schutz- und Trutzbündnis. Aber diesmal hatte der kluge Priester falsch gerechnet, denn sobald Luitprand von dieser Treulosigkeit seiner Vasallen hörte,

---

[32] Über das Wort «Bann», sowie auch über die Art und Weise, wie sich aus den römischen Bischöfen Päpste entwickelten, wird im nachfolgenden Buch «Der Papst und die Demut» ausführlich die Rede sein.

brach er mit einem starken Heer gegen sie auf, schlug sie in einer blutigen Schlacht in die Flucht, drang darauf in das päpstliche Gebiet ein und fing an, Rom, wohin sich die besiegten Herzoge geflüchtet hatten, zu belagern. Das war ein harter Schlag, denn wenn Luitprand Rom eroberte, so musste dessen Bischof langobardischer Untertan werden! Wie sich aber aus dieser Not erretten? Es blieb kein anderer Weg, als im Ausland Hilfe zu suchen, da die Venezianer sich weigerten, sich in einen abermaligen Krieg mit dem mächtigeren Luitprand einzulassen. Der einzige Mann aber, der diese auswärtige Hilfe gewähren konnte, war Karl Martell, der allmächtige Hausmeister des fränkischen Königs und zugleich der gefeierteste Kriegsheld seiner Zeit, da er die Sarazenen über die Pyrenäen zurückgeworfen hatte. An diesen faktischen Regenten Galliens und Süddeutschlands,[33] mit dem er schon früher durch Bonifazius, den sogenannten Apostel der Deutschen, in ein näheres Verhältnis getreten war, schickte Gregor im Jahre 739 und 740 drei Gesandtschaften nacheinander, um ihn zu bewegen, ihm, dem Stellvertreter Petri,[34] wie er sich nannte, und der römischen Kirche gegen die Langobarden Beistand zu leisten. Auch kamen seine Legaten nicht mit leeren Händen, sondern sie brachten verschiedene kostbare Reliquien (worunter auch etwas Feilstaub von den Ketten war, welche der Apostel Petrus während seiner Gefangenschaft zu Rom getragen haben soll) und sonstige Präsente, die nicht zu verachten waren. Ja, die dritte Gesandtschaft machte dem tapferen Karl Martell gar den verlockenden Antrag, der Papst wolle seiner Verbindung mit Byzanz, d. h. mit dem Kaiser von Konstantinopel, ganz entsagen und sich dagegen vollständig in den Schutz der Franken begeben. Karl Martell, schrieb Gregor, solle das «Patriciat von Rom», oder mit anderen Worten die Ober- und Schirmherrschaft der ewigen Stadt übernehmen und damit dieselbe Stelle einnehmen, welche der morgenländische Kaiser früher eingenommen hat. Zur Beurkundung dieses seines Antrags sandte er dem Hausmeister die Schlüssel zum heiligen Grabe Petri mit, durch deren Abtretung er den fränkischen Majordomus als seinen Oberherrn anerkannte.

Man kann sich nun wohl denken, dass Karl Martell für eine solche verführerische Sprache nicht unempfindlich war, jedoch fühlte er sich damals schon körperlich zu schwach und hinfällig, um noch einmal die Strapazen eines Feldzuges ertragen zu können, und überdies war er mit König Luitprand nicht nur befreundet, sondern ihm auch in vielfacher Beziehung verpflichtet. Somit begnügte er sich, dem Papst

---

[33] Das «fränkische Reich» umfasste außer dem jetzigen Frankreich noch einen großen Teil von Deutschland, soweit Letzteres bereits zum Christentum bekehrt war. Auf dem Thron saß das Geschlecht der Merowinger, aber die Nachfolger Chlodwigs zeichneten sich durch so große Untüchtigkeit aus, dass ihre «Hausmeister» für sie regierten, gerade wie in der Türkei später oft die Großwesire.

[34] Über den Anspruch des römischen Bischofs auf den Titel eines Stellvertreters Petri, und in Folge dessen auf die Macht zu binden und zu lösen, kommen wie bei dem Kapitel der Demut des Papstes zu sprechen.

zu danken und als Beweis seiner Dankbarkeit eine Gesandtschaft an den Langobardenkönig zu senden, um diesen zur Einstellung der Feindseligkeiten zu bewegen. Gleich darauf starb er und nicht lange hernach (27. Nov. 741) auch Gregor III. Die Freude allerdings hatte er doch noch erlebt, dass die Langobarden Karl Martell zuliebe von der Belagerung Roms Abstand genommen hatten!

Auf Gregor III. folgte Papst Zacharias (741-52), ein Mann voll süßer Überredungsgabe, aber auch zugleich von einem Rechtsgefühl durchdrungen, dem kein Mann von Ehre und Moral huldigt. Da er sah, dass von den Söhnen Karl Martells, weil diese in einen schweren Krieg mit den Bayern, Sachsen und Alemannen verwickelt waren, im Augenblick keine Hilfe zu erwarten sei, suchte er König Luitprand in Person auf und wusste ihn durch seine Schmeichelworte so sehr zu gewinnen, dass dieser mit ihm einen Frieden auf zwanzig Jahre abschloss und alle bisher eroberten Patrimonien des apostolischen Stuhls herausgab. Ja sogar noch weitere Vorteile wusste der schlaue Zacharias zu erlangen, nämlich die Schenkung der vier Städte Amelia, Orta, Bomarzo und Bieda, welche eigentlich und rechtlich dem Exarchat von Ravenna, dem sie von Luitprand entrissen worden waren, zurückzugeben gewesen wären. Aber der süß redende Papst meinte, «der Eroberer könne über seine Eroberungen nach Belieben verfügen» und es sei besser angelegt, wenn der römische Stuhl jene Güter erlange, als der Kaiser von Konstantinopel, der doch noch genug habe. Allerdings, umsonst bekam Zacharias all diese Vorteile nicht, sondern er musste außerdem das Schutz- und Treuebündnis, das sein Vorfahr mit den Herzogen von Benevent und Spoleto eingegangen waren und das er selbst mit einem heiligen Eid erneuert hatte, ohne Weiteres zerreißen und zu solchem Verrat noch die Niederträchtigkeit hinzufügen, dass er die bewaffnete Bürgerschaft Roms mit dem Heer Luitprands zur Eroberung Spoletos vereinigte.

Abermals war also die Langobardengefahr, und zwar diesmal mit Profit, für eine Zeitlang beseitigt. Der Papst traute dem Wetter jedoch noch nicht und suchte insgeheim in ein näheres Verhältnis mit Pippin, dem (nachdem sein Bruder verstorben war, nunmehr einzigen) Nachfolger Karl Martells zu treten, denn die mit den Franken einmal angeknüpfte Verbindung erschien als ein zu gewichtiger Rückhalt, als dass es ratsam gewesen wäre, sie ganz aufzugeben. Ebensoviel lag dem Majordomus oder Hausmeister Pippin daran, den Papst auf seine Seite zu bringen, da er danach trachtete, seinen Herrn Childerich III., den rechtmäßigen König von Gallien, dem er als Untertan den Eid der Treue geschworen hatte, zu entthronen und sich selbst die Krone aufzusetzen. Doch wenn er dies tat, musste er damit rechnen, dass eine solch meineidige Handlung, ein solch offener Raub von den Franken nicht einfach hingenommen würde, wenn er die Tat nicht zu beschönigen, wenn er ihr nicht wenigstens einen Schein der Berechtigung zu geben verstand! So verhandelte er denn insgeheim mit dem Papst und sandte, als er mit ihm einig geworden war, im Jahre 751 den Abt Fulrad von St. Denis und den Bischof Burkhard von Würzburg als offene Botschafter an ihn mit der Anfrage: «ob nicht ein feiger, weichlicher und untüchtiger König des Thrones enthoben und ein Würdigerer, welcher zu regieren verstehe, an seine Stelle gesetzt werden dürfe!» Der Bischof von Rom wurde damals bereits fast in der ganzen abendländischen Christenheit als die Behörde angesehen, die, weil sie die Nachfolgerschaft Christi in Anspruch nahm, am besten wissen müsse, was Recht und Gerechtigkeit sei, und somit lag ungemein viel an der Antwort des Papstes Zacharias. Aber was tat der Stellvertreter Christi, in dem alle Wahrheit, Gerechtigkeit und Tugend vereinigt sein sollte? Er beantwortete die Frage mit Ja und erklärte damit Raub und Gewalttat für berechtigt. Eine frechere Verhöhnung des Rechtes gab es noch nie, denn nach dem Ausspruch Zacharias' würde es jedem Obergeneral oder Premierminister zustehen, seinen Monarchen, welcher ihm die Lust zu regieren und Krieg zu führen übertragen hat, um selbst untätig zuzuschauen, ohne Weiteres vom Thron zu stoßen! Aber was lag Bischof Zacharias, was lag seinen meisten Nachfolgern an Recht, Wahrheit und Gewissen, was machte es ihnen aus, den Raub zu legitimieren und dem Meineid die religiöse Sanktion zu geben, wenn es sich darum handelte, einen zeitlichen Vorteil zu erlangen? Und einen solchen erlangte der römische Bischofsitz durch jenen ehr- und rechtswidrigen Ausspruch, und zwar, wie wir gleich sehen werden, einen sehr großen!

Es begab sich nämlich, dass die Langobarden, nachdem der stolze Aistulph anno 749 den Thron bestiegen hatte, sich abermals zu regen anfingen, und Aistulph erklärte es offen, dass er nicht ruhen werde, als bis er ganz Italien seinen Zepter unterworfen habe. Auch zog er zwei Jahre später mit einer großen Armee ins Feld, eroberte Ravenna und das ganze Exarchat, nahm dann die Pentapolis und verschiedene andere Provinzen und zog schließlich im Jahre 752 vor Rom, um auch diese Stadt zur Unterwürfigkeit zu bringen. Hier war inzwischen Papst Zacharias gestorben und hatte dem Papst Stephan II. (752-57) Platz gemacht. Dieser sandte nun Botschafter über Botschafter an Aistulph, um ihn zum Rückzug zu bewegen, und brachte es auch wirklich durch große Geldopfer so weit, den Frieden für die Stadt Rom bewilligt zu erhalten. Aber nach wenigen Monaten schon bereute der Langobardenfürst diese Bewilligung und er verlangte vom Bischof, sowie vom Adel und Volk Roms, die Anerkennung seiner Oberherrschaft nebst einem jährlichen Tribut von einem Goldstück auf jeden Einwohner. Da stand nun wieder die alte Langobardennot vor der Türe und es schien unausbleiblich, dass der Papst zu dem, was er früher gewesen war, zu einem Bischof ohne Land und Leute herabsinken würde. Doch – Stephan II. bewies durch die Tat, dass er ein würdiger Nachfolger seiner Vorfahren war!

Zuerst wandte er sich mit Bitten und Beschwörungen an Aistulph selbst, dieser wollte aber nichts hören und gab sogar auf die größten Geldanerbietungen keine andere Antwort, als die Forderung der Unterwürfigkeit. Nun schickte Stephan eine Gesandtschaft an den Kaiser zu Konstantinopel, Konstantin V. (den Nachfolger Leos, des Isauriers), und versprach ihm, dem Bilderfeind, dem seine Vorgänger als einem Ketzer den Gehorsam aufgekündigt hatten, aufs demütigste, in Zukunft ein gehorsamer Untertan zu sein, wenn er Rom und Italien aus dieser großen Not errette. Doch auch dieser Schritt war vergeblich, denn Konstantin V. besaß nicht die Macht, wenn auch ohne Zweifel den Willen, eine Armee nach Italien zu senden. Stephan machte sich also in Person ins Lager des Langobardenfürsten auf und warf sich diesem zu Füßen, damit er von seinem Vorhaben ablasse. Doch Aistulph blieb unerbittlich und drohte sogar, die ganze Bevölkerung Roms über die Klinge springen zu lassen, wenn die Stadt es noch länger wage, ihm Widerstand zu leisten. In dieser Not blieb dem Papst kein anderes Mittel übrig, als seinem Vorfahr Gregor III. nachahmend bei den Franken Hilfe zu suchen. Freilich konnte er sich im Voraus denken, dass diese Hilfe nur gewährt werden würde, wenn Rom die Oberherrschaft der Frankenkönige anerkenne, aber diese «entfernte» und darum weniger «fühlbare» Oberherrschaft war der sonst unausbleiblichen der Langobardenfürsten, die ihren Wohnsitz wahrscheinlich in Rom selbst aufgeschlagen hätten, ums Zwanzigfache vorzuziehen. Dass Pippin, der neue durch Kronraub emporgestiegene Frankenkönig, dem Papst keine abschlägige Antwort geben werde, darüber bestand kein Zweifel, denn Ersterer bedurfte der Hilfe des Letzteren gerade eben so sehr, als dieser der seinigen. Nachdem nämlich Pippin den Kronraub vollführt hatte, ließ er sich durch Bonifazius, den Apostel der Deutschen, feierlichst zum König salben[35], und dieser, sein guter Freund und zugleich ein untertäniger Diener des Papstes, gab sich recht gerne dazu her, die heilige Handlung, durch welche ein Verbrechen sanktioniert werden sollte, vorzunehmen.[36] Aber unter dem fränkischen Volk gab es noch sehr viele, welche einigen Skrupel darüber hatten, ob ein Thronräuber ein legitimer Fürst sein könne,

---

[35] Das Salben mit wohlriechenden Ölen war im Orient stets zu Hause, teils zur Stärkung der Glieder, teils zur Erhöhung der Schönheit, und geachteten Gästen eine derartige Ehrenbezeugung zu erweisen wurde nie versäumt. Auf diese Sitte gründete sich die Salbung der jüdischen Priester, sowie ihrer Kleider und der zum Gottesdienst bestimmten Gerätschaften, und man nahm dazu ein besonders feines und heiliges Öl, das dem gesalbten Menschen (oder Gegenstand) eine besondere Weihe verlieh. Denselben Sinn hatte auch die Salbung der Könige im Altertum, denn man betrachtete sie allgemein als eine sinnbildliche Handlung, welche den Gesalbten den unvergänglichen Charakter ihrer Amtswürde aufdrückte und sie unverletzlich und unantastbar machte. Deswegen heißen im Alten Testament auch Priester und Könige vorzugsweise «Gesalbte des Herrn».
ei der Priesterweihe (Ordination) wird dem zu Weihenden die innere Fläche beider Hände nebst dem Daumen und Zeigefinger mit dem heiligen Öl (Chrisma) gesalbt und demselben dadurch die Kraft gegeben: «zu segnen, zu weihen und zu heiligen».
Die Königsweihe durch Salbung war schon im alten Ägypten gebräuchlich und die christlichen Priester bemächtigten sich also nur eines heidnischen Brauchs, als sie diese Weihe im Abendland einführten.
[36] Diese Niederträchtigkeit hinderte aber nicht, dass man Bonifazius später «heilig» sprach, eine Ehre, die auch Papst Zacharias, dem ersten Befürworter des Meineides, zuteilwurde.

und diese Gewissenszweifel seines Volkes, welche möglicherweise zu einem Aufruhr benutzt werden konnten, wollte Pippin um jeden Preis durch die Gegenwart des Papsts selbst beschwichtigt wissen. Somit gab er, als die Gesandten Stephans in Paris ankamen und ihre Bitte um Hilfe vorgetragen hatten, nicht sogleich eine zusagende Antwort, sondern sandte den Bischof Chrodegang von Metz und den Herzog Ancharius nach Rom, um seinerseits den Papst zu ersuchen, in Person nach Frankreich zu kommen. Der Letztere gab sogleich nach, als er den Grund erfuhr, warum Pippin seiner persönlichen Gegenwart begehre, obwohl die Reise mitten im Winter von 753/54 für ihn als einen Italiener ziemlich beschwerlich sein musste, und Pippin war darüber so erfreut, dass er dem heiligen Vater mehrere Meilen weit entgegenritt und demütig vor ihm niederkniete, um seinen Segen zu empfangen. Freilich warf sich nachher auch Stephan dem König zu Füßen und flehte seinen Schutz an, wobei er zugleich erklärte, dass er nicht früher aufstehen würde, als bis Pippin denselben gewährt habe! Doch was sollen wir über die ganze Geschichte viele Worte verlieren – in kürzester Frist wurden sich die hohen Herren mit ihren gegenseitigen Bedingungen einig. Der Papst versprach, 1. den König von dem gegen Childerich III. begangenen Meineid feierlichst zu entbinden, 2. denselben sowie auch seine Gemahlin Bertrade nebst seinen beiden Söhnen mit eigenen Händen zu salben, und 3. den Franken, falls sie je einen anderen König als aus seinem Geschlecht (solange dieses existiere) wählen würden, mit dem Bann zu drohen. Dagegen erbot sich Pippin, 1. die Langobarden so lange zu bekriegen, bis Rom befreit und die geraubten Güter oder Patrimonien dem Stuhl Petri zurückgegeben seien, und 2. diejenigen Städte und Dörfer, welche außerdem erobert würden, nicht dem rechtmäßigen Herren, dem griechischen Kaiser, zurückzugeben, sondern vielmehr dem Papst zum erblichen Besitz des Stuhls Petri, obwohl natürlich unter der Oberhoheit der fränkischen Könige, zu überlassen. Merkwürdig, – die Langobarden, welche ins Exarchat eingefallen waren, galten in den Augen des Papstes «als ruchlose Räuber», Pippin aber, wenn er Güter vom Exarchat eroberte und dem Papst schenkte, beging damit eine gesegnete und Gott wohlgefällige Handlung!

Der zwischen den beiden Parteien abgeschlossene Vertrag wurde sogleich in Ausführung gebracht, und nachdem der Papst die Salbung und Meineidslossprechung feierlichst in der Kirche des heiligen Dionysius zu Paris vorgenommen hatte, begann Pippin im Sommer 754 seine erste Kriegsfahrt über die Alpen nach Italien. Der Feldzug war ein sehr kurzer, denn nachdem die Franken durch den Pass von Fenestrella in Italien eingedrungen waren, schritten sie unaufhaltsam vorwärts und nötigten den Langobardenkönig durch die Belagerung seiner Hauptstadt Pavia, deren Eroberung jeden Augenblick zu befürchten war, um Frieden zu bitten. Gegen Herausgabe des Exarchats, sowie aller auf dem Gebiet der griechischen Kaiser bisher gemachten Eroberungen, welche Pippin wie vereinbart dem Papst als Eigentum unter seiner Oberhoheit übergab, wurde ihm dieser gewährt und die Franken zogen alsbald wieder heimwärts. Aber Aistulph wartete nur auf die Heimkehr derselben, um alles, was er beschworen hatte, zu brechen, und kaum fühlte er sich daher sicher, dass die Alpen wieder zwischen ihm und den Galliern lagen, so zog er alsbald mit seinen Scharen vor Rom mit dem festen Vorsatz, den Papst für die Zuhilferufung der Fremdlinge zu züchtigen. Natürlich wandte sich nun Stephan zum zweiten Mal an Pippin und schickte nacheinander drei Gesandtschaften nach Paris, um den König zur schleunigsten Hilfe aufzufordern. Ja, er beschwor ihn bei Himmel und Erde, die Langobarden, diese ruchlosen Teufel, zu vertilgen. Um ihn und sein Volk umso sicherer zur Teilnahme zu bewegen, brachte seine letzte Gesandtschaft gar einen Brief mit, der vom Apostel Petrus in höchst eigener Person geschrieben sein sollte und in welchem die himmlische Erlaucht König Pippin, seine Söhne, den fränkischen Adel und die fränkische Nation im Namen der Muttergottes sowie aller übrigen Notabilitäten des Himmels, ferner im Namen aller Märtyrer und aller Engel, sowie im Namen aller, welche den Thron Gottes umstehen, - beschwört, und zwar unter Androhung der grässlichsten Höllenstrafen beschwört: «seine Stadt Rom» (demgemäß machte der Apostel Petrus «offiziell und höchst eigenhändig» auf den Besitz Roms Anspruch) nicht zur Beute der Höllenbrände von Langobarden werden zu lassen.[37] Einer solchen Depesche, die unmittelbar aus dem Himmel kam, konnten Pippin und seine Franken natürlich nicht widerstehen und es ward daher bald darauf, im Sommer 755, ein zweiter Zug über die Alpen angetreten, welcher noch glücklicher endete als der erste. Pippin schlug nämlich Aistulph gleich in der ersten Schlacht so sehr nieder, dass dieser demütig um Frieden bitten und alle Bedingungen eingehen musste, welche man ihm auferlegte.[38] So erhielt Stephan II. das Besitztum zurück, welches ihm Pippin im vorigen Jahr überlassen hatte und von dieser Zeit an besteht die weltliche Macht der Päpste, deren Erhaltung und Vergrößerung denselben von nun an weit mehr am Herzen lag, als Religion, Kirche, Himmel und Seligkeit.

Unmittelbar nachdem Aistulph geschlagen war, kamen Gesandte des Kaisers Konstantin V. von Konstantinopel an und verlangten von Pippin die Rückgabe des Exarchats als einer uralten kaiserlichen Besitzung. Pippin ließ sich jedoch auf

---

[37] Dieser angebliche Brief des Apostel Petrus ist noch vorhanden und zwar in lateinischer Sprache, zum Beweis, dass diese im Himmel Hofsprache ist! Auf welche Weise ihn der Papst erhielt, ob durch einen unmittelbaren Boten aus Paris, oder durch eine andere Postverbindung, hat er nie näher auseinandergesetzt, der Leser mag sich daher die Sache nach Belieben zusammenreimen.

[38] Außer dem Exarchat und der Pentapolis (der nachherigen Mark Ancona) musste Aistulph auch noch einige weitere Städte abtreten, die ebenfalls dem Papst überlassen wurden; und überdies hatte er an die Franken einen jährlichen Tribut von 5000 Goldgulden zu leisten und musste obendrein sogleich 30000 Goldgulden als «Kriegskostenentschädigung» zahlen.

nichts ein, sondern erklärte kurzweg, er habe den Feldzug nicht Kaiser Konstantin zuliebe, sondern zu Ehren des heiligen Petrus unternommen und darum bleibe es dabei, dass der Papst das Ducat Rom, das Exarchat Ravenna und die Pentapolis fortan zum Eigentum habe. Er selbst behielt sich unter dem Titel eines «Patricius von Rom» die Oberherrschaft über jene Fürstentümer vor; aber er mischte sich nur wenig in die Regierungsangelegenheiten des heiligen Vaters ein, da er bis an sein Lebensende (768) mit anderweitigen Kriegen und Wirren überaus beschäftigt war und daher nie mehr in Person nach Italien kommen konnte. Anders aber gestaltete sich die Sache, als Karl der Große den fränkischen Thron bestieg; denn dieser stürzte Desiderius, den König der Langobarden vom Thron und setzte sich im Jahre 774 selbst die eiserne Krone der Lombardei auf. Dreizehn Jahre später, im Jahre 787, eroberte er sogar noch einen Teil von Unteritalien und da er nun fast alle Länder (nämlich einen großen Teil von Italien, ganz Deutschland und Gallien nebst einem Teil von Spanien) beherrschte, welche den früheren römischen oder okzidentalischen Kaisern, nach der Teilung des Reichs in ein westliches und östliches (konstantinopolitanisches) Kaisertum gehört hatten, nahm er den Titel eines römischen Kaisers an, und Papst Leo III. setzte ihm die Krone auf. Von nun an handelte er (und ebenso nach seinem Vorbild die folgenden Kaiser) als der weltliche Gebieter von Rom, Mittel- und Oberitalien, und der Papst musste ihn als seinen Herrn und Richter anerkennen. Der Kaiser war der Oberschirmherr und der Papst sein Vasall, weswegen letzterer sich auch vor dem ersteren oder vor dessen Sendboten und Stellvertretern in allen Klagen vor Gericht verantworten musste, während die Stadt Rom dem Kaiser, als ihrem weltlichen Oberregenten zu huldigen hatte.[39] Der neue römische Kaiser war also an die Stelle der früheren

---

[39] Ich könnte für diese beiden Tatsachen viele Beispiele anführen. Statt der vielen nur ein einziges. Als der Nachfolger Hadrians I., Papst Leo III. (795-817) den päpstlichen Stuhl bestieg, beeilte er sich, an Karl den Großen zum Zeichen seiner Huldigung die Schlüssel zum Grab des heiligen Petrus, sowie das Banner der Stadt Rom zu übersenden und fügte zugleich die Bitte hinzu, der Monarch möchte Bevollmächtigte nach Rom schicken, um den Römern den Treueeid abzunehmen, was auch sogleich geschah. Derselbe Papst Leo hatte sich kurze Zeit nach dem Antritt seiner Regierung beim römischen Volke schon so verhasst gemacht, dass letzteres ihn in der Kirche vor dem Altar überfiel, sodann seine Heiligkeit auf einen Esel setzte und ihn schließlich, das Gesicht gegen den Schwanz des Tieres gewandt, durch die Straßen führte. Mit Hilfe des Herzogs von Spoleto entkam Leo aus der Stadt und wandte sich nun an Karl den Großen um Hilfe. Letzterer schickte einen Sendboten, um die Sache zu untersuchen, und dieser setzte nun einen offenen Gerichtstag an und forderte jedermann auf, seine etwaigen Klagen gegen den Papst, der selbst ebenfalls erscheinen musste, vorzubringen. Sogleich traten verschiedene Männer auf, die sein Heiligkeit einer ganzen Reihe von groben Verbrechen beschuldigten, und der Papst ward nun aufgefordert, sich zu verteidigen. Während dies geschah, erschien Karl selbst in Rom und veranstaltete eine große Versammlung in der Peterskirche, vor welche Leo treten musste, um sich von den angeschuldigten Übeltaten reinzuschwören. – Liegt hierin nicht

griechischen Kaiser getreten, und dieses Verhältnis wurde jahrhundertelang festgehalten. Ein Fürstentum besaß der Papst, aber kein unabhängiges, sondern ein Vasallenfürstentum, und ehe der Vasall als solcher von seinem Oberherrn anerkannt und installiert war, konnte und durfte er sein Fürstentum nicht antreten.

Wenngleich nun der Papst damals noch kein weltliches Reich in dem Sinne besaß, wie ein jetziger unabhängiger Regent, so erfreute er sich doch eines wahrhaft fürstlichen, ja eines königlichen Einkommens, und dieses versuchte er auf jede Weise zu vermehren. Der Raum dieses Werkes erlaubt mir nicht, auf alle Einzelheiten einzugehen, so interessant dieselben auch für den Leser wären und ich werde mich darauf beschränken, die Hauptsachen und besonders die Art und Weise, wie der weitere Besitzstand erworben wurde, anzugeben. Über die Art und Weise des ersten Erwerbs habe ich ausführlich berichtet, denn ich wollte dem Leser beweisen, dass er sich nur auf ein Verbrechen, nämlich darauf gründete, dass der Papst Meineid und Kronraub für verdienstlich und rechtlich erklärte – wird es nun bei dem zweiten und dritten Erwerb anders zugegangen sein?

Der zweite große Erwerb des Papsttums bestand in den sogenannten «Mathildinischen Erbgütern». In der Mitte des 11. Jahrhunderts hatte sich Markgraf Bonifatius von Toskana zum Besitzer einer großen, fast königlichen Herrschaft emporgeschwungen. Schon sein Vater, Markgraf Theobald, besaß die Städte und Herrschaften Modena, Reggio, Ferrara, Mantua und Brescia als Lehengüter vom Kaiser und Reich, Bonifatius aber brachte es dahin, dass Conrad II. ihn zum Lohn für geleistete wichtige Dienste auch noch mit der großen Markgrafschaft Toskana und Parma belehnte. Hierzu kamen später noch das Herzogtum Spoleto und die Markgrafschaft Camerino nebst einer Menge von sogenannten Allodialgütern,[40] welche als Privateigentum frei vererbt werden konnten, während bei den Reichslehengütern die Bestätigung der Erbschaft durch den Kaiser nötig war. Alles zusammen bildete eine Herrschaft, welche ein Viertel von Italien umfasste, und wohl ein Königreich, statt einer bloßen Markgrafschaft genannt werden konnte.

---

der beste Beweis, dass der Papst den Kaiser als seinen Herrn und Richter anerkannte? Wer noch weitere Beispiele nachzulesen wünscht, der nehme Giselers *Kirchengeschichte* zur Hand, in deren zweiten Band eine Menge derselben zusammengestellt sind.

[40] Allodialgüter sind «frei vererbliche Güter», in Gegensatz zu Lehengütern, die nicht als freies, sondern nur als übertragenes, nutznießbares Eigentum betrachtet werden dürfen. Das Wort *Allodium* kommt vom altdeutschen *Alod* (*Od* soviel als Gut) her und das Vermögen jeder freien Person musste im Mittelalter entweder *Feudum* (vom altdeutschen *Feod*) d. h. Lehen oder Allodium d. h. «Freigut» sein. Letzteres vererbte sich an alle Kinder (weiblich oder männlich; ersteres war meist an die Männlichkeit (Mannslehen) gebunden, obwohl es auch weibliche (sogenannte Kunkel-)Lehen gab. Bei einem größeren Besitztum, dass längere Zeit in einer Hand war, vermischten sich oft Allodial- und Feudalgüter so sehr untereinander, dass sie nachher nur noch schwer getrennt werden konnten und die schlimmsten Prozesse daraus entstanden.

Am 7. Mai des Jahres 1052 nun starb Markgraf Bonifatius und seine einzige Erbin war seine Tochter Mathilde, damals ein Mädchen von neun Jahren, welches unter der Vormundschaft seiner Mutter Beatrix stand. Schon in ihrer frühen Jugend wurde Mathilde mit dem damals ebenfalls noch knabenhaften Herzog Gottfried von Lothringen verlobt, denn ihre Mutter heiratete als Witwe dessen Vater, und brachte so das Verlöbnis zustande. Der eigentlichen Heirat aber widersetzte sich die junge Erbin, nachdem sie zur jungen Frau herangewachsen war, mit aller Energie und erst im Jahr 1069 konnte sie dahin gebracht werden, den Ehebund kirchlich einsegnen zu lassen. Doch auch nach der Einsegnung weigerte sie sich, mit ihrem Gemahl zusammenzuleben, denn sie hatte ihm nur die Hand gereicht, um in der Erbschaft der väterlichen Reichslehen und Würden vom Kaiser, dessen Freund und treuer Anhänger Gottfried war, bestätigt zu werden. Kaum war dies geschehen, eilte sie fort, um ihre Markgrafschaft in Besitz zu nehmen und regierte von da an ihr großes Fürstentum, fast wie eine unabhängige Königin, während ihr Gemahl in Lothringen und Deutschland verweilte. Aber merkwürdig, - sie stellte sich bald mit aller Macht (und dass diese bei einem so großen Besitztum keine geringe war, kann sich der Leser denken!) auf die Seite der Partei, welche dem Kaiser und seinem Freund, dem Herzog Gottfried von Lothringen, todfeindlich gegenüberstand!

Damals hatten sich nämlich zwei große Parteien in Italien und Deutschland gebildet, die eine, welche die Macht des Papsttums, die andere, welche die Macht der Kaisertums verteidigte.[41] Ströme von Blut wurden zwischen diesen beiden Parteien vergossen und durch zwei volle Jahrhunderte lang wollte keine ruhen, als bis die andere vernichtet wäre. Wie dies gekommen ist, das werde ich dem Leser in einem späteren Kapitel erläutern, für jetzt genügt es, zu sagen, dass diese zwei Parteien sich damals in größter Feindseligkeit gegenüberstanden. Das Haupt des Kaisertums bildete Kaiser Heinrich IV., das Haupt des Papsttums Papst Gregor VII. Für den Ersteren kämpfte Herzog Gottfried von Lothringen, für den Letzteren Mathilde, Markgräfin von Toskana, also die Gattin gegen den Gatten! Warum aber kämpfte Mathilde gegen ihren eigenen Gemahl? Einfach deswegen, weil sie die Freundin, die vertraute, intime Freundin des Papsts Gregor VII. war, mit dem sie eine lange Reihe von Jahren hindurch (auch vor dessen päpstlicher Thronbesteigung, als er noch Kardinal war und Hildebrand hieß) zusammenwirkte und zusammenlebte, wie nur das innigst verbundene Paar zusammenwirken und zusammenleben kann!

Man hat es schon oft und viel versucht, die Markgräfin Mathilde nicht bloß als die geistig begabteste und weitaus humanistisch-gebildetste, sondern auch als die reinste, tugendhafteste, keuscheste und zugleich schönste, tapferste und klügste Dame ihrer Zeit hinzustellen, und ich bin weit davon entfernt, ihr die erst- und

---

[41] Ich verweise an dieser Stelle auf das Buch «Der Papst und die Demut».

letztgenannten Tugenden, die der geistigen Begabung und der Schönheit, Kühnheit und Klugheit abzustreiten. Tatsache ist jedoch, dass sie kein zurückgezogenes keusches Leben führte, sondern vielmehr ganze Wochen in den Feldlagern zubrachte und sich oft, sei es zur Feldschlacht, sei es zur Belagerung und Stürmung einer Burg wie eine Amazone an die Spitze ihrer Truppen stellte! Tatsache ist ferner, dass sie vollständig in den Händen des Papstes Gregor war, den sie schon näher kennen lernte, als derselbe noch ein junger Legat war, und dass sie mit ihm später monatelang, ja jahrelang in so inniger Gemeinschaft zusammenlebte, wie nur Menschen, die mit Leib und Seele verwachsen sind, zusammenleben können! Man hat auch versucht, Papst Gregor VII. als eine Charaktergröße auszumalen, deren Vollkommenheiten noch nie übertroffen worden seien. Tatsache ist jedoch, dass noch nie ein Mann die Genialität des Geistes, welche ihm Gott verliehen hat, die eiserne Konsequenz des Willens, welchen er besaß, und die Schrankenlosigkeit der Macht, die er sich zu erwerben wusste, zu furchtbareren, verdammenswerteren und in ihren Folgen grässlicheren Zwecken benützt hat als eben dieser Gregor VII.![42] Wie kann man da dem Verhältnis dieser beiden «den Stempel der Reinheit aufdrücken», als wären sie moralisch hochstehende Personen gewesen?

Papst Gregor VII. und Gräfin Mathilde waren als unzertrennliches Paar im elften, zwölften und dreizehnten Jahrhundert sprichwörtlich, und wenn auch zugegeben werden muss, dass der Einfluss, den Hildebrand auf die feurige Italienerin besaß, seine Hauptstütze in der großen geistigen Überlegenheit, die er besaß, finden mochte, so ist es doch nicht minder wahr, dass beiden jener hochadelige Sinn abging, welcher über körperliche Leidenschaft erhaben ist. Hat nicht dieselbe Dame, welche nach der Schilderung papstfreundlicher Schriftsteller so überaus «geistiger» Natur war, dass von «Körperlichkeit bei ihr gar nicht die Rede sein könne, - hat nicht, wie wir gleich sehen werden, diese Dame in ihrem sechsundvierzigsten Jahre noch (im Jahre 1089) einen Jüngling von achtzehn Jahren, den Herzog Welf von Bayern geheiratet, während dessen Vater nicht zu alt für sie gewesen wäre? Als Papst Gregor VII. sich mit ihr auf ihrem Schloss Canossa befand, demselben Canossa, wo Heinrich IV. die tiefste Schmach der Demütigung durchmachen musste, überredete er sie (im Jahre 1077), ihren ganzen Besitz und ihr ganzes verfügbares Vermögen dem apostolischen Stuhl testamentarisch zu vermachen. Sie konnte dies, denn da ihr Gatte, Herzog Gottfried, das Jahr zuvor verstorben und keine Kinder vorhanden waren, besaß sie das Recht der freien Verfügung über ihr Privatvermögen und ihre Allodialgüter. Dagegen fielen natürlich die Reichslehen, welche sie besaß, nach ihrem Tod, weil keine rechtmäßigen natürlichen Erben da waren, dem Reich zu und konnten nur vom Kaiser neu verlehnt werden. Über diese Güter hatte sie, wie sich von selbst versteht, keinerlei

---

[42] Wir werden auf diesen Großartigsten aller Päpste (im päpstlichen Sinne genommen) im Buch «Der Papst und die Demut» zurückkommen.

Verfügungsrecht. Aber die Erbschaft, welche sie «ihrem Freund zuliebe» dem Papsttum machte, war deswegen doch eine immense und man kann sich daher wohl denken, wie unendlich erfreut Gregor sein musste, als er endlich seinen Zweck erreicht sah. Auch hoffte er zuversichtlich, dass das Testament nie abgeändert werden würde, denn die damals nicht mehr in der Blüte des Lebens stehende Mathilde versprach ihm, «der ihr Ein und Alles war», feierlich, nie mehr zu heiraten, sondern als Witwe zu sterben!
Und doch hätte sich Gregor VII. fast verrechnet, denn noch war er kaum zwei Jahre tot, so suchte sie den jungen Welf von Bayern weniger durch ihre jetzt ziemlich welken Reize, als vielmehr dadurch zu ködern, dass sie ihm versprach, ihn zum Alleinerben einzusetzen und es überdies so weit zu bringen, dass die großen Lehengüter, welche ihr gehörten, auf ihn übertragen würden. Die Heirat kam auch wirklich im Jahre 1089 zustande, trotz des Altersunterschiedes, und sie lebte mit dem jungen Welf als dessen Ehefrau zusammen, ohne dass ihr so hoch gepriesenes Moralgefühl einen Anstoß daran genommen hätte, einen Jüngling zum Gatten zu haben, dessen Großmutter sie beinahe hätte sein können. Inzwischen wurde aber Papst Urban, der im Jahre 1088 auf den apostolischen Stuhl gelangte, angst und bange, die großen Besitztümer, auf welche er bereits mit Gewissheit rechnen zu dürfen geglaubt hatte, könnten wirklich auf den jungen Welf übergehen, und so ruhte er nicht, als bis die tugendreiche Mathilde sich unter großem öffentlichen Ärgernis von ihrem jungen Gemahl trennte und diesen im Jahre 1095 wie einen Buben nach Hause sandte. Nun kam zwar gleich darauf der alte Welf in vollem Zorn nach Italien und verlangte die augenblickliche Abtretung ihrer Besitztümer an seinen Sohn, aber sie lachte ihm ins Gesicht, und da die Macht auf ihrer Seite war, konnte der Herzog von Bayern für diesmal nicht durchdringen; doch behielten er und sein Sohn sich die durch die Heirat des Letzteren mit der Markgräfin erworbenen Anrechte auf das Mathildinische Erbgut vor. Hieraus ist späterhin ein Krieg entstanden, der fast zweihundert Jahre hindurch andauerte.
Nicht ohne Grund nämlich überredete Urban II. die frühere Freundin Gregors VII., sich ihres jungen Gemahls zu entledigen. Er wusste genau, was er wollte. Und in der Tat brachte er es nach kurzer Zeit so weit, dass sie ein zweites Testament (das erste zu Gunsten Gregors ausgestellte war während der Heiratsperiode verschwunden) verfertigen ließ, in welchem sie den apostolischen Stuhl abermals zum Erben einsetzte. Ja, dieses zweite Testament war noch vorteilhafter abgefasst als das erste, denn es sprach, je nachdem, wie man die Worte deutete (und die Päpste haben von jeher alles zu ihrem Vorteil zu deuten gewusst) dem Stuhl Petri auch die Güter zu, über welche Mathilde ohne Einwilligung des Kaisers gar nicht verfügen konnte, die Reichslehengüter nämlich. Von dieser Zeit an blieb Mathilde dem Papsttum treu und dieses hatte also seinen Zweck erreicht. Doch auf welche Weise hatte es ihn erreicht? Unter Gregor VII. durch Konkubinat und unter Urban II. durch Erbschleicherei. Ja, wenn man noch hinzurechnet, welche An-

sprüche die Päpste später auf das absichtlich zweideutig abgefasste Testament gründeten, durch Verdrehung, Fälschung und Betrug! – Also wieder dasselbe ehrliche und ehrenhafte Verfahren von Seiten des päpstlichen Stuhles, wie damals bei der Erwerbung der ersten Schenkung von Pippin!

Doch nur so zugreifen durften die Päpste nicht. Ja, als die Markgräfin Mathilde endlich am 24. Juli 1115 auf ihrer Burg Bondano de Noncori bei Reggio verstarb, machte der damals regierende Papst Pascal II. überhaupt keine Anstalt, das Testament zu vollstrecken! Er wagte es nicht einmal, dasselbe publik zu machen und gegen die Verfügungen des Kaisers Heinrich V. zu protestieren, der die Reichslehen sogleich einzog und ihm ergebene Männer, meist deutsche Grafen und Edelleute, damit belehnte! Als sieben Jahre später Papst Calixtus II. mit dem Kaiser Frieden schloss (das sogenannte Wormser Konkordat 1122)[43] wurde das Mathildinischen Testaments von ihm gar nicht erwähnt und noch weniger irgendein Anspruch auf die große Hinterlassenschaft gestellt, sodass hierdurch später der Verdacht entstand, das ganze Testament sei unterschoben, - ein Verdacht, den noch jetzt viele Historiker für begründet halten! Doch wie auch immer, soviel ist historisch erwiesen, dass erst nach dem Tode Heinrichs V. (1125) sich Papst Honorius II. (1124-30) erkühnte, mit seinen Ansprüchen hervorzutreten. Und warum wagte er es? Einfach deswegen, weil der Nachfolger Kaiser Heinrichs, der Sachsenherzog Lothar, der seine Wahl zum deutschen König nur allein den Priesterfürsten Germaniens (den drei Erzbischöfen) und dem Einfluss der päpstlichen Legaten zu verdanken hatte, nicht die Kraft besaß, die Rechte des Reichs mit derselben Energie zu verteidigen, wie Heinrich V.! Aber so gefügig und rücksichtsvoll sich Kaiser Lothar auch erwies, so konnte doch der Papst seinen Zweck nicht vollständig erreichen. Dagegen kam im Jahre 1133 ein Vergleich des Kaisers mit Innozenz II. (1130-43), dem Nachfolger des Honorius, zustande, kraft dessen das Testament der Markgräfin Mathilde in Bezug auf die Allodialgüter für gültig erklärt wurde, während die Reichslehen beim Reich zu verbleiben hatten. Nun zeigte es sich aber, dass es sehr schwer, ja fast unmöglich war, die Allodialgüter von den Lehensgütern genau zu trennen, da sie unter der langen Regierung Mathildes fast gänzlich ineinander verschmolzen waren, und man musste daher, wenn nicht der Streit von neuem ausbrechen sollte, an einen anderen Ausweg denken. Dieser fand sich auch, denn man kam überein, dass der Papst dem Kaiser die besagten Allodialgüter gegen eine jährliche Abgabe von hundert Silbermark zum Lehen geben sollte. Auch wurde noch weiter ausgemacht, dass nach dem Tod des Kaisers sein Schwiegersohn, der Herzog Heinrich von Bayern und Sachsen, die Güter unter denselben Bedingungen erben sollte, wie sie

---

[43] Der Krieg zwischen Papsttum und Kaisertum hatte seit Heinrich IV. nie aufgehört, denn seit Gregor VII. den Gedanken angeregt hatte, dass der Papst der Herr der Welt sei (siehe das spätere Kapitel «Der Papst und die Demut»), konnte nicht eher Friede herrschen, als bis einer der beiden unterlegen war.

Lothar übernahm, und dagegen, wenn Heinrich stürbe, das Erbe an den päpstlichen Stuhl zurückfallen musste. Dieser Beschluss wurde auch umgesetzt, und so kamen die Mathildinischen Güter wenigstens für eine Zeitlang an das welfische Haus, das von der Heirat Mathildes mit dem jungen Welf her Erbansprüche besaß, denn Herzog Heinrich war ein Neffe jenes Welf, der einst Mathilde geehelicht hatte. Doch Herzog Heinrich starb schon im Jahre 1139 und nun natürlich drohte der alte Streit wieder zu erwachen. Kaiser Friedrich I. Barbarossa, welcher im Jahre 1152 das Zepter erhielt, versuchte ihn zu beenden. Da er nämlich für seine Erhebung auf den deutschen Thron dem Sohn des obengenannten Herzogs Heinrich (welcher ebenfalls den Namen Heinrich und den Beinamen «des Löwen» führte), sowie den Bruder desselben (der Welf V. hieß) besonders verpflichtet war, übertrug er Heinrich dem Löwen die Herzogtümer Sachsen und Bayern (dieses letztere Herzogtum war seinem Vater, dem alten Herzog Heinrich, genommen worden), den Herzog Welf VI. aber belehnte er mit der Markgrafschaft Toskana, dem Herzogtum Spoleto und sämtlichen Allodialgütern der verstorbenen Mathilde. Hiergegen protestierte nun Papst Hadrian IV. im Jahre 1159 energisch und verlangte nicht bloß die Herausgabe der Allodialgüter, sondern auch des Herzogtums Spoleto; aber da er gleich darauf starb und sein Nachfolger Alexander III. (1159-80) Welf VI. mit den besagten Allodialgütern unter denselben Bedingungen, wie früher Innozenz II. den Lothar, belehnte, ruhte der Streit vorerst. Nur traf es sich, dass der einzige Sohn Herzogs Welf VI. im Jahre 1167 starb und dass hierdurch Heinrich der Löwe, der Neffe Welfs, Anwärter auf die Mathildinischen Güter wurde. Welf VI. war allerdings ein großer Verschwender und wurde es nach dem Tode seines Sohnes aus Verzweiflung noch mehr. Somit reichte sein fürstliches Einkommen bei weitem nicht aus, um die vielen Kurtisanen, Abenteurer, Gaukler usw., von denen sein Hof wimmelte, zu bezahlen. Er wandte sich also, als er vor Schulden nicht mehr aus noch ein wusste, an den reichen Neffen und versprach ihm nicht bloß die Erbschaft seiner Ländereien, sondern sogar deren sofortige Abtretung, wenn Heinrich dagegen die Schulden des Onkels übernähme und diesem ein bestimmtes Jahresgehalt bezahle. Darauf ging «der Löwe» nicht ein, denn er war von einem keineswegs löwenartigen Geiz beseelt. Nun machte sich aber der alte Welf an Kaiser Friedrich Barbarossa, der ihm ebenso nahe verwandt war wie Heinrich der Löwe (denn Friedrichs Mutter Judith war eine Schwester Welfs VI. gewesen) und – natürlich, der Kaiser wies den Antrag nicht zurück, sondern griff vielmehr mit beiden Händen danach. Auf diese Art kamen im Jahre 1168 die Mathildinischen Besitztümer in die Hände der Hohenstaufen.

Man kann sich nun aber wohl denken, dass sich die Päpste hiermit nicht begnügten. Ging doch ihr ganzes Bestreben von jeher dahin, ihr weltliches Besitztum zu mehren und nie eine Errungenschaft fahren zu lassen, auf welche sie einmal Anspruch gemacht hatten. Daher scheuten sie auch vor keinem Mittel zurück, das sie zum Ziel führen könnte, und es kümmerte sie nicht, ob sie Deutschland und Italien durch unabsehbare Kämpfe verwirrten und zerrütteten, so dass die beiden Staaten sich kaum mehr erholen konnten, - wenn nur dem römischen Stuhl dabei Mittelitalien zufallen würde!

Der Hauptkampf wurde unter Innozenz III. (1198-1216) ausgefochten, einem Papst, mit dem kein zweiter in Bezug auf Herrschsucht, Tyrannei, Gewalttätigkeit, Unterdrückung und Erschleichung, aber auch in Bezug auf Kraft, Ausdauer, Scharfsinn und Menschenkenntnis konkurrieren konnte. Gerade damals herrschte einige Verwirrung in Italien und in Deutschland. Kaiser Heinrich VI., Barbarossas Sohn, war Ende 1197 verstorben und hatte einen minderjährigen Sohn (den späteren großen Kaiser Friedrich II.) hinterlassen, zu dessen Vormund er sterbend seinen Bruder, Herzog Philipp von Schwaben (wie man ihn gewöhnlich betitelte) ernannte. Dieser, früher von Heinrich VI. mit der Verwaltung der italienischen Angelegenheit betraut, eilte nach dem Tode Heinrichs natürlich sogleich nach Deutschland, um bei der bevorstehenden Wahl eines neuen Kaisers die Rechte seines Mündels und Neffen, sowie des hohenstaufischen Hauses im allgemeinen zu wahren, und so bekam der entschlossene Innozenz freie Hand in Italien. Auch machte derselbe sogleich seine Ansprüche auf das Mathildinische Erbe, und zwar auf das ganze Erbe, also die Reichslehen wie die Allodialgüter, geltend und schickte sich an, dasselbe mit Gewalt zu erobern. Dieses Erbe hatten sich, wie wir wissen, die Hohenstaufen angeeignet und Heinrich VI. hatte mit Spoleto den schwäbischen Ritter Konrad von Urslingen mit Ancona (der jetzigen Romagna) seinen Seneschall Marquard und mit Toskana den Ritter Konrad von Lützelhard belehnt. Das ganze Mathildinische Erbe befand sich also in den Händen von Deutschen, und diesen Umstand benützte Innozenz, um einen seiner Feinde nach dem anderen zu vernichten. Zuerst wandte er sich gegen den Seneschall Marquard, belegte diesen mit dem Bann, entband dessen Untertanen von dem geleisteten Untertaneneid und entflammte dann ihren Nationalhass und forderte sie zur Verjagung der Deutschen und somit zum offenen Aufstand auf. Zu gleicher Zeit streute er massenweise Gold aus, um das Aufbegehren immer weiter zu verbreiten, und sammelte dann ein Heer, das er gegen den Seneschall, welcher nur über geringe Streitkräfte zu verfügen hatte, ins Feld führte. Natürlich musste der letztere unterliegen und sich nach Apulien zurückziehen, worauf dann Ancona, Bologna und die übrigen Städte der Romagna zum Teil schon im Spätherbst 1198, zum Teil erst im Frühjahr 1199 dem Papst huldigten und dessen Oberherrschaft anerkannten. Weitaus leichteres Spiel hatte letzterer mit Konrad von Urslingen, dem Herzog von Spoleto. Denn als dieser sah, dass sich seine Untertanen sämtlich gegen ihn auflehnten, während seine deutschen Truppen nur ein kleines Häuflein bildeten, wollte er unnützes Blutvergießen vermeiden und übergab seine Festungen den Abgesandten des Papstes freiwillig und entband zugleich seine Vasallen des Eides. So huldigte auch diese Provinz dem römischen Stuhl, und es blieb nur noch

Toskana zu erobern übrig, um das ganze Erbe Mathildes in Besitz zu haben. Davon nahm der heilige Vater jedoch Abstand, denn dort hatten sich gleich nach dem Tode Kaiser Heinrichs im Jahre 1197 alle größeren Städte erhoben und in Verbindung mit den italienischen Lehensbaronen Konrad von Lützelhard verjagt, indem sie zugleich am 11. November 1197 den sogenannten Tuskischen Bund stifteten, der nichts anderes war, als eine Konföderation sämtlicher Toskaner gegen alle auswärtigen Feinde. Diesen Bund nun mochte Innozenz nicht angreifen, er zog es vor, sich ihm anzuschließen und sich dadurch Freunde zu erwerben, welche ihm und seinem Stuhl gegen den deutschen Kaiser, wenn es zum Kampf mit diesem kommen sollte, beistehen würden.

Während dies in Italien vorging, beschäftigten sich die Deutschen damit, einen neuen Kaiser zu wählen. Es waren zwei Kandidaten da, der Welfenherzog Otto von Sachsen und der Bruder des verstorbenen Kaisers, Philipp der Hohenstaufe (auch Philipp von Schwaben genannt), welcher sich nur deswegen um die Krone bewarb, weil sein Neffe Friedrich, der Sohn Heinrichs, noch minderjährig war. Für Otto stimmten nach der Instruktion der päpstlichen Legaten die hohen kirchlichen Würdenträger Deutschlands, für Philipp die weltlichen Fürsten. Nun ließ Innozenz den Welfenherzog durch seine Abgesandten bearbeiten und versprach ihm, unter gewissen Bedingungen all seinen Einfluss aufzuwenden, dass die Wahl auf ihn falle; gehe er aber diese Bedingungen nicht ein, so würde die päpstliche Unterstützung auf seinen Rivalen fallen. Otto griff mit beiden Händen zu, denn er wusste wohl, dass seine Partei, als die schwächere, unmöglich durchdringen könne, wenn er nicht den Stuhl Petri nebst dessen damals fast allmächtigen geistigen Waffen auf seiner Seite habe. So wurde denn am 8. Juni des Jahres 1201 zu Neuss bei Köln ein Vertrag[44] zwischen Otto und den päpstlichen Legaten abgeschlossen, in dem Otto einen feierlichen Eid schwor, alle Besitzungen und Rechte des apostolischen Stuhls nach bestem Wissen und Vermögen zu erhalten und zu beschützen, dem Papst die in den letzten drei Jahren von diesem erworbenen Provinzen und Güter frei und ungehindert zu überlassen und zudem zum Wiedergewinn des etwa noch fehlenden Teiles vom Mathildinischen Erbe mit allen ihm zu Gebot stehenden Kräften beizutragen.» Unter diesen Besitzungen sollten alle Lande von Radicosani bis Ceperano, das Exarchat von Ravenna, die ehemalige Pentapolis, die Mark Ancona, das Herzogtum Spoleto, die Mathildinischen Allodialgüter, die Grafschaft Bertinoro, sowie alle angrenzenden Territorien, welche Kaiser Ludwig der Fromme, der Sohn Karls des Großen, der römischen Kirche überwiesen habe, zu verstehen sein! Von dieser letzteren Schenkungsurkunde war bis jetzt nichts bekannt gewesen, aber die Legaten des Papsts Innozenz III. gaben sie wirklich bekannt, und siehe da, sie war, obwohl eben erst gemacht, doch vom Jahr 817 datiert! Laut ihr verschenkte Ludwig der

---

[44] Das sogenannte Privilegium Ottonianum.

Fromme ganz Unteritalien nebst Neapel an den Römischen Stuhl, die Insel Sizilien und verschiedene andere Territorien, welche sich damals, im Jahre 817, alle in den Händen der Kaiser von Konstantinopel befanden. Wenn also die Urkunde echt gewesen wäre, hätte Ludwig der Fromme Staaten verschenkt, über die ein anderer herrschte,[45] und er hätte ebenso gut auch noch Konstantinopel selbst nebst Asien und Afrika dazufügen können. Es lag also auf der Hand, dass die Urkunde eine falsche, oder vielmehr eine absichtlich gefälschte war; aber damals stand es um die Geschichtskenntnis wie um die Kenntnisse überhaupt schlecht, und Otto von Sachsen hielt das päpstliche Fabrikat für echt.[46]

Innozenz III. hatte also endlich erlangt, nach was die Päpste so lange gestrebt hatten: Er hatte nun durch die kaiserliche Übertragung eine rechtlich fundierte Grundlage für den Besitz des Kirchenstaates, sobald er es nämlich so weit brachte, dass Otto von Sachsen Kaiser wurde. Und dass er es so weit brachte, wissen wir aus der Geschichte.[47] Innozenz III. ist demnach als der eigentliche Gründer des

---

[45] Neapel, Gaeta, Amalfi, ganz Apulien und Kalabrien, Sizilien, nebst den verschiedenen kleineren Inseln in der Nähe, also der größte Teil von Unteritalien oder mit einem Wort das spätere Königreich beider Sizilien gehörte bis zum Jahr 1016 zum konstantinopolitanischen Königreich. Erst von dieser Zeit datieren sich die Einfälle der Normannen, welche diese Ländereien während des elften Jahrhunderts nach und nach an sich brachten und der griechischen Herrschaft in Italien ein Ende machten.

[46] Mit der Fabrikation falscher Urkunden war die römische Kurie schon in den Tagen Karls des Großen sehr vertraut, denn ein italienischer Schriftsteller aus jener Zeit berichtet, dass Karl der Große einen Gesandten des Papsts Hadrian I. wegen erwiesener Urkundenfälschung einkerkern ließ. Die Falschheit der von Innozenz produzierten Urkunde wird heute übrigens selbst von kurialistischen Schriftstellern zugegeben.

[47] Zwischen Otto von Sachsen und Philipp von Schwaben entspann sich ein heftiger Kampf, der von dem Heiligen Vater aufs eifrigste geschürt wurde, denn solange die Deutschen sich untereinander stritten, konnten sie kein Heer nach Italien senden und mussten ihm also freie Hand lassen. Natürlich belegte Innozenz den Rivalen Otto's mit dem Bann, um so seinem Günstling aufzuhelfen; doch als sich nun Philipp an die römische Kurie wandte und ihr bedeutende Anerbietungen machte, wurde der Streit dahin entschieden, dass Philipp Kaiser auf Lebzeiten sein sollte, dass ihm aber nach seinem Tod ohne weitere Wahl Otto folgen müsste. So geschah es auch. Übrigens hatte Otto nicht lange zu warten, da Philipp schon im Jahre 1208 ermordet wurde, und nun bestätigte er als Otto IV. (1209) zu Speyer alles, was er acht Jahre vorher zu Neuss versprochen hatte. Nachher bereute er freilich sein Versprechen, und er versuchte, dem Papst wieder mit Gewalt zu nehmen, was dieser sich ertrotzt hatte. Mit dem Ergebnis, dass ihm Innozenz nun mit dem Sohn Heinrichs VI., dem inzwischen volljährig gewordenen Friedrich von Hohenstaufen, einen Gegenkaiser vorsetzte, nachdem dieser alle die früher von Otto gemachten Zugeständnisse bestätigt hatte. Friedrich besiegte den Otto im Jahre 1214 und nicht lange hernach setzte ihm der Papst die Kaiserkrone auf. Aber kaum hatte sich Friedrich II. vollkommen festgesetzt, als er versuchte, die verlorenen Besitzungen dem Reich wieder zu erwerben. Hieraus entstanden nun jene furchtbaren Kriege zwischen

Kirchenstaates anzusehen. Doch auf welche Weise gründete er ihn? Dadurch, dass er die Untertanen zum Aufruhr, zum Meineid, zum Aufbegehren verleitete und Urkunden fälschte, um Herzog Otto von Sachsen, dem späterem Kaiser Otto IV., das uralte Anrecht der päpstlichen Kurie auf jene Besitztümer zu beweisen!

Die Päpste waren also nun die Könige mit königlichen Rechten und königlichem Einkommen geworden. So werden wir wohl annehmen dürfen, dass sie die Untertanen ihres Reichs auf eine Art behandelten, wie es sich für so heilige Männer geziemte. Wir werden annehmen dürfen, dass der Kirchenstaat, der die schönste und fruchtbarste Provinz Italiens – oder vielmehr Europas war, nun auch das glückseligste Land unter der Sonne wurde, weil ja die Nachfolger Christi, die Statthalter Gottes auf Erden, ihn beherrschen! Herr des Himmels, verzeih mir, dass ich den Ausdruck «Statthalter Gottes» gebrauche, denn wenn ich aus der Art und Weise der Regierung der Päpste einen Schluss ziehen sollte, so hätten ich eher sagen müssen: «Statthalter der Sünde und des Satans»! Gab es je einen Staat auf der Welt, der erbärmlicher verwaltet und niederträchtiger beaufsichtigt worden wäre, als der Kirchenstaat? Gab es je Untertanen, die sich mit Recht unglücklicher und verwahrloster hätten nennen können, als die Untertanen des Heiligen Vaters? Gegen die Wahrheit dieser Tatsache lässt sich nichts einwenden, denn es stimmen nicht bloß alle unparteiischen weltlichen Schriftsteller der neueren wie der früheren Zeiten darin überein, sondern selbst die Chronik der päpstlich Gesinnten liefert hierfür eine solche Masse von unwiderlegbaren Beispielen, dass ich es für überflüssig halte, näher darauf einzugehen.[48] Dagegen halte ich es für meine Pflicht, danach zu fragen, wie es kam, dass die weltliche Regierung der Päpste fast durchgehend (denn die wenigen Ausnahmen sind nicht nennenswert) eine so überaus heillose war, da man doch nicht annehmen möchte, dass alle Päpste absichtlich darauf abzielten, ihre Untertanen zu unterdrücken und zu unglücklichen Wesen zu machen?

Die Antwort hierauf ist nicht schwer. Es liegt schlichtweg daran, dass das «System» der päpstlich-weltlichen Regierung von Anfang an ein verfehltes war und ewig bleiben wird, solange diese Herrschaft dauert. Die Päpste besetzten nämlich alle höheren Stellen – die der Verwaltung wie der Justiz – mit Priestern, d. h. mit Männern, welche zu den Ämtern, denen sie vorstanden, nicht taugten, weil sie nicht dazu ausgebildet worden waren. Sogar das Kriegsministerium wurde immerfort und ohne Ausnahme von einem Priester versehen! Überdies ruhte alle Steuerlast auf den Laien, da der Priesterstand, in dessen Händen sich doch der größte

---

Papsttum und Kaisertum, welche Deutschland bis in seine Grundfesten hinein erschütterte, und erst im Jahre 1275 dadurch ein Ende nahmen, dass Kaiser Rudolph von Habsburg dem Statthalter Christi (Gregor X.) all die Besitztümer bestätigte, welche Otto IV. ihm garantiert hatte. Von nun an blieben die Päpste im unbestrittenen Besitz der auf so ehrliche und rechtliche Weise erworbenen Territorien.

[48] Man lese hierzu nur Ranke's *Geschichte der Päpste*.

Teil des Grundbesitzes befand, keine Steuern zu zahlen hatte,[49] und um das Maß voll zu machen, war der Klerus der weltlichen Gerichtsbarkeit nicht unterworfen, sondern bildete, wie bekannt ist, einen eigenen Gerichtsstand, und sicherte sich so ein Privileg für alle Vergehen und Verbrechen. Auf diese Art kam es, dass Jahrhunderte lang im Kirchenstaat ein Zustand der Rechtlosigkeit herrschte, wie wohl in keinem anderen Staat der Welt. Von Sicherheit der Person und des Eigentums war meist keine Rede, sondern Raub, Mord und Diebstahl traten an ihre Stelle, und an Volkserziehung, an Anbahnung der Wege zur Aufklärung, an Entwicklung der Industrie, der Bodenkultur usw. durfte man ohnehin nicht denken.

Einen Vorteil hatten die Römer freilich von der Regierung des Papstes, nämlich den, dass Rom der Mittelpunkt der Christenheit wurde und demgemäß – teils durch den prunkhaften Hof des Papstes, teils durch das ewige Zuströmen einer Masse von Fremden – unermessliche Geldsummen dort ihren Umsatz fanden. Aber trotz dieses immensen materiellen Vorteils waren die Römer doch nie zufrieden, sondern strebten, wegen der bei weitem überwiegenden übrigen Nachteile stets und bei jeder Gelegenheit danach, die Herrschaft der Päpste als ein viel verhasstes und für unendlich schmachvoll gehaltenes Joch abzuschütteln. Allein über diese Versuche, die zum Teil mit längerem Erfolg gekrönt waren, könnte man ganze Bücher schreiben! Ich werde hier aber nur solche anführen, in welchen nicht von einem gewöhnlichen Aufbegehren, sondern von einer Absetzung des Papstes «als eines weltlichen Herrn» die Rede ist.

Die erste solchartige Auflehnung (die früheren der Untertanen des Papstes waren geringerer Natur) fand im Jahre 1142 statt, denn damals kündigten die Römer Papst Innozenz II. nicht bloß den Gehorsam auf, sondern sie erklärten auch Rom zur unabhängigen Republik und wählten sich ihre eigene Obrigkeit, welcher sie den altehrwürdigen Namen «Senat» gaben. An die Spitze des Senats trat sofort

---

[49] Wie schwer dieser Druck von Anfang an auf den Laien lastete, sieht man an einem Beispiel aus dem 13. Jahrhundert. Die Stadt Fano in der Mark Ancona musste im Jahre 1217 dringend ihre Mauern ausbessern lassen und besaß so wenig finanzielle Mittel hierfür, dass sie schließlich beschloss die reichen Klöster und sonstigen kirchlichen Güter zumindest ein bisschen zur Mittragung der Stadtlasten herbeizuziehen. Der Bischof von Fano widersetzte sich und verbot der Priesterschaft jeglichen Steuerbeitrag. Nun jedoch ergriff die Stadt Gegenmaßregeln und verweigerte dem Bischof und dem Klerus jegliche Lieferung von Lebensmitteln, so dass die geistlichen Herren drei Wochen lang von Hülsenfrüchten leben mussten. Ja, die Bürger gingen noch weiter und verpflichteten sich gegenseitig durch einen Eid, keiner Messe, keiner Predigt und keiner gottesdienstlichen Handlung des Bischofs mehr beizuwohnen, bis er nachgebe. Der Leser kann sich denken, wie groß die Steuerlast gewesen sein muss, um die Bürger zu einem solch unerhörtem Widerstand zu reizen. Sie exkommunizierten also sozusagen den Bischof und störten sich auch an dem gegen sie geschleuderten Bann nicht, so dass der hohe Herr endlich nachgab, um nicht zu verhungern. Aber auch nur für den Augenblick, denn nicht lange hernach wusste man von Rom aus den Widerstand der Bürger von Fano zu brechen.

(durch Wahl der Senatsmitglieder) der «Patricius Roms» (damals Jordan Leo), um die ewige Stadt als deren faktisches Oberhaupt gegen innen und außen zu repräsentieren. Die Hauptsache aber war, dass dem Papst nicht bloß die Hoheitsrechte, sondern auch sämtliche Staatseinnahmen genommen und die Herren Geistlichen mit ihrem Oberhaupt gezwungen wurden, sich mit dem Zehnten und den freiwilligen Gaben der Laien zu begnügen. Eine solch grässliche Unbill konnte Innozenz II. nicht ertragen und er starb daher schon 1143 an innerem Gram. Sein Nachfolger Lucius II. wollte dem Aufbegehren der Römer ein schnelles Ende machen und warb Truppen an, mit denen er das Kapitol, den Sitz der republikanischen Regierung, zu stürmen versuchte. Doch sein Angriff wurde zurückgeschlagen und er selbst bei der Affäre (durch einen Steinwurf) so schwer verwundet, dass er wenige Tage darauf (15. Februar 1145) starb. Auch dem nun folgenden Eugen III. wollte es nicht glücken, die Römer zur Raison zu bringen, obwohl er aus Rom entfloh und die Normannen zu seiner Hilfe herbeiholte; denn seine von Arnold von Brescia[50] angeführten «verblendeten Untertanen», wie er sie nannte, behaupteten weiterhin dass die Apostel keine weltlichen Güter und Herrschaften gehabt hätten und folglich auch deren Nachfolgern keine solchen Reichtümer gebührten. Ja die Römer gingen noch weiter und luden Kaiser Konrad III. ein, seinen Sitz in Rom zu nehmen, dieses dadurch zur Hauptstadt seines Reichs zu erklären und den Papst in die untergeordnete Stellung zurückzuweisen, welche derselbe in den ersten Jahrhunderten nach Christi Geburt eingenommen habe. Letzteres geschah allerdings nicht, sondern der auf Konrad folgende Kaiser Friedrich Barbarossa versprach dem Papst im Gegenteil (1153), ihm Rom wieder zu unterwerfen, wenn er ihn dafür zum Kaiser kröne, und kam diesem Versprechen auch zwei Jahre später nach. Doch kaum war der Kaiser wieder fort, so erhoben sich die Römer von Neuem und erst Papst Alexander III. (1159-81) gelang es durch Aufopferung großer Geldsummen, von seinen Untertanen die Erlaubnis zu erwirken, in seine Metropole (23. November 1165) zurückzukehren. Sie erkannten ihn auch wieder als ihren Oberherrn an, aber nur unter der Bedingung, dass er das Fortbestehen des Senats und die selbstständige Verwaltung der Stadt durch ihre eigenen weltlichen Beamten anerkannte. Der Friede dauerte aber nur kurze Zeit und schon Alexanders Nachfolger Lucius III. (1181-85) musste im Jahre 1183 dem Zorn seiner Untertanen abermals weichen. Er entfloh nach Anagni und trotz Bann und Interdikt durfte er die ewige Stadt, die sich ganz unabhängig gemacht hatte, nie mehr betreten. Auch seinen beiden Nachfolgern Urban III. und Gregor VIII. blieben die Tore Roms beharrlich verschlossen, und erst unter Clemens III. kam im Mai 1188 ein notdürftiger Friede zustande, nachdem der Papst versprochen hatte, den Senat, der alljährlich neu zu wählen sei, fortbestehen

---

[50] Von diesem berühmten «Ketzer» wird später noch spezieller die Rede sein.

zu lassen und ein Drittel der Staatseinkünfte zum Besten der Stadt Rom zu verwenden.

Eine dauernde Ruhe gab es unter Innozenz III. (1198 bis 1216), dessen gewaltiger Arm sich nicht bloß die Römer, sondern auch den ganzen Kirchenstaat unterwürfig zu machen wusste; aber schon unter seinen Nachfolgern Honorius III. (1216-27) und Gregor IX. (1227-41) widersetzten sich die Römer von Neuem und erklärten sich gleich darauf unter Innozenz IV. (1252-54) abermals zu einem Freistaat. Damals (von 1252 an) war der eigentliche Beherrscher der ewigen Stadt der berühmte Senator Brancaleone degli Andalo, ein Mann, der sich ebenso sehr durch Adel, Reichtum und Geistesgröße, als durch Strenge der Sitten, durch Tapferkeit und unbestechliche Rechtlichkeit auszeichnete, und Innozenz IV. musste sich in alle seine Anordnungen fügen, wenn ihm nicht die Tore der ewigen Stadt auf immer verschlossen werden sollten. Nie aber wurde Rom besser und freisinniger regiert, nie herrschte eine strengere Justiz und gerechtere Verwaltung, als eben in dieser Periode, obwohl die Priester sämtlich das Verdammungsurteil über diese Zeit fällen und die Päpste nicht genug von den Drangsalen, die sie zu erdulden gehabt hätten, zu erzählen wussten. Schließlich wurden doch sämtliche Privilegien und Immunitäten der Kleriker aufgehoben, und sämtliche Kirchen- und Klostergüter mussten genausoviel Steuerlast tragen, wie die Güter der Weltlichen und Laien! Die Herren Priester durften sich dem Arm der weltlichen Gerichtsbarkeit nicht mehr entziehen, und es war ihnen nun nicht mehr gestattet, ungestraft Gemeinheiten und Verbrechen aller Art zu begehen, als wären sie über alle Gesetze erhaben! Sogar der Papst wurde genötigt, das eidliche Versprechen zu leisten, künftig weder die Stadt Rom noch einen einzigen seiner Bürger wegen weltlicher Dinge und zu weltlichen Zwecken mit dem Bann zu belegen! Freilich, unter der Hand geschah alles, um diesen schrecklichen Brancaleone zu beseitigen, und beinahe wäre dies auch durch die künstliche Erregung eines Aufstands gegen ihn gelungen; aber schließlich gewann der Gerechtigkeitssinn der Römer die Oberhand und Alexander IV. (1254-61), der Nachfolger des Innozenz, musste, als er die Römer nebst ihrem Senator mit dem Bann belegte, im Jahre 1257 Hals über Kopf nach Viterbo entfliehen, nachdem er fast von dem erbitterten Volk aufgeknüpft worden wäre.[51] Erst längere Zeit nach Brancaleones Tod (er starb im Jahre 1258) gelang es dem Nachfolger Alexanders, Clemens IV. (1265-71), durch die fremde Hilfe Karls von Anjou im Jahre 1268 wieder zur Herrschaft Roms zu gelangen und seine widerspenstigen Untertanen zum Gehorsam zurückzuführen. Aber – wie oft wiederholten sich später die Aufbegehrungen? Fast kein Jahrhundert, ja kaum

---

[51] Brancaleone übte eine solch unparteiische Justiz, dass er unter anderen, die durch Raub und Gewalttaten (nach der Sitte des damaligen fast unbändigen Adels) gegen das Gesetz verstoßen hatten und dafür mit dem Leben büßen mussten, auch zwei leibliche Vettern des Papstes hängen ließ. Darüber wurde Alexander so wütend, dass er den Bannstrahl gegen ihn schleuderte.

eine Generation verging, ohne dass die unter der Tiara seufzenden Römer den Papst entweder mit Gewalt verjagt oder wenigstens zu Konzessionen gezwungen hätten, durch welche er sich genötigt sah ,der weltlichen Macht zumindest für einige Jahre zu entsagen. Ja, die Liebe der Bewohner des Kirchenstaates zu ihrem Oberhirten war zu allen Zeiten von der Art, dass sie bei jeder Gelegenheit versuchten, das lästige Joch abzuwerfen, und dass man (wie früher so auch jetzt) – außer den Priestern und ihren Kreaturen vielleicht im ganzen päpstlichen Territorium keinen einzigen Mann findet, der nicht über die Abdankung des heiligen Vaters als eines weltlichen Regenten hoch erfreut wäre!

Was war nun aber die Folge dieses schlimmen Verhältnisses? Einfach die, dass sich die Päpste, weil sie sich nicht auf ihre Untertanen verlassen konnten, nach fremder Hilfe umsehen mussten, um sich ihre weltliche Krone zu erhalten. Schweizer wurden angeworben, um die Engelsburg zu bewachen und den heiligen Vater zu schützen, und somit hatte Rom nebst dem Kirchenstaat das Glück, dem Säbelregiment einer auswärtigen, eine fremde Sprache sprechenden und fremde Sitten mitbringenden Soldateska verfallen zu sein! Wagten es aber die ergrimmten Römer, durch solche Schmach und Niedertracht aufs Äußerste gebracht, die überlegene Macht der Söldlinge anzugreifen und glückte es ihnen, den Feind zurückzuschlagen, - ja, dann hatte der Papst ein anderes Mittel parat: das Mittel der Herbeirufung eines fremden Potentaten, seien es die Spanier oder die Franzosen oder die Habsburger, um seine verblendeten Untertanen zur alten Glückseligkeit zurückzuführen! So wurde der Kirchenstaat und mit diesem Italien nach und nach zum zerrissensten, unmächtigsten, verwahrlosesten, geistig und materiell ruiniertesten Land, das es in der Welt gibt. Ist es daher zu verwundern, wenn die aufgeklärteren Männer Italiens das Papsttum von jeher «den Fluch ihres Vaterlandes» nannten, und dies den Stellvertretern Christi ins Gesicht sagten? Doch was kümmerte es diese? Sie hatten das Einkommen eines Königreichs erworben, was lag ihnen an allem anderen? «Geld! Geld! Geld!» das war ihre ewige Losung, und je mehr sie hatten, desto mehr begehrten sie, denn ihre Unersättlichkeit kannte keine Grenzen! Darum genügten ihnen auch die Einkünfte ihres Königreichs nicht einmal, sondern sie trachteten noch nach anderen Einkommensteilen, die fast größer waren, als die Erträge des Kirchenstaates, und welche ich nun dem Leser im Detail schildern möchte.

4. Kapitel.

Der Peterspfennig.

Die Bekehrung der nördlicher gelegenen Reiche Europas, besonders Englands, zum Christentum, war zu Ende des sechsten und Anfang des siebten Jahrhunderts von

Rom aus geschehen, und zwar meist durch Missionare, welche Papst Gregor I., auch der Große genannt, aussandte. Hierdurch kamen diese nördliche Reiche von Anfang an in ein eigentümliches Abhängigkeitsverhältnis zum römischen Bischof, d. h. der päpstliche Stuhl erwarb sich ihnen gegenüber dieselben Rechte, welche ein Mutterstaat seinen Kolonien gegenüber hat. Kein Wunder also, wenn die neubekehrten Christusverehrer eine besondere Anhänglichkeit an Rom hatten und diese Anhänglichkeit durch manche Präsente und Almosen an die Mutterkirche bestätigten. Überdies ließen es die römischen Bischöfe natürlich an Ermahnungen, Bitten und Befehlen zur Mildtätigkeit nicht fehlen, und hörten nie auf, den von ihnen Bekehrten die leere Hand entgegenzustrecken! Bald entstand durch diese fortgesetzten Bitten um Unterstützung, sowie zugleich durch die fortgesetzte Freigiebigkeit der Neugetauften eine Art Brauch in Form eines alljährlich sich wiederholenden Almosens, weil die römische Bettelei alle Jahre wiederkehrte, und aus diesem Brauch entwickelte sich dann im Verlauf der Zeit und durch die Klugheit der Päpste, welche die Zeit zu benützen wussten, der Peterspfennig oder Petersgroschen,[52] welcher England allein Hunderte von Millionen gekostet hat. Die ersten Spuren des Peterspfennigs finden sich im achten Jahrhundert. Im Jahre 725 soll nämlich der König Ine von Wessex (England war damals in verschiedene kleine Königreiche verteilt, welche kaum größer als ein jetziges Herzogtum erschienen) aus Frömmigkeit nach Rom gepilgert sein und dort die sogenannte Schola Saxorum, eine Ausbildungsschule für junge Angelsachsen (in England fehlte noch jede höhere Bildungsanstalt) und zugleich ein Hospiz für ärmere englische Pilger, die nach Rom pilgerten, gegründet haben. «Bei dieser Gelegenheit nun» - so behauptet die Chronik der Päpste - «sei auch von dem der römischen Kirche zu entrichtenden jährlichen Almosen die Rede gewesen und König Ine habe für sich und seine Nachkommen versprochen, den Peterspfennig zu entrichten.» Die Wahrheit dieses Papstchronikberichtes wird freilich von vielen zurecht sehr bezweifelt, aber – wie dem auch sei, soviel ist sicher, dass schon siebzig Jahre später das Almosen faktisch bestand. Davon berichtet nämlich ein Brief des Papstes Leo III. (795-816) an Arnulph von Marcion, worin ersterer berichtet, dass König Offa von Wessex, welcher im Jahre 796 verstarb, versprochen habe, dem apostolischen Stuhl jährlich 365 Mancusae (eine damalige schwere Silbermünze) zur Beleuchtung der Peterskirche und zur Unterstützung der Armen in Rom zu bezahlen. Aber ob das Almosen in der Tat geleistet, und zwar «alljährlich» geleistet wurde, darüber ist nichts bekannt, dagegen weiß man, dass König Ethelwulf, der Vater des berühmten Königs Alfred, im Jahre 855 selbst nach Rom kam und dreihundert Mancusae mitbrachte, die er dem päpstlichen Stuhl schenkte.

---

[52] Der Petersgroschen führte in England meist den Namen «Denarius S. Petri» oder «Census Petri», hier und da heißt er aber auch «Römergeld» oder «Römerzins», die Bedeutung jedoch war immer dieselbe.

Auch ist von da an in den angelsächsischen Annalen und Gesetzbüchern von diesem Opfer als von einer regelmäßig alle Jahre nach Rom zu machenden Geldsendung die Rede, und schon unter König Edgar (950) wird dieses Geld ein «Handpfennig» (Denar) genannt, welcher am St. Petrustag von jedem Haus- und Hofbesitzer entrichtet werden musste. Wer die Abgabe nicht leisten wollte, dem drohten harte Strafen

Der Peterspfennig war also, wie sich dies aus dem Bisherigen ergibt und sozusagen von selbst versteht, ursprünglich eine freiwillige Liebesgabe, um damit teils die Unkosten der Kirche Petri decken zu helfen, und teils, um die armen Pilger, die von England nach Rom kamen, zu unterstützen. Diese freiwillige Gabe wurde im Verlauf der Zeit eine Abgabe, welche jeder freie Angelsachse, dessen Einkommen aus Grundeigentum über dreißig Denare betrug, zu entrichten hatte. Papst Gregor VII. (1073-86) aber, welcher, wie wir später sehen werden, den Begriff des Papsttums erstmals in all seiner Glorie zu entwickeln verstand, machte aus dieser Abgabe einen Untertanenzins und folgerte daraus, dass England ein Vasallenreich des Papstes sei. Er wandte sich nämlich durch seinen Legaten Hubert an den damaligen Eroberer Englands, William den Normannen, und forderte von diesem nicht bloß «die seit einigen Jahrhunderten eingeführte Abgabe von dreihundert Mark Silber», sondern auch den Lehenseid, in dem er einfach behauptete, dass England von jeher ein zinsbares Reich des heiligen Petrus gewesen sei. Die Behauptung war freilich eine falsche, oder vielmehr sie stützte sich auf eine förmliche Fälschung, aber bei den Wirren der damaligen Zeit hatte er doch hoffen können, damit durchzudringen, wenn nur kein William the Conqueror ihm gegenüber gestanden wäre. Dieser nämlich entgegnete ihm, dass er sich zwar für verpflichtet erachte, die Abgabe zu zahlen, dass aber noch nie ein englischer König dem Papst den Lehenseid (Fidelitas) geleistet habe und dass er sich daher ebenfalls nie und nimmer dazu verstehen werde. Und dabei blieb es auch. England fuhr fort, den Peterspfennig zu bezahlen, hütete sich aber wohl, sich in einen päpstlichen Vasallenstaat verwandeln zu lassen.

Was nun die Art und Weise der Einziehung des Peterspfennigs betrifft, so beauftragten die Päpste hiermit die Bischöfe Englands, und diese wiederum übertrugen das Geschäft den Archidiakonen, welche es durch ihre untergeordneten Diener besorgen ließen. Diese reisten von Haus zu Haus, von Hof zu Hof, und verschonten, wie man sich denken kann, niemanden, der zahlungsfähig war. Wo sie aber mit ihrer geistlichen Macht nicht durchdrangen, da nahmen sie den weltlichen Arm zu Hilfe und da sie ein Recht zur Eintreibung der Steuern besaßen, fiel es ihnen nicht schwer, ihr Ziel jedes Jahr zu erreichen. Auch steigerte sich das Einkommen natürlich mit der Zunahme der Bevölkerung außerordentlich und wurde am Ende so bedeutend, dass es die Einkünfte des Königs um ein Vielfaches überstieg. Doch es scheint, den Klagen der Päpste nach zu urteilen, auch Einiges an den Händen der Archidiakonen und ihrer Unterbeamten hängengeblieben zu sein, und am Ende betrugen die auf diese Weise unterschlagenen Gelder mehr, als die an den Papst abgelieferten. Dessen ungeachtet wurde von der römischen Kurie kein Schlag härter empfunden, als der, wie sozusagen mit einem Schlag der Peterspfennig ganz zu fließen aufhörte. Dies geschah so. König Henry VIII. von England, jener bekannte grausame Tyrann und Weibermörder, wollte sich im Jahre 1527 von seiner rechtmäßigen Gemahlin Katharina von Aragon, einer nahen Verwandten Kaiser Karls V. (der zugleich König von Spanien war) scheiden lassen, um die schöne Anne Boleyn zu heiraten, und wandte sich deshalb an Papst Clemens VII. (1523-34), damit dieser den Scheidungsakt vollziehe. Der Papst zeigte sich anfangs sehr geneigt dazu, und sandte im Jahre 1528 den Kardinal Campeggio nach England, der das betreffende Scheidungsdokument bereits in der Tasche hatte. Aber nun mischte sich Karl V. ein, und weil Clemens den Kaiser wegen der damaligen Reformationswirren in Deutschland nicht vor den Kopf stoßen durfte, so befahl er seinen Legaten, König Henry hinzuhalten und das Ehescheidungspapier zu verbrennen. So wurde die Sache mehrere Jahre lang unentschieden gelassen, bis schließlich dem herrischen König Henry der Geduldsfaden riss. Er beschloss, sich nicht mehr um Römischen Stuhl zu kümmern, befahl im Jahre 1532 dem Erzbischof Cranmer von Canterbury, den Ehebund mit Katharina von Aragon aus eigener Macht zu lösen und Anne Boleyn, mit welcher sich Henry VIII. sofort vermählte, für die rechtmäßige Königin zu erklären. Dann sagte er sich gänzlich von Rom los und versammelte schließlich sein Parlament, welches am 9. Juli 1533 die päpstliche Gewalt und Gerichtsbarkeit für England abschaffte und zugleich den Peterspfennig, sowie überhaupt jede Geldsendung nach Rom gesetzlich aufhob. Das war das Ende des Zinses, den England seit mehreren Jahrhunderten für seine Bekehrung zum Christentum gezahlt hatte, eines Zinses, der alles in allem viele Millionen betrug und durch keinen neueren Einkommensteil mehr ersetzt werden konnte!

Man täuscht sich übrigens sehr, wenn man glaubt, bloß England habe sein *Römergeld (Rome-fee,* wie man es später nannte) bezahlt. Im Gegenteil, diese Abgabe erstreckte sich auf den ganzen Norden Europas, wie denn auch z. B. Dänemark vom 11. bis 15. Jahrhundert sein Geld alljährlich pflichtgemäß nach Rom sandte. Dasselbe war in Polen der Fall, dessen Könige dem Römischen Stuhl zu besonderem Dank verpflichtet waren, denn Papst Benedikt IX. hatte im Jahre 1034 den zweitältesten Sohn Miecislaws II., Kasimir, anlässlich der Übernahme der Regierung (weil der ältere Bruder desselben schnell verstarb), vom Mönchsgelübde gelöst. Auch Preußen sollte mit dem Peterspfennig beglückt werden und Papst Johann XXII beauftragte den Erzbischof von Gnesen sowie den Bischof von Breslau im Jahre 1320, die Sache um jeden Preis in Gang zu bringen. Doch das ganze Land, seine Regenten an der Spitze, widersetzen sich voll Unwillen, und obwohl nun die Forderung päpstlicherseits in den Jahren 1343, 1348 und 1445 dringend wiederholt wurde, konnte der apostolische Stuhl doch damit nicht durchdringen und die Abgabe – wenn auch vielleicht hier und da eine Sammlung glückte – wurde nie eine regelmäßige und allgemeine. Glücklicher waren die Päpste in Schweden, wo schon 1152 durch den Kardinallegaten Nikolaus (den späteren Papst Hadrian IV.) auf der Synode von Linköping der Peterspfennig als ein vom Papste «rechtlich» zu fordernder Zins dekretiert wurde. Ebenso erging es in Norwegen; ja sogar auf die Faröer Inseln und auf Island dehnte sich der Römerzins aus, obwohl diese letzteren Länderstriche sehr dünn bevölkert und obendrein von äußerst armen Leuten bewohnt waren. Aber – wenn die Leute auch kein Bargeld hatten, um den Peterspfennig zu bezahlen, so besaßen sie doch Seehundfelle und Walrosszähne![53] Dem päpstlichen Stuhl war alles recht, solange es sich nur als verkäuflich erwies! Schade nur, dass sich Spanien und Frankreich nicht auch kirre machen ließen; aber obwohl sich Gregor VII. auf Karl den Großen berief, der nach der Aussage des Papstes den Peterspfennig bewilligt hätte, so ließen sich doch die Regenten jener Länder durch keinerlei fälschlich vorgezeigte Dokumente irreführen und verweigerten beharrlich jegliche Abgabe, welche mit dem Römerzins auch nur die geringste Ähnlichkeit hatte. Dasselbe war mit Deutschland der Fall, obwohl hier die freiwilligen Abgaben reichlich den «gesetzlichen Pfennig» ersetzten.

Mit der Reformation hörte der Peterspfennig allgemein auf, d. h. er wurde nirgends mehr als Abgabe, als «Papststeuer» bezahlt; aber umso mehr drangen nun die Päpste auf «freiwillige Peterspfennige» und bei jeder Geldnot, in die der apostolische Stuhl geriet, verfiel man augenblicklich darauf, die «guten Katholiken» zu Almosenpfennigen an den Papst aufzufordern, damit dessen Macht nicht in Verfall gerate. Wie viele Millionen sind wohl seither unter diesem Titel nach Rom gewandert?

Doch genug hiervon. Schreiten wir vielmehr zur Schilderung einer anderen Finanzquelle des Papsttums, welche noch weit ergiebiger floss, oder vielmehr die ergiebigste war, welche je von einem Finanzgenie ersonnen wurde.

5. Kapitel.

Das Jubeljahr und der Ablass.

Jubeljahr und Ablass, - welch großartiger Gedanke! Nur allein von Deutschland, abgesehen von der übrigen Christenheit des Abendlandes, floss verschiedene Jahrhunderte lang ein Drittel allen Bargelds für diese beiden Worte nach Rom und in die päpstliche Kasse! Die Summen, die auf diesem Wege von den Päpsten einkassiert wurden, sind gewaltig.

---

[53] *Dentes de Roardo*, wie es in einer vatikanischen Rechnung heißt.

In alten Zeiten, d. h. in den ersten paar Jahrhunderten der christlichen Zeitrechnung war es (wie wir schon weiter oben andeuteten) Sitte in den neu entstandenen Christengemeinden, alle schlechten Subjekte, also notorischen Verbrecher und Sünder, sowie überhaupt alle, welche öffentliches Ärgernis erregten und gegen die Christusmoral anstießen, in öffentlichen Versammlungen durch Abstimmung aller Mitglieder aus der Gemeinschaft auszuschließen und sie an keinen gottesdienstlichen Handlungen mehr teilnehmen zu lassen. Ein auf diese Art Ausgestoßener oder «Exkommunizierter» wurde nicht eher wieder in die Gemeinde aufgenommen, als bis er die gehörige Reue an den Tag gelegt und «Buße» versprochen hatte. Aber natürlich waren, da die Vergehen größer oder kleiner waren, auch die «Bußen» verschieden, und wenn die einen bei schweren Vergehen oft jahrelang am Eingang der Gotteshäuser stehenbleiben, alle ihre Mitchristen um Vergebung anflehen und schließlich ein öffentliches Bekenntnis ihrer Sünden ablegen mussten, ehe man sie wieder in die Gemeinschaft zuließ, so durften andere, die sich nur leicht verfehlt hatten, nach kurzer Frist, wenn sie sich kniend und unter Tränen reuig gezeigt hatten, auf Vergebung und Wiederaufnahme hoffen. Viele schämten sich bald der «öffentlichen Bußen» und gingen daher vorher, ehe ihre Vergehen ans Licht kamen, zu den Bischöfen und Presbytern, um ihnen privat ein Bekenntnis abzulegen, damit sie durch auferlegte «Privatbußen» von der «öffentlichen Buße» befreit würden. Nach dieser Neuerung griffen die Bischöfe (oder zumindest die Mehrzahl derselben) mit vollen Händen, denn ihre Macht und ihr Ansehen stieg dadurch bedeutend. Später entwickelte sich aus dem «privat abgelegten Sündenbekenntnis» naturgemäß die Ohrenbeichte,[54] und aus den Privatbußen (*Poenitentiae*) die kirchlichen oder kanonischen Strafen,[55] welche in der Einrichtung der Gemeinden, sowie im christlichen Kirchenwesen überhaupt eine totale Änderung hervorbrachten.

Wie nämlich bei den früheren «öffentlichen» Kirchenbußen für Kranke und Schwache hier und da eine Ausnahme gemacht und ihnen ihre Strafe durch Beschluss der Gemeinde entweder ganz oder teilweise erlassen wurde, so betrachteten sich die Bischöfe nun als berechtigt, die «privat auferlegten Bußen», d. h. die

---

[54] Die Privatbeichte war zuerst im Orient einheimisch. Leo I. aber und noch mehr Gregor der Große führten sie auch im Okzident ein. Letzterer legte den Priestern zugleich die Pflicht der Verschwiegenheit auf. Innozenz IV. verwandelte (1215) den Namen in Ohrenbeichte, weil jeder Beichtende dem Priester seine Sünden ins Ohr zu sagen habe.

[55] Das Sakrament der Buße, wie es sich mit der Zeit ausgebildet hat, besteht aus drei Teilen: 1. Reue und Leid, 2. Beichte und 3. Genugtuung (*satisfactio*). Letztere ist die Hauptsache und wird dem Beichtenden vom Priester aufgelegt. Gewöhnlich werden Almosen, Fasten, Beten, Wallfahrten, Kasteiungen, Geißelungen und andere ähnliche Genugtuungswerke (*opera satisfactoria*) zu «kirchliche Strafen» (*censuare ecclesiasticae*) erklärt, nicht selten aber auch nach dem Belieben des Priesters in Geldopfer, d. h. in sogenante «gute Werke» (*bona opera*), wie z. b. fromme Stiftungen oder Kirchenbeiträge verwandelt.

kanonischen Strafen entweder zu mildern, oder ganz zu erlassen, oder auch in leichter zu ertragende Strafen zu verwandeln. Letztere Verwandlung fand besonders bei den Reichen und Vornehmen statt, d. h. man legte ihnen statt eigentlicher Kirchenstrafen die Verrichtung verschiedener Werke auf, die mit Geld abzugelten waren, und man findet daher im fünften und sechsten Jahrhundert bereits viele Beispiele, dass «Kirchenbußen» in «Geldbußen» abgeändert wurden. Ja, bald ging man priesterlicherseits noch weiter und versuchte ganz genau zu bestimmen, welche Sünden man mit Geld bestrafen konnte und wieviel dafür zu fordern sei. So schrieb schon am Ende des siebten Jahrhunderts Theodor, Erzbischof von Canterbury, ein Werk, in dem die verschiedenen Sünden in Klassen geordnet und die Geldstrafen dafür der Reihenfolge nach verzeichnet waren. Man hatte also damals bereits ein förmliches Sündentaxenverzeichnis und versäumte es natürlich nicht, da diese Art von Kirchenbußen der Kirche oder vielmehr der Geistlichkeit einen überaus großen Nutzen abwarf, das Verzeichnis von Zeit zu Zeit zu verbessern, zu erweitern und (besonders durch Erhöhung der Taxen) zu vervollkommnen.[56] So entstand der Ablass, d. h. der Erlass der von den Beichtvätern aufzuerlegenden kirchlichen Strafen gegen Bezahlung von Geld und Geldwert. Aber wie kam es, dass sich die Päpste den Hauptvorteil dieser prächtigen Einrichtung zuzueignen wussten, da doch jeder Priester und Geistliche das Recht hatte, die kirchliche Buße in eine Geldbuße zu verwandeln?

Auch dies ging sehr einfach und natürlich zu. Die römische Kirche war nämlich, wie wir schon weiter oben gesehen haben, im Abendland von jeher sehr angesehen und hochverehrt. Schließlich betrachtete man sie als die Mutterkirche, bei der man sich über alles am besten Rat holen konnte, wo die Apostel Paulus und Petrus gewirkt hatten und den Märtyrertod gestorben waren, und wo man eine solche Menge der Heiligtümer aufbewahrte, die an Christus und seine Apostel erinnerten, dass (besonders nachdem Jerusalem von den Muslimen erobert worden war) keine andere Metropole der Christenheit mit der Hauptstadt Italiens wetteifern konnte! So stieg denn das Ansehen der römischen Bischöfe von Jahr zu Jahr mehr und im 11. und 12. Jahrhundert[57] waren sie bereits als die Stellvertreter Christi im ganzen Abendland anerkannt. Muss man es da nicht ganz in Ordnung finden, dass eine

---

[56] Der Titel des ersten Sündentaxenverzeichnisses ist: «*Theodori Cilicis poenitentiale*». Eine Verbesserung desselben ist der sogenannte «Beichtspiegel», welchen Regino, der Abt des Benediktinerklosters zu Prüm, verfertigte. Später erschien unter Papst Johann XXII. eine *Taxa Camerae seu cancellariae apostolicae* und eine neue und verbesserte Auflage erschien unter Leo X. im Jahre 1514 in *seinem «Regulae, constitutiones, reservationes cancellariae S. Domini nostri Leonis X. noviter editae.»* Die letzte Verbesserung des Sündentaxenregisters geschah im Jahre 1744 unter Benedikt XIV., der von 1740 bis 1758 regierte.

[57] Die Gründe, warum dies so kam, werden wir im folgenden Buch «Der Papst und die Demut» darlegen.

Menge Menschen alljährlich nach Rom reisten, um die große Hauptstadt der christlichen Kirche nebst ihrem Beherrscher persönlich zu sehen? War es nicht ganz natürlich, dass Tausende und Abertausende Pilgerfahrten nach Rom anstellten, um sich durch Andachtsübungen in den prächtigen Tempeln der ewigen Stadt Vergebung ihrer Sünden zu erflehen? Jemanden «absolvieren», d. h. die Sünden vergeben oder den Ablass erteilen, konnte zwar jeder Beichtvater und Priester, aber es war doch sicherlich etwas ganz anderes, wenn man diesen Ablass vom obersten Bischof der Christenheit erhielt, als von einem gewöhnlichen Geistlichen! So stieg der päpstliche Ablass von Jahr zu Jahr im Preis, der Ablass der übrigen Priester und Bischöfe aber sank im Verhältnis tiefer und tiefer herab, und natürlich versäumten die Päpste nichts, was diesen Glauben der großen Menge begünstigen konnte, sondern im Gegenteil, sie machten schon bald darauf Anspruch, ganz allein den «Hauptablass», das ist der Erlass der göttlichen, also nicht bloß der zeitlichen und kirchlichen Strafen, und somit die Vergebung der Sünde selbst gewähren zu können.[58] Demgemäß erteilten sie gewissen Kirchen in Rom Privilegien, durch welche jedem ihrer Besucher ein bestimmter Ablass zugesichert wurde, ohne dass er etwas weiter zu tun gehabt hätte, als die besagte

---

[58] Wir können uns natürlich nicht auf religiöse und theologische Streitpunkte einlassen, da wir es bloß mit den Päpsten, nicht aber mit der katholischen Religion zu tun haben. Anführen aber muss man hier, dass der Wert des päpstlichen Ablasses hauptsächlich durch drei Dinge außerordentlich gefördert wurde: Erstens durch die Kreuzzüge, während welcher die Päpste jedem Kreuzfahrer und Palästina-Miteroberer vollkommenen Ablass aller Sünden (gegen den natürlich der bescheidene bischöfliche Ablass einzelner Sünden nicht mehr aufkommen konnte) gewährten; Zweitens durch die Lehre vom Fegefeuer, jenem Mittelort zwischen Himmel und Hölle, wo die Seelen der Abgeschiedenen so lange schmachte müssen, bis sie der Ablass des Papstes (nach Bezahlung des nötigen Geldes für Seelenmessen usw.) daraus befreit. Die Fegefeuerlehre kam schon im sechsten Jahrhundert auf und wurde von den Päpsten schließlich dahin gedeutet, dass nur sie allein das Recht hätten, aus jenen Qualen zu erlösen, - ein Glaubensartikel, welchen die Kirchenversammlung von Florenz 1439 zum ersten Mal bestätigte; Zum dritten durch die Lehre von dem Schatz der überreichen Verdienste Christi und der Heiligen, den der liebe Gott dem Papst anvertraut hat. Man lehrte nämlich, dass schon ein einziger Blutstropfen Christi hinreichend gewesen wäre, die Menschheit zu erlösen – da nun aber der Heiland all sein Blut hingab, sei dadurch ein Erlösungsschatz entstanden, der unerschöpflich sei. Ebenso hätten die Heiligen weit mehr gute Werke verrichtet, als sie zu ihrer Seligkeit nötig gehabt hätten, und über diesen Überschuss von guten Werken hätte nun der Papst ebensogut zu gebieten, wie über den von Christus hinterlassenen Erlösungsschatz (Man nannte diesen Erlösungsschatz «Thesaurus meritorum superabundantium Christi et Sanctorum» und wurde derselbe durch Clemens VI. im Jahre 1342 zum Glaubensartikel erklärt, nachdem der berühmte scholastische Theologe Raimundus im 12. Jahrhundert die erste Entdeckung von demselben gemacht hatte). Natürlich aber, - wenn der Papst über solch einen unerschöpflichen Schatz guter Werke gebot, die er, wem er wollte, zugutekommen lassen konnte, so konnte kein anderer Ablass gegen den seinigen mehr aufkommen.

Kirche zu besuchen und dort zu opfern. Hierdurch vermehrte sich die Zahl der Wallfahrer ganz außerordentlich, und es wurde Sitte, an gewissen Festtagen von einem Haupttempel Roms in den andern zu ziehen und so gewissermaßen stationsweise zu beten. Besonders am Heiligen Abend vor Weihnachten pflegte sich eine ungewöhnlich große Anzahl von Wallfahrern in der Peterskirche vor dem Vatikan einzufinden, weil der Papst dieser Kirche auf diesen Tag einen besonders großen Ablass verliehen hatte. Diesen Umstand nun, sowie den immer allgemeiner gewordenen Glauben der Christenheit, dass nur der Papst der Hauptablassspender sei, benützte Papst Bonifatius VIII. (1294-1393) um eine Ablasserteilung im Großen zu veranstalten und wurde hierdurch der Erfinder des Jubeljahres, welches dem Römischen Stuhl Hunderte, ja Tausende von Millionen einbringen sollte.[59] Der Leser kennt vielleicht die sogenannten «Ludi Tarentini», eine große Festlichkeit bei den alten Römern, welche sich alle hundert Jahre wiederholte und wobei drei Tage und Nächte lang den Göttern geopfert und verschiedene Schauspiele usw. angestellt wurden, um das Volk zu belustigen. Dieses alle hundert Jahre gefeierte heidnische Opferfest nun[60] mag dem Papst Bonifatius vorgeschwebt haben, als er im Jahr 1300 durch eine eigene Bulle der Welt verkündete, dass er ein großes Ablassjahr abhalten und hiermit allen Gläubigen, welche in diesem Jahre Rom besuchen, vollkommene Vergebung aller ihrer Sünden verspreche, sobald sie 15 Tage nacheinander die beiden großen Hauptkirchen Roms, die zu St. Petri und die zu St. Pauli, opfernd und betend besucht haben würden. Ferner ordnete er an, dass dieser Ablass ein unbedingter sein und auch den größten Sünder wieder sündenfrei machen solle, dass weiter die Einwohner Roms und der Umgebung der Sündenerlassungswohltat teilhaftig würden, wenn sie, statt fünfzehn, dreißig Tage lang besagte Kirchen besuchten und das schließlich solches Jubeljahr alle hundert Jahre wiederholt werden sollte. Das Jubeljahr konnte also als ein «Generalab-

---

[59] Das Jubeljahr führt auch den Titel «das große Ablassjahr» oder «das große Gnadenjahr». Anderer haben es «das heilige Jahr» getauft und unter diesem Namen ist es bis auf den heutigen Tag bekannt; allein den Nagel auf den Kopf trafen die, welche ihm den Namen «das goldbringende» (Annus Aurifer) gaben, denn eine ergiebigere Goldquelle gab es noch nie in der Welt.

[60] Möglicherweise dachte Bonifatius auch an das mosaische Jubeljahr, welches nach Verlauf von siebenmal sieben Jahren, also alle fünfzig Jahre gefeiert werden sollte. Aber dies bedeutete seinem Sinn nach etwas ganz anderes, als das Ablassjahr; denn Moses stellte fest, dass nach je fünfzig Jahren alle Schuldbriefe vernichtet, alle Sklaven frei und alle Verbindlichkeiten gelöst sein sollten, und bezweckte somit eine Art Gütergleichstellung, welche sich, damit nicht der Reichtum am Ende ganz und gar auf einzelne Familien falle, alle fünfzig Jahre wiederholen sollte; das päpstliche Jubeljahr dagegen hatte keine politische Tendenz, sondern bloß eine religiöse, und war ursprünglich ausdrücklich auf alle hundert Jahre festgesetzt.

lassjahr» gelten, als ein Jahr der Entsündigung der ganzen Welt, als eine Heiligung der totalen Christenheit![61]

Sicherlich ein wunderbar poetischer Gedanke, und nur schade, dass die Wirklichkeit in so großen Widerspruch damit trat! Bonifatius VIII. stiftete nämlich das Jubeljahr keineswegs «zur Ehre Gottes» und «zum Ruhme der Apostel», sondern einzig und allein zum materiellen Gewinn der römischen Kurie, sowie zur Befriedigung seiner eigenen Eitelkeit und Ruhmsucht. Deswegen befahl er die Eröffnung des Jubeljahres am Tag vor Weihnachten, weil er an diesem Tage zum Papst erwählt worden war (er wollte damit seine eigene Thronbesteigung verewigen); deswegen zeigte er sich am ersten Tag des Jubiläums den versammelten Hunderttausenden in der vollen Pracht des päpstlichen Ornats und erteilte dem Volk seinen Segen; deswegen zog er am zweiten Tag im Kostüm eines Kaisers umher, ließ zwei große Schwerter vor sich hertragen, als Zeichen seiner geistlichen wie weltlichen Oberherrschaft, und rief aus: «Siehst du, o Petrus, deinen Nachfolger, und du, Heiland der Welt, deinen Statthalter!» Wie groß aber der materielle Gewinn gewesen ist, davon berichten zwei Zeitgenossen, nämlich der Geschichtsschreiber Villani, welcher selbst anwesend war und die Zahl der Fremden, die sich zur Eröffnung des Festes eingefunden hatten, auf mehr als zweihunderttausend angibt,[62] sowie der Kardinal Jacob Capitan, welcher die Geschenke, die in der Gruft der Apostel Peter und Paul in Kupfermünzen dargebracht wurden, auf fünfzigtausend Goldgulden schätzt, denn wenn die Armen, die einen Kupferpfennig opferten, zusammen fünfzigtausend Goldgulden zusammen-

---

[61] Der Papst sagt (wörtlich übersetzt) in seiner Jubeljahrausschreibungsbulle: «Es sei aus alten Nachrichten erwiesen, dass denen, die zur Verehrungswürdigsten Hauptkirche des größten unter den Aposteln nach Rom gekomen seien, großer Erlass und Indulgenz verliehen worden sei, und da er (der Papst) kraft seines Amtes um aller Heil und Wohlfahrt eifrig besorgt sei, so billige er hiermit solche Vergebungen und Ablässe, bestätige sie aus apostolischer Gewalt und erneuere sie. Damit aber die beiden seligsten Apostel desto mehr geehrt würden, welches geschehe, je öfter und andächtiger ihre Hauptkirchen zu Rom von den Gläubigen besucht würden, so wolle er, da er auf des allmächtigen Gottes Barmherzigkeit und eben dieser seiner Apostel Verdienst und Ansehen vertraue, auf Rat seiner Brüder und durch die Fülle der apostolischen Gewalt in dem gegenwärtigen 1300sten Jahre, welches mit der Geburt unseres Herrn Jesu Christi jüngsthin angefangen und in jedem folgenden 100sten Jahre allen, die zu diesen Kirchen sich ehrerbietig nahen, nicht allein eine völlige und weite, sondern gar die allervölligste Vergebung aller ihrer Sünden verleihen und verleihe sie ihnen hiermit usw.»

[62] Im ganzen sollen im selbigen Jahr etwa 1 200 000 Wallfahrer nach Rom gekommen sein, und da jeder derselben mindestens fünfzehn Tage bleiben musste, wenn ihm seine Wallfahrt etwas nützen sollte, kann man sich wohl denken, welches Gewühl von Fremden und welcher Umtrieb in den Gast- und Privathäusern, sowie in den Pilgerherbergen Roms, in jenem Jahr stattgehabt haben musste.

brachten, wie unermesslich müssen erst die Summen gewesen sein, die von den Reicheren in Gold und Silber dargebracht wurden!

Kein Wunder, wenn bei solchen Vorteilen die nachfolgenden Päpste ein hundertjähriges Jubeljahr viel zu weit gedehnt fanden, und wenn demnach schon im Jahre 1342 Clemens VI. die Zeit von hundert Jahren auf fünfzig herabsetzte. Das zweite Jubeljahr fand also schon im Jahre 1350 statt (der Papst meinte: «Das Leben der Menschen sei sehr kurz und es bringe es selten jemand auf hundert Jahre») und war noch weit ergiebiger als das erste, denn nur allein von Weihnachten bis Ostern fanden sich über eine Million Pilger ein, dann um Himmelfahrt und Pfingsten achthunderttausend und im Spätherbst wieder dreihunderttausend. Man kann sich also denken, wie ungeheuerlich die Einnahmen des Kirchenfürsten gewesen sein müssen und darum meinte auch Papst Urban VI. (1378-89), fünfzig Jahre seien immer noch zu lang und dreiunddreißig Jahre (die Zahl der Lebensjahre Christi) würden besser passen. Somit ordnete er an, dass das Jubeljahr je nach dreiunddreißig Jahren gefeiert werden sollte, starb aber vorher, ehe er dasselbe begehen konnte. Dagegen tat dies im Jahre 1390 sein Nachfolger Bonifatius IX. (1389-1404) und hatte das Vergnügen, wiederum eine Unzahl von Fremden in Rom einziehen zu sehen, darunter den reichen Grafen von Serravon, dessen Gefolge aus mehr als vierhunderttausend Personen bestand. Das vierte Jubeljahr feierte derselbe Papst im Jahr 1400, «weil nun hundert Jahre seit dem ersten Jubeljahr verflossen seien» und merkwürdig, es wimmelte wieder von Fremden aus alles Weltgegenden, obwohl erst vor zehn Jahren das letzte Ablassjahr gefeiert worden war! Doch nunmehr brach eine Pest aus, welche täglich sieben- bis achthundert Menschen hinwegraffte und die Fremden bald auseinanderscheuchte. Das fünfte Jubeljahr beging Martin V. im Jahre 1423 (also 33 Jahre nach dem Jubiläum von 1390), und das sechste Nikolaus V. im Jahre 1450 (dem fünfzigjährigen Termin Clemens VI. gemäß); Aber da wegen der verschiedenen Termine einige Unordnung in die sonst so vortreffliche Spekulation kommen zu wollen schien, so setzte Paul II. (1464-71) die Zeit der Jubelfeier ein für allemal auf fünfundzwanzig Jahre fest und hierbei blieb es auch bis in die neuere Zeit hinein. Das siebte Jubeljahr wurde also im Jahre 1475 von Sixtus IV. gefeiert, das achte im Jahr 1500 von Alexander VI., das neunte im Jahr 1525 von Clemens VII. und so weiter, ohne dass wegen Kriegszeiten oder aus anderen Gründen je eine Sistierung stattgefunden hätte. Auch blieb sich der Besuch ziemlich gleich (die Reformationszeit und die Zeit des Dreißigjährigen Krieges abgerechnet) und wenn auch nicht immer wie im Jahr 1475 und 1675 Könige und Königinnen[63] anwesend waren, so sandten dagegen die regierenden Häupter katholischer Religion ihre Gesandten und überdies fanden

---

[63] Im Jahre 1475 fanden sich König Ferdinand von Neapel, König Christian von Dänemark, die Königin Carola von Zypern und die König Katharina von Bosnien in Rom ein. Im Jahr 1675 unter Clemens X. lag die neubekehrte Königin Christine von Schweden bei der Eröffnung des Festes dem Papste gegenüber auf den Knien.

sich fast regelmäßig eine Menge der vornehmsten Herren inkognito ein, darunter sogar, wie im Jahr 1650, nicht wenige protestantische Edelleute und sonstige nichtkatholische Standespersonen.[64]

Die Verkündigung des Jubeljahrs geschieht durch eine besondere päpstliche Bulle, welche einige Monate vor seinem Beginn in alle Welt hinausgesandt wird. In Rom wird eine solche Bulle oder Bekanntmachung regelmäßig am Himmelfahrtsfest unter Trompeten und Paukenschall von einer Kanzel, die vor der Peterskirche zu diesem Zweck errichtet wird, herab verlesen. Den Sonntag drauf erfolgt dieselbe Verlesung in den übrigen Hauptkirchen der Stadt und überdies schlägt man die Bulle in lateinischer und italienischer Sprache an allen öffentlichen Plätzen an. Wenige Wochen nach dieser sogenannten «Indikations- oder Ankündigungsbulle» versendet der Papst an alle Bischöfe der katholischen Christenheit die Suspensionsbulle, den Befehl, «dass während des kommenden Jubeljahrs kein anderer Ablass gelten solle, als der Jubeljahrablass zu Rom». Somit wird jeder früher irgendeiner Kirche usw. verliehene Ablass über die Dauer des Jubeljahrs aufgehoben, damit nicht die Leute denken, sie könnten den Ablass in der Nähe ebensogut und überdies bequemer und billiger haben, und sich vom Besuch Roms abhalten lassen. Sind nun die Christen gehörig vorbereitet, so werden die regierenden Könige und Fürsten ermahnt, die Wege, welche nach Rom führen, in guten, und besonders aber in sicheren Zustand zu versetzen, um etwaiges Raubgesindel von den Pilgern abzuhalten. Zugleich erteilt der Papst Befehl, die Stadt Rom mit Lebensbedürfnissen aller Art aufs reichlichste zu versehen, denn wo eine Million Fremder hinkommt und mindestens fünfzehn Tage lang verweilt, da darf man wohl Vorsorge treffen, dass keine Hungersnot ausbreche. Übrigens kann man sich denken, dass die Privatspekulation auch niemals ausblieb, sondern im Gegenteil mit großem Eifer auf die kommende Ernte hinarbeitete, und somit begann immer schon lange zuvor, ehe das Jubeljahr nur seinen Anfang nahm, eine fast außerordentliche Regsamkeit in der Stadt Rom und ihrer Umgebung.

Die Eröffnung des Jubeljahrs fand regelmäßig am Tag vor Weihnachten, dem 24. Dezember, mittags zur Zeit der ersten Vesper statt. Um diese Zeit begab oder begibt sich der Papst, gefolgt von allen Kardinälen, im größten Pomp aus seinen Gemächern in die Sixtinische Kapelle, wo bereits alle Prälaten und die gesamte Geistlichkeit nebst den höchsten weltlichen Beamten Roms Seiner harren. Bald darauf werden Tausende von Wachskerzen angezündet und der Papst wirft sich vor dem Allerheiligsten nieder, das «Veni creator spiritus» (Komm, Gott, Schöpfer Heiliger Geist) anstimmend. Nun, während der Chor dem Papst antwortet, bildet sich die Prozession, die erhabenste, die man auf der Welt sehen kann. Voraus ein

---

[64] Man schätzte ihre Zahl im Jahr 1650 (also gerade nach Beendigung des Dreißigjährigen Krieges) auf nicht weniger als dreitausend, worunter viele Fürsten und Grafen aus Deutschland, England und Frankreich waren. Trotz ihrer Ketzerreligion waren sie aber den Römern sehr willkommen, denn sie brachten gefüllte Taschen mit.

mächtiges Kreuz von einem gigantischen Priester getragen, dann die päpstliche Kapelle, bestehend aus Hunderten von Musikern und Sängern, darauf sämtliche Beamten Roms nebst dem Senat, die fremden Fürsten und Grafen, die Abgesandten der gekrönten Häupter, die Gesandten der Ordenskapitel und Brüderschaften und die gesamte römische Geistlichkeit nebst den Kardinälen, - alle in höchster Gala mit tausenden und abertausenden von Wachskerzen und Rauchfässern! Jetzt erst erscheint der Papst, die juwelenblitzende, dreifache päpstliche Krone auf dem Haupt, ein schweres Diamantenkreuz auf der Brust und mit einem Zeremonienmessgewand angetan, dessen Reichtum nicht zu ermessen ist. Sechzehn tiefschwarz gekleidete Trabanten tragen ihm silberne Zepter voran zum Zeichen seiner Weltherrschaft; er selbst aber sitzt hoch oben von Dutzenden seiner Trabanten getragen, wie die Großsultane Indiens, in seinem Thronsessel unter einem kostbaren Baldachin und bewegt von Zeit zu Zeit die rechte Hand, den Hunderttausenden, welche zu beiden Seiten des Weges, den die Prozession macht, niedergekniet sind, den Segen zu erteilen! Langsam und feierlich unter eintönigem Chorgesang naht sich die Prozession der Peterskirche, der größten in der Christenheit, welche fünfzigtausend Menschen zu fassen vermag; aber siehe da, - sämtliche Türen und Eingänge der Kirche sind fest verschlossen, und die Pforte, durch welche der Papst in das Heiligtum einziehen will, ist sogar vermauert, mit wirklichen echten Backsteinen vermauert, so dass der Eintritt eine Unmöglichkeit scheint. Man nennt diese Pforte wegen ihrer Bestimmung «die heilige» nicht selten auch «die goldene», vielleicht weil ein großes goldenes Kreuz auf ihr abgebildet ist, vielleicht aber auch, weil sie mehr Geld einträgt, als irgendeine andere Pforte in der Welt. Sobald nun der Papst hier angekommen ist, steigt er von seinem Tragthronsessel herab, aber nur um sofort einen anderen Thron, einen fest stehenden und hart vor der goldenen Pforte errichteten, zu besteigen. Nachdem der heilige Vater hier, eine große brennende Wachskerze in der Hand, eine Zeitlang geruht und sich dem Volke gezeigt hat, übergibt man ihm einen silbernen mit Gold überzogenen Hammer und sogleich erhebt er sich, um nach einem kurzen, kniend verrichteten Gebet der heiligen Pforte zu nahen. Nun schwingt er den Hammer und führt den ersten Schlag gegen die vermauerte Pforte, während er singt: «Eröffnet mir die Pforte der Gerechtigkeit!»[65] worauf der Chor der Sänger antwortet: «Dass ich da hineingehe und dem Herrn danke.» Darauf kommt der zweite Schlag unter den Worten «Herr, ich will in dein Haus gehen,» wogegen der Chor singt: «Ich will dich in Furcht anbeten in deinem heiligen Tempel.» Dann erhebt der Papst den Hammer zum dritten Mal und mit dem fallenden Schlag singt er: «Tut die Tore auf, denn Gott ist mit uns»; Der Chor antwortet in Jubel-

---

[65] Diese und die nachfolgenden Worte, welche entweder der Papst oder der Chor singen, haben wir zum besseren Verständnis des Lesers deutsch hierhergesetzt. Der Papst und sein Chor singen aber in lateinischer Sprache und die Sprüche sind meist aus den Psalmen (nach der Übersetzung der Vulgata) genommen.

tönen: «Der Herr hat Israel den Sieg gegeben.» Nachdem dies geschehen ist, fallen auf einmal die Backsteine, mit denen die Pforte vermauert gewesen ist, - von Maurermeistern, die hinter ihr verborgen waren, eingerissen, - hinunter und während nun die Maurer das zusammengefallene Baumaterial in aller Eile auf die Seite schaffen, hat sich der Papst wieder auf seinen Thron gesetzt und singt: «Herr, erhöre mein Gebet,» der Chor aber antwortet: «und mein Geschrei dringe zu dir.» Darauf der Papst wieder «Der Herr sei mit euch,» und der Chor: «und mit deinem Geiste.» Endlich, wenn die Maurer mit ihrer Arbeit fertig sind, sinkt der Papst auf seine Knie und betet; der Chor aber stimmt gleich darauf den hundertsten Psalm an (den Jubelpsalm): «Jauchzet dem Herrn alle Lande und lobsinget Gott mit fröhlichem Schall,» und während dem treten die *Poenitentiarii*[66] vor, halten den Kessel mit dem geweihten Wasser und knien sogleich nieder, um den ganzen Boden nebst allen Teilen der nun geöffneten heiligen Pforte zu waschen. Doch natürlich braucht eine solche Arbeit Zeit und somit beginnt der Papst von neuen: «Dies ist der Tag des Herrn,» worauf der Chor: «Lasset uns freuen und fröhlich sein;» dann wieder der Papst: «Glückselig das Volk» und der Chor: «das jauchzen;» darauf der Papst: «das ist die Pforte des Herrn» und der Chor: «durch welche die Gerechten eingehen werden.» Endlich spricht der Papst folgendes Gebet: «Herr Gott, der du durch Mose, deinen Diener, dem israelitischen Volk das Jubeljahr zu halten befohlen hast, verleihe uns, deinen Dienern gnädiglich, dass wir dieses durch deine Gewalt angestellte Jubeljahr, in welchem du deinem Volk diese Tür aufgetan hast, damit es hineingehen und sein Gebet vor dir verrichten kann, wohl anfangen mögen und nachdem wir in demselben Gnade und Ablass aller Sünde erlangt haben, wenn der Tag unseres Heimrufs kommt, durch deine Barmherzigkeit zur himmlischen Freude eingeführt werden, durch Jesum Christum, Amen!» Nachdem der heilige Vater dieses Gebet gesprochen hat, lässt er sich ein Kreuz reichen, schreitet vorwärts durch die heilige Pforte und stimmt zu gleicher Zeit das «Te deum laudamus» (Herr Gott, dich loben wir) an, in welches sogleich die ganze Kapelle einfällt. Kaum aber ist der Papst durch die Pforte geschritten, so eilen purpurrot gekleidete Träger herbei und setzen ihn in einen samtenen Tragsessel, in welchem sie ihn bis vor den Hochaltar des St. Petersdoms tragen. Dort steigt der heilige Vater aus, sinkt auf seine Knie nieder, um zu beten, setzt sich dann auf den für ihn neben dem Hochaltar bereiteten Thron und intoniert die Vesper, welche an allen Christabenden auf den Geburtstag unseres Heilandes abgehalten wird. Nach deren Schluss sind die Zeremonien für diesen Tag zu Ende und der Papst begibt sich sofort von der Gesamtgeistlichkeit Roms begleitet, in seinen Palast, den Vatikan, zurück, um sich von den Mühseligkeiten des Tages auszuruhen.

---

[66] Die *Poenitentiarii* sind die «Gewissenrichter» der Bischöfe. Auch der Papst hat einen solchen Gewissenrichter, den Großpoenitentiar, der immer zugleich ein Kardinal ist.

Auf solch überaus feierliche Weise wird das Jubeljahr in der St. Peterskirche eröffnet. Ganz dieselben Zeremonien (Eröffnung der heiligen Pforten usw.) finden aber auch in den drei anderen Haupt- und Kardinalskirchen, der Kirche St. Pauli, der zu St. Johannes im Lateran und der zu St. Maria Major statt, nur mit dem einzigen Unterschied, dass statt des Papstes ein von ihm beauftragter Kardinal die Pforte öffnet und – um es mit einem Wort zu sagen – die Rolle des heiligen Vaters spielt.[67] Die Fremden haben also hinlängliche Gelegenheit, sich die Festivität aus der Nähe zu besehen, und überdies nehmen die Feierlichkeiten, besonders die Prozessionen, das ganze Jahr durch kein Ende, denn – was hätten denn die Hunderttausende von Wallfahrern, die hier zusammenströmen, anderes zu tun, als von einer Kirche in die andere zu gehen und sich überall anzuschließen, wo ein religiöser Aufzug stattfindet? Was hätte der Papst, was die gesamte Geistlichkeit, was ganz Rom anderes zu tun, als sich jeden Tag aufs Neue festtäglich herauszuputzen und einen Anreiz nach dem andern loszulassen, damit es immer mehr Besucher werden, und diejenigen, welche da sind, keine Lust verspüren, die Stadt zu verlassen? Doch über die Anreize erlaube mir der Leser zu schweigen, da bekannt ist, dass unter der Million von Fremden, die jedes Jubeljahr nach Rom brachte, nie weniger als hunderttausend Kurtisanen oder Lustdirnen und fast ebenso viele vagabundische Bettler, Saufbolde, Spieler, Gauner und Gelegenheitsmacher waren, die sich eine solch grandiose Erntezeit nicht entgehen ließen, so dass der ehrliche Pilger, der sich den Tag über mit Kirchengehen, Beichten, Almosengeben, Rosenkranzbeten und dergleichen mehr abgemüht hatte, sich keine Sorgen machen musste, wie er die Langeweile der Nacht überwinden könnte!

Mit dem nahenden Christtag nimmt das große Ablass-, Prozessions- und Freudenfest ein Ende und an demselben Tage, an dem es eröffnet wurde, wird es auch wieder geschlossen. Abermals bewegt sich eine große feierliche Prozession vom Vatikan in die Peterskirche, abermals intoniert der Papst und die Kapelle mit den Sängern antwortet, abermals brennen Tausende von Wachskerzen und rauchen Abertausende von Rauchfässern, abermals kniet die Menge tiefzerknirscht vor den Reliquien und Heiligenbildern und der heilige Vater streckt seine Rechte aus, um seinen Segen zu erteilen; kurz es ist fast ganz dieselbe Feierlichkeit, wie bei der

---

[67] Bonifaz VIII. ordnete bloß den Besuch der zwei Kardinalkirchen zu St. Petri und St. Paul an; Clemens VI. fügte im Jahre 1350 die dritte Hauptkirche zu St. Maria Major hinzu. Diese vier Kirchen prangen bei jedem Jubeljahr mit einer goldenen Pforte; dagegen haben spätere Päpste noch drei weitere Kirchen, in denen während der Dauer des Jubeljahrs «vollkommener Ablass» erteilt wird, hinzugefügt, nämlich die heilige Kreuzkirche (S. Croce in Gerusalemme), die St. Lorenzkirche (S. Lorenzo fuori della mura) und die St. Sebastiankirche (S. Sebastiano alle Catacombe). Im Ganzen sind es also sieben Kirchen, in denen man während des Jubiläums seine Sünden auf einen Ruck loswird, aber nur vier von ihnen sind zu einer goldenen Pforte berechtigt.

Eröffnung, nur wird diesmal die goldene Pforte geschlossen statt aufgemacht. Zum Ende bewegt sich die Prozession mit dem Papst, nachdem die Vesper auf feierliche Weise zu Ende gebracht wurde, von der Peterskirche heraus bis unter die heilige Pforte, wo Kalk, Sand und Steine parat liegen, um das Mauerwerk zu beginnen. Sogleich besprengt der Papst diese Materialien mit geweihtem Wasser, räuchert sie ein und segnet sie, umgürtet sich dann mit einem weißen Tuch, ergreift die silberne Kelle, welche ihm der Großpoenitentiar reicht, setzt die ersten drei Backsteine und bewirft sie mit Kalk, fügt sofort ein Kästchen mit Medaillen und Münzen in die begonnene Mauer und setzt sich nachher, während die Maurer arbeiten und der Chor den 122. und den 147. Psalm singt, auf seinen Thron. Schließlich, wenn die Pforte zugemauert ist – sie bleibt in diesem Zustand bis zum nächsten Jubeljahr – gibt der Papst dem Volk den Segen, erteilt nochmals vollkommenen Ablass, stimmt dann das «*Te Deum laudamus*» an und begibt sich, das Ende des Jubeljahres verkündend, von Tausenden geleitet in seinen Palast zurück, womit sämtliche Feierlichkeiten geschlossen sind.

So beging man in früheren Zeiten das Jubeljahr zu Rom, und da kein einziger der Pilger, nicht einmal die Bettler und Taugenichts, mit leeren Händen kamen – Tausende und Abertausende aber spendeten das Geld im vollsten Maße - , so kann man sich wohl denken, welch ungeheuren Gewinn die Römer von einer solchen Zeit hatten und wie viele Millionen - freilich auf Kosten der Ehre, der Rechtlichkeit und des Glücks von Hunderttausenden[68] - in die päpstliche Schatzkammer, welche das in den Kirchen geopferte Geld einzog, geflossen sein mögen. Kein Wunder also, wenn den Päpsten der kurze Zeitraum von fünfundzwanzig Jahren noch zu lange erschien und wenn sie gerne alle Jahre ein Jubeljahr gefeiert hätten! Doch ihre Klugheit erfand bald einen Ausweg und sie erreichten, dass die vierundzwanzig Nichtjubeljahre ihnen fast mehr eintrugen, als das fünfundzwanzigste, d.h. das Jubeljahr selbst.

So groß nämlich auch die Zahl derer war, welche in den Jubeljahren nach Rom zog, und so sehr die Päpste jede Gelegenheit nutzten, in der sie etwa ein «außeror-

---

[68] «Männer und Weiber» (so schreibt der gutkatholische Vinzentius vom Jahr 1451) «brechen sich mit dem Reisen nach Rom den Hals und die so keusch ausgingen, kommen als Ehebrecher und Ehebrecherinnen zurück. Auch entsteht im Hauswesen unausbleiblicher großer Schaden und viele verlassen ihre Ämter, ihre Werkstätten oder ihre Felder zum großen Nachteil ihrer Familien, welche hierdurch an den Bettelstab geraten, und bringen die Zeit unter dem Schein, Gott zu dienen, in Müßiggang, Faulheit und Liederlichkeit zu und werden hierdurch sich und anderen schädlich. Insoweit geht ihre Torheit, dass die Weiber ihren Männern und Kindern heimlich den Rücken kehren und alle ihnen von Gott und der Natur aufgelegten Pflichten vergessend einem Phantom nachjagen, welches sie moralisch und körperlich ins Verderben stürzt.»

dentliches» Jubeljahr[69] feiern könnten, so gab es doch immer unendlich viele, welche durch Hindernisse aller Art abgehalten wurden, Rom zu besuchen, und doch für ihr Leben gern «den Generalablass», den man in jener Stadt erhielt, erhalten hätten. Diese nach Ablass dürstenden Seelen durfte man doch nicht schmachten lassen, besonders da sie sich die Erlassung ihrer Sünden etwas kosten lassen wollten? Clemens VI. (1342-52) erklärte also frischweg, dass er jedem, dem die Reise nach Rom zu beschwerlich falle, dennoch vollkommenen Ablass zusichere, - «sobald er dem päpstlichen Rentmeister soviel zahle, wie ihn die Reise nach Rom und zurück, wenn er seinem Stand gemäß gelebt hätte, gekostet haben würde.» Das war ein kühner Griff, aber er zog;[70] denn sehr viele unter den Großen dieser Erde achteten des Geldes nicht, sondern zahlten, was man von ihnen forderte, nur um den päpstlichen Ablass zu erhalten. Ja, selbst Könige[71] kauften sich auf diese Weise einen Ablassbrief, obgleich das Lösegeld wahrhaft ein königliches sein musste! Doch das wäre ja eine schreckliche Ungerechtigkeit gewesen, wenn man bloß den Reichen und Vornehmen diesen Ablass gegönnt hätte; nein alle, alle sollten desselben bekommen können! Darum sandte schon Papst Bonifatius IX. (1389-1404) im Jahre 1391 eigene «Sammler» in aller Herren Länder herum mit der Vollmacht, jedwedem, der durch Krankheit, durch Geschäfte oder irgendein Hindernis abgehalten worden sei, das Jubeljahr von 1390 zu besuchen, gegen Bezahlung einer im richtigen Verhältnis zu seinem Vermögen und Einkommen stehenden Barsumme den Jubelablass zu erteilen.

So entstand der Ablasshandel, und wie außerordentlich reich von Anfang an die Ausbeute war, davon berichtet der fromme Geschichtsschreiber Theodor von Niem, der in jener Zeit lebte. «Wie Seeräuber plünderten jene päpstlichen Ablasskrämer die Christenheit - und niemandem, nicht einmal den gröbsten Sündern und Verbrechern, wurde der Sündenerlass abgeschlagen. Für einen festgesetzten Preis vergab man alle und jede Sünden, und zwar ohne irgendeine Buße oder auch nur Reue zu verlangen, und wenn jemand kein Bargeld hatte, so nahmen die Herren

---

[69] Ein außerordentliches Jubeljahr feierte z. B. B. Paul III. im Jahr 1542 wegen des Konzils von Trident, ein anderes Paul IV. 1555 wegen der Wiedereinführung der katholischen Religion in England, ein drittes Gregor XIII. 1572 wegen der Pariser Bluthochzeit, ein viertes Paul IV. 1617, weil in diesem Jahre die Protestanten das hundertjährige Jubiläum ihrer Religion feierten usw. usf.

[70] Dieser ergötzliche Papst, der sich die Macht über Himmel, Fegfeuer und Hölle zuschrieb, gebot in einer eigens deswegen erlassenen Bulle *(«cum natura humana»)* den Engeln des Himmels, die Seelen derer, welche auf der Reise nach Rom im Jubeljahr sterben würden, mit Umgehung des Fegefeuers ohne weiteres in das Paradies einzuführen, «denn er, der Papst, wolle nicht, dass irgendein Wallfahrer von den Qualen des Feuers auch nur das mindeste verspüre.» Leider kann ich den Leser nicht darüber berichten, ob die lieben Engelein dem heiligen Vater zu Rom gehorcht haben oder nicht.

[71] So z. B. im Jahre 1390 die Könige von England und Portugal.

Sammler ersatzweise auch Pferde, Schweine, Kälber, Schafe oder Haushaltsgegenstände an. Nur wer gar nichts besaß, kam schlecht weg, denn ihm nahm man seine Sünde nicht ab, und wenn er auch fußfällig darum gebeten hätte!» Ein einträglicheres Geschäft konnte es gar nicht geben, denn manche Provinz, die nicht größer war, als der vierte Teil des Kirchenstaates, trug ihre hunderttausend Goldgulden ein und Papst Eugen IV. (1431-47) bezog z. B. nach dem Zeugnis seines Zeitgenossen Franz Duarenus, in einem Jahr nur allein aus Frankreich eine Million Kronen d. h. 150 Tonnen Gold; - wie kolossal müssen also erst die Summen gewesen sein, welche die übrigen Staaten Europas und besonders das ultrafromme Deutschland abgeworfen haben?

Unter solchen Umständen wird man es logisch finden, dass die Päpste versuchten, den Ablasshandel in ein System zu bringen und sozusagen ein eigenes Ministerium für diese merkwürdig ergiebige Finanzquelle einsetzten. Auf diesen Einfall kam zuerst Calixtus III. (1455-58), und derselbe führte ihn auch sogleich ins Leben ein, indem er den Diakon Martinus da Fregeno zum obersten Generalablasskommissar d. h. zum Ablassfinanzminister ernannte. Dieser – ein Genie in seiner Art – teilte Europa in verschiedene Bezirke ein, deren Ablassertragsfähigkeit nach den vorhandenen Erfahrungen genau berechnet wurde. Dann verpachtete er diese Bezirke an je einen Ablasskommissar (meist einen Bischof oder Erzbischof) und zwar entweder um eine bestimmte jährliche Summe oder aber um die Hälfte und wenn es nicht anders ging, ein Drittel des Rohertrags. Nicht selten erhielten auch reiche Kaufleute (wie z. B. die Fugger) den Pacht einer oder mehrerer Provinzen, wenn sie mehr boten, als der jeweilige Bischof, oder auch wenn man ihnen für früher geleistete Vorschüsse verpflichtet war. Die Ablasskommissare ernannten dann natürlich ihre Unterkommissare, welche unter dem Titel von «Ablass- oder Gnadenpredigern» (im lateinischen *Indulgentiarii*, weil *Indulgentia* Ablass bedeutet) den Ablass zu verkaufen hatten, und, wie man sich denken kann, erwählten sie hierzu die frechsten und unverschämtesten Marktschreier, welche es verstanden, ihre Ware an den Mann zu bringen.[72] Am tauglichsten zu solchem niedrigen Handwerk erwiesen sich die Benediktiner-, Dominikaner- und Franziskanermönche und nicht wenige unter ihnen brachten es zu einem fast außerordentlichen Ansehen in der Kunst, den Leuten das Geld aus der Tasche zu schwatzen. Interessant ist übrigens die Art und Weise, wie diese Indulgenzenhändler auftraten und welch abgefeimte Kunstgriffe sie anwandten, um ihren Handel in Schwung zu bringen. Wenn ein

---

[72] Mit der Marktschreierei verbanden die *Indulgentiarii* meist große Liederlichkeit und Schlemmerei, und viele unter ihnen führten unter irgendeinem falschen Titel Buhldirnen oder gar eigene Kebsweiber nebst ihren Bastarden mit sich herum. Auch verschmähten sie nie ein Zechgelage oder sonst ein Festmahl und führten überhaupt ein Leben, das mit allem in allem eher Ähnlichkeit hatte, als mit dem eines bußfertigen Heiligen. Allein eben darin lag ihre Popularität, so wie darin, dass sie sich am liebsten in Kneipen und unter dem gemeinem Volk herumtrieben!

solcher Marktschreier den Besuch einer Stadt plante, schickte er für gewöhnlich einen Diener mit einem Schreiben an die höchsten geistlichen und weltlichen Behörden voraus, worin er den Tag und die Stunde seiner Ankunft bekanntgab. Natürlich war jeder über das Glück, einen solch berühmten Gnadenprediger zu Gast zu bekommen, entzückt und man beschloss sofort, diesem einen glänzenden Empfang zu bereiten. Also machten sich die Geistlichen, die Mönche und Nonnen, die Bürgermeister und Stadträte, die Schulmeister mit den Schülern und alle andächtigen Weiber auf und zogen dem «Sündenvergeber» mit fliegenden Fahnen und brennenden Wachskerzen, während die bewaffneten Bürger in langer Linie paradierten, singend bis vor die Tore entgegen. Zur bestimmten Zeit erschien der Gnadenprediger und Ablassverkäufer, doch nicht wie ein armer Teufel von einem Barfüßermönch, sondern wie ein vornehmer Priester, dem alle Gewalt über Himmel, Hölle und Fegefeuer anvertraut ist. Voraus schritt ein Trabant mit einem breiten, großen roten Kreuz, auf welches die Schlüssel Petri (das päpstliche Wappen) gemalt waren. Dann kam auf einem eigenen Karren, von zwei starken Pferden gezogen, der Ablasskasten, in welchem die Ablassbriefe und das für dieselben gelösten Geld aufbewahrt wurden,[73] und nun erst folgte der Gnadenprediger selbst im eigenen offenen Wagen sitzend, mit dem kostbarsten Messgewand angetan, und neben ihm auf einem Kissen aus Samt oder Goldbrokat lag das Ablassdekret des Papstes, das ihn zum Ablassverkauf berechtigte. Sobald der Zug durchs Tor fuhr, begann man alle Glocken zu läuten und langsam und feierlich ging es vorwärts bis vor die Hauptkirche, deren Orgel sogleich ertönte, wenn der Gnadenprediger dieselbe betrat. Nun wurde das große rote Kreuz vor dem Hochaltar aufgerichtet und der Ablasskasten darunter gestellt; das päpstliche Ablass-Legitimationsdekret aber wurde auf den Altar gestellt. Neben dem Altar postierte sich der Gnadenprediger, für den man unter einem seidenen Thronhimmel einen hohen Lehnstuhl parat hielt, erteilte dem Volk seinen Segen und verkündete, dass ihm kraft des Ablassdekrets die vollkommenste Gewalt übergeben sei, Sünden zu vergeben, so dass St. Petrus selbst, wenn er noch lebte, keine größere Gewalt hätte. Tags darauf begann das «Predigen» oder die «Empfehlung des Ablasses von der Kanzel herab», und – was für eine Predigt war es! Da wurden die schrecklichsten Bilder von den Qualen des Fegefeuers ausgemalt, so dass die Zuhörer vor Angst und Schrecken erzitterten! Da wurde die Seligkeit des Himmels vorgestellt und zwar mit Farben, die sinnlicher und anlockender nicht aufgetragen werden konnten! Vom Fegefeuer erlöste aber allein der Ablass; zum Himmel führte allen die Indulgenz! Ja, dieser Ablass hatte eine solche Kraft, dass einer

---

[73] Der Ablasskasten war aus Holz, aber stark mit Eisen beschlagen und hatte vorne zwei Wappen, die Schlüssel Petri kreuzweise übereinander gelegt, und sechs Kugeln mit der dreifachen Krone darüber. Meistens führte er die Aufschrift:
«Sobald das Geld im Kasten klingt,
Die Seele aus dem Fegefeuer springt.»

dadurch gerettet wurde, und wenn er seine eigene Mutter oder gar die Mutter Gottes selbst geschändet und geschwächt hätte![74] Nicht Reue und Buße machte sündenrein, Gott bewahre, dies tat allein der Ablass, der ums Geld erworbene Ablass, welche die Kraft besaß, jeden Käufer wieder so unschuldig zu machen, wie Adam vor dem Sündenfall gewesen war! Hatte nun der Prediger auf diese Art die Herzen der Zuhörer gehörig bearbeitet und mürbe gemacht, so trat er vor seinen großen Geldkasten, von ihm auch «die himmlische Fundgrube» genannt, und lud die Gläubigen ein, sich ihm zu nahen und einen Ablassschein (auch Indulgenz- oder Gnadenschein genannt) zu kaufen.[75] Man unterschied übrigens zwischen „allgemeinem Ablass" und «Ablass für spezielle Sünden.» Der erstere, d. h. «der Ablass in Bausch und Bogen», welcher alle begangenen Sünden sozusagen mit einem Schlag aufhob, kostete für Könige und Königinnen nebst ihren Prinzen und Prinzessinnen, sowie für Erzbischöfe, Bischöfe und Fürsten 25, für Prälaten, Grafen, Freiherren und andere von hohem Adel 10, für geringere Edelleute 6, für reiche Kaufleute und Bauern 1 Goldgulden. Für noch Ärmere war es den Herren Ablassverkäufern anheimgestellt, den Preis nach Gutdünken zu bestimmen,[76] oder auch ganz nachzulassen, wenn jemand nicht einmal einen Groschen für einen Ablassbrief «erbetteln» konnte! Begnügte sich jemand mit dem «allgemeinen Ablassbrief» nicht, weil er eine besonders schwere Sünde auf dem Gewissen hatte, so musste er sich auf das Privatzimmer des Ablassverkäufers verfügen und da einen besonderen Vergleich mit ihm abschließen, wofür dann ein auf Pergament geschriebener Ablassbrief mit der Benennung der speziell erlassenen Sünde erteilt wurde. Übrigens gab es für alle Sünden bestimmte Taxen, so dass jeder so ziemlich zum Voraus wusste, was ihn die Indulgenz koste. Man hatte nämlich nach der von Papst Leo X. erlassenen *Taxa sacrae poenitentiariae* für Sodomiterei 90 Goldgulden, für Kirchenraub, Meineid und schweren Diebstahl 36, für Eltern- und anderen Mord 30, für Vielweiberei und Ehebruch 24, für Hexerei und Zauberei 6, für Totschlag und Brandstiftung 4 Goldgulden usw. zu zahlen, doch diese Taxe

---

[74] So predigte wenigstens der Ablassmäkler Tetzel, der durch Luther und seine Reformation einen so außerordentlichen Namen bekomme hatte.
[75] Die Ablaßscheine waren gewöhnlich auf Schreibpapier gedruckt und zeigten einen Mönch mit langem Bart und Rosenkranz, der ein großes Kreuz vor sich hielt. Über ihm befand sich eine Dornenkrone und ein feuriges, von Strahlen umgebenes Herz. Auf den beiden oberen Ecken war eine angenagelte Hand des Erlösers zu sehen und auf den beiden unteren ein angenagelter Fuß. Die innere Fläche war für den Namen des Käufers und für das Datum des Kauftags vorbehalten, gerade wie bei einem Pass. – Wer einen «Musterablassbrief» lesen will, der nehme Hoffmanns *Lebensbeschreibung des Ablasspredigers Johann Tetzel* zur Hand, wo dergleichen Formulare abgedruckt sind.
[76] Eine Instruktion hierüber von dem großen Ablasspächter Erzbischof Albrecht von Mainz ist jetzt noch vorhanden, sowie eine andere von dem Generalablasskommissar Arcimboldi.

wurde je nach Stand und Vermögen erhöht und vermindert. Dagegen pflegte man für die Erlösung einer Seele aus dem Fegefeuer stets so viel zu bezahlen, wie der Verstorbene seinem Stand und seiner Lebensweise gemäß in einer Woche verzehrt hätte, und die Seele eines Armen konnte daher für wenige Groschen gelöst werden, während die eines Reichen und Vornehmen ebenso viele Hunderte oder Tausende von Gulden kostete!

So hielt man es mit dem Ablass und man kann sich aus dem Wenigen, was ich eben anführte, einen Begriff von den immensen Summen machen, die notwendigerweise dafür nach Rom flossen. Was lag also, da die Sache so gewinnbringend war, daran, dass nach und nach durch die Ablasslehre ein totales Sittenverderben einriss und – weil Mord, Ehebruch, Meineid, Diebstahl und dergleichen Kleinigkeiten mehr um ein paar Gulden erlaubt waren, alle Moral und Rechtlichkeit total untergraben wurde? Eine andere Folge hatte der Ablasskram natürlich ebenfalls, und zwar eine, welche dem Papsttum die verderblichsten Wunden schlug, nämlich die, dass der allgemeine Unwillen über diese Schmachwirtschaft endlich in Doktor Martin Luther ihren Ausbruch fand und die Reformation in ihrem Gefolge hatte.[77] Doch das Nähere hierüber zu berichten, ist nicht die Aufgabe dieses Buchs; aber

---

[77] Schon sehr früh stemmten sich verschiedene Fürsten und Regenten dem Abfluss allen Geldes nach Rom entgegen, wie denn z.B. bereits im Jahr 1400 König Karl VI. von Frankreich seinen Untertanen den Besuch des Jubeljahres verbot. Dasselbe tat im Jahr 1450 der Herzog Heinrich der Reiche von Bayern-Landshut, welcher meinte, die Gnade Gottes und die Vergebung der Sünde könne man ebenso gut zu Hause erlangen als durch eine Pilgerreise nach Rom. König Christian I. von Dänemark griff es anders an, denn als im Jahr 1469 der Ablassheld Marinus de Fregeno in sein Reich kam, um den Leuten das Geld aus der Tasche zu locken, ließ er ihn ruhig gewähren; wie jedoch Meister Fregeno sein Geld beieinander hatte und damit in Richtung Papststadt ziehen wollte, ließ er ihn abfangen und nicht eher weiterreisen, als bis der gute Mann seine Einnahmen mit ihm teilte. Noch grausamer verfuhr König Christian II. von Dänemark, denn er ließ im Jahr 1519 sämtliche Waren und Gelder, welche der Generalablasskommissar Arcimboldi erübrigt hatte, in Beschlag nehmen und kam so in den Besitz von mehr als einer Million Goldgulden. – Andere Männer, wie z.B. der Bischof Johann VI. von Saalhausen eiferten aus inneren, moralischen Gründen gegen den Ablass. Den besten Witz über diese Lehre machte aber ein sächsischer Edelmann. Als nämlich Tetzel im Jahre 1517 seine Krambude in Leipzig aufgeschlagen hatte, kaufte der Edelmann von ihm für 20 Taler einen Ablass auf alle zukünftigen Sünden, die er begehen würde. Nicht lange hernach reiste Tetzel mit seinem vollen Ablasskasten von Leipzig ab, der Edelmann lauerte ihm aber im Wald auf, nahm ihm alles vorhandene Geld ab, bläute ihn noch extra tüchtig durch und ließ ihn dann nackt und bloß laufen. Natürlich kehrte Tetzel sogleich nach Leipzig zurück und erhob bei Herzog Georg von Sachsen Klage gegen den Edelmann. Dieser wollte den Letzteren zur Verantwortung ziehen, doch der Edelmann bewies, dass er vollkommenen Ablass für diese erst zu begehende Sünde erhalten habe, und lachend entließ ihn er Herzog, so dass der Tetzel zum Schaden noch den Spott hatte!

der Zweck ist vielmehr schon damit erreicht, dass bewiesen ist, wie unermesslich die Geldquellen waren, welche sich die Päpste mit ihren artesischen Schlüsseln zu erbohren wussten. Aber nicht einmal damit begnügten sie sich, sondern es wurden immer wieder neue Geldadern hervorgezaubert, wie ich schließlich im letzten Kapitel über dieses Thema zeigen werde.

6. Kapitel.

Der Wucher der Päpste.

Bei diesem Kapitel bin ich in der Tat in Verlegenheit, wo ich beginnen und wo ich aufhören soll, denn wenn ich genau und ausführlich zu Werke gehen würde, würde dieser Gegenstand ebensoviele Bände füllen, als ich ihm Seiten widmen darf. Der berühmte John von Salisbury (später Bischof von Chartres) wurde einst von seinem persönlichen Freund Papst Hadrian IV. (1154-59) aufgefordert, offen und ehrlich zu bekennen, wie die Welt von den Päpsten denke, worauf er folgendes antwortete: «Man sagt, heiliger Vater, dass die Päpste nach nichts mehr trachten, als nach kostbaren Gerätschaften, um ihre Tische mit Gold und Silber zu beschweren, und dass sie zu diesem Zweck selbst die Kirchen plündern. Man sagt, dass sie die Gerechtigkeit handhaben, nicht um der Gerechtigkeit willen, sondern nur allein um schändlichen Gewinnes halber, und dass man in Rom für Geld alles, was man verlange, haben könne. Man sagt, dass sie ganze Provinzen plündern, nicht anders, als wenn sie ganz allein nach den Schätzen des Krösus strebten, und dass sie in Gold und Purpur einherstolzieren, wie kein anderer Monarch der Welt. Ja, ich habe sie selbst mit dem Teufel vergleichen hören, von dem man glaubt, dass er Gutes tue, wenn er aufhört, Böses zu tun!» So John von Salisbury, einer der Gelehrtesten und Frömmsten unter den katholischen Theologen! Den besten Beweis aber, dass er Recht hatte und sogar noch viel zu wenig sagte, liefert Papst Johann XXII. (1316-1334) (der Sohn eines Schuhflickers und damit gewiss ein Mann, der von Haus aus über keine Reichtümer vorzuweisen hatte), denn als er starb, hinterließ er – alles durch Grausamkeit und Wucher zusammengescharrt – ein Vermögen von achtzehn Millionen Dukaten an Münzgeld und von siebzehn Millionen an Kostbarkeiten, Juwelen, Gefäßen und Rohmetallen![78]

Um das Wuchereinkommen der Päpste näher zu beschreiben, muss man zwischen einem ständigen (zur Regel gewordenen) und einem zufälligen (nur hier und da vorkommenden) Einkommen unterscheiden, obwohl natürlich das Streben der

---

[78] Diese enorme Hinterlassenschaft war umso großartiger, da sich die Päpste damals im babylonischen Exil (in Avignon) befanden und vom Kirchenstaat, dessen sämtliche Provinzen abgefallen und im vollen Aufstand begriffen waren, keine Revenuen bezogen.

Päpste dahin ging, jedes einmal gehabte Einkommen zu einem regelmäßigen und gesetzlich schuldigen zu stempeln. Sprechen wir zuerst von dem stabilen Wucher, da dieser natürlich der einträglichere war, weil er am Ende einen «Besoldungsteil» ausmachte!

Hierher gehört vor allem das *Pallium*, eine Wucherabgabe, über deren Ursprung und wahre Beschaffenheit vielleicht nur wenige der Leser unterrichtet sein dürften. Als Konstantin der Große zu Beginn des vierten Jahrhunderts zum Christentum übergetreten war, versuchten er und seine christlichen Nachfolger die Bischöfe der größeren Städte, besonders die Oberpriester in Rom, Konstantinopel, Jerusalem, Antiochien, Alexandrien usw. durch gewährte Auszeichnungen in ihr Interesse zu ziehen. Namentlich pflegten sie ihnen auch ein sogenanntes «Ehrenkleid» (Orden gab es damals noch keine, und so mussten die Ehrenkleider deren Stelle vertreten) zu verehren, das in einem prächtigen wollenen Mantel von Purpur und mit Gold gestickt, bestand. Im fünften Jahrhundert ahmten die Bischöfe oder Patriarchen, wie man sie damals nannte,[79] von Rom und Konstantinopel diese Sitte nach und sandten denjenigen Bischöfen ihres Patriarchates, welche sie auszeichnen wollten, beim Antritt ihres Amtes ebenfalls solche Ehrenkleider, jedoch nie, ohne dass sie vorher, wie man in den Briefen Papst Gregor des Großen liest, die Genehmigung des regierenden Kaisers eingeholt und erhalten hätten. Natürlich hielten sich die Bischöfe, welche das Ehrenkleid erhalten hatten, als besonders bevorzugt, und die Patriarchen waren daher nicht sehr verschwenderisch mit der Gabe, weil sie sonst ihren Wert schon bald verloren haben würde. Im Gegenteil, sie erteilten sie nur denjenigen Bischöfen, welche sie vor anderen gerne in ihr Interesse zogen, d. h. durch welche sie sich eine Steigerung ihres Ansehens und ihrer Macht versprachen.[80]

Dieses Ehrenkleid nun war der Anfang des Palliums, doch aus einer weltlichen Auszeichnung, «einer Ordenskette», wenn man so sagen darf, wurde es bald eine «kirchliche Kette», ein Bindemittel an das Papsttum. Als nämlich das abendländische Kaisertum zugrunde gegangen war und Italien, besonders aber Rom, sich von den griechischen Kaisern immer unabhängiger machte, fingen die römischen Oberbischöfe an, das bewusste Ehrenkleid zu vergeben, ohne vorher die Kaiser um ihre Genehmigung zu bitten; sie erteilten die Auszeichnung aus eigener Machtbefugnis! Von allen Seiten kamen nun Bittgesuche, denn jeder wollte den Orden erhalten, und namentlich führten die «Metropolitanbischöfe», aus denen sich später die «Erzbischöfe» entwickelten,[81] als Grund ihrer Berechtigung zu der Auszeichnung das an, dass schon ihre Vorfahren auf dem Bischofssitz dieselbe

---

[79] Davon, wie die Patriarchenwürde entstand, werde ich in dem Buch «Der Papst und die Demut» berichten.
[80] Der erste römische Bischof oder Papst, welcher das Ehrenkleid oder Pallium vergab, war der Papst Vigilius, der von 538 bis 554 regierte.
[81] Auch hierüber ist mehr in dem Buch «Der Papst und die Demut» zu finden.

besessen hätten. Sie beanspruchten es sozusagen als ein Ehrenzeichen, durch das sie sich vor den ordinären Bischöfen auszeichneten. Diese Ehrbegierde der Metropolitan- oder Erzbischöfe gab den Päpsten die natürliche Veranlassung, den Spieß umzudrehen und den Satz aufzustellen, dass alle Metropoliten das bewusste Ehrenzeichen haben müssten, wenn sie Metropoliten sein wollten. So lehrten schon Papst Zacharias (741-52), Nikolaus I. (858-67), Gregor VII. (1073-86) und Innozenz III. (1198-1216), indem sie ausdrücklich festsetzten, dass die Würde des Metropolitentums an das Ehrenzeichens des Palliums gebunden sei, und dass folglich kein Metropolit oder Erzbischof sein Amt versehen könne, wenn er nicht vorher vom Papst das Pallium erhalten habe. Einige Zeitlang widersetzte sich zwar dieser oder jener Erzbischof einer solchen römischen Anmaßung, und man findet daher noch im zehnten Jahrhundert Erzbischöfe, welche kein Pallium besaßen. Aber im Allgemeinen wurde es doch üblich, dass alle Erzbischöfe des Abendlands das Pallium erwarben, um sich hierdurch von den Bischöfen zu unterscheiden und ihre höhere Würde zu konstatieren.

Auf diese Art wurde es den Päpsten leicht, ihre Ansprüche immer höher und höher zu treiben, und schon Gregor VII. machte es den Metropoliten zur Pflicht, sich das Pallium persönlich in Rom zu holen, oder doch innerhalb drei Monaten von ihrer Ernennung an einen Bevollmächtigten zu senden, der es dort erwarb. Auch verlangte derselbe Papst, dass jeder, der das Pallium erhalte, bei der Erteilung desselben dem Papst den Eid des Gehorsams schwöre und sich zu einem Vasallen Roms erkläre. So wurde mit der Zeit der Lehrsatz allgemein anerkannt, dass von dem Besitz des Palliums der Titel Erzbischof, sowie die *Plenitudo officii pontificalis*, d. h. die erzbischöfliche Machtbefugnis, abhängig sei, - ein Lehrsatz, der jetzt noch in der katholischen Kirche seine Gültigkeit hat.

Der Leser darf übrigens nicht glauben, dass das Ehrenzeichen des Palliums auch jetzt noch aus einem purpurenen mit Gold bestickten Mantel besteht, wie zu den Zeiten der römischen Kaiser. Ein solcher Mantel kostete Geld, und zwar viel Geld, und die Päpste verwandelten ihn daher in einen weit minder kostbaren, oder vielmehr in einen fast ganz wertlosen Schmuck, dessen materielle Gehaltslosigkeit sie jedoch durch verschiedene Äußerlichkeiten und Zeremonien zu ersetzen bemüht waren. Das jetzige Pallium, wie es sich im 12. Jahrhundert gestaltete, ist nämlich nichts anderes, als ein sehr feines, drei Finger breites, ins Kreuz gezogenes und um den Hals befestigtes, weißwollenes Band mit schwarzen aus Seide gestickten Kreuzen, an welchem rechts und links über die Schultern herab noch zwei Bänder hängen, die mit Stiften versehen sind. Ein in der Tat sehr einfacher Ornat, aber – umso feierlicher geht es bei seiner Herstellung zu, über welche der päpstliche Unterdiakon die Oberaufsicht hat! Es werden nämlich am St. Agnestag, d. h, am

21. Januar, alljährlich zu Rom in der St. Agneskirche[82] gerade in der Minute, in welcher während der Messe der Priester das *Agnus Dei* singt, zwei schneeweiße Lämmer geopfert, - nicht geschlachtet, sondern nur auf den Altar gelegt, «damit sie die Heiligkeit des Hochaltars in sich aufnehmen», und sodann, wenn sie von dem Messpriester eingesegnet sind, dem päpstlichen Subdiakon an der St. Peterskirche übergeben.[83] Dieser nimmt die Lämmer und bringt sie bis zur Zeit der Wollschur im Garten des St. Agnesklosters auf die Weide. Dann schert er sie und übergibt die Wolle den Klosterfrauen von St. Agnes, damit sie einen feinen Faden daraus ziehen, und mit diesem Faden das Ehrenband weben, aus dem sie sofort den Palliumsornat herstellen. Die auf diese Weise hergestellten Pallien nimmt der Subdiakon, legt sie auf die Gräber der Apostel Paulus und Petrus, lässt sie, nachdem er sie mit einem Gebet geweiht hat, über Nacht darauf liegen, und bewahrt sie dann in einem besonderen Kästchen in der St. Peterskirche selbst (man stellt das Kästchen auf den Sitz, auf dem dereinst der heilige Petrus gesessen haben soll) sorgfältig auf, bis der Papst sie zur Verleihung an diesen oder jenen Erzbischof benötigt.

Mit solch außerordentlicher Skrupellosigkeit werden die Pallien verfertigt! Aber, fragt nun der Leser, was kann denn dem Papst so besonders viel daran liegen, dass jeder Erzbischof, um Erzbischof zu sein, das Pallium haben muss? Die Frage ist logisch, aber, der Leser möge mir verzeihen, sie ist auch außerordentlich naiv, denn so viel kann man sich doch denken, dass die Päpste jene «Auszeichnung» nicht umsonst hergegeben haben!

Allerdings, ganz zu Anfang, solange das Pallium noch ein kostbarer Mantel war, wurde nichts dafür gefordert, sondern es war eine Ehrenauszeichnung und also auch ein Präsent. Doch schon sehr frühzeitig muss großer Missbrauch mit diesem Präsent getrieben worden sein, denn Papst Gregor I. hielt es für nötig, ein Verbot, Geld für das Pallium zu nehmen, ergehen zu lassen, und Papst Zacharias erklärte gar, dass jede Geldforderung für das Pallium eine Simonie sei.[84] Aber spätere

---

[82] «Santa Agnese fuori die Porta Pia» ist der volle Titel dieser Kirche, welche zum St. Agnes Nonnenkloster gehört. Der Hochaltar dieser Kirche ist besonders heilig, denn es soll «die Heiligkeit Christi selbst» darin verborgen sein.

[83] Auch das Hinführen der Lämmer in die St. Agneskirche ist mit einer besonderen Feierlichkeit verbunden. Der Unterdiakon nämlich, welcher immer mehrere derselben vorrätig hat, wählt am St. Agnestage zwei der schönsten aus, lässt diese in zwei Körbe packen, welche kreuzweise über ein Pferd gelegt werden, und befiehlt nun den Führern des Pferdes, die St. Peterstraße hinauf vor den Vatikan zu ziehen. Dort wird gehalten, der heilige Vater schaut zu einem Fenster heraus und erteilt den Lämmern seinen Segen. Nun erst geht der Zug weiter mitten durch die Stadt, denn die Agneskirche liegt vor den Toren, und bis er dort anlangt, ist er so groß, dass er einer Prozession gleicht.

[84] Laut der Apostelgeschichte suchte der Magus Simon den Heiligen Geist (vermittels der Auflegung der Hände von den Aposteln ums Geld zu erhalten. Seither heißt man «die

Päpste wussten dem Kind einen anderen Namen zu geben, und erklärten, für das Pallium zwar keine Bezahlung zu fordern, wohl aber freiwillige Geschenke anzunehmen. Schon der zu Ende des 11. Jahrhunderts lebende Erzbischof Anselm von Canterbury sagt selbst in seinen noch vorhandenen Briefen, dass er für das Pallium ein bedeutendes «Geschenk» nach Rom gesandt habe und dass alle anderen Bischöfe es wie er gehalten hätten, nur natürlich mit dem Unterschied, dass der eine mehr und der andere weniger gab, je nach dem Einkommen seiner Erzdiözese. Ein Jahrhundert später wurde das «Geschenk» bereits als eine schuldige Taxe gefordert und das Pallium nur erst dann erteilt, wenn die Taxe bezahlt war. Die Päpste waren damals an der Stufe ihrer höchsten Macht angelangt und wusten wohl, dass sich kein Erzbischof ohne den Besitz des Palliums erzbischöfliches Recht «anmaßen» würde; darum traten sie auch fest auf und erklärten jedem direkt: «Soviel kostet dich das Pallium!» Am ungeniertesten waren die Päpste in diesen Forderungen, während sie in Avignon (1307-77) residierten, denn damals setzten sie den Preis je nach Größe und des Reichtums eines jeweiligen Erzbistums fest, und zwar forderten sie im Durchschnitt dreißigtausend Goldgulden für jedes einzelne Pallium. Man darf sich übrigens nicht einbilden, dass ein Erzbischof, wenn er das Pallium einmal bezahlt hatte, dasselbe nie zum zweiten Mal zahlen musste. Im Gegenteil, das von ihm zum ersten Mal für diese oder jene Erzdiözese erworbene Pallium galt nur für die benannte Diözese; rückte aber der Bischof auf eine andere Stelle vor, oder ließ er sich aus irgendeinem Grund dahin versetzen, so musste er den Ornat von neuem kaufen. Ebenso wenig wurde gestattet – und das, was ich hier sage, ist jetzt noch päpstliches Gesetz und päpstlicher Brauch -, dass ein Erzbischof seinem Nachfolger den bewussten Ornat vererbt oder verschenkt. Gott bewahre! Der Erzbischof hatte das Pallium mit ins Grab zu nehmen wenn er starb und sein Nachfolger musste ein neues erwerben. Man sieht aus diesen Regeln und Vorschriften, wie viel den Päpsten daran lag, möglichst viele Pallien an den Mann zu bringen, und wie sehr sie die Botschaft, dass dieser oder jener Erzbischof im Herrn entschlafen sei, regelmäßig als eine Freudenbotschaft ansehen mussten! Schließlich musste doch ein neuer Palliumsornat gekauft werden, durch den sicherlich wieder zwanzig- bis dreißigtausend Goldgulden in die päpstliche Kasse flossen!

Nunmehr, als man sah, wie viel die Sache einbrachte, betrachteten die Päpste den Palliumverkauf nicht mehr als eine «Simonie». Im Gegenteil, die Palliumsgelder zu verweigern, hätte in ihren Augen als eine Todsünde gegolten! Das Einkommen, welches die Palliengelder abwarfen, war aber auch ein königliches, wie man sich leicht denken kann, denn in ganz Europa gab es sehr viele Erzdiözesen und zu

---

Erwerbung geistlicher Ämter ums Geld» Simonie und ist diese Art, sich in ein Amt einzuschmuggeln von allen rechtlichen Kirchenlehren von jeher für ein schweres Verbrechen verpönt worden.

Erzbischöfen wurden meist nur ältere Herren, die nicht lange mehr lebten, erwählt, so dass andauernd Wechsel stattfanden. Es ist z. B. bekannt, dass das Erzbistum Salzburg im vorletzten Jahrhundert innerhalb neun Jahren drei Pallien zu lösen hatte, wofür jedes Mal 33333 Dukaten bezahlt wurden! Es ist bekannt, dass nur allein das Erzbistum Mainz von 1200 an bis 1700 im ganzen nicht weniger als drei Millionen Goldgulden für das Pallium bezahlte![85] Die Gesamtzahl der Gelder, welche für diesen wollenen Ornat nach Rom flossen, müssen nicht nach Millionen, sondern nach Milliarden berechnet werden! Hier und da freilich wurde diese «Abgabe» von einzelnen als das bezeichnet, was sie war, nämlich als ein mit Erteilung von Ämtern getriebener Wucher, und es ging z. B. das große Konzil zu Basel im Jahre 1431 so weit, die Palliengelder nicht bloß abzuschaffen, sondern sie auch (als eine päpstlich erfundene Wucherquelle) für unrechtmäßig zu erklären, und deshalb das Dekret zu erlassen, dass jeder, der für ein Pallium etwas fordere oder gebe, in die Strafen verfallen solle, welche auf die Simonie gesetzt sind. Aber eine solche Einkommensentziehung war den Päpsten allzu unangenehm, und es gelang richtig ihren Bemühungen (besonders denen des schlauen Bischofs von Siena, Enneas Sylvius, des späteren Papstes Pius II. (1458-64), dass schon im Jahr 1458 der schwache Kaiser Friedrich III. im damaligen Wiener Konkordat die Palliengelder wiederherstellte. Seither bestehen sie fort, und alle Klagen, die über diesen Wucher schon erhoben worden sind, haben keine andere Folge gehabt, als dass man die Forderungen der betreffenden Gelder mit etwas mehr Dezenz und weniger Schamlosigkeit betrieb, als früher.[86] Gänzlich aufgehoben aber wurden die Pallienabgaben nie mehr!

Eine ebenso ergiebige Einnahmequelle lieferten zu ihrer Zeit die Annaten (Annatae, auch Annalia, Servitia communia oder auch Jus depertuum genannt), eine Erfindung des Papstes Johann XXII., welcher, wie wir weiter oben gesehen haben, von 1316 bis 1334 regierte. In früheren Zeiten machte der Geistliche, welcher die Ordination oder Weihe erhielt, dem ihn Ordinierenden ein Präsent. Nun nahm aber nach und nach der Papst alle Hauptordinationen und Weihen in Anspruch und eben damit beanspruchte er auch die Geschenke, die sich einstweilen

---

[85] Die Mainzer Erzbischöfe kamen bei der Erwerbung des Palliums nie unter dreißigtausend Goldgulden weg und es fiel ihnen oft sehr schwer, das viele Geld bei dem Antritt ihres Amtes aufzutreiben. Viele entlehnten es gegen hohe Zinsen bei den Juden; andere, wie Erzbischof Albrecht zur Reformationszeit, der sich die stabilen dreißigtausend Gulden von den Fuggern vorschießen ließ, verschacherten gewisse Einkommensteile auf Jahrzehnte hinaus dafür an Wucherer. Am pfiffigsten jedoch ging Erzbischof Markulph zuwege, welcher einem in der Hauptkirche aufgestellten goldenen Christus das linke Bein abnehmen ließ und damit seine Schuld an den Papst löste!

[86] Wie hoch im Augenblicke die Taxen für die Pallien sind, können wir dem Leser leider nicht sagen, denn es ist ja bekannt, dass sich der römische Hof sehr nach den Umständen richtet und seine Taxen diesen gemäß ausrichtet.

in «Servitute»[87] verwandelt hatten. Das erste Beispiel einer wirklichen Forderung dieser Art lieferte der Vorgänger Johann XXII., Clemens V., welcher von den englischen Bischöfen verlangte, sie sollten ihm für ihre Ordination ein einmaliges Jahreseinkommen überlassen. Johann XXII. jedoch ging noch weiter, und erklärte es für ein Vorrecht des päpstlichen Stuhls, dass er die Einkünfte von jeder Pfründe, die neu verliehen werde, auf ein Jahr zu beziehen hätte. Und warum auch nicht? Wenn die Erzbischöfe für ihre Bestätigung durch das Pallium die Summe von zwanzig- bis dreißigtausend Gulden zu bezahlen hatten, - wäre es recht gewesen, die Bischöfe und niederen Pfründeninhaber frei ausgehen zu lassen? Die Sache ging leichter vonstatten als Papst Johann es nur vermutet hätte, und seine Forderung wurde bald als ein Recht anerkannt. Er ging aber auch mit außergewöhnlicher Klugheit zu Werke und wusste vor allem die Herren Kandidaten von geistlichen Ämtern auf seine Seite zu bringen! Er erklärte z. B. dass dieses oder jenes Bistum allzu groß, diese oder jene Diözese allzu weitläufig sei, als dass sie von einem Geistlichen «richtig» versehen werden könne, und zerriss sie in mehrere Bistümer und Diözesen. Hierdurch erhielten die vielen Kandidaten und Stellenjäger Aussicht auf Anstellung und erklärten sich natürlich recht gern dazu bereit, ein Jahreseinkommen zu opfern, um eine der vakanten Stellen zu erhalten. Ebenso fromm-eifrig verfuhr der Papst gegen diejenigen, welche den Besitz mehrerer Pfründen in sich vereinigten. Das durfte nicht sein, denn «der Gottesdienst litt darunter Not»; somit mussten die Inhaber verschiedener Pfründen alle bis auf eine abgeben und – abermals hatten die Pfründensucher Gelegenheit, sich eine solche, natürlich gegen Abgabe des ersten Jahreseinkommens (*Annalia*) zu verschaffen! Ein solches Verfahren leuchtete ein, und der Papst konnte bald noch weitergehen. Wurde also durch Todesfall oder Beförderung eine reichere Pfründe offen, so besetzte er diese nicht mit einem, der bisher noch keine Anstellung gehabt hatte, sondern er ließ einen bereits Angestellten, dessen Stelle aber nicht so viel eintrug, zu der reicheren Pfründe vorrücken, natürlich abermals gegen Erlegung der Annalen. Hierdurch vakant gewordene Pfründe besetzte er mit einem noch schlechter besoldet Gewesenen und dessen Stelle wiederum mit einem, der bisher ein geringeres Einkommen gehabt hatte, so dass eine einzige vakante Pfründe vielleicht sieben oder acht Vorrückereien zur Folge hatte. Alle Vorrückenden aber rückten nur vor, wenn sie sich vorher zur Bezahlung der Annalae verpflichteten!
Auf solche Art verfuhr Johann XXII., und da dieses Verfahren eine Menge Geld eintrug, kann man sich wohl denken, dass seine Nachfolger sich diesen Einkommensteil nicht mehr aus den Händen winden ließen. Im Gegenteil, sie bildeten die Sache immer weiter aus, schlugen das Jahreseinkommen jeder vom heiligen Stuhl zu besetzenden Pfründe zu einem Durchschnittswert in Bargeld an und ließen sich bei jeder Besetzung der Stelle die besagte Barsumme als rechtlich

---

[87] Anm d. Hg.: Nutzungsrechte, Dienstbarkeiten.

vereinbarte Gebühr bezahlen. Abermals war wie durch einen Zauberschlag eine Wucherquelle entdeckt, welche Millionen eintrug, denn mancher Bischof zahlte für seine Ernennung bis zu zwanzigtausend Gulden, und mochten auch einzelne Geistliche, einzelne Regenten, einzelne Länder gegen die Sache eifern, wie sie wollten, die Annalen blieben fortbestehen und bestehen jetzt noch fort.[88]

Doch hieran war es nicht genug, sondern die Päpste des 15. Jahrhunderts erfanden nun auch die sogenannten Exspektanzen oder Anwartschaften (Wartbriefe) auf ein erst zu erledigendes geistliches Amt. Welchem Papst die Ehre gebührt, zuerst solche Wartbriefe ausgeheckt zu haben, kann man nicht sagen, dagegen waren aber besagte Briefe zu Anfang des 15. Jahrhunderts bereits so üblich und so allgemein verbreitet, dass ihre Ausfertigung schon längere Zeit zuvor floriert haben muss. Schon Papst Alexander III. verbot auf dem Laterankonzil von 1169, irgendein Amt oder eine Pfründe zu verleihen oder zu versprechen, bevor sie frei sei. Hieraus geht hervor, dass der Missbrauch, jemandem eine Stelle zu versprechen oder die Anwartschaft auf dieselbe zu geben, ehe ihr gegenwärtiger Inhaber das Zeitliche gesegnet hatte, schon damals üblich war. Ihre Existenz entwickelte sich übrigens wie von selbst aus dem Pfründenhandel (den Annalen). Es gab nämlich von jeher Leute (und es wird auch immer solche geben), die auf dieses oder jenes Amt, auf diese oder jene Stelle besonders erpicht und darum gerne bereit waren, es sich etwas kosten zu lassen, wenn sie nach dem Tod des jetzigen Inhabers die Stelle erhielten. Solche Leute dachten nun, wenn der Papst sich für die Belehnung mit den Ämtern oder Pfründen selbst bezahlen lasse, so werde er sich auch die Anwartschaft auf die betreffende Pfründe abkaufen lassen, und gingen nach Rom, um den Handel fertig zu machen. Und in der Tat, sie täuschten sich in der Bereitwilligkeit des apostolischen Stuhles keineswegs, sondern um ihr gutes Geld erhielten sie in Rom einen Anwartschaftsbrief auf die gewünschte Stelle, der ihnen das Recht gab, dieselbe im Falle ihres Freiwerdens in Besitz zu nehmen. Man verkaufte also zu Rom das Kind im Mutterleibe!

Auf diese Art entstand der Exspektanzenhandel, welcher dem Verkäufer wie dem Käufer in höchstem Grade einleuchtete. Der Verkäufer nämlich bekam das Geld

---

[88] Auf dem Konzil von Basel wurden besagte Annalen wie die Palliengelder abgeschafft und deren Forderung oder Bezahlung für Simonie erklärt; doch Kaiser Friedrich III war so schwach, auch sie (wie die Palliengelder) im Jahre 1448 den Päpsten als rechtliches Einkommen wieder zu überlassen, und von dortan sind sie in der katholischen Kirche als zu Recht bestehend betrachtet worden. Auch gegenwärtig noch erhebt sie die römisch Kurie, doch hat sie dieselben in eine fixe Taxe verwandelt. So zahlt z. B. ein größerer Bischofssitz gewöhnlich tausend Scudi (à 1 ½ preußische Taler) (Umgerechnet heute 1 Taler rund 15 Euro. Anmerk des Hg.), während man sich bei einem kleineren mit fünf bis sechshundert begnügt; aber um Zahlen sprechen zu lassen: der Bischof von Breslau zahlt, soviel mir bekannt ist, 1166 2/3, der von Hildesheim 756, der von Osnabrück 666 2/3, der von Freiburg 668, der von Rottenburg 490 Scudi usw.

für eine Pfründe in die Hand, noch ehe diese wieder frei war und konnte so mit demjenigen verglichen werden, welcher das Kalb verkauft, noch ehe die Kuh gekalbt hat. Überdies war die Möglichkeit gegeben, eine Pfründe zwei- und dreimal an den Mann zu bringen, wenn nämlich der Exspektanzenkäufer vor dem Pfründeinhaber, auf dessen Tod er spekulierte, starb. Umgekehrt hatte aber der Käufer einer Exspektanz auch seinen besonderen Vorteil, denn es fragte ihn niemand, ob er auch der Pfründe würdig sei, deren Anwartschaft er kaufte. Es fragte ihn niemand, ob er die Stelle, für deren Inbesitznahme nach dem Tod des jetzigen er das Recht erwarb, versehen könne oder nicht. Er hatte bloß die geforderte Summe für den Wartbrief zu bezahlen und damit war der Handel abgemacht. Somit konnte sowohl der ärgste Dummkopf und Ignorant, als auch das liederlichste Subjekt eine Exspektanz kaufen, wenn er nur das Geld dazu hatte, und es ist Tatsache, dass Deutschland und Frankreich von italienischen Exspektanzeninhabern (natürlich, sie konnten sich solche am leichtesten vom Papst erwerben!) gleichsam überschwemmt wurde, obgleich diese Burschen, welche die deutschen oder französischen Pfarrämter in Anspruch nahmen, gar nichts von deutschen und französischen Sitten wussten und oft sogar nicht einmal die Sprache verstanden! Es setzten sich sogar Menschen, die gar keine Geistlichen waren, alte Soldaten, herumziehende Ärzte, Marktschreier und dergleichen mehr, in den Besitz von Exspektanzen und hieraus entstand bald ein so heilloser Unfug, dass man jetzt gar keinen Begriff mehr davon hat. Doch es sollte noch besser kommen.

Zu Anfang des 16. Jahrhunderts fanden es nämlich die Päpste zu kleinlich, Exspektanzen auf bloß einzelne Pfründen oder Kirchenstellen zu verkaufen; sie schlugen vielmehr, um eine gehörige Portion Geld auf einmal zu machen, die Exscpektanzen aller Pfründen eines ganzen Distrikts oder einer ganzen Provinz zusammen, oder wie man zu sagen pflegt, *en bloc,* los. Der Handel in dieser Branche wurde also von den Päpsten nicht mehr einzeln durchgeführt, sondern sie verkauften nur noch *en gros* an solide Hauptunternehmer, welche dann wieder einzelne Exspektanzen an einzelne Individuen abließen. Aber natürlich konnten diese Hauptunternehmer – hauptsächlich reiche Kaufleute, wie die Fugger, die en gros Juden der damaligen Zeit oder auch ganze Handelsgesellschaften, welche ihr Kapital zusammenwarfen um die meist sehr bedeutende Kaufsumme bezahlen zu können – nicht zu demselben Preis verkaufen, wie sie eingekauft hatten, sondern wollten auch ihren Nutzen haben und verschacherten daher die Exspektanzen an die Meistbietenden ohne Rücksicht darauf, ob dieselbe in moralischer Beziehung etwas taugten oder nicht.

Von einer solchen skandalösen Wirtschaft hatte man in der Christenheit bisher nichts gehört und es ist daher kein Wunder, wenn die Leute über den grässlichen Handel förmlich empört waren. Gewöhnlich hieß man die Exspektanzbriefe-Inhaber «Provisioner», weil das französische Wort «Provisions» soviel bedeutet, als eine gegen Zahlung einer Gebühr erhaltene Zusage. Noch häufiger fast gab man ihnen den bezeichnenden Namen «Kurtisanen»[89] und behandelte sie auch mit nicht mehr Achtung, als die herumziehenden Huren. Es kam sehr oft vor, dass man einen solchen Eindringling, wenn er sich der gekauften Pfründe bemächtigen wollte, geradezu fortjagte und sich den Befehlen des Papstes offen widersetzte.[90] Dessen ungeachtet ging der Exspektanzenhandel immer weiter, und es wäre wohl nie mit ihm zu Ende gekommen, wenn nicht die Kauflust nachgelassen hätte. Die Päpste boten ihre Wartbriefe auch nach der Reformation wie vor derselben an, aber in den Völkern Europas regte sich ein entschiedener Widerwillen gegen

---

[89] Kurtisanen – Liebesdienerinnen ums Geld. Man wollte also sagen, dass die Exspektanzenkäufer die Ämter auf dieselbe Weise erwarben, wie die Buhlerinnen, welche ihren Körper jedem, der darauf bietet, preisgeben.

[90] Wir könnten verschiedene derartige Fälle anführen. Z. B. im Jahr 1484 hatte ein Kurtisan die Exspektanz einer Domherrenpfründe in Konstanz gekauft. Der Domherr starb und der Kurtisan wollte nun die Domherrstelle einnehmen; aber der Bursche war ein so verdorbenes Subjekt, dass sich der Bischof widersetzte und von den Eidgenossen Hilfe gegen etwaige Gewalt begehrte. Diese Hilfe wurde auch bereitwilligst zugesagt «und wenn es selbst gegen den Papst wäre».

Noch öfter kam der Fall vor, dass ein Kurtisan, der Anspruch auf diese oder jene Pfarrei hatte, von dem Gemeinderat auf das Rathaus geführt wurde unter dem Vorwand, ihm die Pfarrei zu übergeben. Stattdessen aber hing man ihm die Exspektanzurkunde, vielfach durchlöchert, um den Hals, goss ihm einen Eimer voll Wasser über den Kopf und jagte ihn unter Schimpf und Schande aller Ortseinwohner mit Geißelhieben aus dem Dorf.

In Zürich wie in Bern wurden alle Kurtisanen «als lose Buben», sowie auch als «ungelehrt und ungeistlich» für immer aus den Stadtmauern verbannt und zugleich beschlossen, dass jeder, der für die Zukunft Exspektanzenhandel treibe und mit einer solchen Urkunde ankomme, in einen Sack zu nähen und ins Wasser zu werfen sei. Diese Drohung half, und nunmehr blieben die Exspektanzenhändler aus.

In Bayern wurden die Provisioner ebenfalls nicht ins Land gelassen, sondern förmlich und für immer verbannt, und ebenso hielt man es in anderen deutschen Provinzen. Am allerbesten aber verfuhr man in Württemberg, wie man an nachstehender verbürgter Tatsache sieht. Auf einer Reise nach Italien 1481 fand sich Graf Eberhard im Bart (der spätere erste Herzog Württembergs) auch in Rom ein und stattete dem Papst Sixtus IV. wie üblich und natürlich einen Besuch ab. Nun fragte ihn der Papst, ob es wahr sei, «dass man in Württemberg jeden, der mit einer päpstlichen Exspektanz komme und von einer Stelle Besitz ergreifen wolle, auf das Kirchendach setze und ihn dort ebensolange festhalte, bis er vor Hunger und Durst oder auch Kälte und Nässe halb oder ganz tot herabfalle, dass man ihn aber, wenn er je lebend herabkomme, nötige, das Exspektanzen-Briefpergament zu verschlingen und ihn dann ins Wasser werfe, bis er tot sei?» - Auf diese Frage erwiderte der Württemberger Graf mit «Ja», und setzte hinzu, dass, solange er lebe, kein Kurtisan ins Land kommen dürfe, «denn wenn er einen solchen Kerl einließe, so würden ihn seine Untertanen für einen Bastard halten, der ganz aus der Art seiner Vorfahren geschlagen sei.» - Nun lachte Sixtus IV. und meinte, es sei gut, dass es nicht lauter Württemberger in Deutschland gebe.

diesen Schacherhandel und weil kein Exspektanzbriefinhaber mehr darauf zählen konnte, die erkaufte Pfründe nach ihrer Erledigung auch wirklich zu erhalten, ließ er das Kaufen fein bleiben. Nun hörte der Handel natürlich nach und nach auf.[91]

Mit dem allgemeinen Exspektanzenverkauf einer ging der Verkauf der verschiedenen Hof- und Staatsämter in Rom selbst. Da gab es keine einzige Pfründe, kein Amt, keine Stelle, die nicht ums Geld zu haben gewesen wäre und es existiert jetzt noch ein Verzeichnis von nicht weniger als 651 Stellen, die als «käuflich» bezeichnet waren, z. B. die Stellen von Prokuratoren, Registratoren, Abbreviatoren, Korrektoren, Notaren, Schreibern, usw. Ja, man ging sogar bis zu den Läufern und Türstehern herab, denn auch diese letzteren Stellen trugen etwas ein, wenn auch nicht viel! Dieses Verzeichnis ist vom Jahr 1471 datiert und rührt von dem berühmten Papst Sixtus IV. (1471 – 84) her,[92] der sich mit diesem Handel eine Einnahmequelle von mehr als 100000 Dukaten jährlich erwirtschaftete. Doch damit wollen wir den Vorgängern Sixtus nicht die Ehre rauben, ebenfalls schon im Stellenverkauf für Rom stark gewesen zu sein, ebensowenig, wie wir von den Nachfolgern jenes Papstes das Genie absprechen, jenen Handel aufrecht erhalten und zum Teil sogar noch weiter ausgedehnt zu haben.

Von weit größerer Tragweite als dieser spezifisch römische Stellenwucher waren die Dispensationsgelder[93] in Ehesachen, denn diese gingen die ganze Christenheit an und waren eine Steuer, deren Ertrag jetzt noch nicht gering anzuschlagen ist, zu gewissen Zeiten aber, und unter gewissen Päpsten zu einer jährlichen Million anwuchs. Sehen wir also, wie diese Einnahmequelle angebahnt wurde.

Es ist in der katholischen Kirche Glaubenssatz, dass die Ehescheidung nicht erlaubt sei. Ebenso ist festgestellt, dass es gewisse Verwandtschaftsgrade (im Ganzen 7) gebe, die eine Heirat verhinderten. Wie diese beiden Glaubenssätze nach und nach entstanden und ausgebildet worden sind, sodann ob sie sich vor Vernunft und

---

[91] Mit Ausnahme der sogenannten «Coadjutorstellen». Wenn nämlich ein Bischof alt, schwächlich und geistig herabgekommen ist, so pflegt man ihm einen «Mithelfer im Regimente» beizugeben, der dann regelmäßig sein Nachfolger wird; allein dieser Cuadjutor muss die zu einem Bischof nötigen kanonischen Eigenschaften haben, sonst nimmt man ihn nicht an.

[92] Ich halten es für meine Pflicht, nebenbei anzuführen, dass dieser Papst Sixtus IV. auch noch auf andere Einfälle geriet, um damit Geld hervorzulocken. Unter diese Einfälle gehört die Einführung der öffentlich privilegierten Bordelle in Rom, - ein Institut, das ihm jährlich mindestens 30000 Dukaten abwarf. Auch brachte er die sogenannten «priesterlichen Konkubinatssteuern» auf, d. h. er erlaubte den Geistlichen, damit sie sich über das Zölibat (hierüber in einem späteren Artikel) trösten könnten, gegen eine bestimmte ihm zu zahlende Abgabe Beischläferinnen zu halten, und was dergleichen Skandale, über welche der damalige Kantor der Stadt Rom, Infessura, ausführlich berichtet, mehr sind. Es würde jedoch zu weit führen, auf alle diese Einzelheiten näher einzugehen.

[93] Gelder die bei einer förmlich ausgesprochenen Scheidung der Kirche zu entrichten waren. (Anmerk. des Hg.)

Christentum als stichhaltig erweisen, – dies zu untersuchen ist nicht meine Sache und ich erlaube mir auch kein Urteil darüber, denn wir haben es keineswegs mit den Glaubenssätzen, sondern lediglich mit den Päpsten zu tun. Doch wie beuteten nun die letzteren jene beiden Glaubenssätze aus? Sie sagten einfach: «Die Ehescheidung ist verboten, die Heirat zwischen nahen Verwandten ist verboten, aber da wir Päpste die Macht besitzen, jedes Verbot aufzuheben und jede Sünde erlaubt zu machen, so werden wir von jenen beiden Verboten nach unserem Belieben diejenigen dispensieren, welche uns die für die Dispensation geforderten Geldsummen bezahlen.» Abermals handelte es sich nicht um die Religion, sondern einfach und allein ums Geld! Oder zweifelt etwa jemand daran? Wieviel Tausende und Abertausende von Fällen weist nicht die Geschichte auf, wo ums Geld und bloß ums Geld dispensiert wurde? Wieviel Tausende und Abertausende von Beispielen sind nicht noch zu lesen, wo der Papst eine Ehescheidung oder eine Heirat unter Verwandten erst gestattete, als bis man mit dem Preis überein gekommen war? Ja sind nicht von den Päpsten ums Geld sogar eheliche Abscheulichkeiten gestattet worden? Hat nicht guten Zeugnissen zufolge Martin V. (1417-31) einem Bittsteller, freilich einem sehr reichen und nur für eine enorme Summe, die Heirat mit der eigenen Schwester gestattet?[94] Ist es nicht eine Tatsache, dass Sixtus IV., um uns des Ausdruckes eines bewährten Schriftstellers zu bedienen, «ums Geld die Erlaubnis erteilte, bei der Ehefrau eines Abwesenden die Stelle des Mannes zu vertreten?» Freilich die Armen oder Geizigen durften sich des päpstlichen Dispenses nicht erfreuen, aber gab es nicht zu allen Zeiten vermögliche und vornehme Menschen genug, die Tausende daran setzten, um ihr Ziel zu erreichen, und ist es also nicht sonnenklar, dass Millionen für den Dispens in ehelichen Angelegenheiten nach Rom wanderten?

Doch genug auch hiervon, denn dieses Kapitel hat bereits fast zuviel Raum weggenommen. Sprechen wir jetzt nur noch, um das Maß vollzumachen, von einigen eklatanten Einzelfällen, durch welche sich der eine oder der andere der Päpste ein gutes Geld zu machen wusste!

Von dem «Bannfluch» und seinem ungeheuren Nutzen für die Machtstellung der Päpste wird im nächsten Buch die Rede sein; aber auch Geld brachte er den Päpsten ein, und nicht selten wurde er nur ausgesprochen, um Geld zu machen. Ein Beispiel im Kleinen gibt Bonifatius VIII. (1294-1303), welcher König Friedrich von Trinakria[95] in den Bann tat, weil er sich weigerte, den Peterspfennig mit jährlichen dreitausend Unzen Goldes zu entrichten. Was tat nun aber der

---

[94] Von verschiedenen Seiten wird dieser Fall geleugnet und es ist in der Tat auffallend, dass der Name des reichen Mannes meines Wissens nirgend genannt wird. Allerdings berufen sich andere Schriftsteller auf Quellen, die in anderen als glaubwürdig befunden wurden, und also auch hierin nicht ganz zu verwerfen sein dürfen.

[95] Dieses kleine Königreich ist längst aus der politischen Geographie verschwunden. (Anm. d. Hg. Sizilien.)

Nachfolger des Bonifatius, Papst Benedikt XI. (1303-4)? Er sprach den König vom Bann los, - für tausend Unzen Gold! Noch ärger trieb es Gregor IX. (1227-41). Er belegte nämlich den großen Kaiser Friedrich II. mit dem Bann, weil er zu einer gewissen Zeit einen ihm anbefohlenen Kreuzzug nicht unternehmen konnte, und sprach ihn einige Jahre später wieder vom Bann los – für die Kleinigkeit von einhunderttausend Unzen Gold![96] Ihm ahmte Clemens V. (1305-16) getreulich nach, denn er schleuderte im Jahre 1309 eine fulminante, bisher unerhörte Bannbulle gegen die Republik Venedig, weil diese sich weigerte, die eroberte Provinz und Stadt Ferrara für jährliche zwanzigtausend Dukaten vom Papst zu Lehen zu nehmen, und sprach sie wieder vom Bann los, nachdem sie ihm einhunderttausend Dukaten bezahlt hatte![97] Dergleichen Beispiele könnte man noch Dutzende anführen, aber ich lasse es bei diesen wenigen bewenden, da es mir nur um den Beweis ging, dass die Päpste die ärgste Zuchtrute der Kirche, den Bann, nicht selten nur dazu benutzten, Geld herauszupressen.

Weiter! Es ist eine bekannte Tatsache, dass die Inquisition (auf welche wir später zu spreche kommen werden) eine Unzahl von Menschen als Ketzer hinrichten ließ, nur um sich ihres Vermögens bemächtigen zu können.[98] Ebenso ist bekannt, dass viele Hunderte von Hexen und Hexenmeistern den Feuertod erlitten, nur weil sie der «besitzenden» Klasse angehörten. Was soll man aber dazu sagen, wenn ein Papst sämtliche Mitglieder eines «heiligen Ordens» zur Ausrottung verurteilte, nur um sich ihrer Reichtümer bemächtigen zu können?

Dieser Orden war der Tempelherrenorden und der verurteilende Papst war Clemens V., derselbe, der sich von den Venezianern einhunderttausend Dukaten für die Absolvierung vom Bann bezahlen ließ. Ich werde den Hergang dieser grässlichen Prozedur mit ziemlicher Kürze erzählen, da ich glaube, dass die meisten Leser mit der Sache schon voraus ziemlich vertraut sind, und dass es daher nur eines Winkes bedarf, um ihre Erinnerung wieder aufzufrischen.

---

[96] Diese Summe war für das 13. Jahrhundert eine ungeheure, denn der Wert des Goldes stand damals mindestens zehnmal so hoch als jetzt.

[97] Die Absolutionsbulle des Papstes ist vom 26. Januar 1313 datiert; die Aussöhnung mit Venedig war aber schon im Mai 1311 zustande gekommen und die Promulgation der Absolution wurde nur deshalb so lange hinausgeschoben, weil die Venezianer, so reich auch ihr Staat damals war, die ungeheure Summe nur mit der größten Mühe und nach und nach zusammenbrachten. «Kredit jedoch hätte der Papst um keinen Preis gegeben!» - Bemerkenswert ist auch noch, dass der Venezianische Gesandte bei der Überreichung des Goldes mit einer Kette um den Hals vor dem Papste erscheinen musste.

[98] Hier muss angeführt werden, dass die erschreckte Menschheit, welche in immerwährender Todesangst lebte, von den grässlichen Blutrichtern der Inquisition unter irgendeinem Vorwand ergriffen zu werden, sich um ihr gutes Geld beim Papst ein «apostolisches Sicherheitsbreve», d. h. einen Schein, dass man vor der Inquisition sicher sein solle, erkaufen konnte. – Freilich wurde so mancher trotz des Breves hingerichtet!

Der Tempelherrenorden war im Jahr 1118 von den Waffengefährten Gottfrieds von Bouillon, den Rittern Hugo von Payens und Gottfried von Saint-Omer gestiftet worden und sein Zweck war ursprünglich der «Schutz der wallfahrenden Pilger gegen die Sarazenen». Balduin II., König von Jerusalem, räumte dem Orden einen Teil seines Palastes in Jerusalem als Ordenssitz ein, und da dieser Palast an der Stelle des früheren salomonischen Tempels (ganz dicht neben der Kirche zum heiligen Grabe) erbaut war, so nannten sich die neuen Pilgrimsbeschützer «Ritter vom Tempel», unter welchem Titel sie Papst Honorius II. als Ritterorden bestätigte. Ihre Devise war von nun an: «Kampf gegen die Ungläubigen und Schutz des heiligen Grabes» und es ist sicher, dass sich nie eine Gesellschaft von tapfereren Rittern zusammenfand. Dem Schwur der Armut blieben sie allerdings nur eine kurze Zeitlang treu, denn bald flossen ihnen von allen Seiten Schenkungen und Vermächtnisse zu, so dass sie, besonders seit Papst Alexander III. sie in seinen besonderen Schutz nahm, in wenigen Jahrzehnten alle anderen Orden an Pracht und Reichtum überflügelten. In der Mitte des 13. Jahrhunderts besaßen sie bereits in den verschiedenen christlichen Reichen, insbesondere in Frankreich, England, Spanien, Portugal und Italien an die neunhundert größere Güterkomplexe mit Ritterschlössern darauf und entsprechenden Einkommensteilen und noch immer war ihr Reichtum, ihre Macht, und ihr Einfluss im Steigen begriffen. Ihre innere Einrichtung anbelangend bildeten sie eine große geistlich-ritterliche Republik,[99] welche der königlichen Gewalt eines jeden Staates drohend gegenüberstand, denn nicht selten war ihre Macht größer, als die des Regenten selbst, da sie keineswegs seiner Botmäßigkeit, sondern nur allein der des Papstes unterworfen waren. Besonders tief empfanden dies die Könige von Frankreich, und Philipp IV., ein selbstsüchtiger Tyrann, eifersüchtig auf ihren Reichtum und wegen ihrer Macht besorgt, beschloss daher die ihre Zerschlagung oder vielmehr die Vernichtung des Ordens selbst.

Nun wäre es natürlich im Interesse des Papsttums gelegen, diesen Orden, welcher der päpstlichen Hierarchie von jeher zur Stütze gedient hatte, auf alle Weise zu heben und zu verteidigen; aber damals – zu Anfang des 14. Jahrhunderts bestieg ein Mann den päpstlichen Stuhl, der nicht bloß, wie ihn ein bewährter Schriftsteller bezeichnet, ein elender, eitler und feiger Gascogner war, sondern der auch von Anfang an ganz am Gängelband des besagten Königs Philipp IV. lief. Dieser Papst war Clemens V. (von dem ich oben schon gesprochen habe), früher Erzbischof von Bordeaux, der vordem einfach Betrand von Got hieß, welcher durch französischen Einfluss zum Statthalter Christi erwählt wurde, und ebenfalls durch

---

[99] An der Spitze stand ein Großmeister, welcher wie ein mächtiger Fürst regierte, obwohl beengt von dem Willen der Ordenskapitel. Unter dem Großmeister regierten über einzelne Provinzen die Großpriore, und unter den Großprioren die Baillifs und Priore oder Komture.

französischen Einfluss bewogen, den Papstsitz von Rom nach Avignon verlegte.[100] Hierin liegt jedoch nicht der Hauptvorwurf, den man ihm, selbst vom päpstlichen Standpunkt aus betrachtet, macht, sondern darin, dass er schon vor seiner Erwählung einen geheimen Vertrag mit dem König von Frankreich abschloss, in welchem er sich verpflichtete, mit diesem gemeinschaftliche Sache gegen die Tempelherren zu machen. Die beiden Ehrenmänner wollten den Tempelherrenorden aufheben, seine Mitglieder ausrotten, dessen Güter und Reichtümer konfiszieren und sich die Beute teilen! So war es abgemacht und so wurde es ausgeführt, obwohl nicht mit dem Resultat, welches sich Clemens V. ohne Zweifel versprochen hatte! Nachdem nämlich alles genau verabredet war, stellte König Philipp im Jahre 1307 auf einmal verschiedene Zeugen auf, welche die grässlichsten Dinge gegen den Tempelherrenorden aussagten,[101] und ernannte zugleich einige Richter, welche insgeheim diese Aussagen zu Protokoll nehmen und die Untersuchung weitertreiben mussten; zur selben Zeit aber lockte der Papst den Großmeister des Tempelherrenordens mit Namen Jacques Bernard de Molay nebst dessen ersten Würdenträgern unter einem hinterlistigen Vorwand von seiner Residenz Limisso auf der Insel Zypern[102] nach Frankreich, damit man sich seiner und der Hauptführer des Ordens auf leichte Weise bemächtigen konnte. Kaum war dieser Schritt gelungen, so schritt man sogleich zur Verhaftung der Templer und zog alle, deren man habhaft werden konnte, in einer Nacht, nämlich am 13. Oktober des Jahres 1307 gefänglich ein. In Paris allein waren es deren 140, an ihrer Spitze Jacques de Molay, und auf dem Land betrug deren Zahl mehr als das sechsfache. Einen Monat darauf, am 22. November 1307, publizierte der Papst eine Bulle, worin er die Verhaftung aller Templer in allen Ländern anordnete, und nun ging es an ein Prozessieren, wie man es noch nie erlebt hatte. Papst und König gingen Hand in Hand, und Kerkermeister oder vielmehr Inquisitionsrichter wurden ernannt, welche durch Folterqualen aller Art Geständnisse herauspressten, die einen jetzt noch schaudern ließen, wenn man nicht wüsste, wie sie erpresst worden sind. Doch trotz aller Torturen und Foltern dauerte es lange genug, bis man genug zutage brachte, dass eine Verurteilung möglich war, und erst am 12. Mai 1310 konnte die erste Blutstrafe vollzogen werden. Nicht weniger als 54 Ritter wurden an diesem Tage vor dem St. Antonstore vor Paris langsam auf kaum brennenden Holzstößen zu Tode geschmort, ferner neun zu Senlis und über

---

[100] Auf diese Papstsitzverlegung, welche 70 Jahre anhielt, und daher die babylonische Gefangenschaft der Päpste hieß, werden wir später zurückkommen.
[101] Die Anklage ging auf Verleugnung Christi, heidnischen Götzendienst und unnatürliche Laster aller Art, - lauter Verbrechen, welche nie erwiesen wurden!
[102] Die Insel Zypern gehörte damals dem Christentum an und wurde von einem eigenen König, Amalarich, regiert. Nach der Eroberung Jerusalems durch die Sarazenen jedoch hatten die Tempelritter ihren Sitz eben dahin – nach der Stadt Limisso – verlegt und waren faktisch die Herren der Insel.

dreißig weitere in anderen Städten Frankreichs. Alle aber beteuerten noch während des Verbrennungsaktes ihre Unschuld!

Doch das war nur erst der Anfang des großen Prozesses! Am 26. Mai 1311 schloss der Papst seine Untersuchung und im Oktober 1311 berief er ein Konzil nach Vienne, um dort den Prozess zu Ende zu bringen. Wie schändlich aber auf diesem Endurteils-Fällungs-Konzil verfahren wurde, das ersieht man am besten daraus, dass dessen Akten von den Päpsten selbst größtenteils unterdrückt wurden, weil die Niederträchtigkeit und Ungerechtigkeit gar zu offen zutage lag! Doch damals, im Jahr 1311, waren Papst und König des Konziles froh, und auf dessen Akten sich stützend, erklärte Clemens V. am 3. April 1312 den ganzen Tempelherrenorden bei Strafe des Banns für aufgehoben und dessen Güter für konfisziert, und zwar weil sich der Orden schändlicher Verbrechen schuldig gemacht habe. Allerdings – die Verbrechen wurden nicht namhaft gemacht, denn dies war die Nebensache, die Hauptsache war die Konfiskation! Den Schluss der Tragödie machte die Verbrennung des Großmeister Jacques Bernard de Molay, welcher in Gemeinschaft mit dem Großprior Hugo von Pairaud und dem Dauphin von Auvergne (dem Bruder des Fürsten von Auvergne) am 19. Mai 1314 in langsamer Röstung sein Leben zu Paris aushauchte. Auch sie, alle drei, beteuerten mit feierlichem Eide sterbend ihre Unschuld und Jacques de Molay lud, drohend die Hand aus dem Feuer hebend, den Papst sowie den König von Frankreich vor den Richterstuhl Gottes.[103]

Das Ziel war erreicht! Der Orden war vernichtet und zwanzigtausend Ritter fanden ihr Ende teils auf dem Scheiterhaufen, teils hatte man sie für den Rest ihres Lebens in Klostergefängnisse gesperrt. Viele darunter waren in den Johanniter oder auch in den Deutschen Orden getreten und noch mehr kehrten als freie Männer in die Welt zurück! Aber – was hatte nun der Papst mit dieser grässlichen Exekution erreicht? In Frankreich riss der König fast alle Güter des Ordens an sich;[104] in England nahm die Krone mindestens zwei Drittel; in Deutschland wurden die Komtureien unter dem Johanniter und dem Deutschen Orden geteilt; in Aragonien stattete der jeweilige Regent den Orden von Calatrava und in Portugal den Christusorden damit aus; nur allein in Italien konnte der Papst konfiszieren und überdies fiel ihm die Hälfte der Barsummen zu, welche der Templergroßmeister von Zypern mitgebracht hatte. Der weltliche Vorteil also, den der Papst erreichte,

---

[103] Diese grausige Vorladung traf auch richtig ein. Sowohl Papst Clemens als auch König Philipp starben noch im selben Jahre.

[104] Dass das Motiv des Königs von Frankreich bei Vernichtung des Tempelherrenordens allein Habsucht war, sieht man am besten daraus, dass er unter ganz ähnlichen Vorwänden im Jahre 1306, also das Jahr vor der Prozesseinleitung gegen die Tempelherren, mit einem Schlag alle Juden aus Frankreich vertrieb und ihr Vermögen konfiszierte. Acht Jahre darauf durften die Juden wiederkehren, aber nur, um einige Zeit nachher, als sie sich wieder etwas aufgebaut hatten, dasselbe Schicksal nochmals zu erleiden!

war ein verhältnismäßig geringer, umso größer aber war der Nachruhm, den sich die römische Kurie durch diese Tat auf ewige Zeiten errungen hat!

Hast du nun genug, o Leser! Ich glauben es unbedingt und glaube sogar, dass dich dieses geringe Wuchergetriebe des römischen Hofes bereits anekelt. Ich will dir daher nichts mehr hiervon erzählen und lieber verschiedene Punkte, so wichtig sie auch sind, wie das berühmte Kornwuchersystem des Papstes Innozenz X: (1644-55),[105] wie die Heiligenfabrikation ums Geld,[106] wie den so unendlich gewinnreichen Reliquienhandel und Agnus Dei Verkauf,[107] wie die noch gewinnreicheren

---

[105] Das Kornwuchersystem des Papstes Innozenz X. bestand einfach darin, dass er den Kornhandel im Kirchenstaat für sich als Monopol in Anspruch nahm. Der Bauer, der Korn produzierte, durfte dieses weder an einen Auswärtigen noch an einen Inländischen verkaufen, sondern musste, was er nicht selbst brauchte, an die päpstliche Schatzkammer zu einem von dieser zu bestimmenden Preise abliefern. Ebenso durften die Bäcker ihre Einkäufe nicht außerhalb des Kirchenstaats machen, sondern waren verpflichtet, einzig und allein von der päpstlichen Kammer zu kaufen, wobei natürlich die letztere den Preis abermals nach eigenem Belieben festsetzte. Man kann sich wohl denken, wie viel ein solches Monopol eintrug, denn was für einen Taler gekauft wurde, das verkaufte man mindestens für zwei! – Die nächsten Nachfolger des Papstes Innozenz behielten natürlich diese glorreiche Erfindung bei und – daher datiert sich der Umstand, dass der Gesamtbauernstand des Kirchenstaats immerwährend am Bettelstab einherging, obgleich kein fruchtbareres Land in der Welt getroffen werden kann!

[106] So zahlten z.B. die Jesuiten nach dem Zeugnis Güntherodes für die Heiligsprechung ihres Ignatius Loyola über einhunderttausend Goldgulden an die päpstliche Schatzkammer, und nicht minder viel trugen andere Kanonisationen ein. Was aber das Recht des Papstes: «Heiligzusprechen» oder gar die Lehre von den Heiligen selbst betrifft, so lasse ich mich hierauf nicht ein, da dies ein katholischer Lehrsatz ist und ich schon im Voraus erklärt habe, mit der katholischen Religion, mit ihrer Lehre in keinen Konflikt kommen zu wollen. Ich handle bloß von dem Papsttum und seinen Übergriffen!

[107] Der Reliquienhandel kam so recht eigentlich erst mit den Kreuzzügen in Schwung, denn aus Palästina wurden eine Masse von Reliquien herausgeschleppt. Übrigens bin ich weit entfernt, mit der Lehre von der Verehrung der Reliquien hadern zu wollen, indem ich es vielmehr rein dem Leser überlasse, darüber nach Belieben zu denken. Ich habe es auch hier bloß mit dem Geldpunkt, also damit zu tun, dass die Päpste die Reliquien wie eine Ware behandelten, aus der man Geld ziehen kann. Infolgedessen wurden von dem Kreuze Christi so viele Splitter verkauft, dass dasselbe, wenn alle Splitter echt wären, die Größe von zehn Riesenbäumen gehabt haben mussten. Ebenso wurde der Kopf Johannes des Täufers dreimal verkauft, so dass nun drei Kirchen den echten Kopf aufweisen usw., - die Agnus Dei oder Amulette wurden durch Papst Urban V. (1362-70) aufgebracht, und solche «Gotteslämmchen», wenn sie vom Papst geweiht waren, sollten eine besondere Schutzkraft gegen alle Krankheiten und alles Unglück besitzen. Auch machte die päpstliche Schatzkammer, welche sie zu Hunderttausenden verkaufte, ziemlich erhebliche Geschäfte damit.

Fastendispensationen[108] usw. mit Stillschweigen übergehen; dagegen fühle ich mich gedrungen, dich wenigstens noch mit einem Papststücklein bekanntzumachen, dass dir vielleicht Stoff zum Lachen geben würde, wenn sein Ausgang nicht gar so schrecklich gewesen wäre. Ich meine die Geschichte mit Cem, dem Bruder des berühmten Sultan Bayezid II.

Dem Sultan Bayezid II. wollte sein jüngerer Bruder Cem die Herrschaft streitig machen, wurde aber nach blutigem Kampf besiegt, und floh, weil er sich unter den Sarazenen nicht mehr sicher wusste, ums Jahr 1485 zu den Johanniterrittern nach Rhodos. Der Großmeister der Johanniter sandte ihn nach Paris zum König von Frankreich und diesen bestürmte Papst Innozenz VIII. (1484-92) solange, bis es ihm gelang, Cem ausgeliefert zu bekommen. «Er wollte sich Seiner als Werkzeug bedienen, um große Dinge für das Christentum auszuführen,» sagte der Papst.[109] Doch welche großen Dinge waren dies? Einfach ein Wuchergeschäftchen für den Heiligen Stuhl! Bald nach Empfang Cems ließ er nämlich Sultan Bayezid wissen, dass er seinen Bruder in der Gewalt hätte, und der Sultan, der über den Charakter der Päpste genau unterrichtet sein mochte, ließ sofort eine Gesandtschaft nach Rom abgehen, um den Heiligen Vater zu bitten, Cem in sicherer Gefangenschaft

---

[108] Die Fastendispensationen werfen auch jetzt noch eine erkleckliche Rente für den päpstlichen Stuhl ab, obwohl sich nunmehr gar viele – aus höchst eigener Vollmacht dispensieren!
Wie das Gebot des Fastens am Freitag, dann das Gebot des großen vierzigtägigen Fastens, dann das Fasten der sechsten und siebten Woche entstand, wollen wir hier, unserem Grundsatz gemäß, mit der katholischen Christenlehre in keinen Konflikt kommen zu wollen, nicht näher auseinandersetzen. Dagegen dürfen wir nicht unerwähnt lassen, dass es zuerst Papst Gregor I. war, «der die Religion im Magen und in der Küche suchte» (wie sich ein gewisser Spötter ausdrückte) und sich das Dispensieren für gewisse Krankheitsfälle erlaubte. Spätere Päpste dispensierten jeden, der die Dispensation suchte, für Geld und setzten für die verschiedenen Menschenklassen verschiedene Preis-Courants fest. – sie waren es ebenfalls, welche die während der Fastenzeit ohne Dispens erlaubten Speisen festsetzten, nämlich Milch, Eier und Käse, sowie Fische, Fischottern, Schildkröten, Krebse, Frischschenkel, Schnecken, Austern usw. und warum die letzteren Tiere? Einfach, weil «Gott das Land, nicht aber das Wasser verflucht habe, weil ferner schon bei der Schöpfung der Geist Gottes über dem Wasser schwebte, weil endlich das Wasser das Element der Reinlichkeit sei und weil schließlich das Wasser bei der Taufe ein Hauptelement bilde, deswegen seien die Wassertiere keine Fleischtiere und folglich auch über die Fastenzeit erlaubt.» Ich gestehe, dass obige Schlussfolgerungen über meinen Horizont geht, aber Tatsache ist, dass das Fischfleisch als kein Fleisch erklärt wurde. Die Mönche waren ja so große Liebhaber davon und diesen konnte Papst Gregor, der große Mönchsfreund, schon einen Gefallen tun! Überdies ist es nicht wunderbar, dass sich in einem Hecht alle Passionswerkzeuge vorfinden, gerade wie in der sogenannten Passionsblume?
[109] Diese ganze romanhafte Geschichte ist von Matteo Bossi, von Onofrio Panvinio und anderen so detailliert erzählt und mit solchen genauen Belegen versehen worden, dass an ihrer Wahrheit auch nicht im geringsten gezweifelt werden kann.

zu halten, damit derselbe nicht abermals einen Bürgerkrieg gegen ihn beginnen konnte. Natürlich kam die Gesandtschaft nicht mit leeren Händen, sondern sie brachte eine kostbare Reliquie, die Spitze der heiligen Lanze mit, mit der Christus verwundet worden war,[110] verschiedene Juwelen nebst Perlen von nicht geringem Wert und was die Hauptsache war, die Barsumme von einhundertzwanzigtausend Dukaten als «Präsent des Sultans an den Papst». Überdies versprach Bayezid dem römischen Hof jährlich vierzigtausend Dukaten zu bezahlen, solange Cem dort festgehalten werde. Nun vergaß Innozenz auf einmal seine großen Pläne gegen die Muslime und – strich die vierzigtausend Dukaten jährlich ein. Noch weiter ging der Nachfolger des Innozenz, der Papst Alexander VI. (1492-1503), über welchen wir später noch einiges zu erzählen haben werden. Als nämlich der Papst sich vergewissert hatte, dass König Karl VIII. von Frankreich, welcher zu jener Zeit Neapel eroberte, und sich zugleich zu einem Krieg gegen die Muslime anschickte, Cem dazu benützen wolle, um die Untertanen Bayezids aufzuwiegeln und diesem eine Gegenpartei zu erwecken, so unterrichtete er, der Papst, der geschworene Feind der Ungläubigen, den Sultan Bayezid hiervon durch einen eigenen (im Juli 1494) Gesandten und es entstand nun ein freundschaftlicher Briefwechsel zwischen Alexander und dem Sultan, welcher nachher in allen Sprachen bekannt gemacht wurde.[111] Was stand aber in den gewechselten Briefen? Nichts anderes, als dass der Papst gebeten wurde, und sich sofort anheischig machte, Cem, welchem Bayezid als einen Nebenbuhler über alles zu fürchten hatte, um die Summe von dreihunderttausend Dukaten ins Jenseits zu befördern. Leider wusste König Karl VIII. von diesen geheimen Verhandlungen zwischen Bayezid und Alexander noch nichts, als er im Herbst 1494 nach Italien kam und vom Heiligen Vater die Auslieferung Cems begehrte, um diesen gegen den Sultan Bayezid zu verwenden; sonst wäre er wohl mit Alexander VI. anders umgegangen! Doch wie benahm sich der Papst, als Karl VIII. die Herausgabe Cems verlangte? Er lieferte ihn aus, natürlich nicht umsonst, sondern gegen Bezahlung von zwanzigtausend Dukaten «für die entstandenen Unkosten». Zugleich stipulierte er, dass, wenn Cem zufällig in Bälde sterben sollte, sein Leichnam ihm übersandt werden müsse. Und was geschah nun? Der unglückliche Prinz starb schon wenige Wochen nach seiner Auslieferung, denn der Sohn des Papstes, der vielberüchtigte Cesare Borgia, konnte ihm das zum Tod verhelfende Mittel im Heerlager Karls VIII. zu rechter Zeit beibringen! Natürlich erhielt sofort Alexander VI. den Leichnam vertragsmäßig

---

[110] Wie der Sultan Bayezid in ihren Besitz gekommen war und besonders wie er ihre Echtheit legitimierte, kann ich leider nicht angeben.

[111] Giovanni della Rovera fing die Briefe auf, als zufällig ein muslimisches Schiff mit einem geheimen Boten Bayezids an Alexanders VI. bei Sinigaglia strandete, und übergab sie später dem König von Frankreich.

Zur Nachwelt kamen die Briefe durch Johann Burchardt, den Zeremonienmeister des Papstes, welcher ein Tagebuch führte, das jetzt noch vorhanden ist.

zugesandt und übermachte ihn dann, ebenfalls vertragsmäßig, an Sultan Bayezid gegen die versprochenen dreihunderttausend Dukaten!

Was sagt nun der Leser zu diesem Stückchen? Könnte nicht die Raffiniertheit selbst bei diesem Papst noch in die Schule gehen? Doch genug von der Art und Weise, wie die Päpste Geld machten! Gehen wir zum nächsten Buch über, denn sonst wird der Ekel allzu groß!

2. Buch.

Der Papst und die Demut.

Motto:
Das schlichte Vorbild Jesu sah man kühn verachtet;
Stolz nahm der Demut Stelle ein;
Dort war das Himmelreich verpachtet,
hier prunkte früher Heuchelschein,
des Gottgesandten Lehre blieb verhöhnt,
Das Laster sah man königlich gekrönt.
Die Wahrheit ward vom Wahn verlacht,
Das Licht versank in düstre Nacht.
Im Reich der Sittlichkeit war Sittlichkeit verschwunden,
Die Menschheit blutete aus tausend Wunden;
Sich brüstend saß der Antichrist auf seinem Thron,
Dreifach gekrönt sprach er der Menschheit Hohn!
A. R.

I. Kapitel.

Die Entwicklung des Begriffes vom Papsttum oder die römischen Bischöfe in den ersten neun Jahrhunderten.

Die Päpste nennen sich in ihrer tiefen Demut «den Knecht der Knechte» (Servus servorum); aber nie und nirgends, weder in der alten noch in der neuen Geschichte, weder im Orient noch im Okzident gab es einen weltlichen Despoten auf Erden, der die Hochmut der Despotie mehr auf die Spitze trieb, als eben diese «Knechte der Knechte». Ja, dieser Hochmut steigerte sich zu einer gewissen Zeit fast bis zum Wahnsinn, denn es war nahe daran, dass die Päpste unsern Herrgott für abgesetzt erklärt und dagegen sich selbst als regierenden Gott-Allvater der andächtig niederknienden Welt produziert hätten! Glaube nicht, o Leser, dass ich auch nur im Geringsten übertreibe; lies das nachfolgende Buch, und wenn du es gelesen hast, so urteile selbst!

Welche unbedeutende Stellung die römischen Bischöfe oder Oberältesten in den ersten drei Jahrhunderten nach Christi Geburt eingenommen haben, haben wir im vorigen Buch schon gesehen. Sie waren arm, ohne Einfluss, ohne Vorrechte, und starben zum großen Teil den Märtyrertod. Übrigens – auch das wenige, das man von ihnen weiß, weil man nicht mit Gewissheit, denn ihre Namen und ihre

Reihenfolge, in der sie den Bischofssitz eingenommen haben sollen, sind ohne Zweifel zum nicht geringen Teil Fabrikate einer späteren Zeit. Aber seien nun die ersten 32 römischen Bischöfe historische Personen oder nicht, - für uns kann dies ganz gleichgültig sein, denn sie galten nichts in der Welt, sie waren einfache Oberpfarrer! Von dem Augenblick an aber, wodurch die Bekehrung Kaiser Konstantins die christliche Religion zur Staatsreligion erklärt wurde, veränderte sich auch die Stellung der Bischöfe von Grund auf. Von dort an datiert sich ihr Reichtum und von dort an ihre Macht! Die Gründung der ersten Kirche, [112] d. h. die Entstehung christlicher Tempel, hatte das in derselben fungierenden Priestertum zufolge und aus diesem entwickelte sich folgerichtig das Hohepriestertum, sowie am Ende auch das Papsttum, denn natürlich, durch den Reichtum, mit dem man sie überschüttete, wurden die Herren Oberpresbyter oder Bischöfe von ihren Gemeinden unabhängig und nun fuhr ein eigener Kastengeist in sie, der ihnen die Überzeugung beibrachte, sie seien aus einem anderen Teig geknetet als die übrigen Menschen! Im selben Verhältnis wuchs die Kraft der Bischöfe den Klerikern gegenüber, denn je größer die christlichen Gemeinden wurden, je mehr und je vornehmere Leute (infolge der Bekehrung des Hofs) zum Christentum übertraten, umso notwendiger wurde die Vermehrung der diensttuenden Geistlichen und da diese Prediger und Beichthörer, sowie überhaupt die gesamte niedere Geistlichkeit von den Bischöfen berufen wurden und gänzlich unter ihrer Kontrolle standen, so durften die Letzteren sich schon etwas auf ihren Stand einbilden, besonders da sie auch die Verwaltung des Kirchenvermögens, sowie durch das ausschließliche Stimmrecht auf den Synoden die kirchliche Gesetzgebung in Händen hatten!

Von den Städten und Gemeinden, in denen die Bischöfe ihren Sitz hatten, war natürlich keine der anderen an Ansehen und Größe völlig gleich, sondern die Hauptstädte der Provinzen – auf Griechisch Metropolis geheißen – zeichneten sich vor den Provinzialstädten, wie man sich denken kann, aus. Da wo der Gouverneur oder Statthalter seine Residenz hielt, da war auch der Sitz der Macht! Ebenso wurde es mit den Bischofssitzen gehalten, denn da die meisten Gemeinden in der Provinz von der Hauptstadt aus gegründet worden waren, so traten sie selbstverständlich in ein Abhängigkeitsverhältnis zu der Gemeinde in der Metropolis oder vielmehr zum Vorsteher dieser Gemeinde. Der Bischof der Hauptstadt, d. h. der Metropolitanbischof, war der natürliche Berater und Schirmer der Provinzialbischöfe und natürlich ehrte und schätzte man ihn hierfür, wie es sich gebührte. Auf diese Art entstand sozusagen von selbst die Metropolitanverfassung in der Kirche. Sämtliche Kirchen einer Provinz bildeten ein Ganzes, an dessen

---

[112] Manchen dürfte unbekannt sein, woher der Name «Kirche» kommt und wir erlauben uns daher hier beizusetzen, dass man die ersten Bethäuser *Dominica* (von Dominus, Herr) oder «Häuser des Herrn» hieß. Ins Griechische - das damals unter den Gebildeten Weltsprache war – übersetzt heißt *Dominica* - «*Kyriaka*» (Kyrios gleich Herr) und aus Kyriaka entstand «Kirche».

Spitze die Kirche der Hauptstadt stand, und der Bischof dieser Kirche wurde so «der erste unter seinesgleichen.»[113] Nur der erste unter seinesgleichen! Denn die Bischöfe der Provinz pflegten alljährlich in der Hauptstadt zusammen zu kommen und unter dem Präsidium des Metropoliten die Angelegenheiten der Kirche zu beraten, und somit bildeten diese Provinzialsynoden sozusagen den obersten Gerichtshof sowie den gesetzgebenden Körper für alle kirchlichen Angelegenheiten; dem Metropoliten aber lag nur die Ausführung der Provinzialbeschlüsse ob. Dessen ungeachtet waren die Vorrechte des Letzteren nicht unbedeutend, denn er berief die Provinzialsynoden ein, er hatte den Vorsitz in denselben, er führte die Aufsicht über die Bischöfe in der Provinz, er ordinierte sie und führte sie in ihr Amt ein, kurz er war in der Kirche das, was der Präfekt eines Gouvernements in einem politischen Staat ist,[114] und was man nachher mit einem anderen Ausdruck in Deutschland Erzbischof nannte.

Bei der Metropolitanverfassung blieb die Kirche natürlich nicht stehen. Unter den Hauptstädten der verschiedenen Provinzen des römischen Reichs gab es nämlich einige, welche teils ihrer größeren Bevölkerung, teils ihres bedeutenden Kommerzes, teils anderer Gründe wegen ein größeres Ansehen genossen, als die anderen. - Und die Bischöfe dieser Städte meinten natürlich, sie würden weit höher stehen und dürften weit mehr Ansprüche machen, als ihre Herren Kollegen in geringeren oder unansehnlicheren Metropolen, besonders auch, weil das Christentum in diesen größeren Städten fast immer von den Aposteln selbst gegründet worden war. Zudem waren die Christengemeinden solcher Städte meist die Mutterkirchen der ganzen Gegend ringsum und ihre Bischöfe bekamen dadurch mehrere Provinzen (statt nur eine einzige) unter ihre Aufsicht, was ihnen den Beinamen «Exarchen», später «Patriarchen» verschaffte.[115] Aber damit waren sie nicht einmal zufrieden, sondern sie strebten danach, über die gewöhnlichen Metropoliten gesetzt zu werden. Sie wollten den weltlichen Exarchen gleichstehen,

---

[113] Man nannte ihn im Anfang nicht Metropolit, sondern den Episcopus *primae sedis*, «den Bischof vom ersten Sitz.» Auf der Synode von Nicäa (325) kommt jedoch der Name Metropolitanbischof bereits vor.

[114] Die Metropolitanverfassung, die Ausdehnung der Metropolitansprengel und die Grenzen der Macht der Metropolitanbischöfe wurden auf verschiedenen Synoden genau reguliert, besonders auf der von Antiochien im 4. Jahrhundert, und dabei unter anderem auch festgesetzt, dass die kirchliche Provinzialeinteilung sich immer nach der bürgerlichen und politischen richten solle. Wo also ein weltlicher Gouverneur seinen Sitz hatte, da saß sicher auch ein Metropolitanbischof.

[115] Der Name «Patriarch» bedeutet auf Deutsch: «väterlicher Oberherr» und wurde auf der Synode von Chalcedon förmlich sanktioniert. – der Name Exarch wurde von den griechischen Kaisern ihren «Alter Egos» oder «Stellvertretenden Statthaltern» gegeben, und wegen der möglichen Verwechslung ließen ihn daher die kirchlichen Würdenträger bald fahren, um dagegen auf den Titel «Patriarchen» zu beharren.

welchen je ein größerer oder kleinerer Komplex von Herzogtümern (welches wiederum jeweils einen *Dux*, einen Herzog zum Gouverneur hatte) untergeordnet war und sagten: «Die Metropolitanbischöfe sind in der Kirche, was die Duces im Staate. Folglich müssen wir, die Patriarchen, in kirchlicher Beziehung dieselbe Bedeutung und dieselben Vorrechte haben, wie die weltlichen Exarchen in weltlicher Beziehung.» In der Tat glückte es ihnen mit diesen ihren Bestrebungen und schon im 5. Jahrhundert war die Metropolitanverfassung zur Patriarchatsverfassung vorwärtsgeschritten. Man hatte das Römische Reich in fünf große Sprengel oder Diözesen abgeteilt und über jede dieser Diözesen einen Obermetropoliten oder «Patriarchen» gesetzt, zu welchem die Metropoliten in demselben untergeordneten Verhältnis standen, wie die gewöhnlichen Bischöfe zum Metropoliten.

Die Herrschaft über die Kirche war also in die Hände von einigen Oligarchen geraten, die in den großen Städten Konstantinopel, Alexandrien, Antiochien, Jerusalem und Rom ihren Sitz hatten. Ihnen waren die sämtlichen übrigen Bischöfe und Metropoliten untergeordnet, dagegen sollten sie, die fünf Patriarchen, einander in jeglicher Beziehung gleichstehen und keiner vor dem anderen etwas voraushaben. Andererseits – haben sich Oligarchen je in Liebe und Eintracht miteinander vertragen? Konnten diese «kirchlichen Oligarchen» eine Ausnahme machten, wo doch geistlicher Hochmut und pfäffischer Stolz unübertroffen in der Welt dastehen? Nein, die fünf Patriarchen vertrugen sich nicht, sondern die Eifersucht verzehrte sie, und sie verfolgten sich von Anfang an mit einem Hass, mit einer Verleumdung, mit einer Rachgier und mit einer Arglist, deren sich ein Bösewicht sogar nicht zu schämen gehabt hätte. Jeder wollte der Erste sein, jeder den andern stürzen, jeder zum Oberpatriarchen avancieren, jeder die Herrschaft über die anderen vier erlangen! Der schlimmste der Schlimmen aber, obwohl sicherlich nicht der unbegabteste, war anerkanntermaßen der Patriarch von Rom, dem es schließlich auch gelingen sollte, sich zum Oberbischof der Christenheit aufzuwerfen!

Die römischen Bischöfe hatten als Patriarchen von Rom das Primat über alle Bischöfe in den Provinzen und Städten, welche unter der Gerichtsbarkeit des geistlichen *Vicarii urbis*, d. i. des stellvertretenden Vizekönigs in Italien standen. Sie waren mit der Christianisierung des Reichs recht vornehme und hohe Herren geworden, aber die höchsten und vornehmsten in der Christenheit waren sie doch nicht, und daran waren nur allein die leidigen Patriarchen von Konstantinopel schuld. Diese nämlich saßen, seit Konstantinopel Kaiserresidenz geworden war, am unmittelbaren Born der Gnade und konnten daraus schöpfen, soviel sie wollten. Dieses Missgeschick wurmte schon den Bischof Sylvester,[116] denselben, welcher den

---

[116] Sylvester meinte auf die höchste Gnade seines Monarchen vor anderen Anspruch zu haben und fühlte sich daher sehr zurückgesetzt, als er auf dem berühmten Konzil von

Kaiser Konstantin getauft hatte, und jeder seiner Nachfolger dachte darüber nach, wie diesem fatalen Umstand am besten zu begegnen wäre. Aber siehe da, bald fanden die Patriarchen Roms heraus, dass die Residenzverlegung nach Konstantinopel nicht nur kein Schaden, sondern sogar ein Glück für sie sei, denn wenn sie auch von nun an den Kaisern zu fern standen, um viele Gnadenbezeugungen von ihnen zu erhalten, so bekamen sie dagegen eben durch diese Fernheit in Italien, sowie im ganzen Abendland, freie Hand. Dieser Gedanke leuchtete ihnen bald ein und wie sie ihn ausbeuteten, um sich eine weltliche Herrschaft in Italien zu gründen, haben wir im ersten Buch gesehen. Sehen wir nun auch, wie sie ihn zur Kreierung ihrer geistlichen Oberherrschaft benützten.

Der erste Glücksfall für die römischen Bischöfe war der, dass sie Bischöfe von Rom waren, denn in einer solchen Weltstadt der erste Geistliche zu sein, bedeutete natürlich etwas ganz anderes, als wenn einer Oberpresbyter in einer unbedeutenden Gemeinde wurde. Der Name Rom und insbesondere das Zusammenströmen aller Macht und allen Reichtums in dieser Stadt, war also die erste Grundlage des Emporsteigens der nachherigen Päpste. Die zweite Grundlage aber oder auch der zweite Glücksfall lag in dem Umstand, dass die römisch-christliche Gemeinde von dem Apostel Petrus gegründet wurde oder doch gegründet worden sein sollte, denn nunmehr konnten die römischen Bischöfe als die Nachfolger des ersten Oberleiters der römischen Gemeinde die berühmten Worte Christi an den Apostel Petrus: «Ich sage dir, du bist Petrus und auf diesen Felsen will ich meine Gemeinde bauen, und die Pforten der Hölle sollen sie nicht überwältigen; auch will ich dir die Schlüssel des Himmelreichs geben und was du auf Erden binden wirst, das soll auch im Himmel gebunden sein, und was du auf Erden lösen wirst, das soll auch im Himmel gelöst sein»[117] - auf sich anwenden und sagen: «Petrus war durch Einsetzung Christi der erste unter den Aposteln, ihm war durch den Heiland das Primat über die anderen Apostel übertragen, ihm waren die Schlüssel zur Hölle und zum Himmel gegeben, und folglich können wir, seine rechtmäßigen Erben, auf denselben Primat, auf dieselbe Macht über Himmel und Hölle, Anspruch machen, welche Petrus, unser Vorgänger besaß!»

In einen Streit darüber, ob Christus die Worte, welche er an Petrus richtete, wirklich so meinte, wie sie von den späteren römische Bischöfen (denn die ersten dachten gar nicht daran, dass in jener Stelle des Matthäus soviel Nutzen für sie

---

Nicäa, welches Kaiser Konstantin zur Beilegung verschiedener Streitigkeiten in der Kirche (besonders der arianischen Ketzerei) im Jahre 325 berief, die Leitung der Geschäfte (unter dem nominellen Vorsitz des Kaisers selbst) nicht ihm, sondern dem Bischof Hosius von Cordoba übertragen wurde. Beweis genug, wie wenig man damals noch an einen Primat der römischen Bischöfe dachte!

[117] Nachzuschlagen im Evangelium nach Matthäus Kap. 16 v. 15-19. Vgl. damit Evangelium Johannis Kap. 21, v. 15.

liege) ausgelegt wurden, lasse ich mich nicht ein.[118] Ich halte es aber für meine Pflicht, darauf aufmerksam zu machen, wie die Behauptung, dass Petrus die römische Kirche gegründet habe und deren erster Bischof gewesen sei, von vielen für eine schamlose Lüge und für eine absichtliche Erfindung erklärt wird, - weil dieser Apostel die Stadt Rom gar nie gesehen habe. In der Tat ist es mehr als auffallend, dass im ganzen Neuen Testament von der Anwesenheit Petrus' in Rom auch nicht eine Silbe steht, während doch die übrigen Orte, in welchen dieser Apostel für die Verbreitung des Reichs Gottes sorgte, ganz genau angegeben sind.[119] Noch auffallender ist, dass die kirchlichen Schriftsteller der ersten zwei Jahrhunderte ebenfalls nichts von der Sache berichten, sondern erst spätere Autoren aus dem dritten und vierten Jahrhundert. Am allerauffallendsten aber ist, dass der Apostel Paulus, welcher notorisch zur Zeit des Kaisers Nero in Rom war und von dort aus verschiedene Briefe schrieb, die jetzt noch vorhanden sind, den Apostel Petrus gar nie erwähnte, der doch nach der Aussage der späteren römischen Bischöfe zu derselben Zeit in Rom gewirkt haben sollte! In der Tat eine sehr mysteriöse Geschichte, und zwar umso mysteriöser, als später behauptet wurde, Petrus sei der römischen Gemeinde nicht weniger als 25 Jahre lang als Bischof vorgestanden und sei dann daselbst als Märtyrer den Kreuzestod gestorben! Im 3. und 4. Jahrhundert wusste man also Einzelheiten von der Anwesenheit Petri, während im 1. Jahrhundert nicht einmal das Hauptfaktum bekannt war?[120] Doch

---

[118] Die Gegner der Papstpartei berufen sich darauf, dass Christus allen Aposteln die gleiche Macht erteilt habe (Matth. 18, 18; 28, 18-20; Joh. 20, 21-23; Luk. 22, 20-26; Apg. 20, 28), dass Petrus faktisch nie über den anderen Aposteln gestanden sei, dass die sämtlichen älteren Kirchenväter keinen der Apostel für von Christus besonders bevorzugt erklärten, und dass im Morgenland in den ersten Jahrhunderten nach Christi Geburt die übereinstimmende Ansicht herrschte, «wenn je einem Apostel ein Vorzug vor den anderen gebühre, so sei dies der Apostel Jakobus wegen seiner Verwandtschaft mit Christus.»

[119] Nachzulesen in: Apg. 8, 9.12.15.31.32. Brief an die Gal. 2, 11. 1. Brief Petri 5, 13.

[120] Sowohl Paulus als Petrus sollen in Rom den Märtyrertod gestorben sein, aber Paulus habe den leichteren Tod durchs Schwert erlitten, wozu er als römischer Bürger berechtigt gewesen war, während Petrus wie Christus gekreuzigt und zwar aus Demut, um nicht mit seinem Herrn und Meister zu konkurrieren, kopfabwärts gekreuzigt worden sei. Man zeigt sogar die Säule, an der Petrus angeschlossen war, sowie die Ketten, die er getragen hatte! Überdies sind seine Gebeine (wie auch die des Paulus) ebenfalls noch vorhanden und werden als große Reliquien noch heute von Tausenden von Pilgern besucht. Auch der «Fischerring» (Petrus, das Netz auswerfend, um Fische, d. h. Gläubige zu fangen, dessen sich der Apostel als seines Amtssiegels bediente, wird den Gläubigen vorgewiesen, und im Vatikan werden gar Originalbullen von Petrus, die das Fischerringwappen an der Stirn tragen, aufbewahrt. Nur schade, dass der päpstliche Fischerring erstmals im Jahr 985 historisch Erwähnung findet. Und dass also alle die früheren mit diesem Wappen gezierten Bullen notwendigerweise «kleine Irrungen» sein müssen! Doch was liegt an einer solchen Kleinigkeit, - erlaubte man es sich doch sogar bis zum Jahr 1662, den Stuhl, auf welchem

wie dem auch sei, ob das Bischofsein Petrus' in Rom ein absichtlich erfundenes Märchen oder eine Tatsache war, die Hauptsache war, dass kein Mensch an der Sache zweifelte, sondern vielmehr die ganze christliche Welt vom vierten Jahrhundert an durchaus an die Wahrheit derselben glaubte, denn infolge dieses Glaubens wurde nicht bloß die römische Kirche, als von den zwei berühmtesten Aposteln gestiftet und als diejenige, in welcher der erste aller Schüler Jesu 25 Jahre lang persönlich gewirkt, besonders hoch angesehen, sondern man betrachtete sie auch als die Hauptquelle aller apostolischen Überlieferung. Wie es in Rom gehalten wurde, was man dort lehrte, das musste recht sein, denn man hatte ja die Überlieferung von Paulus und Petrus her! Überdies – wer hätte, wenn er nicht daran zweifelte, dass die römischen Bischöfe die Nachfolger Petri auf dem Bischofsstuhl seien, es unterlassen können, ihnen eine gewisse unterscheidende Autorität in allen kirchlichen Streitigkeiten zuzuschreiben? So war der große Glücksfall nicht, dass Petrus als erster Bischof in Rom fungierte, sondern dass alle Welt davon überzeugt war, er habe als solcher fungiert.

Der dritte große Glücksfall für die römischen Bischöfe war, dass fast das ganze Abendland von Rom aus bekehrt und so die römische Kirche die Mutterkirche des größten Teiles von Europa wurde. Die vier Patriarchate Konstantinopel, Jerusalem, Alexandria und Antiochien hatten bestimmt abgegrenzte Diözesen, welche samt und sonders in ihren ganzen Umfang zum römischen Reich gehörten. Nur im Patriarchat Rom war diese Grenzlinie nicht fest gezogen, denn es gab da noch eine Menge von Ländern, welche sich in den Händen heidnischer Barbaren befanden. Hier konnten also religiöse Eroberungen gemacht werden und die Bischöfe Roms, welchen augenblicklich die Vorteile, die ihnen eine Bekehrung von Rom aus bringen musste, klar wurden, versäumten keine Zeit und scheuten keine Mühe, solche Bekehrungen zu bewerkstelligen. Auch handelte es sich natürlich hierbei nicht um die Christianisierung einzelner weniger, oder um die Bekehrung von ein paar kleinen Distrikten, sondern es handelte sich vielmehr um die Taufe ganzer Völkerschaften, um die Christwerdung großer Länder, ja um die Bekehrung des größten Teiles von Europa! So wurde der Schotte Patricius (St. Patrick) schon im Jahr 432 nach Irland[121] gesandt, der heilige Augustin nach England, St. Gallus nach Frankreich, St. Bonifacius nach Deutschland, St. Columban, St. Kilian, St. Emmeran, St. Ruprecht, St. Willibald, St. Ansgar usw. zu den Angelsachsen, Norwegern,

---

der große Apostel regelmäßig in der Versammlung der Gläubigen gesessen, zu zeigen und zu öffentlichen Verehrung aufzustellen, indem man zugleich fest behauptete, dass dies der wirklich echte Stuhl Petri sei! Merkwürdig war nur, dass an dem Stuhl, als man ihn im Jahre 1662 reinigte und einige Reparaturen an ihm vornahm, auf einmal die zwölf Arbeiten des Herkules zum Vorschein kamen, womit sich zeigte, dass der Stuhl ein heidnischer Sitz gewesen und von einem Heiden zu Ehren des Herkules gefertigt worden war!

[121] St. Patrick ist auch heute noch der hochverehrte Schutzheilige der Iren, und sein Gedächtnistag wird höher gehalten als der Tag des Herrn selbst.

Schweden, Polen und sonstigen heidnischen Völkerschaften gesandt. Natürlich aber richteten sich diese Bekehrer in allem und jedem nach den Befehlen des römischen Bischofs, der sie auf ihre Mission ausgesandt hatte, und nahmen die römische Kirche mit den dort geltenden Regeln, Glaubenssätzen, Gebräuchen und Kirchenvorschriften zur alleinigen Richtschnur.[122] Infolgedessen wurden die Völker des Abendlandes gewohnt, die römische Kirche als tonangebende Mutterkirche und deren Bischof als den leitenden Oberhirten zu betrachten, und man wusste es gar nicht anders, als dass man sich in allen streitigen Fällen, in allen Punkten des Glaubens, der Lehre oder des Kultus, über die man nicht ganz einig war, nach Rom wandte, um sich dort eines Besseren belehre zu lassen. Dort, wo Petrus und Paulus gelebt hatten, war ja, so glaubte man, die reine und unverfälschte Lehre zu finden! Überdies konnten die abendländischen Bischöfe sich auch nicht leicht anderswohin um Belehrung wenden, denn in Jerusalem, in Konstantinopel und wie die anderen Patriarchate hießen, sprach und schrieb man Griechisch, was die Herren Geistlichen in Deutschland, Frankreich, Spanien, England usw. nicht verstanden. «Graeca sunt non possunt intelligi», zu Deutsch: «Es ist griechisch geschrieben, wir könnens nicht verstehen,» das war die gewöhnliche Redensart der abendländischen Kleriker, und – was blieb ihnen also sonst übrig, als den römischen Bischof zum Schiedsrichter in ihren Streitangelegenheiten zu machen? Dass aber keiner der Letzteren eine solche Appellation je abwies, kann man sich denken; im Gegenteil, diese Herren mischten sich seit der Christianisierung des Abendlandes aus freien Stücken in alles ein, was die Religion auch nur im Entferntesten anging und maßten sich bald das Schiedsrichteramt, das einzelne ihnen in einzelnen Fällen freiwillig übertrugen, als ein Recht an, dem alle unterworfen seien. Römisches Kirchengesetz sollte im ganzen Abendlande gelten und der Entscheid der römischen Bischöfe maßgebend sein! - So dachten schon in frühen Zeiten die «Nachfolger Petri», und ernannten zu diesem Zweck in gewissen Fällen für die einzelnen Sprengel ihrer großen Diözese Vikarien, d. h. Stellvertreter, welche die Kirchenangelegenheiten nach ihrem System zu regulieren hatten. «Denn,» sagten sie, «der Weg nach Rom ist weit, und wenn man sich in jeder Angelegenheit dorthin wenden müsste, so müsste man oft eine halbe Ewigkeit warten, bis man Antwort erhielte. Darum stellen wir unsere Vikarien auf, welche

---

[122] Die gewaltsame Bekehrung der Sachsen durch Karl den Großen war ebenfalls Wasser auf die Mühle der römischen Bischöfe, denn wenn die Absicht des Kaisers dahin ging, seinen verschiedenen Staaten durch das gemeinsame Christentum mehr Zusammenhalt zu geben, so musste er natürlich darauf sehen, dass nur das römische Christentum eingeführt wurde. Somit unterstützte er die römischen Bischöfe in ihrem Bestreben, in den gewaltsam zum Christentum bekehrten Ländern von ihnen abhängige Bischofssitze, Klöster usw. zu errichten, auf alle Weise.

statt uns Rede und Antwort geben, und machen es auf diese Art den abendländischen Bischöfen so bequem als möglich!»[123]

Der vierte große Glücksfall für die römischen Bischöfe war die Entstehung und die schnelle Ausbreitung des Islam. Viele Leser werden den Kopf schütteln und meinen, die gewaltsame Beeinträchtigung des Christentums durch den Islam könne doch unmöglich den Patriarchen von Rom zum Vorteil gereicht haben; und doch war es so, und zwar einfach deswegen, weil die Letzteren durch den Islam aufs gefälligste von verschiedenen Nebenbuhlern befreit wurden, welche seither dem römischen Stuhl den Rang streitig gemacht hatten. Schon die Unterjochung Nordafrikas durch die Vandalen im 5. Jahrhundert war ein großes Glück für die römischen Bischöfe gewesen, denn da die Vandalen ketzerische Arianer[124] waren, wurden die orthodoxen Bischöfe Nordafrikas hierdurch veranlasst, sich hilfesuchend an Rom zu wenden, und dessen Patriarchen aufzufordern, den Ketzern den Kopf zurechtzusetzen. Noch weit nachhaltiger aber wirkte die Ausbreitung des Islams, denn nachdem Persien, Syrien, Kleinasien, Ägypten, Nordafrika, Spanien usw. von den Sarazenen erobert waren, hatte es mit der dortigen Herrschaft des Christentums natürlich ein Ende und die Patriarchate Jerusalem, Antiochia und Alexandria konnten vom Welttheater abtreten. Die Bischöfe Roms waren also mit einem Schlag von drei Nebenbuhlern erlöst und es blieb nur noch der konstantinopolitanische Rivale! Aber dieser machte dem römischen Oberhirten natürlich die Hölle heiß, denn er hatte sogar die Verwegenheit, sich über den letzteren zu stellen! Ja, diese Verwegenheit wurde zeitweise – trotz aller Proteste von Rom aus – zum Gesetz erhoben, denn die konstantinopolitanischen Kaiser hielten es für angemessen, der Kirche von Konstantinopel, als der Kirche der Kaiserstadt, einen Vorrang vor allen anderen Kirchen einzuräumen und die Synode von Chalcedon bestätigte im Jahre 451 diese von verschiedenen griechischen Kaisern dekretierte und aufrecht erhaltene Rangordnung (namentlich auch Kaiser Leo tat dies im Jahr 465 trotz der Einsprachen des römischen Bischofs Symachus), in dem das «neue Rom» (Konstantinopel) an die Stelle des «alten» getreten sei! So schien es eine Unmöglichkeit, diesen Rivalen zu überwinden, und in der Tat, wenn die griechischen Kaiser Weltherrscher geblieben wäre, so hätte es dem Patriarchen

---

[123] Solche Vicarii kommen schon im Jahre 412 vor, und gewöhnlich erwählte der römische Patriarch einen ihm besonders ergebenen Metropoliten dazu aus, denn natürlich musste das Interesse Roms vor allem gewahrt werden.

[124] Arius glaubte, dass Christus nicht gleiches Wesens mit Gott sei, sondern vielmehr ein erschaffener, ein Mensch, obwohl ein außerordentlich reich begabter, und wurde wegen dieser rationalistischen Ketzerei auf dem Konzil von Nicäa verdammt. Aber trotz dieser Verdammung breitete sich seine Ansicht immer weiter aus und ganze Völkerschaften bekannten sich zu ihr, so dass erst nach mehr als 250 Jahren und nachdem Hunderttausende sich in tödlichem Hasse deshalb gegenseitig den Hals umzudrehen versucht hatten, gelang, der Ketzerei Herr zu werden und dieselbe zu unterdrücken.

von Konstantinopel gelingen können, mit der Zeit das Primat über die gesamte christliche Kirche zu erlangen. Aber dieses «wenn» trat nie ein, denn das Abendland ging in der Völkerwanderung (wie wir schon im ersten Buch gesehen haben) für die konstantinopolitanischen Kaiser verloren und das Morgenland wurde ihnen durch den Islam Stück für Stück, Sprengel für Sprengel, Land für Land entrissen. Natürlich ging mit dieser Schwächung des Reichs die Schwächung des kontantinopolitanischen Kirchenstuhls Hand in Hand, und bald brauchte sich der Bischof von Rom vor seinem letzten Rivalen nicht mehr zu fürchten, denn wie hätte er noch befehlen können, der einst fast allmächtige Patriarch von Konstantinopel, nachdem seine Herrschaft auf eine Stadt und deren nächste Umgebung beschränkt war?[125]

Dies waren die vier großen Glücksfälle, denen die römische Bischöfe das allmähliche Steigen ihrer Macht zu danken haben. Als fünften und letzten könnte man etwa den Umstand bezeichnen, dass der Thronräuber Pippin eben wegen seines Thronraubs den römischen Patriarchen brauchte und ihm aus Dankbarkeit das weltliche Gebiet überließ, über welches die Päpste heute noch herrschen; denn natürlich trug der Besitz dieser weltlichen Macht sehr dazu bei, das Ansehen des römischen Stuhls im Abendland zu erhöhen. Schließlich standen sie dadurch, dass sie unabhängige Regenten wurden, bei weitem über allen anderen Kirchenfürsten der Welt und durften sie sich doch fast als die förmlichen Herren und Gebieter von Italien betrachten, und zwar sowohl in weltlicher als in geistlicher Beziehung!

Der Leser kennt also nun die allgemeinen Grundzüge, denen gemäß die Bischöfe Roms immer weiter und weiter emporstiegen, aber er weiß nicht, wie die einzelnen Bischöfe diese Grundzüge angewandt haben. Er weiß nicht, wie dieser oder jener die oben genannten vier Glücksfälle ausbeutete, um so von Stufe zu Stufe weiterzuklimmen, bis am Ende das Patriarchat in das Papsttum verwandelt dastand. Sehen wir also kurz danach, wie die einzelnen römischen Bischöfe auftraten!

Schon in sehr früher Zeit benahmen sich einzelne Exemplare derselben sehr hochmütig, aber ihr Hochmut verfolgte damals noch kein bestimmtes Ziel und war noch nicht nach einem Plan geregelt. Nehmen wir nur das kategorische Auftreten Bischof Victors (193-202) an! In jener Zeit aßen nämlich noch alle Christen, wie die Juden, das Paschalamm; aber es bestand der Unterschied, dass es in Kleinasien Sitte war, das Paschamahl nach dem Beispiel Jesu in der Nacht vom 14. auf den 15. des jüdischen Monats Nisan zu halten, während man es in Rom, um sich von

---

[125] Aus jener Zeit der islamischen Eroberung Nordafrikas durch die Sarazenen schreiben sich die Bischöfe «in partibus infidelium» denn die Patriarchen von Rom fuhren fort, für die Städte Nordafrikas Bischöfe zu ernennen, obwohl diese Städte von den Ungläubigen in Besitz genommen waren. Sie wollten nie zugeben, dass ihnen ein Gebietsteil, den sie einmal inne gehabt hatten, entrissen worden sei und fabrizierten also Titularbischöfe, die über keine Diözese zu gebieten hatten, weswegen auch die Statistik der Päpste eine ganz andere ist, als die der Geographen.

den Juden zu unterscheiden, regelmäßig an einem Freitag verzehrte. Über diesen Unterschied des Kultus besprachen sich die Oberpresbyter Polycarp von Smyrna und Anicet von Rom, bei einem Besuch des ersteren in der Weltstadt im Jahre 165, ganz friedlich, und ohne dass es irgends zum Streit unter ihnen gekommen wäre. Der dreißig Jahre später in Rom fungierende Oberpresbyter Victor aber benahm sich schon ganz anders und schrieb den «christlichen Brüdern» in Smyrna, dass er sie nicht mehr als Brüder anerkennen würde, sofern sie den Paschabraten nicht zu gleicher Zeit mit ihm verspeisen würden. Doch - damals war der Geist der Demut, Liebe und Eintracht» noch nicht aus der Christenheit verschwunden und so schimpfte man von allen Seiten mit dem anmaßenden Victor wegen seines unduldsamen Benehmens, wonach er denn auch beschämt seine Schuld erkannte. Einheit im Glauben konnte ja bestehen, auch wenn man in diesem oder jenem äußerlichem Gebrauch abwich!

Weit eingreifender war ein späterer theologischer Streit darüber, ob ein Mensch, den ein ketzerischer Geistlicher[126] getauft habe, noch einmal zu taufen sei, wenn er später zur orthodoxen Kirchengemeinschaft zurücktrete. In Karthago (Nordafrika) sagte man «Ja», in Rom «Nein», und natürlich wollte jeder der Herren Oberpresbyter recht haben. In Rom versah diese Stelle damals Stephanus I. (253-57), in Karthago aber der jetzt noch als Kirchenvater hochberühmte Cyprian, und dieser letztere versammelte zwei Synoden (die zweite, im Jahre 256, war von 87 Bischöfen besucht), welche sich beide für seine Ansicht aussprachen. Aber darüber ließ sich Stephanus keine grauen Haare wachsen, sondern behauptete einfach: «Er habe Recht, denn in der römischen Kirche,» die doch von Petrus gegründet worden wäre, «sei es von jeher so gehalten worden.» Dies war das erste Mal, dass sich ein römischer Bischof darauf berief, er sei der Nachfolger Petri, und die römische Kirche sei von Petrus gegründet. Die Zeitgenossen des Stephanus kümmerten sich zwar nicht im geringsten darum[127] und griffen vielmehr den römischen Kollegen wegen seines dummen Hochmuts recht derb an, die Nachfolger des Stephanus aber blieben doch von nun an unverrückt bei der Behauptung von der

---

[126] Man bedenke, dass damals die christliche Lehre noch keineswegs genau fixiert war. Man wusste ja noch nicht einmal sicher, welche von den über zwanzig Evangelien, die kursierten, echt sein oder nicht, und auch der Kanon des Neuen Testamentes, den wir jetzt haben, wurde erst auf der Synode von Nicäa (325) festgestellt! Streitigkeiten über gewisse Lehren (z. B. über die Dreieinigkeit, über die Doppelnatur Christi, über seine Göttlichkeit usw.) waren daher an der Tagesordnung, und wer vom Glauben der Mehrzahl abwich, ganz gleich, ob sein Glaube der vernünftigere und schriftgemäßere war oder nicht, galt als Ketzer, d. h. er wurde aus der Christengemeinschaft ausgeschlossen.

[127] Cyprian schrieb ihm: «Gewohnheit ohne Wahrheit ist nur ein veralteter Irrtum», und Bischof Firmilian von Kappadokien sagte in einem deshalb erlassenen Rundschreiben gar: «Mit Recht muss ich mich über die unverkennbare Torheit des Stephanus ärgern, welcher sich seines Bischofssitzes rühmt und sich für einen Nachfolger des Apostel Petrus ausgibt.»

Nachfolgerschaft Petri stehen und behaupteten gegenüber den anderen Bischöfen steif und fest: «Wir sind mehr als ihr, denn wir sind die Nachfolger Petri!»

Am klarsten zeigt sich diese Anmaßung in dem Benehmen des von 337-52 zu Rom fungierenden Julius I. Denn als eine morgenländische Synode den Bischof Athanasius von Alexandria wegen Ketzerei absetzte und dieser sich an Bischof Julius wandte, um seine Rechtgläubigkeit zu beweisen, tadelte letzterer das Verfahren der Synode auf eine harte Weise, indem er derselben schrieb, «sie hätte ihm, bevor sie die Absetzung dekretierte, die Sache mitteilen sollen, damit eine gerechte Entscheidung gefasst werden könnte; so sei es Gewohnheit und diese Gewohnheit habe er von dem Apostel Petrus empfangen.» Julius I. hätte also gerne eine Art Oberrichterrolle gespielt und beging dabei den kleinen Fehler, diese seine Anmaßung als etwas seit Petri Zeiten Übliches darzustellen; aber die morgenländischen Bischöfe, welche eben damals zu Antiochia zu einer Synode versammelt waren, wollten nichts von einer solchen Gewohnheit wissen und schrieben Julius, dass er, obwohl Bischof einer größeren Stadt, doch nicht mehr sei, als die anderen Bischöfe auch. So dauerten also diese Streitigkeiten fort und ließen sich selbst auf dem Konzil von Sardica, das die Kaiser Konstans und Konstantius im Jahr 347 zur Schlichtung der theologischen und kirchlichen Wirren damaliger Zeit beriefen, nicht beilegen, da die morgenländischen Bischöfe aus Verdruss darüber, dass der von ihnen verdammte Athanasius auch erschienen war, Sardica verließen und so das Konzil beschlussunfähig machten. Erst unter Bischof Liberius (352-66) wurde der Frieden wiederhergestellt; aber – wie? Dadurch, dass Liberius aus Gefälligkeit gegen Kaiser Konstantius, der ein halber Arianer war, nunmehr denen beitrat, welche Athanasius verdammten, d. h. dadurch, dass er sich selbst der Ketzerei des halben Arianismus schuldig machte![128]

Noch stolzer auf seine Nachfolgerschaft Petri trat Bischof Siricius (384-98) auf, denn als sich einige spanische Bischöfe an ihn wandten, um einen gewissen Kirchenbrauch zu erfragen, erklärte er einfach, so und so hätten sich die Bischöfe zu verhalten und wer es nicht tue, der solle «von dem festen apostolischen Felsen, auf den Christus seine Kirche erbaut habe, losgerissen werden». Also der «apostolische» Felsen war es, auf den er sich berief – denn Petrus sollte als der «Apostel der Apostel» gelten! Ganz in ähnlichem Sinne verfuhr Innozenz I. (402-417), welcher dem Bischof Decentius von Gubbio im Jahr 416 schrieb, dass alle abendländischen Kirchen sich nach den Gebräuchen, Einrichtungen und Lehrsätzen der römischen Kirche zu richten hätten, «weil in ganz Italien, in Frankreich, in Deutschland, in Spanien, im Norden Afrikas und im Norden Europas das

---

[128] Athanasius gehörte zur orthodoxen Partei, die morgenländischen Bischöfe aber, die ihn absetzten, waren sogenannte «Semi-Arianer» (Halbarianer), welche dem Heiland zwar nicht «Gottgleiches» (was die ganz orthodoxen taten), aber doch ein «gottähnliches» Wesen beilegten. Die «ganzen oder Vollblutarianer» wollten auch von dem «ähnlichen» Wesen nichts wissen, sondern erklärten Christus für einen Erschaffenen.

Christentum von Rom aus verbreitet worden sei.» Er verlangte demgemäß, dass der apostolische Sitz zu Rom der Mittelpunkt sei, in welchem sich alle abendländischen Kirchen zu einigen hätten, und indem er sich hierauf stützte, versuchte sein Nachfolger Zosimus (417-419) in dem nun beginnenden Pelagianischen Streit[129] den apostolischen Oberrichter zu spielen, wobei er sich der stolzen Worte «sic placuit sedi apostolicae», «so hat es dem apostolische Stuhl gefallen» bediente. Aber trotz dieser ausnehmend «hohen» Sprache und obwohl er sich sogar auf das Konzil von Nicäa berief, welches dem Stuhl zu Rom die Gewalt Petri, zu binden und zu lösen, zugesprochen habe, musste er doch nachgeben, denn die Bischöfe Nordafrikas, die sich nicht so leicht einschüchtern ließen, verlangten den Paragraphen zu sehen, demgemäß dem römischen Bischof eine solche Macht zugesprochen worden sei, und siehe da, es gab keinen solchen Paragraphen! Trotz dieser moralischen Niederlage fing sein Nachfolger Coelestin (422-32) einen neuen Streit mir den nordafrikanischen Bischöfen an, doch nur, um abermals den Kürzeren zu ziehen. Ein gewisser Agiarius, Presbyter zu Sicca in Numidien, war nämlich von seinem Bischof wegen Ehebruch, Diebstahl und sonstiger Ausgezeichnetheiten abgesetzt worden und wandte sich nun an den Patriarchen von Rom als die höchste geistliche Oberbehörde für Numidien. Coelestin griff mit beiden Händen danach, den Oberrichter zu spielen, und schickte Agiarius, von einem Gesandten begleitet, nach Sicca zurück, dem dortigen Bischof den Befehl erteilen, den abgesetzten Presbyter wieder als solchen einzusetzen. Aber was geschah? Die nordafrikanischen Bischöfe versammelten sich in einer Synode, wiesen die Einmischung des römischen Bischofs in ihre inneren Angelegenheiten als eine Anmaßung zurück und meinten schließlich, Bescheidenheit und Demut würden einem Mann, der sich Nachfolger Petri nenne, besser anstehen, als leerer Stolz und weltlicher Ehrgeiz. Der Presbyter Agiarius blieb natürlich abgesetzt und mit dem Oberrichter-Spielen des Coelestin hatte es für diesmal ein Ende.

Wenn es nun aber auch den römischen Patriarchen nicht glücken wollte, in Nordafrika als geistliche Oberherren anerkannt zu werden[130], so gelang dies doch desto besser im Abendland, und zwar einfach deswegen, weil das Abendland in der Tat von Rom aus christianisiert worden war. Zwar wehrten sich hier und da auch die abendländischen Bischöfe, besonders die gallischen, aber schon Leo der Große (440-61) wusste ihren Widerstand zu brechen. Es begab sich nämlich, dass der

---

[129] Bischof Pelagius und sein Schüler Cölestius wichen von der orthodoxen Lehre etwas ab und wurden daher von verschiedenen Synoden für Ketzer erklärt. Da aber ihre Ansicht sehr vielen die vernünftigere zu sein schien, so fanden sie nicht wenige Anhänger und der Streit dauerte daher mehrere Jahrhunderte lang fort.

[130] Man kann sich wohl denken, dass dieser ewige Widerstand der nordafrikanischen Bischöfe in Rom mit bösen Augen angesehen wurde, und dass daher die Trauer nicht allzu groß war, als die arianisch-ketzerischen Vandalen und nach ihnen die Sarazenen jene Länder eroberten.

Metropolitanbischof Hilarius von Arles einen Bischof seines Sprengels mit Namen Calidonius wegen Übertretung verschiedener Kirchengesetze absetzte. Calidonius wandte sich sogleich an das Patriarchat zu Rom und verlangte eine Revision seines Prozesses, und da es Grundsatz der römischen Patriarchen war, die niederen Bischöfe gegen ihre Metropoliten in allen Fällen, auch in denen, in welchen die ersteren offenbar und handgreiflich unrecht hatten, in Schutz zu nehmen, um so die Macht der Metropoliten immer mehr zu schwächen und am Ende ganz in ihre eigenen Hände überzuspielen, so nahm Bischof Leo diese Appellation sehr freudig auf, sprach den Calidonius von allen gegen ihn erhobenen Anschuldigungen frei und befahl dem Metropoliten in Arles, den Abgesetzten wieder in seinen Bischofssitz einzusetzen. Dabei berief er sich sowohl auf seine Vorrechte als Nachfolger Petri, als auch auf den Umstand, dass die gallischen Gemeinden von Rom aus entstanden seien und sich daher zu allen Zeiten um Rat bittend oder auch einen Richterspruch verlangend (also appellierend) an Rom gewandt hätten. Natürlich widersetzte sich Hilarius, und ein großer Teil der Bischöfe Galliens stellte sich (obschon Leo sie in einem besonderen Brief darauf aufmerksam machte, dass es in ihrem Vorteil liege, wenn sie sich dem unmittelbaren Einfluss des Metropoliten von Arles, der danach strebe, sie sich förmlich botmäßig zu machen, durch ihren näheren Anschluss an Rom entzögen) auf seine Seite, behaupten, dass innere kirchliche Angelegenheiten Galliens nicht vor ein auswärtiges Forum gehörten; aber was tat nun Leo? Er wandte sich an den damaligen römischen Kaiser Valentinian III., einen damals noch sehr jungen und überaus schwachen Regenten, auf den seine Mutter, eine intime Freundin Bischof Leos, einen unbegrenzten Einfluss hatte, und wirkte von diesem einen Befehl aus, dass Gallien und die angrenzenden Provinzen, soweit sie damals noch unter römischer Herrschaft standen, in religiösen Dingen dem Patriarchen von Rom unterworfen seien, dass also Verordnungen des apostolischen Stuhls für die Bischöfe Galliens als Gesetz gelten, und dass schließlich jeder Bischof, welcher vor das Gericht des römischen Patriarchen zitiert werde und nicht erscheine, durch die weltlichen Oberbefehlshaber der betreffenden Provinz dazu gezwungen werden solle. Hierdurch wurden die Ansprüche Roms auf kirchliche Oberherrschaft im Abendland bereits in der Mitte des fünften Jahrhunderts gesetzlich sanktioniert und wenn das römisch- abendländische Kaisertum nicht weniger Jahrzehnte nachher durch das Hereinbrechen germanischer Völkerscharen zertrümmert worden wäre, so hätte an der Rechtmäßigkeit der Ansprüche der römischen Bischöfe auf das Patriarchat über das Abendland nicht mehr gerüttelt werden dürfen. Aber – die Völkerwanderung stürzte alles Bestehende um und der Aufbau der kirchlichen Macht musste von neuem begonnen werden. Doch gereichte diese Notwendigkeit des Neuaufbaus den römischen Bischöfen zum Schaden? Ganz im Gegenteil!
Bisher nämlich hatten die römischen Bischöfe nach keinem geordneten Plan gehandelt, sondern nur im allgemeinen Vergrößerung ihres Einflusses auf das

Kirchenregiment im Abendland angestrebt. An ein Supremat über die ganze Kirche oder gar an die Gründung einer despotischen geistigen wie weltlichen Universalmonarchie dachten sie damals noch gar nicht, sondern das ganze Ziel ihrer Wünsche ging dahin, sich mit dem Patriarchen von Konstantinopel das Patriarchat über die gesamte Christenheit zu teilen. Er sollte die Hälfte haben, und sie verlangten die andere, freilich wo nur irgend möglich, die größere Hälfte! Nun aber, nach der Zertrümmerung des abendländischen Kaiserstaats, als völlig neue Reiche entstanden und die Abhängigkeit Italiens vom morgenländischen Kaiser eine fast nur scheinbare wurde, nun kamen den römischen Bischöfen viel weitergehende Gedanken. Der Patriarch von Konstantinopel war als solcher Untertan des Konstantinopolitanischen Kaisers. Er fungierte als sein erster Prälat und war von ihm auf alle Weise begünstigt, aber unabhängig von ihm konnte er nie werden. Dagegen der Patriarch von Rom – sollte es diesem auch unmöglich sein, seine Unabhängigkeit zu erwerben? Sollte es dieser nicht so weit bringen können, Regent in der Kirche, König über die Kleriesi zu werden, gerade wie die weltlichen Könige Regenten in ihren Staaten waren? Die aus den Trümmern des Römerreichs neu entstehenden abendländischen Staaten waren alle nach dem Lehenssystem eingerichtet, das ganze Land teilte sich in verschiedene Parzellen, deren Eigentümer man Barone oder auch Grafen nannte. 15 oder 20 solcher Baronien bildeten eine Provinz, über welche ein Herzog gesetzt wurde, die Gesamtheit der Herzogtümer aber machte das Königreich, die Monarchie aus. Lag es nun nicht unendlich nahe, die Barone mit den Bischöfen, die Herzöge mit den Metropoliten oder Oberbischöfen[131] und den Monarchen mit dem Patriarchen in Rom zu vergleichen?

So entstanden die ersten monarchischen Gedanken der Bischöfe von Rom und wenn dieselben im Anfang auch unklar waren, so entwickelte sich doch, weil jeder auf dem, was sein Vorfahr getan und angestrebt hatte, fußte, das Bewusstsein der «geistlichen Monarchie» mit jedem Jahrhundert weiter und weiter. Ja man darf sagen, dass der Gedanke an diese Monarchie, sowie an deren Ausdehnung über das ganze Abendland die römischen Bischöfe von da an bei Tag und bei Nacht beschäftigte! Oder wie? Fällt nicht in diese Zeit, d. h. in die Zeit vom 6. bis zum 11. Jahrhundert, die Bekehrung der meisten nordischen Länder und Völkerschaften, welche, wie wir gesehen haben, nur durch römische Missionare bewerkstelligt wurde? Fällt nicht in diese Zeit die Wirksamkeit des berühmten Winfried oder Bonifatius, des sogenannten Apostels der Deutschen, welcher dem römischen Bischöfen in Bezug auf ihre Machtstellung in Deutschland und Frankreich mehr nützte, als Hunderte der übrigen Taufsendlinge?[132] Schließlich brachte er, der erste

---

[131] Oberbischof heißt auf Griechisch *archiepiscopus*, und aus diesem «Archos Episkopos» entstand das deutsche Erzbischof, mit welchem Namen man vom 5. und 6. Jahrhundert an die Metropoliten zu nennen begann.

[132] Bonifatius musste dem römischen Bischof Gregor II. vor seiner Abreise nach Deutschland über dem Grab des Apostels Petrus feierlich schwören, nur immer das

Erzbischof von Mainz und zugleich der Stellvertreter des römischen Patriarchen in Frankreich, alle französischen und deutschen Erz- oder Oberbischöfe dazu, dass sie sich in öffentlicher Synode dazu verpflichteten, beim Antritt ihres Amtes das Pallium[133] von Rom zu begehren, und sich vor dessen Erhalt nicht als rechtlich ernannte Metropoliten zu betrachten. Sie erkannten damit an, dass der römische Patriarch ihr Oberherr sei, da sie selbst zugaben, dass ihre Wahl zum Erzbischof nur dann erst, wenn die Bestätigung von Rom aus erfolgt sei, Gültigkeit habe. Und noch mehr erkannten sie ihm dadurch an, dass sie es sich von da an fast regelmäßig gefallen ließen, wenn die ihnen untergeordneten Bischöfe sich in dieser oder jener Streitigkeit appellierend nach Rom wandten! Ja, sie ließen es sich sogar gefallen, dass der eine oder der andere Orden, das eine oder das andere Kloster sich, was man sagte, «exempt», frei machte, d. h. dass es sich der Gerichtsbarkeit seines unmittelbaren Vorgesetzten, des Erzbischofs, entzog, um sich ganz allein dem Schutz und der Oberhoheit des römischen Stuhls zu übergeben, der dadurch natürlich mehr und mehr an Kraft gewann![134]

Ich könnte, wie sich von selbst versteht, das, was ich soeben behauptete, mit einer Menge von Beispielen beglaubigen, doch das würde zu weit führen und überdies geht die vollständige Wahrheit des Gesagten aus dem Nachfolgenden zur Genüge hervor. Nicht umhin komme ich jedoch, dem Leser mit einem anderen Umstand bekannt zu machen, welcher das monarchische Bestreben der römischen Bischöfe an sich schon zur Genüge beweist. Ich meine den Namen «Papst», auf den sie in dieser Periode Anspruch zu machen begannen, und den sie auch wirklich am Ende derselben durchsetzten.

Es ist aus dem Vorherigen bekannt, dass die Bischöfe von Konstantinopel und von Rom die beiden größten Patriarchate besaßen. So kam es denn, dass man sie aus Schmeichelei häufig «allgemeine Patriarchen» oder «allgemeine Bischöfe» nannte,[135] und sowohl die römischen Bischöfe Leo (440-51), Hormisdas (514-

---

Interesse der römischen Kirche zu verfolgen und stets übereinstimmend mit dem Oberbischof zu handeln.

[133] In Beziehung auf das Pallium verweisen wir den Leser auf das I. Buches I. Kapitel.

[134] Exempt kommt vom lateinischen «eximere», befreien, von einer Verbindlichkeit losmachen. – Wohl das älteste Beispiel einer solchen Exemption lieferte das Kloster Montecassino im Neapolitanischen, das zwar schon im Jahr 529 gestiftet, aber erst unter Papst Zacharius (741-52) zur Benediktinerabtei erhoben und in Gegenwart von dreizehn Erzbischöfen, sowie von 68 Bischöfen eingeweiht wurde. Mit der Einweihung erhielt es zugleich das Privilegium, dass sein Abt nur dem römischen Stuhl Rede und Antwort zu geben habe.

[135] «Allgemein» ist die Übersetzung des griechischen «Oekumenos». Daher kommt auch später der Ausdruck «ökumenische Kirche», d. h. die allgemeine christliche Kirche. Ein «ökumenischer» Bischof oder Patriarch ist soviel wie ein Oberbischof der allgemeinen christlichen Kirche.

23), Bonifaz II. (530-32), Agapet I. (536-37) und andere, als auch die kontantinopolitanischen Patriarchen Johann (451), Menes (536) usw. ließen sich diese Ehrenauszeichnung recht gerne gefallen, wie man denn überhaupt selten fehlzugehen pflegt, wenn man jemanden einen höheren Titel gibt, als sein Amt es mit sich bringt. Nun kam es aber, dass ein späterer Konstantinopolitanischer Patriarch, Johann III. auf der Synode von Konstantinopel im Jahr 587, auf welcher er wie billig den Vorsitz führte, sich in den dort ausgefertigten Schreiben, welcher er als Präsident zu unterschreiben hatte, des Namens «ökumenischer Patriarch» offiziell selbst bediente, und dass die auf jeder Synode versammelten Bischöfe gegen diese Titel nichts einwanden. Dies erregte die Eifersucht des römischen Bischofs Pelagius II. so sehr, dass er «die Anmaßung» eines solchen Titels für einen «strafbaren Stolz» erklärte. Noch mehr eiferte der Nachfolger des Pelagius, der berühmte Gregor I. (590-604), gegen einen solchen «törichten Hochmut». Ja, als der Patriarch Johann von Konstantinopel sich um den Zorneseifer Gregors nicht bekümmerte, sondern fortfuhr, sich mit dem bewussten Titel zu unterschreiben, erklärte Gregor diesen Namen für gotteslästerlich und teuflisch, und schrieb sogar dem damaligen griechischen Kaiser Mauritius, sowie auch der Gemahlin desselben, Konstantia, dass Johann sich durch diesen Titel an der Majestät des Kaisers versündige.[136] «Er selbst,» meinte er, «sei viel bescheidener und nenne sich «Servus Servorum», d. h. den Diener der Diener - ein Titel, den die Päpste seit jener Zeit angenommen haben und heute noch führen – obwohl er ebenso hoch, wenn nicht höher stehe denn der Patriarch von Konstantinopel! So fuhr er fort und fort, sich zu ereifern, aber alle seine Bemühungen halfen ihm nichts, sondern der Kaiser Mauritius bestätigte vielmehr seinen Patriarchen den verhassten, grässlichen Namen und dieser bekam dadurch das Recht, sich so zu unterschreiben. Was geschah nun aber? Im Jahr 601 gab es in Konstantinopel eine sogenannte Palastrevolution, d. h. einen Aufstand der kaiserlichen Garden und Trabanten gegen ihren rechtmäßigen Regenten Mauritius, und der Hauptmann Phocas wurde auf den Thron gehoben. Dieser, ein Trunkenbold und zugleich ein ebenso unwissender als blutdürstiger und wollüstiger Tyrann, dessen Verworfenheit und Grausamkeit die Zeitgenossen nicht grell genug zu schildern wissen, ließ den Mauritius nebst seinen fünf Söhnen, sowie auch gleich darauf die Kaiserin Konstantia und ihre drei Töchter, ermorden. Auch wütete er gegen alle Anhänger des ermordeten Kaisers auf die allerscheußlichste Weise, wobei ihm seine Gemahlin Leontia, eine ebenso gemeine wie liederliche Dame, auf alle Weise beistand und ihm sogar noch zu überbieten wusste. Gegen solche grässliche Raserei erlaubte

---

[136] Die diesbezüglichen Denunziationsbriefe Gregors sind noch vorhanden, sowie auch seine Briefe an die damaligen Patriarchen von Alexandria und Antiochia, deren Eifersucht er ebenfalls anzustacheln versuchte. In diesen letzteren Briefen nennt er den Patriarchen Johann wegen seiner Anmaßung einen Vorläufer des Antichrists, einen Menschen, der allgemeines Ärgernis gebe usw.

sich der Patriarch Cyriacus, der Nachfolger des Patriarchen Johann, einige leise tadelnde Worte; aber natürlich ward diese Vermessenheit am Hof aufs übelste vermerkt. Cyriacus fiel also beim neuen Kaiser, obwohl dieser, aus Furcht vor einer Revolution, den Kirchenfürsten nicht abzusetzen wagte, in die allerhöchste Ungnade, ein Umstand, der in Rom alsobald bekannt wurde. Dort hatte im Jahr 607 Bonifatius III. den Stuhl St. Petri bestiegen, und – was tat nun dieser? Er sandte augenblicklich einen außerordentlichen Botschafter nach Konstantinopel, zeigte dem Kaiser die auf ihn gefallene Wahl, um deren Bestätigung bittend, an, und gratulierte dem verruchten Mörder auf dem usurpierten Thron aufs wärmste zu seiner Thronbesteigung, überhäufte sowohl ihn als seine niederträchtige Gemahlin mit Schmeichelworten und jubilierte über die Ermordung des Mauritius, «dieses gottlosen Tyrannen»[137]. Eine solche Sprache gefiel natürlich am Hof und nun wurde es leicht, Phocas immer mehr gegen den Patriarchen Cyriacus aufzustacheln. Ja, schließlich gelang es dem Bischof Bonifaz, den Tyrannen Phocas dazu zu bewegen, das Dekret, worin der Patriarch von Konstantinopel zum Titel eines «allgemeinen Bischofs» berechtigt wurde, zu widerrufen und dagegen ihm, dem römischen Bischof, diesen Titel zu verleihen. Bisher war also die Benennung «ökumenischer Bischof» anmaßend, verwegen, stolz, gotteslästerlich, teuflisch und antichristlich gewesen, nun aber wurde in Rom ein *«Te Deum laudamus»* angestimmt!

Auf solche Weise – und eine niederträchtigere gibt es wohl nicht – erhielten die römischen Bischöfe das Vorrecht, den Titel eines ökumenischen Bischofs oder Patriarchen zu führen und natürlich machten sie sofort nicht nur vom Titel Gebrauch, sondern auch von der Macht, die in ihm lag. Bonifaz III. veranstaltete nämlich sogleich eine Synode in der Peterskirche zu Rom, in welcher beschlossen wurde, «dass von nun an keine Wahl eines Bischofs (im Abendland) rechtmäßig und gültig sein solle, welche nicht vom Volk und den Geistlichen ausgegangen, vom Staatsoberhaupt genehmigt, vom römischen Bischof aber (sei es persönlich oder durch seine Legaten) mit den Worten: «Volumus et jubemus» d. h. «wir wollen und befehlen» bestätigt worden sei.» Was lag aber hierin anders, als die Behauptung: «Ich, der römische Bischof, betrachte mich von nun an als das Oberhaupt der Kirche?» Es war eine stolze Behauptung, aber der Titel «ökumenischer Bischof» gab ihm das Recht dazu!

Doch an diesem Titel hatten die römischen Bischöfe noch nicht einmal genug, sondern (in Anbetracht, dass die Patriarchen von Konstantinopel möglicherweise von den späteren griechischen Kaisern abermals denselben Titel erhalten könnten)

---

[137] Mauritius musste wohl (obgleich ihn alle Schriftsteller jener Zeit für einen vortrefflichen, nur etwas schwachen Regenten erklären) gottlos sein, da er ja dem Johann den Titel eines ökumenischen Bischofs gegeben hatte!

trachteten sie nach einem Namen, den außer ihnen gar niemand zu führen berechtigt sei, und dieser Name war der Name «Papa», «Papst».

Das Wort Papa entstand aus dem lateinischen Pater, Vater, und wurde anfänglich von Kindern gegenüber ihrem Erzeuger gebraucht. Auch Erzieher und andere Personen, die man ehren wollte, nannte man in der vertraulichen Sprache «Papae» So ging der Name auf die Geistlichen über und im vierten und fünften Jahrhundert redete man fast jeden Bischof oder sonstigen Geistlichen (statt wie jetzt mit «Euer Hochwürden» oder mit «bischöfliche Gnaden» mit «Domine Papa», d. h. «mein Herr Vater» an.[138] Das glänzendste Zeugnis hierüber geben die Briefe des Bischofs Gregor I., in welchen er selbst verschiedene gallische Bischöfe mit «Herr Papa» anspricht, zum besten Beweis, dass der Bischof von Rom, obwohl man ihn ebenfalls so hieß, keineswegs ausschließlich auf diesen Titel Anspruch zu machen hatte. Doch schon zweihundert Jahre später unterschrieben sich die römischen Bischöfe «Papa urbis Romae», als ob dieser Titel ihnen besonders und vor anderen gebührte und nicht bloß ein Ehrengruß wäre. Da nun aber die Macht der römischen Bischöfe, wie wir gesehen haben, im siebenten Jahrhundert bereits eine bedeutende Höhe erreicht hatte, so standen die ihrem Patriarchat unterworfenen Bischöfe nicht an, so höflich zu sein, ihrem Patriarchen den Namen «Papa» allein zukommen zu lassen, und im achten Jahrhundert gingen sogar einige in ihrer tiefen Verehrung und Speichelleckerei so weit, den ökumenischen Patriarchen mit «Sancte Papa» zu Deutsch «Heiliger Vater» anzureden. Natürlich ließen sich dies die Herren Päpste, wie wir von dieser Zeit an die römischen Bischöfe nennen müssen, mit größtem Vergnügen gefallen, und obwohl das «Sanctus» damals in einer Anrede nur soviel bedeutete, als «hochwürdig», so entstand doch aus dem Worte später: «Seine Heiligkeit der Papst».

Die römischen Bischöfe führten also im 7. Jahrhundert einen gedoppelten Titel, sowohl den der «Papae» oder «Päpste», als auch den der «ökumenischen Bischöfe», und hier und da schrieb man auch «ökumenischer (oder universalis, d.h. allgemeiner) Papst», um so die beiden Titel zu verschmelzen. Man hätte nun denken können, dass sie sich damit begnügt hätten. Aber weit gefehlt, denn das Wort Oberpriester», «summus pontifex» gefiel ihnen fast noch besser,[139] und

---

[138] Aus diesem «Papa» ist das Wort «Pope», ein Name, den jetzt noch die griechisch-katholischen Geistlichen in Russland führen, entstanden, sowie umgekehrt das deutsche «Pfaffe», welches im Mittelalter noch kein Schimpfname war, nunmehr aber mehr als die Bezeichnung für eine gewisse despotisch-immoralische Denkungs- und Handlungsweise des Klerus gebraucht wird.

[139] Pontifex ist aus den zwei Wörtern posse facere entstanden, alles machen können, und ein solcher Titel musste natürlich Priestern, die nach der höchsten Würde strebten, besonders einladend erscheinen.

Dass der Titel übrigens vom Heidentum entlehnt war (die alten Römer hatten ein priesterliches Gericht, sozusagen eine Art Kultusministerium, deren Präsident «pontifex

nachdem der stolze Papst Theodorus (642-49) in der Bulle, in welcher er den konstantinopolitanischen Patriarchen Paulus wegen einer Glaubensstreitigkeit aus seiner Kirchengemeinschaft ausschloss[140], sich dieses Titels zum ersten Male bedient hatte, versäumte es kein römischer Bischof mehr, sich «pontifex maximus» oder «summus pontifex» (was dasselbe bedeutet) zu unterschreiben. Nicht selten setzte der eine oder andere auch noch «Vicarius Christi» (Stellvertreter Christi) hinzu, - ein Titel, den sich übrigens noch andere Patriarchen beilegten, z. B. die von Jerusalem und Antiochien, - und nannte sein Bistum die «sedes apostolica», den «apostolischen Sitz», einfach deswegen, weil der Apostel Petrus in Rom gewirkt hatte oder gewirkt haben sollte[141]. Doch hierauf wurde von Seiten der Päpste weniger Gewicht gelegt, als auf das Wort «Oberpriester» und «universalis papa», auf welche Benennungen sie vom Anfang des neunten Jahrhunderts an geradezu Ansprüche machten während sie selbst gegenüber ihren Kollegen die Anrede: «mein Bruder» oder «mein christlicher Bruder» gebrauchten.[142] Und in der Tat, - seit Beginn des neunten Jahrhunderts sind diese beiden Benennungen bereits ganz allgemein üblich, wie aus sämtlichen Urkunden jener Zeit erhellt, und zwar befleißigten sich nicht bloß Bischöfe und Erzbischöfe in ihren Schreiben nach Rom jener unterwürfigen Sprache, sondern auch Fürsten, Könige und Kaiser machten keine Ausnahme von der Regel. Karl der Große allerdings war noch etwas kurz angebunden und schrieb: «Carolus D. g. rex Francorum et Langobardorum, et Patricius Romae Leoni Papae perpetuam in Christi salutem»[143]; aber schon sein Nachfolger, der etwas schwache und sehr bigotte Ludwig, bediente sich der Worte «Sanctissimo et reverendissimo Domino in Christo Patri Eugenio, summo Pontifici et universali papae»[144]; und wenn nun die Fürsten dieser Erde damals

---

maximus» hieß), werden die Leser wissen; doch die «christlichen» Päpste genierte dies nicht im Geringsten.

[140] Die Glaubensstreitigkeit betraf die Frage, ob Christus, weil zwei Naturen, auch zwei Willen habe, einen göttlichen und einen menschlichen, und Papst Theodor benahm sich so hitzig dabei, dass er das oben erwähnte Verdammungsschreiben an den Patriarchen Paulus nicht mit bloßer Tinte, sondern mit geweihtem Abendmahlswein schrieb, um es desto wirksamer zu machen!

[141] Alle Bischöfe, deren Gemeinden von einem Apostel gestiftet worden sind, nannten zur damaligen Zeit ihren Sitz: «sedes apostolica», und somit konnte fiel es nicht auf, wenn die Päpste dasselbe taten.

[142] Derselbe Theodorus, welcher sich zum ersten Mal des Worts «Oberster Priester» bediente, war der letzte römische Bischof, der sich von dem damaligen Bischof von Karthago «mein Bruder» nennen ließ. Von jener Zeit an verlangten die Herren von Rom eine unterwürfigere Sprache.

[143] «Karl, v. Gottes Gnaden König der Franken und Langobarden, Patricius von Rom, entbietet dem Papst Leo seinen Gruß und den ewigen Frieden.»

[144] «Dem heiligsten und ehrwürdigsten Herrn Vater Eugenius, dem obersten Priester und allgemeinen Papst»

(III)

schon so tief untertänig waren, wie wird erst das gewöhnliche Volk in Verehrung oder vielmehr Anbetung zerflossen sein!

Aus all dem ersieht man, dass die römischen Bischöfe gegen Ende des neunten Jahrhunderts nach Christi Geburt schon ziemlich genau wussten, was sie wollten. Am Anfang waren sie Stadtpfarrer, dann Bischöfe, darauf Metropoliten, nachher Patriarchen, und schließlich Oberpatriarchen oder «universelle Päpste». Die Idee der «kirchlichen Monarchie» und des «Alleinherrschertums in der Kirche» war von ihnen im neunten Jahrhundert offenbar bereits begriffen worden; aber tatsächlich hatten sie es noch keineswegs zu wirklichen und vollkommenen Monarchen oder gar zu despotischen Gebietern, wie sie es später wurden, gebracht. Schließlich waren sie immer noch von der weltlichen Macht abhängig und konnten, solange sie dies waren, weil die Bischöfe und Erzbischöfe jedes besonderen Landes in ihrem Widerstand gegen päpstliche Übergriffe von ihren Monarchen unterstützt wurden, unmöglich unumschränkte Herren in der Kirche sein!

Den Beweis hierfür habe ich bereits im ersten Buch geliefert. Nun will wir aber noch einige schlagende Beispiele anführen, die dem Leser gar keinen Zweifel mehr übrig lassen werden. Man muss hierbei übrigens zwei Perioden unterscheiden, die erste, während welcher Rom (nebst Italien, oder doch dem größten Teile davon) den griechischen Kaisern unterworfen war, und die zweite, als die Frankenkönige nebst ihren Nachfolgern sich zu Herren dieser Weltstadt gemacht hatten. In der ersten Periode war die Abhängigkeit so eklatant, dass eigentlich kein Wort darüber zu verlieren ist. Schon Kaiser Konstantin II., der Nachfolger des von Sylvester Getauften, entsetzte den Bischof Liberius und verwies ihn sogar aus Rom, weil er in einer Glaubenssache nicht nachgeben wollte. Noch derber verfuhr Kaiser Konstans gegen Bischof Martinus im Jahre 654, denn er ließ ihn (ebenfalls wegen einer Glaubensstreitigkeit) in Rom gefangen nehmen und nach Naxos in die Verbannung schleppen. Auf dem Schiff erhielt Marinus Matrosenkost, und sicherlich hätte ihn der Kaiser sogar um einen Kopf kürzer gemacht, wenn nicht der Patriarch Paulus von Konstantinopel auf seinem Totenbett (obgleich sie beide Todfeinde waren) Gnade für ihn erbeten hätte. Überhaupt spielten die griechischen Kaiser während dieser ganzen Periode die Herren sowohl im Kirchenregiment, als in der Religion und erteilten sogar in reinen Glaubenssachen diktatorische Befehle, denen unbedingt gehorcht werden musste. Lesen wir doch selbst in den Briefen Gregors I. (oder des Großen, wie man ihn in der katholischen Kirche nennt) die demütigen Worte: «seinem Befehle gehorchend habe ich dem Kaiser (Mauritius) Gehorsam geleistet», und doch war dieser Kaiser derselbe, gegen welchen er wegen des Titels «ökumenischer Patriarch» so außerordentlich erbost war!

Mit der Eroberung Roms und Mittelitaliens durch die Frankenkönige hatten die römischen Bischöfe sozusagen nur «den Herrn gewechselt». Allerdings waren sie nun Besitzer großer Ländereien geworden und die Frankenkönige erwiesen sich meist als milde, fromme und rücksichtsvolle Herren, die sich, besonders seitdem König Karl sich zum ersten Frankenkaiser hatte krönen lassen (denn von nun an wurde es Sitte, dass jeder Nachfolger Kaiser Karls in Rom krönen ließ) Zugeständnisse machte und gegen Verfügungen rein kirchlicher Art wenig hatte. Aber – Herren über Rom und Herren über die römischen Bischöfe blieben die Frankenkönige deswegen doch, denn ohne ihre Genehmigung durfte keiner den Stuhl Petri besteigen, und jeder musste ihnen den Eid der Treue leisten. Der klarste Beweis hierfür liegt in dem Regulativ, das im Jahr 825 wegen der Papstwahl «urkundlich» festgestellt wurde. Von jeher nämlich war es Sitte, dass die Geistlichen (die Presbyter wie die Bischöfe) von der christlichen Gemeinde aus ihrer Mitte gewählt wurden. Auch in Rom hielt man es so und das Volk versammelte sich zu diesem Zweck zu Tausenden in der St. Peterskirche. Natürlich gewannen übrigens mit der Zeit die Adeligen und besonders die Kleriker großen Einfluss auf die Bischofswahl, so dass sich am Ende das Wahlrecht des gemeinen Volks selbstverständlich auf die Zustimmung zu den Vorschlägen reduzierte, welche ihm vom Wahlkomitee gemacht wurden. Auch kann man sich denken, dass es dabei, zumal wenn sich verschiedene Parteien mit ihren Kandidaten gegenüberstanden, oftmals äußerst unordentlich zuging und dass es nicht selten zu Mord und Totschlag[145], sowie zu Exzessen der gröbsten Art kam. Derartige Exzesse waren nun auch bei der Wahl des Papsts Eugen I. (824-27) vorgekommen, weshalb Kaiser Ludwig der Fromme seinen Sohn Lothar nach Rom sandte, um Ordnung in die Sache zu bringen. Infolgedessen wurde nach einem von Papst Eugen selbst gemachten Formular den Wählern vor der Wahl folgender Eid vorgeschrieben: «Ich gelobe und verspreche bei dem allmächtigen Gott, bei den vier Evangelien, bei dem Kreuz unseres Erlösers und bei dem Leichnam des heiligen Petrus, dass ich von dieser Zeit an und forthin unserem Herrn dem Kaiser aufrichtige Treue und Gehorsam beweisen will (der Treue unbeschadet, die ich dem apostolischen Herrn versprochen habe); dass ich in keine Wahl eines Papstes, die nicht kanonisch[146] ist, einwilligen will, und dass der, der kanonisch erwählt worden ist, mit meiner Einwilligung nicht ordiniert und gewählt werden soll, bis er in Gegenwart der Gesandten und Kommissare des Kaisers den Eid der Treue abgelegt, wie ihn Papst Eugenius aus eigener Bewegung und zur allgemeinen Sicherheit und Wohlfahrt aufgesetzt hat.» Hieran ist die vom Papst selbst anerkannte gesetzliche Abhängigkeit von den fränkischen Kaisern klar ersichtlich.

---

[145] Hierüber werde ich dem Leser in einem späteren Buch eine detailliertere Beschreibung geben.
[146] Kanonisch ist das, was mit den Segnungen (auf Griechisch Kanones von Kanon = Richtschnur) der Kirche übereinstimmt. Eine kanonische Wahl ist also eine solche, bei der keine Unordnungen und Unregelmäßigkeiten vorkamen.

2. Kapitel.

Das Papsttum in seiner Glorie oder die drei großen Musterpäpste.

I. Der Pseudo-Isidor.

Die Idee einer «päpstlichen Monarchie» war im achten Jahrhundert erreicht und hatte sich im neunten bereits zum Bewusstsein erhoben. Die Päpste und ihre Koordinierten, d. h. alle, welche von einer päpstlichen Allgewalt Vorteile erwartete, dachten nun Tag und Nacht daran, wie sie diesen Begriff weiter ausbilden und besonders wie sie ihn in die Praxis einführen könnten. Zwar allerdings war die Oberherrlichkeit des römischen Bischofs über die abendländische Kirche in vielfacher Beziehung bereits zur Tatsache geworden, aber Renitenten gab es immer noch genug und gar mancher Erzbischof, wenn er sich der Entscheidung des Papstes nicht unterwerfen wollte, fragte kurzweg, «auf welches Recht den der römische Bischof seine Suprematie fuße». Was sollte man nun einem solchen Widerspenstigen antworten? Überdies solange die weltlichen Fürsten und besonders die Frankenkönige, sowie deren Nachfolger, die Franken- oder deutschen Kaiser, die Wahl des Papstes beherrschten und ihn als ihren Untergebenen behandelten, war natürlich an eine wirklich päpstliche Monarchie, an ein Selbstherrschen ohne irgendeine Einsprache, also an eine päpstliche Universaldespotie nicht zu denken. Wie war nun hier abzuhelfen? Die Bischöfe zu Rom, sowie ihre Trabanten, sahen ein, dass nur zwei Wege zum Ziel führen könnten, entweder gewaltsame Eroberung oder aber Erschleichung. Da sie nun aber ebenfalls wussten, dass sie dem damals in eine grässliche Unwissenheit, in einen Aberglauben sondergleichen versunkenen Abendland viel bieten dürften, ohne deshalb der Unwahrheit beschuldigt oder gar widerlegt werden zu können, so entschieden sie sich für die Erschleichung, d. h. sie beschlossen, ihren Zweck durch ein Mittel zu erreichen, welches wir nicht anders heißen können, als einen großartigen Betrug. Ich sage «einen großartigen Betrug», und werde, was ich sage, beweisen!
«Kirchengesetze» gab es im Anfang des Christentums keine. Einfach deswegen, weil es damals keine Kirche gab. Die ersten Christen kamen zusammen «in Liebe, Demut und Duldsamkeit» und bestrebten sich, den Vorschriften der Apostel bezüglich der Anbetung Gottes im Geist und der Wahrheit nachzukommen. Natürlich aber brachte das Zusammenleben in einer Gemeinschaft gewisse Regeln mit sich – jede Gesellschaft muss als solche ihre Statuten und Ordnungen haben -, welche sich die Gemeinden zwar selbst gaben, aber nach dem Muster der von den Aposteln gegründeten Gemeinschaften. Solche Gesellschaftsregeln nun nannte man (nach dem griechischen) *Canones*, und schon in den ersten zwei Jahrhunderten fing man an, dieselben zu sammeln, damit die neu entstehenden Gemeinden einen Anhaltspunkt hätten, nach dem sie sich richten könnten. Freilich waren diese

Canones oder Gesellschaftsstatuten keineswegs in allen Gemeinden die gleichen, sondern man wich vielmehr in vielen Dingen (z. B. der Zeit des Paschamahles, der Ketzertaufe usw.) voneinander ab, besonders auch weil von vielen Neubekehrten manche frühere heidnische Gewohnheiten (Festlichkeiten usw.) mit ins Christentum herübergenommen wurden; aber man schickte sich gegenseitig die Abschriften seiner Statuten zu und versuchte sich größtenteils (obwohl es an großen und recht verbissenen Händeln nicht fehlte) über die Gegensätze zu vergleichen. Somit ergänzte nicht selten eine Gemeinde ihre eigenen Gesellschaftsregeln durch die *Canones* einer anderen, während eine dritte diesen oder jenen Brauch nach dem Muster einer vierten abänderte, und so dürfen wir die Canonessammlungen als den Anfang einer Kirchengesetzgebung betrachten. Dazu kamen dann noch die Sammlungen der Dekrete oder Beschlüsse, welche auf den verschiedenen Synoden und Konzilien (die, wie wir aus dem früher Gesagten wissen, wegen der Uneinigkeit der ersten Christen in so gar vielen Lehrsetzen schon im zweiten Jahrhundert begangen) gefasst worden waren, und ihnen fügte man die amtlichen Briefe der Bischöfe bei, welche in Beziehung auf die Regeln der christlichen Gemeinschaft maßgebend waren. Das Kirchenrecht fing also bald an, sich auszubilden und natürlich wurden die Canones, sowie die Synodal- und Konzildekrete aus den ersten Jahrhunderten allgemein als kirchliche Gesetze, was sie auch in der Tat waren, geachtet. Besonderes Gewicht aber legte man auf die Canones, weil man dachte, diese ersten Gesellschaftsstatuten rührten noch von den Aposteln selbst, oder doch von deren unmittelbaren Jüngern her, welche natürlich den Aposteln gleich redeten, und wenn man daher irgendeinen Brauch, irgendeine Regel, irgendein Statut auf die apostolische Zeit zurückführen konnte, so fand dieser Brauch, diese Regel, dieses Statut allgemein Anerkennung. Denn – wer konnte wohl so vermessen sein, etwas, das die Apostel oder ihre ersten Nachfolger angeordnet hatten, nicht als durchaus bindend zu betrachten?

Eine umfassende Sammlung all dieser Canones, Dekrete und Verordnungen veranstaltete aus Veranlassung Bonifatius II. der gelehrte Mönch Dionysius[147], welcher 530 zum Abt eines römischen Klosters erwählt wurde und daselbst im Jahre 546 starb, und in dieser Sammlung figurieren auch die sogenannten *Canones apostolicae* sowie die *Constitutiones apostolicae*, d. h. die apostolischen Kirchenregeln und Lebensvorschriften, von denen man annahm, dass sie von den Aposteln selbst herrühren und sogar von ihnen niedergeschrieben seien. Letztere Annahme ist jedoch offenbar falsch, denn es kommen Bräuche und Verordnungen darin vor, welche notorisch erst im Anfang des 5. Jahrhunderts bekannt wurden;

---

[147] Aus Bescheidenheit nannte er sich Dionysius Exiguus, d. i. der kleine oder Geringe, und von ihm rührt auch die sogenannte dionysische Zeitrechnung, d. h. die Zeitrechnung von Christi Geburt an her.

die damalige Welt aber nahm alles für echt[148] (denn wie hätte sie bei dem Darniederlegen alles Geschichtsstudiums alles unechte vom echten unterscheiden können?) Und ließ sich die Mischung von Wahrheit und Dichtung ohne Widerspruch gefallen. Übrigens liegt hier wahrscheinlich keine absichtliche Fälschung vor, sondern Dionysius nahm die apostolische Tradition, die apostolische Überlieferung, das was man vom Hörensagen wusste und was sich Jahrhunderte lang von Mund zu Mund fortpflanzte, für bare Geschichte! Eine weitere Sammlung von Canonen machte im 7. Jahrhundert der um die Wissenschaft sehr verdiente Bischof Isidorus von Sevilla (daher, weil Sevilla «Hispala» hieß, wurde er gewöhnlich Isidorus Hispalensis genannt)[149] unter dem Titel «*Collectio canonum ecclesiae Hispaniae*» (Sammlung der Regeln der spanischen Kirche), und obgleich dieselbe eigentlich nur lokaler Natur war, so gelangte sie doch bald auch außerhalb Spanien zu großem Ansehen und wurde später noch vielfach erweitert und vervollständigt. Diese Sammlung ist wirklich ausgezeichnet und hat einen großen historischen Wert, denn man ersieht aus ihr, was zu jener Zeit in der Kirche Brauch und Sitte war, sowie welche Rechte von Bischöfen, Metropoliten usw. eingeräumt und welche Pflichten von ihnen gefordert wurden.

Ganz anders sieht es dagegen mit einer weiteren Sammlung von Canonen und Dekreten aus, welche in der Mitte des neunten Jahrhunderts verbreitet wurde und ebenfalls den Namen des ehrwürdigen Bischofs Isidor von Sevilla an der Stirn trug, die Sammlung nämlich, die jetzt unter dem Namen der «Pseudo-Isidorischen»[150] Dekretale bekannt und nichts anderes ist, als eine zum Betrug der Menschheit und zum Zweck der Erhöhung der päpstlichen Macht durch erschlichene Rechte zusammengeschmiedete Fälschung. Wer diesen neuen Kirchengesetzkodex verfasst hat, weiß man heutzutage noch nicht, d. h. man nennt den Verfasser nicht mit Namen, da der Name Isidor offenbar ein bloß vorgeschützter ist. Doch was liegt daran, wie der Fabrikant des Kodex hieß? Was liegt daran, ob er, wie viele meinen, ein Mainzer Domherr war, oder nicht?[151] Was liegt daran, ob einer zwei, drei oder noch mehrere an dem Lügenprodukt gearbeitet haben? Die Hauptsache liegt nicht hierin, sondern in dem Inhalt des Machwerks!

Und was ist nun der Inhalt des Pseudo-Isidor? Nichts anderes, als eine Verherrlichung des Papsttums als einer absoluten Universalmonarchie über die gesamte

---

[148] Die Patriarchen in Konstantinopel und die übrigen griechischen Bischöfe weigerten sich, die in der Sammlung vorkommenden ersten fünfzig Canones anzuerkennen und noch jetzt werden dieselben von der griechischen Kirche als unecht verworfen.

[149] Isidor gab noch verschiedene andere theologische Werke heraus, sowie auch eine Geschichte der Goten von 176 bis 628, und starb zu Sevilla im Jahr 636.

[150] *Pseudo-Isidor* heißt auf Deutsch «falscher Isidor». – Man hieß den Verfasser auch *Isidor mercor* oder *peccator*, d. h. den betrügerischen Händler und Sünder.

[151] Diese Annahme stützt sich darauf, dass eine Abschrift (vielleicht auch das Original) dieses Kodex zuerst in dem Mainzer Bischofspalaste gesehen worden sein soll.

Christenheit! Es wird nämlich in dieser Sammlung gesagt, «dass Gott dem römischen Stuhl Macht verliehen habe über Himmel und Erde, dass der Papst der einzige Bischof der allgemeinen Kirche, die anderen Bischöfe und Erzbischöfe aber nur seine Stellvertreter, seine Vikarien seien, dass ihm, dem Papst, als dem Nachfolger Petri, das Richteramt über die anderen Bischöfe allein zustehe, dass in allen und jeden Angelegenheiten der Kirche an ihn, den obersten Hirten, appelliert werden dürfe und solle, dass kein Synodenbeschluss Kraft habe gegenüber dem Ausspruch des Papstes, und dass sogar kein Konzil, d. h. keine Versammlung der Bischöfe der gesamten Kirche (also das Parlament der Kirche) gültige Beschlüsse fassen könne, wenn es nicht vom Papst berufen und seine Dekrete von ihm bestätigt seien.» Solches alles wird als «zurecht bestehendes Kirchengesetz» erklärt und der Verfasser ist damit noch nicht einmal zufrieden, sondern er erklärt auch, dass die päpstliche Macht über der weltlichen stehe und sagt wörtlich: «Jesus Christus allein ist König und Oberpriester, nach ihm aber kommt der Oberpriester – Papst, dessen Macht größer ist, als die der Könige, weil die Könige von den Oberpriestern geweiht werden und Letztere vor dem göttlichen Gericht über die Könige Rechenschaft ablegen müssen.[152] Er erklärt ferner, «dass die Kirche, als eine von Christus gestiftete, von aller weltlichen Macht unabhängig sei, dass bloß Christus oder sein Stellvertreter über sie zu regieren habe, und dass es also als ein Eingriff in die Majestätsrechte Gottes zu betrachten sei, wenn jemand sich es herausnehme, dem Papst und seinen Befehlen Widerstand leisten zu wollen.» Kurz, es wurde in diesem Kodex der kanonische Satz aufgestellt: «*Rex ego (Papa) sum Regum, lex est mea maxima legum*», d. h. auf gut Deutsch: «Ich, der Papst, bin der König der Könige, und mein Gesetz und Gebot steht höher als alle anderen Gesetze und Gebote»,[153] und der Papst zu einer Art von Vize-Herrgott erhoben, dessen Wille von der ganzen Christenheit als Befehl angesehen werden müsse, so dass, wer hieran auch nur zweifle, als Kirchenschänder zu betrachten sei, wer aber dagegen handle ein todeswürdiges Verbrechen begehe!

Dies ist der Hauptinhalt des Pseudo-Isidor! Wohlgemerkt handelt es sich nicht darum, dass der Pseudo-Isidor für die Päpste in die Schranken tritt und sagt: «Solche Vorrechte muss man dem römischen Stuhl verschaffen»; nein, er sagt: «Diese Vorrechte besitzt der römische Stuhl, diese Vorrechte sind Gesetze, die schon seit Beginn der christlichen Kirche existieren», und zum Beweis dafür führt

---

[152] Wörtlich heißt es in dem Kodex: «*Solus Dominus Jesus Christus, Rex et Sacerdos, post vere Dignitas Pontificium major quam Regum, quia Reges sacrantur a Pontificibus et hic pro Regibus rationem in divino examine reddituri sunt.*»

[153] Hieraus leitete die späteren Kirchenrechtslehrer, welche die Macht der Päpste verteidigten, den Satz ab: «Papa est causa causarum», d. h der Papst ist die «Ursache der Ursachen» gerade wie unser Herrgott! Daher kommt denn auch der Satz: «Papa est supra jus, copntra jus et extra jus», d. h. der Papst steht über dem Recht, gegen das Recht und außer dem Recht.»

er angebliche Synodalbeschlüsse und Dekretale aus den ersten zwei Jahrhunderten nach Christi Geburt an, in welchen ganz dieselben Gedanken von der päpstlichen Universalmonarchie niedergelegt sind, die im achten und neunten Jahrhundert entwickelt und angestrebt zu werden begannen! Das, was die Päpste jetzt (zur Zeit der Erscheinung des falschen Isidor) verlangten und lehrten, wird in den angeführten Briefen, Dekreten usw. als bereits seit Jahrhunderten gültig hingestellt! Die jetzigen Anmaßungen des römischen Stuhls werden urkundlich als alte wohlerworbene Rechte proklamiert!

Bis jetzt freilich, d. h. in die Mitte des neunten Jahrhunderts, hatte kein Mensch etwas von diesen angeblich aus dem ersten und zweiten Jahrhundert stammenden Urkunden gewusst; bis jetzt waren sie in keiner Sammlung, in keinem Kodex vorgekommen; aber durfte man deshalb an ihrer Echtheit zweifeln, besonders da die Päpste sich beeilten, den neuen Kodex, welchen Nikolaus I. (858-67) ausdrücklich für echt und gültig erklärte, zu benützen und sich auf ihn zu berufen? Durfte man es wagen, von Unterschiebung und Fälschung zu reden, da doch die Dekrete, Canones usw. welche in der Sammlung des Dionysius und des Isidor von Sevilla standen, ebenfalls in dem neuen Kodex gefunden wurden,[154] um so der ganzen Sammlung den Stempel der Echtheit aufzudrücken? Konnte überhaupt der Gedanke an eine Fälschung aufkommen in einem Zeitalter, welches sich durch die größte Unwissenheit auszeichnete und daran gewöhnt war, in blinder Verehrung der Priester und besonders des Papstes zu ersterben? Und doch – wie leicht wäre es gewesen, die Falschheit des Pseudo-Isidor zu entdecken, wenn nur einer, der Latein verstanden und die Geschichte auch nur ein ganz klein wenig studiert hätte, den Kodex geprüft hätte!

In der Tat, man muss staunen, wie ein so grenzenlos schamloses Eigenprodukt wie der pseudo-isidorische Kodex durch ganze sechs Jahrhunderte hindurch anerkanntermaßen den Grundpfeiler des katholischen Kirchenrechts bilden konnte, während ihm doch der Stempel der Fälschung auf der Stirn steht. Die Sammlung beginnt nämlich mit sechzig Briefen der allerältesten Bischöfe Roms von Clemens bis Melchiades (also vom Jahr 91 – 131 nach Christus) und schiebt diesen Bischöfen Ausdrücke in den Mund, die erst im sechsten Jahrhundert in Brauch kamen. Ja, es werden darin Stellen aus den Briefen der römischen Bischöfe Leo des Großen und Gregor des Großen angeführt, welche zu der Zeit noch gar nicht lebten, in der diese sechzig Briefe geschrieben worden sein sollten (Leo war Bischof von 440-61 und Gregor von 590-604). Weiter! Nach den sechzig Briefen kommen verschiedene Dekretale und Canones, falsche und echte untereinander, und in den falschen, die alle aus den paar ersten Jahrhunderten stammen sollten, ist von Patriarchen und Erzbischöfen, ja von Päpsten und päpstlichem Primat, die

---

[154] Der Pseudo-Isidor war so klug, die echten Canones in die Sammlung mit aufzunehmen, um so seinem Betrug desto leichter Eingang zu verschaffen.

Rede, während diese Begriffe erst etliche hundert Jahre später aufkamen und man in den ersten paar Jahrhunderten nicht einmal die Namen für jene Begriffe kannte! Überdies ist das Latein, in welchem die Dekretale geschrieben sind, so korrumpiert und schmeckt so sehr nach dem Mönchslatein des neunten Jahrhunderts, dass die Unechtheit auf platter Hand liegt. Kommen doch sogar Germanismen darin vor und Barbarismen, die man in den ersten drei Jahrhunderten in Italien gar nicht kannte! Um aber das Maß vollzumachen, werden Bibelstellen wörtlich nach der lateinischen Übersetzung des heiligen Hieronymus, der doch diese Übersetzung erst nach dem Jahr 400 begann, sowie aus Büchern zitiert, die erst im siebten Jahrhundert geschrieben wurden!

So kann also an der Unechtheit des Pseudo-Isidor gar nicht gezweifelt werden und man könnte nur darüber streiten, wann dieser Lügenkodex zusammengeschmiedet wurde. Päpstlicherseits versuchte man ihn als eine von dem ehrwürdigen Bischof Isidor von Sevilla (wie oben angedeutet) veranstaltete Sammlung auszugeben, um ihm desto mehr Glaubwürdigkeit zu verschaffen, und möglicherweise, ja sogar wahrscheinlicherweise, glaubten dies im neunten und zehnten Jahrhundert sehr viele Leute, aber aus dem Inhalt des Buches selbst ist ersichtlich, dass es nicht vor dem Jahr 830 verfasst worden sein kann, denn es stehen Stellen aus einer Pariser Synode darin, welche im Jahre 829 abgehalten wurde. Ebenso wenig konnte es nach dem Jahre 857 erschienen sein, denn gerade im Jahr 857 beruft sich Karl der Kahle von Frankreich zum ersten Mal auf dieses «Ungeheuer von historischem Betrug» (wie es Weber nennt), und zwar auf eine Weise, an der man sieht, dass es damals schon ziemlich üblich gewesen sein musste. Der Kodex muss also zwischen 830 und 857 fabriziert worden sein, und somit kann nur noch eine einzige Frage übrig bleiben, nämlich die, durch wen dieser Kodex fabriziert wurde. Aber wer hatte den Hauptnutzen von diesem Buch? Nur allein die Päpste, und eben aus diesem Grund wird auch jeder vernünftig Denkende annehmen müssen, dass die Päpste, wenn sie das Buch auch vielleicht nicht selbst verfassten, doch den Verfasser zu dem Machwerk beauftragten. Kommt doch eben in diesem Pseudo-Isidor die tolle Lüge von der großartigen Schenkung Kaiser Konstantins an den Nachfolger Petri (ich verweise auf das erste Buch) zum ersten Mal als eine päpstliche Forderung vor, - was braucht man also noch weitere Beweise?

Es glückte den Päpsten, der damals lebenden Menschheit den Glauben beizubringen, dass der Pseudo-Isidor echt sei; es glückte ihnen, auf die pseudo-isidorischen Dekretale sich stützend, die Welt zu überzeugen, dass das Papsttum eine von Christus selbst gemachte Einrichtung sei; es glückte ihnen, mit Berufung auf die gefälschten Dokumente, den Fürsten und Völkern den Fuß auf den

Nacken zu stellen und eine Weltmonarchie zu gründen, die unerhört ist in der Geschichte; dies alles glückte ihnen, aber – kann Segen sein in einem Betrug?[155]

2. Papst Nikolaus I. oder der Große (858-867) und der Bannfluch.

Der erste eigentliche Papst, der sich als solcher fühlte und benahm, sowie auch der erste, der den Pseudo-Isidor als Kirchengesetzbuch anerkannte und sich auf ihn berief, war Papst Nikolaus I. Von Geburt war er ein Römer, aber er vereinigte in seiner Person den Stolz eines Spaniers, die Klugheit eines Griechen und die Entschlossenheit eines Engländers. Die Bischöfe behandelte er wie seine persönlichen Diener, die christliche Welt erschien ihm als sein Vasallenreich und mit Fürsten sprach er wie ein König, mit Königen aber wie ein Gott! Ja selbst dem deutschen Kaiser Ludwig, als dieser 858 nach Rom kam, wusste er so zu imponieren, dass bei einem Besuch, den der Papst dem Kaiser machte, der Letztere dem Ersteren entgegenritt, abstieg und das Pferd des Kirchenfürsten aus Ehrerbietung «einen Bogenschuss weit» führte!

Durch vier Dinge bewies Nikolaus I., dass er sich nicht mehr bloß als den Patriarchen des Abendlandes, sondern als den «Obermonarchen der Christenheit» betrachtete, nämlich erstens durch seine Krönung, zweitens durch sein Benehmen gegen den Patriarchen von Konstantinopel, drittens durch seinen Sieg über die französischen Bischöfe und viertens durch seine Gewalt über die Fürsten dieser Erde.

Die «Krönung» der Päpste hat ihren Ursprung eben in Nikolaus, denn er war der erste, der sich, einem König oder Kaiser gleich, öffentlich und feierlich in der Peterskirche die päpstliche Krone aufs Haupt setzen ließ. Vorher hatte kein römischer Bischof daran gedacht und wenn je einer daran dachte, so wagte er es

---

[155] Der Pseudo-Isidor bildet sogar jetzt noch die Grundlage des kanonischen Rechts der katholischen Kirche. Als nämlich gegen Mitte des zwölften Jahrhunderts der Camaldulensermönch Franciscus Gratianus, der sich im Kloster San Felix zu Bologna den Studien widmete, seine neue und vollständige Sammlung von Kanonen und Dekretalen, welche er im Jahr 1150 unter dem Titel *Concordantia canonum diescordantium* vollendete, zu veröffentlichen begann, nahm er auch die sämtlichen im Pseudo-Isidor enthaltenen Dekrete und Canones, ob falsch oder echt, auf und die Päpste approbierten dieselben nicht nur, sondern empfahlen sie sogar als Kirchenrechtsbuch den verschiedenen Universitäten. So wurde diese *Concardantia* später *gewöhnlich Decretum Gratiani* genannt, und mit ihr der Pseudo-Isidor die Hauptgrundlage des kanonischen Rechts, denn was später noch hinzukam (die fünf Bücher päpstlicher Dekretale, welche im Jahre 1234 Raimund von Pennafort auf Befehl Gregors IX. sammelte, dann das sechste Buch, dass im Jahr 1298 Bonifatius VIII. und das siebte, welches Clemens V. 1313 hinzufügen ließ), hieß zum Beweis seiner minderen Wichtigkeit «Extra».

nicht wegen seiner Abhängigkeit vom Kaiser. Nikolaus I. aber pochte auf die Schwäche und den Bigottsimus Kaiser Ludwigs II. und nahm den Krönungsakt sogar in Gegenwart des Kaisers vor, der gerade damals in Italien und Rom verweilte. Natürlich mag die Krone, die er sich aufsetzte, noch eine einfachere gewesen sein, als die jetzige Tiara, welche, über und über mit Edelsteinen geschmückt, eigentlich aus drei Kronen übereinander besteht und die Macht des Papstes über den Himmel, über die Erde und über die Hölle andeutet;[156] aber darin, in der Pracht dieser Krone, lag nicht der Schwerpunkt, sondern darin, dass er die Bischofsmütze,[157] welche sein Vorgänger getragen hatte, mit dem Zeichen der Majestät schmückte, um damit zu beweisen, dass er der Herr und König über alle Bischöfe sei. Auch begriffen seine Nachfolger sogleich, was er mit der Krönung gewollt hatte, denn jeder neue Papst nahm sie von nun an aufs feierlichste vor und die Meisten verbanden damit eine Pracht und ein Zeremoniell, womit eine kaiserliche Krönung kaum wetteifern konnte. Erinnern wir nur an den früheren Kardinal Cajetan, Bonifaz VIII., der bei seiner Papstkrönung im Jahr 1295 zu Pferde mit einem unendlichen Gefolge in die Peterskirche zog, und zwar mit der

---

[156] Es ist eigentümlich (und wir werden später noch weitläufiger hierauf zu sprechen kommen), dass die Päpste (sowie überhaupt die katholische Kirche) all ihre «Äußerlichkeiten» von den Indern, Persern, Ägyptern, Griechen und Römern entlehnten. So hieß (laut Herodot) die Kopfbedeckung der persischen Könige Tiara und die päpstliche Tiara ist nur eine Nachbildung von ihr. Dieselbe hat das Aussehen einer hohen Mütze, und ist mit drei übereinanderstehenden goldenen Kronen umgeben, welche ganz mit Edelsteinen besetzt sind. Die Spitze der dritten Krone ziert eine Kugel, auf der ein goldenes mit zwei Behängen von Edelsteinen versehenes Kreuz steht, und das Ganze soll einen Wert von mehreren Millionen haben. – So sieht die jetzige päpstliche Krone aus, die des Nikolaus war aber eine einfachere (vielleicht, wenn man der päpstlichen Sage trauen dürfte, dieselbe, welche König Chlodwig nach seiner Bekehrung zum Christentum aus Hochachtung nach Rom gesandt haben soll) indem die Geschichte lehrt, dass erst Bonifatius VIII. oder der Eitle, derselbe, dessen wir bei der Erfindung des Jubeljahrs gedachten, die Krone «zweifach» machte zum Zeichen seiner Macht über weltliche, wie geistliche Dinge. Die dritte Krone setzte Clemens V. hinzu, um den Papst als Herren der leidenden, streitenden und triumphierenden Kirche (Hölle, Erde und Himmel) darzustellen. – Die drei übereinander stehenden Kronen nennt man auch kurz «Regnum» d. h. die Weltherrschaft.

[157] Die Bischofsmütze entstand aus der Mitra (orientalische Benennung für die turbanartige Kopfbinde der Asiaten) und wurde deswegen bei den orientalischen Christen «Mitra» geheißen. Im Abendland nannte man sie «Insul» oder «Insula» (lateinischer Name der weißwollenen Stirnbinde, mit welcher sich die römischen Priester, die Vestalinnen usw. den Kopf turbanartig gleich den Asiaten umwickelten) und dieselbe ging mit der Christianisierung Italiens von den heidnischen auf die christlichen Priester über. Wie übrigens eine Bischofsmütze gestaltet ist, weiß der Leser ohne Zweifel aus eigener Anschauung. - «Insulieren» bedeutet «jemandem die Erlaubnis zu erteilen, die Bischofsmütze zu tragen». Das Recht zu insulieren nahm der Papst für sich allein in Anspruch und gegen Geld erhielten manche Äbte und Pröbste die Insul.

Auszeichnung, dass der König von Apulien den rechten und der König von Neapel den linken Zügel des prächtig geschmückten Pferdes hielten! Oder an Papst Paul II. (1464-1471), welcher die päpstliche Krone mit einer solchen Masse von Edelsteinen überhäufte, und sich selbst in eine solche weibische Pracht kleidete, dass man hätte glauben können, die phrygische Göttin Kythere schreite mit einem Diamantenturm auf dem Kopf einher! Oder aber noch an Papst Leo X. (1515-22), welcher mit einem fast unermesslichen Aufwand gekrönt wurde und an selbigem Tage über eine Million Gulden nach unserem Geld[158] zur Belustigung der armen Zuschauer auf die Straße werfen ließ!

Doch wir kommen auf Nikolaus I. zurück und gedenken nun seines Benehmens gegenüber dem Patriarchen in Konstantinopel, durch welches er sowohl seinen Verstand als seine Anmaßung aufs glänzendste dokumentierte. Aus dem Vorhergehenden wissen wir, dass nach dem Untergang der Patriarchenstühle von Antiochia, Jerusalem und Alexandria (durch die Waffen der Mohammedaner) nur noch die beiden rivalisierenden Stühle zu Rom und Konstantinopel übrig blieben. Jeder versuchte von Zeit zu Zeit, sich über den andern zu erheben, aber keinem war es bisher gelungen. Nun traf es sich, dass zu Zeiten des Nikolaus der griechische Patrtiarch Ignatius wegen Beleidigung eines Ministers von Kaiser Michael abgesetzt und an seiner Statt ein Nichtgeistlicher, der Trabantenhauptmann Photius zum Patriarchen von Konstantinopel ernannt wurde. Hierüber entstand ein großer Zwiespalt unter den dem konstantinopolitanischen Patriarchat unterworfenen Bischöfen. Die einen hielten zu Ignatius, die andern zu Photius, und beide Parteien verdammten einander nach Herzenslust, jedoch ohne dass diese oder jene dadurch über die andere obsiegte. Gegen Photius sprach hauptsächlich der Umstand, dass er trotz seines Laientums den Patriarchenstuhl zu besteigen gewagt hatte, und um nun den auf diesen Grund basierten Widerstand seiner Gegner zu brechen, kam Photius auf den Gedanken, den Patriarchen von Rom für sich zu gewinnen, indem er hoffte, dass, wenn dieser die Rechtmäßigkeit seiner Wahl anerkenne, auch die renitenten Bischöfe des Orients dadurch zum Schweigen gebracht werden würden. Daran dachte er freilich nicht, dass eine solche Appellation an den römischen Bischof die Anerkennung «von dessen Oberstrichteramt» gewissermaßen in sich schließe; er dachte nur daran, sich um jeden Preis die konstantinopolitanische Patriarchenwürde zu sichern! Ganz anders aber fasste Nikolaus die Sache auf, und als Kaiser Michael, von seinem Günstling Photius bewogen, eine Gesandtschaft nach Rom sandte, um dem Papst die Absetzung des Ignatius mitzuteilen und ihn zugleich um die Anerkennung des Photius zu bitten, hütete sich Nikolaus, eine bestimmte Antwort zu geben, sondern erklärte nur, er werde die Sache durch seine Legaten untersuchen lassen. Er benützte also die Zeitumstände, um den «Ober-

---

[158] Anmerk. D. Hg. Nach heutigem Geldwert rund sieben Millionen Euro.

schiedsrichter» auch in der orientalischen Kirche zu spielen, wie seine Vorgänger es längst mit mehr oder minder Glück in der abendländlichen Kirche versucht hatten. Die päpstlichen Gesandten kamen in Konstantinopel an, brachten verschiedene Schreiben ihres Oberherrn an den Kaiser wie an Photius mit und glaubten nun, die Untersuchung beginnen zu können; doch «so» hatte es Kaiser Michael nicht gemeint. Als die Legaten daher den Photius nicht sogleich als Patriarchen anerkannten, ließ er sie einfach festnehmen, sperrte sie hundert Tage lang in engen Gewahrsam und drohte ihnen, sie in eine unfruchtbare Gegend, wo sie vor Hunger und Elend umkommen müssten, ins Exil zu schicken, wenn sie sich ihm noch länger entgegen stellten. Hierdurch zahm gemacht gaben sie nach und erklärten den Photius auf einem nunmehr zu Konstantinopel veranstalteten Konzil, dem 318 Bischöfe beiwohnten, zum rechtmäßig ernannten Patriarchen.

Inzwischen aber hatte sich auch Ignatius nach Rom gewandt und bat seinerseits den dortigen Bischof, Photius nicht anzuerkennen, wobei er nicht versäumte, die Gunst des Nikolaus durch große Konzessionen zu erbetteln, denn er betitelte ihn in seinem Schreiben «den allerheiligsten Präsidenten und Patriarchen aller bischöflichen Sitze, den Nachfolger des Fürsten der Apostel und den allgemeinen Papst.» Das war weit mehr, als Photius geboten hatte und folglich trat Nikolaus auf Ignatius' Seite, da er hoffte, wenn es ihm gelänge, diesen statt des Photius durchzusetzen, als geistlicher Oberherr auch über die morgenländische Kirche anerkannt zu werden. Augenblicklich versammelte er eine große Synode in Rom, legte ihr den Fall vor, und – das Resultat war, «dass Photius, als ein Eindringling in die Kirche, des Priestertums und aller priesterlichen Würden für verlustig erklärt, dass er ferner, falls er doch darauf beharren würde, den Patriarchenstuhl in Konstantinopel zu behaupten, nicht mehr als Christ anzusehen, sondern vielmehr aus der christlichen Gemeinschaft auszuschließen sei, und dass schließlich auch alle diejenigen, welche ihn fernerhin unterstützen würden, an den Leib und Blut Christi (Kommunion) bis zur Stunde ihres Todes keinen Teil mehr haben dürften.» Dagegen wurde, wie natürlich, Ignatius als der rechtmäßige Patriarch anerkannt und «allen denjenigen, welche ihn in der Ausübung seines Amtes hindern sollten, der ewige Fluch an den Hals gehängt.»

Dies war eine Exkommunikation[159] im vollen Sinne des Worts und Nikolaus dehnte sie auch sogleich auf die beiden Legaten aus, welche ihrerseits den Photius in seinem Namen anerkannt hatten. Aber was war nun die Folge? Kaiser Michael veranstaltete, als er die Nachricht von dieser Exkommunikation erhielt, auf den Rat seines Günstlings Photius alsbald eine große Kirchenversammlung in Konstantinopel, ließ Papst Nikolaus dort der größten Verbrechen anklagen und ruhte nicht eher, als bis das Konzil denselben ebenfalls exkommunizierte und mit ihm alle diejenigen, welche fernerhin noch irgendeine Gemeinschaft mit dem römi-

---

[159] Über die Bedeutung dieses Wortes verweise ich auf das weiter unten Stehende.

schen Stuhl unterhalten würden. So stand also Exkommunikation gegen Exkommunikation, Kirchenbann gegen Kirchenbann, Verfluchung gegen Verfluchung! Aber was nützte dies dem Papst Nikolaus? Trat deshalb Photius von seinem Patriarchat ab? Dehnte sich sein Supremat hierdurch auch nur im Geringsten weiter aus? Nichts von alledem, sondern die Folge seiner Anmaßung war vielmehr die nachherige Trennung der griechischen Kirche von der römischen, - eine Trennung, welche jetzt noch die Christenheit in zwei große Parteien spaltet.[160]

Der dritte Punkt, durch welchen Nikolaus I. bewies, dass er sich als Papst und Obermonarch der Christenheit betrachte, war sein Handel mit den französischen Bischöfen, aus dem er siegreich hervorging. Es begab sich nämlich, dass ein gewisser Rothadius, Bischof von Soissons, durch den ihm vorgesetzten Erzbischof Hinkmar von Reims mit Einwilligung einer deshalb zusammenberufenen und in Soissons abgehaltenen Provinzialsynode wegen verschiedener Ungehorsamsfälle abgesetzt wurde. Rothadius appellierte an den «Papa universalis» in Rom, und Nikolaus I., der diese Gelegenheit, sein Oberrichteramt zu zeigen, gerne ergriff, befahl dem Erzbischof Hinkmar Rothadius die Reise nach Rom zu gestatten und selbst ebenfalls mitzukommen oder einen stellvertretenden Gesandten zu schicken, worauf er, der Papst, nach Anhörung der beiden Parteien die Entscheidung fällen werde. Diesem Befehle gehorchte Hinkmar keineswegs, sondern ließ vielmehr den Rothadius ins Gefängnis werfen und ordinierte einen anderen zum Bischof von Soissons. Das war auch eine Antwort, doch natürlich ließ sich Nikolaus das nicht gefallen. Im Gegenteil wandte er sich nun an alle die Bischöfe, welche der obenerwähnten Provinzialsynode von Soissons beigewohnt hatten, und erklärte ihnen, dass jede Appellation an den Papst bei Strafe der Exkommunikation respektiert werden müsste, und dass er daher, wenn sie nicht den Rothadius nebst einigen Abgesandten aus ihrer Mitte nach Rom senden würden, um den Fall von

---

[160] Es ist zwar vollkommen richtig, dass auch in der Lehre ein großer Unterschied zwischen den griechischen und lateinischen (oder abendländischen) Christen besteht, wie z. B. in der Trinitätslehre (die Lateiner lassen den heiligen Geist auch vom Sohn ausgehen, die Griechen nicht), in der Lehre vom ungesäuerten Brot beim Abendmahl, in der Zölibatsfrage usw., aber diese Unterschiede sind allzu geringfügig, als dass sie eine vollständige Trennung zur Folge gehabt hätten. Der wahre Grund lag vielmehr in den Ansprüchen der Päpste, sich auch das Patriarchat von Konstantinopel zu unterwerfen, und es wollte daher seit dem Streit des Photius mit Nikolaus I. keine Versöhnung mehr zustande kommen. Der letzte und offizielle Riss geschah aber erst am 24. Juli 1054, als Papst Leo IX. den Patriarchen Michael Caerularius abermals exkommunizierte und die Exkommunikationsurkunde durch seine Legaten Humbert und Petrus in der Sophienkirche zu Konstantinopel niederlegen ließ. Zwar sind seither schon viele Versuche gemacht worden, eine Wiedervereinigung zustande zu bringen, aber immer vergeblich. Im Gegenteil, seit Russland «griechisch-katholisch» wurde (den Anfang dazu machte schon 988 der Großfürst Wladimir der Heilige), ist die Spaltung schon wegen der Suprematsfrage eine unheilbare geworden.

Neuem zu untersuchen, mit ihnen gerade so umgehen werde, wie sie mit Rothadius umgegangen seien. Zu gleicher Zeit befahl er dem Erzbischof Hinkmar, Rothadius augenblicklich freizugeben, wenn er nicht die Absetzung und den Kirchenbann riskieren wollte. Auf diese Forderungen blieben weder Hinkmar noch die ihm ergebenen Bischöfe eine Antwort schuldig, sondern führten aus, dass die kompetente Behörde, welche über den Rothadius geurteilt habe, nur die Provinzialsynode nebst dem Erzbischof gewesen sei, und zum Zweiten, dass nach den in Frankreich bestehenden, noch von Kaiser Karl dem Grossen herrührenden Gesetzen ein von seiner Synode Verurteilter kein Recht habe, weiter zu appellieren. Diese Gesetze waren in der Tat klar genug, und es schien nicht, als ob der Papst imstande sein werde, gegen sie anzukommen, aber was tat nun dieser? Er berief sich auf den pseudo-isidorischen Kodex und bewies aus diesen gefälschten Urkunden nicht bloss, dass überhaupt und im Allgemeinen, wenn weltliche (oder vielmehr von einem weltlichen Fürsten erlassene) Gesetze mit den kirchlichen Canones im Widerspruch ständen, diese letzteren den Vorrang hätten und als «alleingültig» betrachtet werden müssten (also Unterordnung des Staats unter die Kirche und Oberherrschaft des Papsts über die Könige und Kaiser), sondern dass auch im Speziellen der römische Stuhl über den Provinzialsynoden, ja sogar über den Nationalsynoden und Konzilien stehe und somit alle kirchlich-streitige Parteien verpflichtet seien, dem Urteil der Päpste sich unbedingt und ohne Widerruf zu unterwerfen. Diese Lehren und Lehrsätze wollten allerdings weder dem Erzbischof Hinkmar noch seinen Bischöfen recht munden, doch Nikolaus I. sprach so kühn und führte die betreffenden gefälschten Urkunden so überzeugend als echt (er nannte sie sogar so echt wie die Bibel selbst) an, dass benannte Herren in der Tat – denn an eine Fälschung dachten sie natürlich nicht – Angst bekamen, der Papst könnte zur Exkommunikation schreiten und so eine Verwirrung von unabsehbarer Tragweite herbeiführen. Dazu kam noch, dass Nikolaus sich auch noch an den damaligen König von Frankreich, Karl den Kahlen (einen Sohn Ludwigs des Frommen und Enkel Karls des Grossen, von welchem Letzterem er aber nichts geerbt hatte als den Namen), gewandt und diesen, einen ebenso geistesschwachen wie bigotten Menschen, nicht bloss auf seine Seite bringen, sondern auch den Befehl, «Rothadius solle nach Rom gehen und seine Sache dort vortragen», von ihm auswirken konnte. Nun natürlich lag die Befürchtung nahe, es könnte durch einen längeren Widerstand gegen den Willen des Papstes zu einem Konflikt mit dem Regenten selbst kommen, und somit entschloss sich Hinkmar, um des lieben Friedens willen, Rothadius freizugeben, obwohl nur unter Wahrung seiner erzbischöflichen Rechte. Kaum war dies geschehen, so lief ein neues Schreiben aus Rom ein, aber nicht an Hinkmar, sondern an Rothadius, worin dieser ermahnt wurde, schon seines eigenen Vorteils wegen unter allen Umständen auf der Appellation zu beharren. Dieser Wink wurde natürlich verstanden und der abgesetzte Bischof pilgerte also nach Rom, wo ihm Nikolaus nach vorausgegangener oberflächlicher Untersuchung des Falls in einer Versammlung von höheren Würdenträgern den bischöflichen Schmuck von Neuem aufs feierlichste gewaltherrlich dekretierte. Mit diesem Dekret in der Tasche und in Begleitung eines päpstlichen Extragesandten kehrte Rothadius nach Frankreich zurück, und es glückte ihm in der Tat durch die Bemühungen dieses Legaten, sein verlorenes Amt wieder antreten zu dürfen. So wurde der pseudo-isidorische Lügenkodex zum ersten Mal mit Glück in Szene gesetzt, denn wenn auch die gallischen Bischöfe wider die daraus abgeleiteten Grundsätze brieflich protestierten und namentlich das anfügten, dass hierdurch alle Kirchenzucht umgestürzt und alle Verbrecher gereizt würden, von dem Urteil ihrer rechtmäßigen Behörden nach Rom zu appellieren, wo sie eine sichere Freistätte fänden, so wollte doch ein solcher Protest nicht viel besagen. Bestand derselbe doch nur aus Worten, während der Papst dagegen sich auf die vollendete Tatsache der Unterwerfung unter seinen Willen berufen konnte!

Ebenso siegreich wie gegen die gallischen Bischöfe führte Nikolaus I. seine kirchlich-monarchische Oberherrlichkeitsanmaßung gegen König Lothar II- von Lothringen durch und gab so seinen Nachfolgern das Beispiel, dass sie sich über die weltlichen Regenten zu stellen hätten.

Dem König Lothar, einem Sohn Kaiser Lothars I. und Urenkel Karls des Großen, war, wie dem Leser ohne Zweifel aus der allgemeinen Weltgeschichte bekannt sein wird, seine rechtliche Gemahlin Thulberga leid, und er wollte sich daher von ihr scheiden lassen, um seine Herzensgeliebte, die vielberüchtigte Waldrada, heiraten zu können. Um dies zu erreichen, beschuldigte er Thulberga eines unzüchtigen Umgangs mit einem jungen Edelmann am Hof und versammelte das lothringische Parlament, damit es diesen Skandalprozess zu Ende bringe. Doch die Königin, im Bewusstsein ihrer Unschuld, erbot sich zur «Probe mit dem siedenden Wasser»[161] und bestand diese auch glücklich, zwar nicht in eigener Person, wohl aber durch einen stellvertretenden Ritter, was ihr in Anbetracht ihrer hohen Stellung gestattet worden war. Infolge dieser Prozedur musste Lothar von der verlangten Scheidung abstehen, aber er behandelte nun die Gattin auf eine Weise, dass sich dieselbe nach Frankreich an den Hof Karls des Kahlen, eines Oheims ihres Gatten, flüchtete. Darauf gewann der König die Erzbischöfe Günther von Köln und Teutgaut von Trier für sich und diese versammelten eine große Synode in Aachen, von welcher

---

[161] Die «Probe mit dem siedenden Wasser» gehörte zu den sogenannten «Ordalien» oder «Gottesurteilen», welche man im Mittelalter zur Ermittlung der Wahrheit anordnete, wenn es an den wirklichen Beweisen für Schuld oder Unschuld mangelte. Zu diesem Zwecke füllte man einen großen Kessel mit siedendem Wasser, warf einen Ring in denselben und befahl nun dem Angeklagten, diesen Ring vom Boden des Kessels herauszuholen. Tat er dies, ohne sich die Hand zu verbrennen, so galt seine Unschuld als erwiesen. Andere ähnliche Gottesurteil waren die sogenannte «Feuerprobe», die «Probe mit dem geweihten Bissen», das «Kreuzgericht», das «Bahrrecht», der «gerichtliche Zweikampf» usw.

Lothar die Ehescheidung von seiner geflüchteten Gemahlin verlangte und auch richtig erhielt. Ob es dabei ehrlich und redlich zuging, können wie nicht sagen, wahrscheinlich ist aber, dass das Geld und die Versprechungen des Königs großen Einfluss auf die Entscheidung der Bischöfe und Erzbischöfe gehabt hatten. Allein sei dem wie ihm wolle, Lothar war durch einen Synodalausspruch «rechtlich» geschieden und nahm nun seine geliebte Waldrada zu sich. Doch so leicht sollte er nicht davon kommen, denn Thulberga wandte sich auf Anraten Karls des Kahlen an den Papst Nikolaus I. und bat diesen flehentlich sich ihrer anzunehmen. Eine solch prächtige Gelegenheit, über einen König den Richter zu spielen, konnte sich natürlich der römische Bischof nicht entgehen lassen, denn wenn auch seine Vorgänger zu den drei oder vier Ehescheidungen, durch welche sich Karl der Große seiner ihm überdrüssig gewordenen Weiber (von den vielen Kebsweibern, die er hielt, gar nicht zu reden!) entledigte, wohlweislich ganz still geschwiegen hatten, so wusste dagegen Nikolaus gar wohl, dass er in Lothar II. keinen Karl den Großen vor sich habe, und dass überhaupt die Zeiten sich geändert hatten. Somit schickte er sogleich ein paar Legaten an den Hof Lothars, und schrieb diesem, dass seine Gesandten den Auftrag hätten, die Ehescheidungsangelegenheit des Näheren zu untersuchen. «Sowohl Lothar als auch eine Gemahlin müssten daher vor den Legaten und der von diesen zu berufenden Synode erscheinen und Er, der Papst, werde dann nach Befund der Sache endgültig über die Zulässigkeit oder Nichtzulässigkeit einer ehelichen Trennung entscheiden.» In der Tat beriefen die Legaten auch sogleich nach ihrer Ankunft in Lothringen eine Nationalsynode nach Metz, auf der die obenbenannten Erzbischöfe von Köln und Trier ebenfalls erschienen, und ihrem Zuspruch, sowie dem Geld des Königs glückte es, sowohl die Abgesandten des Papst als auch einen großen Teil der übrigen Mitglieder der Synode so zu bearbeiten, dass das Resultat ganz anders ausfiel, als der Papst erwartet hatte. Die Metzer Synode trat nämlich den Beschlüssen der Aachener Versammlung vollständig bei und bestätigte das Kebsweib Waldrada als die rechtmäßige Gemahlin Lothars. Nunmehr glaubte Letzterer nebst seiner Schönen endlich gewonnen zu haben und die beiden Erzbischöfe Günther und Teutgaut wurden nach Rom gesandt, um dem Papst über den Synodalbeschluss Bericht zu erstatten. Doch dieser war durch seine Spione so gut bedient, dass er schon vor der Ankunft der Erzbischöfe den ganzen Hergang kannte, und als daher diese endlich anlangten, nahm sie Nikolaus auf eine Weise auf, die ihnen gänzlich unerwartet kam. Der Papst versammelte nämlich sogleich eine Synode in Rom, auf welcher alle Beschlüsse der Metzer Synode für null und nichtig erklärt wurden, und belegte sowohl seine bestochenen Legaten als die beiden Erzbischöfe mit dem Bann, indem er sie zugleich «als Beförderer des Ehebruchs» ihrer Stellen enthob und für unfähig erklärte, von nun an irgendeine kirchliche Handlung zu verrichten. Über diesen Gewaltakt – der Papst dekretierte nämlich sein Urteil, ohne irgendeine Untersuchung anzustellen, ohne Zeugen zu verhören, ohne die Angeklagten zu Wort kommen zu lassen usw. – waren die beiden Erzbischöfe aufs höchste erbost, und da nun gerade damals Kaiser Ludwig II., ein Bruder König Lothars, auf einem Kriegszug gegen die Sarazenen, welche in jenen Zeiten oft in Italien einfielen, in Benevent Hof hielt, so eilten sie zu ihm und hielten ihm vor, dass die Handlungsweise des Papstes, d. h. die Absetzung zweier Erzbischöfe ohne Genehmigung einer Landessynode und ohne Zustimmung des Landesherrn die ganze bisherige kirchliche und staatliche Gesetzgebung über den Haufen werfe und den Bischof von Rom zum Oberkaiser der Welt mache. Dies leuchtete auch dem Kaiser ein und er ließ dem Papst deshalb schriftlich Vorstellungen machen; aber Nikolaus blieb unerbittlich und nun entschloss sich Ludwig II. selbst nach Rom zu gehen, um «seinem Vasallen» (denn als solchen betrachteten und behandelten die Kaiser den römischen Bischof immer noch) den Kopf zurechtzusetzen. In der Tat brach er auch sogleich mit seiner Gemahlin, seinem Hofstaat und seiner Armee dahin auf und letztere lagerte sich in der Nähe der Peterskirche, in welche sich der Papst geflüchtet hatte. Das römische Volk spaltete sich, wie immer bei solchen Anlässen, in zwei Parteien, in Anhänger und Feinde des Papstes, und während Letztere frohlockten, stellten die Ersteren eine große Prozession nach der Peterskirche an, um den Himmel zu bitten, dass er das Herz des Kaisers rühre. Infolge dieser immer mehr aufschwellenden Prozession kam es zu Händeln mit der kaiserlichen Leibwache und diese schritt mit den Waffen ein, wobei verschiedene Kreuze und Fahnen zerbrochen und zertreten wurden. Über dieses Sakrileg entsetzten sich die Anhänger des Papstes und zwar umso mehr, als unter den zerbrochenen Kreuzen auch eines war, in welchem einige Stücke vom «echten» Kreuz Christi eingefügt gewesen sein sollten, und als nun zufällig ein kaiserlicher Leibtrabant in der Nacht darauf schnell starb, so verbreitete sich mit Windeseile das Gerücht, der Zorn Gottes werde die Heiligtumsschänder alle dahinraffen. Nun wollte es das Schicksal, dass schon den Tag darauf der Kaiser ebenfalls am Fieber erkrankte, und da er wie alle Nachkommen des frommen Ludwig äußerst bigott und abergläubisch war, so ließ er sich von seiner nicht minder abergläubischen Frau Gemahlin sehr leicht überzeugen, dass der Zorn Gottes es auch auf ihn abgesehen haben könnte und dass es daher für ihn, um dem Tode zu entgehen, kein besseres Mittel gebe, als den Papst zu versöhnen, damit dieser unseren Herrgott beschwichtige. Augenblicklich musste sich also die Kaiserin in die Peterskirche begeben, um dem Papst zu eröffnen, dass er seine kirchliche Freistätte ohne Gefahr verlassen dürfe, und um denselben zugleich zu einer Unterredung mit dem Kaiser einzuladen. Die Unterredung fand statt und – das Resultat kann man sich denken. Der abergläubische karolingische Schwächling auf dem Kaiserthron ließ sich von dem überlegenen Geist eines Nikolaus irre machen und versprach dem Papst seinen Beistand gegen den eigenen Bruder, sowie gegen die beiden Erzbischöfe von Trier und Köln, welche nun natürlich ihrer Wege gehen konnten. Wohl protestierten dieselben gegen solches Verfahren und belegten nun ihrerseits

den Papst mit dem Bann; wohl legten sie ihre Protestations- und Exkommunikationsbulle sogar auf das Grab des heiligen Petrus nieder, und versuchten, nach Köln und Trier zurückgekehrt, ihr Amt nach wie vor zu versehen; doch es half alles nichts, denn von seinem Bruder, dem Kaiser, aufgefordert und zugleich hoffend, hierdurch den hochfahrenden Nikolaus zu versöhnen, schritt nun König Lothar von Lothringen selbst gegen sie ein und enthob sie gewaltsam ihrer Besitztümer. Aber auch ihm, den schwachen Tyrannen von einem König, half seine Erbärmlichkeit nichts, denn der unerbittliche Nikolaus, welcher sah, dass ihm nur Memmen gegenüber stehen, belegte sofort Waldrada mit dem Anathema und bedrohte König Lothar selbst ebenfalls damit, falls er fortfahre, sie als sein Weib zu behandeln. Ja er wagte es sogar, dem Gebieter über Lothringen offen zu erklären, dass Er, der Papst, dessen Untertanen des Untertaneneides entbinden werde, wenn er nicht augenblicklich gehorche, denn einem Monarchen, welcher den Willen Gottes nicht tue, sei kein Untertan Gehorsam schuldig! Diese letztere Drohung schüchterte den Schwächling vollends ein, denn er fürchtete nun ernstlich sowohl um seinen Thron, als auch um seine Seligkeit. Die Kühnheit des Papstes siegte, und was bis jetzt noch keinem römischen Bischof gelungen war, gelang ihm: Er zwang einen weltlichen Monarchen zum Gehorsam!
Wohl staunte die Welt – Laien wie Kleriker – über eine solch unerhörte Anmaßung, aber die Buhlerin Waldrada war allgemein verhasst, während die Königin Thulberga geliebt wurde. Auch gönnte jedermann den von Lothar früher erkauften Erzbischöfen ihr Schicksal, und überdies war ein allgemeiner Jubel darüber, dass einem Despoten, wie Lothar war, ein Strich durch die Rechnung gemacht worden sei. Man dachte nicht an die Zukunft, sondern nur an die Gegenwart, und übersah die päpstliche Anmaßung über dem edlen Zweck, der dadurch erreicht wurde! Doch bald genug sollten der Menschheit die Augen aufgehen, denn von nun an betrachteten sich die Päpste nicht bloß als die Oberherren in der Kirche, sondern auch als die Oberherren über die Könige, und ließen keine Gelegenheit vorüber, diesen ihre Oberherrlichkeit fühlbar zu machen. Fragt man nun aber, durch welches Mittel es Papst Nikolaus hauptsächlich gelang, König Lothar zur Nachgiebigkeit zu zwingen, so muss man einfach antworten, dass dieses Mittel nur in der Exkommunikation Waldradas und in der Drohung mit dem Bann gegen Lothar selbst bestand. Wenn somit im Bann eine solche Gewalt lag, so wird es an der Zeit sein, etwas Näheres über dieses Thema zu sagen, welches von jetzt an dazu bestimmt ist, eine Hauptrolle in der Geschichte der päpstlichen Zwingherrschaft zu spielen.
Welches der Ursprung der «Exkommunikation», d. h. der Ausschließung aus der «Kommune» oder Gemeinde war, haben wir im ersten Buch schon gesehen. Sie wurde nur über Unwürdige, über Verbrecher oder Ketzer, verhängt und lag anfangs in den Händen der Gesamtheit. Später von den Bischöfen «im Namen der Gemeinde» ausgeübt, spielte sie besonders in den vielen religiösen und

theologischen Streitigkeiten eine große Rolle, und jeder Geistliche oder Priester beeilte sich, seinen Gegner, der über diesen oder jenen Punkt anders dachte, aus seiner Gemeinschaft auszuschließen. Man darf übrigens nicht glauben, dass diese Sitte eine christliche Erfindung gewesen sei, sondern sie kam vielmehr, wie so vieles andere, aus dem Judentum ins Christentum herüber und wurde nur von den Bischöfen weiter ausgeführt. Die Juden hatten zweierlei Abstufungen für die Exkommunikation. Der erste Grad hieß «Ribdui» oder der kleine Bann, und bestand darin, dass man einen dreißig Tage lang von dem Besuch der Synagoge ausschloss. Hier und da verschärfte man diese Strafe damit, dass man den anderen Juden verbot, während dieser dreißig Tage mit dem Sträfling umzugehen und dann hieß man den Bann «Eherem». Besserte sich nun der Gebannte in dieser Zeit nicht, so trat der zweite Grad, das «Schammatha» oder «Anathema Maranatha» ein, welches eine Ausschließung von der Gemeinde für das ganze Leben nebst dem Verlust der bürgerlichen Rechte zur Folge hatte und womit schreckliche Verfluchungen verbunden wurden. Im Christentum kannte man anfangs nur die leichtere Art der Exkommunikation, denn natürlich, solange die christliche Religion nicht Staatsreligion war, konnte mit der Ausschließung aus der «Christengemeinde» nicht auch zugleich die Ausschließung aus der «bürgerlichen» Gemeinde dekretiert werden. Später jedoch, als das Christentum zur Herrschaft gelangt war, holte man das Versäumte nach und machte ebenfalls zwei Abstufungen, die sogenannte «kleine» und die «große Exkommunikation», welche letztere man auch das «Anathema» hieß. Die «kleine» Exkommunikation oder die Ausschließung vom Abendmahl und öffentlichen Gottesdienst durfte unbestritten von allen Bischöfen verhängt werden und dauerte nur so lange, bis der Gebannte sich besserte oder vielmehr Kirchenbuße tat. Die Strafe des Anathemas aber, oder die Ausschließung von «allen christlichen Gemeinden» in allen Ländern, konnte natürlich nicht von kleinen Diözesanbischöfen, sondern nur von dem «Oberhirten über alle christlichen Gemeinden» ausgehen und wurde daher bald eine gefährliche Waffe in den Händen der «Patriarchen», besonders derer von Konstantinopel und Rom. Auch drangen dieselben mit aller Macht darauf, dass die Strafe «durch Ausschließung von allen Staatsämtern», sowie «durch den Verlust aller bürgerlichen Rechte» verschärft werde, und bei dem schrecklichen Aberglauben, welcher im Mittelalter herrschte, gelang ihnen dies hauptsächlich durch die Art und Weise, wie sie das Anathema aussprachen, nur zu leicht. Sie verbanden nämlich damit eine furchtbare Verfluchung, welche jeden Gläubigen mit Angst und Schrecken erfüllen musste, und übergaben einen Gebannten auf ewig dem Teufel. Zur Aufklärung unserer Leser wollen wir die Formel eines solchen Banns hier mitteilen, welche wörtlich aus dem Lateinischen übersetzt folgendermaßen lautet: «Diese Kinder Belials[162] sollen als faule Glieder vom Leib Christi

---

[162] Der Verfasser dieses Anathemas ist Papst Benedikt VIII. (1012-24), der es gegen

abgeschnitten, von allen Kirchen verstoßen und von der Gemeinschaft der Gläubigen ausgeschlossen sein. Sie sollen exkommuniziert und verflucht sein im Gehen und Stehen, im Wachen und Schlafen, beim Eingehen und Ausgehen, beim Essen und Trinken; ja sogar ihre Speise und ihr Getränk, die Früchte ihres Leibes und ihrer Güter sollen verflucht sein. Sie sollen die Plage des Herodes empfinden, bis ihnen die Gedärme zerbersten. Sie sollen mit Dathan und Abiron von der Erde verschlungen werden, damit sie beim Satan und seinen Unterteufeln wohnen und immer und ewig gepeinigt werden. Ihre Kinder sollen Waisen, ihre Weiber Witwen, ihre Kinder in fremde Länder versetzt werden, damit sie betteln müssen. Die Väter aber soll man von ihren Häusern und Gütern vertreiben und es sollen alle Flüche des Alten und Neuen Testaments auf sie kommen.» So lautete das Anathema, welches die Heiligen Väter zu Rom, die Nachfolger Christi, welcher die Liebe predigte, über einen von ihnen Gehassten, einen mit ihnen in Konflikt Geratenen ausstießen, und wenn auch jetzt, zu unseren Zeiten, der Gebildete über solchen Wahnsinn verächtlich lacht, weil kein Mensch und wäre er auch der höchste Priester auf Erden, Macht über die Seele eines anderen hat, so war es doch im Mittelalter etwas anderes, wo alles Denken und Wissen aus Europa verbannt war, wo alle Religion und Religiosität sich in ein äußeres Schaugepränge und Zeremoniell verwandelt hatte und wo man den Priestern überhaupt, vor allem aber dem Oberpriester und Papst, eine Verehrung zollte, die sich bis zur Anbetung verstieg. Damals musste ein vom Heiligen Vater Gebannter vor Grausen ersterben, denn er wurde durch einen solchen Bannfluch sozusagen für vogelfrei oder für einen Aussätzigen erklärt, mit dem kein ehrlicher Mensch, nicht einmal seine eigenen Kinder, sein eigenes Weib, seine eigenen Geschwister mehr Umgang haben durften!
Und in der Tat, der Bannfluch hatte solche Folgen, denn nicht nur erklärten schon im 8. und noch mehr im 9. Jahrhundert mehrere Synoden (besonders die zu Pavia), dass ein mit dem Anathema Belegter kein Amt mehr begleiten, ja nicht einmal im Lande wohnen dürfe, sondern es wurde mit dem Pseudo-Isidor sogar zum Rechtssatz erhoben, dass der Exkommunizierte als «ehrlos» zu betrachten und zugleich «aller seiner Güter verlustig» sei, dass er kein Zeugnis geben, keinen Prozess führen, keinen Eid ablegen, kein Testament machen dürfe, mit einem Wort, dass er aufgehört habe, ein Staatsbürger mit staatsbürgerlichen Rechten zu sein und dass daher der, welcher ihn aus dem Wege räume wie ein räudiges Schaf, nicht nur keine Strafe, sondern sogar Lob verdiene.[163] Solche Folgen hatte das Anathema! Der Gebannte wurde förmlich zum Abscheu des Volks; Diener,

---

diejenigen welche dem Kloster zu Cluny einige Güter entzogen hatten, schleuderte, und ist dasselbe in einem jetzt noch vorhandenen an den Erzbischof Burkhard von Lyon gerichteten Breve nachzulesen.
[163] Papst Urban II. tat diesen Ausspruch gegenüber dem Bischof Gottfried von Lucca, und von dort an galt er als zurecht bestehend.

Freunde, Anverwandte, die eigenen Kinder mieden ihn wie einen dem Galgen Verfallenen. Niemand reichte ihm Speise und Trank, selbst nicht für viel Geld; Niemand pflegte ihn, wenn er krank war, niemand tröstete ihn, wenn es zum Sterben kam! Man stellte ihm eine Totenbahre vor die Tür seiner Wohnung, und wenn er gestorben war, so verscharrte man ihn in ungeweihter Erde, in irgendeiner verrufenen Ecke, nie aber auf einem Friedhof, denn er war ja noch im Tode verflucht und dieser Fluch (so dachte man) wirkte so weit, dass sogar sein Leib nicht verwesen konnte! — So hielt man es in jenen Zeiten, und die Folgen waren ganz dieselben, ob das Anathema einen Vornehmen oder Geringen, oder vielmehr, um die Wahrheit zu sagen, einen mehr oder minder Hochgestellten (denn mit Geringen, mit Leuten aus dem Volke hatten die Päpste keinen Bannfluch zu wechseln, da derlei Menschen weder ihrer Herrschaft im Wege standen, noch ihnen Vorteile bringen konnten) getroffen hatte. Ja sie wurden nur umso eklatanter und auffälliger, wenn der Bann etwa über einen regierenden Fürsten oder gar einen König verhängt wurde, denn der Letztere galt dann ebenfalls «seiner Güter für verlustig», wie ein gewöhnlicher Sterblicher, oder mit anderen Worten: «er galt als abgesetzt und seine Untertanen waren ihm keinen Gehorsam mehr schuldig, bis er seinen Frieden mit dem Papst gemacht hatte.»

Nun sieht man, warum Lothar II., so ein tyrannischer Despot er auch sonst war, sich so hündisch vor Papst Nikolaus beugte! Nun sieht man, welches Schreckmittel in dem über Waldrada ausgesprochenen Anathema, sowie in der Drohung, denselben Bann auch auf König Lothar selbst zu schleudern, lag! Vor Nikolaus hatte dies kein Papst gewagt und noch weniger hatte es ein solcher gewagt, offen mit der Aufwieglung, Revolutionierung und Eidesentbindung der Untertanen zu drohen. Ihm gebührt also der Ruhm, der Erfinder des «Königsbanns» zu sein, - der gefährlichsten Waffe, welche je in die Hände eines Sterblichen gelegt worden ist! Was später noch hinzukam, war nur eine Verbesserung, eine Vervollkommnung der von ihm angeregten Idee.

Die Exkommunikation nämlich oder das Anathema ging natürlich immer nur einzelne Personen an, und nur allein die Person desjenigen, welcher exkommuniziert war, hatte die schlimmen Folgen davon zu tragen. So war es auch, wenn ein Fürst oder König gebannt wurde; der Bann traf nur ihn, nur seine Person allein! Fragte man sich nun aber nach dem Zweck des Bannes, so konnte man sich keinen andern denken, als den, dass der Gebannte sein Unrecht einsehe und so schnell wie möglich vor dem Papst zu Kreuze krieche. Um diesen Zweck bei einem König zu erreichen, hatte Nikolaus, wie wir oben gesehen haben, einen Aufstand der Untertanen in Aussicht gestellt; doch es fragte sich immerhin, ob zu hoffen sei, dass die Untertanen sich auf eine bloße Aufforderung des Papstes hin so schnell, wie man wünschte, revolutionieren ließen. So dachte man in Rom darüber nach, ob sich nicht vielleicht ein Mittel fände, die Untertanen zur Revolution, d. h. zur Gehorsamsverweigerung gegen ihren «gebannten Regenten» zu zwingen, und siehe da, das Mittel fand sich im «Interdikt», der höchsten Vollendung des Königsbannes! Auch die alten Römer kannten ein Interdikt, (von lat. *interdicere*, «verweigern oder untersagen) von «Feuer und Wasser», also so viel als eine «Exilierung» oder Verbannung aus dem Vaterland. Nach dem Papstrecht ist ein Interdikt die «Untersagung aller und jeder kirchlichen Handlungen für einen ganzen Distrikt, für ein ganzes Land», und zum ersten Mal hörte man von ihm unter Papst Gregor V. (996-99), einem würdigen Nachfolger Nikolaus des Ersten. Es begab sich nämlich, dass in jener Zeit König Robert von Frankreich eine Tochter des Königs von Burgund, eine entfernte Verwandte von ihm (sie war eine Cousine vierten Grades), mit Namen Bertha, heiratete. Diese Ehe, obwohl eine Liebesheirat, hätte für Frankreich den Nutzen gebracht, dass Burgund später damit vereinigt worden wäre, und darum fanden die Bischöfe Frankreichs kein Hindernis in der Verwandtschaft, sondern gaben in Folge eines Synodalbeschlusses dem König vollkommene Dispensation, worauf dann der Erzbischof von Tours, assistiert von einer Menge anderer Bischöfe, die Trauung vornahm. So weit war alles recht. Aber der Umstand, dass Burgund von Frankreich geerbt werden sollte, wollte Kaiser Otto III. gar nicht recht gefallen, und da nun Papst Gregor V. (seiner Herkunft nach ein Deutscher, mit Namen Bruno und dem Kaiserhaus verwandt) eine von ihm abhängige Kreatur war, so veranlasste er denselben, eine Synode in Rom zu versammeln und die Ehe zwischen Bertha und Robert für blutschänderisch zu erklären. Gregor V. tat dies und befahl dem König von Frankreich, seine Gattin augenblicklich zu verstoßen und bei Strafe des Banns das gegebene Ärgernis durch eine siebenjährige Kirchenbuße wieder gutzumachen. Zugleich suspendierte der Papst den Erzbischof von Tours, sowie sämtliche anderen Bischöfe, welche bei der Trauung anwesend gewesen waren oder dieselbe auf der bewussten Synode gebilligt hatte, denn «eine Ehe im vierten Grade sei durchaus kirchlich verboten und ein Dispens nur von ihm, dem Papst (laut Pseudo-Isidor) zu erhalten.» Die Bischöfe mit dem Erzbischof – eingedenk Hinkmars – fügten sich und erhielen natürlich Vergebung; der König aber trotzte dem Befehl des Kirchenfürsten und fuhr fort, mit seiner Bertha zusammenzuleben. Nochmals mahnte der Papst und sogar zum dritten Mal; doch Robert von Frankreich kümmerte sich nicht um die Drohungen Roms. Da schleuderte der Papst den Bannstrahl, aber nicht gegen den König und seine Gemahlin allein, - nein, gegen ganz Frankreich!

Ganz Frankreich wurde «als unter dem Interdikt befindlich» erklärt und von der Minute dieses Bannstrahls an sollte keine einzige kirchliche Handlung im ganzen Königreich mehr vorgenommen werden. Natürlich durfte der Papst nur in dem Fall, wenn die ganze Geistlichkeit auf seiner Seite war, hoffen, mit seinem grässlichen Befehl durchzudringen; aber sie war auf seiner Seite und er drang durch. Mit einem Schlag wurden alle Kirchen geschlossen und kein Geistlicher versah mehr sein Amt. Nirgends im ganzen Reich, weder in einer Stadt, noch in einem

Dorf, noch auf einem Schloss[164] wurden mehr Gottesdienste gehalten, und es gab weder Taufe noch Trauung, weder Wallfahrt noch heiliges Abendmahl, weder Glockengeläute noch Leichenbegängnis! Ohne Sang und Klang, wie das Vieh, musste man die Verstorbenen «in ungeweihter Erde» begraben und die Neugeborenen waren, weil kein Priester den Segen über sie sprach, «wie die Heidenkinder allen Einflüssen des Satans und der Hexen preisgegeben»! Aller Tanz, alle Freude, aller Genuss war untersagt, niemand sollte mehr den anderen grüßen, und dem Bräutigam war es verboten, die Braut, - dem Gatten, die Gattin zu küssen! Das ganze Land kam in Verzweiflung und die Kranken oder Sterbenden rasten fast in dem Gedanken, dass sie der Hölle für ewig verfallen seien, weil sie vor dem Tode keine Absolution mehr erhalten konnten![165] Was wollte also der König am Ende machen? Seine eigene Gemahlin fiel ihm zu Füßen, und flehte ihn an, durch Nachgiebigkeit unter die Gebote Roms seinem Land den Frieden wieder zu geben. Von allen Seiten Frankreichs kamen Nachrichten, dass ein Aufstand des Volkes unausbleiblich sei, und ihm, dem Regenten eines Königreichs, blieben zuletzt nur noch zwei Diener, die für seine Bedürfnisse sorgten, dabei aber sich wohl hüteten, von den Speisen, welche er genoss, auch nur etwas anzurühren, da sie sonst selbst zur Hölle zu fahren befürchteten. Ja, sogar die Bettler und Notleidenden weigerten sich, von diesen Speisen zu genießen, oder auch nur ein Kleidungsstück zu tragen, das er getragen hatte, und man wusste nichts Besseres zu tun, als Speisen wie Kleider sorgfältig zu verbrennen! So musste also König Robert nachgeben, und er gab nach, obwohl mit blutendem Herzen. Das Interdikt hatte ihn besiegt, wie hundert Jahre zuvor Lothar von Lothringen die bloße Androhung des Anathema,

---

[164] Später, als das Interdikt sich öfter zu wiederholen begann, hatten die Päpste die Güte, gegen Geld und gute Worte «ausnahmsweise» gottesdienstliche Verrichtungen zu gestatten. Man konnte sich z. B., wenn man das Geld nicht hoch anzuschlagen hatte, gegen 25 Dukaten eine Messe lesen, gegen 30 Dukaten ein Kind taufen lassen und was dergleichen mehr ist. Ums Geld stand einem also auch während des Interdikts der Himmel offen und nur der Arme oder Geizige musste ohne Gnade zur Hölle fahren! – Man sieht also, dass die Herren Päpste das Interdikt auch «numismatisch» auszudeuten verstanden, und welche enorme Summen erst die Kleriker bezogen, wen nach aufgehobenem Interdikt alle Kirchen, Kapellen, Altäre, Taufsteine, Gnadenbilder usw. neuerdings eingeweiht werden mussten, kann man sich denken!

[165] Man darf es dem gewöhnlichen Volk nicht verübeln, wenn es damals noch auf dieser Stufe der «Nicht-Aufklärung» stand, denn es gab ja sogar Geistliche, welche an die Wirksamkeit der Exkommunikation und Absolution glaubten. Als bestes Beispiel mag der Bischof Gerhard von Toul (der 944 starb) gelten. Denn als dieser einst genötigt war, einige Ritter wegen Straßenraubs mit dem kleinen Bann zu belegen, absolvierte er sie jede Nacht heimlich für den Fall, dass sie schnell wegstürben, und exkommunizierte sie dann am Morgen wieder, denn der Verlust der ewigen Seligkeit schien ihm doch als eine zu harte Strafe für einen kleinen Straßenraub zu sein.

und jetzt wussten die Päpste, auf welche Weise man Fürsten und Regenten zum Gehorsam zwingen konnte.

3. Papst Gregor VII. (1073-1086) und das Zölibat.

Von den Zeiten des Papstes Nikolaus I. an versäumte es kein römischer Bischof mehr, sich «mit despotischer Gewalt» zum obersten Regenten der Kirche sowie zum Obermeister der Könige und Fürsten zu erklären. Schon Johann VIII. (872 bis 882), der zweite Nachfolger des Nikolaus, schrieb König Karl dem Kahlen, der am Ende seines Lebens alle Reiche Karls des Großen zusammengeerbt hatte und sich daher zum Kaiser krönen lassen wollte, die Bedingungen vor, unter denen er die Krönung vornehmen wolle, und König Karl, bei dem es auch im Hirn sehr «kahl» aussah, ging dieselben ein. Ganz im selben Sinn verfuhren alle nachfolgenden Päpste, wie z. B. Gregor V., von dem wir schon oben gesprochen haben, wie Sylvester II. (999-1000), der sich gar anmaßte, die Krone von Ungarn zu vergeben, usw.[166] Ich kann mich jedoch unmöglich auf die Schilderung aller Päpste, auf eine Aufzählung aller ihrer Demutsbeweise einlassen, sondern muss mich damit begnügen, die Hauptereignisse wiederzugeben und in der Charakterisierung der Musterpäpste (die wir deswegen so nennen, weil sie von allen anderen zum Muster genommen wurden) ein Spiegelbild des ganzen Papsttums zu liefern. Ein zweiter solcher Musterpapst nun, aber ein viel größerer, als Nikolaus I., ist Gregor VII., der Napoleon unter den Päpsten, und wenn der Leser diesen kennt, so weiß er, was von einem Papst, der sein Metier versteht, zu erwarten ist.

Im Jahr 1020 wurde zu Poana im Toskanischen einem Grobschmied ein Söhnlein geboren, das den Namen Hildebrand (Ildebrando) erhielt und schon sehr früh einem Onkel mütterlicherseits, dem Abt eines römischen Klosters zur Erziehung übergeben ward. Da der Knabe klein von Gestalt blieb und überdies keine bedeutende körperliche, wohl aber umso mehr geistige Fähigkeiten entwickelte, so bestimmte ihn der Onkel zum Mönch und ließ ihm in Rom die Weihe geben.

---

[166] Sylvester II., früher Gerbert geheißen und Mönch zu Aurillac, ein gelehrter Herr und Lehrer Ottos III., ging ehe er Papst wurde, dem Pseudo-Isidor scharf auf den Leib, änderte aber seinen Sinn total, als er die Tiara erhalten sollte. Die größte Freude in seinem Leben gewährte es ihm, als Herzog Stephan von Ungarn ihn um die Verleihung der Königswürde anging, denn aus dieser Bitte um eine «Titelverleihung» machte er einen rechtlichen Anspruch, den Königsthron von Ungarn zu vergeben. Natürlich krönte er den Herzog Stephan, gab ihm den Titel «apostolische Majestät» und schenkte ihm eine kostbare Krone, welche er extra in Konstantinopel verfertigen ließ, weil man dergleichen Kostbarkeiten im Abendlande damals nicht so kunstfertig herstellen konnte. – Gregor VII. sprach König Stephan später selig, weil derselbe so artig geworden war, sich seine Königskrone vom Papst zu erbitten.

Hildebrand studierte aufs eifrigste und zeigte schon als Jüngling das gewaltige Genie, das sich später die Welt zu Füßen legte. Nun gab es aber damals einen Mönchsorden, der sich vor allen anderen durch hohe Gelehrsamkeit, sowie durch strenge Sitte auszeichnete, während umgekehrt alle übrigen bestehenden Orden fast durchaus der Schlemmerei und Liederlichkeit verfallen waren. Dieser Orden, der geschärften Regel des heiligen Benedikt angehörend, hieß gewöhnlich der «Cluniacenser-Orden» (er führte diesen Namen nach der weltberühmten Abtei Cluny, von welcher diese Reform der Benediktinerregeln ausging), und in diesen wollte der für seinen Beruf begeisterte Hildebrand eintreten. Somit ging er nach Cluny, um dort seine Ausbildung zu vollenden, und nunmehr wird es den Leser nicht wundern, dass derselbe von dort, wo das Regiment mit despotischer Strenge geführt wurde, Grundsätze mitbrachte, die maßgebend für sein ganzes Leben wurden. Übrigens scheint schon den zwanzigjährigen Jüngling ein verzehrender Ehrgeiz beherrscht zu haben, denn als er hörte, dass ein früherer Gönner von ihm, mit Namen Hadrian, eine sehr hohe geistliche Stelle in Rom erlangt habe, kehrte er augenblicklich dahin zurück, um nun auch zu Amt und Würden zu gelangen. In der Tat schien er nicht falsch spekuliert zu haben, denn besagter Hadrian kaufte im Jahr 1044 Papst Benedikt IX., einem ausschweifenden Burschen von damals erst 23 Jahren,[167] obwohl er schon seit elf Jahren die Tiara besaß, seine Würde um eine erkleckliche Summe ab und bestieg als Gregor VI. den päpstlichen Thron, auf den übrigens auch der Bischof von Sabina als Sylvester III. Anspruch machte. Hildebrand erhielt nun sogleich eine Anstellung als Subdiakon und wenn auch dieser Titel ein äußerst bescheidener war, so hatte die Stelle doch mehr Wert, als man sich vielleicht vorstellt. Der junge Subdiakon kam nämlich in die allernächste Umgebung des neuen Papstes und benützte diese dazu, sowohl um seinen Einfluss geltend zu machen, als auch um sich über das ganze päpstliche Regierungssystem und besonders über den furchtbaren moralischen Zerfall, in welchen eine Reihe von bestialisch entarteten Päpsten seit den letzten hundert Jahren den römischen

---

[167] Benedikt IX. war zwölf Jahre alt, als ihn eine der in Rom damals herrschenden Adelsparteien auf den päpstlichen Stuhl setzte. Er reifte aber so früh heran, dass er im 14. Jahr bereits ein Muster aller Laster und Ausschweifungen genannt werden konnte, wie ihn denn auch der nachherige Papst Victor III. selbst so betitelte. Da nun aber das Morden, Schänden und Rauben dem «Buben von einem Papste» zur zweiten Natur wurde, so wiegelte eine andere Adelspartei das Volk gegen ihn auf und Benedikt wurde zugunsten Sylvesters III. abgesetzt. Benedikt floh, kehrte aber bald mit ziemlicher Macht zurück und vertrieb Sylvester. Später siegte dieser wieder und so ging das Ding verschiedene Jahre hindurch, bis endlich Benedikt zwar die Oberhand erhielt, aber auch zugleich einsah, dass er sich durch seine fortgesetzten Schandtaten allzu verhasst gemacht habe, um länger fortregieren zu können, und daher seinen Thron an Hadrian oder vielmehr Gregor VI. verkaufte.

Hof gestürzt hatten, aufs genaueste zu orientieren.[168] Leider dauerte aber das Regiment Gregor VI. nur sehr kurze Zeit, denn Kaiser Heinrich III., unterrichtet von der grandios liederlichen Wirtschaft in Rom, machte sich selbst dahin auf und versammelte eine Synode in Subri, auf welcher fast alle Bischöfe Italiens erschienen und sofort alle drei Heiligkeiten: Sylvester III., Benedikt IX. und Gregor VI. als Simonisten und Räuber der päpstlichen Würden, sowie wegen ihres gottlosen und verfluchten Lebens abgesetzt wurden. Nun entfloh Benedikt IX., und Sylvester III. ließ es sich gefallen, auf seinen Bischofssitz nach Sabina zurückzukehren, während Gregor VI. dem Kaiser, der inzwischen einen Deutschen namens Clemens II. zum Papst ernannt hatte, nach Deutschland folgen musste.

So schien es also um die Karriere Hildebrands geschehen zu sein, doch gerade in dieser Absetzung Gregors lag sein Glück. Er folgte nämlich seinem hohen Gönner freiwillig ins Exil nach Deutschland und wich ihm mehrere Jahre lang, d. h. bis zu Gregors Tod, nicht von der Seite, so dass er, weil der abgesetzte Papst meist am kaiserlichen Hofe verweilen und mit diesem in den verschiedenen Hauptstädten Deutschlands herumziehen musste, nicht bloß die Deutschen und deren Sitten, sondern auch Kaiser Heinrich III. und dessen damals noch jungen Sohn, den späteren Kaiser Heinrich IV., aufs Genaueste kenne lernte. Letzteren studierte er förmlich und fand, dass der Jüngling zwar geistig ziemlich begabt sein mochte, dagegen aber mit einem großen Leichtsinn einen äußerst schwachen Charakter verband und im Glück trotzig, im Unglück verzagt, nie aber fest und entschlossen zu sein pflegte. Was die Deutschen selbst betrifft, so kamen sie ihm, dem Italiener, der mit den Wissenschaften vertraut war, roh und ungeschlacht vor, und da noch zudem die Ehrlichkeit und Biederheit, auf welche er überall in dem Barbarenland stieß, ihm, dem abgefeimten Priester, der in der Heimat der Lüge, des Gifts und des Dolches erzogen war, geradezu lächerlich vorkommen musste, so steigerte sich der Hass, den er gegen die Deutschen, als die Eroberer und Unterdrücker seines Vaterlandes, empfand, schon sehr früh bis zur Verachtung, von der er auch sein ganzes Leben hindurch beseelt blieb. Doch schien es damals bei seinem Aufenthalt in Deutschland nicht, als ob er je auf die Geschicke dieses Landes oder auf das Los Italiens einzuwirken bestimmt wäre, denn Gregor VI. starb schon nach wenigen Jahren in seinem Exil, und sein Schützling Hildebrand zog sich sofort nach der Abtei Cluny in Frankreich zurück, um von nun an den Studien und der Beschaulichkeit zu leben. Aber – der Mensch denkt und Gott lenkt!

Es begab sich nämlich, dass, nachdem Papst Clemens II. (1046-47), sowie der nach ihm von Kaiser Heinrich zum Papst ernannte Damasus II. (dieser war ebenfalls ein Deutscher und regierte nur 23 Tage), von ihrem Nebenbuhler Benedikt IX. (welcher nach Abzug Heinrichs III. aus Rom bald aus seinem Schlupfwinkel

---

[168] Auf diese Periode, welche allgemein unter dem Titel «des römischen Damen- oder vielmehr Hurenregiments» bekannt ist, komme ich im nächsten Buch zu sprechen.

wiederkehrte und versuchte, die Tiara wieder zu erlangen) vergiftet worden waren, der Kaiser Heinrich im Jahre 1048 abermals einen Deutschen und zwar einen von hoher Geburt, einen Sohn des Grafen von Egelsheim im Elsaß, einen leiblichen Vetter des verstorbenen Kaisers Konrad II. des Saliers, auf den päpstlichen Thron setzte. Dieser, welcher sich den Namen Leo IX. gab, kam auf seiner Reise nach Rom über Cluny, und da er wohl fühlte, dass er mehr dazu geeignet sei, mit dem Schwert dreinzuschlagen, als den Bischofsstab zu führen und da es ihm überdies peinlich war, mit den römischen Verhältnissen total unbekannt zu sein, so war er äußerst erfreut, in Cluny einen jungen Mönch, nämlich eben den später so vielberühmten Hildebrand, zu finden, welcher nicht bloß Rom selbst von außen und innen kannte, sondern auch mit der ganzen Geschäftsführung, Ordnung und Sitte des päpstlichen Regiments vertraut war, und ernannte ihn augenblicklich zu derselben Stelle, welche dieser unter Gregor VI. inne gehabt hatte. So kam Hildebrand abermals nach Rom und da ihm seine Stelle als Subdiakon (von der er übrigens bald zum Archidiakon, dann zum Legaten und schließlich zum Kardinal vorrückte) einen großen Einfluss sicherte, so gelang es ihm bei seinem außerordentlichen Talent sehr bald, sowohl unter Leo IX. als auch unter dessen unmittelbaren Nachfolgern die Haupttriebfeder der Staatsgeschäfte zu werden und das Regiment als erster Minister vollständig an sich zu reißen. Unter sechs Päpsten spielte er diese Rolle, bis er endlich den Zeitpunkt für geeignet hielt, sich selbst zum Papst zu machen, und es ist merkwürdig, ja sogar auffallend, wie schnell die «Statthalter Gottes» damals vom Schauplatz des Lebens abtraten. Sollte der Grund (wie der Kardinal Damiani, ein Zeitgnosse Hildebrands, andeutet) vielleicht darin gelegen sein, dass jeder, der sich vom Gängelband Hildebrands emanzipieren wollte, vom Schauplatz abtreten musste, oder vielmehr durch ein Mannatränkchen abgetreten wurde? Wie dem auch sei, so viel ist sicher, dass Hildebrand vom Jahr 1048 an unter Leo IX. (1048-55), wie unter Victor II. (1055-57), unter Stephan X. (1057-58), wie unter Benedikt X. (1058), unter Nikolaus II. (1058-61), wie unter Alexander II. (1061-73) den Kommandostab führte, und dass also alles, was unter diesen Päpsten Wichtiges geschah, als von ihm ausgehend angesehen werden muss. Ehe wir uns uns aber auf die Erzählung der Vorkommnisse der Reihenfolge nach einlassen, müssen wir versuchen, zwei Fragen zu beantworten: «Welche Ziele hatte Hildebrand und durch welche Mittel wollte er seine Ziele erreichen?» Denn nur wenn wir so verfahren, kommen wir zu einem richtigen Verständnis jener Ruhmesperiode des Papsttums.

Die Antwort auf die erste Frage ist sehr kurz und besteht in den paar Worten, die Hildebrand selbst niederschrieb: *«Ut Papae nomen unius sit in orbe christiano»*, d. h. «Der Papst soll die einzige endgültige entscheidende höchste Behörde in der Christenheit sein.» Also zum «Universalmonarchen» wollte Hildebrand den Papst machen, zum absoluten Despoten in der Kirche und zum absoluten Oberherrn über alle weltlichen Reiche. Der Staat sollte sich unter den Altar (d. h. die

Geistlichkeit) beugen, und der Altar sich dem Papst zu Füßen legen. Die ganze Welt sollte ein Lehen seines Stuhles sein und er selbst den Herrgott auf Erden vertreten. Schon Nikolaus I. hatte dies angestrebt, aber nicht in der Ausdehnung, nicht mit der auf die Spitze getriebenen Konsequenz wie Hildebrand oder vielmehr Gregor VII. Freilich hatte es Hildebrand auch leichter, da Nikolaus I. bereits gute Vorarbeit geleistet hatte. Schließlich bestand nun der Pseudo-Isidor, den Nikolaus zuerst einführte, nunmehr in fast allen Ländern unangetastet zu Recht und galt allgemein im ganzen Abendland als ein Gesetzbuch, dessen Dekreten unbedingt Gehorsam geleistet werden müsse! Die Lehre von der Exkommunikation, vom Bann und Interdikt war, wenn auch da oder dort angefochten, doch zum Schreckschuss geworden, welcher selbst Fürsten und Könige niederdonnerte! Die ganze Christenheit war der Überzeugung, dass ein mit dem Interdikt belegtes Land gerade so, wie ein einzelner Gebannter auf so lange der Hölle verfallen sei, wie der Papst seine Lösung oder Absolution verweigert habe, und durch diesen Glauben erhielt der Papst eine Macht, welche ihm die Unterwerfung der Welt sicherte!

Doch obgleich diese Mittel sehr wirksam waren, so hätten sie doch vielleicht nicht ausgereicht, um die Pläne Hildebrands durchzuführen, wenn es ihm nicht gelungen wäre, die Geistlichkeit des gesamten Abendlandes mit Sklavenketten an sich zu fesseln und so durch die Hunderttausende von Priestern Herr über alle Gewissen der abendländischen Christenheit zu werden. Und dies gelang ihm durch die Einführung des Zölibats!

Unter Zölibat versteht man bekanntlich die Ehelosigkeit der Priester, ursprünglich aber bedeutete es etwas ganz anderes, nämlich (von *Coelum*, der Himmel) den Vorsatz, «sein Leben dem Himmel zu weihen». Schon unter den alten Ägyptern und Indern galt ein zurückgezogenes, einsames, keusches, beschauliches und eheloses Leben für einen hohen Grad von Tugend und das Christentum akzeptierte diese Ansicht umso mehr, als Jesus Christus selbst, sowie die meisten seiner Apostel ebenfalls ehelos geblieben waren. Überdies konnte die politische Stellung der Christenbekenner in den ersten paar Jahrhunderten, wo sie sich Verfolgungen aller Art ausgesetzt sahen, nicht gerade zu ehelicher Niederlassung ermuntern, und nicht Wenige zogen sich von der Not getrieben in einsame Gegenden zurück, wo sie ungestört mit ihren neuen Anschauungen leben konnten. So bildeten sich die ersten «*Coelibes*», wie man diese Leute nannte, und sie wurden als «Selbstkasteier» sehr verehrt. Um nun auch zu solchem Ansehen zu gelangen, brachten es bald auch viele Presbyter und Bischöfe über sich, der Ehe ebenfalls zu entsagen, und nun wurde man im Volk durch die Predigten dieser Bischöfe mehr und mehr der Meinung, dass die unverheirateten Priester heiliger seien als die verheirateten, denn man gab Ehelosigkeit als für gleichbedeutend mit Keuschheit und Beherrschung der Sinneslust aus. Ja, es kam im Verlauf der Jahrhunderte so weit, dass man mit noch größerer Begriffsverwechslung die Ehefrau eines Priesters oft spottweise seine Konkubine und ihn selbst einen *Concubinarius* nannte, freilich ohne daran zu denken, dass man hierdurch die Kirchenlehre, welche die Ehe für ein Sakrament erklärte, vollkommen ins Gesicht schlug. Überdies drangen nicht wenige Kirchenväter und Bischöfe, besonders im Abendland (im Morgenland wollten die Geistlichen nichts von der Ehelosigkeit wissen) mit großem Eifer auf das Nichtheiraten der Geistlichen, damit ihr Wandel umso reiner werde und ihre Seele nicht mehr so sehr am Irdischen hänge.

Der Grund, warum die Ehelosigkeit der Priester angestrebt wurde, war also diese ganze Zeit über ein religiöser und moralischer. Man mahnte bloß dazu an und an eine Vorschrift, an ein Gesetz hierüber dachte weit und breit niemand, bis sich der große Hildebrand der Sache bemächtigte und dieselbe in einem ganze anderen Licht betrachtete, von einem ganz anderen Standpunkt auffasste, als man bisher gewohnt war.[169] Er sah nämlich ein, dass die Geistlichen, solange sie Weib und Kinder hätten, auch vom Staat, in dem sie lebten, und vom Fürsten, der sie anstellte oder zumindest ihre Anstellung bestätigte, abhängig blieben. Darum sprach er es offen und ungeniert aus, dass, so lange als die Geistlichen nicht von ihren Weibern befreit würden, so lange auch die Kirche nicht von der Sklaverei der Laien erlöst werden könne. «*Non liberari potest Ecclesia a servitute Laicorum, nisi liberentur prius Clerici ab uxoribus*». Das sind seine eigenen Worte und hieraus ersieht man, dass es ihm gar nicht aus religiösen oder moralischen Gründen um das Zölibat ging, sondern einfach deswegen, damit die Kirche sich vollständig vom Staat unabhängig mache, und die Gesamtgeistlichkeit kein anderes Interesse mehr hätte, als das Interesse ihres Standes, d. h. der römischen Kirche und des Papstes!

Es war ein schweres Werk, welches Hildebrand unternahm, und umso schwerer, da damals noch sehr viele Geistliche (in einzelnen Ländern sogar die Mehrzahl) in gesetzlicher Ehe lebte und überdies ein in alle Sammlungen der Kirchengesetze aufgenommener Kanon (der Synode von Gangra im 4. Jahrhundert) jeden, der einen verheirateten Priester unfähig erklären würden sein Amt zu verrichten, geradezu mit dem Kirchenbann bedrohte. Aber dessen ungeachtet fuhr der entschlossene Mann, der sich einmal vorgenommen hatte, Universaldespot zu werden, fort. Darum mussten schon die von ihm geleiteten Päpste Leo IX. und noch mehr Stephan IX. strenge Dekrete über die Priesterehe erlassen, um so den Hauptakt einzuleiten, und kam hatte er selbst als Gregor VII. den Papstthron bestiegen, so versammelte er (1074) eine Synode in Rom, auf welcher nach seinem Befehl dekretiert wurde, «dass erstens verheiratete Priester keinerlei Amtsvorrichtungen vornehmen dürften, dass zweitens die Laien strafbar seien, welche irgendeinem von einem Verheirateten verrichteten Gottesdienste anwohnen würden, dass drittens die Beweibten (er nannte sie aber *Concubinari*) ihre Weiber

---

[169] Auf eine Kontroverse über den jetzt in der katholischen Kirche geltenden Lehrsatz vom Zölibat lasse ich mich gar nicht ein und unterlasse es daher auch, die hierauf bezüglichen Bibelstellen, welche die Ehelosigkeit der Priester verwerfen, anzuführen. Mir geht es bloß um die Darstellung der geschichtlichen Entwicklung des Begriffes vom Zölibat.

verstoßen müssten, und dass viertens kein einziger Geistlicher mehr ordiniert werden könnte, wenn er nicht verspreche, sein Leben lang unverheiratet zu bleiben.»

Sicherlich war dieses Dekret das unnatürlichste aller Gesetze, welche je ersonnen wurde, aber dennoch verstand es Gregor VII., dasselbe durchzusetzen. Allerdings im Anfang war der Sturm gegen dasselbe ein furchtbarer und es wäre an manchem Ort fast zu Mord und Totschlag gekommen, denn wenn auch die Unverheirateten unter den Pfarrern (und deren Zahl war nicht gering) meist zustimmten (schon deswegen, um nun in ihren Dörfern und Städtchen die «kleinen Päpste» oder die Unterdespoten spielen zu können), so taten sich dagegen, sobald das päpstliche Dekret, das natürlich gleich nach seinem Erscheinen an alle Bischöfe Frankreichs, Deutschlands, Spaniens, Englands usw. versandt wurde, verkündet war, alle Verheirateten unter den Geistlichen zusammen und protestierten feierlich, indem sie zugleich den Papst für einen Ketzer erklärten, weil er eine Lehre einführen wolle, welche durchaus mit den bisherigen Kirchengesetzen und den Satzungen des Neuen Testaments im Widerspruch stehe. Dies geschah an sehr vielen Orten, und man kann sich denken, dass wenn schon die Geistlichen wütend waren, ihre Weiber noch viel ärger tobten und die Männer zum heftigsten Widerstand gegen ein solches Barbarenstatut aufreizten. Sogar die Erzbischöfe und Bischöfe waren einigermaßen geteilter Ansicht. So lesen wir z. B., dass Bischof Otto von Konstanz das päpstliche Dekret gar nicht verkündete, sondern gerade umgekehrt den Geistlichen seines Sprengels nun erst die förmlichste Erlaubnis gab, Heiraten einzugehen, dass ferner der Erzbischof von Magdeburg, «aus Sittlichkeitsgründen» (er meinte, seine Geistlichen seien keine Engel und würden lieber den Priesterrock als die Weiber fahren lassen) sich dagegen stemmte, und dass eine Synode von Paris (vom Jahr 1074) das Verbot der Priesterehe für geradezu eine Ketzerei erklärte und also das Verlangen des Papstes streng zurückwies. Doch andere Bischöfe, und zwar bei weitem die Mehrzahl, zeigten sich weit gefälliger und verkündeten nicht nur das Dekret, sondern wandten auch alle ihre Autorität an, dasselbe in ihren Diözesen durchzuführen. Sie selbst waren nämlich (Hildebrand hatte dafür gesorgt, dass seit Leo IX., also seit 1048 nur Ledige als Bischöfe und Erzbischöfe ordiniert worden waren) fast alle unvermählt und konnten demnach beim Zölibat nichts verlieren. Umgekehrt aber mussten sie, wenn der Wille des Papstes durchging, einen weit größeren Einfluss auf ihre Geistlichen gewinnen und somit hatten sie dieselben Interessen wie der Papst. Trotzdem aber waren viele nicht imstande, das päpstliche Gebot sofort durchzusetzen, denn die Geistlichen ihrer Diözese revoltierten zum Teil handgreiflich. So z. B. in der Erzdiözese Mainz, deren Oberbischof Siegfried, ein treuer Anhänger Gregors, seine Gesamtgeistlichkeit, nachdem er sie zu einem Konzil versammelt und ihr eröffnet hatte, dass jeder ohne Ausnahme in der Zeit von drei Monaten sein Weib von sich getan oder aber seine Priesterstelle niedergelegt haben müsse, im Sturmmarsch auf sich losgehen sehen musste, so dass er in wirkliche Lebensgefahr geriet und im Todesschrecken heilig und teuer schwor, die Maßregel nicht durchzuführen. So auch in der Diözese Passau und so besonders in Cambray, wo die Weiber der Priester einen förmlichen Aufstand erregten und es in ihrer Wut so weit brachten, dass ein Mönch, der es wagte, die Durchführung des Zölibats zu fordern, lynchgerichtlich als Ketzer auf einem improvisierten Scheiterhaufen lebendig verbrannt wurde.

Aber um alle diese Wutausbrüche kümmerte sich Gregor VII. wenig, denn es gab dreierlei Menschengattungen, die zu ihm standen und mit diesen wusste er, dass er siegen müsste. Die ersten waren, wie schon gesagt, die Bischöfe, die zweiten die Mönche und die dritten das gemeine Volk, der *Plebs*. Um das Volk noch mehr zu bearbeiten, wurden in aller Herren Länder Legaten und Mönche gesandt, welche die Leute unter der Hand in ihrer Ansicht, dass die Messe und Absolution des verheirateten Priesters nicht so viel Wert habe wie die des unverheirateten, bestärkten und sie gegen die Starrsinnigen, welche sich nicht von ihren Weibern scheiden lassen wollten, aufhetzten. So nahm am Ende der Pöbel die Sache in die Hand und stürzte sich in seinem fanatischen Wahnsinn auf die Pfarrhäuser, in welchen verheiratete Geistliche wohnten, warf Weiber und Kinder hinaus, raubte, was vorhanden war, und scheute sich selbst vor Mord und Totschlag nicht, um das neue Papstgesetz gewaltsam durchzuführen.[170] Die schändlichsten Szenen, die man sich denken kann, fielen vor, und Tausende von verlassenen oder vielmehr gewaltsam getrennten Weibern, Tausende von zu «Bankerten» gestempelten Kindern liefen obdachlos herum, während nicht wenige Geistliche im Kampf um ihre Familie Existenz und Leben opferten. Der Jammer überstieg in manchen Gegenden alle Grenzen; allein was tat's? Hildebrand-Gregor siegte, das Zölibat wurde durchgesetzt und die Geistlichkeit, vom Staat wie von der Familie emanzipiert, kam unbedingt in die päpstlichen Hände.[171]

---

[170] Man lese nur den Aventinus oder Lambert von Aschaffenburg oder die *Epistolae Theodori Virdunensis* etc., so wird man genug bekommen.

[171] Es ist war vollkommen richtig, dass der Kampf der Geistlichen gegen das Zölibat nicht sogleich mit einem Schlag aufhörte, sondern noch fast zwei Jahrhunderte lang fortgesetzt wurde, und es gab noch im 13. Jahrhundert im Norden Europas, in Schweden, Norwegen, Dänemark usw. beweibte Priester. Doch dieser Kampf war mehr ein Einzelkampf und im großen Ganzen ohne Wert, denn am Ende mussten die vereinzelt Stehenden natürlich unterliegen. Weit interessanter wäre eine geschichtliche Darlegung der moralischen Folgen, welche die gewaltsame Einführung des Zölibats nach sich zog, und in dieser Beziehung erlauben ich mir, wenn ich auch nicht näher darauf eingehen will, weil der Skandal zu groß sein würde, doch einige erläuternde Bemerkungen. Die nächste Folge war eine unendliche Sittenverderbnis, welche unter der Geistlichkeit einriss. Die Priester hatten nun keine Weiber mehr; dagegen aber hielten sie sich Konkubinen und es entstand die Sitte, «Haushälterinnen» zu halten. Deswegen schreibt schon der Patriarch Photius von Konstantinopel: «in der abendländischen Kirche treffe man viele Kinder, deren Väter man

Freilich um die Unabhängigkeit der Geistlichkeit vom Staat ganz vollkommen zu machen (und nur wenn diese vollkommene Unabhängigkeit hergestellt war, konnte auch «die Despotie des Papstes über die Geistlichkeit» eine vollkommene sein), musste noch einen Schritt weiter gehen, musste aller und jeder Einfluss des Staates und des Regenten auf die Wahl und die Ernennung der Geistlichen beseitigt werden. Aber auch in dieser Richtung ging Gregor auf eine Weise vorwärts, die an Kühnheit und Verwegenheit ihresgleichen in der Geschichte sucht, nämlich zum

nicht kenne», und der Bischof Alvarus Pelagius von Silva in Portugal, der ums Jahr 1320 lebte, meint, «in Spanien und Portugal seien die Kinder der Lauen nicht viel zahlreicher als die der Geistlichkeit.» Allerdings dachte man hier und da daran, dem Konkubinat zu steuern, und verbot das System der Haushälterinnen, wenn diese nicht ein gewisses Alter (das kanonische von 40 Jahren!!) hatten, aber die Geistlichen hielten sich nun an die Eheweiber der Laien oder legten sich «Basen» oder noch nähere «Anverwandte» bei. Hierdurch entstanden Greuel anderer Art und nicht wenige Priester kamen wegen Blutschande in Untersuchung. Kurz: der Skandal wurde mit jedem Jahrzehnt größer, und es kam so weit, dass die Päpste (Johann XXII.) anfangs des 14. Jahrhunderts den Priestern das Konkubinat förmlich gestatteten, natürlich gegen «Taxen», wodurch aber das Übel nur noch ärger wurde, weil die Geistlichen, welche keine Konkubinen hielten, die «allgemeine Konkubinatstaxe» auch bezahlen sollten und sich dessen weigerten. Das Allerschlimmste bei dieser ganzen Geschichte war übrigens die Verachtung, welche nach und nach im Laientum gegen das Priestertum entstehen musste, wenn man sah, wie grenzenlos sinnlich und unkeusch sich dieses benahm. Wir erinnern hierbei nur an den berüchtigten Vorfall mit dem Kardinallegaten Johann, welchen Papst Honorius im Jahr 1125 nach Frankreich sandte, um gegen die Sitte der Konkubinen zu wirken. Der Legat entledigte sich seines Auftrags mit Feuereifer, aber als sich derselbe nach einem Festessen, das man ihm in Lyon gab, in seine Zimmer zurückgezogen hatte, schlich ihm später die Gesellschaft heimlich nach und fand «Seine Eminenz» im Bett mit einer Dirne! «*Nudatus usque ad inguem*» setzt der Schriftsteller, der dies erzählt, noch zum Überfluss hinzu. Solche Stückchen wurden in der Bevölkerung weiter erzählt und bald entstanden Schmähschriften aller Art auf die Geistlichkeit und ihre «Enthaltsamkeit». In allen Kneipen sang man Spottlieder auf sie, wie z. B.
«Jesuiten sind stets ihrer zwei,
Sinds aber ihrer drei,
So ist ein Weibsstück dabei.»
Und die Schriften eines Boccaccio, der das Leben der «Pfaffen» aufs Unbarmherzigste, wenn auch auf die schlüpfrigste Weise geißelte, sowie verschiedene andere im nämlichen Sinn gehaltene Werke wurden förmlich verschlungen. So wurde durch die Folgen, welche das Zölibat hatte, der Reformation mehr, als man glaubt, vorgearbeitet, aber auch jetzt noch denken viele von einer Pfarrersköchin oder Haushälterin nicht viel besser als früher, wie das immer noch florierende Liedlein beweist:
«Mädle, wenn du diene musst,
Diene nur beim Pfaffen,
Kannst den Lohn im Bett verdienen,
Brauchst net viel zu schaffen.»

einen in Beziehung auf die Wahl und Ernennung des Papstes durch die Einsetzung des Kardinalkollegiums, und zum andern in Beziehung auf die Wahl und Ernennung der Bischöfe und Erzbischöfe durch das Investiturgesetz. Beides aber, sowohl das Investiturgesetz, als die Kardinalskollegiumsneuerung, verwickelte den Papst in solche furchtbare Streitigkeiten mit den weltlichen Mächten, dass wir nun notwendig zur eigentlichen Geschichtserzählung zurückgreifen müssen.

Wie die Papstwahl gewöhnlich vor sich ging, haben wir weiter oben gesehen. Kaiser Heinrich III. hatte sie seit 1046, wo er Clemens II. (statt der drei Italiener, welche damals den heiligen Stuhl «besudelten», siehe oben) zu dieser Würde ernannte, total in die Hand genommen, und auch sämtliche und einander schnell folgende Päpste (Clemens II., Damasus, Leo IX., Victor II., Stephan IX. usw.) waren sämtlich Deutsche. Der damalige Lenker der Angelegenheiten zu Rom, Hildebrand, strebte in doppelter Beziehung dagegen, zum Einen weil Deutsche ernannt wurden, welche er aus oben bereits angeführten Gründen zutiefst hasste, zum andern, weil die Wahl vom Kaiser ausging, d. h. von der weltlichen Macht, von welcher er doch die Kirche unabhängig machen wollte. In der Tat stellte sich auch Hildebrand von Anfang an diese Aufgabe, aber bei seiner außerordentlichen Schlauheit und der Gewissheit, die er hatte, dass der kräftige Kaiser Heinrich III. sich keine «offenen» Eingriffe in sein uraltes Recht gefallen lassen werde, beschloss er nur langsam und «von hinten her» vorzugehen. So beredete er den vom Kaiser ernannten Leo IX., der seinem klugen Subdiakon mehr als recht war vertraute, sich nach seinem Einzug in Rom, noch einmal wählen zu lassen, um den Adel, die Geistlichkeit und das Volk zu gewinnen. Zu diesem Schritt wusste er auch den Nachfolger Leo's, den ebenfalls nur allein vom Kaiser ernannten Victor II. zu bringen, natürlich wiederum unter der Vorspiegelung, «es sei dies eine bloße Form, aber mit dieser Höflichkeitsform würden die Herzen der Römer gewonnen.» Freilich davon ahnte der ehrliche Schwabe von einem Papst (Victor war ein Sohn des Grafen Hartwig von Calw) nichts, dass Hildebrand umgekehrt den Römern sagte: «die Ernennung des Papstes durch den Kaiser sei nur als ein Vorschlag zu betrachten und erst die nachträgliche Wahl durch Volk und Klerus zu Rom gebe den Ausschlag.» Ganz auf dieselbe Weise wurde es bei Stephan X. gehalten und erst nach dessen Tode (1058) wagte es Hildebrand, mit seinen Plänen offen hervorzutreten. Inzwischen war nämlich Kaiser Heinrich III. (1056) in Deutschland verstorben und da nun die Regierung an dessen minderjährigen Sohn, den späteren Heinrich IV., «unter Vormundschaft seiner Mutter Agnes», überging, so sah der schlaue Kardinallegat, der sich damals als solcher im Auftrag Papstes Stephan am kaiserlichen Hof befand, dass seine Zeit gekommen sei. Er tat also gegenüber der Kaiserin, als ob er ihrem Interesse aufs Innigste ergeben sei, eiferte, anscheinend zur Wahrung der kaiserlichen Rechte, gegen die von einem durch große Geldsummen bestochenen Teil der Römer vorgenommene Wahl Benedikts X. (worüber es in Rom zu einer großen Spaltung kam, da die hohe Geistlichkeit daselbst, welche dem Hildebrand vor seiner Abreise nach Deutschland heilig versprochen hatte, keine Papstwahl ohne seinen Konsens vorzunehmen, sich gegen Benedikt erklärte), und überredete schließlich die genannte Dame, den Bischof Gerhard von Florenz – keinen Italiener, sondern einen Burgunder, dennoch aber eine Kreatur des Kardinallegaten – zum Papst zu ernennen. Dies geschah denn auch, und von Hildebrand, als seinem treuen Ratgeber begleitet, bestieg Gerhard als Nikolaus II. den Papstthron, während Benedikt X. seine erkaufte Würde freiwillig niederlegte. Nun wurde (im Jahr 1059) eine Synode in Rom unter der Leitung Hildebrands versammelt, und dieser die Frage vorgelegt, wie es für die Zukunft mit der Papstwahl gehalten werden sollte, damit dieselbe von allen Parteiungen unbeeinflusst vor sich gehen könnte. Die Antwort war: «das Recht, den Papst zu wählen, solle von nun an ganz allein in der Hand der hohen Geistlichkeit Roms, nämlich der Kardinalbischöfe, der Kardinalpresbyter (oder Kardinalpriester, denn aus Presbyter entstand das deutsche Priester) und der Kardinaldiakonen, liegen.» Zugleich wurde festgesetzt, dass der von der «Hohenpriesterschaft der Kardinäle» erwählte Papst unmittelbar nach der Wahl dem versammelten Volk und Adel nebst der niederen Geistlichkeit vorgestellt, und dann sofort dem Kaiser von der Tatsache berichtet werden solle, damit derselbe den neuen Papst nicht etwa bestätige, sondern vielmehr in seinen Schutz nehme. In diesen Beschlüssen lag offenbar eine totale Umänderung des bisherigen Wahlmodus, denn der frühere Anteil der Römer an der Papsternennung wurde durch diese Neuerung, wenn sie durchging, zur Null herabgedrückt und des Kaisers Ernennungs- oder doch Bestätigungsrecht in eine scheinbare «Schirmherrschaft», in Wahrheit aber in eine «Verpflichtung zum Schutze des Papsttums» (der lateinische Ausdruck war *Advocatis*) verwandelt. Die Erklärung: «die Papstwahl liegt für die Zukunft nur allein in den Händen des Kardinalkollegiums» hieß also so viel wie «die Papstwahl ist von nun an von allem Einfluss weltlicher Macht, auch der des deutschen Kaisers, unabhängig», und es fragte sich nun, ob Hildebrand imstande war, dieses furchtbar verwegene päpstliche Dekret durchzusetzen. Doch wer sind denn diese Kardinäle, welche das Kardinalskollegium bilden?

«Cardo» heißt auf Deutsch «die Türangel» oder der Hauptpunkt, um den sich alles dreht. Unter «Cardinalis» wurde also etwas Vornehmes verstanden oder etwas von besonderer Bedeutung (wir erinnern nur an die vier Kardinaltugenden), und somit wurde es im römischen Reich unter den Kaisern Sitte, den ersten Hofbeamten und Würdeträgern den Beititel «Cardinales» zu geben. Dies schrieben sich die christlichen Bischöfe hinter die Ohren, und als sie anfingen, reiche und vornehme Herren zu werden, machten sie ebenfalls Anspruch darauf, «Cardinales» betitelt zu werden. In der Tat gab man ihnen auch nicht selten diesen Namen, wie denn z. B. der Bischof von Ravenna und einige Geistliche in Frankreich noch im zehnten Jahrhundert so betitelt wurden; vornehmlich jedoch machten auf diese Auszeichnung die ersten geistlichen Würdeträgern am Hofe der römischen

Patriarchen oder Päpste Anspruch, also die Bischöfe in der nächsten Umgebung Roms (wie die von Ostia, Porto, Sabina, Palestrina, Frascati, Albano usw.) sowie die Oberpriester an den Hauptkirchen Roms selbst, und es fiel niemanden ein, ihnen diesen Titel streitig zu machen, gerade so wenig, als dem Patriarchen Roms den Namen «Papa». Kardinalbischöfe und Kardinalpresbyter fand also Hildebrand bereits vor (gerade wie auch *Kardinallegaten*, päpstliche Gesandte vom höchsten Rang) und seine Neuerung bestand nur darin, dass er diese Kardinäle zu einem Kollegium stempelte, welches das Vorrecht habe, den Papst zu wählen. Das Wort «Domkapitel» ist ohne Zweifel jedem unserer Leser bekannt. Es bedeutet nichts anderes, als das Kapitel» (oder Kollegium) der Domherren (von *Domus*, das Haus, denn die Domherren wohnten «im Hause» des Bischofs) d. h. der Berater und Minister der Bischöfe oder ihrer Konsistorialräte. Diesem Begriff entsprechend sollte das Kardinalskollegium das Kollegium der päpstlichen Konsistorialräte sein, beinahe dasselbe, was bei den Juden das heilige Sanhedrin oder Synedrium war.

Freilich muss zugegeben werden, dass das von Nikolaus II. (oder vielmehr von Hildebrand) ins Leben gerufene Kardinalskollegium in seinem ersten Anfang noch nicht das war, was es später wurde, aber was nachher hinzukam[172], ist nur als die Ausbildung der ersten Grundsätze zu betrachten. Der hohe Rat des Hohepriesters (des Sanhedrin) stand schon in der Idee Hildebrands fest und die späteren Zutaten sind im Wesentlichen von keiner besonderen Bedeutung! Nun fragte es sich aber,

---

[172] Die Zahl der Kardinäle schwankte anfangs zwischen 7 und 53, bis sie endlich von Sixtus V. (1556) auf 70, die Zahl der Jünger Christi, festgesetzt wurde und zwar auf 7 Kardinalbischöfe, 40 Kardinalpresbyter und 23 Kardinaldiakonen. Zu einer gültigen Papstwahl sollten nach dem Beschluss des Laterankonzils von 1179 zwei Drittel der Stimmen nötig sein, doch nicht selten hielt man sich an keine bestimmte Ordnung, und überhaupt wurde an der Art und Weise, wie es während der Mahlzeit gehalten werden sollte, mehr als ein Dutzend Mal geändert. Nach und nach erhielten die Kardinäle große Vorrechte: Innozenz IV. (1243-54) gab ihnen den Rang vor allen anderen Bischöfen und den roten Hut, Bonifaz VIII. (1294-1303) den scharlachenen Fürstenmantel, Paul II. (1464-71) das Vorrecht des weißen Zelters mit Scharlachdecke und goldenen Zügel und Urban VIII. (1631) den Titel «Eminenz.» Sie hatten den Vortritt vor Kurfürsten, Prinzen und Herzogen und standen unmittelbar nach den Königen. Auch durften sie einer Königin oder Prinzessin ihren heiligen Kuss, statt auf die Hand auf den Mund drücken und wenn ein Verbrecher auf dem Weg zum Schafott einem von ihnen begegnete, so war er – galgenfrei. Kein Kardinalbischof konnte eines Verbrechens überführt werden ohne 72 Zeugen! Bei einem Kardinaldiakon waren aber nur 27 Zeugen nötig. Die Besoldung des Geringsten durfte nicht unter 4000 Scudi (a 1 ½ preußische Taler) betragen; sie bekamen jedoch meist das Vier- bis Sechsfache, mussten dagegen aber ihre Stelle größtenteils teuer genug bezahlen. Allein die Erteilung des Rings, den sie am vierten Finger trugen, kostete 500 Dukaten, der Kardinalshut selbst aber war bei manchen Päpsten nicht unter 40000 Scudi zu haben, und es ereignete sich daher bisweilen am Hof zu Rom, dass man, wenn man in Geldverlegenheiten war, einfach «einen Kardinalsschub» vornahm!

was die weltlichen Mächte und vor allem, was die Kaiser von Deutschland dazu sagen würden. Es war zwar für den Augenblick wenig zu befürchten, so lange nämlich die «fromme Agnes» das Zepter führte, aber was würde später sein?

Hildebrand musste also daran denken, Gewalt mit Gewalt zu vertreiben, und zu Ende suchte er ein Bündnis mit seinen nächsten Nachbarn. Mit dem einen, dem Herzog von Toskana, dem Vater der berühmten Mathilde, von der im ersten Buch so viel die Rede war, gelang dies leicht; etwas schwerer mit dem andern, dem Herzog der Normannen, Robert Guiscard, welcher sich wenige Jahre zuvor als kühner Eroberer in Unteritalien festgesetzt und nicht bloß bereits Apulien und Kalabrien an sich gerissen hatte, sondern auch soeben im Begriff war, das päpstliche Besitztum selbst anzugreifen. Zum Glück jedoch wohnte viel «christlicher Glaube» in Herzog Robert und seinen Normannen und als daher Papst Nikolaus II. auf Hildebrands Befehl den Bann gegen sie schleuderte, gaben sie bald nach. Eine noch größere Wirkung machte es, als Kardinal Hildebrand dem Seeräuberfürsten (denn ein solcher war Robert Guiscard) die Eroberung von Sizilien (um welches sich damals Sarazenen und Griechen stritten) als ein viel lohnenderes Geschäft anempfahl, als die Eroberung des Kirchenstaats, und ihm überdies versprach, dem bis jetzt in Unteritalien gemachten Ländererwerb «das Diplom der päpstlichen Sanktion aufzudrücken,» sobald der Herzog diese Fürstentümer vom Papst zu Lehen annehme. Lag doch hierin, in dem Anerbieten der päpstlichen Sanktion, die Anerkennung Roberts als eines «rechtmäßigen» Fürsten, - wie hätte also letzterer länger widerstehen können? Mit vollen Händen griff er zu und versprach dem Papst jährlich an Ostern und von jedem Paar Ochsen zwölf paduanische Denare als Lehensabgabe, der heilige Vater aber gab ihm eine Standarte in die Hand, erklärte ihn zum Fahnenträger der heiligen Kirche und bestätigte ihm den Besitz Kalabriens, Apuliens und des erst zu erobernden Siziliens auf ewige Zeiten.[173]

So waren also zwei Bundesgenossen gefunden und Hildebrand konnte demnach dem kommenden Sturm schon mit mehr Ruhe entgegensehen. Inzwischen starb Nikolaus II. und das Kardinalskollegium, zum ersten Mal in Funktion tretend, wählte 1061 Alexander II., einen Mailänder und zugleich eine reine Maschine Hildebrands, zum Papst,[174] ohne die Kaiserin um ihre Zustimmung zu fragen. Dies war sogar für die Frömmigkeit einer Agnes zu viel. Darum ließ sie die Wahl Alexanders auf einer Synode zu Basel für null und nichtig erklären und setzte ihm

---

[173] Seit jener Zeit macht der päpstliche Stuhl darauf Anspruch, dass das Königreich Neapel ein römisches Lehensgut sei, über dessen Besitz der Papst nach Belieben verfügen könne.

[174] Hildebrand pflegte den Alexander höhnisch mit dem Namen «Assinandrello», «mein Eselchen» zu rufen und züchtigte ihn sogar, wenn er sich störrisch zeigte, nach dem Zeugnis des Kardinals Bruno mit Ohrfeigen. Natürlich hatte Hildebrand unter solchen Bewandtnissen auch bald die Papsteinkünfte in den Händen und benützte diese, um sich eine Partie zu sichern.

den Bischof Kadalaus von Parma als Gegenpapst Honorius II. entgegen. Auch schickte sie diesem alsbald ein kleines Heer, dass sich in der treuen Lombardei noch verstärkte, zu Hilfe, damit er siegreich in Rom einziehen könne; aber siehe da, das kaiserliche Heer wurde von den Verbündeten Hildebrands geschlagen und Honorius musste auf seinen Bischofssitz nach Parma zurückkehren, ohne mit dem Stuhl Petri näher bekannt geworden zu sein. Solches geschah im Jahr 1061. Doch Hildebrand konnte sich wohl denken, dass die Kaiserin diese Niederlage nicht auf sich sitzen lassen würde, und somit musste er daran denken, die Deutschen anderweitig zu beschäftigen. Dies griff er auf eine Weise an, die seiner Schlauheit und Hinterlist, nicht aber seiner Ehrenhaftigkeit großen Ruhm bereitete. Er beredete nämlich den Erzbischof Hanno von Köln, einen treuen Knecht Roms, sich des damals zwölfjährigen Sohnes der Kaiserin, des Thronerben und nachmaligen Kaisers Heinrich IV. mit Gewalt zu bemächtigen und durch diese Tat zugleich die Kaiserin als Vormund abzusetzen. Hanno ging darauf ein, setzte sich mit einigen anderen Reichsfürsten, die über die parteiische und weibische Regierungsweise der Frau Agnes unzufrieden waren, in Verbindung, lockte den jungen Heinrich auf ein Rheinschiff und entführte ihn am hellen Tage nach Köln. Natürlich bemächtigte sich der Erzbischof hiermit auch der Regierung des verwaisten Reichs, wenngleich unter so großem Widerspruch anderer Reichsfürsten, dass dadurch auf viele Jahre hinein eine Verwirrung ohne Gleichen entstand und ganz Deutschland aus den Fugen gehen zu wollen schien; allein er setzte es doch durch und erzog nun Heinrich auf seine Weise, d. h. so streng und pfäffisch zugleich, dass der talentierte Jüngling ganz in das Gegenteil dessen ausartete, was er unter einem charakterfesten und ehrenhaften Mentor geworden wäre.
Derartig waren die traurigen Folgen des dem Hanno gegebenen Ratschlags. Doch was lag dem Oberlenker des päpstlichen Stuhls daran? Je mehr Deutschland zerfiel, um so größeren Vorteil hatte Rom, denn es konnte sich nun ganz unabhängig machen, und überdies wurde ja das erreicht, dass der Reichsverweser Hanno Alexander als Papst anerkannte und bestimmte, als Hildebrand auf einer Synode von Mantua den Honorius absetzen ließ! Dies war Hildebrands erster Sieg über die weltliche Macht, und als er nun sah, dass in Deutschland alles drunter und drüber ging, so dachte er, es sei Zeit, das Heft selbstständig in die Hand zu nehmen. Alexander II. musste also jetzt so gefällig sein, vom Schauplatz abzutreten, d. h. der Papststuhl wurde durch seinen rechtzeitigen (wenn auch vielleicht nicht freiwilligen) Tod Alexanders im Februar 1073 frei. Nun wusste aber Hildebrand recht gut, dass seine Mitkardinäle ihn wie ein zweischneidiges Schwert fürchteten und, wenn er ihnen die Wahl allein überließe, imstande sein könnten, einem etwas weniger feurigen Kollegen ihre Stimmen zu geben. Darum brachte er durch seine Anhänger, welche das Geld mit vollen Händen ausstreuten, während des Leichenbegängnisses des verstorbenen Alexander einen grandiosen Volksauflauf zuwege, dessen Parole lautete: «Hildebrand ist Papst, wir wollen

keinen andern als Hildebrand.» Ganz Rom lief zusammen und am Ende ergriffen einige begeisterte oder vielmehr gut abgerichtete Männer den Kardinal, hoben ihn auf ihre Schultern, trugen ihn in die Peterskirche, setzten ihn auf den Stuhl Petri, schrieen: «Der heilige Petrus hat ihn gewählt» und intonierten das *Te deum laudamus*, in welches sämtliche Anwesende brüllend einfielen. Also wurde Hildebrand Papst mit Umgehung des Kardinalkollegiums, das er doch selbst geschaffen hatte, und nur mit der Zustimmung des Volks!

Inzwischen war aber Heinrich IV. längst zum volljährigen deutschen König herangewachsen und hatte Hildebrand, als dieser einst auf einer Sendung in Deutschland verweilte, einen Eid abgenommen, ohne seine (des Königs) Bewilligung weder selbst den päpstlichen Stuhl einzunehmen, noch einen anderen dazu zu befördern. Weil nun zu befürchten war, Heinrich könnte als «Strafrichter des Meineids» gen Rom ziehen, sandte Hildebrand Hals über Kopf Kuriere nach Deutschland, mit demütigen Schreiben, welche die Gewalttätigkeit seiner Wahl entschuldigen und um die «Einwilligung» des Königs und künftigen Kaisers nachsuchen sollten. Die klarer Sehenden in der Umgebung des jungen Königs, darunter auch einige Bischöfe, warnten Heinrich aufs inständigste vor «dem Wolf in Schafskleidern», andere aber standen wieder auf Seiten Hildebrands und überdies machten dessen wiederholte, demütig schmeichlerische Briefe[175] einen wohltuenden Eindruck auf den ebenso eitlen als leicht zu bearbeitenden Heinrich. Kurz, das Endresultat war, dass die Wahl Hildebrands bestätigt wurde und dieser sich als Gregor VII. die dreifache Krone aufs Haupt setzte. Doch kaum war dies geschehen, sollte Heinrich merken, wie es mit der Dankbarkeit des Papstes, auf die ersterer zählte, beschaffen war.

Die erste Regierungshandlung Gregors war die bereits abgehandelte Einführung des Zölibats, die zweite aber ging auf die Unterwerfung der weltlichen Fürsten, welche er sämtlich, ebeno wie den Herzog der Normannen, zu seinen Vasallen machen wollte. Also schrieb er an alle Regenten Europas – den König von Deutschland ausgenommen - «sie sollten ihn als ihren Oberlehensherrn anerkennen und Tribut an Rom bezahlen, wo nicht, so werde er anders mit ihnen verfahren.» Derlei Briefe gingen nach Arragonien, Leon, Kastilien, Navarra, Frankreich, England, Dänemark, Norwegen, Polen, Ungarn, Dalmatien usw. ab, und in allen berief er sich auf den längst bestehenden Brauch, auch wenn weit und breit kein solcher Brauch bestand. Einige dieser Länder (wie Frankreich, Leon, Kastilien und Navarra) wiesen ihn ganz ab; andere, wie Arragonien, England, Norwegen und Dänemark bequemten sich zu einem jährlichen Präsent (siehe erstes Buch:

---

[175] Hildebrand schrieb unter anderem, er habe die Wahl nur vorläufig angenommen, «unbeschadet der Achtung und Ehrfurcht vor unserem geliebten Sohn dem zukünftigen Kaiser» (*salvo debito honore et reverentia dilecti filii ostri Henrici imperatoris futuri*) und bat sogar, der König möchte, wenn er einen Würdigeren und Treueren wüsste, diesem den Vorzug geben.

«Peterspfennig») nicht aber zu Tribut oder Anerkennung der Oberlehensherrschaft, und Gregor VII., der den Umständen Rechnung trug, begnügte sich mit den halb oder ganz abschlägigen Antworten, denn gegen fest und entschieden auftretende Gegner wollte er sein Ansehen nicht riskieren. Ein anderes war es bei Polen, Ungarn und Dalmatien! Über letzteres Land herrschte ein Herzog, der gerne König geworden wäre; was war also einfacher, als dass er sich, wie weiland Herzog Stephan von Ungarn an Sylvester II., wegen dieser Titelverleihung an Gregor VII. wandte? Gregor half ihm gerne, aber nur unter der Bedingung des Huldigungseides! Über Ungarn herrschte König Salomon, welcher gerne, um einen recht kräftigen Schutz gegen seinen Nebenbuhler und Vetter Geysa zu bekommen, sein Reich dem deutschen Kaiser zu Lehen gegeben hätte; aber Gregor, welcher behauptete, durch die Krönung Stephans im Jahre 999 sei Ungarn «päpstliches Lehen» geworden, unterstützte nun den Prätendenten Geysa, der natürlich die päpstliche Oberlehensherrschaft anerkannte, so wirksam (mit Bann und Geld), dass Salomon besiegt wurde und mit dem Thron auch das Leben verlor. Ebenso erging es König Bogeslaw von Polen oder vielmehr von Krakau (er hatte nämlich mit seinen drei Brüdern das Reich teilen müssen und besaß nur den krakauischen Teil), denn als er sich weigerte, dem römischen Stuhl die geforderte Peterssteuer zu zahlen und nebenbei noch das Unglück hatte, den Bischof Stanislaus von Krakau in einem Streit zu töten, so exkommunizierte ihn Gregor, belegte sein Land mit dem Interdikt und ruhte nicht, als bis Bogeslaw flüchtig wurde und sein Königreich verlor. Auf diese Weise verfuhr der neue Papst mit den kleineren Fürsten, denen er sich gewachsen fühlte; aber bald wagte er sich auch an den größten Monarchen des damaligen Europas, an den Kaiser und König von Deutschland. Er dachte, dass er sich, wenn er erst diesen überwunden habe, als den Herrn der Welt betrachten dürfe!

Gregor VII. wollte, wie wir oben gesehen haben, um sich zum «Universalweltdespoten» emporzuschwingen, die Kirche über den Staat stellen und musste demnach vor allem danach trachten, die Geistlichkeit von der weltlichen Macht total unabhängig zu machen. Dies bezweckte er bei der niederen Geistlichkeit durch das Zölibat (Unabhängigkeit von Familie und Gemeinde), bei dem römischen Bischof durch das Kardinalskollegium (Unabhängigkeit vom Kaiser) und nun zum Schluss bei der höheren Geistlichkeit, bei den Bischöfen und Erzbischöfen durch das Investiturgesetz oder durch Unabhängigkeitserwirkung für sie von dem Staat und Regenten, unter dessen Hoheit sie bis jetzt gestanden hatten. Die verschiedenen Bischofssitze in den verschiedenen Ländern Europas waren nämlich nach und nach nicht bloß mit Geld und Gut, sondern auch mit Land und Leuten so reich gesegnet worden, dass das weltliche Besitztum eines Bischofs oder Erzbischofs immer ein mehr oder minder großes Fürstentum genannt werden musste. Auf diesen Fürstentümern ruhten aber nach dem damals in Europa herrschenden Feudalsystem nicht nur Rechte, sondern auch Verpflichtungen, z. B.

zur Kriegsdienstleistung für den Staat usw.. D. h. mit anderen Worten die bischöflichen Güterkomplexe waren Lehen, wie die anderen Fürstensitze auch, und somit mussten die Bischöfe vom Staatsoberhaupt belehnt werden, ehe sie das Recht bekamen, die Güter in Besitz zu nehmen und deren Einkünfte zu genießen. Das Weihen (Ordination) eines Bischofs oder Erzbischofs war freilich rein kirchlicher Natur, aber mit der Weihe erhielt derselbe noch keine Güter, sondern diese konnte nur der Lehensherr, in Deutschland also der Kaiser und König, durch seine Belehnung geben, und gerade diese Belehnung, oder um recht deutlich zu sein, diese «Einweisung in das Recht des Besitzes der bewussten Güter» hieß man «Investitur» oder «Einkleidung», vom lateinischen *«investire»*.

Schon Jahrhunderte lang wurde diese Investitur der Äbte, Bischöfe und Erzbischöfe von den jeweiligen Regenten ausgeübt, ohne dass irgendwer Anstoß daran genommen hätte. Im Gegenteil. Jedermann, die Regenten, die Geistlichen und die Päpste fanden die Sache ganz in Ordnung und kein zum Bischof Erwählter wurde früher ordiniert, als bis er mit «Ring und Stab» - bei allen Belehnungen waren symbolische Handlungen gebräuchlich und so bedeutete der Ring die Vermählung mit der Kirche, während der Stab das Symbol des geistlichen Hirtenamts war – belehnt worden war, da es sich doch von selbst verstand, dass einer, der das Land haben wollte, auch die auf solchem Besitz ruhenden Verbindlichkeiten lösen musste. In Abrede stellen aber lässt sich nicht, dass die weltliche Macht dadurch einen großen Einfluss auf die Erwählung der Bischöfe gewann, sowie auch, dass die Letzteren eben als weltliche Lehensträger (weil sie ihre Lehen verloren, wenn sie gegen den Lehensherrn ungehorsam waren) oft das weltliche Interesse mehr im Auge hatten, als das kirchliche oder päpstliche. Dies musste anders werden, wenn Gregor mit seinen Plänen ans Ziel kommen wollte; die Abhängigkeit der Bischöfe vom Staat musste aufhören und sie durften nur noch ein Interesse im Auge haben, nämlich das römisch-kirchliche!

In der Tat wäre es für Gregor VII. sehr leicht gewesen, wenn es ihm wirklich nur um die Interessen der Religion (wie er sich vernehmen ließ) ging, zu seinem Zweck zu kommen, denn er hätte nur den betreffenden Staaten sämtliche weltliche Besitztümer zurückgeben dürfen; aber – da sei Gott vor! Lieber versuchte er dem weltlichen Regenten das seit Jahrhunderten besessene Recht der Investitur auf gewalttätige Weise zu entziehen oder deutlicher, lieber nahm er einen Raub vor, ehe er der Kirche auch nur den geringsten Teil eines Einkommens- oder Besitzteils hätte entziehen lassen! Das betreffende Manifest erschien schon im Jahr 1075, und sein Hauptinhalt bestand darin, dass zum einen allen Laien ohne irgendeine Ausnahme «bei Strafe des Banns» verboten wurde, einem Kleriker die Investitur zu verleihen, während zum andern an alle Geistliche «bei Strafe der Absetzung» das Gebot erging, niemals die Belehnung über ein Erzbistum, Bistum oder eine Abtei aus der Hand eines Weltlichen anzunehmen. Die Bischöfe sollten von den Domkapiteln und die Erzbischöfe von den Bischöfen gewählt werden, die

Bestätigung derselben aber in der Gewalt des Papstes ruhen und mit dieser Bestätigung auch das Recht der Güterbesitzergreifung verbunden sein, so dass durch einen solchen Gewaltakt die Äbte, Bischöfe und Erzbischöfe faktisch aus Vasallen der Könige in Vasallen oder Bedienstete der Päpste, sowie die Staats-Lehengüter in Papstkirchengüter verwandelt werden mussten!

Das war der kurze Inhalt des Raubmanifests, welches Gregor sofort durch eigene Legaten nach Deutschland, Frankreich, Spanien, England usw. sandte, und zwar mit dem strikten Befehl an alle Bischöfe und Regenten, sich streng an das neue Gesetz zu halten. Motiviert wurde der beabsichtigte Raub einzig und allein damit, dass das Wohl der Kirche eine solche Maßregel erfordere, weil sonst der Simonie, d. h. dem Handel, der mit Kirchenstellen getrieben würde, nicht abgeholfen werden könnte, und – somit glaubte der Papst das Recht zu haben, rechtswidrig zu handeln, um einem Missbrauch zu steuern!!

So viel nämlich ist zuzugestehen, ein Missbrauch wurde getrieben, besonders auch in Deutschland. Schon Kaiser Heinrich III. verkaufte nicht selten höhere Kirchenämter oder ließ sich wenigstens für die Bestallung ein Präsent gefallen! Belehnte er doch nur zu häufig solche mit Bischofssitzen, welchen er eine *Sinecure*[176] verschaffen wollte, ohne besondere Rücksicht auf deren Würdigkeit zu nehmen! Noch ärger trieb es sein Sohn Heinrich IV., der, nachdem er schon im vierzehnten Jahr für volljährig erklärt worden war, verlockt von seinem Freund, dem übermütigen Grafen Werner, anfangs ein ziemlich wüstes Leben führte. Oft würfelten die beiden, wenn sie kein Geld mehr zum Einsatz hatten, um ein geistliches Gut, oder bezahlten ihre Schulden, indem sie eine Pfründe versetzten! Missbräuche waren also da, und ihnen zu steuern war Pflicht, aber wie tat dies Gregor VII.? Etwa dadurch, dass er sich auf Gesetz und Moral berief, und auf Einhaltung der auf Simonie gesetzten Strafen drängte? Gott bewahre, sondern dadurch, dass er die bisherigen Rechte der weltlichen Monarchen für sich in Anspruch nahm, um es hierdurch den ersteren unmöglich zu machen, für die Zukunft Simonie zu treiben! Also ganz dasselbe Verfahren, wie das jener Diebe, welche einem reichen Mann all sein Hab und Gut stahlen, damit er keinen Wucher mehr treiben könne, oder wie das jenes Tyrannen, der einen Untertan entmannen ließ, um ihm für die Zukunft die ehebrecherischen Gelüste abzuschneiden! Übrigens, welche Zwecke Gregor bei diesem seinem Verfahren verfolgte, sieht man am besten daraus, dass er zu gleicher Zeit, wo er den Monarchen das Recht der Investitur zu entziehen und in seine Tasche zu schieben versuchte, den Erzbischöfen «die Erwerbung des Palliums» (siehe das erste Buch dieses Werks) zur Pflicht machte. Er, der Papst, wollte herrschen! Er allein sowohl in der Kirche als in den Staaten, und neben ihm sollte niemand bestehen dürfen!

---

[176] Eine Scheinstelle, bzw. ein Amt mit hohen Bezügen, das keine Arbeit oder Pflichten erforderte. (Anm. d. Hrsg.)

In allen Reichen, wohin der Papst sein Manifest sandte, wurde keine Rücksicht darauf genommen, sondern die Monarchen Frankreichs, Englands, usw. investierten ihre Äbte, Bischöfe und Erzbischöfe nach wie vor. Ebenso hielt es auch König Heinrich IV. von Deutschland, aber zufällig hatte er teils wegen seines jugendlich-sprudelnden, ja fast liederlichen Lebenswandels, teils wegen seines gewalttätigen Verfahrens gegen Bayern und Sachsen viele Reichsfürsten (besonders auch die Erzbischöfe) zu offenen Feinden, welche nur auf eine passende Gelegenheit warteten, ihn zu stürzen, und hierauf baute Gregor, als er beschloss, die Investiturhatz mit dem deutschen Monarchen zu beginnen. Wie wir sogleich sehen werden, war seine Kalkulation richtig. Zuerst sondierte er das Terrain damit, dass er gegen vier deutsche Bischöfe, weil sie ihre Stellen erkauft hätten, die Absetzung, und gegen fünf kaiserliche Räte, weil sie die Verkäufer gewesen seien, die Exkommunikaton aussprach; denn nun musste es sich entscheiden, erstens ob Heinrich IV. es wagte, den ihm vom Papst hingeworfenen Handschuh aufzunehmen und zweitens ob, wenn er dies tue, die Deutschen einmütig zu ihm stehen würden oder nicht. Das erste tat Heinrich, denn er nahm die Gebannten und Exkommunizierten in seinen Schutz und beschwerte sich bei Gregor über dessen gewalttätiges Benehmen; aber von einer Einmütigkeit der Deutschen war leider nichts zu bemerken. Im Gegenteil benützten die Unzufriedenen unter den Fürsten die Gelegenheit und teilten dem Papst, um die Verlegenheiten Heinrichs zu mehren, noch andere Punkte der Beschwerung mit, wodurch sie den römischen Stuhl gleichsam aufforderten, in der Sache noch weiter zu gehen. Nun sah Gregor, dass er das Spiel gewonnen hatte, warf plötzlich die Maske ab und verlangte jetzt nicht mehr bloß, dass Heinrich ihm das Recht der Investitur mit Stab und Ring abtrete, sondern er zitierte auch den deutschen König zu Anfang des Jahres 1076 nach Rom, damit dieser sich dort vor einer durch den Papst zu berufenden Synode über seinen schlimmen Lebenswandel, sowie über die anderen vorgebrachten Beschwerden verantwortete. Man merke sich den Sinn dieser Zitation gar wohl: Der Papst forderte seinen eigenen Lehensherrn vor seinen Richterstuhl und warf sich also zum Oberrichter der Könige, sowie zu einer über dem Oberhaupt des deutschen Reichs stehenden Behörde auf!

Eine solche in der Tat bis jetzt unerhörte Anmaßung erbitterte König Heinrich so sehr, dass er die Legaten, welche die Zitation überbrachten, mit Schimpf und Schmach fortjagte und durch ein Rundschreiben, in welchem er die Sachlage darlegte, alle Bischöfe und Erzbischöfe seines Reichs auf den 24. Juni 1076 zu einer Synode nach Worms beschied, «um die Mittel zu überlegen, wie die Kirche von der Tyrannei eines Menschen, der sich zum Oberdespoten der Welt aufwerfen wolle, am besten befreit werden möge.» Die Synode wurde äußerst zahlreich besucht und der Erzbischof Engelbert von Trier, sowie der Bischof Theoderich von Verdun nebst dem Kardinal Benno (der ein persönlicher Feind Gregors war), entwarfen ein so greuliches Bild von dem Tun und Treiben des Papstes, dass dieser «als Simonist, Ehebrecher, Mörder, Atheist und Zauberer» (man legte ihm alle Verbrechen bei, die es gibt) einstimmig für abgesetzt erklärt wurde. Dies war ohne Zweifel die würdigste Antwort auf die päpstliche Anmaßung. Doch wie antwortete nun seinerseits der Papst? Er schleuderte den Bannfluch gegen König Heinrich, entband dessen Untertanen im Namen des Apostels Petrus vom Eid der Treue und dekretierte schließlich, dass der deutsche Königsthron frei sei, weil die Exkommunikation eines Königs dessen Absetzung nach sich ziehe!

Also Absetzung gegen Absetzung, Kriegserklärung gegen Kriegserklärung! Dort war das Feldgeschrei: «Sacerdotium oder die heilige Kirche», hier «Imperium oder das göttliche Recht der Könige!» Übrigens kann es keinen Zweifel darüber geben, wer den Sieg errungen hätte, wenn nur – die Todesangst vor dem Bann hätte überwunden werden können! Aber überall schlichen Mönche herum und flüsterten den Leuten ins Ohr, dass jeder, der es mit einem Gebannten hielt, auf Zeit und Ewigkeit verloren sei; überall predigten päpstliche Legaten, dass, wer die Sache König Heinrichs unterstütze, ebenfalls exkommuniziert werden und seine gesamte Habe verlieren sollte. So nahm die Verwirrung mit jedem Tage mehr zu, und die Leute hatten so sehr den Kopf verloren, dass es nicht einmal jemanden einfiel, danach zu fragen, ob denn der Papst «selbst nach päpstlichem Recht» zu diesem Bannfluch berechtigt sei, da ja der Streitpunkt nicht kirchliche, sondern weltliche Angelegenheiten betraf! Sogar die eigene Mutter Heinrichs, die fromme Agnes, die inzwischen in ein Kloster gegangen war, fühlte sich in ihrem Gewissen so beängstigt, dass sie sich gegen den Sohn erklärte, und dasselbe tat die Herzogin Beatrix, seine Tante. Am Ende blieb niemand mehr beim König, als der Bischof von Utrecht und der Herzog Gottfried von Lothringen, welche beide damals schon wussten, was sie vom Bann zu halten hatten. Die Hauptunzufriedenen aber, an ihrer Spitze die Herzoge Welf von Bayern, Berthold von Kärnten und Rudolph von Schwaben (der eigene Schwager Heinrichs) nutzten die Gelegenheit, schrieben auf den Oktober 1076 einen Fürstentag nach Tribur aus und beschlossen dort «die Absetzung Heinrichs, falls es ihm nicht gelänge, sich innerhalb eines Jahres vom Bann zu lösen.»

Das waren die furchtbaren Folgen des päpstlichen Bannfluchs! Alle Welt kehrte sich von Heinrich ab und diesen überkam nun eine so außerordentliche Verzagtheit, dass er nichts Besseres zu tun wusste als nach Italien zu gehen und den Papst um Verzeihung anzuflehen. Mitten im strengsten Winter, von nur ganz wenigen Dienern umgeben, und unter steter Gefahr, im Eis und Schnee der Alpen begraben zu werden, überstieg er den Montcenis und kam Anfang Januar in der Lombardei an. Hier entstand augenblicklich ein großer Jubel, da die Lombarden meinten, er sei gekommen, um den Papst zu züchtigen; und da sich sowohl die Bischöfe, als auch die gesamte Laienschaft begeistert für ihn erklärten, so hätte er an der Spitze eines großen Kriegsheeres gen Rom ziehen können, wenn es ihm nur möglich gewesen wäre, sich aus seiner geistigen Erschlaffung emporzuraffen. Der

Papst selbst war eben im Begriff, mit seiner geliebten Mathilde (siehe erstes Buch) zu einem Reichstag nach Augsburg (wohin ihn die Unzufriedenen in Deutschland eingeladen hatten) zu reisen, als er von Heinrichs Ankunft in Mailand hörte, und da er in ihm natürlich keinen Bittsteller (für so borniert-einfältig hielt er ihn nicht), sondern einen aufgebrachten Feind erwartete, so entfloh er eiligst mit Mathilde auf die Festung Canossa, um hinter ihren Mauern Schutz zu suchen. Aber, wie gesagt, der arme Heinrich war nicht als Herr und König, sondern als demütig-unterwürfiger Knecht der Kirche nach Italien gekommen und zog nun dem Papst nach bis vor Canossa, um dort in Sack und Asche Buße zu tun und Absolution zu erflehen! Ins Schloss selbst wurde er nicht eingelassen, sondern nur in den Raum zwischen der äußeren und inneren Ringmauer, und da stand er im härenen Bußkleid, barhäuptig und mit bloßen Füßen, gequält von Hunger, Frost und Durst, drei volle Tage und Nächte, vom 25. bis zum 28. Januar 1077, bis sich endlich der hartherzige Gregor durch die Bitten Mathildes und anderer erweichen ließ, den schwer Gedemütigten vom Bann zu lösen.[177] Aber nicht einmal die «unbedingte» Absolution gab ihm der Papst, sondern behielt sich vor, einen Reichstag zusammenzuberufen, vor dem Heinrich zu erscheinen habe, um sich gegen alle über ihn erhobenen Beschwerden zu verantworten. «Erst nach dieser Rechtfertigung und unter der weiteren Bedingung, von nun an dem Papst Gehorsam und Untertänigkeit zu geloben, sollte er Krone und Zepter wieder erhalten!»

Noch nie, so lange die Welt steht, hatte sich ein Fürst und König schmählicher von einem Priester behandeln lassen, als König Heinrich IV. von Papst Gregor VII. Die wackeren Lombarden schämten sich für ihn und sagten ihm dies unumwunden ins Gesicht. Da kam das Bewusstsein seiner Erbärmlichkeit auch über ihn selber; er ermannte sich und gab auf einer Versammlung der lombardischen Stände die feierliche Erklärung, die Schande rächen zu wollen. Nun jubelten ihm die Lombarden wieder zu, und bald hatte er ein ansehnliches Heer auf den Beinen. Inzwischen aber hatten die Unzufriedenen in Deutschland, während der Abwesen-

---

[177] Die ganz grässlich empörende Szene vor Canossa beschreibt der Papst selbst in seinen noch vorhandenen Briefen, wörtlich aus dem Lateinischen übersetzt also: «drei Tage lang stand er (Heinrich IV.) vor dem Schlosstor, allem königlichen Schmuck entkleidet, elendiglich, ja barfuß und in wollenem Gewand, und flehte in einem fort, unter Vergießung vieler Tränen, dass das apostolische Erbarmen ihm Trost und Hilfe verleihen möchte, bis dass er alle, die desselbigen Zeuge waren oder Kunde davon erhielten, zu solche Weichmütigkeit und solchem Mitleid rührte, dass sie sich dringend und unter Tränen für ihn verwandten, und alle über die Hartherzigkeit unseres Gemüts sich verwunderten, manche sogar laut äußerten: wir beurkunden nicht des apostolischen Stuhls Würde, sondern eher wahrhaft tyrannische Grausamkeit.» - Die Bittenden, denen der Papst endlich nachgab, waren außer seiner geliebten Mathilde besonders der deutsche Kardinal Kuno von Urach, der die Demütigung des deutschen Kaisers nicht mehr länger mitansehen konnte.

heit Heinrichs, am 15. März 1077 auf einem Fürstentag zu Forchheim nach dem Rat und auf den Antrieb Gregors VII. Herzog Rudolph von Schwaben zum König erwählt und der Papst denselben, versteht sich unter der Bedingung der Verzichtleistung auf das Investiturrecht, anerkannt. Heinrich musste also schnellstens nach Deutschland zurück, um den Gegenkönig zu stürzen, aber er kam nicht allein, sondern die Lombarden gaben ihm Geld und Mannschaft mit, und überdem war in Deutschland, besonders in den Reichstädten, ein so furchtbarer Zorn gegen die wahnsinnige Anmaßung Gregors erwacht, dass dem König von allen Seiten Hilfe zuströmte. Sogar die meisten Bischöfe erklärten sich für ihn, da ihnen der Papst anfing, «fürchterlich» zu werden, und auf einem Fürstengericht zu Ulm wurden Rudolph von Schwaben, Welf von Bayern und Berthold von Kärnten nach alemannischem Recht für Majestätsverbrecher erklärt und geächtet. Nunmehr begann der Kampf, der nicht einmal mit dem Leben Heinrichs enden und ganz Deutschland ins tiefste Elend stürzen sollte. Dreimal wurde Heinrich besiegt, hauptsächlich durch die Tapferkeit und Kriegskunst Otto's von Nordheim, das erste Mal am 7. August 1078 bei Mellrichsstadt, das zweite Mal am 27. Januar 1080 bei Fladenheim, und das dritte Mal am 15. Oktober 1080 bei Mölfen, unweit Merseburg, und der Papst war sich nun des vollständigen Unterliegens Heinrichs gänzlich sicher. Darum schleuderte er von Neuem den Bannstrahl gegen ihn und sandte dem Gegenkönig Rudolph eine Krone mit der berüchtigten Inschrift: «*Petra dedit Petro, Petrus diadema Rudolpho*» (der Fels gab Petrus, Petrus dem Rudolph die Krone); doch Heinrich erholte sich immer wieder, und als Rudolph in der letzten Schlacht das Leben lassen musste, bekam er sogar die Überhand. Um den Bannfluch kümmerte er sich aber nunmehr nicht mehr, sondern dachte vielmehr daran, den Papst für seine Infamie zu züchtigen.

Er versammelte also eine Synode zu Mainz und gleich darauf eine andere zu Brixen, und auf beiden wurde Gregor von allen anwesenden Bischöfen einstimmig abgesetzt, zugleich aber Erzbischof Guibert von Ravenna, der den Titel Clemens II. annahm, zum Papst ernannt. Diesen Beschluss ließ Heinrich seinem furchtbaren Gegner mit den Worten mitteilen: «Heinrich, von Gottes Gnaden, nicht durch Usurpation König, an Hildebrand, der nicht länger Papst, sondern ein ehrvergessener Mönch ist», und schickte sich dann an, mit einem Heer über die Alpen zu ziehen, um endlich, endlich Rache zu nehmen und den neuen Papst einzusetzen. Natürlich blieb Gregor nicht müßig, sondern bannte Heinrich zum dritten Mal, verfluchte den Gegenpapst bis in die unterste Hölle (was dieser mit den gleichen Redensarten vergalt), und forderte seine Verbündeten, die Herzogin Mathilde von Toscana und den Herzog Robert Guiscard von Neapel auf, ihm mit ihren Armeen beizustehen, während er selbst Rom in den bestmöglichen Verteidigungszustand versetzte. Durch all dies ließ sich jedoch König Heinrich nicht abhalten, sondern ging im Frühjahr 1081 mit einem starken Heer über die Alpen. Sein Zug durch Oberitalien glich einem Triumphzug und vor Pfingsten schon stand er, nachdem er die Armee Mathildes (Robert Guiscard verhielt sich nach außen hin neutral) geschlagen hatte, vor Rom. Die Stadt wurde übrigens so gut und mutig verteidigt, dass er sie erst nach drei Jahren, im März 1084, einnehmen konnte. Nunmehr schloss sich Hildebrand in der festen Engelsburg ein, Heinrich aber setzte Clemens im lateranischen Palast auf den päpstlichen Thron und ließ sich von ihm aufs feierlichste in der Peterskirche zum Kaiser krönen.

Inzwischen hatten die Unzufriedenen in Deutschland am 9. August 1081 den Grafen Hermann von Luxemburg, den sogenannten «Knoblauchkönig» zum Gegenkönig erwählt, und dieser machte solche Fortschritte, dass Kaiser Heinrich genötigt war, wiederum nach Deutschland zu ziehen, noch ehe die Engelsburg erobert war. Nun rief Gregor den Herzog Robert Guiscard abermals zu Hilfe, und dieser stürmte Rom, als er sah, dass nur eine kleine deutsche Armee zurückgeblieben war und befreite den Papst, übergab aber zugleich auch die ewige Stadt seinen Normannen zur Plünderung. Darüber wurden die Römer so wütend, dass sie sich, gleich nach dem Abzug Robert Guiscards, gegen Gregor erhoben und ihn nötigten, aus der Stadt zu fliehen. Dies geschah im Herbst 1084 und der Papst nahm abermals seine Zuflucht zu den Normannen, welche ihm einstweilen Salerno zur Residenz anwiesen. Von hier aus schleuderte er zum vierten Mal seinen Bannfluch gegen Kaiser Heinrich und dessen Anhänger, starb aber schon am 25. Mai 1085, noch ehe Robert zu einem neuen Feldzug gegen Rom gerüstet war. Auf dem Totenbett, wie er das Herannahen des letzten Stündleins fühlte, absolvierte er alle, die er in seinem Leben exkommuniziert, gebannt und verflucht hatte, nur allein den Kaiser Heinrich und den Gegenpapst Clemens nicht, denn den Hass gegen diese wollte er mit in die andere Welt hinübernehmen!

So endete Gregor VII., weit unrühmlicher, als er begonnen hatte. Den mächtigsten Monarchen der Welt hatte er gedemütigt zu seinen Füßen gesehen, ein Reich von Millionen hatte er in den Bruderkampf gestürzt, und Hunderttausende hatten sich auf seinen Befehl hin zerfleischt, Sein großes Werk, die Schaffung einer päpstlichen Universaldespotie, musste er aber unvollendet zurücklassen, und er selbst starb im Exil, wie Napoleon auf St. Helena. Ein getreues Konterfei von ihm ist in der Severinuskirche zu Neapel zu sehen. Es stellt ihn mit funkelnden Augen und zornsprühendem feuerroten Angesicht, mit dem Hirtenstab in der Linken und der Geißel in der Rechten dar. – Ein echtes Bildnis des Gegensatzes zur Demut!

4. Die beiden Innozenz (III. und IV. 1198-1254) und die Bettelmönche.

Das Feldgeschrei: auf der einen Seite «Sacerdotium», auf der anderen «Imperium», war mit dem Tod Hildebrands nicht verstummt; im Gegenteil versuchte jeder der nachfolgenden Päpste nun ein kleinerer oder größerer Hildebrand zu werden, je nachdem seine Fähigkeiten mehr oder minder dazu ausreichten. Es liegt nun aber natürlich nicht in meiner Absicht, eine vollständige und fortlaufende Geschichte des Papsttums zu geben; denn hierzu würde der Umfang dieses Werks bei weitem nicht ausreichen und somit ist es auch unmöglich, den Hildebrandismus jedes einzelnen Papstes des Näheren zu beleuchten. Ich werde mich vielmehr damit begnügen, nur über die Hauptdaten zu berichten, aber sie werden ausreichen, um den Leser über die seltsame Sorte von Demut zu unterrichten, welche die Weltherrschaft anstrebenden Päpste an den Tag legten.

Der unmittelbare Nachfolger Gregors VII. war der berüchtigte Abt von Montecassino, Desiderius, der sich den Namen Victor III. gab. Ihm hatte Kaiser Heinrich IV. einen Gegenpapst, Clemens III. gesetzt, und natürlich beeilte sich Victor, sowohl diesen seinen Gegenpapst als auch den Kaiser selbst mit dem Bann zu belegen. Leider aber starb er schon nach einem Jahr, und konnte daher in den Gang der Weltgeschichte nicht viel eingreifen. Zu seinem Nachfolger wählten die Kardinäle den Bischof Otto von Ostia, welcher sich Urban II. nannte und von 1088 – 1099 regierte. Er bewies sich als ein würdiger Nachfolger Hildebrands, schleuderte (1089) gegen den Kaiser, den Gegenpapst, sowie alle Anhänger dieser Partei, den Bann, wiegelte sofort den Herzog Konrad, den ältesten Sohn Kaiser Heinrichs, gegen den eigenen Vater auf, und wusste überdies durch die Heirat des jungen Herzogs Welf mit der berüchtigten Gräfin Mathilde (s. das I. Buch dieses Werkes) dem Kaiser in Deutschland eine große Gegenpartei zu schaffen. So dauerte der Streit zwischen Imperium und Sacerdotium während der ganzen Papstperiode Urbans mit ziemlich gleichen Kräften fort, indem sich der Papst in Italien, der Kaiser aber in Deutschland zu halten wusste. Mit der Bannung des Kaisers von Deutschland, welche im Jahr 1094 zum Überfluss noch aufs feierlichste wiederholt wurde, begnügte sich übrigens der Papst nicht, sondern er belegte auch König Philipp von Frankreich, welcher sich von seiner rechtmäßigen Gemahlin Bertha, angeblich wegen zu naher Verwandtschaft trennte, um die schöne Gräfin Bertrade von Anjou zu heiraten, mit dem Anathema, und König Philipp fügte sich auch wirklich dem Bannstrahl, damit er sein Land nicht den furchtbaren Folgen des Interdiktes aussetze.

Nash dem Tode Urbans wurde Paschalis II. (1099-1118) zu seinem Nachfolger erwählt, und dieser beeilte sich, den Bannstrahl gegen König Philipp von Frankreich, welcher nach dem Tode Urbans wieder mit seiner geliebten Bertrade zusammenlebte, zu erneuern. Auch blieb der König volle vier Jahre unter dem Bann, solange nämlich ein Teil der französischen Geistlichen zu ihm hielt, doch schließlich wurde das Volk schwierig und Philipp musste abermals nachgeben. Nachdem er nun dem Papst einen Eid geschworen hatte, nie mehr mit Bertrade Umgang zu haben, absolvierte ihn Paschalis vom Bann, gab ihm aber das Jahr darauf freiwillig die Erlaubnis, Bertrade heiraten zu dürfen, unter der Bedingung, dass er ihn gegen Kaiser Heinrich IV. von Deutschland Hilfe leiste. So diente die Religion bei den Päpsten immer zum Deckmantel ihrer politischen Absichten!

Genauso herrisch wie gegen König Philipp benahm sich der Papst auch gegen Kaiser Heinrich IV. von Deutschland. Nachdem er ihn, nach dem Beispiel seiner Vorgänger gebannt hatte, hetzte er den zweiten Sohn desselben «Heinrich» (der erstgeborene Sohn des Kaisers, Konrad, war nämlich inzwischen gestorben) gegen den alten Vater auf, und ruhte nicht, als bis der Vater vom Sohn gefangengenommen worden war. Ja sogar als Heinrich IV. im Jahre 1106 vor Gram über die Nichtswürdigkeit seines Sohnes gestorben war, duldete er nicht, dass der Leichnam begraben wurde. Der Kaiser war ja bis an sein Ende ein Gebannter geblieben, und darum musste der Sarg mit dem Toten fünf Jahre lang zu Speyer über der Erde stehen, bis endlich der Bann von ihm genommen war und die Leiche im Grab Ruhe finden durfte. Heinrich V. war nun unangefochtener Kaiser, und da er besonders durch die Hilfe des Papstes (natürlich gegen das Versprechen der künftigen Unterwürfigkeit) den Thron erlangt hatte, so rechnete Paschalis mit keinem Widerstand von ihm. Somit erließ er ein Dekret nach Deutschland, worin er die Investitur der Bischöfe (und Kleriker überhaupt) durch die Laien aufs neue verbot, gerade wie es Gregor VII. getan hatte; allein merkwürdigerweise musste er erfahren, dass Heinrich V. seine Dankbarkeit nicht allzu weit ausdehnen wollte und vollends nicht dazu zu bringen war, irgendein kaiserliches Recht zu vergeben. Im Gegenteil zog Heinrich V. bald nach dem Tode seines Vater nach Italien, um sich an der Spitze einer Armee von dreißigtausend Mann mit dem Papst auseinanderzusetzen, und verlangte von letzterem, dass er ihm das Recht der Investitur der Bischöfe nach althergebrachtem Brauch unangetastet überlasse. Paschalis weigerte sich und wollte auch die Kaiserkrönung unter solchen Bedingungen um alle Welt nicht vornehmen. Heinrich nahm hierauf den Papst mit allen seinen Kardinälen gefangen, und seine deutschen Truppen plünderten die päpstlichen Paläste in Rom auf eine wirklich greuliche Weise.[178] Nun kam ein Vergleich zustande, indem der Papst dem Kaiser erlaubte, allen Bischöfen und Äbten, die bisher innegehabten Lehensgüter «zu entziehen», wogegen aber die Investitur dem Papst allein bleiben sollte. Hierauf ging natürlich der Kaiser mit größtem Vergnügen ein, und zog nun, nachdem er von Paschalis gekrönt worden war, mit der Bulle des Papstes in der Tasche gleichsam im Triumph nach Deutschland zurück. Aber kaum hatte Heinrich V. Italien den Rücken geboten, so ließ der Papst auf einer im Lateran versammelten Synode alles, was zwischen ihm und dem Kaiser verhandelt worden war, kassieren, und sprach noch extra durch den Erzbischof Guido von Vienne (er selbst hatte den heiligen Eid darauf abgelegt, den Kaiser nicht zu exkommunizieren) den Bann über ihn aus, indem er zugleich die Bischöfe

---

[178] Die italienischen Berichterstatter aus jener Zeit meinten: «die Deutschen hätten gar keine Religion und würden selbst Jesus Christus nicht respektieren, wenn sie einmal betrunken seien.» In der Tat machten sie sich auch gar nichts daraus, den Papst mit seinen Kardinälen wie Verbrecher zu fesseln und sie überhaupt so respektlos wie möglich zu behandeln.

Deutschlands nebst verschiedenen anderen Fürsten gegen ihren rechtmäßigen Monarchen aufzuhetzen wusste. Dies geschah im Jahr 1111, und in Folge dieser Winkelzüge wurde Heinrich V. fünf Jahre lang in Deutschland selbst so sehr beschäftigt, dass er den Treuebruch des Papstes unmöglich sogleich rächen konnte. Aber schließlich im Jahre 1116 zog Heinrich abermals nach Italien, und nunmehr floh Paschalis aufs tiefste erschreckt nach Benevent, und begab sich unter den Schutz der Normannen. Dort starb er, nachdem er den Kaiser und den von diesem ernannten Gegenpapst Gregor VIII. in die unterste Hölle verbannt hatte, nach zwei Jahren im Exil wie sein Vorbild Hildebrand.

An seiner Statt wählte die Priesterpartei in Rom, welches der Kaiser wegen der in Deutschland immer noch herrschenden Unruhen längst wieder verlassen hatte, Gelasius II. (1118-1119) zum Papst. Doch die Anhänger des Kaisers, an deren Spitze der berühmte Cenzio Frangipani stand, erregten einen Aufstand, brachen in die Kirche ein, in welcher die Kardinäle eben mit der Einkleidung des neuen Papstes beschäftigt waren, packten den letzteren an der Gurgel, zerrten ihn an den Haaren auf die Straße und warfen ihn schließlich mit Ketten beladen in ein finsteres Gefängnis. Gerade ebenso erging es auch den Kardinälen, welche nicht minder furchtbar misshandelt wurden. Doch nunmehr erregte die Priesterpartei einen Gegenaufstand und Gelasius erhielt Gelegenheit, aus Rom zu entwischen. Er flüchtete nach Frankreich, starb aber gleich darauf im Kloster zu Cluny, jedoch nicht ohne vorher den Gegenpapst Gregor nebst Kaiser Heinrich und dessen Anhängern in Rom mit dem ewigen Fluch belegt zu haben.

Die Kardinäle, die Gelasius nach Frankreich begleitet hatten, erwählten nun, hauptsächlich auf Antrieb des Kardinals Kuno von Urach, eines persönliche Feindes Kaiser Heinrichs V., den schon oben erwähnten Erzbischof Guido von Vienne zum Papst und dieser, der sich den Namen Calixtus II. (1119-1124) gab, belegte augenblicklich gleichsam als Einleitung zm Regierungsantritt sowohl den Gegenpapst als auch den Kaiser mit dem Bann. Darauf verfügte er sich mit einem Schiff nach Apulien, gelangte mithilfe der treuen Normannen nach Rom, belagerte sofort Sutri, wohin der Gegenpapst geflohen war, eroberte es, nahm seinen Rivalen gefangen und ließ ihn in ein blutiges Ziegenfell gekleidet auf einem schäbigen Kamel mit dem Gesicht zum Schwanz gekehrt durch die Straßen Roms führen, um ihn danach für immer in ein Klostergefängnis zu sperren. Nachdem er auf diese Art Alleinherr geworden war, versammelte er 1120 eine Synode zu Reims und bannte dort den Kaiser zum zweiten Mal, indem er zugleich alle Untertanen desselben vom Eid der Treue entband.[179] Dennoch kam schon 1122 ein Vergleich zwischen Kaiser und Papst zustande. Man nannte denselben gewöhnlich nur den calixti-

---

[179] Es waren auf dieser Synode nicht weniger als 427 Bischöfe versammelt, von welchen jeder die brennende geweihte Wachskerze, welche er in der Hand hielt, beim Verdammungsurteil zu Boden schleuderte und mit Füßen trat. So feierlich wurde es bei der Erteilung des Bannstrahls genommen.

nischen oder auch den Wormser Vertrag, und durch ihn wurde ausgemacht, dass für die Zukunft die Erzbischöfe, Bischöfe und Äbte vom Papst mit Stab (geistlicher Hirtenstab) und Ring (Antrauung an die Kirche), vom Kaiser aber mit Zepter und Schwert (zum Zeichen ihrer Abhängigkeit vom Staat in Bezug auf die weltlichen Güter) belehnt werden sollten. Die Wahl der Bischöfe und Äbte blieb den verschiedenen Domkapiteln, Stiften usw. wie bisher anheimgegeben. Hatten sie gewählt, und zwar unter Aufsicht eines Beamten des Monarchen, so belehnte letzterer den Gewählten mit Zepter und Schwert, und zum Schluss kam die päpstliche Bestätigung, ohne welche keine Bischofswahl gültig war. Das ist das Ende des berühmten Investiturstreites, und dadurch wurden die Bischöfe mehr oder minder (denn in allen strittigen Wahlen entschieden die Päpste) zu bloßen Vikaren des Heiligen Stuhls zu Rom herabgedrückt.

Nach dem Tode Calixtus II. wurden von den verschiedenen Parteien in Rom zwei Päpste zugleich erwählt, Coelestinus und Honorius II. Letzterer besiegte den Gegner und regierte von 1124-1130. Es ist aber nichts Bemerkenswertes von ihm zu berichten, als dass er über den Grafen Wilhelm von der Normandie wegen einer missliebigen Heirat desselben den Bannstrahl schleuderte. Nach seinem Tode gab es wieder eine strittige Papstwahl, indem die eine Partei den Innozenz II., die andere aber den Anaklet II wählte. Beide Päpste verfluchten einander nach Herzenslust, doch endlich siegte Innozenz, und versäumte nun nicht König Roger von Sizilien, welcher Anaklet unterstützt hatte, mit dem Anathema zu belegen. Ebenso heftig verfuhr er gegen den französischen König, mit dem er wegen der Wahl des Erzbischofs von Bourges in Streit geriet, denn als der König nicht sogleich demütig nachgab, so bannte ihn der Papst und belegte noch überdies ganz Frankreich mit dem Interdikt. Auch wurde dies nicht früher aufgehoben, als bis der Papst seinen Willen durchgesetzt hatte. Sehr widerwärtig war für Innozenz das Betragen der beiden Patriarchen von Jerusalem und Antiochia, welche nach der Wiederherstellung ihrer Patriarchate durch die Kreuzzüge behaupteten, wenigstens ebensoviel zu sein, wie der Papst zu Rom, da ja Christus selbst zu Jerusalem gelebt habe und die Gemeinde von Antiochia vom Apostel Petrus in Person gegründet worden sei. Natürlich schleuderte Innozenz alsbald eine vernichtende Donnerbulle gegen die beiden «anmaßenden» Patriarchen, doch dieser Verdruss hörte erst gänzlich auf, als Jerusalem und Antiochia wieder an die Muslime verloren gegangen waren und Innozenz erlebte also den Sieg Roms nicht, da er schon im Jahre 1143 starb.

Nach einigen ziemlich unbedeutenden Päpsten, von denen nichts zu berichten ist, als dass sie sich mit ihren römischen Untertanen herumzubalgen hatten und dieselben zwei oder dreimal mit Bann und Interdikt belegten, kam Hadrian IV. (1154-1159) auf den päpstlichen Thron. Er war der einzige Engländer, welcher je diese Würde erlangte und obwohl von ganz niedrigem Stand (er war der Sprössling eines Mönchs und lebte lang in Frankreich als Bediensteter) wusste er doch seine Anmaßung aufs höchste zu treiben. Zu Anfang hatte er viel mit seinen römischen Untertanen zu kämpfen, welche unter Arnold von Brescia eine Republik zu bilden versuchten, und musste sogar gleich nach seiner Wahl nach Viterbo flüchten. Von hier aus belegte er aber die Stadt Rom mit dem Interdikt, und wenn nun auch die Römer zu Anfang hierüber lachten, so wurden sie doch bald anderen Sinnes, als Ostern herbeikam, und kein Priester eine Messe zu lesen wagte. Doch hielten sie standhaft aus und hätten sich sicherlich nicht einmal durch die Bitten ihrer um ihr Seelenheil besorgten Weiber zur Nachgiebigkeit bringen lassen, wenn es dem Papst nicht gelungen wäre, auf eine andere Weise zum Ziel zu gelangen. In Deutschland war nämlich inzwischen Friedrich I. von Hohenstaufen im Jahr 1152 zum König von Deutschland erwählt worden und zog zwei Jahre darauf nach Italien, um sich von dort die Kaiserkrone zu holen. Hadrian schickte ihm von Viterbo aus Gesandte entgegen und begab sich dann selbst ins kaiserliche Lager, wurde aber äußerst bestürzt, als Friedrich I. es unterließ, ihm, wie es seit Gregor VII. üblich geworden war, den Steigbügel zu halten. Noch bestürzter wurde er, als Otto von Wittelsbach einem seiner Kardinäle, welcher meinte, die Krönung des Königs durch den Papst sei nichts anderes als eine Verleihung des Kaiserreichs, mit dem Reichsschwert den Schädel spalten wollte, und ohne das Einschreiten des Kaisers wohl auch gespalten hätte. Doch erholte er sich wieder, als Friedrich I. in seinem Zelt vor ihm niederfiel und ihm den Fuß küsste; ja er hatte nun sogar den Mut, den König zu fragen, warum er ihm die übliche Geste des Steigbügelhaltens nicht erwiesen habe. Friedrich I. nahm Rücksprache mit seinen ersten Würdenträgern und den ihn begleitenden Bischöfen, und letztere versicherten ihm, dass dem Papst Innozenz von Kaiser Lothar gleiche Ehre erwiesen worden sei. Nun verstand sich auch Friedrich zu dieser Zeremonie, hielt aber dem Papst statt des rechten den linken Bügel. Hadrian beschwerte sich von neuem, Friedrich aber entgegnete lächelnd: «Ich war nie Stallknecht, Euer Heiligkeit werden verzeihen.» Doch als nun der Papst den Kaiser bat, ihm seine aufrührerischen Römer wieder zu unterjochen, willfuhr letzterer gerne und machte es Hadrian so möglich, nach Rom zurückzukehren und den Krönungsakt vorzunehmen. Nach der Krönung kehrte Friedrich nach Deutschland zurück, trat aber schon 1158 einen zweiten Zug nach Italien an, weil die Lombarden sich empört hatten. Zu gleicher Zeit wurde auch der Papst, welchem das wachsende Ansehen des deutschen Kaisers missfiel, schwierig, und ergriff jede Gelegenheit, um sich an demselben zu reiben,[180] ihn stets daran erinnernd, dass er, der Papst, es gewesen sei, welcher ihm «die Wohltat der Krönung» erwiesen habe. So entstand eine große Kälte zwischen Kaiser und Papst,

---

[180] Zum Vorwand seiner Reibereien nahm Hadrian besonders den Umstand, dass das Bistum Verdun unmittelbar vom Kaiser besetzt wurde, und dann ärgerte es den Papst auch, dass der Kaiser den zwei Rittern, welche den Bischof von Lund in Schweden bei einer Reise des letzteren in Deutschland beraubt hatten nicht gleich den Kopf vor die Füße legen ließ.

und letzterer begab sich in den Schutz des Königs von Sizilien, indem er zugleich Drohbrief über Drohbrief an den Kaiser sandte. Doch als Friedrich die Lombarden besiegt und Mailand sogar vollständig zerstört hatte, hielt es Hadrian für besser, sich ein wenig zurückzuhalten, und sogar still dazu zu schweigen, als Friedrich ihm einen Brief zusandte, welcher mit folgenden Worten beginnt: «Friedrich von Gottes Gnaden, römischer Kaiser und allezeit Obergebieter, wünscht dem Papst und der Kirche, nur allein dem anzuhängen, was Jesus zu tun und zu lehren befohlen hat.» Das war ein harter Bissen und von einem Papst kaum zu schlucken. Auch wäre Hadrian sicher bei der nächsten günstigen Gelegenheit mit dem Bannstrahl herausgerückt, wenn er nicht gleich darauf im Jahre 1159 gestorben wäre. Anzuführen ist noch, dass dieser Papst König Heinrich II. von England sämtliche um England herumliegenden Inseln, worunter sich auch Irland befand, zum Präsent machte, gerade so als ob diese Inseln sein Eigentum gewesen wären, obwohl freilich die Schenkung vorher erobert werden musste!

Der Nachfolger Hadrians, Kardinal Orlando Bandinelli aus Siena, welcher sich den Namen Alexander III. gab, hatte fast 20 Jahre lang (1159-1181) mit Gegenpäpsten zu kämpfen, welche ihm von seinem großen Gegner, dem Kaiser Friedrich, entgegengestellt wurden. Schon bei der Wahl selbst ging es streitig genug zu, indem ein Teil für besagten Orlando, ein anderer Teil aber für den Kardinal Octavian, einen Anhänger des Kaisers, war, und Alexander III. trug nur deshalb den Sieg davon, weil er sich den päpstlichen Krönungsmantel eigenhändig und mit Gewalt, obwohl verkehrt, umlegte. Ocativan verjagte dagegen gleich darauf Alexander und setzte sich als Victor III. auf den Stuhl Petri. Beide Papstkandidaten wandten sich nun an Kaiser Friedrich, um diesen für sich zu gewinnen, und der Kaiser schrieb deshalb eine Kirchenversammlung nach Pavia aus, auf welche die beiden Gegenpäpste zitiert wurden. Octavian oder vielmehr Victor III. kam, Alexander aber erschien nicht, «weil, er, laut Hildebrands Lehre, als Haupt der Kirche keinem Konzil untergeordnet sei.» Das Konzil fühlte sich durch solche verachtungsvolle Behandlung beleidigt, erklärte die Wahl Alexanders für ungültig, und bestätigte dagegen die Wahl Victors, welcher nunmehr auch der Kaiser seine Sanktionen gab, indem er zugleich allen seinen Untertanen (besonders den Bischöfen und Klerikern) befahl, Victor und sonst keinen anderen als rechtmäßigen Papst anzuerkennen. Hierdurch ließ sich jedoch Alexander III., der seinen Namen Orlando oder Roland mit Recht verdiente, nicht einschüchtern, sondern schleuderte von Anagni in Apulien aus den Bannstrahl gegen Victor III. sowie auch gegen Kaiser Friedrich, dessen Untertanen er natürlich alsbald vom Eid der Treue entband. Nun ließ sich aber Victor III. ebenfalls nicht mehr halten, sondern belegte seinerseits den Alexander als einen Usurpator des apostolischen Stuhls mit der ewigen Verfluchung und die Folge davon war, dass sich Europa in zwei große Parteien, in Anhänger Victors, und in Anhänger Alexanders, spaltete. Sizilien (die Normannen) Spanien, Frankreich und England waren auf Seiten des letzteren; das übrige Italien nebst dem deutschen Kaiserreich schwor zur Fahne Victors, die Zisterziensermönche allein ausgenommen, welche Alexander als ihren Papst promulgierten und daher insgesamt von Kaiser Friedrich aus dem Deutschen Reich hinausgejagt und ihrer Ländereien, Klöster und sonstigen Besitztümer für verlustig erklärt wurden. Da jedoch der größte Teil Italiens auf Seiten des Kaisers war, so fühlte sich Alexander veranlasst, nach Frankreich zu entfliehen, wo er auf einer Synode zu Tours dem Kaiser mitsamt dem Gegenpapst abermals in den Bann tat und bis zur untersten Hölle verdammte. Um Gleiches mit Gleichem zu vergelten,. wiederholte auch Victor seinen Bannfluch, starb aber schon im Jahr 1164. Nun wählten, damit das Schisma nicht aufhöre, die Kardinäle Paschalis II. zu ihrem Nachfolger, welchen natürlich Kaiser Friedrich sogleich bestätigte. Alexander hatte also abermals einen Gegenpapst, aber dennoch wagte er es noch im selben Jahr 1164, nach Italien zurückzukehren. Einmal nämlich war er des Schutzes des Königs von Sizilien gewiss, zum andern wusste er, dass Kaiser Friedrich in Deutschland vor der Hand genug zu tun habe, um an keinen Römerzug denken zu können. Und zum dritten hatten ihm sowohl die Lombarden[181] als auch die Römer sagen lassen, dass sie nunmehr gänzlich auf seiner Seite seien und nur auf seine Rückkehr warteten, um ihm dies durch die Tat zu beweisen. Der König von Sizilien und Unteritalien nahm ihn mit offenen Armen auf und führte ihn gleichsam im Triumph nach Rom, das Paschalis in schneller Flucht verließ. Zu gleicher Zeit verbanden sich die oberitalienischen Städte zu einem neuen Bund (dem sogenannten lombardischen) gegen Deutschland, und die Mailänder fingen an ihre von Kaiser Friedrich zerstörte Stadt wieder aufzubauen. So war also ganz Italien in Aufruhr gegen den Kaiser und darum rüstete er sich zu einem neuen Feldzug über die Alpen, den er auch im Jahr 1166 ausführte. Das Glück war anfangs auf seiner Seite und durch die Tapferkeit seiner Ritter und Soldaten[182] warf er alles nieder, was sich ihm wiedersetzte. Auch gelang es ihm Papst Paschalis, nachdem Alexander als Pilger verkleidet heimlich nach Gaëta entwischt war, wieder auf den Stuhl Petri zu setzen und sich von ihm zum Kaiser krönen zu lassen. Aber nun brach eine grässliche Seuche (das Sumpffieber) in seinem Heer aus, wodurch allein Zweitausend vom Adel (ohne die Zehntausend von gemeinen Soldaten)

---

[181] Wie sehr die Lombarden ihn hochachteten, ersieht man daraus, dass sie eine von ihnen neu angelegte Festung ihm zu Ehren und dem Kaiser zum Trotz «Alessandria» nannten.

[182] Auch ein Geistlicher zeichnete sich dabei aus, nämlich der Erzbischof Christian von Mainz, welcher den Vortrab der deutschen Armee befehligte. Er war ein Mann von großen Kenntnissen und als Staatsmann ebenso geachtet wie als Kirchenlehrer. Besonders aber zeichnete er sich durch seine herkulische Stärke aus, denn er erlegte vor Bologna nicht weniger als hundert Feinde mit eigener Hand und mit einem Treffen schlug er 38 Lombarden mit seiner Keule den Kiefer entzwei. Die Bischöfe damaliger Zeit waren also nicht bloß Träger des Hirtenstabs, sondern noch viel mehr Männer vom Schwert und von der Lanze.

hingerafft wurden, und zu gleicher Zeit mehrten sich die Feinde so sehr, dass Friedrich sich zum schnellen Rückzug nach Deutschland gezwungen sah.[183] Nun empörten sich natürlich die Lombarden von neuem und auch in Rom schien sich die kaiserliche Partei nicht halten zu können. Hier war nämlich inzwischen Paschalis gestorben und die Kardinäle hatten ihm in Calixtus III. einen Nachfolger gegeben. Dieser versuchte sich zwar so fest als möglich zu setzen, aber plötzlich kehrte, von den Normannen unterstützt, Alexander wieder, und nun blieb, da die Römer zu gleicher Zeit eine Revolte anfingen, dem Kaiserpapst nichts übrig, als die Flucht zu ergreifen und das Feld seinem siegreichen Rivalen zu überlassen.

Fünf Jahre lang blieb Alexander in ungestörtem Besitz der päpstlichen Macht. Im Jahre 1174 jedoch hatte sich Kaiser Friedrich wieder so weit erholt, dass er einen neuen Kriegszug nach Italien beginnen konnte. Wiederum heftete sich der Sieg an seine Fersen, Mailand war bereits wieder erobert und in Folge dessen hatte sich Alexander III. in der Voraussicht dessen, was kommen würde, nach Zara geflüchtet, um von da nach Konstantinopel zu gehen, da er im Abendland keine Sicherheit mehr zu finden hoffen durfte; aber siehe da, auf einmal trat ein Wendepunkt zugunsten Italiens ein! Herzog Heinrich von Bayern und Sachsen (gewöhnlich der Löwe genannt) gab nämlich den Einflüsterungen und Intrigen der päpstlichen Emissäre nach und ließ sich zu seiner ewigen Schmach verleiten, im Augenblick der Gefahr am Tage von Lignano (29. Mai 1176) vom Kaiser abzufallen, obwohl ihn dieser fußfällig anflehte, bei ihm auszuharren. So kam es, dass die Übermacht der Lombarden über das Feldherrentalent Friedrichs siegte und die Deutschen eine blutige Niederlage erlitten. Fast zu gleicher Zeit schlugen die Venezianer die kaiserliche Flotte zur See bei Pisano und nahmen sogar bei dieser Gelegenheit Herzog Otto, den zweiten Sohn des Kaisers, gefangen. Hierdurch nun ließ sich Friedrich bewegen, sowohl mit den Venezianern und Lombarden, als auch mit dem Papst einen Vergleich einzugehen, laut welchem Alexander III. als rechtmäßiger Papst (die beiden großen Gegner sahen sich zum ersten Mal in Venedig 1177) anerkannt und Calixtus zur Abdankung bewogen wurde.[184] Von jetzt an war Friede zwischen dem Imperium und Sacerdotium, so lange Alexander und Friedrich lebten!

---

[183] Auch Mordversuche wurden gegen den Kaiser unternommen und er entkam z. B. in Susa seinen Feinden, welche das Haus, wo er übernachten wollte, umstellt hatten, nur dadurch, dass ein ihm ähnlich sehender Hauptmann und Ritter, mit Namen v. Siebenaich, seine Rolle spielte und sich für ihn gefangen nehmen ließ, während er selbst im Pilgergewand den Alpen zufloh.

[184] Hierbei kam der merkwürdige Fall vor, dass der Gegenpapst Calixtus von seinem siegreichen Kollegen weder am Leben gestraft, noch in eine strenge Klausur gesteckt wurde, sondern vielmehr Erlaubnis erhielt, in Rom zu leben und sogar eine anständige Pension angewiesen bekam. Ja nicht selten lud ihn Alexander zu Tisch, und man sah die früheren

Hatte nun aber auch Alexander III. vor dem Kaiser Ruhe, so ruhte er sich in dieser Friedenszeit doch nicht aus, sondern nutzte sie vielmehr dazu, um desto kräftiger oder vielmehr anmaßender gegen König Heinrich II. von England aufzutreten. So lange nämlich der Papst in Frankreich verweilte, hatte er Gelegenheit, den berühmten Erzbischof von Canterbury, Thomas Beckett, einen Günstling des genannten englischen Königs, kennen zu lernen und auf seine Seite zu bringen. Dessen ungeachtet stieg Beckett in der Gunst seines Monarchen immer höher und wurde sogar sein *Factotum* oder das, was man jetzt den Premierminister nennt. Er war ein Mann von viel Talent und großen Kenntnissen, aber seine furchtbare Anmaßung erwarb ihm eine Masse von Feinden, und diese klagten ihn schließlich der Veruntreuung des öffentlichen Schatzes an. Der Erzbischof sollte sich also vor Gericht stellen, um sich von dieser schweren Anklage zu reinigen. Auch erschien er wirklich, aber nicht als angeklagter Minister, sondern im vollen erzbischöflichen Ornat und mit dem Kruzifix in der Hand, zugleich erklärend, dass er sich keinem weltlichen Gericht unterwerfe, sondern an den Papst appelliere. In der Minute darauf verließ er den Gerichtssaal und floh nach Frankreich. Kaum hatte Alexander III. von diesem allem Kenntnis erhalten, so ernannte er den flüchtigen Erzbischof zu seinem Legaten oder Gesandten am englischen Hof und Thomas Beckett kehrte sofort in dieser Eigenschaft nach England zurück, wohin ihn vermittelnde Briefe des Papstes an Heinrich II. begleiteten. In der Tat kam auch eine Versöhnung zwischen dem König und seinem früheren Liebling zustande, aber der letztere zeigte sich bald wieder ebenso anmaßend und stolz wie früher, so dass er nicht bloß alle Höflinge, sondern auch den König selbst aufs Höchste gegen sich aufbrachte. In solch gereiztem Zustand rief Heinrich II. einmal in Gegenwart einiger seiner Hofbediensteten: «Gibt es denn kein Mittel, mich von diesem frechen Menschen zu befreien?» Kaum hörten dies die Höflinge, so machten sich vier derselben auf, und stiegen nicht eher vom Pferde, als bis sie Canterbury erreicht hatten, wo sie den Erzbischof in der Kirche (es war gerade Vesperzeit) trafen. Ohne sich an der Heiligkeit des Ortes zu kehren, fielen sie über den unglücklichen Mann her, durchbohrten ihn mit ihren Schwertern und spalteten ihm an den Stufen des Altars das Haupt. Über diese Untat entstand natürlich ein furchtbares Geschrei, und die Geistlichkeit, nicht bloß Englands, sondern fast der ganzen Welt, drang beim Papst darauf, den Mord seines Legaten zu rächen. Doch in Voraussicht dessen, was da kommen würde, sandte Heinrich II. eine Gesandtschaft an Alexander III., um ihn über die Sache aufzuklären. Lange wollte der Papst die Gesandten gar nicht vorlassen, doch endlich, als diese im Namen ihres Königs schworen, dass dieser sich unbedingt dem Urteil Seiner Heiligkeit unterwerfen werde, ließ sich Alexander insoweit beschwichtigen, dass er die Gesandten

---

Gegner, die sich so oft verflucht und verdammt hatten, friedlich und fröhlich miteinander tafeln und zechen!

wenigstens anhörte. Diese schworen nun, ihr Herr und König sei unschuldig an dem Mord, weil eine zornige Rede von ihm falsch verstanden worden sei, aber er wäre bereit, dem Papst jede beliebige Genugtuung zu geben. Damit war Alexander zufrieden, und sandte sofort zwei Legaten nach England, welche dem König die päpstlichen Bedingungen zu überbringen hatten. Diese waren hart genug. Heinrich II. musste in öffentlicher Versammlung feierlich auf das Evangelium schwören, dass er den Mord des Erzbischofs nicht gewollt habe, dann musste er barfuß zum Grabe Becketts, welcher zu einen Heiligen erklärt wurde, wallfahren, sich dort niederwerfen und sich dann von achtzig Geistlichen mit je drei, zusammen also zweihundertundvierzig Streichen, geißeln lassen. Zum Dritten musste er einen Kreuzzug versprechen, und all denen, welche es mit Beckett gehalten hatten und deren Güter eingezogen worden waren, vergeben. Und zum Vierten musste er die vier Edelleute, welche den faktischen Mord begangen hatten, auf so lange verdammen, bis sie sich durch eine Wallfahrt nach Jerusalem und Rom mit dem Papst versöhnt hätten.

Unter solchen und noch anderen ähnlichen Bedingungen erhielt der König von England Verzeihung, und man darf daher wohl mit Recht sagen, dass Alexander III. so gut wie Gregor VII. über die weltliche Macht die Siegespalme errang. Oder wie? War es nicht genug, dass Englands König sich vor ihm im Staube wand und dass der große Kaiser Friedrich ihm den Steigbügel hielt, wenn auch den falschen?

Auf Alexander III. folgten fünf unbedeutende Päpste, welche zusammen nur 16 Jahre regierten. Von ihnen nennen wir Lucius III., weil er der erste Papst war, der von den Kardinälen allein gewählt wurde, ohne dass dem Volk, dem Adel und der niederen Geistlichkeit Roms irgendein Anteil gewährt worden wäre, sowie Urban III., weil er sich der Heirat des ältesten Sohnes des Kaisers Friedrich, König Heinrich, mit Konstanzia, der Erbin des Königs von Sizilien, fast mit Gewalt widersetzte. Er tat dies einzig und allein deswegen, damit das Königreich Sizilien nicht in die Hände eines deutschen Kaisersohnes falle und dadurch dem Stuhl Petri möglicherweise eine gefährliche Nachbarschaft erwachse. Aber Kaiser Friedrich wusste seinen Willen deswegen doch durchzusetzen, worüber sich Urban zu Tode bekümmert haben soll.[185] Auf diese unbedeutenden Päpste folgte im Jahre

---

[185] Papst Urban suspendierte später alle Bischöfe, welche bei der Vermählung König Heinrichs (Kaiser Friedrich ließ seinen Erstgeborenen schon zu Lebzeiten zu seinem Nachfolger im Königreich Deutschland erwählen) mit Konstanzia anwesend gewesen waren. Diese krochen daher zu Kreuze, um wieder in Gnade angenommen zu werden. Einem solchen begegnete König Heinrich zufällig und fragte ihn, von wem er in sein Bistum eingesetzt worden sei, sowie, wer ihn mit den bischöflichen Gütern belehnt habe. Der Bischof erwiderte trotzig, dass er alles dem Papst verdanke und nicht dem Kaiser, und dass er sich deswegen auch nur allein dem Papst für verpflichtet halte. Über diese mit verächtlicher Miene gegebene Antwort des Pfaffen (wie er ihn nannte) erboste sich der König so sehr, dass er den anmaßenden Priester, der seinem Vater alles zu verdanken hatte,

1198 Innozenz III., welcher bis 1216 regierte und nächst Gregor VII. der berühmteste aller Päpste ist. Sein Vater, der Graf Trasimont von Segna, hatte ihm eine vorzügliche Erziehung angedeihen lassen (er studierte auf den Universitäten von Bologna und Paris) und in der Tat saß wohl selten ein Papst auf dem Stuhl Petri, der mit den Wissenschaften vertrauter gewesen wäre als eben Innozenz III. Mit diesen Kenntnissen verband er eine ungemeine geistige Energie, und sein Kopf war voll von Gedankenblitzen. Dagegen besaß er aber auch einen Stolz sondersgleichen, und zugleich warf man ihm vor, dass ein großer Teil seines Sinnens und Trachtens auf Anhäufung von Schätzen gerichtet gewesen sei. Jedenfalls steht so viel fest, dass er den Begriff des Papsttums bis zur absoluten Weltmonarchie ausdehnte und keinen Höheren über sich erkannte, als nur allein Gott. Der Papst ist ein König der Könige, und ein Herr der Herren, sagte er selbst in einer seiner noch vorhandenen Reden, und hieraus schon können wir schließen, in welches Verhältnis er sich, zumal da er in dem kraftvollen Alter von 37 Jahren zur Regierung kam, sowohl zur Kirche als zur weltlichen Macht gesetzt haben wird.

Das erste, was Innozenz III. tat, war, dass er sich Rom und die Römer unterwarf, d. h. dass er die weltliche Herrschaft des Papstes über den Kirchenstaat zur vollständig unumschränkten zu machen wusste. Wir haben übrigens die Art und Weise, wie er dies bewerkstelligte, sowie überhaupt die durch ihn erst vollbrachte Gründung des Kirchenstaates schon im ersten Buch dieses Werkes näher betrachtet, und können daher über sein Verhältnis zu Deutschland und dessen Beherrscher stillschweigend hinweggehen. Wir wissen ja, welchen Nutzen er aus dem Zwiespalt zwischen den Gegenkaisern Otto und Philipp zu ziehen wusste, wir wissen ja, wie er Bann und Interdikt anwandte, um seinen Willen überall durchzusetzen, wir wissen ja, dass er es soweit brachte, sowohl von Otto IV. als auch von Philipp von Schwaben, und sogar von Friedrich II. bei dessen Thronbesteigung den Schwur der Unterwürfigkeit zu erhalten! Umso wichtiger muss es uns sein, zu erfahren, wie dieser große Donnersohn, wenn ihm selbst der deutsche Kaiser nicht zu widerstehen vermochte, mit den übrigen weltlichen Herrschern umsprang, und durch welche Mittel er in der Tat sein Ziel, Europa zu seinen Füßen zu sehen, vollständig erreichte.

Die Grundlage des Papsttums war bekanntlich der falsche Isidor. Als Mittel, dieses Lügengesetz ins Leben einzuführen, schuf Nikolaus I. den Bann und das Interdikt. Dann erfand Gregor VII. das Zölibat oder das priesterliche Eheverbot, und zum Schluss brachte nun auch Innozenz III. eine Erfindung bei, welche denjenigen seiner Vorgänger in nichts nachstand: Ich meine die Erfindung der Bettelmönche und der Inquisition. Mönche gab es von uralten Zeiten her, denn sie entstanden aus den Einsiedlern, welche schon in den ersten paar Jahrhunderten nach Christi

---

durchprügelte und im Dreck herumwälzen ließ. Einem anderen Bericht zufolge hatte er ihm gar die Nase abschneiden lassen und ihn so verstümmelt nach Rom geschickt.

Geburt ein beschauliches Leben dem Leben in der Welt vorzogen. Aus den Mönchen bildeten sich die Mönchsorden heraus, und dann kam das Klosterwesen mit allen seinen bunten Abstufungen, die Bettelmönche aber waren eine ganz neue Gattung von Mönchen, etwas noch nie Dagewesenes, ein Institut mit ganz neuen Grundsätzen und ganz neuen Zwecken. Sie dehnten nämlich das Gelübde der «Armut» dahin aus, dass sie gelobten, nur allein vom Bettel zu leben und gar kein Eigentum zu besitzen und das Gelübde des «Gehorsams» war für sie soviel als der Schwur, keinen anderen Willen zu haben, als nur allein den des Papstes. Man könnte sie daher füglich «die päpstlichen Soldaten» nennen, denn jeder Bettelorden, heiße er nun Dominikaner- oder Kapuzinerorden, war[186] nichts anders als ein großes fliegendes Freikorps, welches vom Papst kommandiert wurde. Das Volk sah die Bettelmönche sehr gerne, denn dieselben wussten sich äußerst populär zu machen, da sie mit dem gemeinen Mann «gemein» taten und alle Weiber durch ihre Zutunlichkeit zu gewinnen wussten. Geld nahmen sie bei ihren Betteltouren keines, sondern nur Naturalien, als da sind: Mehl, Fleisch, Obst usw. Noch waren sie stets zufrieden, wenn sie auch noch so wenig erhielten, denn sie wussten bei geringem Brot und Käse den Bauer ebenso spaßig zu unterhalten, als wenn es Wein und Braten gab. Hierdurch und durch die Einfachheit ihrer Kleidung[187] bekam der Bauer Respekt vor ihnen, und überdies wussten sie sich ihm durch Hexenbannen, Teufelsaustreiben usw. äußerst nützlich zu machen. Was lag also daran, wenn sie ein wenig schmutzig waren und ihre Sitten nicht immer mit den Grundsätzen der Moral übereinstimmten?[188] Ihre Anzahl wuchs riesenmäßig an, und in wenigen Jahrzehnten gab es in Europa mehr als eine Million von ihnen. Bald rissen sie auf allen Dörfern den Beichtstuhl an sich, denn sie machten den Weibern die Absolution viel leichter als die regulären Pfarrer, und ihr Einfluss überflügelte daher in Kurzem den der gesamten übrigen Geistlichkeit. Unter diesen Umständen mussten sie, weil sie sich nur allein unter den Papst stellten und nur allein von ihm

---

[186] Die ersten Bettelorden waren die Dominikaner und Franziskaner. Der erstere wurde von Dominikus Guzman, der zweite von Franz von Assisi gegründet. Beide erhielten von Innozenz III. ihre Bestätigung, oder vielmehr ihre eigentliche Weihe und Bestimmung. Ich kann hier übrigens unmöglich auf eine detaillierte Schilderung dieser beiden Orden, sowie der vielen anderen, die nachher noch nach ihrem Muster gegründet wurden, eingehen, sondern muss mir dies für ein eigenes Werk vorbehalten, das zugleich über Inquisition und Jesuitismus Näheres besagen soll.

[187] Die Kleidung eines Bettelmönchs bestand aus einer Kutte, einem Unterkleid, einem Paar Sandalen und einem Taschentuch, das war alles. Später kam noch eine hölzerne Schnupftabaksdose hinzu, die ebenfalls keinen Wert hatte. Von Hüten, Halstüchern, Westen,, Strümpfen und dergleichen Luxusartikeln mehr wussten sie nichts, wie man leicht begreiflich finden wird, da ihnen ja sogar Hemden unbekannte Dinge waren.

[188] Es gab einmal ein Sprichwort in Deutschland, welches also hieß: «Er frisst wie ein Augustiner, lügt wie ein Dominikaner, säuft wie ein Franziskaner, hurt wie ein Carmeliter und stinkt wie ein Kapuziner.»

Befehle annahmen, in des letzteren Händen eine furchtbare Waffe werden. Ein Wink von Rom, und eine Million von Bettelmönchen setzte sich in Bewegung, um den von dort erhaltenen Befehl auszuführen. Der heilige Vater wollte z. B. einem König zu Leibe gehen, und belegte ihn mit dem Bann, sein Land aber mit dem Interdikt. Was taten nun seine Freikorps? Sie drangen in jede Hütte und in jedes Haus, sie malten dem Volk die furchtbaren Folgen vor, welche der Bann nach sich ziehe, sie wiegelten alle Welt auf und brachten es dahin, dass aus Furcht vor der Hölle kein Untertan einem gebannten Herrscher, auch wenn er noch so beliebt war, mehr treu blieb. Sieht man nun den ungeheuren Nutzen, den die Päpste von den Bettelmönchen hatten? Wir schweigen daher über das übrige Wirken der Bettelmönche, besonders in ihrer Eigenschaft als Universitätslehrer, als welche sie nie für die Wissenschaft, sondern immer nur für den Papst tätig waren, und führen nur noch das an, dass einer jener Bettelorden sich vor allen anderen damit beschäftigte, die Ketzerei auszurotten und deshalb die Ketzerverfolgung in ein eigenes System brachte. Dies war der Dominikanerorden, den man aus diesem Grunde auch den päpstlichen Henkersorden nennen könnte. Durch Innozenz III. nämlich wurde der Grundsatz zum Gesetz erhoben, dass jeder, welcher anders denke und anders spreche, als der Papst es haben wolle, mit Feuer und Schwert verfolgt[189] werden müsse, und zu dieser Verfolgung mit Feuer und Schwert erboten sich die Dominikaner freiwillig. Sie waren also die Spür- und Bluthunde der Päpste, und ihr Nutzen für das Papsttum wurde hierdurch größer, als der aller anderen Bettelorden zusammen. Gebot doch der Papst durch dieses grässliche Höllengericht, genannt Inquisition, über die Gesamt-Christenheit mit einem Absolutismus, welcher mit keiner Despotie im Orient verglichen werden kann! Die engen Grenzen dieses Buches erlauben es mir aber nicht, sei es über das Wesen und Treiben der Bettelmönche, sei es über die Grässlichkeiten der Inquisitionstyrannei ausführlicher zu sprechen, sondern ich muss mich damit begnügen, den Leser darauf aufmerksam gemacht zu haben, wie außerordentlich die Macht und der Einfluss der Päpste durch diese beiden Institute gehoben wurde. Nur das erlaube ich mir zu wiederholen, dass der Erfinder sowohl der Inquisition als auch des Bettelmönchsinstituts niemand anders war, als Innozenz III., und unter solchen Umständen wird sich niemand mehr wundern, warum diesem Feuerpapst keine einzige Macht auf Erden widerstehen konnte. Ich belege dies mit einigen Beispielen.
In Galizien und Leon (Spanien) herrschte damals Alfons X., welcher eine Tochter des Königs Sanctius von Portugal zur Gemahlin hatte. Diese war entfernt mit ihm verwandt, aber die Bischöfe Leons wurden vor der Eingehung der Ehe um

---

[189] Solche Grundsätze predigte Innozenz gegen alle Ketzer, besonders aber gegen die Waldenser und Albigenser, auf welche ich später, im Buch «Der Papst und die Duldsamkeit» zurückkommen werde.

Dispensation (wegen der Verwandtschaft) angegangen und hatten sie auch richtig gegeben. Doch der Papst war bei dieser Transaktion nicht gefragt worden, und somit befahl dieser dem König kurzweg, seine Frau von sich zu tun. Alfons gehorchte nicht sofort, und was geschah nun? Innozenz sprach den Bann über ihn aus, und drohte mit dem Interdikt, wenn nicht sofort dem Willen des Stuhls Petri Rechnung getragen werde. Hiergegen hatte König Alfons keine Waffe, und somit musste er wohl oder übel zu Kreuze kriechen und seine Gemahlin Theresia ihrem Vater zurücksenden.

Hierüber erboste sich König Sanctius von Portugal und brach alle Verbindung mit dem päpstlichen Stuhl ab, aber dies sollte ihm übel genug bekommen, denn Innozenz schickte alsbald einen Legaten an ihn und bedrohte ihn ebenfalls mit dem Bann, wenn er nicht augenblicklich die Oberherrlichkeit des Papstes anerkenne und als Beleg hierfür diejenige Summe nach Rom schicke, welche sein Vater Alfons bei der Erteilung des Königstitels jährlich nach Rom zu zahlen versprochen hatte. Was wollte der arme König machen? Er wusste, welche Folgen Bann und Interdikt hatten, und zahlte lieber den Tribut, als dass er seine Krone aufs Spiel gesetzt hätte.

Nicht so nachgiebig war der arme König Philipp August von Frankreich, denn derselbe pochte ohne Zweifel auf die Größe seines Landes, sowie auf die Freisinnigkeit seiner Untertanen, aber auch er musste sich überzeugen, dass gegen den Papst kein König aufkommen könne. Er hatte nämlich die dänische Prinzessin Ingeborg geheiratet, dieselbe aber kurz nach der Ehe, weil ihr Bruder, der König Kanut, ihm in seinem Krieg gegen England keine Hilfe leistete, wieder von sich gestoßen, und dagegen die schöne Agnes von Meran geheiratet. König Kanut wandte sich beschwerend an den Papst, und Innozenz befahl dem König von Frankreich, Agnes von sich zu tun und Ingeborg wieder zu nehmen. Philipp August weigerte sich, aber der Papst machte kurzen Prozess und belegte ganz Frankreich mit dem Interdikt. Auch ruhte er nicht, als bis er den deutschen Kaiser nebst einer Vielzahl anderer großer Fürsten dem Frankenkönig auf den Hals gehetzt und so zur inneren Gärung im Lande auch noch die äußere Not gefügt hatte. So musste denn Philipp August, damit nicht sein Land zerstückelt werde, den Frieden mit dem Papst suchen, und eilte zu dem Ort, wo die abgeschiedene Gemahlin lebte, deren Verzeihung erflehend, und sie wieder als seine Königin einsetzend.

Ganz im Gegensatz gegen Philipp August von Frankreich handelte Peter, König von Aragon, denn dieser schiffte sich freiwillig aus innerem Antrieb nach Rom ein, um sich vom Papst krönen zu lassen und sein Reich dem heiligen Petrus zu Lehen zu geben. Dieselbe Unterwürfigkeit zeigte auch Kalo-Johannes[190], welcher sich zum Herrn von Bulgarien und der Walachei aufgeschwungen hatte. Er schickte nämlich,

---

[190] Der «schöne» Johannes (Anm. d. Hrsg.)

ohne Zweifel um im Papst eine Stütze für seine Usurpation zu bekommen, eine Gesandtschaft nach Rom und erbat sich vom Papst, natürlich gegen das Versprechen der Unterwürfigkeit, die Erhebung zum König. Augenblicklich willigte Innozenz ein und sandte einen Legaten mit der Krone und allen königlichen Insignien nach Bulgarien ab, damit derselbe den neuen König «von Papstes Gnaden» salbe und installiere. Nicht mindere Gewalt übte Innozenz auf Ungarn, Polen und Livland aus, denn der König von Ungarn sowohl als der von Polen zahlte ihm ohne Widerstreben Tribut; Livland aber erklärte der Papst zum «Witwensitz der heiligen Jungfrau» und schenkte es dem Orden der Schwertbrüder, natürlich mit dem kleinen Beisatz, dass die Ritter es sich erst von den heidnischen Letten erobern sollten. So herrschte Innozenz in ganz Europa. Vom Süden bis zum Norden, vom Osten bis zum Westen. Ja sogar auf Konstantinopel dehnte sich sein Einfluss aus, und er hoffte sicherlich, selbst in Asien festen Fuß zu fassen. Nachdem nämlich im Jahre 1204 die Kreuzfahrer jene Stadt erobert hatten, ernannten sie Herzog Balduin zum König von Byzanz, Thomas Maurolenus aber zum Patriarchen der morgenländisch-lateinischen Kirche. Letzterer reiste alsbald nach Rom, um sich vom Papst bestätigen zu lassen, aber Innozenz verwarf die Wahl, weil von Laien ausgegangen; doch ließ er sich schließlich durch die Bitten des Kaisers Balduin bewegen, dem genannten Patriarchen die Patriarchenwürde aus eigener Macht zu erteilen, natürlich unter der Bedingung, dass der neue Patriarch sich zu allem nach dem Willen des Papstes richte.

Man darf also sagen, dass Innozenz III. fast allmächtig auf Erden dominierte, aber was wollen alle diese bis jetzt genannten Beispiele seiner Übermacht gegen das besagen, was er in England zur Ausführung brachte? Im Jahr 1205 nämlich war der Erzbischofsitz von Canterbury, die höchste geistliche Stelle und zugleich die reichste Pfründe in England (der Erzbischof hatte den Titel «Fürstprimas»), frei geworden und nun besetzten die Augustinermönche vom Erzstift Canterbury dieses wichtige Amt ganz in der Stille mit ihrem Superior Reginald, der alsbald nach Rom reiste, um sich dort in seiner Würde bestätigen zu lassen. Hierüber erboste sich König John, ein ebenso jähzorniger, rachgieriger, rücksichtsloser, feiger und hinterlistiger Monarch, welcher gewohnt war, diese Stelle als eine *Sinecure* der Krone zu betrachten. Augenblicklich nötigte er die Mönche zu einer neuen Wahl und zwar mussten sie auf seinen Vorschlag hin den Bischof von Norwich, John Gray, ernennen, den er unverzüglich mit den weltlichen Gütern des Erzbistums belehnte. Auch diese Wahl wurde wie die des Reginald dem Papst zur Bestätigung vorgelegt, doch Innozenz III. verwarf die eine wie die andere als illegal und befahl, eine neue Wahl vorzunehmen, für welche er einen ihm durchaus ergebenen Kleriker namens Steven Langton als den besten Kandidaten empfahl. Natürlich wurde Langton erwählt und augenblicklich vom Papst bestätigt; doch König John durchschaute dieses Spiel – denn die ganze Wahl war eigentlich nur eine Form -, und in der ersten Wut über die päpstliche Anmaßung, sowie über die demütige

Speichelleckerei der Mönche, jagte er die letzteren aus Canterbury hinaus, zog ihre sämtlichen Güter ein, verbannte sofort Steven Langton aus allen seinen Stellen und schrieb zugleich dem Papst einen bitteren, vorwurfsvollen Brief wegen seiner Einmischung in die inneren Angelegenheiten der englischen Krone, als deren Vorrecht er die Ernennung des Erzbischofs von Canterbury betrachte. Doch so hoch sich auch der König aufs Ross setzte, so wenig machte sich Innozenz III. aus den Drohungen desselben, denn er wusste sehr wohl, mit wem er es zu tun habe, und darum antwortete er wie ein Monarch einem Untertanen gegenüber zu sprechen gewohnt ist. Natürlich gab auch der König nicht nach, sondern wurde nur immer heftiger, und somit schritt der Papst zum Äußersten und verhängte den Bann über den König, sowie das Interdikt über dessen Land. Nun wurde John vollends ganz rabiat und schwor «bei Gottes Zähnen» (dies war nämlich sein Lieblingsschwur, den er sonst nie brach), dass er jeden Bischof, Pfarrer oder Mönch, der das Interdikt anerkenne und infolge dessen seine kirchlichen Funktionen sistiere, zum Land hinausjagen oder gar einkerkern würde. Innozenz ließ sich aber auch hierdurch nicht beirren, besonders da er wusste, dass der König bei seinen Untertanen seiner Wankelmütigkeit und Grausamkeit wegen eher verhasst als beliebt sei, und schickte einige Legaten nach England, welche den allgemeinen Bann über das gesamte Land in allen Kirche verkündigen sollten. Der König ließ sie fangen und schickte sie mit abgeschnittenen Nasen und ausgestochenen Augen nach Rom zurück. Auch zog er wirklich die Güter der Kleriker ein, welche dem päpstlichen Gebot folgend, ihre Kirche hatten schließen lassen.[191] Dessen ungeachtet traten fast alle Bischöfe auf die Seite des Papstes und bald wurde in ganz England keine Glocke mehr geläutet und keine gottesdienstliche Handlung mehr vorgenommen. Um dieses Gebaren zu unterstützen, hielt der Papst eine Kardinalsversammlung in Rom, in welcher sofort alle Untertanen König Johns vom Eid der Treue entbunden wurden, und gab dann den neu gegründeten Bettelkutten den Befehl, das gemeine Volk Englands gegen seinen Monarchen aufzuhetzen und zum Revoltieren zu bringen. Natürlich befolgten die Bettelmönche den erhaltenen Befehl aufs genaueste und nun fing es an auf der britischen Insel ziemlich bunt herzugehen, denn wenn die einen zum König hielten und bereit waren, die ganze Geistlichkeit auszurotten, so fühlten sich dagegen die anderen, und diese letzteren waren die Mehrzahl, in ihrem Gewissen beeinträchtigt und verweigerten den königlichen Beamten allen Gehorsam. Dieser Zustand dauerte mehrere Jahre lang, und mit jedem Jahr wurde die Zerrüttung und Unordnung größer, bis schließlich in allen Provinzen, Gemeinden und Familien statt Ruhe und Frieden nur noch Hass und Zwietracht herrschte. Nun traf es sich aber, dass die

---

[191] König John, gewöhnlich «Johann ohne Land» genannt, weil er nahe daran war, obdachlos umherzuirren, war ein großer Pfaffen- und Kuttenfeind, und spottete über die Kirche fast wie ein Ungläubiger. So sagte er z. B. einmal, als er einen fetten Hirsch schoss: «Was für ein dickes und feistes Tier und hat doch nie Messe gelesen!»

englische Krone große Besitzungen in Frankreich (Normandie usw.) hatte, Besitzungen, welche die Könige Frankreichs, wie natürlich, schon längst gern an sich gerissen hätten, und über welche es schon oft und viel zum Krieg zwischen beiden Ländern gekommen war. Hierauf fußend, erklärte der Papst König John kurzerhand seines Thrones verlustig, und schenkte dagegen England, Irland und alles, was daran hing, König Philipp August von Frankreich, natürlich unter der Bedingung, dass Philipp das geschenkte Land sofort zu erobern habe. Der König von Frankreich, als Erzfeind Englands, nahm die Schenkung an und rüstete augenblicklich ein großes Heer aus, um die päpstliche Sentenz zur Ausführung zu bringen. Zu gleicher Zeit predigte Innozenz einen förmlichen Kreuzzug gegen König John und versprach jedem, welcher die Waffen gegen England ergreifen würde, auch wenn er der ärgste Sünder und Verbrecher wäre, vollständigen Ablass. Hierdurch mehrten sich die Feinde Johns auf eine grandiose Weise und verschiedene seiner bisherigen Anhänger, worunter sogar einige der angesehensten Barone waren, traten auf die Seite seiner Gegner über, sowie überhaupt das Missvergnügen über die durch ihn veranlasste grässliche Verwirrung mit jedem Tag zunahm. Endlich, im Jahr 1213 sollte es zur Entscheidungsschlacht kommen, doch nun erschien der päpstliche Legat Pandulph vor Dover im Lager Johns und bot ihm im Namen seines Herrn zum letzten Mal Verzeihung an, wenn er sich füge; im andern Fall würde das Absetzungsurteil unerbittlich vollstreckt werden. John sah ein, dass die Übermacht gegen ihn war, er sah ferner ein, dass er in seinen eigenen Untertanen keinen Halt mehr hatte, und nun verließ ihn auf einmal der Mut so sehr, dass er sich in allen Stücken zu unterwerfen versprach. Dieses ging am 23. Mai 1213 vor sich, und es wurde zwischen dem König und dem Legaten abgemacht, dass nicht nur Steven Langton von dem Erzbistum Canterbury ungestört Besitz ergreifen dürfe, sondern dass auch alle verbannten und abgesetzten Bischöfe, Pfarrer oder Mönche zurückberufen und für allen erlittenen Verlust vollständig entschädigt werden müssten. Auch versprach der König alle Kriegskosten zu ersetzen, und bezahlte dem Legaten per Abschlag für Rechnung des Papstes auf der Stelle 8000 Pfund Sterling, eine für damalige Zeiten sehr bedeutende Summe. Der Sieg des Papstes war also ein vollständiger, doch – hieran war es noch nicht genug, sondern zwei Tage darauf, am 25. Mai, übergab John, alles Ehrgefühl vergessend, die Kronen von England und Irland in die Hände des päpstlichen Stellvertreters, um sie dann ein paar Tage darauf von ihm wieder als Lehen zurückzunehmen.[192] Damit erklärte er sein Reich für alle Zeiten zu einem

---

[192] Dieser Akt wurde in der Kirche zu Dover vorgenommen. Der päpstliche Legat – ein Mann nach dem Herzen, nicht Gottes, aber des Papstes Innozenz – saß auf einem Thronsessel und König John musste wie ein Verbrecher vor ihm knien und in dieser Stellung, nachdem er Krone und Zepter dem Legaten zu Füßen gelegt und die 1000 Mark Silber dazugefügt hatte, den Eid der Treue schwören. Fünf Tage lang behielt der Legat die Krone nebst dem Zepter und erst am sechsten Tage erhielt sie John wieder zurück, «als

päpstlichen Lehensreich und versprach für sich und seine Nachfolger jährlich an den Stuhl Petri einen Lehenzins von 1000 Mark Silber,[193] bei Verlust des Thronrechts zu bezahlen. König John machte sich also durch diesen schimpflichen Vertrag zum förmlichen Untertanen des Papstes und erst nachdem der Vertrag feierlich proklamiert und beschworen war, erhielt der unwürdige Regent die Absolution vom Bann, während zugleich dem König von Frankreich die Einstellung der Feindseligkeiten anbefohlen wurde.

So war also auch England unterworfen, und nunmehr gab es keinen Thron in Europa mehr, welcher nicht den Stuhl Petri, sei es freiwillig, sei es unfreiwillig, als seinen Oberherrn anerkannt hätte. Das berühmte Wort Gregors VII.: «*Summi pontificis voluntas decretum est*», das heißt: «Der Wille des Papstes ist Befehl», war in Erfüllung gegangen und ebenso das nicht minder berühmte Wort Innozenz': «Der Papst ist die Sonne, die weltlichen Fürsten aber sind der Mond und empfangen wie dieser von der Sonne ihr Licht!» Wenn nun aber Innozenz III. so beispiellos herrisch mit den Monarchen der Erde umsprang, auf welche tyrannische Weise wird er vollends erst in der Kirche geherrscht haben? Der Leser kann es sich denken, und eine weitläufigere Auseinandersetzung wäre nur ermüdend. Schließlich setzte er doch die Bischöfe und Erzbischöfe ganz nach seinem Belieben ein oder ab und tyrannisierte all die geringeren Geistlichen, die ja seine «Mitbrüder in Christo» waren, als wären sie aus einem ganz anderen Teig geknetet als er. Er ließ den Klerus auf den von ihm versammelten Synoden oder Konzilen, wie z. B. auf dem Lateranischen von 1215[194] nicht mehr, wie bisher üblich, sich beratschlagen, debattieren und Beschlüsse fassen, sondern diktierte vielmehr ganz einfach und kategorisch seinen Willen, dem jedermann als einem Gesetz Gehorsam leisten musste. Und durch die Inquisition herrschte er über alle Seelen wie auch über alle Leiber der Gesamt-Christenheit, so dass niemand es mehr wagte, anders zu denken, zu glauben und zu sprechen, als er befahl, aus Furcht, auf

---

Gnadengeschenk des Papstes». Auch die 1000 Mark Silber geruhte nun der Legat aufzuheben, obgleich er am ersten Tag wie aus Verachtung mit den Füßen darauf herumgetreten war.

[193] Eine Mark betrug 233 Gramm Silber. (Anmerk d. Hg.)

[194] Auf diesem Konzil waren 71 Erzbischöfe, 412 Bischöfe, über 800 Äbte und eine Menge hoher weltlicher Herren, worunter die Gesandten aller Monarchen Europas, im Ganzen über 1500 Würdenträger versammelt waren, und bei der Eröffnung desselben gab es ein solch furchtbares Gedränge, dass der Erzbischof von Amalfi erdrückt wurde. Eine glänzendere kirchliche Versammlung hatte man noch nie gesehen, und man konnte es dem Papst deshalb fast nicht verübeln, wenn er sich als eine Art Vizeherrgott betrachtete. Von Beschlüsse-fassen und dergleichen mehr war aber gar nicht die Rede, sondern der Papst ließ seine Anträge nebst den Beschlüssen fix und fertig vorlesen und die Versammlung stimmte ohne irgendeine Diskussion zu, indem sie sich wie Sklaven dem Willen ihres Oberherrn demütig fügten..

dem Scheiterhaufen oder in den Kerkern der schrecklichen Dominikaner sein Leben lassen zu müssen.

Innozenz starb im Jahr 1216, auf dem Höhepunkt seiner Macht, und ihm träumte es wohl nicht, dass diese je einmal erschüttert oder gar gänzlich zertrümmert werden könnte. Auch niemand anders hätte so etwas für möglich gehalten, denn die unmittelbaren Nachfolger Innozenz' traten durchaus in seine Fußstapfen und die päpstliche Universaldespotie schien für alle Ewigkeit fest gegründet. Ja man hätte sogar eher glauben sollen, dass diese Despotie in der nächsten Zeit durch den nun erwachsenen Kampf mit Kaiser Friedrich II., wenn möglich, sich noch gesteigert habe und gewachsen sei; aber dieses Wachsen und sich Steigern war doch nur ein scheinbares und endete, wie wir gleich sehen werden, abrupt.

Von Honorius III. (1216-1227), dem unmittelbaren Nachfolger des Innozenz, lässt sich im Großen und Ganzen nichts berichten, als dass er das ausführte, was sein Vorgänger begonnen hatte, und besonders die blutige Verfolgung der Ketzer mit Feuer und Schwert (Inquisition) fortsetzte. Unter ihm schon begannen die Unstimmigkeiten mit Kaiser Friedrich II., von welchem man zu Anfang geglaubt hatte, er werde ein rechter «Pfaffenkönig» werden; doch zum Ausbruch kam der Streit erst unter Gregor IX. (1227-1241), einem leiblichen (er war ebenfalls ein geborener Graf Segna), noch mehr aber einem geistigen Verwandten des verstorbenen Papstes Innozenz. Der Kaiser hatte nämlich schon Honorius versprochen, einen neuen Kreuzzug gegen die Ungläubigen zu unternehmen, die Sache aber von Jahr zu Jahr hinausgeschoben. Gregor mahnte alsbald dringend, und als der Kaiser trotzdem immer noch zögerte, so bedrohte ihn der Papst sofort mit dem Bann. Der Grund, warum Letzterer so streng auf diesen Kreuzzug versessen war, lag übrigens keineswegs in religiösem Eifer gegen die Ungläubigen, sondern vielmehr darin, dass er den Kaiser, welcher ihm durch den ererbten Besitz von Sizilien und Unteritalien zu mächtig geworden war, aus seiner Nähe, um freie Hand zu bekommen, entfernt haben wollte. Friedrich II. sah dies recht wohl ein damit aber kein Streit entstehe, gab er nach, sammelte ein Heer in Brindisi (noch im Jahr 1227) und schiffte sich sofort nach Syrien ein. Aber es befiel ihn, sowie mehrere andere auf seinem Schiff, eine epidemische Seuche, an welcher z. B. der Landgraf Ludwig von Thüringen starb, und die Krankheit nahm in kurzer Zeit so zu, dass der Kaiser nach Otranto zurückkehrte, um sich in den Bädern von Puzzioli zu kurieren. Dies erklärte Gregor für reine Verstellung und schleuderte daher alsbald den Bannstrahl gegen Friedrich. Letzterer rechtfertigte sich in einem Manifest, worin er der päpstlichen Despotie hart zu Leibe ging, verfehlte aber nicht, zugleich eine Gesandtschaft nach Rom zu senden mit der Versicherung, dass er, sowie seine Gesundheit es ihm erlaube, den Kreuzzug trotz des Banns unternehmen werde. Damit begnügte sich jedoch der Papst nicht, sondern verlangte augenblicklichen Aufbruch. Natürlich weigerte sich Friedrich, und diese Weigerung, sowie besonders die bittere Sprache des Manifests, welches kein Blatt vor den Mund nahm, empörte den Papst so sehr, dass er nun den Bann zum Interdikt verschärfte und nicht bloß allen Gläubigen befahl, irgendeinen Umgang mit dem Kaiser zu meiden, sondern auch die gesamte Priesterschaft anwies, da wo der Kaiser verweile unter keiner Bedingung eine gottesdienstliche Handlung vorzunehmen. Hierauf antwortete Friedrich mit einem neuen Manifest und befahl zugleich den Geistlichen in seinen Staaten, bei Strafe der Absetzung und Einkerkerung, sich nicht um das Interdikt zu kümmern, sondern den Gottesdienst nach wie vor zu verrichten. Hierüber, besonders über das neue, noch bissigere Manifest, welches das Papsttum in allen seinen Teilen angriff und die unersättliche Priesterherrschaft als die Wurzel allen Übels bezeichnete, wurde Gregor so ergrimmt, dass er den Entschluss fasste, den Kaiser (als wenn es an den zwei ersten Verdammungen zur Hölle noch nicht genug wäre) zum drittenmal und zwar unter noch größeren Feierlichkeiten als zuvor in den Bann zu tun. Auch zog er in der Tat an der Spitze seiner Kardinäle, sowie der gesamten Geistlichkeit Roms in die Peterskirche, um dort die dritte Verfluchung vorzunehmen. Doch der Kaiser hatte auch seine Partei unter den Römern, und diese fielen während des Hochamtes über den Papst und seine Kardinäle her, prügelten sie zur Kirche hinaus und nötigten sie, Rom auf einige Zeit zu verlassen. Unterdessen war Kaiser Friedrich wieder genesen und trat nun in der Tat im Jahr 1228 den versprochenen Kreuzzug an, obwohl er noch mit dem Bann belegt war. Über diese Frechheit erzürnte sich der Papst von Neuem, denn er hatte erwartet, der Kaiser werde vorher demütig um Absolution flehen, da ja ein Gebannter gar kein Recht habe, eine gute Handlung zu verrichten. Darum schickte Gregor Boten über Boten nach Palästina, mit dem Befehl an die daselbst befindlichen Ritterorden, sowie an die Geistlichkeit und an das Volk jener Gegenden, dass niemand den Kaiser bei seinem Unternehmen unterstützen solle. Ja damit war der Papst noch gar nicht einmal zufrieden, sondern er wiegelte auch die stets zum Aufruhr geneigten Lombarden auf, dass sie das Joch des Kaisers abschütteln sollten, und fiel selbst mit einem Heer in Unteritalien ein. So entstand in Italien der Kampf zwischen Guelfen und Ghibellinen, von dem wohl jeder Leser schon gehört haben wird, da er jenes schöne Land auf Jahrhunderte hinein zerrüttete. Ghibellinen nannte man die Anhänger der Hohenstaufen oder Deutschen, nach dem schwäbischen Ort Waiblingen, in welchem der Stammvater der Hohenstaufen, Kaiser Konrad, geboren war, die Guelfen aber hatten ihren Namen von dem Herzog Welf von Bayern, auf Italienisch Guelfo, dem Gemahl der Gräfin Mathilde, durch welche der Kirchenstaat so bedeutend vermehrt worden war. Doch trotz all dieser päpstlichen Machenschaften schiffte sich der Kaiser nach Akkon ein, drang von dort siegreich bis Joppe vor, und schloss sodann nach einer gewonnenen Schlacht einen Vergleich mit dem Sultan Al-Kamil, demzufolge nicht nur Jerusalem nebst den heiligen Städten, sondern auch das ganze Land zwischen Joppe, Bethlehem, Nazareth und Akkon von den Muslimen herausgegeben wurde. Dieser glückliche Erfolg, statt den Papst auszusöhnen, erfüllte ihn – zum besten Beweis, dass es ihm um ganz andere Dinge als um die Eroberung des heiligen Landes ging – vielmehr mit noch größerer Wut. Er belegte demnach augenblicklich Jerusalem mit dem Interdikt, und hätte es nur zu gerne gesehen, wenn den Tempelrittern ihre Teufelei, den Kaiser an den Sultan zu verraten, gelungen wäre. Aber der Sultan war viel zu edelmütig, als dass er sich seines Feindes durch Meuchelmord hätte entledigen wollen, und setzte daher den Kaiser von dem beabsichtigten schlechten Streich selbst in Kenntnis. Nachdem also auch dieses Mittel vereitelt war, zog Friedrich nach Jerusalem und setzte sich dort am 17. März 1229 selbst die Krone auf, da wegen des Interdikts kein Priester diese Funktion vornehmen oder auch nur eine Messe lesen wollte. Unterdessen war in Italien und Deutschland das Gerücht verbreitet worden, der Kaiser sei in Syrien gefangen genommen worden oder gar gestorben, und der Papst setzte alle Hebel in Bewegung, um die Fürsten Deutschlands zu einer neuen Kaiserwahl zu bewegen, während in Italien selbst alles drunter und drüber ging. Da erschien plötzlich Friedrich, in Brindisi landend, auf italienischem Grund und Boden und hatte in kurzer Zeit eine Armee beieinander, mit welcher er ganz Unteritalien zurückeroberte. Nun natürlich bekam es der Papst mit der Angst zu tun, besonders als der Kaiser in den Kirchenstaat selbst eindrang und alles mit Feuer und Schwert verwüstete. Gregor erbot sich also, den Bann zurückzunehmen und den Kaiser zu absolvieren, wenn dieser die Kleinigkeit von 1000000 Unzen Gold bezahle, denn ohne Nutzen davon zu haben, tat ein Papst nicht leicht etwas. Hierauf ging Friedrich in seiner Großzügigkeit ein, und so wurde der Frieden wieder hergestellt. Doch letzterer dauerte nur kurze Zeit, denn der Papst verführte heimlich den ältesten Sohn des Kaisers, Herzog Heinrich, sich mit den Lombarden gegen den eigenen Vater zu verbinden; aber zu einem förmlichen Bruch kam es für die nächsten paar Jahre doch nicht, einfach deswegen, weil der Vater den Sohn besiegte und mit Weib und Kind auf das Schloss San-Felice in lebenslängliche Haft brachte. Dagegen gelang es dem Papst, die lombardischen Städte im Jahr 1236 zu einem neuen Aufstand gegen den Kaiser zu bewegen und obwohl Letzterer den glänzenden Sieg bei Cortenuova am Oglio errang (26. und 27. November 1237), so zog sich doch die Belagerung der festen Städte Mailand, Bologna, Piacenza und Brescia so sehr in die Länge, dass die Truppen Friedrichs durch Seuchen und andere Gründe fast dezimiert wurden. Diese für den Kaiser ungünstige Wendung der Dinge glaubte Gregor, welcher ohnehin darüber wütend war, dass Friedrich seinen Sohn Enzio zum König von Sardinien gemacht hatte[195], nutzen zu müssen, um die Macht des Kaisers in Italien nicht allzu groß werden zu lassen und sprach daher am Palmsonntag 1239 abermals den Bann gegen Friedrich

---

[195] Friedrich hatte Sardinien von den Sarazenen erobert und konnte daher natürlich nach Belieben darüber verfügen, der Papst behauptete jedoch, diese Insel sei von jeher ein Lehen des päpstlichen Stuhls gewesen und verlangte sie für sich zurück.

II. aus. Letzterer wurde in dieser Bannbulle ein Feind der Kirche und ein Usurpator des Erbteils des heiligen Petrus genannt. Auch forderte der Papst alle kaiserlichen Untertanen darin auf, Friedrich nicht mehr als ihren Herrn und Regenten anzusehen, weil derselbe eher ein Heide als ein Christ sei, und überdies wimmelte es in dieser päpstlichen Verdammungsschrift von Schmähungen aller Art so sehr, dass es sozusagen keine schlechte Gesinnung und keine schlechte Tat (Meuchelmord, Lüge, Grausamkeit, Meineid, Kirchenraub, Abgötterei usw.) gab, welche Friedrich II., der größte der Hohenstaufen, nicht begangen haben sollte. Auf ein solches Schmähmachwerk konnte der Kaiser natürlich die Antwort nicht schuldig bleiben und er erließ daher ein abermaliges Manifest, worin unter anderem der Papst mit einem Ungetüm verglichen wird, dessen Gier nicht zu stillen sei, als bis es die ganze Welt verschlungen habe, und was dergleichen Wahrheiten mehr waren. Auch befahl Friedrich, dieses Manifest nicht bloß an alle Fürsten und Könige zu versenden, sondern er ließ es auch an die Rathäuser und Kirchentüren anschlagen, «damit alles Volk ersehe, welch besudelter Priester der Papst sei und wie wenig von der Nachfolgerschaft Petri in ihm stecke.» Die Wahrheiten, die in dem kaiserlichen Manifest standen, waren bittere Pillen für den Papst und er geriet daher vor Zorn so sehr außer sich, dass er in Nachahmung seines großen Vorgängers Innozenz, den Kaiser für abgesetzt erklärte und die deutsche Krone Ludwig IX. von Frankreich anbot. Zugleich befahl er seinem fliegenden Freikorps von Bettelmönchen, dass sie zu Tausenden und Abertausenden alle Gaue Deutschlands durchzögen, um das Volk gegen seinen rechtmäßigen Monarchen aufzuwiegeln. Aber Kaiser Friedrich war kein «Johann ohne Land» und Gregor IX. kein Innozenz III. So blieb trotz Kutten und Interdikt der Kaiser Herr in seinem Reich, denn er setzte alle Geistlichen, die gegen ihn waren, auf der Stelle ab und jagte die Bettelmönche mit abgeschnittenen Ohren zum Land hinaus. Ja, nicht wenige, welche trotzdem die päpstliche Bannbulle einzuschwärzen und zu verkündigen wagten, wurden sogar am Leben gestraft und mussten zum Lohn ihrer Papsttreue den Galgen zieren. Nachdem er so in Deutschland Ordnung geschaffen hatte, zog der Kaiser im Jahr 1241 mit einem großen Heer nach Italien, züchtigte die Lombarden und ging dann gegen Rom selbst los, dessen ganze Umgebung er eroberte und zerstörte. Hierdurch noch mehr erbittert, beschloss der Papst, der sich in dem wohlbefestigten und von einem starken Heer verteidigten Rom sicher genug wusste, ein allgemeines Konzil zu veranstalten, um auf diesem den Kaiser durch alle Bischöfe der Welt verdammen zu lassen. Natürlich konnte solche Absicht Gregors dem Kaiser nicht verborgen bleiben, und da bereits eine Menge von Bischöfen, besonders aus Frankreich, Spanien und England sich in der freien Stadt Genua eingefunden hatten, um von da zu Schiff (die Landwege waren nämlich alle von den Soldaten und Anhängern Friedrichs verlegt) nach Rom zu gelangen, so beauftragte der letztere seinen Sohn Enzio, den Vizekönig von Sardinien und Oberkommandanten der kaiserlichen Flotte, die Galeeren der

Genuesen anzugreifen, sobald die bewussten Bischöfe auf denselben nach Rom übersetzen wollten. Enzio traf die feindliche Flotte bei der Insel Meloria, griff sie alsbald an und erreichte einen vollständigen Sieg. Alle Bischöfe wurden gefangen und mehrere derselben, welche als dem Kaiser besonders feindlich bekannt waren, in der ersten Hitze über Bord geworfen und ersäuft, die sämtlichen übrigen aber nach Unteritalien geschickt, wo sie in den verschiedenen kaiserlichen Burgen sicher einlogiert wurden. Dies geschah 1241 und die Nachricht dieser außerordentlichen Niederlage drückte den Papst so schwer nieder, dass er gleich darauf vor Kummer den Geist aufgab, was übrigens den Leser nicht so sehr wundern wird, wenn ich hinzusetze, dass er 90 Jahre und 3 Monate alt war.

Der Stern des Kaisers leuchtete also abermals siegreich und darum wagten es auch die Kardinäle in Rom nicht, einen dem Kaiser feindlichen Mann auf den Stuhl Petri zu setzen. Im Gegenteil, sie ließen dem Kaiser die Wahl zwischen dem Kardinal Gottfried und dem Kardinal Romanus. Friedrich II. entschied sich für Gottfried, welcher sofort als Cölestin IV. ausgerufen wurde und sich augenblicklich bereit erklärte, mit dem Kaiser Frieden zu schließen. Leider kam es nicht dazu, denn er starb schon am 7. Tage seiner Regierung ohne Zweifel an Gift, das ihm die guelfisch Gesinnten beigebracht hatten. Nun stand es volle 18 Monate an, bis das Kardinalkollegium, welches in zwei Parteien, eine guelfische und eine ghibellinische, geteilt war, eine neue Wahl zustande brachte. Diese fiel auf den genuesischen Grafen und Kardinal Fiesco, einen äußerst gelehrten Mann und angeblichen Freund des Kaisers, dessen wahre Gesinnung aber sogleich nach seiner Thronbesteigung an den Tag kam. Er nannte sich Innozenz IV. und trat alsbald mit dem Kaiser wegen Freilassung der immer noch in Unteritalien gefangen sitzenden Bischöfe und Erzbischöfe in Unterhandlung. Friedrich II. erklärte sich bereit, sie frei zu geben, jedoch natürlich unter der Bedingung, dass endlich einmal der Bann von ihm genommen würde, Innozenz aber verlangte unbedingte Freigebung und wollte dann die Absolution als päpstliches Gnadengeschenk folgen lassen. Hierüber erbittert, zog der Kaiser seine Truppen zusammen, um gegen Rom zu marschieren, aber der Papst, der fürchtete, das Schicksal der gefangenen Prälaten teilen zu müssen, ritt gut verkleidet in der Nacht nach Civitavecchia, wo die Galeeren Genuas auf ihn warteten, um ihn nach Lyon in Frankreich zu bringen. Dort schrieb er sogleich ein allgemeines Konzil aus (1245), auf welchem sich übrigens nur wenige Bischöfe einfanden. Trotzdem aber und obwohl der kaiserliche Gesandte Thaddäus von Sessa in einer wunderschönen Rede all die gegen seinen Herrn vorgebrachten Beschuldigungen widerlegte, sprach Innozenz den großen Bann über den Kaiser aus, den er zugleich für seines Reichs verlustig und abgesetzt erklärte. «Wenn wir,» so sagte triumphierend der Papst, «diesen großen Drachen (das ist den Kaiser) niedergeworfen und gebändigt haben werden, so können wir all die kleinen Schlangen (die übrigen Fürsten und Könige) ohne Furcht mit Füßen treten.» In diesen wenigen Worten treten die wahren Absichten des Papsttums klar genug zutage und Kaiser Friedrich, der dies erkannte, erließ ein neues Manifest[196], worin er zuerst erklärte, dass die päpstliche Bannerklärung schon deswegen null und nichtig sei, weil der Papst sich anmaße, den Ankläger, Zeugen und Richter in seiner einen Person zu vereinigen, und sodann auseinandersetzte, dass es so lange in der Christenheit keine Ruhe geben werde, als bis die gesamte Geistlichkeit wieder zu dem apostolischen Leben der ersten Zeit zurückgebracht sein würde. Über solche Frechheit (so nannte der Papst die Wahrheiten, welche ihm in jenem Manifest gesagt wurden) wurde Innozenz IV. nur immer erbitterter, schlug den Vermittlungsversuch des französischen Königs Ludwig IX. rundweg ab und forderte die deutschen Fürsten auf, einen neuen Kaiser zu wählen. Friedrich II., um so weit zu gehen als nur irgend möglich, erbot sich, das Reich seinem Sohn Konrad abzutreten und für seine Person nach Palästina zu gehen, um gegen die Ungläubigen zu fechten. Aber auch darauf ließ sich der Papst nicht ein, denn es ging ihm darum, das ganze hohenstaufische Geschlecht als «papstfeindlich» auszurotten. Nun begann der Krieg zwischen Guelfen und Ghibellinen aufs Neue und zwar in Italien und in Deutschland zugleich. Die Geistlichkeit in Deutschland, welcher der aufgeklärte Friedrich schon längst ein Dorn im Auge war, stellte sich auf Seiten des Papstes und durch ihre Bemühungen kam es wirklich so weit, dass ein Teil der Kurfürsten im Jahr 1246 den Landgrafen von Thüringen, Heinrich Raspe, den man gewöhnlich nur den «Pfaffenkönig» nennt, zum deutschen Regenten erwählten. Der Papst unterstützte ihn mit bedeutenden Summen und auch die deutsche Geistlichkeit steuerte bei, aber das Volk verachtete ihn und als er im Jahr 1247 von Konrad, dem Sohn des Kaisers, (dieser selbst war nach Italien gegangen) bei Ulm geschlagen wurde, so wäre es um seine Sache geschehen gewesen, auch wenn ihn der Tod nicht gleich darauf (1247) ereilt hätte. Durch diesen verunglückten Gegenkönigsversuch ließ sich jedoch der Papst nicht abschrecken, sondern bot die Krone von Deutschland abermals aus. Lange wollte sie niemand annehmen, denn sogar Otto von Geldern, sowie Heinrich von Brabant schämten sich, päpstliche Scheinkönige zu werden. Da endlich griff Wilhelm, Graf von Holland, zu und abermals sparte der Papst das Geld nicht, um seinem Schützling auf die Beine zu helfen. Er wurde auch wirklich im Jahr 1248 zu Aachen gekrönt, aber der tapfere Konrad setzte ihm so zu, dass er noch im selbigen Jahr unverrichteter Dinge nach Holland zurückkehren musste. So glücklich nun aber auch die Sachen für die Hohenstaufen in Deutschland liefen, so unglücklich fielen sie in Italien aus, obwohl Friedrich II. hier selbst den Feldherrenstab führte. Nachdem er nämlich einen vom Papst in Sizilien erregten Aufstand glücklich gedämpft hatte, war er im Begriff, auch die empörte Lombardei, mit welcher sich inzwischen sein Sohn Enzio herumgeschlagen hatte, wieder zu unterwerfen; da

---

[196] Verfasser dieser Manifeste war sein vertrauter Kanzler Petrus da Vineis d. h. von Weingarten in Schwaben.

traten Ereignisse sein, welche ihm das Herz brachen. Es gelang nämlich der hartbelagerten Stadt Parma in einem Ausfall, die kaiserliche Belagerungsarmee zu zerstreuen, was schon ein großer Verlust war. Sodann wusste der Papst die gute Stadt Bologna, welche es bisher immer mit dem Kaiser gehalten hatte, für den Lombardenbund zu gewinnen, und als in Folge dessen König Enzio gegen die Bologneser zu Felde zog, wurde er von letzteren im Treffen gefangen genommen, und in ein festes Gefängnis gelegt.[197] Schließlich aber, und dies war bei weitem der härteste Schlag, brachte es Innozenz durch große Geldopfer dahin, dass des Kaisers vertrautester Freund, der Kanzler Petrus da Vineis, versuchte seinen Herrn zu vergiften. Der Anschlag gelang nicht, denn der Kanzler wurde über der Tat ertappt, sogleich gefesselt und geblendet und tötete sich im Kerker zu Pisa selbst, indem er den Kopf gegen die Wand rannte; aber das Vertrauen des Kaisers in seinen Glücksstern war von nun an für immer dahin. Noch einmal versuchte er sich aufzuraffen, aber plötzlich erkrankte er (ohne Zweifel wurde doch ein Giftmischer für ihn gefunden) und starb am 13. Dezember 1250 zu Fiorentino in den Armen seines Sohnes Manfred.

Dieser Hohenstaufe war also besiegt und der Papst frohlockte über dieses Ereignis auf eine fast unmenschliche Weise. «Es jauchzen die Himmel,» schrieb er, «und es hüpft die Erde, denn Herodes ist tot. Nie und nimmer sollen mit unserem Willen die Nachkommen jenes tyrannischen Geschlechts weder das Reich, noch Schwaben, noch Sizilien besitzen!» In der Tat schien auch nun die Sache der Ghibellinen für immer besiegt zu sein und Innozenz brach alsbald von Lyon auf, um von neuem wieder im Kirchenstaat zu residieren. Allerdings waren noch zwei Hohenstaufen übrig, der tapfere Manfred und Konrad IV., welcher seinem Vater in der Regierung nachfolgte. Aber Innozenz schleuderte sogleich auf beide den Bann; einfach deswegen, weil sie Söhne Friedrichs II. waren, und sie mussten auch nun all die Folgen tragen, welche damals eine solche päpstliche Achtserklärung nach sich zog. Die Verwirrung in Deutschland wie in Italien überstieg fast alle Grenzen, überall herrschte Empörung, überall Krieg und Aufstand, und niemand wusste mehr, wer Koch oder Keller sei. Konrad ging, um sich wenigstens den Besitz Apuliens und Siziliens zu sichern, im Jahr 1251 nach Italien, verbündete sich mit seinem Bruder Manfred, unterwarf sich im Jahr 1253 zuerst Sizilien und dann im Oktober 1253 Neapel, eroberte Benevent und rüstete sich im Frühjahr 1254 zu einem Zug nach Mittel- und Oberitalien, als ihn am 21. Mai 1254 der Tod hinwegraffte. So war auch dieser Hohenstaufe entfernt und es blieb nur noch Manfred sowie ein zweijähriges Söhnchen Konrads, der durch sein späteres Unglück so berühmt gewordene und vielfach beweinte Konradin übrig. Abermals

---

[197] In diesem Gefängnis blieb Enzio bis zu seinem Tod am 15. März 1272, also volle 22 Jahre lang, obwohl der Kaiser als Lösegeld einen silbernen Ring von dem Umfange der Mauern der Stadt Bologna bot.

frohlockte der Papst und erklärte sofort die Krone Siziliens als verfallenes Lehen, welches er allein zu besetzen das Recht habe. In der Tat bot er auch diese Krone verschiedenen Herren an, so dem Grafen Karl von Anjou, dann dem Grafen Richard von Cornwallis und schließlich dem Prinzen Edward von England; aber dieselben meinten, der Papst könne ihnen ebensogut den Mond schenken, unter der Bedingung, dass sie ihn herunter holten, und wollten nicht anbeißen. So ließ denn Innozenz ein eigenes Heer nach Unteritalien und Sizilien einrücken und es gelang ihm auch, alle Provinzen zur Huldigung zu bringen. Aber siehe da, wie er schon am Ziel angekommen zu sein und diese Länder dem Kirchenstaat für immer einverleibt zu haben vermeinte, fiel plötzlich Manfred, welcher in Luceria, einer sarazenischen Kolonie auf Sizilien, Mannschaft angeworben hatte, über die päpstlichen Söldnerhaufen her und besiegte sie am 2. Dezember 1254 in der Schlacht bei Foggia. Diese Niederlage war der Tod des Papstes Innozenz, denn die Wut hierüber zog ihm einen Schlaganfall zu, welcher am 13. Dezember 1254 seinem Leben ein Ende machte.

Innozenz IV. war nahe daran gewesen, Herr von ganz Italien zu werden, und durfte sich rühmen, das Kaisertum so gut (obwohl unter furchtbaren Kämpfen) besiegt zu haben, wie sein großer Vorgänger Innozenz III., aber doch musste er sich im Todeskampf noch gestehen, dass der Koloss, auf dessen Spitze er sich gestellt hatte, bereits anfing zu wanken; denn der große Kaiser Friedrich hatte durch seine aufklärenden Manifeste der Welt Dinge aufgedeckt, deren Schleier bis jetzt niemand zu lüften gewagt hatte. Das Papsttum war an seiner Wurzel angegriffen worden und die Zweifel an der Macht des Banns, sowie der Wunsch, die stolze Priesterwelt möchte zu der Einfachheit der Jünger Christi zurückkehren, fingen an im Volk um sich zu greifen. Überdies, welchen Gram musste es dem Papst bereiten, sterben zu müssen, ehe der letzte Hohenstaufe besiegt war? Ja sogar sterben zu müssen, gerade in dem Augenblick, als Manfred, der tapfere Sprössling des Hohenstaufenhauses, die päpstliche Armee fast vernichtet hatte? Sicherlich wäre es ein großer Trost für ihn gewesen, wenn er in die Zukunft zu schauen vermocht und da erfahren hätte, dass Manfred sowie auch Konradin zwölf Jahre später durch die Bemühungen des Papstes Clemens IV. ihren Untergang fanden und so das ganze hohenstaufische Geschlecht von der Erde vertilgt wurde. Aber umso größer wäre auch der Jammer gewesen, wenn ihm eben dieser Blick in die Zukunft zugleich gezeigt hätte, wie gerade der Untergang der Hohenstaufen der bisher verblendeten Menschheit die Augen öffnete und so die erste Stütze des Papsttums, den Glauben an seine Allmacht, untergrub.

Nach Innozenz' Tod wählten die Kardinäle abermals einen Grafen Segna, der den Namen Alexander IV. (1254-1261) annahm, zum Kirchenoberhaupt, aber er war nicht der Mann, um Innozenz IV. zu ersetzen. Obwohl er den Bann über Manfred aussprach und ganz Unteritalien nebst Sizilien mit dem Interdikt belegte, half ihm dies doch nur wenig, denn Manfred verjagte die römischen Legaten aus Sizilien, schlug die päpstlichen Truppen, obwohl das Kreuz vor ihnen hergetragen wurde, eroberte Neapel und ließ sich am 11. August 1258 zu Palermo zum König krönen, zu welcher Krönung sich nicht bloß die Barone des Reichs und die Abgeordneten der Städte, sondern auch fast alle Bischöfe Unteritaliens und Siziliens einfanden. Die Prälaten hielten also trotz des Interdikts zu Manfred und blieben sogar auf seiner Partei, als sie von Alexander für abgesetzt erklärt und speziell exkommuniziert wurden. Zum erstenmal zündete der Bannstrahl nicht mehr, weil er schon zu oft und in der letzten Zeit fast immer zu rein weltlich-egoistisch-päpstlichen Zwecken missbraucht worden war. Wie aber in Unteritalien, so erging es auch in Oberitalien. Dort erfocht nämlich der berühmte Ezzelin, auch Ezzelino da Romano genannt, das Haupt der Ghibellinen in der Lombardei, einen vollständigen Sieg über die welfische Partei, und bekümmerte sich so wenig um den päpstlichen Bann, dass er die in der Schlacht gefangenen Bischöfe und sogar die päpstlichen Legaten selbst teils hinrichten ließ, teils auf Lebenszeit ins Gefängnis warf. In Deutschland dagegen hatte man noch mehr Respekt vor dem Papst, denn als dort nach dem Tode Wilhelms von Holland im Jahr 1256 einige deutsche Kurfürsten nicht abgeneigt waren, Konradin, den letzten Hohenstaufen, zum deutschen König zu wählen, und in Folge dessen der Papst durch den Erzbischof von Mainz erklären ließ, dass er jeden, der Konradin seine Stimme geben werde, sogleich mit dem Bann belegen und die Wahl selbst für null und nichtig erklären wüde, so standen wirklich die deutschen Kurfürsten von der Wahl Konradins ab.

Im Jahr 1261 starb Alexander IV., nachdem er noch den Kummer hatte erleben müssen, dass König Manfred sogar die Provinzen des Kirchenstaates mit harten Steuern belegte, und trotz abermaligem Bann und Interdikt nach dem Sieg bei Montaperto am 4. September 1260 ganz Tuscien eroberte. Auf ihn folgte Urban IV. (1261-1264), der Sohn eines Schuhflickers, der aber deswegen doch stolzer und anmaßender war als irgendein Papst vor ihm. Auch er schleuderte augenblicklich den Bann auf Manfred, und predigte sogar einen Kreuzzug gegen ihn; aber Manfred schlug das Kreuzheer und nötigte durch sein Einrücken in den Kirchenstaat den Papst, nach Orvieto zu flüchten. Nach Urban's Tod betieg Clemens IV. (1265-1268) den Stuhl Petri und dieser, wie seine Vorgänger darauf erpicht, das Geschlecht der Hohenstaufen auszurotten, bot dem Grafen Karl von Anjou, dem Bruder König Ludwig's IX. von Frankreich, die Krone von Unteritalien und Sizilien an, wie dies schon sein Vorgänger Innozenz IV. getan hatte. Karl von Anjou ging darauf ein, da ihn sein Bruder mit einem Heer zu unterstützen versprach, und wurde, nachdem er mit seinen Franzosen zur See in Italien angekommen war, am 6. Januar 1266 vom Papst in Rom zum König von Sizilien und Neapel gekrönt. Manfred zog dem Feind mit einer starken, aus Deutschen, Sarazenen und Neapolitanern gemischten Armee entgegen, und am 26. Februar 1266 kam es bei Benevent zur Schlacht. Die Deutschen und Sarazenen kämpften mit gewohnter Tapferkeit, aber die Neapolitaner, von den Mönchen vorher bearbeitet, gingen mitten in der Schlacht zum Feind über, und so ging der Tag für Manfred verloren. Er selbst, als er sah, dass sich sein Heer in wilder Flucht auflöste, stürzte sich in das dichteste feindliche Getümmel und holte sich dort den Tod. Nach einigen Tagen fand man seinen Leichnam mit Wunden bedeckt und der Papst befahl, ihn als einen Gebannten bei der Brücke von Benevent zu verscharren, da er eines herrlichen Begräbnisses nicht wert sei. Aber das ganze Volk der Nachbarschaft und selbst die französischen Soldaten schämten sich für einen solchen bis über den Tod hinaus gehenden Hass und häuften über dem Grab Stein auf Stein, bis so ein Ehrendenkmal, genannt «Fels der Rosen» daraus entstand. So endete Manfred und mit ihm ging seine ganze Familie zugrunde, denn seine drei Söhne wurden von Karl von Anjou 31 Jahre lang, bis zu ihrem Tode, gefangen gehalten. Nun lebte nur noch ein einziger Hohenstaufe, der junge Konradin, der im Jahr 1252 geboren worden war. Zu diesem sandten die Sizilianer und Unteritaliener, welche der drückenden Gewaltherrschaft Karls von Anjou schon nach einem Jahr überdrüssig waren, und luden ihn ein, sein väterliches Erbteil in Besitz zu nehmen. Mutig und voll Begeisterung, des päpstlichen Bannstrahls (der natürlich hier abermals nicht fehlen durfte) nicht achtend, zog Konradin, von seinem Jugendfreund Friedrich von Baden begleitet, mit einem Heer von 10000 Mann im Herbst 1267 über die Alpen. In der Lombardei jubelte ihm alles zu, und sowohl Clemens als auch Karl von Anjou zitterten. Bereits war bei Ponte-di-Valle die erste Schlacht gegen die Franzosen gewonnen und auch in der zweiten Schlacht bei Tagliacozzo am 23. August 1268 hatte die deutsche Tapferkeit bereits gesiegt, aber als Konradins Truppen siegestrunken zu plündern anfingen, fiel der Feldherr Anjou's, Erard von Valery, aus einem Hinterhalt über Konradins Armee her und zerstreute dieselbe in alle Welt. Konradin und sein Freund Friedrich flohen in Richtung Meer, um nach Sizilien zu entkommen, aber Frangipani, der Herr von Astura, erkannte sie, als sie sich durch den Verkauf eines kostbaren Ringes das nötige Reisegeld verschaffen wollten, nahm sie gefangen und lieferte sie an Karl von Anjou aus. Nun jubelte Clemens IV. und ruhte nicht, als bis Konradin nebst seinem Freund Friedrich das Blutgerüst bestiegen hatte.[198] So erlosch das große Haus der Hohenstaufen und sein Blut klebt am Stuhl Petri!

Wir haben nun gesehen, auf welche Weise die Päpste die höchste Stufe der Macht errangen und wie ungemein demütig und würdevoll oder vielmehr wie ungemein hochmütig, anmaßend und frech sie sich in dieser ihrer Allmacht benahmen, sehen

---

[198] Karl von Anjou fragte beim Papst an, wie er es mit dem gefangenen Konradin halten solle, indem in einem über den Prinzen abgehaltenen Blutgericht sämtliche Richter bis auf einen erklärt hätten: «Konradin sei als Kriegsgefangener zu behandeln, der im offenen Kampf um sein Erbteil, nicht aber als Empörer gefangen worden sei.» Der Papst antwortete lakonisch folgende acht Worte: «*Vita Conradini mors Caroli, mors Conradin vita Caroli*»; zu deutsch: «Lebt Konradin, wird Karl vergehen, stirbt Konradin, wird Karl bestehen.» Nun wusste Karl von Anjou, was er zu tun hatte.

wir nun auch kurz noch, warum die Macht der Päpste von jetzt an immer tiefer und tiefer sank, bis sie schließlich zur Zeit der französischen Revolution fast gänzlich vernichtet wurde.

3. Kapitel.

Der Fall der päpstlichen Zwingherrschaft.

Viele sind der Ansicht, dass das Zerfallen der päpstlichen Universaldespotie erst von der durch Luther bewerkstelligten Reformation herrührt. Aber das ist falsch, denn die Reformation besiegelte nur, was längst begonnen hatte. Schon die verschiedenen Manifeste Kaiser Friedrichs II., in denen er die Schäden der Willkürlichkeiten und Anmaßungen der Päpste aufdeckte, weckte das Nachdenken über das Papsttum und seine Träger. Zwar glaubten die Letzteren durch die Ausrottung des hohenstaufischen Geschlechts mit ihrem Erbfeind auf immer fertig geworden zu sein, aber war nicht eben durch jenen Kampf mit den Hohenstaufen «der wahre Erbfeind» des Papsttums, nämlich die Aufklärung, geweckt worden? Hierzu kamen noch die Folgen, welche die Kreuzzüge nach sich zogen. Die Päpste hatten geglaubt, durch sie den verlorenen Orient wieder zu erobern und infolgedessen ihre Macht wie über Europa so auch über Asien auszubreiten. Aber stattdessen brachten jene abenteuerlichen Fahrten ins Morgenland Weltkenntnis unter die Menschen und mit der Weltkenntnis Zweifel an der Rechtmäßigkeit dessen, was die Päpste behaupteten. Den Hauptanstoß erregten aber die nunmehr folgenden Päpste durch ihre fast übermäßige Pracht und den ihren auf die Spitze getriebenen Hochmut. Diese beiden Dinge trieb Bonifaz VIII. (1294-1303) unzweifelhaft auf die Spitze, denn nicht nur ließ er sich bei seiner Krönung mit Gold und Edelsteinen überdecken, sondern er trat auch wie ein weltlicher Fürst gepanzert und mit dem kaiserlichen Mantel gekleidet unter das römische Volk und erklärte, die kaiserliche wie die päpstliche Macht in seiner Hand zu vereinigen. Noch ungeheurer fast als sein Benehmen war seine Sprache, wie denn in einer von ihm erlassenen Bulle wörtlich übersetzt Folgendes steht: «Gott hat uns über alle Könige gesetzt, um in seinem Namen auszureißen, zu zerstören, zu verderben, zu zerstreuen, zu bauen und zu pflanzen. Lasst euch also ja nicht überreden, dass ihr einen Mächtigeren über euch habt und dem höchsten Haupt der Kirche nicht unbedingte Untertanentreue schuldig seid. Wer so denkt, ist ein Narr, und wer eigensinnig darauf beharrt, der muss als Ungläubiger aus dem Schafstall geworfen werden.» Eine solche Sprache war so anmaßend, dass das Lächerliche derselben in die Augen hätte springen müssen. Bonifazius jedoch fühlte sich in seiner Allmacht so sicher, dass sie durch nichts erschüttert werden könne. Deswegen schleuderte er auch gegen nicht weniger als acht gekrönte Häupter den Bannstrahl,[199] kam aber gegenüber König Philipp dem Schönen in Frankreich schlecht weg. Dieser ebenso mächtige, als aufgeklärte Regent lag nämlich mit König Edward von England wegen der Normandie im Krieg, und diese Gelegenheit benutzte der Papst, um den beiden Fürsten nach seinem Belieben, aber zum Nachteil Frankreichs, den Frieden zu diktieren. Philipp erklärte jedoch, sein Streit mit England habe mit der Religion nichts zu schaffen und der Papst solle also seine Befehle für sich behalten. Ja er billigte es sogar stillschweigend, als sein Vetter, der Graf von Artois, das päpstliche Friedensdokument dem Legaten aus der Hand riss und ins Feuer warf. Natürlich erboste sich der Papst schon hierüber ungemein, wurde aber womöglich noch wütender, als König Philipp ein Gebot erließ, dass von nun an weder Gold noch Silber, sei es geprägtes oder ungeprägtes, «ins Ausland» geführt werden dürfe, denn es lag auf der Hand, dass dieses Verbot nur gegen Rom, wohin jährlich (wie der Leser aus dem ersten Buch ersehen haben wird) unermessliche Summen flossen, gemünzt sein könne. Nun entstand ein Briefwechsel zwischen dem Papst und dem König, der allzu bezeichnend ist, als dass wir dem Leser nicht eine kleine Probe davon geben sollten. Der Papst schrieb: «Bischof Bonifazius an Philipp, König von Frankreich. Fürchte Gott und halte seine Gebote. Du sollst hiermit wissen, dass du uns im Weltlichen wie im Geistlichen unterworfen bist. Wer anders denkt, den erklären wir für einen Ketzer.» Auf dieses Schreiben erwiderte der König folgendermaßen: «Philipp von Gottes Gnaden König von Frankreich dem Bonifazius, der sich als Oberpapst ausgibt, wenig oder gar keinen Gruß. Wisse, du Erznarr, dass Wir in weltlichen Dingen unter niemandem stehen. Wer anders denkt, den halten wir für einen Pinsel und Narren.» Ganz von demselben Kaliber waren noch ein Dutzend weiterer Briefe, womit sich die hohen Herrschaften gegenseitig behelligten. Aber bei den Briefen blieb es natürlich nicht, sondern der Papst versammelte seine Kardinäle und beschloss mit ihnen, den König zu bannen und abzusetzen. Die betreffende Bulle, worin Philipp unter anderem auch ein Taugenichts (Garcio) genannt wird, ging durch einen Legaten nach Frankreich ab, und der Papst glaubte nun nicht anders, als dass Philipp in der hergebrachten Furcht vor Bann und Interdikt zu Kreuze kriechen werde. Aber was tat der König? Er warf den Legaten ohne Weiteres ins Gefängnis, ließ die Bulle durch die Hand des Henkers öffentlich verbrennen und versammelte alsbald (1302) ein Parlament, auf welchem die Geistlichkeit ebenso wie der Adel und die Bürgerschaft vertreten war. Dem Parlament wurde die Frage vorgelegt: «ob Philipp oder Bonifazius der Herrscher von Frankreich sei», und einstimmig erwiderte die ganze Versammlung: «Euer Majestät sind unser Herr und König.» Dabei blieb es übrigens nicht, sondern es wurden in den Verhandlungen, besonders von dem berühmten

---

[199] Den Anfang machte er mit dem Dänenkönig Erik wegen des Erzbischofs Lund, und Erik unterwarf sich demütig um Erbarmen flehend.

Guillaume de Plessis, dem Papst Wahrheiten gesagt, über welche derselbe vor Scham hätte vergehen sollen, und der Kanzler Nogaret trug gar darauf an, ihn als einen Ketzer und Halbtollen abzusetzen! Eine solche Sprache war unerhört und musste den Völkern natürlich eine ganz andere Ansicht über das Papsttum beibringen, als sie bisher gehabt hatten. Wohl antwortete der Papst mit einer neuen Bannbulle, verfluchte den König bis in das vierte Glied seiner Nachkommenschaft, belegte ganz Frankreich mit dem Interdikt und entband alle Franzosen ihres dem König geschworenen Untertaneneids, forderte sodann den König von England und den Grafen von Flandern auf, Frankreich mit Krieg zu überziehen, und machte schließlich letzteres dem Kaiser Albrecht von Deutschland zum Präsent, natürlich unter der Bedingung, dass er es vorher erobere. Doch alle dieses Papststreiche wollten nicht mehr treffen, denn da König Philipp seine Stände, wie sein ganzes Land für sich hatte, so gab es nicht nur keine Revolution im Inneren, sondern die obengenannten weltlichen Fürsten besannen sich auch sehr, ehe sie sich entschlossen, für Bonifazius die Kastanien aus dem Feuer zu holen. Der Papst tobte; aber sein Toben sollte ihm schlimm bekommen. König Philipp schickte nämlich seinen Kanzler Nogaret mit dem Grafen Sciora Colonna, einem persönlichen Feind des Papstes, nach Italien, vorgeblich, um Unterhandlungen anzuknüpfen, in Wahrheit aber aus ganz anderen Gründen. Bonifazius befand sich gerade auf seinem Lustschloss in Anagni in Kampanien. Nun begaben sich Nogaret und Colonna mit ihrem bewaffneten Gefolge, welchem sich noch verschiedene italienische Edelleute, Freunde des Colonna, anschlossen, nach Anagni, umringten den päpstlichen Palast, drangen in den Saal, in welchem sich der durch den Lärm aufgeschreckte Papst in vollem Ornat mit der goldenen Krone auf dem Haupt und dem Kreuz in der Rechten auf seinen Audienzsessel gesetzt hatte, und nahmen den Übermütigen, ohne sich um seine Fluchworte zu bekümmern, im Namen Frankreichs gefangen, setzten ihn auf ein altes schäbiges Ross, das Gesicht gegen den Schwanz gekehrt, führten ihn so unter dem Spott und Hohn aller Zuschauer in den Straßen Anagni's herum und warfen ihn schließlich in ein finsteres Loch, wo er drei Tage fast ohne Nahrung zubringen musste. Inzwischen hörten jedoch seine Anhänger von der Gewalttat, rotteten sich zusammen, befreiten ihn aus dem Gefängnis und führten ihn im Triumph nach Rom. Aber seine körperliche wie seine geistige Kraft war gebrochen. Er verfiel in Wahnsinn und man fand ihn wenige Tage später tot auf dem Bett, sein graues Haar mit Blut befleckt, Schaum vor dem Mund und den Stock, welchen er in der Hand hatte, mit seinen Zähnen verbissen. So endete Bonifazius VIII., dessen Hochmut so groß gewesen war, dass er sich in Wahrheit als Vizegott betrachtete!

Noch viel nachteiliger als dieser Wahnsinns-Hochmut wirkte auf das Ansehen des Papsttums das Übersiedeln der Päpste nach Avignon in Frankreich, und nicht zu Unrecht hat man deswegen diese Übersiedelung mit dem Namen der «babylonischen Gefangenschaft" bezeichnet. Durch Bestechung und andere Intrigen gelang es nämlich König Philipp von Frankreich im Jahre 1304, den Erzbischof von Bordeaux, Bertrand de Got, einen Gascogner als Clemens V. auf den päpstlichen Thron zu setzen. Dieser, welcher sich vorher mit dem König nach dem Grundsatz: «eine Hand wäscht die andere» auseinandergesetzt hatte, weigerte sich unter dem Vorwand, dass Italien und besonders Rom in allzu blutige Händel verwickelt seien, als dass man daselbst in Ruhe residieren könnte, Frankreich zu verlassen, und berief zugleich die Kardinäle nach Lyon zu seiner Krönung. Die Kardinäle mussten gehorchen, der Papst wurde gekrönt und nahm nun seinen Sitz zuerst in Lyon, dann in Bordeaux, darauf in Poitiers und schließlich (im Jahr 1308) in Avignon im südlichen Frankreich, einer Stadt, welche nebst der Grafschaft Benaissin um jene Zeit teils durch Schenkung, teils durch Kauf päpstliches Eigentum geworden war. Man fragt nun vielleicht, warum König Philipp den Papst statt in Rom in Frankreich haben wollte, allein die Antwort ist äußerst einfach: Er wollte, dass der Papst von nun an nach seiner Pfeife tanzt. Trachtete er doch vor allem danach, die Kaiserkrone Deutschlands mit der Krone Frankreichs, wie zu den Zeiten Kaiser Karls des Großen, wieder zu vereinigen, wozu ihm der Papst durch seine Bannbullen behilflich sein sollte! Überdies war ja auch, wie wir schon im ersten Buch gesehen haben, der Tempelherrenorden aufzuheben, und dessen großes Besitztum zu annektieren, was alles nur «mit Beihilfe eines untertänigen Papstes» geschehen konnte.

Clemens V. tat alles, was Philipp der Schöne von ihm wollte, und ebenso taten es seine Nachfolger. Ihre Erniedrigung war groß, aber sie versuchten sie durch die verdoppelte Anmaßung, mit der sie nun die übrigen Herrscher der Erde, besonders die deutschen Kaiser behandelten, zu verdecken. Schon Clemens belegte den Kaiser Heinrich VII. von Luxemburg, weil derselbe seine Ansprüche auf Sizilien mit den Waffen in der Hand verfolgte, mit dem Bannstrahl, und gewann sogar den Dominikanermönch Bernhard von Montepulciano, den kaiserlichen Kaplan und Beichtvater, dafür, dass er seinen Herrn und Regenten beim Abendmahl eine vergiftete Hostie reichte.[200] Noch ärger aber trieb es sein Nachfolger Johann XXII., der Sohn eines Schuhflickers von Cahors. Als nämlich damals nach dem Tode des Luxemburgers in Deutschland die Kaiserwahl zwischen Ludwig dem Bayern und dem Herzog Friedrich von Österreich streitig war, musste sich der Papst auf Befehl seines Herrn, des Königs von Frankreich, welcher nun glaubte, die deutsche Kaiserkrone fischen zu können, in den Handel mischen. Somit lud Johann die beiden deutschen Thronrivalen vor seinen apostolischen Stuhl in Avignon, damit er zwischen ihnen entscheide, und erklärte, als dieselben keine Folge leisteten, das Reich für führerlos und sich selbst für den Reichsverweser, bis eine neue Wahl zustande gekommen sei. Auch um diese Erklärung kümmerten sich weder Ludwig

---

[200] Als der hochherzige Kaiser die Wirkung des Giftes spürte, rief er seinem Mörder zu: «Im Kelch des Lebens hast du mir den Tod gegeben; fliehe, ehe die Meinigen kommen.»

noch Friedrich. Der Papst schleuderte also den Bannstrahl und versuchte die deutschen Kurfürsten für die Kandidatur des französischen Königs zu gewinnen. Aber dies alles hatte nicht den gewünschten Erfolg, sondern Ludwig der Bayer wurde vielmehr dadurch bewogen, sich mit seinem Gegner Friedrich zu vergleichen und infolgedessen die Alleinherrschaft in Deutschland zu erwerben. Hierüber geriet der Papst in einen schrecklichen Zorn und bannte den Kaiser zum zweiten und dritten Mal. Ludwig appellierte an ein allgemeines Konzil und erließ ein von den berühmten Kirchenrechtslehrern Marsilius von Padua und Johann von Janduno verfasstes Manifest, worin gezeigt wurde, dass der heilige Peter nie mehr Macht besessen habe, als die übrigen Apostel, sowie dass überhaupt alle Priester, sie seien nun bloß Pfarrer oder Erzbischöfe und Päpste, einander an Ansehen und Gewalt gleich wären. Nun erfolgte natürlich ein neuer Wutausbruch des Papstes. Er erklärte die genannten Kirchenrechtslehrer für «Taugenichtse, Belials Söhne, Windmacher, Teufelskinder, Gotteslästerer und pestilenzialische Ketzerhäuptlinge», bannte Kaiser Ludwig zum vierten Mal und forderte die Kurfürsten zu einer neuen Kaiserwahl auf. Hierauf antwortete im Jahr 1327 Ludwig mit einem Zug nach Italien, wo er sich in Mailand zum König, in Rom aber zum Kaiser ausrufen ließ. Zugleich erklärte er Papst Johann seines Amtes für entsetzt und ernannte an dessen Stelle den Minoritenmönch Renalucci von Korvara zum Papst, wozu das römische Volk unter Jauchzen seine Zustimmung gab. Der neue Papst nahm den Namen Nikolaus V. an, krönte sofort den Kaiser noch einmal und ließ den Avignoner Papst Johann feierlich als Strohmann verbrennen, nachdem er denselben, sowie alle seine Anhänger, mit dem Bann belegt hatte. Natürlich donnerte nun Johann ebenfalls wieder mit Bannflüchen und nannte Nikolaus einen Sohn der Hölle, sowie den Kaiser für einen leibhaftigen Abkömmling Belials. So ging das Ding fort bis zum Tode Johanns im Jahr 1335, wo Benedikt XII., der Sohn eines Pastetenbäckers aus Foix, den Papstthron in Avignon bestieg. Dieser hätte gern mit dem Kaiser Frieden gemacht, besonders als Letzterer sich zu großen Konzessionen geneigt zeigte, aber der König von Frankreich ließ es nicht zu und auf seinen Befehl musste Benedikt den Bannstrahl seines Vorgängers gegen Ludwig erneuern. Nun erst, als es sich klar zeigte, dass der Papst zu einem blinden Werkzeug des herrschsüchtigen Königs von Frankreichs herabgesunken sei und dass der päpstliche Bannfluch nur allein weltliche Zwecke verfolge, ermannten sich die deutschen Fürsten, versammelten sich unter dem Vorsitz ihres Kaisers im Sommer 1338 zu Rhense am Rhein und fassten dort einmütig den von nun an als Reichsgesetz geltenden Beschluss: «dass, wer auf rechtmäßige Weise von der Mehrheit der Kurfürsten auf den deutschen Thron erhoben worden sei, als der wahre und rechtmäßige Kaiser und König gelten solle, ohne erst der Einwilligung und Bestätigung des Papstes zu bedürfen.» Dies war der erste Schritt zur gesetzlichen Abschaffung der päpstlichen Oberdespotie, und wenn nun auch der Nachfolger Benedikts, Clemens VI. (1342-1352), ein heftiger und verwegener

Mann, den Kaiser Ludwig unter den entsetzlichsten Flüchen[201] abermals bannte, so blieb doch der Beschluss der Kurfürsten als Reichsgesetz stehen und die Blitze des Vatikans wollten nicht mehr zünden. Ja, dieser Bannstrahl Clemens' VI. war sogar der letzte, welchen je ein Papst auf einen deutschen Kaiser zu schleudern wagte!

Das «Zuvielbannen» sowie das «Bannen aus gemeinen Beweggründen» musste notwendig zur Folge haben, dass man sich nicht mehr viel um die abgesandten Pfeile kümmerte und schon aus diesem Grund war der Aufenthalt der Päpste in Avignon, wo die Bannstrahlen nunmehr auf Befehl der Könige von Frankreich dutzendweise vom Stapel gelassen wurden, ein schwerer Nagel in den Sarg der päpstlichen Macht. Ein noch größerer Nagel waren aber die verkommenen Sitten, welche am päpstlichen Hofe zu Avignon herrschten (worüber ich aber erst im nächsten Buche des Näheres berichten werde), denn es bildete sich nun nach und nach eine öffentliche Meinung unter der Menschheit aus, durch welche dem Papsttum der Schleier der Heiligkeit abgerissen wurde. Oder wie? Wäre es möglich gewesen, Männer noch ferner zu achten, welche entweder wie Johann XXII. Mit der beispiellosesten und schändlichsten Willkür, sowie durch Beutelschneiderei der gemeinsten Art Reichtümer zusammenzuraffen suchten, oder welche, wie Clemens VI., Urban V. und andere sich so sehr in Wollust und Ausschweifungen wälzten, dass der Dichter Petrarca sowie die Geschichtsschreiber Baluzius und Mézeray nicht Worte genug finden können, um die zuchtlos wilde Lust des päpstlichen Hofes zu schildern? Kein Wunder also, wenn nunmehr einzelne aufgeklärte Männer wie z. B. der Engländer John Wiclyff (welcher im Jahr 1324 geboren wurde und am 29. Dezember 1387 starb) und andere gegen das Papsttum zu eifern anfingen und unter anderem sagten, die Kirche könne sehr wohl ohne Papst bestehen, besonders da es gar keine guten Päpste gebe! Kein Wunder, wenn die Welt den Predigten solcher Männer Glauben zu schenken begann und dieselben gegen alle päpstliche Tyrannei zu beschützen wusste!

Ein noch größerer Nagel in den Sarg des Papsttums war die Verachtung, welche durch die großen Schismen, durch die Spaltungen in der Kirche erzeugt wurde. Die längste Spaltung dieser Art war das sogenannte große Schisma, welches vom Jahr 1378 bis 1429 dauerte und sich dadurch auszeichnete, dass fast immer drei Gegenpäpste zugleich existierten, von denen der eine da, der zweite dort und der dritte wieder an einem anderen Ort seine Residenz aufschlug. Natürlich erklärte sich

---

[201] In diesem gotteslästerlichen Bannfluch heißt es unter anderem: «Wir rufen die göttliche Allmacht an, dass sie die Raserei Ludwigs dämpfe, ihn durch die Kraft ihrer Hand schlage und in die Hände seiner Verfolger liefere. Der Herr schlage ihn mit Verstandeslosigkeit, Blindheit und Tollheit. Der Himmel sende seine Blitze auf ihn herab und der Zorn Gottes entbrenne über ihm in dieser und jener Welt! Die Erde öffne sich und verschlinge ihn! Alle Elemente seien gegen ihn, und in einer Generation schwinde sein Name von der Erde! Möge sein Haus wüst und seine Nachkommenschaft vor seinen Augen vom Feinde erwürgt werden!» - Was sagt der Leser zu dieser Stilprobe des heiligen Vaters?

jeder dieser Päpste für den allein rechtmäßigen und verdammte seine beiden Gegner bis in die unterste Hölle. «Aber,» so fragte sich nun der denkende Teil in der Christenheit, «welcher von diesen drei Päpsten besteht zurecht und welche beiden sind Lügner und Betrüger?» Andere gingen noch weiter und meinten, das ganze Papstwesen sei nur eine eitle Komödie, wie denn überhaupt alles Pfaffentum nur ein Komödiantentum und zwar das schlimmste von allen sei. Es entstanden also Satiren über Satiren und man fing an Spottlieder über die Päpste zu singen oder wenigstens Spottgedichte auf sie zu machen, welche ihrem Ansehen noch mehr schadeten als die Enthüllungen, welche auf den großen Konzilien zu Pisa, Konstanz und Basel zutage gefördert wurden.[202] Sangen doch die Straßenjungen in Florenz:

Papa Martino
Non vale un Quatrino!
(zu Deutsch: Papst Martin ist keinen Pfennig wert!)

Übersetzte man doch die Anfangsbuchstaben des Papstes Nikolaus V. - «N. V. P.» mit *Nil valet Papa*, d h. der Papst taugt gar nichts! Wurden doch die Schriften eines Pulci, Poggio, Balla und Palingenius in Italien, die eines Rabelais und Etienne in Frankreich, die eines Brandt, Fischart, Hämmerlin und Murner trotz ihres «grässlichen» Inhalts fast verschlungen! Enstanden doch vor den Augen der Päpste selbst und ohne dass diese es verhindern konnten die größten Fabrikanten von Schmähschriften, die es je in der Welt gegeben hat, ich meine die berühmten Pasquino und Marforio, deren beißender Witz und harte Satire dem Papsttum fast mehr schadete, als alle ernste Wissenschaft![203]

Wohl wehrten sich einige Päpste mit aller ihnen zu Gebot stehenden Macht gegen den Zerfall ihres Ansehens, wie besonders Papst Pius II. (1458 bis 1464), welcher übrigens, so lange er noch seinen weltlichen Namen Aeneas Sylvius Piccolomini führte, dem Papsttum so scharf zu Leibe gegangen war, dass er es nachher trotz seines Verstandes und trotz seiner Kenntnisse nicht mehr gut machen konnte.[204]

---

[202] Über diese Konzilien, sowie über die obengenannten Schismen werden wir in dem Buch «Der Papst und die Untrüglichkeit» ausführlicher zu sprechen kommen.

[203] Pasquino war der Name eines lustigen Schneiders in Rom, der seine Spottreden über Innozenz VIII. an eine alte verstümmelte Säule Roms anzuschreiben pflegte. Nachher wurde die Säule selbst «Pasquino» genannt, und so gewissermaßen zum personifizierten Gott des Spottes erhoben. Zum «Gegenpart» Pasquino's machte man sofort eine andere Säule am Kapitol, welche den Namen Marforio (Martis forum) erhielt und von da an spotteten die beiden nach Herzenslust über die ganze päpstliche Wirtschaft, denn es verging fast kein Tag, wo nicht an den beiden Säulen witzige Pamphlete «in Form von Fragen und Antworten» angeschlagen gewesen wären.

[204] Als Papst widerrief er alles, was er früher auf dem Konzil zu Basel gegen das Papsttum gesagt hatte, und erklärte in einer eigenen Bulle vom Jahr 1463 alle seine früheren Lehren für «*Errores juvenilis animi*», d. i. für Irrtümer eines jugendlichen Gemüts.

Aber was wollte all dies gegen die nunmehr erwachsende Wissenschaft und gegen die Aufklärung, welche von den neubegründeten Universitäten ausging, besagen? Ich erinnere in dieser Beziehung den Leser unter anderem auch an die Griechen, welche vor den andringenden Türken ins Abendland und besonders nach Italien flüchtend eine Menge griechischer Handschriften und griechischer Gelehrsamkeit mitbrachten. Ich erinnere aber vor allem an die große Erfindung des 15. Jahrhunderts, an die Buchdruckerkunst, die gefährlichste Feindin des Aberglaubens und des Despotismus, weswegen auch die Päpste schon fast von Anfang an einen instinktiven Hass gegen die Freiheit der Presse fassten, denn die Buchdruckerkunst war es, welche den Nimbus entfernte, in den sich das Papsttum bis jetzt gehüllt hatte. Der Schleier flog auf und die nackte Wahrheit kam zutage.

Allerdings erlaubte sich noch Paul II. (1464 bis 1471) den böhmischen König Podiebrad als einen Hussiten-Monarchen mit dem Bann zu belegen und sogar für abgesetzt zu erklären (NB. Podiebrad war der letzte König, gegen welchen der Papst die Absetzung aussprach); aber der König von Böhmen schlug die gegen ihn ausgesandten Kreuzfahrer mit Leichtigkeit zurück und blieb, weil sich der Kaiser von Deutschland weigerte, gegen ihn einzuschreiten, regierender König bis an seinen Tod. Ja die Macht der Päpste war damals bereits so tief gesunken, dass sich Papst Alexander VI., von dem wir später noch mehr hören werden, an den Großsultan Bayezid II. (Juli 1494) wandte, um dessen Hilfe gegen den allerchristlichsten König von Frankreich Karl VIII. in Anspruch zu nehmen! Was will also der Leser noch weiter?

Den härtesten Schlag versetzte dem Papsttum die durch Luther zustande gebrachte Reformation, obgleich sie der damals regierende Papst Leo X. (1513-1521) zu Anfang auf die leichte Schulter nahm und nur für einen gewöhnlichen Bettelmönch-Streit über den Ablass hielt. Aber näher auf die Geschichte der Reformation einzugehen, ist mir nicht möglich (schon deshalb, weil die Leser dieselbe kennen), und ich begnüge mich mit der Ausführung der Tatsache, dass durch die Aufklärungen, welche man infolge des Kampfs zwischen Luthertum und Papsttum erhielt, die ganze damals lebende Menschheit von einem Gefühl der Verachtung gegen den Mann auf dem Stuhl Petri erfüllt wurde. Nannte doch Luther den Papst mit Namen, an welche nur zu denken drei Jahrhunderte früher geradezu unmöglich gewesen wäre![205] Schwand doch auf einmal alle Furcht vor Bann und Fegefeuer, seit die Menschheit lernte, in Gottes Wort selbst zu lesen! Überdies waren zum Unglück für das Papsttum sowohl Leo X., als auch seine unmittelbaren Nachfolger Hadrian VI. (1522-1523) und Clemens VII. (1523-

---

[205] Luther nennt den Papst gewöhnlich den Antichrist, aber nicht selten betitelt er ihn auch mit «Seine Höllischkeit» oder «Seine Gauklerschaft». Die Worte «Spitzbube», «Schwein des Epikur, Papstesel, Teufelsbrut» usw. kommen auf den Papst angewandt ebenfalls vor, und die Bannflüche nennt er gar «Fürze», die zwar stinken, vor denen man sich aber nicht zu fürchten brauche.

1534) äußerst schwache Regenten, vor welchen kein Mensch großen Respekt hatte. Der beste Beweis aber, wie sehr die Furcht vor einem päpstlichen Machtspruch dem Spott und der Verachtung Platz gemacht hatte, ersieht man am besten aus der Behandlung, welche der tapfere Connetable von Frankreich, Charles de Bourbon, als Befehlshaber einer kaiserlichen Armee im Jahr 1526 der päpstlichen Residenz angedeihen ließ. Sein Heer bestand aus Deutschen, Spaniern und Italienern, welche zum größten Teil der katholischen Religion, nicht aber dem lutherischen Ketzertum angehörten: aber dessen ungeachtet wurde Rom im Sturm erobert und durch volle sechs Monate hindurch auf eine Weise behandelt, gegen die eine vandalische Plünderung in ein Nichts zurücksinkt. Alle Scheu vor dem Heiligen war verschwunden, die Kirchen wurden geplündert und man eignete sich Abendmahlskelche, silberne oder vergoldete Muttergottesbilder, Monstranzen, Reliquien usw. an, ohne irgendwelche Gewissensbisse zu fühlen. Mit der Plünderung jedoch begnügte man sich nicht, sondern man drang in die Nonnenklöster ein und verwandelte diese, buchstäblich genommen, in Bordelle. Ein anderer Teil der Soldateska hielt Spottprozessionen, kleidete sich in die Kirchengewänder der Geistlichen und Kardinäle und rief, um den Spaß aufs Höchste zu treiben, den Dr. Martin Luther zum Papst aus. Am ärgsten jedoch trieb es der schwäbische Ritter Frundsberg, denn dieser führte eine goldene Schnur mit sich, an welcher er den heiligen Vater mit eigener Hand aufzuknüpfen schwor! So ging das Papsttum mit Riesenschritten seinem Zerfall entgegen, und wenn es auch Kaiser Karl V. im Jahr 1530 noch der Mühe wert fand, sich von Papst Clemens krönen zu lassen, so war diese Krönung (seit 80 Jahren die erste und zugleich die letzte, welche zu Rom stattfand) doch nur eine bloße, obwohl sehr pompöse Formalität, mit der dem Papst keinerlei politische Rechte übertragen wurden.
Der Nachfolger Clemens VII. war Paul III. (1534-1550), und unter ihm zeigte sich zum ersten Mal die vollständige Ohnmacht des Papsttums. Schon sein Vorgänger Clemens hatte dem ebenso wollüstigen als grausamen König Heinrich VIII. von England die Ehescheidung von Katharina von Aragonien verweigert, und Paul III. konnte sich ebenso wenig, schon aus Rücksichten gegen Kaiser Karl V., einen nahen Verwandten besagter Katharina, zu dieser Scheidung entschließen; aber was tat nun König Heinrich? Er schied sich ohne Weiteres durch eigene Machtvollkommenheit und heiratete die schöne Anne Boleyn! Der Papst antwortete mit einer Bannbulle, belegte ganz England mit dem Interdikt, erklärte den König für abgesetzt und rief die ganze Christenheit auf, denselben mit Krieg zu überziehen. Doch weder der Kaiser von Deutschland noch der König von Frankreich wollten etwas von einem solchen Krieg wissen, denn die Zeiten, wo die Blitze des Vatikans noch zündeten, waren längst vorbei, und die einfache Folge jener Bannbulle war die, dass sich Heinrich VIII. mit seinem ganzen Volk von Rom lossagte und sein bisher katholisches Königreich in ein protestantisches verwandelte. So sehr nun aber auch Papst Paul III. sich durch diesen Streit lächerlich machte, so viel geschah

umgekehrt von ihm für die Erneuerung der Papstmacht durch die Schaffung des Jesuitenordens, ohne welchen die Päpste längst zu existieren aufgehört hätten. Der Stifter dieses Ordens war bekanntlich Ignatius von Loyola, aber den eigentlichen Jesuitengeist brachten erst die Päpste in denselben hinein, und so wurde der Jesuitismus, dessen Hauptgelübde unbedingter Gehorsam gegen den Papst war und dessen Hauptzweck in der Ausrottung aller Ketzerei und besonders des Protestantismus bestand, die größte Stütze Roms. Die Jesuiten waren es, welche der Wissenschaft die Verdummung und der Aufklärung die Finsternis entgegensetzten; sie waren es, welche als Beichtväter der Fürsten und Könige, sowie als Lehrer an den Universitäten und Erzieher der Erstgeborenen der Monarchen sich die halbe Welt unterordneten und durch Unterdrückung aller Geistesfreiheit das Mittelalter wieder heraufzubeschwören versuchten. Sie waren es, in deren Hände von nun an alle kirchliche Macht gegeben wurde, und ohne sie, welche mit Gift und Dolch gegen Andersdenkende, sowie mit Revolution und Inquisition gegen die Aufklärung voranschritten, wäre der Protestantismus sicherlich durch ganz Europa geschritten und hätte die ganze Christenheit in sich aufgenommen.

Von ihrer Zeit an beginnen die Massenverfolgungen der Protestanten in Europa, durch welche Hunderttausende, ja Millionen von Menschen massakriert wurden, und den Anfang machte der Nachfolger Pauls, Julius III. (1550-1555), indem er die Königin Maria von England anstiftete, ihre sämtlichen nichtkatholischen Untertanen dem Scheiterhaufen zu übergeben., Im Übrigen aber war seine Macht so unbedeutend als die seiner unmittelbaren Vorgänger, und er zeichnete sich durch nichts aus, als durch seinen Hass gegen das Lesen der Bibel. Ganz anders trat Pasul IV. (1555-1559) auf, denn er erklärte die Königin Elisabeth von England wegen ihres Protestantismus des Thrones für unfähig. Aber natürlich lachte ihm der Gesandte Englands wegen solch einer unsinnigen Anmaßung ins Gesicht und alle Verbindung mit Rom wurde sofort abgebrochen. Ebenso hildebrandisch ging Paul III. gegen König Heinrich II. von Frankreich zu Werk, den er, weil derselbe den Krieg mit Egland nicht fortsetzen wollte, vor seinen Richterstuhl forderte; doch König Henry hatte keine Lust dazu, und ließ dem Papst, der ihn nun vor «Gottes Richterstuhl» forderte, sagen: «dahin hoffe er zu kommen, zweifle aber sehr, Seine Heiligkeit den Papst daselbst anzutreffen.» Am meisten schadete sich der Papst durch seinen Streit mit Kaiser Ferdinand von Deutschland. Er wollte nämlich, weil Ferdinand die Kaiserkrone ohne seine, des Papstes, Genehmigung angenommen habe, diesen nicht als Kaiser anerkennen, und war noch überdies erbost darüber, dass Ferdinand in den Religionsfrieden mit den Protestanten eingewilligt habe, während doch dieser Friede «dem göttlichen Recht» widerstreite. Aber die Folgen dieses Schrittes waren keine für ihn angenehmen, denn nicht bloß zeigte sich in ganz Deutschland eine bedenkliche Erbitterung über eine solche «schamlose päpstliche Frechheit» (wie man die Sache jetzt nannte), sondern der Kaiser befahl auch seinem Gesandten alsbald Rom zu verlassen und machte ein von

seinem Kanzler Dr. Seld verfasstes Gutachten bekannt, worin gezeigt wurde, dass sich der Papst nicht in die Kaiserwahl, welche eine rein weltliche Sache sei, zu mischen habe, indem der Erwählte Kaiser sei auch ohne die päpstliche Krönung.[206] Nun natürlich zog der Papst andere Saiten auf und versuchte sich mit dem Kaiser durch Nachgiebigkeit wieder zu verständigen.
Unter Pius IV. (1559-66) wurde das berühmte Konzil von Trient, das von 1545 an dauerte und den doppelten Zweck hatte, die Kirche mitsamt den kirchlichen und besonders päpstlichen Einrichtungen zu reformieren und den Protestantismus wieder mit dem Katholizismus zu versöhnen, im Jahr 1565 geschlossen, jedoch ohne dass irgendeiner seiner Zwecke – Dank den Bemühungen der Jesuiten – erreicht worden wäre. Im Gegenteil, das Papsttum behielt in der Theorie alle seine bis dato angemaßten Rechte, obwohl in der Praxis gar manches anders wurde. Denn so sehr sie sich auch anstrengten, den Zeitgeist konnten jene furchtbaren Männer doch nicht aufhalten und es klang daher wirklich komisch, als sich Pius IV. erlaubte, Kaiser Max II., der ihm seine Wahl einfach notifizierte, gerade wie den anderen Monarchen Europas auch, unaufgefordert als Kaiser zu «bestätigen». Vollständig lächerlich machte sich aber Pius V. (1566-1572), als er Königin Elisabeth von England exkommunizierte und ihres Reichs entsetzte, denn sie war ja Protestantin und eine Beherrscherin von Protestanten! Ebendso lächerlich machte sich Papst Sixtus V. (1585-1590) durch die Exkommunikation König Heinrichs von Frankreich, denn dieser König antwortete nur durch die Spottschrift *Hotomanni brutum fulmen* (Der Narrenbann des Papstes, herausgegeben von Hotomann), worin allen Päpsten, besonders aber Sixtus V., die derbsten Wahrheiten gesagt wurden, und ganz Frankreich spottete über die törichte Exkommunikation. Noch schlimmer ging es dem Nachfolger Sixtus', Gregor XIV., denn als dieser sich erlaubte, die Bannbulle auf Heinrich IV. zu erneuern, ließ sie letzterer öffentlich verbrennen und schickte sich an, in Frankreich ein von Rom unabhängiges Patriarchat zu errichten. Sein Nachfolger Clemens VIII. (1592-1605) erlebte die Freude, dass König Heinrich zum Katholizismus überging, aber wie ernst es ihm dabei war, ersieht man am besten aus dem Witz, den er selbst über seine Bekehrung machte, indem er sagte: «la France vaut bien une messe», «Frankreich ist schon eine Messe wert.»
Der Nachfolger Clemens VIII., Paul V. (1605-1621), ist dadurch beachtenswert, dass er das letzte Interdikt über einen Staat ergehen ließ. Dieser Staat war die Republik Venedig, welche durch ihre freisinnigen Gesetze den Päpsten schon lange ein Stein des Anstoßes war. Als nun aber die Venezianer gar so weit gingen, eine Verordnung zu erlassen, dass ohne Vorwissen des Senats keine neuen Klöster mehr

---

[206] In diesem Gutachten heißt es unter anderem: «man hielt sonst alles, was von Rom kam, für heilig oder göttlich, jetzt speit man männiglich, sei man alter oder neuer Religion, darüber aus, und man lacht nunmehr über den Bann, vor dem man sonst zitterte.»

errichtet werden dürften, und zugleich anfingen, begangene Verbrechen an den Geistlichen gerade so zu strafen wie an den Laien (es wurde z. B. in Brescia ein Augustinermönch, der ein junges Mädchen geschändet und dann ermordet hatte, öffentlich hingerichtet), so wurde der Papst wütend und schleuderte den Bannstrahl gegen die Republik, zugleich das ganze Land mit dem Interdikt belegend. Aber der Senat von Venedig verbrannte die Bulle und gebot allen Geistlichen bei Strafe der Absetzung mit den kirchlichen Verrichtungen wie bisher fortzufahren. Sämtliche Kleriker gehorchten, mit Ausnahme der Jesuiten und Kapuziner, und natürlich jagte nun Venedig diese beiden Orden zum Land hinaus, zugleich wurden ihre gesamten Güter eingezogen.[207] So hatte das Interdikt keine Wirkung und wurde sogar, als der berühmte Paul Sarpi das Gesetzeswidrige, Unchristliche und Unsinnige dieser Kirchenstrafe in öffentlichen Schriften auseinandersetzte, zum völligen Gespött der Welt. Ein Jahr darauf nahm der Papst seine törichte Bulle freiwillig unter Vermittlung Frankreichs zurück, musste aber die Kränkung erleben, dass die Venezianer von der Absolution nicht einmal etwas wissen wollten. Eine ebenso schlimme Folge hatten die Händel Alexanders VII. (1655-1667) mit Ludwig XIV. von Frankreich, denn als der französische Gesandte in Rom, der nachher viel genannte Herzog von Crequey, ein stolzer und hochmütiger Mann, einstmals von der päpstlichen Korsengarde[208] beleidigt worden war und nicht augenblicklich Genugtuung erlangte, jagte Ludwig XIV. den päpstlichen Nuntius aus Paris fort, belegte die Grafschaft Avignon mit Beschlag und schickte sich an, eine Armee gegen Rom zu senden mit dem Auftrag, den Papst gefangen zu nehmen. Nun entfiel dem Letzteren der Mut. Er kroch zu Kreuze und leistete demütig Abbitte, indem er sich zugleich dazu verstand, an dem Ort, an welchem die Beleidigung des Gesandten stattgefunden hatte, eine Schandsäule zu errichten. Noch tiefgreifender waren die Folgen des Streits Papstes Innozenz XI. (1676-1689) mit demselben König Ludwig. Der Papst erkannte nämlich den französischen Gesandten Lavardin nicht an und erklärte überdies das in Frankreich geltende sogenannte Regalrecht, das ist das Recht der französischen Könige, die Einkünfte der Erz- und Bistümer während der Zeit zu beziehen in der diese keinen Herrn hatten, für einen Missbrauch, der abgeschafft werden müsse. Hierüber aufgebracht steckte Ludwig den päpstlichen Nuntius ins Gefängnis und berief im

---

[207] Unter den vielen Geistlichen höheren Rangs, welchen die Venezianische Regierung gebot, keine Rücksicht auf das Interdikt zu nehmen, war auch der Großvikar des Bischofs von Padua, und dieser erwiderte in seinem geistlichen Hochmut der Regierung: «er wisse noch nicht, ob er gehorchen könne, denn jedenfalls werde er das tun, was ihm Gott eingebe.» Sogleich antwortete die Regierung: «Gott habe ihr eingegeben, jeden Ungehorsamen hängen zu lassen», und nun wusste der Großvikar auf einmal, was er zu tun hatte.
[208] Die Päpste hielten sich zu ihrem Schutz immer Wachen von Ausländern, da sie ihren eigenen Untertanen nicht trauen konnten. Schweizer und Korsen bildeten meist die Grundlage dieser auswärtigen Schutzmannschaft.

Jahr 1681 die gesamte Geistlichkeit Frankreichs zusammen, um die Grenzen der päpstlichen Gewalt genau zu untersuchen und festzustellen. Das war ein harter Schlag, denn dieses Konzil fasste jene berühmten vier Sätze ab, auf welchen die sogenannte «Gallikanische Kirchenfreiheit» beruht, und welche kurz dahin gehen, dass erstens der Papst nur allein in geistlichen Dingen, nie aber in weltlichen Macht besitze, dass er zweitens unter den Konzilien und Kirchenversammlungen stehe, dass er drittens nie und nimmer das Recht habe, Untertanen vom Eid der Treue zu entbinden, und dass er schließlich keineswegs unfehlbar sei, sondern vielmehr sein Urteil durch den Spruch der Kirche abgeändert werden könne. Der Papst wütete und ließ die vier Sätze durch die Hand des Scharfrichters öffentlich verbrennen, aber die Sätze blieben deswegen doch gültig, und wenn sie auch später infolge des Einflusses, welchen vermittelst der Frau von Maintenon die Jesuiten auf den alternden König gewannen, von Ludwig selbst zum Teil abgeändert wurden, so konnte doch die französische Geistlichkeit nie mehr zur früheren Untertänigkeit zurückgebracht werden.

So verlor das Papsttum mehr und mehr, trotzdem dass die Jesuiten alles aufboten, um dasselbe aufrecht zu erhalten. Ja gerade dieses ihr «Alles-aufbieten» schadete am Ende dem Papsttum noch mehr, als es ihm nützte; denn die schwarzen schleichenden Herren trieben es am Ende so arg und nahmen ihre Zuflucht zu so schändlichen und veruchten Mitteln, dass schließlich ein allgemeiner Schrei des Unwillens gegen sie erwachte. Sie hatten Frevel auf Frevel und Verbrechen auf Verbrechen gehäuft und somit sahen sich die Regierungen letztlich genötigt, diese gefährliche Gesellschaft zu zerstören und damit dem Papsttum selbst den Todesstoß zu versetzen. Den Anfang machte Portugal unter dem mächtigen Minister Pombal; dann kamen Neapel, Venedig, Genua, Parma und Malta. Aus dem eigentlichen Frankreich waren sie schon früher verdammt worden, und im Jahr 1765 wurden sie auch vollends aus dem Elsass und aus den französischen Niederlanden fortgeschafft. Nun geschah aber das Unerhörte, dass sogar Spanien gegen die schwarze Bande losfuhr und dieselbe im Jahr 1767 aus allen seinen Ländern für immer und ewig vertrieb. Nirgends, nirgends hatten die Jesuiten mehr Ruhe, als nur allein im Kirchenstaat, wohin jetzt ganze Schiffsladungen derselben gebracht wurden, so dass der Papst (damals regierte Clemens XIII. von 1758-1769) vor lauter Jesuiten bald nicht mehr wusste wo aus und ein, Natürlich ergriff ihn der schrecklichste Zorn und eine Bannbulle nach der anderen flog aus dem Vatikan, während er zugleich die Könige mit Tränen beschwor, von solch frevelhaftem Tun Abstand zu nehmen. Doch weder Tränen noch Verfluchungen wollten etwas fruchten, sondern im Gegenteil, alle katholischen Staaten forderten einstimmig und geradezu die Aufhebung des Jesuitenordens. Ja, Frankreich machte sogar Anstalten, den Papst im Weigerungsfall gefangenzunehmen und hätte es sicherlich getan, wenn Clemens nicht noch gerade zu rechter Zeit gestorben wäre. Natürlich wurden nun seinem Nachfolger, dem berühmten Kardinal Ganganelli, welcher als Clemens

XIV. den Thron bestieg, dieselben Forderungen gestellt, und dieser hob denn auch an dem ewig denkwürdigen Tage, dem 21. Juli 1773, den Orden als gemeinschädlich für ewige Zeiten auf.[209] Nun erst wurde es Tag in der katholischen Kirche und nun begannen auch sofort und überall die kirchlichen Reformationen, ohne dass man sich noch in irgendeiner Weise um den Papst und seine Ansprüche bekümmert hätte. Allen Regenten voran ging in dieser Hinsicht der große Kaiser Joseph II., das Siegel auf die Ohnmacht des Papstes aber drückte die französische Revolution. Die wilden Republikaner schrien: «Sie wollten den letzten König mit dem letzten Pfaffendarm erwürgen», zogen sofort das gesamte Kirchengut ein und nahmen zum Schluss dem armen Pius VI. (1775-1800), dem Nachfolger Ganganellis, den Kirchenstaat, indem sie so seinem weltlichen wie geistlichen Reich zugleich den Garaus machten. Man führte den Papst zuerst nach Siena, dann nach Florenz und schließlich ohne Schonung und Pflege durch Schnee und Eis über die Alpen hinüber nach Valence, an die Ufer der Rhône, wo er am 29. August 1799 sanft entschlief. Seine ganze Hinterlassenschaft bestand nebst einigen wenigen Kleidern aus 50 Franken und auch diese erklärte der Maire von Valence für National-Eigentum!

So schien es, als ob das Papttum für immer und ewig zu existieren aufgehört habe; aber dennoch stand es wieder auf und versuchte (besonders in der heutigen Zeit) nicht nur neuen Fuß zu fassen, sondern sogar das alte Terrain wieder zu gewinnen. Hierauf jedoch werde ich im letzten Buch dieses Werks zurückkommen und schließe für diesmal mit dem Republikaner-Vers, welchen die Römer damals sangen:

«Non abbiano Pazienta,
non vogliamo Eminensa,
non vogliamo Santita,
ma Eguaglianza e Liberta!»[210]

---

[209] Wie es diesem Papst infolgedessen erging und welchen Verlauf überhaupt die Jesuitenanschauung hatte, werden wir in dem Werk «Über Bettelmönche, Inquisition und Jesuitismus» weiter auseinandersetzen.

[210] «Fort mit der Geduld,
Fort mit den Eminenzen,
Fort mit Seiner Heiligkeit,
Wir wollen Freiheit und Gleichheit!»

3. Buch.

Der Papst und die Keuschheit.

Motto:
Wenn Bacchus und Ceres regieren,
So will Venus mit hofieren;
Denn wenn das Fleisch wird gemäst't
Mit Fressen und Saufen auf das Best,
So kommt alsbald angeritten
Der Teufel mit der Wollust Sitten,
Und sagt: man soll nach seinem Willen
Des Fleisches Lust büßen und stillen,
Sich nichts kehren um Ehe und Ärgernis,
Und nichts um den Tod und die ew'ge Buß.
(Aus dem Buch von den zehn Teufeln.)

I. Kapitel.

Das Damenregiment in Rom
oder
Theodora und Marozia nebst der Päpstin Johanna

In den ersten vier oder fünf Jahrhunderten, ja zum Teil bis noch viel später hinab, waren die Bischöfe Roms wie überhaupt die meisten christlichen Priester verheiratet, und damals scheinen auf dem Stuhl Petri nur sehr wenige Ausschweifungen stattgefunden zu haben. Allerdings gab es auch Ausnahmen, wie wir denn z. B. von Bischof Damasus (366 – 384) lesen, dass er nicht bloß von seinen Zeitgenossen als ein stolzer, anmaßender und wollüstiger Mann geschildert, sondern auch von zweien seiner Diakonen mit Namen Concordus und Calixtus geradezu des Ehebruchs angeklagt wurde. Sicherlich war der Bischof der schuldige Teil, aber Kaiser Gratianus fürchtete den Skandal, der aus einer Untersuchung hervorgehen möchte und schlug daher den angelegten Prozess nieder. Ähnliche Berichte von geschlechtlichen Ausschweifungen kommen noch öfter vor, im Allgemeinen aber lässt sich sagen, dass die Bischöfe Roms in jener Zeit wenigstens nicht schlimmer und zügelloser waren, als andere Menschenkinder auch. Mit dem fünften und sechsten Jahrhundert jedoch beginnt die Ehelosigkeit der römischen Oberpriester und nunmehr liest man schon öfter von Ausschweifungen derselben, sowie von Auftritten, welche jedes Gefühl verletzen. Sie wollten «unverehelicht» bleiben, weil die öffentliche Meinung damals die «nicht verheirateten» Priester mit einem gewissen Heiligenschein umgab, aber leider war diese Heiligkeit meist nur Scheinheiligkeit und es wurde, wenn man auch vielleicht nicht immer ein öffentliches Ärgernis gab, desto mehr im Stillen gesündigt. Einzelne Beispiele verehelichter römischer Bischöfe kommen übrigens auch jetzt noch, ja sogar noch weit später vor, und es war z. B. Hadrian II. (867-871) mit einer Frau namens Stephania, mit welcher er eine Tochter gezeugt hatte, verheiratet. Sowie er jedoch auf den Stuhl Petri erhoben wurde, musste er seine Familie von sich tun und sowohl seine Gattin als auch seine Tochter wurden gleich darauf ermordet – ohne Zweifel, damit Frau Stephania nicht etwa dazu verleitet werden möge, die Rechte «einer Oberbischöfin Roms» in Anspruch zu nehmen. Desgleichen durfte nicht vorkommen, denn im Volk wurzelte nun einmal der Glaube, dass ein unverheirateter Priester mehr wert sei, als ein verheirateter, und diesem Glauben konnten schon ihres eigenen Vorteils wegen die römischen Oberpriester nicht ins Gesicht schlagen! Lieber nahm man den Mord an Weib und Kind, lieber Schändlichkeiten aller Art in Kauf, als eine Ehe.

In der Tat beginnt auch nicht sehr lange Zeit nach dem Tod des soeben angeführten Hadrian II. eine Periode für Rom und das Papsttum, in welcher die vollkommenste Liederlichkeit und Schändlichkeit auf dem Thron saß. Ich spreche von der Periode vom Jahr 900 bis zum Jahr 1050, welche man in der Kirchengeschichte gewöhnlich nur das römische Messalinen- oder Hurenregiment nennt. Damals waren in Rom und Mittelitalien (eine Folge des Lehensystems) verschiedene Adelsgeschlechter durch Vereinigung großer Besitztümer zu hoher Macht und tief eingreifenden Ansehen gelangt. Die Oberhäupter dieser Familien besaßen außer ihren Burgen im römischen Gebiete auch noch in Rom selbst befestigte Häuser, sogenannte Türme (Torri), in welchen sie sich außer ihren Freunden und Vasallen noch eine zahlreiche bewaffnete Dienerschaft hielten, und nie ging einer dieser mächtigen Barone auch nur über die Straße, ohne von einigen Dutzenden seiner Kavaliere und Trabanten begleitet zu sein. Nun kann man sich aber wohl denken, dass eine solche Adelsfamilie, je reicher und mächtiger sie war, umso mehr nach Vergrößerung ihres Reichtums und ihrer Macht trachtete, und dass eben demzufolge Eifersucht und Zwietracht zwischen den verschiedenen Geschlechtern entstehen musste. Diese Zwietracht kam oft in den Straßen Roms selbst zum Ausbruch und es scheint daher, dass, weil die damaligen deutschen Kaiser viel zu viel zuhause zu tun hatten (und auch zu schwach waren), als dass sie in Italien hätten mit Kraft einschreiten können, im Kirchenstaat eine Art Kriegszustand herrschte, welcher an die Faustrechtsperiode in Deutschland erinnert. In Folge dessen teilte sich das ganze römische Volk in Parteien, indem die einen diesem, die anderem jenem Baron huldigten, und nur zu oft artete der Hader in Schlachtgetümmel aus, sobald sich zwei feindselige Haufen begegneten.

Die mächtigste unter den verschiedenen Baronenfamilien des Kirchenstaates waren die Grafen von Tusculum, ohne Zweifel die Ahnherren der später so berühmten Familie Colonna. Sie hatten ihren Sitz in Tusculum (also da wo das jetzige Frascati steht), jenem in altrömischen Zeiten so berühmt gewesenen Sommeraufenthalt der Vornehmen und Reichen Roms, und wussten ihr daselbst außerordentlich vorteilhaft gelegenes Schloss so zu befestigen, dass es ihnen, was in jenen Tagen der Anarchie und Verwilderung einen großen Wert hatte, zu einem unangreifbaren Zufluchtsort diente. Überdies waren sie mit den Herzögen von Spoleto sowie mit den Markgrafen von Toskana eng verwandt und verschwägert, und so musste sich ihr Einfluss auf die römischen Affären natürlich zu einer außerordentlichen Höhe steigern. Ja sie waren ums Jahr 900 teils durch ihre eigene Macht, teils durch den Beistand des noch mächtigeren Grafen Adalbert von Toskana die unbestritten mächtigsten Barone Roms und des Kirchenstaates und erkannten keinen Herrn über sich an! Nun lebte aber damals in Rom eine Frau mit Namen Theodora, welche sich sowohl durch ihre außerordentliche Schönheit, als auch durch ihren außergewöhnlichen Verstand, nicht minder aber durch einen furchtbaren Ehrgeiz und einen ans Tollkühne grenzenden Mut, sowie durch eine wahrhaft grandiose Sinnlichkeit und Genußsucht auszeichnete. Von geringer Familie kann sie nicht gewesen sein, denn sie nannte sich selbst «Senatrix», und war ohne Zweifel ursprünglich die Frau eines römischen Senators namens Theophylactus: dagegen lebte sie auf eine Weise, welche jedes Sittlichkeitsgefühl empört, und erzog sogar ihre beiden Töchter Theodora (die jüngere) und Marozia, zwei mit nicht minderer Schönheit, mit nicht minderem Ehrgeiz, mit nicht minderem Verstand und mit nicht minderer Kühnheit, aber auch mit nicht minderer Genußsucht und Sinnlichkeit ausgestattete Wesen, ganz in derselben Gesinnung und Lebensweise, in welcher sie selbst so sehr hervortat. Diese drei Frauen nun, zumal Buhlerinnen oder Mätressen, und wenn auch vielleicht die Messalina nicht übertreffend, so doch jedenfalls Weiber, welche vor keinem Verbrechen zurückschreckten, wenn es galt, einen Zweck zu erreichen, - diese drei Frauen nun wussten durch ihren Einfluss auf die Grafen von Tusculum und die Grafen von Toskana ganz Rom unter ihre Botmäßigkeit zu bringen, so dass der päpstliche Thron während der nächsten 50 Jahre förmlich zum Spielzeug ihrer Laune, Wollust und Lasterhaftigkeit herabsank. Ja, es beginnt mit ihnen auf dem Papstsitz zu Rom ein solch lasterhaftes Walten, dass man in jetziger Zeit gar keinen Begriff davon hat, denn es gibt kein Laster und keine Verworfenheit, die damals in der ersten Hälfte des zehnten Jahrhunderts nicht von den heiligen Vätern ausgeübt worden wären. Selbst der berühmte Schriftsteller Baronius, der große Verteidiger des Papsttums, beschreibt jene Periode mit folgenden Worten; «In diesem Jahrhundert war ein Greuel der Verwüstung im Tempel und Heiligtum des Herrn zu sehen, und auf Petri Stuhl saßen nicht Menschen und nicht Päpste, sondern Ungeheuer in Menschengestalt. Anmaßende, wollüstige, in allen Lastern und Raffinessen erfahrene Messalinen regierten in Rom und besetzten den Stuhl Petri nach ihrem Belieben und zwar immer mit ihren Galanen, Beischläfern und Hurenkindern». So Baronius, der große Verteidiger des Papsttums! Er sagt aber noch bei weitem zu wenig, denn in Wahrheit ist es nie und nirgends, so lange die Welt steht, selbst nicht zu Sardanapals[211] Zeiten und selbst nicht zu Babylon, so schändlich zugegangen wie damals in der Hauptstadt der Christenheit!

Das römische Damenregiment beginnt mit Papst Sergius III., welcher im Januar 904 den päpstlichen Stuhl bestieg. Er war ein Sohn des Grafen Benedikt von Tusculum und zugleich der Liebhaber der obengenannten, damals kaum vierzehnjährigen Marozia, deren Mutter Theodora auf den Markgrafen Adalbert von Toskana, mit dem sie auf dem vertrautesten Fuß lebte, großen Einfluss ausübte. Der Macht des Letzteren, welcher mit dem Grafen Benedikt vereinigt die Engelsburg stürmte (in welcher sich nach Verdrängung Papst Leos V. im Jahr 903 ein gewisser Christophorus festgesetzt hatte, um sich zum Papst emporzuschwingen) hatte Sergius seine Thronbesteigung zu verdanken, und da ihm nun die Engelsburg, von der es leicht war, ganz Rom zu beherrschen, von seiner Sippschaft überwiesen wurde, so war es einer anderen Partei nicht mehr möglich, gegen ihn anzukommen. Demgemäß blieb er, obwohl er das Amt sozusagen mit den Waffen in der Hand erobert hatte, solange er lebte, unbestrittener Papst und Oberpriester der Christenheit, obwohl eigentlich weniger er, als vielmehr seine Konkubine Marozia, welche ihm einen Sohn namens Johannes gebar, und deren Mutter regierte. Er selbst gab sich mehr dem Vergnügen hin und tagtäglich wiederhallten die Mauern der Engelsburg von dem Lärm der obszönen Gelage, die dort vom Papst mit seinen Genossen gefeiert wurden. Nach seinem Tode erhielt durch die Bemühungen Marozias ein einfacher Priester, der sich den Namen Anastasius II. gab, die päpstliche Würde, man weiß aber nichts von ihm, als dass er ein schöner, allerdings grundliederlicher Mann gewesen sei. Ihm folgte im Frühjahr 914 ein gewisser Lando aus Sabinum, ein Günstling Theodoras, der Mutter Marozias, aber zufälligerweise schickte zu jener Zeit der Erzbischof Petrus von Ravenna seinen Diakon Johannes nach Rom, um dem Papst Lando zu seiner Thronbesteigung zu gratulieren, und dieser Johannes war eine solch kräftige und stattliche Erscheinung, dass er der Theodora weit besser gefiel, als besagter Lando. Letzterer musste daher, nachdem er nur sechs Monate und zehn Tage die Tiara getragen hatte, vom Schauplatz der Welt abtreten und natürlich wurde nun durch den Einfluss Theodoras der Diakon Johannes unter dem Namen Johann X. (914-928) zum Oberhaupt der Christenheit gemacht. Einen schlechten Geschmack scheint die Theodora nicht gehabt zu haben, denn Papst Johann muss wirlich eine äußerst kräftige Persönlichkeit gewesen sein, da er in Verbindung mit dem Herzog Beringar von Friaul, damals einem der mächtigsten Fürsten in Italien, die Stadt und

---

[211] König von Assyrien (Anm. d. Hrsg.)

Festung, welche die von Afrika herüberschwärmenden Sarazenen am Fluss Garigliano in der Nähe Roms errichtet hatten, stürmte und mit eigenen Händen eine große Menge von Feinden niederhieb. Überhaupt war er einer der tapfersten Päpste, welche Rom sah, und wusste mit dem Säbel so gut umzugehen, wie die mutvollsten Ritter damaliger Zeit. Doch dürfen wir uns mit seinen Siegen nicht länger beschäftigen, sondern kehren nun wieder zu der Geschichte der drei Damen zurück, von denen damals die Geschicke Roms abhingen.

Marozia war, wie wir oben gesehen haben, die Geliebte des Papstes Sergius gewesen und hatte ihm einen Sohn mit Namen Johann geboren. Zu gleicher Zeit aber hatte sie damals (sozusagen nebenher und zur Abwechslung) auch eine Liebschaft mit dem Markgrafen Adalbert von Toskana unterhalten und diesem ebenfalls einen Sohn, welcher den Namen Alberich erhielt, geschenkt. Diese Tatsache kannte man natürlich in ganz Rom, aber dessen ungeachtet ließ sich ein älterer Sohn des besagten Adalbert, mit Namen Guido, hierdurch nicht abhalten, mit besagter Marozia den Bund der heiligen Ehe einzugehen, ohne Zweifel, um dadurch seine Macht in Rom zu vermehren. Guido wurde also der Stiefvater sowohl des jungen Johann (des Sohnes des Sergius) als auch des Alberich (des Sohnes seines eigenen Vaters, so dass Alberich zugleich sein Stiefbruder war), und beide mussten ihm unbedingt gehorchen. Als nun aber kurze Zeit darauf die Mutter Marozias, die schon oft genannte Theodora, die Zuhälterin des regierenden Papstes, starb, so beschlossen die beiden Eheleute Guido und Marozia, da sie nun keine Rücksicht mehr zu nehmen hätten, sich des päpstlichen Stuhles zu bemächtigen und den Papst Johann X. aus dem Weg zu räumen. Guido sammelte darum seine Leute in aller Stille, drang mit ihnen bei Nacht in die Engelsburg ein, stieß alles nieder, was sich ihm widersetzte (unter anderem auch einen Bruder Papst Johannes mit Namen Petrus, welcher im Begriff war, Guido's Schwager zu werden) und nahm schließlich den Papst selbst gefangen, obgleich dieser sich aufs Tapferste wehrte. Natürlich machte man kurzen Prozess mit ihm, und brachte ihn in ein finsteres Gefängnis, in welchem er gleich darauf mit einem Kopfkissen erstickt wurde. Marozia war nun wieder obenauf und ganz Rom musste sich ihrer Laune fügen. Auch brachte sie es durch ihre Verbindungen bald so weit, dass ihr Gemahl im ganzen Kirchenstaat wie ein unumschränkter Monarch regierte, während ein älterer Bruder desselben, der Markgraf Hugo von Toskana gar zum König von der Lombardei und Oberitalien gewählt wurde.

Natürlich musste nun aber auch der Papststuhl wieder besetzt werden und somit ließ Marozia zum Nachfolger des ermordeten Johann (im Jahr 928) einen jungen Priester, der sich den Namen Leo VI. gab, wählen. Dieser war, wie man sich denken kann, nichts als ein Werkzeug in ihren Händen, aber dessen ungeachtet wurde sie schon nach wenigen Monaten seiner überdrüssig und ließ ihn deshalb kurzweg aus dem Weg räumen. Darauf gab sie einem gewissen Stephan VII., welcher von 929 bis 931 regierte, die päpstliche Würde, aber auch er behagte ihr nicht lange und somit musste der arme Mensch ebenfalls nach kaum einem Jahr vom Thron herab und ins Grab hinunter steigen. Nunmehr setzte sie ihren eigenen mit Papst Sergius gezeugten Sohn, einen damals zwanzigjährigen Jüngling, auf den päpstlichen Stuhl und dieses Kind der Liebe gab sich den Namen Johann XI., als welcher er von 931 bis 936 wenigstens dem Namen nach regierte. Freilich regierte tatsächlich allein Marozia und dieses sah auch der Bruder ihres Gemahls, der obengenannte König Hugo von Oberitalien so sehr ein, dass er sich nicht bloß in sie verliebte, sondern sie auch bewog, ihren Gemahl Guido (also seinen eigenen Bruder) zu vergiften, um sofort ihn zu heiraten. Dies geschah noch im Jahr 931 und Hugo, der durch seine Heirat mit Marozia, der Mutter des Papstes, Herr von Rom geworden war, fing nun an, mit fast orientalischer Despotie zu herrschen. Hierüber entstand in Rom großer Unwille und besonders waren die unterdrückten Adelsgeschlechter missvergnügt. Hiervon konnte sich Alberich, der Sohn der Marozia, welchen sie mit dem Markgrafen Adalbert von Toskana erzeugt hatte, vollkommen überzeugen, und da er selbst von König Hugo (obwohl dieser sein Halbbruder war) ebenso tyrannisch behandelt wurde wie die übrigen Römer, so beschloss er das drückende Joch abzuwerfen und seine Mutter Marozia nebst ihrem Gemahl zu stürzen. In diesem seinem Entschluss bestärkte ihn Theodora die Jüngere (die Tochter der älteren Theodora), welche diese vom Papst Johann X. empfangen hatte, folglich die Schwester Marozias, mit der er auf dem vertrautesten Fuß lebte. Als er nun einst, als er von seiner Mutter Befehl erhielt, König Hugo Wasser zu holen und keine Anstalten machte, diesen Befehl auszuführen, vom König geohrfeigt wurde, so wusste seine Geliebte Theodora, der es darum ging, die Herrschaft Roms zu erhalten, ihn über die erlittene Schmach so sehr aufzureizen, dass er sich noch in derselben Nacht an die Spitze der Unzufriedenen stellte und die Fahne der Aufstands erhob. Die halbe Einwohnerschaft Roms trat auf seine Seite und obwohl seine Anhänger sich auf die Schnelle nur schlecht bewaffnen konnten, so gelang es ihm doch, die Engelsburg zu erstürmen. König Hugo entkam mit knapper Not über die Mauern hinab, Marozia aber nebst ihrem Sohn, dem Papst, fiel in seine Hände und beide mussten natürlich ins Gefängnis wandern. Dies geschah im März 933 und von dieser Zeit an regierte Alberich volle 21 Jahre lang, d. h., bis zu seinem im Jahre 954 erfolgten Tod sowohl in geistlichen als in weltlichen Dingen mit unbegrenzter Allgewalt über Rom und dessen Staatsgebiet, wobei er es natürlich nicht unterließ, Scheinpäpste aufzustellen, in deren Namen die verschiedenen Dekrete erlassen wurden. Der erste solche Scheinpapst, Johann XI., wie wir wissen Alberichs Bruder, den dieser im Gefängnis festhielt, starb im Jahr 936 in diesem seinen Gefängnis, das er seit drei Jahren nicht verlassen hatte (die Mutter Marozia war längst vergiftet worden), und nun ernannte Alberich, ohne das Volk oder die Geistlichkeit in irgendeiner Art zu fragen, vielmehr ganz aus eigener Machtvollkommenheit Stephan VIII. zum Papst; darauf nach dessen Tode im Jahr 942 Martin II. und schließlich im Jahre 946 Agapet II. Alle diese drei «Stellvertreter Christi» hatten keinen eigenen Willen, sondern mussten tun, was ihnen Alberich (dieser nannte sich *Princeps atque omnium Romanorum Senator*) diktierte, weswegen auch schon Stephan VIII. und noch mehr Agapet II. gezwungen waren, König Hugo, welcher nach seiner Flucht aus Rom im Jahre 933 nie aufhörte, Alberich anzufeinden und mit Krieg zu überziehen, mit dem Bann zu belegen. Hugo scherte sich übrigens nicht um den Bann, sondern fuhr fort, Alberich die Spitze zu bieten, und erst, als ersterer von Berengar, dem Markgrafen von Friaul und Ivrea besiegt wurde, bekam letzterer freie Luft, die er sofort, was man ihm rühmlichst nachsagen muss, dazu benutzte, nur der grässlichen Zustände, welche (in Folge der ewigen Fehden der Adeligen untereinander) in Mittelitalien herrschte, wenigstens etwas zu ordnen.

Alberich starb im Jahre 954, zu einer Zeit, wo der von ihm ernannte Scheinpapst Agapet noch in voller Mannesblüte stand, und man hätte nun glauben sollen, der letztere werde seine Stellung dazu benutzen, um sich «wirkliche» Macht zu verschaffen. Aber er war bisher, wie seine beiden unmittelbaren Vorgänger, gewohnt gewesen, seine ganze Zeit – die wenigen Stunden, welche das geistliche Oberhirtenamt in Anspruch nahmen, abgerechnet – mit Jagen, Spielen und Trinken, besonders gerne aber in Gesellschaft liederlicher Weiber zuzubringen, und somit konnte er sich unmöglich ermannen. Darum gelang es denn auch dem jungen, kaum achtzehnjährigen erstgeborenen Sohn Alberichs, welchen dieser mit seiner Mätresse Theodora (nebst verschiedenen anderen Kindern) gezeugt hatte, sich in der Engelsburg festzusetzen und so die Herrschaft über Rom zugleich mit der Papstwürde zu erlangen. Er hieß ursprünglich Octavianus, gab sich aber als Papst den Namen Johann XII., und man darf wohl mit Recht von ihm sagen, dass er der liederlichste und abscheulichste Mensch war, welcher damals auf Gottes Erdboden lebte. Noch nie zuvor, selbst nicht unter Sergius III., der doch ein Sklave aller Laster war, wurde der Sitz Petri in höherem Maß geschändet, als unter diesem Sohne Theodoras, denn er verwandelte den päpstlichen Palast förmlich in einen Harem und die Gotteshäuser in Theater und Tanzlokale. Statt des Gottesdienstes nämlich wurden öffentliche Tänze in den Kirchen aufgeführt und unter Lachen und Jauchzen Lieder abgesungen, deren Inhalt jedem Frauenzimmer von Ehre das Blut in die Wangen jagen musste. In seinem Palast aber hielt er sich eine Menge Mätressen, unter denen sogar zwei seiner eigenen Schwestern waren, und wenn ein Weib oder ein Mädchen sich sträubte, seinen Lüsten untertänig zu sein, so wurde es mit Gewalt gezwungen. Ja er trieb das Laster der Notzucht und zugleich die Ablegung aller Scheu vor dem Heiligen so weit, dass Fälle vorkamen, wo Weiber von ihm über den Gräbern der heiligen Apostel Paulus und Petrus geschändet wurden! Nicht einmal seine eigene Mutter war sicher vor seiner tierischen Gier und eine andere Mätresse seines verstorbenen Vaters teilte ebenfalls Monate lang das Bett mit ihm. Seine Tafel artete fast regelmäßig in ein wüstes Gelage aus, bei welchem er die Gesundheit der Frau Venus oder gar des Teufels ausbrachte, und oftmals zog er dann mit seinen halbnackten Beischläferinnen und den anderen Genossen, welche die Orgie mit ihm geteilt hatten, in großer Prozession in den Straßen herum. Dazu hielt er sich, als großer Freund der Jagd, über 2000 Pferde, welche er aber nicht mit Hafer und Heu, sondern mit Mandeln und Feigen, die vorher in Wein eingetaucht wurden, fütterte, und so brachte er sein ganzes Tun und Treiben in ein richtiges Verhältnis. Kurz, Rom wurde unter ihm zu einem Schandfleck der Christenheit, und wenn selbst der sonst so überaus papstfreundliche Schriftsteller Baronius zugesteht, Johann XII. sei «*fere omnium deterrinus*» («von allen der Schändlichste») gewesen, so wird der Leser wissen, was er von diesem Papst zu halten hat.

Man kann sich nun übrigens wohl denken, dass, da ein solcher Papst regierte, sowohl die moralische als auch die staatliche Zerrüttung Roms auf den höchsten Grad steigen musste, und daher kam es, dass, benachrichtigt von solcher grässlichen Verwirrung der deutsche König Otto I. mit einem Kriegsheer in Italien erschien, um letzteres der deutschen Oberherrschaft wieder zu unterwerfen. Er besiegte den Markgrafen Berengar II. von Ivrea und Friaul, damals den mächtigsten Fürsten in Oberitalien, zog siegreich in Rom ein und ließ sich von Johann XII., der sich ihm demütig unterwarf, zum Kaiser krönen. Damals wusste nämlich Otto noch nicht, welcher Ausbund von Laster dieser Johann war, sondern meinte, man könnte dessen Verbrechen mit seiner Jugend beschönigen. Aber als nun Johann nach dem Abzug des Kaisers, trotz dem Eid der Treue, den er geschworen hatte, sich zu der Partei Berengar's schlug und in Folge dessen die Verwirrungen und Unordnungen in Rom von neuem begannen, zog Kaiser Otto im Jahr 963 zum zweiten Mal über die Alpen, und hierüber erschrak der Papst so sehr, dass er in aller Eile die Peterskirche ausplünderte und mit dem Raub nach Unteritalien floh. Doch unterließ er nicht, den Kaiser um Gnade anflehen zu lassen, doch dieser hatte keine Lust dazu, sondern ordnete an, dass auf einer sogleich zusammenberufenen Synode der Lebenswandel des Papstes aufs Genaueste untersucht werden solle. Die Synode war eine sehr zahlreiche, denn fast alle italienischen Bischöfe und viele deutsche Prälaten nebst sechzehn Kardinälen wohnten ihr bei, und man kann also durchaus nicht sagen, dass eine nationale Gehässigkeit gegen Johann auf ihr vorgeherrscht habe. Aber dessen ungeachtet kamen durch die Aussagen der Kardinäle selbst, sowie durch das Zeugnis der Laien, welche man verhörte, Dinge zutage, vor denen ein ehrlicher Mann erschaudern musste. Nun natürlich wurde Johann abgesetzt und dafür Leo VIII. zum Papst erwählt, worauf der Kaiser, weil nun vollkommene Ruhe in Rom herrschte, mit seiner Armee wieder nach Deutschland abzog. Kaum war dies geschehen, so rührte sich augenblicklich die Partei Johanns wieder und die wollüstigen Damen Roms, welchen das Unzuchtsleben zur zweiten Natur geworden war, nebst den vielen reichen und vornehmen Verwandten des abgesetzten Papstes erregten einen Aufstand, welcher Johann Gelegenheit gab, sich wieder auf den Stuhl Petri zu setzen. Leo VIII. musste fliehen und entkam auch mit heiler Haut; aber nicht so glücklich waren einige seiner Anhänger, wie z. B. der Speyerische Bischof Otgar und die Kardinäle Johannes und Azo, gegen die nun Johann XII. auf eine wirklich barbarische Weise wütete. Den Otgar nämlich ließ er peitschen, bis er den Geist aufgab, und den beiden anderen wurden Zunge, Nase und Hände weggeschnitten! Doch der Papst überlebte diese letzte seiner grässlichen Taten nicht lange, weil ihm gleich darauf ein Römer, welcher ihn in den Armen seines Weibes traf, mit einem Beil den Kopf zerschmetterte. So starb Johann XII., kaum 25 Jahre alt, das Urbild päpstlicher Liederlichkeit!

Nun folgten in sehr kurzer Zeit eine Menge von Päpsten, von denen man zum großen Teil nichts anderes sagen kann, als dass sie mit mehr oder weniger Virtuosität ihren Kollegen Sergius und Johann nachgestrebt haben. Damit nämlich, dass Kaiser Otto nach Johanns XII. Tod abermals nach Rom zog und sofort einen ihm ergebenen Priester als Johann XIII. (964 bis 972) auf den päpstlichen Stuhl setzte, war die Macht der tusculanischen Partei, welche seit dem Jahr 904 bis jetzt die Päpste ernannt hatte, keineswegs gebrochen, sondern im Gegenteil blieben die Grafen von Tusculum auch für die Zukunft zum großen Teil Meister des Schlachtfelds und fast alle Päpste, welche im letzten Drittel des zehnten und in der ersten Hälfte des elften Jahrhunderts St. Petri Stuhl inne hatten (besonders diejenigen, welche länger, d. h. nicht bloß vorübergehend regierten), gehörten nicht nur ihrer Partei, sondern selbst ihrem Hause an. Dies zeigte sich sogleich an Papst Benedikt VI., der von der Ottonischen Partei dem im Jahre 972 verstorbenen Johann XIII. zum Nachfolger gesetzt wurde. Denn kaum war Kaiser Otto (973) gestorben, so stürmten die Tusculaner, angeführt von dem Patrizier Crescentius, eines Sohnes Papst Johanns X. und der Marozia, die Engelsburg, warfen Benedikt ins Gefängnis, erdrosselten ihn gleich darauf und ernannten schließlich einen von ihrer Partei, den Kardinal Franconi, zum Statthalter Christi. Dieser gab sich den Namen Bonifazius VII. und wird von dem gutkatholischen Kirchenschriftsteller Gerbert «unter den Ungeheuern der Gottlosigkeit das abscheulichste» genannt. Infolge seines schrecklichen Lebenswandels musste er, um der Rache der Väter der von ihm geschändeten Töchter zu entgehen, aus Italien fliehen (er ging nach Konstantinopel, nachdem er vorher die römischen Kirchen ihres Reichtums beraubt hatte); aber deswegen blieb die tusculanische Partei doch am Ruder und setzte einen Neffen des berüchtigten Johann XII. unter dem Namen Benedikt VII. auf den Papstthron. Allerdings kam nun Kaiser Otto II. mit einer Armee über die Alpen herüber und ernannte, nachdem Benedikt geflohen war, den Bischof Petrus von Pavia, unter dem Namen Johann XIV. im Jahre 983 zum Papst. Aber kaum war einige Monate später der Kaiser verstorben, so kehrte Benedikt VII. nach Rom zurück und ließ den Gegenpapst, nachdem er ihn mit Hilfe des Crescentius besiegt hatte, vergiften. Übrigens überlebte er seinen Sieg nicht lange, sondern starb schon im folgenden Jahr und zwar ungefähr auf dieselbe Weise wie Johann XII.

Eben diese Todesart erspart mir auch die Mühe, mehr über sein Leben zu sagen. Nur das möchte ich hinzusetzen, dass die Römer in der Wut über seine grenzenlos wüste Lebensweise seinen Leichnam mit mehr als hundert Dolchstichen durchlöcherten und am Ende, nachdem sie ihn durch alle Straßen gezogen hatten, in einer Kotlache liegen ließen. Auf ihn folgte Johann XV. (985 bis 996) ebenfalls eine Kreatur der tusculanischen Partei. Nach seinem Tod aber erhielten durch den Zug Kaiser Ottos III. nach Italien die Deutschgesinnten oder vielmehr die Gegner der Grafen von Tusculum die Oberhand und ernannten nun vom Jahr 996 an bis zum Jahr 1012 regelmäßig die Inhaber des römischen Stuhls. Auch scheinen diese Päpste ziemlich gesittet gelebt zu haben, denn (was schon ein gutes Zeichen ist) es wird nur wenig von ihnen berichtet. Nach dem Jahre 1012 jedoch unterlag die deutsche Partei abermals und Benedikt VIII., der von 1012 bis 1024 regierte, war bereits wieder ein Tusculaner und zwar ein Sohn des Grafen Gregor von Tusculum. Übrigens hört man auch von ihm nicht gerade viel Unzüchtiges; umso berüchtigter war er dagegen durch seine Grausamkeit, mit welcher er gegen die Juden Roms, die er als Zauberer dutzendweise hinrichten ließ, verfuhr. Der Volksglaube ließ ihm daher auch im Grab keine Ruhe und noch jetzt sind viel tausend Römer fest davon überzeugt, dass der heilige Vater verdammt ist, jede Karfreitagsnacht als kohlschwarzes Gespenst auf einem kohlschwarzen Ross im Judenviertel (Ghetto) herumzureiten. Nach seinem Tod wusste sich sein Bruder, welcher den Namen Johann XIX. annahm, des Papsttums zu bemächtigen. Zwar war er damals noch ein Laie (er führte den Titel eines Grafen von Toscanello), aber er verstand es, seinen Reichtum so gut anzuwenden, dass ihn Geistlichkeit, Adel und Volk trotzdem zum Hohepriester ernannten. Außer diesem Verbrechen jedoch (Erschleichung der geistlichen Würde durch Geld und Geldeswert, also durch Bestechung galt für ein todeswürdiges Vergehen) weiß man wenig von ihm zu erzählen, umso mehr aber von seinem Nachfolger, dem Papst Benedikt IX., welcher von 1033 bis 1046 regierte. Dieser Papst hatte nämlich bei seiner Ernennung nur das Alter von zehn Jahren (!), aber er war der Sohn des Grafen Alberich, des Bruders der beiden vorhergegangenen Päpste und zugleich der letzte männliche Sprössling der Grafen von Toscanello. Und somit setzten es seine Verwandten, welche den Stuhl Petri schon längst als das Erbeigentum ihrer Familie betrachteten, sowohl durch ihren Reichtum, als auch durch das Ansehen, das sie genossen, am meisten aber durch die Furcht, welche man vor ihnen hatte, durch, dass der junge Knabe wirklich als Papst gekrönt wurde. Man erlebte also das merkwürdige Schauspiel, dass ein Kind als Oberhirte der Christenheit fungierte, aber trotz dieses kindlichen Alters gab es, so wird von allen Seiten zugegeben, doch nie einen Papst, welcher dieser Würde unwürdiger gewesen wäre, denn er übertraf bereits in seinem vierzehnten Jahr alle seine Vorgänger, selbst Johann XII. nicht ausgenommen, an Ruchlosigkeit, Liederlichkeit und Tücke. Darum entstand auch schon nach den ersten sechs Jahren seiner Regierung ein solch grenzenloser Unwillen gegen die täglich von dem jungen Buben verübten Greuel, dass die Gegenpartei der Tusculaner, obwohl sonst immer die schwächere, imstande war, Seine Heiligkeit zu vertreiben, und den Bischof von Sabina unter dem Namen Sylvester III. auf den Stuhl Petri zu setzen. Doch der junge Benedikt besaß sowohl Geld als Freunde, und obwohl er außer seinen geschlechtlichen Ausschweifungen auch noch eine Menge Räubereien und Mordtaten auf dem Gewissen hatte, so gelang es ihm denoch, unterstützt von seiner mächtigen Familie, die Engelsburg wieder zu erobern. Endlich aber, nachdem er dreimal aus Rom verjagt worden war, um dreimal wieder den päpstlichen Palast zu beziehen, wurde er sich bewusst, dass seine Sellung eine unhaltbare geworden war, und demnach verkaufte er am 1. Mai 1045 seine hohe Würde an einen gewissen Johann Gratianus (der sich Gregor VI. nannte und von dem ich schon im vorigen Buch kurz gesprochen habe) für eine hohe Geldsumme, wobei er sich noch extra einen großen Teil der päpstlichen Einkünfte, sowie den Lateran-Palast als residenzliches Eigentum vorbehielt, um von nun an als Privatmann ungestörter sündigen zu können.

Mit ihm endete die Herrschaft der tusculanischen Partei und zugleich die Periode des römischen Damenregiments, durch welche das Papsttum für ewige Zeiten besudelt wurde. Ein weiteres Urteil über diese Zeitperiode jedoch überlasse ich dem besseren Ermessen der Leser. Sie mögen es sich überlegen, wie und ob es möglich ist, solche lasterhafte Menschen mit dem Titel «Seine Heiligkeit» und mit der Idee «einer Statthalterschaft Christi», d. h. eines geistlich-religiösen Oberhirten der Christenheit in Einklang zu bringen! Wie übrigens die damalige Welt über dieses Schandleben der Päpste dachte, das sieht man am besten daraus, dass sich in jenen Tagen allgemein der Glaube verbreitete, bei solch grandioser Schlechtigkeit des permanenten Kirchenoberhauptes sei eine längere Fortdauer der Menschheit nicht mehr möglich und es müsse daher das Ende der Welt nahe sein.

Ja, diese Überzeugung setzte sich so fest in den Gemütern, dass viele Urkunden aus damaliger Zeit mit den Worten begonnen wurden: «*approximante fine mundi,*» d. h. «in Anbetracht des nahenden Endes der Welt»! Man konnte sich nicht denken, dass der gerechte Gott nicht endlich entrüstet mit dem blitzenden Schwert dreinschlagen würde, und erst, als das Jahr «Tausend» vorüber war, hörte die Angst «vor dem kommenden Antichrist» auf.

Ehe wir nun übrigens gänzlich mit dieser Zeitperiode abschließen, muss ich dem Leser eine damit in Zusammenhang stehende Geschichte erzählen, von der er wohl schon viel gehört hat, ohne aber über den wahren Sachverhalt aufgeklärt worden zu sein. Ich meine die berühmte Geschichte von der Päpstin Johanna, über welche schon eine Masse von Büchern geschrieben worden sind und die sogar in der Romanliteratur eine Stelle eingenommen hat, so dass es mir wirklich leid tut, den interessanten Stoff nur mit wenigen Worten bewältigen zu müssen. Doch – zur Sache!

In der Mitte des neunten Jahrhunderts (so erzählt man sich) zog ein deutsches Mädchen (andere sagen, es sei englischer Abkunft gewesen, dagegen aber in Mainz geboren worden) mit Namen Johanna oder vielleicht auch Guta, in Gesellschaft ihres Liebhabers, eines Studenten, nach Paris, um mit ihm auf der dortigen Universität zusammenzuleben. Damit alles Aufsehen vermieden würde, verkleidete sie sich als Mann und besuchte mit ihm die Kollegien, so dass man sie nur die «beiden Unzertrennlichen» hieß. Von Paris aus zogen sie miteinander (das Mädchen hatte ihrem Geliebten geschworen, ihn nie zu verlassen) zuerst ohne Zweifel der griechischen Sprache wegen nach Athen und später, um am Grab Petri zu beten, nach Rom. In letzterer Stadt gefiel es ihnen so gut, dass sie sich dort längere Zeit aufhielten, und da sie nun verschiedene Bekanntschaften machten und beide sich wohl durch ihre theologische Gelehrsamkeit, als auch durch ihre Bescheidenheit und Schönheit, sowie besonders durch ihr einnehmendes Betragen auszeichneten, so wurden sie bald zu kirchlichen Ehrenstellen befördert. Nunmehr erwarb sich Johanna, welche sich natürlich «Priester Johann» nannte, einen hohen Ruf und stieg schnell von Stufe zu Stufe, bis man sie schließlich nach dem Tode Leos IV. im Jahr 855 zum Papst wählte. Sie gab sich sofort den Namen Johann VIII., ahmte in ihrem Tun und Lassen ihren Vorgängern (den Besseren unter denselben) nach und saß also längere Zeit mit vielem Beifall auf dem Stuhl Petri. Doch leider gab sie den Umgang mit ihrem Liebhaber auch während ihrer «Statthalterschaft Christi» nicht auf, und die unselige Folge dieses Umgangs war die, dass sie sich im zweiten Jahre ihrer Herrschaft schwanger fühlte. Nun hätte sie allerdings diesen Zustand leicht verheimlichen und im Verborgenen gebären können; doch siehe da, es erschien ihr ein Engel in höchsteigener Person und sprach folgende Wort zu ihr: «Johanna, du hast schwer gesündigt und wenn du dich nicht durch eine offene Geburt der Beschimpfung vor der Welt aussetzt, so wirst du auf ewig verdammt sein.» Über diese Worte erschrak Johanna sehr, aber da sie trotz ihrer Unkeuschheit sehr fromm gewesen zu sein scheint, so konnte sie natürlich nicht lange im Zweifel darüber bleiben, welche Wahl sie treffen solle. Darum (so wird von Martin Polonus, einem vorlutherischen Geschichtsschreiber der Päpste, ausdrücklich bezeugt) als ihre Stunde kam, veranstaltete sie eine öffentliche Prozession, welcher sie im päpstlichen Ornat voranging, und kam nun zwischen dem Kolosseum und der Kirche zu St. Clemens auf öffentlicher Straße mit einem Knaben nieder. Das Publikum entsetzte sich, Johanna aber wurde vom Schamgefühl so sehr überwältigt, dass sie auf der Stelle den Geist aufgab.

So erzählt die Sage und merkwürdigerweise wurde die Geschichte durch volle drei Jahrhunderte hindurch von jedermann für wahr gehalten. Ja, sogar am römischen Hof selbst glaubte man an das Vorkommnis und versuchte dasselbe damit zu beschönigen, dass man sagte, Gott habe zeigen wollen, wie die Einheit der Kirche selbst unter der Regierung eines Weibes zu erhalten möglich gewesen sei.[212] Der erste Zweifel an der Wahrheit der Sage entstand mit dem Erwachen der Wissenschaften und man muss es den protestantischen Schriftstellern zum Ruhm nachsagen, dass sie vor allen anderen dem Märchen näher auf den Leib gerückt sind. Sie fanden heraus, dass nicht ein einziger im neunten Jahrhundert lebender Schriftsteller von der Geschichte etwas erzählt, sondern dass vielmehr der am Ende des elften Jahrhunderts verstorbene Marianus Scotus der erste ist, welcher die Sache erwähnt. Sie fanden ferner, dass Papst Benedikt III. schon im Jahr 855 den päpstlichen Stuhl bestieg und dass sich also zwischen ihm und dem 855 verstorbenen Leo IV. kein zwei Jahre regierender Papst befunden haben kann. Sie fanden schließlich heraus, dass die ganze Geschichte nichts war, als eine Satire auf die Zeit der Theodoren und Marozien, welche sicherlich mit größtem Recht «Päpstinnen» genannt werden konnten, da sie Jahrzehnte lang auf der Engelsburg residierten und nur allein ihre Liebhaber zur Papstwürde gelangen ließen. Doch genug von dieser Geschichte! Lassen wir denen, welche einmal den Glauben an eine Päpstin Johanna nicht aufgeben wollen, ihre Ansicht. Denn im Ganzen genommen liegt wenig oder nichts daran, ob einmal zur Abwechslung ein Weib auf dem Stuhl Petri saß oder nicht. Wird doch das Papsttum, auch wenn Johanna wirklich existierte und ein Knäblein gebar, hierdurch keineswegs «noch mehr» beschmutzt, als es durch die

---

[212] Wie allgemein der Glaube an die Existenz der Päpstin Johanna war, sieht man daraus, dass derselben im Dom zu Siena eine Bildsäule errichtet war, während ihre Büste noch zu Anfang des 17 Jahrhunderts ihre Reihe unter den Papstbüsten in der Kathedrale von Bologna einnahm. Überdies gibt es jetzt noch Bücher, in welchen die Niederkunft der schönen Päpstin auf Holzschnitten dargestellt ist.
Im engsten Zusammenhang mit dieser Johannasage steht ohne Zweifel das Märchen «von dem päpstlichen Untersuchungsstuhl» (der sogenannten *sella stercoracia*), auf den sich von jener Zeit an jeder neugewählte Papst habe setzen müssen, um sich untersuchen zu lassen, ob er – ein Mann sei! Auch diese Sage fand Glauben und man setzte «ausmalend» hinzu, wenn der erwählte Papst untersucht gewesen und «papibili» gefunden worden sei, so habe man dies dem versammelten Volk verkündigt, welches dann frohlockend «babet, habet!» geschrien hätte! Historiker wollten dann noch wissen, dass diese schimpfliche Sitte erst unter Leo X. abgeschafft worden sei; aber in Wahrheit bestand sie nie, sondern die Sache war eben Satire und entstand wohl daraus, dass man den neugewählten Papst auf einen niedrigen Stuhl setzte und dann, um ihn an die Demut zu erinnern, den 113. Psalm anstimmte, der in der lateinischen Übersetzung lautet: *«Suscitas de pulvere egenum et de stercore pauperem usw.»*, zu Deutsch: «der du den Geringen aufrichtest aus dem Stande und erhöhst den Armen aus dem Schmutz.» Dieser Stuhl, d. h. die *sella stercoracia* oder «der Nachtstuhl», ist jetzt noch vorhanden (er ist aus rotem Marmor und steht im vatikanischen Museum; wahrscheinlich war es ein altrömischer Badesessel), aber – von einer Untersuchung über die Mannbarkeit des Papstes ist nirgendwo die Rede, vielleicht schon deswegen nicht, weil die meisten Päpste hinlängliche Proben von derselben schon vor ihrer Thronbesteigung abgelegt haben.

mehr als zwanzig Päpste, die von Sergius III. bis zu Benedikt IX. auf dem Stuhl Petri saßen, ohnehin schon geworden ist!

2. Kapitel.

Das Regiment von Avignon.

Der schlimme Ruf, in welchen das Papsttum in Beziehung auf seine Sittenreinheit seit der im vorigen Kapitel geschilderten Periode stand, wollte sich auch später um keinen Preis mehr verlieren und es scheint auch wirklich, als ob die Sittenlosigkeit selbst sich ebenso wenig verloren habe. In dieser Hinsicht erinnere ich nur an das, was in einer Versammlung des englischen Parlaments bei der Gelegenheit, als der vor dem Kaiser Friedrich II. flüchtende Papst Innozenz IV. bei König Heinrich III. um Schutz nachsuchte, über den päpstlichen Hof öffentlich und urkundlich gesagt worden ist. «Die Reinheit Englands», so sprachen die Mitglieder des Parlaments, «ist durch den Wucher, den Raub und den Pfründenhandel der vom Papst geschickten Legaten schon hinlänglich befleckt; jetzt will nun aber auch vollends der Papst selbst kommen und die Güter des Reichs und der Kirche verschleudern? Das dulden wir nicht, denn der päpstliche Hof verbreitet einen solchen abescheulichen Dunst und Gestank, dass er nicht würdig ist, in England Aufnahme zu finden.» So sprachen die Pairs von England und in der Tat blieb nun auch Innozenz IV. (wie wir im vorhergehenden Buch gesehen habe), statt nach England zu gehen, mit seinem ganzen Hof in Lyon. Doch welche Folgen hatte dieser Aufenthalt für die letztgenannte Stadt? Die beste Antwort liegt in dem grenzenlos schamlosen Schreiben, welches Kardinal Hugo beim Abzug des päpstlichen Hofes (nach dem Tode Kaiser Friedrichs II., des großen Hohenstaufen, im Jahr 1250) den Lyonern zusandte, und in welchem es unter Anderem wörtlich heißt: «Wir haben euch während unserer Anwesenheit in eurer Stadt einen wohltätigen Beitrag geleistet. Bei unserer Ankunft nämlich trafen wir kaum drei oder vier feile Liebesschwestern an, bei unserem Abzug dagegen überlassen wir euch sozusagen nur ein einziges Bordell, welches sich vom östlichen bis zum westlichen Tor durch die ganze Stadt verbreitet.»[213] Braucht es da noch weiterer Beweise? Sicherlich nicht! Übrigens darf der Leser durchaus nicht glauben, dass etwa nur die Kardinäle und übrigen Hofleute des Papstes (nicht er selbst) zu dieser allgemeinen Verderbnis beigesteuert hätten. Im Gegenteil, Innozenz IV. leistete auch seinen Beitrag, denn man weiß unter anderem von ihm, dass einer seiner Bastarde unter dem Namen Hadrian V. später, im Jahre 1276, den Stuhl Petri bestieg.

---

[213] Siehe hierzu auch: «Raumer's Geschichte der Hohenstaufen», in welchem Werke dieser Brief vollständig abgedruckt ist.

Etwas soliderer Natur scheint Gregor X. (1271 bis 1276) gewesen zu sein, denn die Chronik berichtet von ihm, dass er den Bischof Heinrich von Lüttich absetzte, weil derselbe mit seinen verschiedenen Kokubinen, worunter nicht wenige Nonnen waren, ein Häuflein von sage und schreibe dreiundsechzig Kindern gezeugt hatte. Auch belegt er den flämischen Ritter, welcher gleich darauf besagten Bischof wegen Entführung seiner Tochter erschlug, nicht einmal mit dem Bann. Weit weniger aus der Art schlug Papst Nikolaus III. (1277 bis 1280), denn dieser hatte eine starke Verwandtschaft, welchen er sämtlich die besten und ergiebigsten Ämter des Kirchenstaates übertrug. Zweien derselben – er nannte sie seine Neffen, die böse Welt aber meinte, es seien seine Söhne gewesen – wollte er sogar zu Fürsten erheben, nämlich den einen zum Herzog von Toskana und den anderen zum König der Lombardei, und er hätte es sichrlich getan, wenn er nicht durch den Tod daran verhindert worden wäre. Auch sein Kollege Clemens IV. zeigte sich in geschlechtlicher Beziehung von seinen Vorgänger keineswegs verschieden, dagegen hütete er sich wohl, das Kirchengut zugunsten seiner Kinder zu verschleudern. Wir wissen nämlich von ihm, dass er zwei Töchter hatte, von denen die Jüngere in ein Kloster ging, während die Ältere sich verheiratete. Letzterer nun gab er dreihundert Scudi zum Heiratsgut, ersterer aber nur zehn, denn er meinte, zum Rosenkranzbeten brauche man kein Geld. Ein ganz anderer war Bonifazius VIII., denn er, wie wir bereits gesehen haben, der Erfinder des Jubeljahres und zugleich der Ultrahochmütigste aller Päpste, zeichnete sich nicht bloß durch seine wahrhaft unsinnige Prunk- und Verschwendungssucht, sondern auch durch seine grenzenlose Sittenlosigkeit aus. Er erklärte nämlich öffentlich, Unzucht und Ehebruch, sowie Fleischesvergehen überhaupt, seien keine Sünde, weil Gott sonst nicht zweierlei Geschlechter geschaffen hätte. Diese Ansicht lebte er auch in der Praxis, indem er es nicht nur zu gleicher Zeit mit einer Ehefrau und ihrer Tochter hielt, sondern zum Überfluss auch noch mit seinen eigenen Hofpagen (weswegen dieselben vom römische Volk gewöhnlich nur *Meretrices papae* (Papstkonkubinen) genannt wurden) Unzucht trieb!

Doch das alles sind nur wahre Kleinigkeiten gegen das ungeheuerliche Schandleben, das mit der Übersiedlung der Päpste nach Avignon begann. Aus welchem Grund diese Übersiedlung geschah, darüber habe ich den Leser bereits früher informiert, und deshalb brauche ich nur noch hinzuzufügen, dass das Verhältnis des Papstes Clemens V. (mit welchem bekanntlich der Aufenthalt in Avignon begann) zu der schönen Gräfin Perigord, einer Tochter des Grafen von Foix, nicht wenig dazu beitrug, ihn in Frankreich festzuhalten. Was nun aber die Lebensweise und die Ausführung der Päpste und ihres Hofs in dieser ihrer neuen Residenz anbelangt, so ist dieselbe sowohl von den gleichzeitigen Schriftstellern Baluzius und Mézeray, als auch von dem Dichter Petrarca und dem berühmten Nikolaus Clemengis so durchgreifend geschildert worden, dass es eigentlich überflüssig ist, noch etwas hinzuzusetzen. Clemengis sagt nämlich wörtlich übersetzt Folgendes:

«Von der Papstzeit an hat sich das Verderben, die Sittenlosigkeit und die Unzucht in Frankreich eingeschlichen, denn erst durch den Heiligen Stuhl lernte das französische Volk Prachtliebe, Luxus und Ausschweifungen aller Art kennen, wobei wir das italienische Nationallaster, die Giftmischerei, nicht vergessen dürfen. Das ist der Segen, den die heiligen Väter der Menschheit bringen, ein Segen, der nirgends besser erkennbar ist, als in der heiligen Roma selbst, diesem obersten Lasterpunkt der Erde.» So der berühmte Clemengis.[214] Noch kräftiger spricht sich der Dichter Petrarca aus, welcher als Augen- und Ohrenzeuge wohl am besten wissen musste, wie es in Avignon zuging. Er sagt: «Alles, was man von Babylon erzählt, ist nichts gegen Avignon, denn hier sieht man die Verkörperung dessen, was in den alten Sagen und Poesien von der Wollust und Unzucht der Götter geschrieben steht. Wir treffen Pasiphae, entzündet in wilder Lust gegen einen Stier, wir treffen Mars und Venus in goldenem Netzen gefangen, wir treffen Salomo mit seinen Lustgärten, seiner Sinnlichkeit und seinen tausend Weibern. Die Nachfolger Petri gehen stolz einher in Purpur, Seide und Gold, und in ihren prächtigen Palästen geben nicht Frömmigkeit und Glauben den Ton an, sondern allein die Laster der Schwelgerei und des Genusses, der Niederträchtigste aber, sowie der Schuftigste und Lasterhafteste ist immer zugleich der Angesehenste.»

Sobald die Päpste sich in Avignon festgesetzt hatten, so fingen sie auch an, sich daselbst königlich einzurichten. In den ersten Tagen freilich mussten sie, weil es noch kein Residenzschloss gab, im Kloster der Dominikaner ihr Absteigequartier nehmen, aber schon Clemens V. legte den Grund zu dem ungeheuren Palast, der jetzt noch steht und über der grauen Häusermasse der Stadt wie ein drohendes Gespenst emporragt. Es ist übrigens weniger ein Palast, als vielmehr eine gigantische Masse von Mauern und aneinander gereihten Gebäuden, eine Zwingburg mit plumpen und ungeheuren Türmen, eine Festung mit Gräben und Wällen, sowie mit Verließen, Gefängnissen und geheimen Gängen, welche bis tief in die unterste Erde hineingehen. Ein unheimliches Gefühl ergreift jeden, welcher seine labyrinthischen Räume betritt, und man erschrickt vor seiner fast grauenhaften Riesengröße. Ist das wohl, so fragt man sich, eine Wohnung, geeignet für die Nachfolger des armen Fischersohnes, welchem Christus den Namen Petrus gab, oder ist es nicht vielmehr eine Königsburg, so stolz und drohend, als nur je eine in jenen kriegerischen Zeiten errichtet wurde?

Hier drinnen nun residierten die Päpste, aber keineswegs als finstere Gelehrte, welche grübelnd über alten Pergamenten saßen, und noch weniger als weltverachtende Priester, welche sich durch Kasteiungen und Geißelhiebe auf den bloßen Rücken für den Himmel vorbereiten wollten. Nein, nein – so lebten sie nicht, sondern sie lebten vielmehr als Fürsten dieser Welt, in Saus und Braus, umgeben von einem Flor schöner Frauen, gekleidet in schwelgerischen Luxus, singend,

---

[214] Das Buch, in dem dies alles und noch mehr steht, heißt: *«Clemengiis de ruina ecclesiae.»*

tanzend, jubilierend, liebend, genießend und Feste feiernd, welche mit denen eines Heliogabal wetteiferten! Sieben Päpste regierten im Ganzen zu Avignon und jeder versuchte den anderen an Üppigkeit und Schwelgerei, Geldgier und Wollust, Herrschbegierde und Tyrannei zu überbieten; seinen Glanzpunkt scheint aber doch Avignon unter Clemens VI. (1342 bis 1352) erhalten zu haben. Von seinen beiden Vorgängern nämlich hatte sich Johann XXII. fast nur allein durch seine grenzenlose Geldgier (wir bitten den Leser, das erste Buch dieses Werkes nachzuschlagen) und Benedikt XII. (1335 bis 1342) durch seine Trunksucht (von ihm kommt das Sprichwort her «*bibere papaliter*», d. h. «saufen wie ein Papst»), sowie durch seine mehr als türkische Weibergier (unter anderen Damen, welche er durch Geld, Notzucht oder andere Mittel in seine Gewalt bekam, war auch die Schwester des Dichters Francesco Petrarca, welche sich Benedikt, als Francesco deren Auslieferung gegen einen angebotenen Kardinalshut verweigerte, für eine hohe Geldsumme von Gerardo Petrarca, dem Bruder Francescos, erkaufte) auszuzeichnen gewusst; Clemens VI. aber führte einen Hofhalt, welcher mit der größten Ausschweifung auch noch die feinsten geistigen Genüsse verband und eines Oberregenten der Erde würdig war. Poeten und Künstler gingen in seinem Palast ein und aus und die Blüte der Wissenschaft und Gelehrsamkeit, vor allem aber die Blüte der Schönheit und Anmut aus ganz Südfrankreich war um ihn versammelt. Galante Damen und minnesuchende Ritter, frivole Kardinäle und runzelige Gelehrte, hochgeborene Herren von uraltem Adel und lustige Mönchlein mit geschorener Platte, - Alles wogte in den Sälen seines Palastes bunt durcheinander, wenn er, wie fast alle Wochen geschah, eines jener Feste gab, welche sich durch Luxus und Pracht, wie auch durch Sinnigkeit und Geschmack gleich sehr auszeichneten, weswegen man ihnen auch den exklusiven Namen «der Clementinischen» gab. An solchen Abenden hätte man glauben können, nicht ein Papst, sondern die Göttin der Liebe, Frau Venus selbst, halte Hof zu Avignon, und wenn man es recht überlegte, so war es auch so, denn die Königin des Festes war immer die schöne Gräfin von Turenne, welche den Papst viele Jahre lang durch ihre Reize dominierte. Kurz: Clemens VI. war ein absolutes Weltkind, und Petrarca vergleicht daher seinen Hof mit einem Labyrinth, wo Minos herrscht, Minotaurus brüllt und Venus angebetet wird! Kein Wunder also, wenn die Leute außerhalb Avignon meinten, «jedes Fräulein und jede Frau schände ihren Leib, sobald sie nur die Tore Avignons überschreite!» Kein Wunder, wenn man die Nonnenklöster des neuen Roms nicht mehr anders nannte, als privilegierte päpstliche Bordellhäuser. Und kein Wunder, wenn einmal im vollen Konsistorium, in welchem Clemens die Kardinäle um sich versammelt hatte, dem Papst ein Brief präsentiert wurde, welcher die Aufschrift trug: «der Teufel an seinen Bruder Clemens», - ein Brief, in welchem die Taten eines jeden Kardinals, sowie des Papstes selbst geschildert wurden und welcher, nachdem der Satan den Papst als «seinen Bruder», und die Kardinäle als «seine Herren Vettern» ermahnt hatte, sich seiner Gnade immer würdiger zu machen, mit den Worten schloss: «Gruß und Handschlag! Eure Schwestern die Habsucht und die Unzucht, sowie eure Brüder der Unglaube und der Betrug grüßen Euch. Gegeben im Mittelpunkt der Hölle in Gegenwart aller Teufel.»[215]

Die allerbeste Bezeichnung des Lebens der Päpste in Avignon liegt übrigens ohne Zweifel in der Geschichte, welche der satirische Boccaccio von einem reichen Juden in Marseille erzählt. Dieser Jude war ein sehr ehrenwerter Kaufmann und hatte viele Freunde unter seinen christlichen Kollegen in besagter Handelsstadt. Oft kam nun bei ihren Zusammenkünften die Sprache auch auf die Religion und die Freunde des Juden boten dann immer alles auf, um den Letzteren zu bewegen, sich taufen zu lassen; dieser aber weigerte sich beharrlich und erklärte, als Jude leben und sterben zu wollen. Einstmals nun wurde er gefährlich krank und natürlich besuchten ihn seine christlichen Kollegen sehr häufig, ließen sich aber diese Gelegenheit nicht entschlüpfen, ihn abermals und abermals zur Bekehrung zu ermahnen. «Sie würden sich ja in der andern Welt sonst nicht wieder treffen,» meinten sie und bedrängten ihn so lange, bis er endlich versprach, sobald er wieder genesen sei, sich die Sache noch einmal zu überlegen und eine genaue Vergleichung zwischen Christentum und Judentum vorzunehmen. In der Tat genas er bald darauf, und an sein Versprechen erinnert, erklärte er, nach Avignon gehen zu wollen, um daselbst an dem Sitz des heiliges Vaters und des Stellvertreters Christi das Christentum in seiner Urquelle zu studieren. Über diesen Entschluss erschraken seine Freunde außerordentlich, denn sie wussten sehr gut, dass man in Avignon alles finden könne, nur kein Christentum,. Darum versuchten sie auch ihren Freund auf alle Weise zu bewegen, sich die Mühe einer solchen Reise zu ersparen, da es ja genug Geistliche und Christenlehrer in Marseille gebe; doch der Jude blieb fest dabei, nach Avignon zu gehen, und machte sich auch wirklich eines Tages auf den Weg zum Papstsitz. Natürlich verzweifelten jetzt seine bekehrungssüchtigen Freunde daran, dass sie ihn je als Christen begrüßen dürften und fühlten sogar, wenn sie daran dachten, wie viel Niederträchtigkeit und Gemeinheit ihr Kollege in Avignon sehen werde, eine nicht geringe Scham darüber, dass sie ihm überhaupt nur zu einem Religionswechsel zugesprochen hatten. Mit Bangen sahen sie seiner Wiederkehr entgegen, doch siehe da, es sollte ganz anders kommen, als sie sich gedacht hatten. Der Jude blieb lange aus, mehrere Monate lang; aber endlich kehrte er doch wieder und sobald er aus dem Schiff, das ihn nach Marseille zurückgetragen hatte, gestiegen war, versäumte er nicht, sogleich alle seine christlichen Freunde um sich zu versammeln und ihnen zu erklären, dass er nunmehr entschlossen sei, den christlichen Glauben anzunehmen. Ja, er ruhte nicht, als bis

---

[215] Clemens und seine Kardinäle lachten recht herzlich über den Brief, welchen sie für einen guten Witz erklärten. Sein Verfasser war entweder der Dichter Petrarca oder der Erzbischof von Mailand.

diese mit ihm zur Kirche gingen, wo ein Priester alsbald den feierlichen Akt vornehmen musste! Über all dies wunderten sie sich natürlich sehr, denn sie konnten die Motive, welche ihren Freund zum Christen machten, so gar nicht begreifen; doch sie schwiegen still, bis die Taufe vorüber war. Am Abend dieses denkwürdigen Tages aber, als sie bei dem neugewonnenen Mitbruder versammelt waren, konnten sie ihre Neugierde nicht mehr verbergen, und fragten, wie es denn möglich gewesen sei, dass er trotz seines Besuches in Avignon dennoch keinen Abscheu vor dem Christentum gefasst habe. «Ich will es euch erklären,» erwiderte nun der frühere Jude; in Avignon fand ich alle Laster und Schändlichkeiten der ganzen Welt vereinigt. Die Nonnen und Mönche sind dort das, was man bei uns Metzen und Paillarde nennt, die Kardinäle aber und der Papst selbst, obgleich er der heilige Vater und der Statthalter Christi genannt wird, werden sicherlich von niemanden in Europa an Liederlichkeit und Ruchlosigkeit übertroffen. So ist der päpstliche Palast ein wahrer Schand- und Lasterpfuhl, der nicht mehr Wert hat, als dass ihn eine Sintflut von der Erde wegschwemme, und ich wandte mich mit vollkommenem Ekel von demselben ab. Aber nun stieg unwillkürlich in mir der Gedanken auf: «wie groß, hehr und heilig muss doch die von Christus gepredigte Lehre sein, da dieselbe nicht nur nicht zugrunde gegangen ist, sondern im Gegenteil fortbesteht und sich weiter und weiter ausdehnt, während doch ihre höchsten Würdenträger und Oberpriester sich im Schlamm wälzen und ihrem Charakter nach eher Mitglieder der Hölle als des Himmels genannt werden müssen?» Dies fragte ich mich und beschloss ein Christ zu werden!»
Kann man das Leben der Päpste in Avignon besser und treffender beschreiben, als es Boccaccio in dieser kurzen Erzählung getan hat?

3. Kapitel.

Alexander VI. und seine Tochter Lucrezia.

Mit Gregor XII. (1370 bis 1378) siedelte das Papsttum wieder nach Rom über, aber das Leben der Päpste wurde deswegen weder zurückgezogener noch gesitteter; sondern es beginnt vielmehr nun erst die Zeit der «raffinierten Liederlichkeit» und das Laster der Unzucht wurde nicht selten sogar aus einem natürlichen ein unnatürliches. Ich möchte übrigens über das Leben derjenigen Päpste, welche die Periode zwischen Gregor dem XII. und Alexander dem VI. also zwischen 1378 und 1492 ausfüllen, so kurz wie möglich hinweggehen, um desto ausführlicher bei Alexander VI. verweilen zu können.

Urban VI. (1378 bis 1380) war ein solch bodenlos erbärmlicher Mensch, dass seine Kardinäle bereits darüber beratschlagten, was besser sei: ihn für wahnsinnig zu erklären und ihm einen Vormund zu bestimmen, oder aber seine Absetzung wegen Unwürdigkeit zu beschließen. Leider aber kam ihnen der Papst zuvor, ließ sechs von ihnen greifen und unterwarf sie solange tagtäglich und in seiner eigenen Gegenwart der Folter, bis sie sämtlich (einen einzigen ausgenommen, welchen Richard II., der König von England freibat) tot waren. Er hatte einen unehelichen Sohn mit Namen Prignano, den er so gern hatte, dass er ihn nicht einmal einer leichten Strafe unterwarf, als dieser eine Nonne geschändet hatte. Ja er ließ ihm zuliebe sogar die Königin Johanna von Neapel absetzen und am 12. Mai 1382 mit der Beihilfe Karls von Durazzo erwürgen. Warum wollte sie auch Prignano nicht zum Gemahl und Mitregenten annehmen? Freilich konnte er dem Liebling auch nach ihrem Tod nicht zu dem besagten Königreich verhelfen, sondern nur zu seinem Fürstentum, das Karl III. dem päpstlichen Bastard übertrug, aber wer weiß, was geschehen wäre, wenn der heilige Vater nicht schon im Jahre 1389 das Zeitliche gesegnet hätte, und zwar verachtet von aller Welt, wie ein Zeitgenosse bezeugt.

Von Alexander V. (1409), welcher nur wenige Monate regierte, sagte der bekannte päpstliche Biograph und Geheimsekretär Niem:[216] «*Lubenter bene et laute vivebat bibendo vina fortia fortiter et frequenter*» das heißt auf Deutsch: «Er lebte gern gut und flott und trank gern vielen und starken Wein.» Über Johann XXII.[217]

---

[216] Theodor a Niem, *De schismate ecclesiae»*. Niem geht in allem, was er berichtet, auf die genauesten Einzelheiten ein und belegt sein Referat stets mit Zeugnissen.

[217] Er hieß eigentlich Balthasar Cossa und war nach dem Zeugnis des Clemengis (in seinen *Vota emendationis*) wohl der schlechteste Mann, den man auf Erden finden konnte. Schon als Jüngling erwarb er sich durch seine Schamlosigkeit und Unzüchtigkeit, sowie durch sein Lügen und Betrügen den Ruf der grenzenlosesten Nichtswürdigkeit. Später ging er auf die Universität Bologna, wo er sich durch die wilden Gelage, welche er mit seinen Kommilitonen feierte, auszeichnete und entwich von da, weil man ihn verschiedener Vergehen halber festsetzen wollte, nach Dalmatien. Hier verband er sich mit einigen anderen verwegenen Gesellen und wurde Seeräuber; doch schon nach kurzer Zeit wurde sein Schiff von einem neapolitanischen Kapitän gekapert und es gelang ihm nur mit viel Mühe, dem Galgen zu entgehen, an dem alle seine Genossen baumeln mussten. Nun widmete er sich dem geistlichen Stand und kaufte sich von Bonifazius IX. die Kardinalswürde. Als solcher wurde er beauftragt, das damals aufrührerische Bologna wieder zu unterjochen und dies gelang ihm auch nach kurzer Zeit; aber nun wütete er gegen die Einwohner der besiegten Stadt, obwohl er eidlich vollständigen Pardon versprochen hatte, mit einer Grausamkeit, die wirklich unerhört ist in der Geschichte. Er plünderte nämlich nicht nur alle Stände, und besteuerte sogar die öffentlichen Dirnen, sondern er ließ auch fast zweitausend Männer hinrichten, nicht weil sie irgendeine Schuld, sondern weil sie Geld gehabt hatten. Die Frauen – Nonnen, Ehefrauen, Jungfrauen etc. untereinander – mussten ihm sämtlich zu Willen sein oder wurden mit Gewalt dazu gezwungen und man zählte über zweihundert, die er geschändet hatte. Nachdem er so seine Mission in Bologna vollendet hatte, kehrte Cossa nach Rom zurück, um dasselbe Leben auch dort fortzusetzen. So ist z. B. von ihm bewiesen, dass er mit der Gattin seines eigenen Bruders Unzucht trieb. Derlei Sünden

(1410 bis 1417) hielten die auf dem Konzil zu Konstanz versammelten Kirchenväter Gericht und es wurde durch unwiderlegbare Zeugen bewiesen, dass er nicht nur des Ehebruchs, der Unzucht, der Blutschande, der Sodomie, des Raubes und des Mordes schuldig sei, sondern dass er auch während seines Aufenthalts zu Bologna einen Harem von zweihundert Mätressen gehalten und im Ganzen zusammen über dreihundert Nonnen, welche er dann zum Sündenlohn zu Äbtissinnen und Priorinnen beförderte, verführt, missbraucht und genotzüchtigt habe.[218] Kein Wunder also, wenn der öffentliche Ankläger auf dem Konzil seine siebzig Klagepunkte, die gegen den genannten Papst vorgebracht wurden, mit den Worten schließt: «man kann ihn nicht anders betrachten, denn als den Feind aller Tugend, den Pfuhl aller Schande, das Laster der Laster, so dass jedermann, der ihn kennt, von ihm spricht wie von einem eingefleischten Teufel!»[219]» Papst Pius II. (1458 bis 1464), welcher sich, solange er noch Kardinal war und Aeneas Silvius hieß, weit berühmter gemacht hat, als später als Papst, verführte in seiner Jugend in Straßburg

---

genügten ihm jedoch bald nicht mehr, sondern er machte sich nun auch ans «eigenhändige» Morden, und räumte durch ein von ihm selbst erfundenes Gift jeden aus dem Weg, der ihm hinderlich war; so namentlich auch Papst Alexander V., seinen unmittelbaren Vorgänger auf dem Stuhl Petri. Nachdem er nun selbst Papst geworden war, eröffnete sich ihm ein neues Feld der Tätigkeit, das er auch alsbald auszubeuten verstand. Er verlegte sich nämlich auf die Simonie und verkaufte alle Kirchenstellen, über welche er zu verfügen hatte, an den Meistbietenden (sogar an seine eigenen Bastarde, oft noch Kinder). Überhaupt plünderte er die Kirche förmlich und machte alles zu Geld, was sich nur zu Geld machen ließ. Überdies spottete er aller Moral und allem Christentum öffentlich und nannte die Unsterblichkeit und die Auferstehung unsinnige Fabeln. Kurz, die Anklageakten haben nicht zu weit gegriffen, wenn sie ihn «den Abgrund aller Sünden, den eingefleischten und unverbesserlichen Sohn aller Verbrechen, einen Giftmischer, Totschläger, Räuber, Ketzer, einen Skandal für die ganze Welt» nennen.

[218] Die Zeugen, welche gegen den Papst verhört wurden, waren Kardinäle, Erzbischöfe, Bischöfe, nebst verschiedenen angesehenen weltlichen Personen, und sie alle sagten mit solcher Bestimmtheit gegen den Papst aus, dass an der Wahrheit des von ihnen Behaupteten ganz unmöglich zu zweifeln ist. Auch der Knabenschänderei, sowie der Blutschande mit der Frau des eigenen Bruders wurde er überführt.

[219] Einige der höchststehenden Prälaten (besonders der Erzbischof von Mainz) nahmen ihn trotz dieses grässlichen Lebenswandels in Schutz (während andere ihn des Feuertodes für schuldig hielten) und so fiel das Urteil gegen ihn ziemlich mild aus. Man setzte ihn nämlich ab und verdammte ihn zu lebenslänglichem Gefängnis; aber nachdem er einige Monate in der Festung Gottlieben, dann ein Jahr in Heidelberg in leichter und ein zweites Jahr in Mannheim in strenger Haft gehalten worden war, erkaufte er sich seine Freiheit für 30.000 Dukaten und begab sich hierauf zu Papst Martin V. nach Florenz. Dieser ernannte ihn sofort zum Kardinal-Bischof von Tusculum und ordnete an, dass derselbe im Kardinalskollegium seinen beständigen Sitz zur Rechten des Papstes und zwar zur Auszeichnung, weil er doch einmal Papst gewesen sei, auch einen erhöhten Stuhl haben solle. Das war die Strafe für dieses Ungeheuer von einem Menschen!

eine Engländerin und zeugte mit ihr einen Sohn, mit dem er auch als Papst noch Briefe wechselte: In einem dieser Briefe nun steht Folgendes zu lesen: «Mein Körper ist ausgetrocknet und meine Kräfte fangen an zu schwinden. Die Venus ekelt mich an, dagegen werde ich dem Bacchus treu bleiben; doch ist bei meiner Keuschheit nicht viel Verdienst, denn ich bin es eigentlich nicht, der die Venus meidet, sondern die Venus ist es, die mich meidet!» Ist das nicht ein echt päpstlicher Briefwechsel?

Nach Pius kam Paul II. (1464 bis 1471), von welchem Weber meint, dass er sich statt Paulus «Formosus», das heißt «der Eitlen» hätte nennen sollen. Er ging nämlich nie aus, ohne sich vorher geschminkt zu haben, und überlud seine Kleider so sehr mit Edelsteinen und Goldstickereien, wie kein Papst vor ihm, noch nach ihm. Spottweise nannte man ihn auch: «Unsere liebe Frau vom Mitleiden», denn er konnte über jede Kleinigkeit Tränen vergießen und so weinte er denn z. B. auch jedes Mal, wenn er seine Tochter, die er mit einer Venezianerin gezeugt hatte, ansah, einfach deswegen, weil sie so schön war, dass er sie ihrem künftigen Ehegemahl missgönnte.

Von Sixtus IV. (1471 bis 1483) ist bekannt, dass er zu seinen beiden natürlichen Söhnen Pietro und Girolamo Niario eine wahre Affenliebe besaß, durch welche er sich nicht bloß zu unsinnigen Handlungen, sondern sogar zu schweren Verbrechen hinreißen ließ. Für Girolamo kaufte er von dem mailändischen Herzog Galeazzo die Grafschaft Imola und trachtete nun auch danach, das schöne Florenz zu erwerben, um es ebenfalls seinem Liebling zu schenken. Hier herrschten jedoch, zwar nicht als Regenten, aber «als erste Patrizier» (denn Florenz war eine Republik) die beiden Brüder Lorenzo und Giuliano de Medici und natürlich mussten, wenn die Pläne des Papstes gelingen sollten, die Medici vorher um jeden Preis gestürzt oder noch besser aus dem Wege geräumt werden. Nun hatten diese Letzteren, wie man sich leicht denken kann, in Florenz selbst verschiedene Rivalen und Feinde, worunter besonders die Mitglieder der Familien Pazzi und Salviati waren, welche nur auf die Gelegenheit warteten, den beiden Medicis einen Schlag zu versetzen, und darum ließ Sixtus IV., der natürlich von all diesen Verhältnissen genau wusste, Francesco de Pazzi, das Oberhaupt jener Famlie, zu einer geheimen Zusammenkunft einladen. Pazzi erschien, verständigte sich mit dem Papst und kehrte dann nach Florenz zurück, um sich alsbald mit dem Erzbischof Salviati, dem Erzpriester Stephano und einigen tapferen, unternehmungslustigen Männern, wie Giovanni Blandini und Battista Montesecco, zum Untergang der Familie Medici zu verschwören. Man erfuhr, dass die beiden genannten Brüder am Sonntag den 26. April (1478) in der Kirche St. Negarata zu Florenz der heiligen Messe beiwohnen würden, und beschloss, in demselben Augenblick, in welchem sie vom Priester die heilige Hostie empfingen, über sie herzufallen, denn man hoffte, dass, weil dann alles betend auf den Knien lag, die übrigen in der Kirche Anwesenden nicht imstande sein würden, so schnell bei der Hand zu sein, um die Tat zu verhindern. Der Sonntag kam heran und die Verschworenen fanden sich in der Kirche ein, Im verabredeten Moment fielen sie über die beiden Brüder her, Blandini und Francesco de Pazzi über Juliano, der Priester Stephano und Battista Montesecco über Lorenzo. Juliano wurde tödlich getroffen, Lorenzo aber, obwohl schwer verwundet, konnte sich in die Sakristei retten und von da in seinen Palast entkommen. Über diese grässliche Untat entsetzte sich das ganze in der Kirche anwesende Volk und drang in voller Wut auf die Mörder ein. Diese versuchten sich durch die Flucht zu retten, aber nur einer, Blandini, entkam, wurde jedoch später von Sultan Bayezid, zu dem er sich gerettet hatte, ausgeliefert. Pazzi nebst Montesecco, dem Priester Stephano und dem Erzbischof Salviati, wurden auf der Tat ergriffen und sogleich an den Kirchenfenstern aufgeknüpft. So wurde dem Papst ein Strich durch seine Rechnung gemacht, aber er geriet deshalb auch in eine solche Wut, dass er den am Leben gebliebenen Lorenzo, nebst ganz Florenz, in den Bann tat und denselben überdies, in Verbindung mit dem König Ferdinand von Neapel (ein unehelicher Sohn des Papstes war mit einer natürlichen Tochter König Ferdinands vermählt), mit Krieg überzog. Doch auch der Krieg hatte nicht die Folgen, welche Sixtus IV. erwartete. Im Gegenteil, als der König von Neapel durch einen persönlichen Besuch Lorenzos bewogen wurde, vom Bündnis mit dem Papst Abstand zu nehmen, musste in Folge dessen schon im Jahr 1480 Frieden geschlossen werden und von einer Eroberung von Florenz war also keine Rede mehr. Später versuchte der Papst, seinem geliebten Girolamo das Fürstentum Ferrara zu verschaffen und verbündete sich deshalb im August 1481 mit den Venezianern, damit sie ihm bei der Vernichtung des regierenden Fürsten von Ferrara, Hercules I., beistünden. Letzterer wurde auch wirklich mit Krieg überzogen und der einstweilen zum Kardinal beförderte Girolamo stellte sich in eigener Person an die Spitze der päpstlich-venezianischen Truppen. Doch auch dieser Krieg endete schmachvoll für den Papst, den Hercules I., welcher Leonora, die älteste Tochter des Königs Ferdinand von Neapel, geheiratet hatte und so bei diesem Unterstützung fand, wusste sich mit solcher Kraft zu behaupten, dass die Venezianer im Jahr 1484 mit ihm Frieden schlossen. So gelang es dem Papst, der nun natürlich ebenfalls vom Krieg Abstand nehmen musste, keineswegs, seinen Erstgeborenen zu einem großen Fürsten Italiens zu machen; ja nicht einmal das kleine Fürstentum Rimini konnte er ihm erwerben, sondern musste sich damit begnügen, die großen Grafschaften Imola und Forli für ihn zu kaufen, welche jährlich ihre 50000 Scudi abwarfen.

Man darf übrigens nicht glauben, dass Sixtus IV. nur um seinen geliebten Girolamo besorgt war; im Gegenteil, er widmete dieselbe Sorgfalt auch den übrigen Mitgliedern seiner Familie. Pietro Niario, ein anderer seiner Söhne, welchen er mit seiner eigenen Schwester in Blutschande gezeugt haben soll, wurde von ihm zum Kardinal erhoben und zugleich mit solch reichen Pfründen bedacht, dass derselbe jährlich ein Einkommen von hunderttausend Dukaten besaß. Dennoch kam der junge Wüstling mit dieser fürstlichen Besoldung nicht aus, sondern hinterließ, als er schon nach zwei Jahren in Folge seiner Ausschweifungen starb, eine Schuldenmasse von noch weiteren 70000 Dukaten, welche sein löblicher Vater natürlich ebenfalls bezahlen musste. Einen dritten Sohn, mit Namen Raphael, bedachte Sixtus, obgleich der Junge erst 17 Jahre alt war, ebenfalls mit dem Kardinalshut und schenkte ihm noch die zum Kirchengut gehörenden Grafschaften Sora und Sinigaglia. Ebenso freigiebig erwies sich Sixtus gegenüber seinen Neffen, den Söhnen seines Bruders. Giuliano, Leonardo und Giovanni della Rovere wurden alle drei zu Kardinälen befördert, und dieselbe Würde erhielten noch mindestens sechs andere Verwandte des besorgten Oberhirten der Christenheit. Seine Nichten verheiratete er sämtlich mit vornehmen und reichen Männern und stattete sie so aus, wie es einem großen Fürsten geziemt. Kurz, er tat, was er konnte, um jedes Mitglied seiner Familie so reichlich wie möglich zu versorgen. Freilich war dazu viel Geld nötig, aber von einem Papst, der sich mit Banditen verband, um diejenigen, die ihm im Wege standen, aus der Welt zu schaffen, wird man wohl nicht erwarten dürfen, dass er in den Mitteln, solches Geld aufzubringen, allzu wählerisch gewesen sei. Dies sieht man am besten daran, dass er in seiner Fürsorge für die natürlichen Bedürfnisse der Männerwelt die ersten öffentlichen Bordelle in Rom einführte, weil sie ihm ein jährliches Einkommen von etlichen 30000 Dukaten abwarfen![220]

Ein würdiger Nachfolger dieses Papstes war Innozenz VIII. (1484 bis 1492), welcher nicht weniger als 16 Bastarde besaß[221] und mit denselben öffentlich und frei prunkte. Sein Liebling war Franceschetto, zu Deutsch Fränzchen, und um diesem zu Land und Leuten zu verhelfen, musste Girolamo Niario, der Sohn des früheren Papstes, welcher, wie wir wissen, Forli und Imola besaß, am 14. April 1488 urplötzlich vom Schauplatz dieser Erde abtreten. Innozenz hoffte nämlich, nach der Ermordung desselben sich besagter Städte mit Leichtigkeit bemächtigen

---

[220] Ja, mit den Bordellen begnügte sich der Papst nicht, sondern er erlaubte sogar (wie der Franzose Prudhomme in seinem Werk *«Les crimes des Papes»* berichtet) dem Kardinal St. Lucia, sich während der drei wärmsten Sommermonate «der Sodomiterei» ergeben zu dürfen. Näheres über diesen famosen Papst findet man im *«Diario della citta di Roma scritto da Stephano Infessura»* (siehe Muratori *Scripores rerum ital. Tom III. Pars II)*.

[221] Ein Zeitgenosse des Papstes, mit Namen Vespucci, gibt die Zahl der päpstlichen Kinder in einem noch vorhandenen Schreiben an Lorenzo de' Medici nur auf sieben an, und dasselbe behauptet auch Infessura, aber andere bestehen auf der Zahl «sechzehn» und der Dichter Marullus singt deshalb:
«Octo nocens pueros genuit, toidemque puellas,
Hunc merito poterit dicere Roma Patrem.»
Zu deutsch:
«Acht Knaben zeugte er in Sünde und ebenso viel Mädchen,
darum wird ihn auch Rom mit Recht den «Vater» nennen können».

zu können, und trieb daher die Forlier nicht nur an, sich gegen ihre rechtmäßige Regierung zu erheben, sondern unterstützte sie dabei auch mit einem beträchtlichen Heerhaufen. Aber Girolamo hinterließ außer seinem unmündigen Sohn Octavio auch noch eine Witwe, die ebenso schöne und kluge, als tapfere und energische Katharina Sforza, und diese schlug den päpstlichen Heerhaufen in die Flucht. Ja, sie nahm sechs seiner Anführer gefangen, ließ sie sogleich hinrichten und zwang zum Schluss die Forlier, sowohl ihrem unmündigen Sohn zu huldigen, als auch sie selbst als Regentin während seiner Minderjährigkeit anzuerkennen. So missglückte der Anschlag des Papstes auf schmähliche Weise, aber Innozenz ließ sich dadurch nicht abschrecken, seinem Fränzchen doch noch eine Herrschaft zu erwerben, und überzog demnach gleich darauf den tapferen Boccolino de Gozzoni, den Herrn von Stadt und Grafschaft Osimo, mit Krieg. Boccolino jedoch verteidigte sich aufs energischste und das päpstliche Heer musste, trotz seiner Übermacht und obwohl es von dem damals hochberühmten Mailänder Gian Jacobo Trivulzio kommandiert wurde, mehr als ein Jahr lang vor der Stadt liegen, ohne sie erobern zu können. Doch hätten die tapferen Bürger Osimo's auch jetzt noch (Juli 1487) nicht nachgegeben, wenn nicht Lorenzo de' Medici als Unterhändler aufgetreten wäre und den gutmütigen Boccolino durch die Barsumme von 8000 Dukaten zum Abzug bewogen hätte. So erhielt der Papst oder vielmehr Fränzchen die Stadt und Herrschaft Osimo, worauf dann im November selbigen Jahres die längst vorher beschlossene Heirat des päpstlichen Bastards mit Magdalena, der Tochter des soeben genannten Lorenzo de Medici (deswegen hatte auch Letzterer den Unterhändler gespielt) vollzogen wurde. – Außer Fränzchen liebte der Papst hauptsächlich seine Tochter Theodorica und ruhte nicht eher, als bis er sie mit einer großen Mitgift versehen an einen vornehmen Genuesen verheiratet hatte. Ebenso großherzig zeigte er sich gegenüber seinen anderen Söhnen und Töchtern, denn von den Söhnen wurde der eine Erzbischof von Benevent, ein zweiter Kardinal, ein dritter Befehlshaber der Engelsburg usw., von den Töchtern aber erhielt die Geringste einen römischen Baron zum Mann. Kurz, der heilige Vater zeigte, dass er ein wirklicher Vater sei, und wenn man ihn auch nicht mit Unrecht einer großen Menge von Schandtaten und Verbrechen bezichtigte, so durfte er sich doch rühmen, dass er alles, was er getan hatte, seinen Kindern zuliebe getan habe.[222] Nun aber kommen wir auf einen Papst zu sprechen, der nicht bloß alle seine Vorgänger an Abscheulichkeit übertraf, sondern auch im Einzelnen wie im Ganzen als die größte Schandsäule des Pontifikats, als der niederzüchtigste und verrufenste aller Päpste, ja, weil unstreitig ein Mann von großen geistigen Gaben, als das

---

[222] Bezeichnend für die Denkungsweise dieses Papstes ist sein Ausspruch, dass jeder Kleriker zur Ehre Gottes (*ad laudem Die et fidei christianae*) eine Buhlschwester (*concubinam vel saltem meretricem*) haben müsse. So berichtet wenigstens der bekannte Infessura in seinem *Diarium Rom. urbis*.

verworfenste Ungeheuer, welches je auf der Welt existierte, bezeichnet werden muss.

Dieser Papst war Alexander VI., welcher am 11. August 1492 nach dem Tode Innozenz' den Stuhl Petri bestieg. Von Haus aus hieß Alexander VI. eigentlich Rodrigo Borgia und gehörte einem zwar armen, aber alten Adelsgeschlecht an, das ursprünglich seinen Sitz in der Stadt Valencia in Spanien hatte, und dort unter dem Namen Langolo bekannt war. Um sein Glück zu machen, zog Rodrigos Vater nach Venedig, siedelte sich da an, und verwandelte sofort, aus bisher nicht bekannten Gründen, seinen Familiennamen Langolo in den von «Borgia», welcher durch Alexander VI., so ungewöhnlich berühmt werden sollte. Der junge Rodrigo studierte zuerst Rechtswissenschaft, ging dann aber zum Soldatenhandwerk über und lebte nun, wie junge Offiziere zu leben gewohnt sind. Bald wurde er in ganz Venedig wegen seiner vielen Liebesabenteuer bekannt und auch seine übrigen tollen Streiche ließen nichts zu wünschen übrig. Dessen ungeachtet trat er nach kurzer Zeit aus dem Militärdienst aus, um den Priesterrock anzuziehen, denn er sah wohl ein, dass er es in diesem Stand weiter bringen könnte, als in dem ersteren, da ein Onkel von ihm, welcher die Würde eines Bischofs von Valencia bekleidete, ihm seine besondere Protektion zugesichert hatte. Von selbst versteht es sich übrigens, dass er auch als Priester seine frühere Lebensweise nicht änderte; nur trieb er das, was er sonst offen vor aller Welt getan hatte, nunmehr, wenn auch nicht gerade heimlich, so doch halbverdeckt und verschleiert. Nun gehörte unter die Damen seiner näheren Bekanntschaft auch eine reiche Witwe mit Namen Vanozza, und diese wusste er durch sein einschmeichelndes Wesen so sehr zu gewinnen, dass sie sich ihm mit Leib und Seele ergab, und Ehre wie Vermögen an ihn wagte. Sie wird als sehr schön geschildert, scheint jedoch nicht mehr in der ersten Blüte der Jugend gestanden zu haben, da sie zwei bereits ziemlich erwachsene Töchter besaß, deren Reize sich eben damals, als Rodrigo Borgia ihre Bekanntschaft machte, zur höchsten Blüte zu entfalten begannen und auf die Sinnlichkeit des jungen Mannes (Rodrigo zählte damals etwa neunzehn Jahre) einen mächtigen Eindruck machten. Hiervon ließ er sich aber natürlich vor der Mutter nichts anmerken, sondern wusste sich im Gegenteil so gut zu verstellen, dass Frau Vanozza, als sie nicht lange hernach schwer krank wurde und ihren Tod herannahen fühlte, ihm testamentarisch die Aufsicht und Vormundschaft über ihre Töchter übertrug. Vanozza starb wirklich und Rodrigo konnte nun ungehindert seiner Leidenschaft den Zügel schießen lassen. Beide Mädchen erlagen seiner Lust, doch hatte die Ältere so viel Ehrgefühl, dass sie sich bald darauf in ein Kloster zurückzog; die Jüngere aber scheute sich nicht, mit dem Liebhaber ihrer verstorbenen Mutter in ein förmliches Konkubinatsverhältnis zu treten, obwohl vor der Welt ein Schleier darüber geworfen wurde. Während der junge Borgia nun dieses Leben in Venedig führte, wurde Alphonso Borgia, der oben schon angeführte frühere Bischof von Valencia, am 8. April 1455 zu Papst erwählt (als welcher er den Namen Calixtus III. annahm), und nun eilte natürlich Rodrigo so schnell er konnte nach Rom, um seinem Onkel zu gratulieren und ihn an das früher gegegebene Versprechen der Protektion zu erinnern. Calixtus nahm den Neffen sehr wohlwollend auf, übertrug ihm sogleich, obwohl derselbe erst 22 Jahre zählte, eine Pfründe, welche ihre 12000 Dukaten eintrug, ernannte ihn später zum Erzbischof von Valencia und gab ihm schließlich den Kardinalshut mit einem jährlichen Einkommen von 28000 Dukaten. Dies geschah alles in dem kurzen Zeitraum von 3 Jahren, denn Calixtus starb schon im Jahr 1458 und man kann daran sehen, wie die Päpste in jener Zeit mit der Erteilung der höchsten päpstlichen Würden umgingen.

Nachdem nun Rodrigo einmal Kardinal geworden war, ging all sein Streben dahin, die höchste geistliche Würde, die Tiara, zu erlangen, und um dieses Ziel zu erreichen, verleugnete er seine ganze Natur und brachte es sogar so weit, dass er vor der Welt den Schein der Tugendhaftigkeit erwarb. Allerdings ließ er seine Kokubine, welche einstweilen in Venedig zurückgeblieben war, schon kurze Zeit darauf ebenfalls nach Rom kommen, aber er nahm sie keineswegs in seinen Palast auf (obwohl ihm der liederliche Lebenswandel seiner Kollegen das Recht dazu gegeben hätte), sondern wusste vielmehr einen armen spanischen Edelmann seiner Bekanntschaft dahin zu bringen, dass derselbe die Rolle eines Scheingemahls der jungen Vanozza übernahm und nun unter dem falschen Namen eines Grafen von Kastilien ein ziemlich ansehnliches Haus machte. Die Kosten dieser Haushaltung sowie überhaupt die der Repräsentantin des fingierten Grafen übernahm natürlich Kardinal Rodrigo, aber er entschädigte sich für diesen Geldaufwand hinlänglich durch die Besuche, welche er tagtäglich der Frau Gräfin abstattete, - Besuche, die umso weniger auffallen konnten, als der Kardinal das Gerücht verbreitete, der Herr Graf von Kastilien sei ein naher Verwandter des Hauses Borgia. Auf diese Art wurde das Konkubinat des Herrn Kardinals mit seiner Schönen vor den Augen der Welt ziemlich gut verdeckt und nur Wenige wussten, dass die fünf Kinder, welche Vanozza in dieser Zeit ihrem Liebhaber gebar, keine Sprösslinge des Grafen von Kastilien, sondern vielmehr des ehrwürdigen Kardinals Rodrigo, der einstweilen unter Sixtus IV. zum Vizekanzler der römischen Kirche vorgerückt war, seien. Diese fünf Kinder, vier Knaben und ein Mädchen, erhielten in der heiligen Taufe die Namen Francesco, Cesare, Goffredo, Ludovico und Lucrezia, und man muss es ihrem Vater nachsagen, dass er kein Geldopfer scheute, um sie ihrem fingierten gräflichen Stand gemäß erziehen zu lassen. Übrigens darf man nicht glauben, dass sich Rodrigo während seiner ganzen Kardinalszeit nur auf den Umgang mit Vanozza beschränkte, sondern es ist vielmehr von ihm bekannt, dass er auf den vielen Reisen, welche er als päpstlicher Legat an verschiedene europäische Höfe machte, viele Liebeshändel anzettelte. Doch erfuhr man hiervon nur wenig in Rom, sondern es gelang vielmehr seiner Verstellungskunst, einen solchen Nimbus von Frömmigkeit um sich zu verbreiten, dass die öffentliche Meinung nach dem Tode

Innozenz VIII. ihn als den würdigsten und passendsten Kandidaten für den neu zu besetzenden Papststuhl bezeichnete. Dazu kam noch, dass er weder Geld noch Versprechungen sparte, um die Mehrzahl der Kardinäle auf seine Seite zu bringen und überdies stellte er sich so, als ob seine Gesundheit viel zu sehr untergraben wäre, als dass er noch lange Zeit leben könnte. Das Endresultat aller dieser Bemühungen war, dass er im Jahr 1492, am 11. August, mit 22 gegen 5 Stimmen von den Kardinälen zum Papst erwählt wurde, worüber das römische Volk in einen allgemeinen Jubel ausbrach. Freilich die fünf Kardinäle, welche ihm ihre Stimmen nicht gegeben hatten, kannten ihn besser und flüsterten sich voll Entsetzen zu, dass nunmehr ohne Zweifel eine Regierung des Lasters und der Ruchlosigkeit beginnen werde, wie vordem keine in Rom gesehen worden sei. Einen ebenso richtigen Scharfblick hatte der König von Neapel, denn dieser schrieb seiner Gemahlin, sowie er von der getroffenen Wahl hörte, dass soeben ein Mann auf den Stuhl Petri gesetzt worden sei, welcher die ganze Christenheit dem Teufel in den Rachen liefern werde.

Wie gerecht die Furcht vor dem, was da kommen würde, war, zeigte sich bald, nachdem Rodrigo seinen Namen in den des Papstes Alexander VI. verwandelt hatte, denn seine erste Regierungshandlung bestand darin, dass er die Kardinäle, welche ihn an seine, ihnen vor der Wahl gemachten Versprechungen erinnerten und die Erfüllung derselben verlangten, kurzweg einkerkern und einige der hartnäckigsten sogar vergiften ließ. Hierdurch wurden die anderen zum Schweigen gebracht und der neue Papst durfte darauf zählen, dass für die Zukunft keiner dieser hohen Würdenträger gegen irgendeine seiner Regierungshandlungen eine Einsprache erheben würde. Nunmehr lüftete Alexander ohne Scheu den Schleier, welcher bisher seine Vaterschaft verdeckt hatte, und zog seine sämtlichen fünf Kinder sogleich an seinen Hof. Sein Erstgeborener, Francesco, erhielt verschiedene kirchliche Güter, über welche der Papst zu verfügen hatte, zu Lehen und überdies wurde König Ferdinand von Aragonien (natürlich nicht ohne die nötigen Gegenleistungen) bewogen, denselben zum Herzog von Gandia zu erheben. Den zweitgeborenen, Cesare, beförderte der Papst zum Erzbischof von Valencia. Der dritte, Ludovico, (nebst einem Neffen mit Namen Gian) erhielt die Kardinalswürde und Goffredo, der Jüngste, schließlich wurde mit einer reichen Baronie bedacht. Auch Lucretia, welche sich zu einer großen Schönheit entwickelt hatte, wurde nicht vergessen, denn obwohl sie bereits einen Gemahl (einen spanischen Adeligen) besaß, so wusste der zärtliche Vater doch einen Ausweg zu treffen, durch den sie zu höherer Würde gelangen konnte. Er sprach nämlich ganz einfach die Scheidung von dem bisherigen Gatten, welcher mit 3000 Dukaten abgespeist wurde, aus und verheiratete sie, nachdem er vorher einige Zeit lang mit ihr, «als wäre sie seine Frau», zusammengelebt hatte, mit Giovanni Sforza, dem Herrn von Pesaro. Die Hochzeit wurde im Vatikan selbst mit königlichem Glanz gefeiert und nicht weniger als dreihundert Kardinäle, Bischöfe, Fürsten, Grafen usw. nebst ebenso vielen oder noch mehreren Edelfrauen Roms wohnten derselben bei. Trotz diesem Pomp, bei welchem (wie der anwesende Geheimschreiber des Papstes, Infessura, meint) jeder der anwesenden Gäste seine weibliche Gesellschafterin hatte, dauerte diese Ehe, wie wir später sehen werden, nur wenige Jahre, denn der heilige Vater war, nach dem Zeugnis Guicciardini's, «so eifersüchtig, dass er nicht einmal den Ehemann als Nebenbuhler dulden konnte.»

Sehr zu Statten kam dem Papst, während er so mit der Versorgung seiner Kinder beschäftigt war, die Nachricht, dass König Karl VII. von Frankreich im Sinn habe, König Ferdinand von Neapel mit Krieg zu überziehen; denn Letzterer wurde dadurch in eine solche Angst versetzt, dass er, um Alexander zum Verbündeten zu bekommen, auf alle Bedingungen einging, welche Letzterer zu stellen beliebte. Unter diese Bedingungen gehörte unter anderem, dass der älteste Sohn des Papstes ein Jahresgehalt von 10000 Dukaten, nebst der höchsten Staatswürde im Königreich Neapel erhalten solle, dass ferner seinem zweiten Sohn, dem Kardinal-Erzbischof Cesare von Valencia, die besten Pfründen des Königreichs Neapel zugeteilt werden müssten, und dass schließlich sein jüngster Sohn Goffredo zum Fürsten von Squillace zu erheben und mit Sancia, der Tochter des Königs zu vermählen wäre. König Ferdinand ging auf alles ein, denn er brauchte die Hilfe des Papstes allzu notwendig, als dass er sich nicht hätte fügen sollen, und die Vermählung Goffredos mit der Prinzessin Sancia wurde somit mit großer Pracht in Neapel gefeiert. Als sodan die jungen Eheleute nach Rom reisten, damit die Schwiegertochter dem Schwiegervater vorgestellt werde, steigerten sich diese Feierlichkeiten noch und es wurden ihnen auf Befehl Alexanders in allen Städten des Kirchenstaats Ehrenbezeugungen erwiesen, als wäre Goffredo nicht der Bastard eines ehrvergessenen Priesters, sondern vielmehr der rechtmäßige Sohn eines großen Monarchen! Indessen rückte Karl VIII., ohne sich um den angedrohten Bann des Papstes zu kümmern, in Italien ein und Letzterer wandte sich daher zuerst an die Venezianer, dann an Kaiser Maximilian von Deutschland und zuletzt gar an Sultan Bayezid von Kontantinopel, um Hilfe gegen die Franzosen zu bekommen. Doch er wurde von allen Seiten abgewiesen und sah sich darum veranlasst, an andere Auswege zu denken. Somit schickte er König Karl eine Gesandtschaft entgegen[223] und ließ ihn nicht bloß versichern, dass er dem Bündnis mit dem König von Neapel entsagen wolle, sondern lud ihn sogar aufs dringendste ein, nach Rom zu kommen, wo er bereit sei, ihn zum König von Neapel zu krönen. Karl VIII. traute dem Papst, ging nach Rom, erhielt dort den päpstlichen Segen und zog dann mit seinem Heer gegen Neapel, dessen König er glücklich in die Flucht

---

[223] Mit der Gesandtschaft übermachte der Papst dem König «zum Willkomm» eine Menge Proviant, wie Brot, Fleisch, Eier, Käse, Orangen, Feigen, fünfzig Fässer Wein usw.; unter anderem aber «sechzehn Dirnen, damit sie «illorum (des Königs und seiner Vertrauten) neccessitatibus providerem», d. h. «damit des Königs Bedürfnisse auch in geschlechtlicher Beziehung befriedigt würden.»

schlug. Bald sollte er jedoch erfahren, dass alle Freundschaft, welche der Papst bis jetzt gezeigt hatte, nur eine erheuchelte war, denn diese ganze Zeit über setzte Alexander die Unterhandlungen mit Mailand, Venedig und dem deutschen Kaiser nicht einen Augenblick aus, und brachte es auch wirklich so weit, dass zwischen diesen verschiedenen Staaten und ihm ein Bündnis gegen Frankreich zustande kam. Kaum erfuhr dies Karl VIII., so eilte er von Neapel nach Rom, um den meineidigen Priester zu züchtigen; aber dieser, durch seine Spione hiervon unterrichtet, entfloh nach Perugia, hinter dessen festen Mauern er sich sicher wusste, und der König musste notgedrungen auf eine Belagerung jener Stadt verzichten, weil er, damit ihm die Verbündeten nicht den Weg verlegen möchten, eilends nach Frankreich zurückkehren musste. Nunmehr hatten sowohl der Papst, als auch König Ferdinand das Spiel gewonnen. Ersterer benutzte den Rückzug Karls dazu, dass er die reiche römische Adelsfamilie Colonna, welche zu den Franzosen gehalten und von Karl VIII. sogar die Absetzung des Papstes verlangt hatte, seinen schweren Arm fühlen ließ und sie eines großen Teils ihrer Besitzungen beraubte, welche sofort seinen Söhnen zugeteilt wurden. Letzterer aber eroberte sein Königreich wieder und verjagte die zurückgebliebenen Franzosen bis auf den letzten Mann, starb jedoch nicht lange hernach kinderlos und hinterließ das Reich seinem Onkel Friedrich.

Nachdem nun diese Angstzeit glücklich vorübergegangen war, konnte der Papst mit aller Muße wieder daran denken, wie er seine Sprösslinge zu Ehren und Vermögen bringen könne. Somit erhob er Stadt und Gebiet Benevent, welche zum Kirchengut gehörten, zu einem Herzogtum und belehnte damit seinen ältesten Sohn, den Herzog von Gandia. Doch diese Erhebung brachte dem Letzteren kein Glück. Cesare Borgia nämlich, der dem Leser bereits bekannte Kardinal von Valencia, ein Ungeheuer von Arglist, Ruchlosigkeit und Sittenlosigkeit, obwohl auch zugleich durch großen Verstand und noch größere Kühnheit ausgezeichnet, wurde über diese Erhebung seines Bruders aufs Äußerste erbost und dieser Zorn steigerte sich noch dadurch, dass er erfahren musste, wie eine Römerin, um deren Gunst er buhlte, seinem älteren Bruder den Vorzug gab. Somit beschloss er, den Letzteren aus dem Weg zu räumen und gab sofort vieren aus der Meuchelmörderbande, welche er beständig in seinem Sold erhielt, den Auftrag, den Bruder zu ermorden. Die festgesetzte Zeit war die Nacht vom 14. auf den 15. Juni 1497. An diesem Abend nämlich hatten die beiden Brüder abgemacht, miteinander bei ihrer Mutter zu Nacht zu speisen, und Cesare bekam dadurch Gelegenheit, seinen Bruder den Mördern in die Hände zu liefern. Das Essen dauerte bis gegen Mitternacht und beide Brüder gingen, anscheinend in der besten Laune, zusammen von der Mutter weg, den andern Morgen aber wurde der Herzog von Gandia vermisst und trotz aller Nachforschung ließ sich keine Spur von ihm entdecken. Am 7. Tage endlich fischte man seine Leiche aus der Tiber heraus und nun zeigte sichs dass er ermordet worden war, denn er hatte neun Dolchstiche ins Herz bekommen, Alexander VI. wurde fast toll über die Nachricht und kam vollends außer sich, als einige Zeugen der Blutszene auftraten und Kardinal Cesare des Brudermords überführten. Doch der Letztere stellte sich dem Vater kühn entgegen und bekannte sich frei und offen zu der grässlichen Tat. Ja es zeigte sich sogar, dass auch die Mutter um den Plan gewusst und denselben gebilligt hatte, weil Cesare durch seine hervorragenden Talente weit mehr geeignet erschien, die Familie Borgia zur höchsten Stufe des Ansehens zu erheben, als der viel weichlichere und rechtlicher denkende Francesco. Dies sah nun auch der Vater ein, absolvierte sofort den Sohn von dem begangenen Verbrechen und erlaubte ihm, das geistliche Kleid abzulegen, um sich von nun an der Staatskunst und dem Kriegerstand zu widmen. So etwas, d. h. die Entbindung eines Kardinals vom Priestergelübde und dessen Rücktritt in den weltlichen Stand, war bisher noch nicht gehört worden, aber Alexander VI. kümmerte sich so wenig um Kirche und Kirchengesetze, dass er vielmehr Cesare nach Neapel schickte und für ihn von dem neuen König Friedrich dessen älteste Tochter zur Gemahlin verlangte. «Überdies sollte Cesare das Fürstentum Taranto zur Mitgift bekommen und ihm die Aussicht eröffnet werden, nach dem Tode des kränklichen Erbprinzen zum Thronerben Neapels zu avancieren.» Diesen Antrag wies König Friedrich als eine Beleidigung kurzweg zurück, indem er zugleich erklärte, dass eines Königs Tochter für den Bastard eines Priesters, selbst wenn dieser Papst sei, viel zu hoch stehe. Dies war ein tief beleidigendes Wort, und da Alexander VI. keineswegs eine solche Lammsnatur besaß, um eine Beleidigung in die Tasche zu stecken, so dachte er seit dieser Zeit an nichts mehr, als wie er sich an dem König von Neapel rächen könnte. Hierzu bot sich ihm schon kurze Zeit darauf eine ausgezeichnete Gelegenheit und natürlich griff er, obwohl er Italien dadurch ins größte Verderben stürzte und Hunderttausende in Tod und Elend jagte, mit beiden Hände danach.

Es begab sich nämlich, dass nach dem Tode König Karls VIII. von Frankreich im Jahr 1498 Ludwig XII. den französischen Thron bestieg. Dieser hatte sich auf Befehl Ludwigs XI. mit dessen grundhässlicher Tochter Johanna vermählen müssen, während er doch in die schöne Anne von der Bretagne verliebt war. Natürlich wusste dies der Papst und sandte sogleich nach der Thronbesteigung Ludwigs XII. einen Legaten nach Paris, mit dem Antrag, unter gewissen Bedingungen den König von seiner Gemahlin Johanna zu scheiden, damit er Anne heiraten könne. Der König ließ sich das nicht zweimal sagen und schon nach kurzer Zeit kam zwischen den beiden Herrschern folgender Vertrag zustande: «Der Papst versprach, die bewusste Scheidung auszusprechen und zugleich den König in seinen Ansprüchen auf das neapolitanische Reich sowie auf das Herzogtum Mailand auf alle Weise zu unterstützen; Ludwig XII. dagegen verpflichtete sich, zum ersten, dem Papst mit 30000 Dukaten unter die Arme zu greifen, zum zweiten, dessen Sohn Cesare mit den Grafschaften Valentinois und Diois in der Dauphiné (womit ein Einkommen von 20000 Livres und der

Herzogstitel verbunden war) zu belehnen, zum dritten dem besagten Cesare die Hand der ebenso reichen als reizenden Charlotte d'Albret, der Tochter eines der reichsten und angesehensten französischen Großen, nämlich des Sire d'Albret, Grafen von Havre, Perigord und Castres (er war der Vater des späteren Königs von Navarra), zu verschaffen; zum vierten endlich dem Papst und seinem Sohn zur Ausführung seiner Pläne zur Vernichtung der reichen Adelsfamilien Mittelitaliens, sowie der Gründung eines großen Fürstentums im Kirchenstaat auf alle Weise behilflich zu sein.» Kaum war der Vertrag abgeschlossen, so begannen auch beide Teile mit dessen Ausführung. Cesare wurde zum Herzog von Valentinois gemacht und erhielt die Hand von Charlotte d'Albret, Ludwig XII. aber rückte mit einer starken Armee nach Italien und zog schon am 6. Oktober 1499 im Triumph in Mailand ein. Auch Cesare blieb nun nicht müßig, sondern machte sich vielmehr, nachdem er eine französische Hilfsarmee mit den von ihm angeworbenen Schweizern vereinigt hatte, augenblicklich an die Vertreibung oder vielmehr Vernichtung der mächtigsten Geschlechter Mittelitaliens, um so durch Vereinigung aller dieser Baronien und Grafschaften ein größeres erbliches Fürstentum für sich zu gründen. Zuerst ging es auf Forli und Imola los, dann auf Pesaro, Rimini und Faenza, und da der kühne Räuber nicht bloß über eine starke Armee kommandierte, sondern auch zu allen schlechten Mitteln, die es gab, besonders zu Bestechung, List und Treuelosigkeit seine Zuflucht nahm, so wurde ihm die Eroberung dieser fünf Grafschaften nicht allzuschwer.[224] Im Jahr 1501 war er damit fertig. Dieselben umfassten die Städte und Grafschaften Imola, Forli, Faenza, Pesaro und Rimini nebst der Baronie und Stadt Fani, und erhielten vom Papst den gemeinsamen Titel eines Herzogtums Romagna, mit welchem sofort der geliebte Cesare für sich und seine Erben auf ewige Zeit belehnt wurde.

---

[224] Wie niederträchtig Cesare zu handeln gewohnt war, ersieht man am besten aus nachfolgender Tatsache. Faenza wurde von seinen Bürgern aufs Tapferste verteidigt und obwohl ihr Lehensherr und Oberanführer, der Signore Manfredi Astorre III., erst 16 Jahre zählte, so konnte Cesare doch beinahe 10 Monate lang nichts ausrichten. Endlich bot Letzterer dem Manfredi freien Abzug und den ungeschmälerten Besitz seiner Allodialgüter, den Bürgern Faenza's aber Schonung ihres Lebens wie ihrer Habe, und auf diese Bedingungen ging die belagerte Stadt, in welcher bereits Mangel an Lebensmitteln eingetreten war, ein. Doch was tat nun Cesare? Er schleppte den bildschönen Manfredi nebst dessen ebenso schönen und erst 15 Jahre zählenden natürlichen Bruder nach Rom, missbrauchte dort die beiden Jünglinge zur Befriedigung seiner viehischen Lüste, übergab sie sofort zu demselben Zwecke seinem Vater, dem Papst, und ließ sie endlich in der Stille erdrosseln, nachdem sowohl er als sein Vater ihrer überdrüssig geworden waren. Die Leichname wurden in die Tiber geworfen, aus welcher man sie einige Monate später, Manfredi mit einem Strick um den Hals, Octavian aber mit auf den Rücken gebundenen Händen, zufälligerweise auffischte, um sie sofort nach Konstatierung ihrer Persönlichkeit auf dem Kirchhof eines nahen Klosters zu beerdigen.

Ein großer Zweck war also erreicht, der Zweck nämlich, dem Hause Borgia ein weltliches Fürstentum zu gründen, oder vielmehr den Kirchenstaat in ein weltliches Erbherzogtum zu verwandeln. Nunmehr dachte aber der Papst daran, auch seine anderen Kinder etwas besser zu versorgen, als sie es schon waren, und löste daher vor allem die Ehe Lucrezias mit Giovanni Sforza auf, um die geliebte Tochter (1498) mit dem Herzog Alphonso von Biscaglia, einem natürlichen Sohn des verstorbenen Königs Alphonso II. von Neapel, zu verheiraten. Dies war ihr dritter Gemahl, aber derselbe wurde dem eifersüchtigen Vater bald so überlästig, dass er ihn schon im Jahr 1501 in der Peterskirche durch Meuchelmörder anfallen und weil die Wunden nicht tödlich waren, einige Tage darauf im Bett erdrosseln ließ. Nunmehr lebte Lucrezia wieder mit ihrem Vater auf dem Vatikan zusammen und agierte dort, als ob sie der Papst selbst oder wenigstens die Frau Päpstin wäre. Sie hatte nämlich durch die Gnade ihres Vaters das Recht, alle eingehenden Briefe zu öffnen, Dekrete im Namen des Papstes zu erlassen, die Kardinäle zu einem Konsistorium zusammenzuberufen und in demselben den Vorsitz zu führen, - kurz, sie durfte alles tun, was ihr in den Sinn kam. Letzteres bewies sie am besten dadurch, dass sie ein Jahr nachher eine vierte Ehe einging und zwar mit Alphonso von Este, dem Erben des Herzogtums Ferrara, um auf diese Weise auch noch souveräne Fürstin zu werden. Sie war demnach gut genug versorgt, nicht so aber ein paar andere nachgeborene Söhne des Papstes, nämlich Rodrigo, welchen Alexander VI. mit der ebengenannten Lucrezia in Blutschande gezeugt hatte, und Giovanni, welcher ihm von Giulia Farnese (gewöhnlich nur die schöne Giulia genannt) geboren worden war.[225] Um nun diese beiden nachgeborenen Sprösslinge seiner Lenden ebenfalls zu hohen Herren zu machen, musste Cesare mit seiner Armee zunächst den Fürsten von Piombino seines Gebietes (darunter auch der Insel Elba) berauben (der Fürst hieß Jacobo IV. von Appiano und war so glücklich, nach Livorno und von da nach Frankreich zu entkommen, sonst wäre er sicherlich nicht bloß beraubt, sondern auch ermordet worden) und nachdem diese Eroberung im September 1501 geschehen war, ging es an den Herzog Guidobaldo I. von Urbino. Diesen hatte der Papst durch zuckersüße Briefe für sich so zu gewinnen gewusst, dass derselbe Cesare bei der Eroberung von Piombino mit seinem besten Kriegsvolk beigestanden hatte; aber plötzlich warf Letzterer die Maske ab, überfiel den bisherigen Verbündeten, der natürlich nichts Arges dachte, und vernichtete dessen Heer gleichsam mit einem einzigen Schlag. Guidobaldo selbst entkam übrigens ebenfalls glücklich, obgleich Cesare seiner um jeden Preis habhaft zu werden versuchte, und fand in Venedig eine sichere Zufluchtsstätte. Schlimmer erging es dem Fürsten Camerinos mit Namen Giulio Cesare von Barano, gegen welchen

---

[225] Giulia Farnese wurde dem Papst von ihrem eigenen Bruder um den Preis eines Kardinalshutes überlassen, und besagter «Bruder-Kardinal» bestieg später unter dem Namen Paul III. im Jahr 1534 den päpstlichen Thron.

Cesare Borgia nach der Eroberung Urbinos seine Waffen richtete. Camerino selbst wurde im Juli 1502 mit Leichtigkeit erobert, aber zu seinem großen Verdruss sah Cesare, dass Barano nebst seinen drei Söhnen zu seinem Schwiegersohn, dem Grafen Ranuccio nach Matelica entkommen war. Nunmehr musste der heilige Vater wieder ins Mittel treten und dieser schrieb daher Barano einen äußerst herzlichen Brief, worin das Vorgefallene so gut wie möglich entschuldigt und ersterer mit seinen Söhnen eingeladen wurde, nach Urbino zu kommen, um dort die ganze Angelegenheit in Freundschaft zu regeln. Barano ließ sich bereden und kam wirklich mit seinen drei Söhnen, doch kaum waren sie dort, so wurden sie auch alle vier überfallen und sofort am 9. Oktober 1502 insgesamt erdrosselt. Aus diesen verschiedenen Eroberungen nun, zu welchen noch mehrere andere den Colonnas und Savellis abgenommene Besitzungen geschlagen wurden, bildete Alexander VI. zwei Herzogtümer, mit Namen Nepi und Sermonata, und schenkte das erste dem ebengenannten Giovanni, das zweite aber Rodrigo, sodass auch diese Kinder vortrefflich versorgt waren.

Jetzt endlich, aber freilich viel zu spät, sahen die verschiedenen Dynastien- und Baronenfamilien Mittelitaliens ein, dass der Zweck der Borgias kein anderer sein könne, als sie alle zusammen ohne Ausnahme zu vernichten, und somit schlossen sie im September 1502 zu La Magione unweit von Perugia eine Konföderation, an welcher sich besonders die Orsini, dann der Signor von Siena, der Signor von Fermo und der Signor von Bologna beteiligten. Mit leichter Mühe (denn die von Cesare Borgia und seinem Vater begangenen Schändlichkeiten waren so empörend, dass ganz Mittelitalien zu einem Aufstand reif war) brachten sie ein Heer von 10000 Mann auf die Beine und es hatte den Anschein, als ob alle von Cesare eroberten Provinzen sich empören wollten. So standen die Sachen also ziemlich gefährlich für die Borgias, und der heilige Vater sah sich deswegen genötigt, seine Zuflucht zu einem neuen greuelvollen Trug zu nehmen, Er schrieb also an die Häupter der Konföderation und machte ihnen äußerst annehmbare Vergleichsvorschläge, indem er sich zugleich heilig und teuer verschwor, dass es ihm nur um das Recht und den Frieden ginge. Anfangs wollten die Konföderierten auf nichts eingehen, aber schließlich wurden sie doch, einer nach dem anderen, durch diesen oder jenen hingeworfenen Köder gewonnen und der Papst selbst setzte sofort ein Friedensinstrument auf, welche die genannten Barone und Herren in ihrem Besitztum vollständig sicherte und dem Kirchenstaat die Ruhe für immer wieder geben sollte. Zum Schluss, gleichsam um dem Vertrag das Siegel der Freundschaft aufzudrücken, wurde für den letzten Dezember des Jahres 1502 eine allgemeine Versammlung nach Sinigaglia verabredet, auf welcher in der Tat außer dem Papst und seinem Sohn die angesehensten Barone des Kirchenstaats erschienen. Man war äußerst herzlich beisammen und der Becher kreiste in vollster Fröhlichkeit. Keiner der Geladenen dachte irgendetwas Schlimmes. Aber siehe da, was geschah nun? Urplötzlich stürzte Carlo Barciglia, der Hauptmann der Meuchelmörderbande, welche Cesare in seinem Sold hielt, mit seinen Leuten in den Saal, fiel, während Cesare und sein Vater durch eine andere Tür verschwanden, mit gezogener Waffe über die Anwesenden her, ließ vier derselben, nämlich die beiden Paolo und Francesco Orsini, dann den Signor Oliveroto Eufreducci von Fermo und den Herrn von Castello mit Namen Vitellozo Vitelli auf der Stelle erdrosseln, die anderen alle aber, die nicht durch die Flucht entkamen, festnehmen und nach dem Befehl Cesares ins Gefängnis werfen. Natürlich wurden ihre Besitztümer sogleich konfisziert, und da nunmehr in ganz Mittelitalien kein nennenswerter Feind mehr übrig blieb, so konnte der Papst daran denken, seinen Lieblingsplan vollends zu vollenden, d. h. die Romagna nebst den übrigen Provinzen des Kirchenstaats zu einem Königreich für die Familie Borgia zu erheben, wodurch der Papstthron selbst sozusagen ein Erbthron der Borgias werden musste.

Aber ein Ereignis trat dazwischen, welches nicht bloß diesen Plan vernichtete, sondern auch all der meteorartig entstandenen Herrlichkeit und Größe des Hauses Borgia ein überraschend schnelles Ende bereitete Dieses Ereignis war der Tod Alexanders VI., welcher mit allzu merkwürdigen Umständen begleitet war, als dass ich die Schilderung desselben dem Leser vorenthalten könnte.

Zu den verschiedenen Mitteln, durch welche sich Alexander Geld zu machen pflegte (und man kann sich wohl denken, dass er bei dem üppigen und verschwenderischen Leben, das er mit seinen Mätressen und Kindern führte, bei der Pracht und dem Luxus, mit dem er seine Nachkommenschaft und Verwandtschaft königlich ausstattete, sowie bei den vielen Kriegszügen, welche sein Sohn unternahm und wobei die stets gut bezahlten Söldner Millionen verschlangen, enorme Geldsummen brauchte), gehörte besonders auch der Verkauf der geistlichen Ämter sowie überhaupt aller Würden, über welche er als Kirchenoberhaupt zu verfügen hatte. Nun kam es aber nicht selten vor, dass ihm die Herren, welche er natürlich nur gegen beträchtliche Summen zu Bischöfen, Erzbischöfen und Kardinälen oder auch zu anderen Ämtern befördert hatte, viel zu lange lebten, weil er besagte Stellen gern abermals verkauft hätte, und dass er dann solchem «Zulangleben» auf seine Weise, d. h. mit Gift oder Dolch, abzuhelfen wusste. Derlei «Beförderungen in die andere Welt» waren damals unter seinem Regiment sogar sozusagen üblich geworden und reichere Kardinäle, sowie überhaupt reiche Leute in Rom entgingen nur selten einem solchen Schicksal, weil er das Recht, dieselben im Namen der Kirche zu beerben, regelmäßig in Anspruch nahm. Nach dem Mordtag von Sinigaglia nun gedachte der Papst das Herzogtum Toskana zu erobern, um so sein angestrebtes Königreich abzurunden; aber natürlich kostete ein solcher Krieg viel Geld und leider waren die päpstlichen Kassen leer. So wurde denn (wie der 1482 geborene italienische Geschichtsschreiber Guicciardini, welcher als ein durchaus unparteiischer Berichterstatter zu betrachten ist, schreibt) zwischen Papst Alexander und seinem Sohn Cesare verabredet, den Kardinal von Corneto, sowie neun andere Kardinäle, welche sämtlich durch ihre Reichtümer bekannt waren, bei einem veranstalteten Abendessen zu vergiften, um hierdurch Gelegenheit zu bekommen, einmal die vakanten Stellen (ein Kardinalshut kostete immer 30000 Dukaten) wieder zu besetzen und zum anderen das große Erbe ihrer Hinterlassenschaft zu übernehmen. Der Papst erließ also die nötigen Einladungen und zwar, weil es Sommer war, in einen unweit vom Vatikan gelegenen Weinberg. Die Arrangierung des kleinen ländlichen Festes aber übernahm der Sohn Cesare, welcher auch zugleich den vergifteten Wein[226] zu besorgen hatte. Damit nun aber die letztere Sorte von Getränk nicht mit dem anderen Wein verwechselt würde, schickte Cesare einen vertrauten Diener mit dem Giftwein auf den Weinberg und befahl ihm, denselben an einen sicheren besonderen Platz zu stellen und zugleich darüber zu wachen, dass niemand davon zu trinken bekomme, als diejenigen, welche er selbst bezeichne. Der Diener gehorchte, brachte den Wein auf den Weinberg und stellte ihn gesondert. Da ihn nun aber der diensttuende päpstliche Kellermeister befragte, warum denn diese Sorte Wein besonders gestellt werde, so erwiderte er diesem lachend, «das sei ein Wein von ganz extraordinärer Güte und dürfte deshalb nur den am meisten geehrten Gästen präsentiert werden,» - eine Antwort, welche der Kellermeister natürlich ganz plausibel fand. Gleich darauf kam der Papst auf dem Weinberg an, etwas früher, als die übrigen Gäste, denn er hatte mit seinem Sohn Cesare, den er deshalb ebenfalls auf diese frühe Stunde bestellte, noch einiges Nötige zu besprechen. Nun wollte es aber der Zufall oder vielmehr die Vorsehung, dass Alexander VI. sein Amulett (eine geweihte Hostie in einer kleinen goldenen Kapsel, die er stets bei sich trug, weil ihm prophezeit worden war, er werde nicht sterben, solange er sie nicht von sich tue) in seinen Gemächern im Vatikan hatte liegen lassen und deshalb den vertrauten Diener seines Sohnes, eben jenen, welcher über den Giftwein zu wachen hatte, in den Vatikan hinabschickte, um das Vergessene zu holen. Kaum war der Diener fort, so rief der Papst seinen Kellermeister, fragte ihn, ob alles in Ordnung sei, und wünschte sodann, da er sich wegen der drückenden Hitze ungewöhnlich durstig fühlte, einen Becher Wein zu trinken. Mit einem schlechten Wein wollte der Kellermeister natürlich nicht aufwarten und da er glaubte, die beste Sorte sei die, welche der Diener Cesares zuletzt gebracht hatte, so füllte er die Karaffe mit diesem Wein und stellte sie auf die Bank, auf welcher Alexander Platz genommen hatte. Ohne irgendetwas zu ahnen, füllte sich Letzterer einen Becher voll und trank ihn hastig aus. In demselben Augenblick kam Cesare an, und da er ebenfalls durstig war, füllte er den Becher abermals und leerte ihn, wie sein Vater es getan hatte. Eine Viertelstunde später begann, nachdem die

---

[226] Das Gift, welche Cesare Borgia bei den vielen Mordtaten, die er verübte gewöhnlich anwandte, hieß in jener Zeit «Cantarella», war aber nach der Beschreibung, die ein gleichzeitiger Schriftsteller von demselben gibt, ohne Zweifel nichts anderes als weißer Arsenik. In einzelnen Fällen bediente er sich auch des Schierlings und Akonits, jedoch nur dann, wenn der Tod nicht augenblicklich erfolgen sollte.

geladenen Gäste gekommen waren, die Abendmahlzeit, aber ehe er noch einen Bissen hinunterbringen konnte, wurde der Papst von so außerordentlichen Leibschmerzen ergriffen, dass er sich wie ein Wurm krümmte und wie tot zur Erde fiel. Dieselben Symptome zeigten sich auch bei Cesare Borgia und man eilte natürlich, die beiden hohen Herren nach ihren Palästen zu bringen. Die schnell herbeigerufenen Ärzte sahen sofort, dass hier eine Vergiftung vorlag und reichten deswegen die nötigen Gegengifte; doch die in den Wein gemischte Dosis war so stark gewesen, dass der Papst, bei welchem kein Gegenmittel mehr anschlug, schon nach wenigen Tagen (am 18. August 1503) den Geist aufgab, während Cesare bei seiner jüngeren und kräftigeren Natur zwar dem Tod entging, aber erst nach einem Siechtum von zehn Monaten notdürftig wiederhergestellt wurde.[227]

So endete Papst Alexander VI. Seine letzten Stunden waren grässlich, denn er schien schon bei lebendigem Leibe in Fäulnis übergegangen zu sein. Die Zunge war so schwarz und angeschwollen, dass sie weit zum Munde heraushing und einen pestilenzialischen Geruch verbreitete, der übrige Körper aber sah so grässlich entstellt aus (es brachen überall Löcher hinein), dass ihn niemand mehr erkannte. Kein Mensch wollte sich ihm in den letzten Tagen mehr nahen und an seinem Totenbett wurden nicht einmal die üblichen Gebete gesprochen. Ganz Rom wartete nur auf seinen Tod, um in hellen Jubel auszubrechen, und als man später seinen Sarg in der Peterskirche zur Schau ausstellte, musste eine starke Militärmacht angebracht werden, um das Volk von Exzessen abzuhalten. So groß war der Hass gegen den Verstorbenen! Aber in der Tat ist wohl auch nie der päpstliche Stuhl, obwohl schon viele Bösewichter darauf saßen, von irgendeinem so furchtbar geschändet worden, als von ihm. Könnte man doch, wenn man alle seine schrecklichen Taten sowie alle seine noch schrecklicheren Ausschweifungen im Einzelnen anführen wollte, ganze Folianten ausfüllen und würde doch nicht mit allem fertig! Giftmorde lasten «zu Hunderten» auf ihm und er war das Morden so gewöhnt, dass er, wenn man ihm den Tod eines seiner Opfer meldete, noch scherzen konnte. Er antwortete dann gewöhnlich lächelnd: «*Requiescat in pace*, d. h. er möge in Frieden ruhen!» Mit dem Morden selbst begnügte er sich aber nicht, sondern er beschuldigte die Toten auch noch regelmäßig irgendeines Verbrechens, um sich ihrer Güter mit einem schicklichen Vorwand bemächtigen zu können. Von seiner fast teuflischen Verstellungskunst und Treuelosigkeit habe ich schon oben verschiedene Beispiele gegeben und ich begnüge mich daher, zum weiteren Beleg nur noch einen einzigen Fall anzuführen. Wegen einer einer Nonne erteilten Freistellung vom Klostergelübde kam er mit König Ferdinand von Aragonien, welchen man nur «den Katholischen» zu nennen pflegt, in große Unstimmigkeiten und

---

[227] Er häutete sich während der Krankheit vollständig, gerade wie eine Schlange, und der Zeitgenosse Alexander Gordon erzählt, dass auf seiner neuen Haut Flecke gewesen seien, wie auf dem Fell eines Tigers.

somit hätte er gerne das betreffende *Dispensationsbreve* auf irgendeine Weise zunichte gemacht oder doch wenigstens die Verantwortung für dasselbe von sich abgewälzt. Wie griff er dieses nun an? Einfach so, dass er den Erzbischof von Cosenza, seinen Sekretär, beschuldigte, das Breve «ohne seine Erlaubnis fabriziert» zu haben, und denselben deshalb «als Betrüger und Fälscher» in der Engelsburg festesetzen ließ. Kein Mensch glaubte an die Schuld des Erzbischofs, am wenigsten aber Ferdinand der Katholische, und überdies leugnete der Gefangene das ihm zur Last gelegte Verbrechen unbedingt ab. Was tat nun der Papst weiter? Er schickte den Bischof von Tula, eines seiner vertrautesten Werkzeuge, zu dem Gefangenen und ließ ihm sagen: «Er, der Papst, wisse wohl, dass der Erzbischof unschuldig sei, aber derselbe solle, damit Er nicht kompromittiert würde, die Schuld auf sich nehmen und für diesen Freundschaftsdienst wolle Er ihn dann nicht bloß begnadigen, sondern auch mit den höchsten Ehrenstellen überhäufen.» Der Erzbischof traute ihm und erklärte sich in Gegenwart von Zeugen für schuldig. Hierüber war natürlich Alexander ungemein froh, denn es wurde ihm nun leicht, den Zorn des Königs von Aragonien zu beschwichtigen; aber begnadigte er nun wirklich den Gefangenen? Beförderte er ihn, wie es abgemacht war, zu höheren Würden? Nichts von alledem, sondern im Gegenteil lautete der Urteilsspruch Alexanders «auf Enthebung aller Ämter, Einziehung des Vermögens und lebenslängliches Gefängnis bei Wasser und Brot!» So grundehrlich handelte Alexander VI. und es ließen sich noch Hunderte Beispiele solcher furchtbaren Niedertracht anführen. Noch größer aber als die Schlechtigkeit des Papstes war seine Sittenlosigkeit, denn er übertraf an raffinierter Wollust alle seine Zeitgenossen:
Er hielt nächtliche Bälle, auf welchen Herren und Damen «in derjenigen Kleidung tanzten», in welcher sie Gott der Herr erschaffen hatte, und ließ Orgien veranstalten, bei denen an diejenigen Paare, welche den Begattungsakt öffentlich vor der ganze Gesellschaft am kräftigsten vollzogen hatten, von ihm und Lukrezia, welche als Preisrichterin fungierte, kostbare Kleider, Edelsteine oder andere Wertsachen wie bei Turnieren «zum Dank» ausgeteilt wurden. Oft ordnete er an, dass fünfzig oder sechzig der Dirnen, welche im apostolischen Palast gehalten wurden, in vollkommen nacktem Zustand auf allen Vieren gehend Kastanien auflesen mussten, welche man vorher auf dem Boden des Saals zerstreut hatte, während der Papst und seine Vertrauten sich über den komischen Anblick, welcher sich ihnen darbot, vor Lachen fast ausschütten wollten. Zur Abwechslung befahl er hier und da, dass ein paar rossige Stuten in dem inneren Hof des Vatikans mit einem halben Dutzend kräftiger Hengste zusammengebracht wurden und sah dann, mit der Lukrezia an der Seite, unter großem Ergötzen zu, wie die Hengste wiehernd und beißend sich um die Stuten schlugen und mit der wildesten Lust ihre Begierden vollzogen. Und selbst die Kirche befleckte er mit seinen unzüchtigen Gedanken, indem er die schöne Giulia Farnese als halbnackte Madonna, sich selbst aber als Hohepriester zu ihren Füßen, malen ließ!

Kurz, die Sittenlosigkeit Alexanders VI. ist wie seine Verworfenheit beispiellos in der Geschichte (umso mehr, da er alles, was er tat, öffentlich, vor aller Welt und so schamlos tat, dass man hätte glauben können, die Tugend sei zum Laster, das Laster aber zur Tugend geworden), und somit ist es ein äußerst bezeichnendes Zusammentreffen, dass gerade unter dem Regiment dieses Papstes (während des Feldzugs Karls VIII. nach Neapel) die Venusseuche oder Syphilis ihre Erscheinung in der Welt machte!

Zum Schluss dieses Kapitels glaube ich dem Leser schuldig zu sein, mit wenigen Worten über das Ende der Borgias Bericht zu erstatten. Als Alexander starb, lag Cesare, wie wir wissen, todkrank darnieder und somit war es ihm rein unmöglich, so zu handeln, wie er in gesundem Zustand gehandelt haben würde. Natürlich hatte er längst wohl überlegt, was er zu tun habe, wenn der Tod seines Vaters eintrete, und seine Maßregeln waren so gut getroffen, dass sicherlich, wenn er auch nicht in eigener Person den Papststuhl bestiegen hätte, doch eine von ihm völlig abhängige Kreatur der Nachfolger seines Vaters geworden wäre. Er hatte an alles gedacht und für alles Vorsorge getroffen, nur allein den Umstand hatte er außer acht gelassen, dass er selbst todkrank und jeder Bewegung, ja fast jedes Gedankens unfähig darnieder liegen würde! Somit kehrten, sobald der Tod Alexanders und die Krankheit Cesares bekannt wurde, nicht nur die Orsini, sowie überhaupt alle, welche Cesare früher ihrer Besitzungen beraubt hatte, aus dem Exil zurück, sondern sie vereinigten sich auch sogleich, um das ganze Geschlecht der Borgias auszurotten. Zwar hatten die Kardinäle, die fast sämtlich vom verstorbenen Papst ernannt worden waren, noch so großen Respekt vor dem Hause Borgia, dass sie einen Anhänger desselben, der sich den Namen Pius III. gab, zu seinem Nachfolger ernannten; aber dieser den Borgias freundlich gesinnte Papst wurde schon nach vier Wochen (er regierte nur vom 2. September bis 18. Oktober 1503) von der immer mächtiger werdenden Gegenpartei vergiftet und nun bestieg der Kardinal della Rovere, ein Neffe Sixtus' IV. und zugleich ein Todfeind des Hauses Borgia, unter dem Namen Julius II. (1503 bis 1513), den Stuhl Petri. Merkwürdigerweise half Cesare selbst zu der Erwählung Julius', denn Letzterer war so klug gewesen, gleich nach dem Tod Pius' zu dem kranken Sohn Alexanders zu eilen und denselben zu versichern, dass sie beide nichts Klügeres tun könnten, als ihre frühere Feindschaft zu vergessen und sich auf Tod und Leben zu verbinden. So kam denn am 29. Oktober 1503 ein förmlicher Vertrag zwischen ihnen zustande, kraft dessen Cesare sich verpflichtete, alle ihm befreundeten Kardinäle zu bestimmen, dass sie Kardinal Rovere ihre Stimme gäben, wogegen Letzterer versprach, Cesare in seiner bisherigen Würde eines Gonfaloniere, d.h. eines päpstlichen Oberfeldherrn, zu bestätigen, und ihm zugleich den ungestörten Fortbesitz des Herzogtums Romagna garantierte. Cesare Borgia hielt seine Zusage, aber es ist wirklich kaum begreiflich, wie er, der doch ein so ausgelernter Schurke war, glauben konnte, Kardinal Rovere werde wirklich, wenn er erst die Macht in der Hand habe, sein

Versprechen ebenfalls halten. In der Tat zeigte es sich schon nach wenigen Wochen, dass Cesare, der bisher so viele getäuscht hatte, diesmal selbst der Überlistete war, denn kaum saß der neue Papst auf dem Thron, so verlangte er vom Gonfaloniere die Schlüssel zu den wichtigsten Festungen der Romagna und ließ denselben, als er die Auslieferung der Schlüssel verweigerte, in der Nacht vom 22. auf den 23. November 1503 urplötzlich verhaften. Bei diesem Wagnis stützte sich der Papst teils auf die Macht der Orsini und Colonna, teils auf die noch immer andauernde Krankheit Cesares, doch fürchtete er ihn noch so sehr, dass er ihn noch in derselben Nacht, in welcher die Gefangennahme geglückt war, nach Ostia bringen ließ, wo ein schwerer Kerker auf ihn wartete. Fünf Monate lang saß hier der Gefangene fest, aber nachdem er sich in dieser Zeit körperlich wie geistig wieder etwas erholt hatte, dachte er an nichts anderes mehr, als an Flucht, und in der Tat gelang es ihm am 19. April 1504 nach Neapel zu entkommen. Dorthin entwich er, weil er den dortigen spanischen Statthalter Gonsalvo von Cordova für seinen Freund hielt, und endlich versprach ihm auch dieser aufs Feierlichste «Freiheit und Sicherheit der Person». Doch der Papst verstand es, den Spanier wankelmütig zu machen, und in Folge dessen ließ Cordova Cesare am 27. Mai 1504 verhaften und nach Spanien abführen. Hier wurde derselbe auf die Zitadelle von Medina bei Campo gebracht und von Ferdinand dem Katholischen, welcher sich in dieser Sache gegenüber dem Papst äußerst rücksichtsvoll benahm, mit großer Strenge gehalten. Immer noch aber war der kühne Geist Cesares nicht gebrochen und nach zweijähriger Haft gelang es ihm, nach Durchsägung der Gitter seines Gefängnisses, sich mittels seiner Leintücher, die er in Streifen geschnitten hatte, von dem Turm, in dem er saß, herabzulassen. Er floh zu Jean d'Albret, dem König von Navarra, und dieser, als der Bruder von Cesares Ehefrau Charlotte, nahm den Schwager nicht bloß auf schwägerliche Weise auf, sondern gab ihm auch noch eine ansehnliche Stelle in seinem Heer. Aber wie furchtbar niedergedrückt muss sich der Mann, der noch vor drei Jahren über ein Herzogtum so groß wie ein Königreich gebot, in dieser untergeordneten Stellung gefühlt haben! So ist es denn wohl als ein Glück für ihn zu bezeichnen, dass schon wenige Monate später am 12. März 1507, bei der Belagerung der kleinen Festung Viana eine wohltätige Kugel seinem Leben ein Ende machte.

Mit Cesare Borgia kamen natürlich auch alle seine Brüder zu Fall, denn der Papst säumte nicht, sich ihrer verschiedenen Besitztümer ebenso zu bemächtigen, wie er sich der Romagna und der anderen Güter Cesares bemächtigt hatte. So kam die Familie Borgia weit schneller ins tiefste Elend herab, als sie vorher zum höchsten Glanz emporgestiegen war. Nur Lukrezia, obgleich sie die Geliebte ihres eigenen Vaters sowie zweier ihrer Brüder gewesen war,[228] und obwohl sie sich durch

---

[228] Die ihr von dem Dichter Pontanus gesetzte Grabschrift lautet:
«*Hic jacet in tumulo Lucretia nomine, sed re Thais, Alexandri filia, sponsa, nurus.*»

Schandtaten und Ausschweifungen aller Art fast noch mehr berüchtigt gemacht hatte, als selbst Alexander, ihr Vater, und Cesare, ihr Bruder, starb nicht im Elend sondern vielmehr (im Jahr 1520) als regierende Herzogin von Ferrara.

4. Kapitel.

Der Nepotismus.

Die bisherigen Päpste waren meist so ehrlich gewesen, die von ihnen im Konkubinat gezeugten Kinder als ihre wirklichen Sprösslinge anzuerkennen, und ihnen den Namen Söhne und Töchter zu geben. Von nun an aber, ohne Zweifel weil das Schandleben unter Innozenz VIII. und Alexander VI. den Stuhl Petri allzu sehr in Verruf gebracht hatte, gefielen sich die Nachfolger Christi darin, ihren natürlichen Kindern den Namen «Vetter» oder «Nepoten» zu geben. Man wollte, wenn auch in der Hauptsache - nämlich in der Bereicherung der eigenen Bastarde auf Kosten der Kirche - alles beim Alten blieb, doch wenigstens den Schein retten, um so den verrufenen Papstthron wieder etwas zu Ehren zu bringen.
Julius II. (1503 – 1513) bestrebte sich, die von seinem Vorgänger der Kirche entzogenen Güter und Territorien wiederum zusammenzuerobern, und da er deswegen fast während seiner ganzen Regierungszeit im Felde lag, so darf man sich nicht wundern, wenn derselbe auch die Gewohnheiten eines Feldobristen annahm, und eine recht tüchtige, wie man sagt «Kriegsgurgel» wurde. Der damalige deutsche Kaiser meinte daher einmal scherzweise: «Wenn unser Herrgott die Welt nicht unter seine besondere Obhut nähme, so müsste es derselben unter einem Kaiser, der nichts ist als ein Jäger (Maximilian war nämlich ein großer Jagdliebhaber), und unter einem so versoffenen Papst wie Julius II., schlecht genug ergehen.» Übrigens zeichnete sich Julius nicht bloß durch seine Prunksucht, sondern auch durch seine Liebe zu dem weiblichen Geschlecht aus, und es ist z. B. von ihm bekannt, dass er eine Tochter namens Felicia hatte, welche er an den Herrn Giovanni Giordano Orsini verheiratete. Auch will man wissen, dass er dem unnatürlichen Laster der Knabenschänderei gefrönt habe, und überdies behauptet sein Zeremonienmeister de Grassis mit größter Bestimmtheit, es sei dem Papst am stillen Karfreitag (1508) unmöglich gewesen, jemanden zum Fußkuss zuzulassen,

---

Zu deutsch: «Hier unter diesem Grabhügel liegt eine, die Lucrezia hieß, aber eine Thais (berüchtigte Hetäre) und dem Papst Alexander zugleich Tochter, Weib und Schwiegertochter war.»

«*quia totus erat ex morbo gallico ulcerosus*», d. h «weil er durch und durch syphilitisch war!»[229]

Mit derselben Krankheit soll auch sein Nachfolger Leo X. (1513 – 1522), ein Sohn des Lorenzo de Medici, behaftet gewesen sein, und man will sogar wissen, dass er gerade diesem Übelstand seine Erhebung auf den Papststuhl zu verdanken habe. Seine Krankheit sei nämlich so intensiv gewesen, dass die Kardinäle ihrem Mitbruder in der festen Überzeugung, dass er in kurzer Zeit den Geist aufgeben müsste und daher der Würdigste unter ihnen sei, obwohl er damals erst 37 Jahre alt war[230], ihre Stimme übertrugen. So kam die Wahl äußerst schnell zustande (es wird sogar behauptet, dass der pestilenzialische Geruch, welchen die Krankheit verbreitete, viel zu dieser Schnelligkeit beigetragen habe), aber Leo X. tat deswegen seinen Mitkardinälen doch nicht den Gefallen, schon in den ersten Jahren seines Pontifikats zu sterben, sondern regierte volle acht Jahre lang bis 1522. Als Papst leistete er nicht besonders viel, dagegen war er ein großer Freund der Tafel, der Karten, der Weiber und der Jagd. Auch liebte er witzige Gesellschaft, sowie den Besuch der Schauspiele, und führte mit einem Wort einen so prächtigen Hof, wie kein anderer Monarch der damaligen Welt. Sein Aufwand wurde deshalb sprichwörtlich, und dass es dabei an galanten Abenteuern nicht gefehlt haben kann, versteht sich von selbst. Schließlich war Rom unter seiner Regierung zu einem zweiten Sybaris[231] entartet!

Sein Nachfolger Hadrian VI. schlug so sehr aus der Art, dass er frei und frank bekannte: «Die ganze katholische Kirche sei eine verdorbene, und dieses Verderben sei von den Päpsten, deren Schandtaten zum Himmel schreien, ausgegangen.» Ja, bei diesem Bekenntnis ließ es der Papst nicht einmal bewenden, sondern er hatte wirklich im Sinn, die schreiendsten Missbräuche abzuschaffen und künftige Ausschweifungen einzudämmen. Doch die Kardinäle entsetzten sich so sehr über ein solches tolldreistes Vorhaben, dass sie dem heiligen Vater ein Tränklein reichten, an welchem er schon im achten Monat seiner Regierung verstarb. Nach seinem Tode hütete sich das Kardinal-Kollegium, abermals einen «hadrianisch» gesinnten Papst zu erwählen, sondern setzte vielmehr den innigsten Freund des verstorbenen Leo, welcher sich den Namen Clemens VII. gab und von 1523 bis 1534 regierte, auf den Thron. Die Wahl war zwar eine unkanonische, d. h. kirchlich ungesetzliche, denn Clemens war ein «unehelicher» Sohn Giuliano de

---

[229] Eingentümlicherweise nennen die Franzosen die Venerie «*Mal de Naples*», während die übrige Welt jener Krankheit den Namen «Franzosen» oder «*Morbus gallicus*» gibt.

[230] Als Sohn des einflussreichen Lorenzo de' Medici war Leo schon in seinem 13. Jahr zum Kardinal erhoben und mit einem Dutzend reicher Kirchenpfründen bedacht worden.

[231] Eine griechische Stadt in der Antike. Sie war für die in ihr stattfindenden Ausschweifungen und zügelloses Leben der Bevölkerung bekannt. (Anmerk. d. Hg.)

Medicis,²³² und uneheliche Geburt machte jeden zu Kirchenämtern unfähig; aber was lag den Kardinälen an Recht und Gesetz, wenn sie durch die Umgehung desselben zu ihren Zwecken gelangen konnten? So regierte denn Clemens VII. ganz wie sein verstorbener Vetter Leo X., und sein Hof war, wenn auch vielleicht nicht so verschwenderisch, doch mindestens ebenso ausschweifend und sinnlich.

Nun kam Paul III. (1534 – 1549) auf den Thron, derselbe, welcher, wie wir oben gesehen haben, seine schöne Schwester Giulia Farnese an Alexander VI. um einen Kardinalshut verkauft hatte. Von ihm durfte man also nicht erwarten, dass er ein besonders züchtiges Leben geführt hatte, und in der Tat hatte ihm auch, so lange er noch Kardinal Farnese hieß, seine Geliebte, Lola, zwei Söhne geschenkt, welche beide von Papst Julius II. legitimiert worden waren, eine Sache, die förmlich unglaubhaft erscheinen würde, wenn nicht die betreffende Bulle noch vorhanden wäre und die vollständige Wahrheit der Legitimation oder Ehelichmachung dieser Kardinalsbastarde bestätigte.²³³ Der jüngere dieser beiden Söhne, Paolo, starb schon früh, den älteren Sprössling mit Namen Pier Luigi Farnese, belehnte Paul III., sobald er Papst geworden war, mit den beiden von Papst Julius II. dem Kirchenstaat einverleibten Städten Parma und Piacenza, welche zusammen zu einem Herzogtum erhoben wurden; aber Pier Luigi erfreute sich dieser seiner Erhebung auf den Herzogsstuhl nicht allzu lange. Er stand nämlich in Beziehung auf sittliche Verworfenheit dem berüchtigten Cesare Borgia kaum nach und zog sich noch überdies durch sein tyrannisches Regiment schon nach wenigen Jahren eine Menge tödlicher Feinde zu.²³⁴ Daher kam es denn auch, dass sich mehrere der

---

²³² Der Papst war sehr diffizil in dem Punkt seiner Geburt; und als z.B. ein Mönch aus Fizano, mit Namen Benedikt, einst in einer zu Florenz gehaltenen Predigt darauf anspielte, dass der heilige Vater ein Kind der Liebe sei, ließ letzterer den armen Kuttenträger aus dem Kloster St. Maria Novelle, wohin er sich geflüchtet hatte, gewaltsam herausreißen und nach Rom ins Gefängnis abführen. Dort wurde er in ein tiefes Verlies der Engelsburg geworfen und sofort zum Tod verurteilt. Man tötete ihn aber nicht auf einmal, sondern gab ihm von Tag zu Tag weniger Nahrung, bis er nach und nach, obwohl furchtbar langsam, verhungerte. Kann es eine raffiniertere Grausamkeit geben?

²³³ Die besagte Bulle ist vom 8. Juli 1508 datiert, und wurde in «*Affos, Vita di Pier Luigi Farnese primo Duca di Parma. Mailand 1821*» abgedruckt. Wie viel der Kardinal für diese «Ehelichmachung» seiner Söhne bezahlte, ist nicht angegeben. Dagegen steht auf der Bulle «*veduta in Roma*» zum Beweis, dass sie wenigstens gekauft wurde.

²³⁴ Um dem Leser zu beweisen, wie schauderhaft ruchlos dieser Pier Luigi war, führe ich bloß an, dass er dem 24jährigen Bischof Cosimo de'Gheri von Fano, einen der gelehrtesten und schönsten Männer jener Tage, auf eine wirklich kannibalische Weise notzüchtigte. Infolge dieser Gewalttat starb der besagte Bischof nach kurzer Zeit und in ganz Italien sprach man mit Entsetzen über den begangenen Frevel. Papst Paul III., als zärtlicher Vater, meinte, die Sache habe nicht so viel auf sich, denn geschlechtliche Sünden seien etwas Natürliches, und versäumte also nicht, den geliebten Sohn zu absolvieren. Dieser letztere Umstand besonders hat schon viele papstfreundliche Geschichtsforscher veranlasst, die

angesehensten Edelleute Parmas gegen ihn verschworen und ihn nicht nur (10. September 1547) ermordeten, sondern auch seinen Leichnam an den Füßen aufhängten und aus einem Fenster der Zitadelle so lange herabhängen ließen, bis ihn die Vögel gefressen hatten. Hierüber entsetzte sich Paul III. als zärtlicher Vater ganz ausnehmend, und obwohl nunmehr der erstgeborene Sohn des Ermordeten, Ottavio Farnese (welcher mit Margarethe, einer natürlichen Tochter Kaiser Karls V. verheiratet war), mit dem Herzogtum Parma belehnt wurde, so ging doch der gewaltsame Tod seines Lieblings dem alternden Papst so sehr zu Herzen, dass er bereits zwei Jahre darauf, am 10. November 1549, den Geist aufgab. Übrigens nutzte er diese letzte Zeit seines Lebens, um für den Rest seiner Verwandtschaft, Kinder wie Kindeskinder, zu sorgen und ernannte unter anderem Alessandro Farnese (den zweitgeborenen Sohn seiner Tochter Constantia, welche er an einen Sforza verheiratet hatte), zu Kardinälen, obwohl beide kaum 14 Jahre alt waren.

Noch unmoralischer als Paul III. war Julius III. (1550 – 1555), welcher schon als Kardinal Giovan Maria Giocci ein äußerst leichtsinniges, ja liederliches Leben geführt hatte. Possenreißerei und Unzucht gingen ihm über alles, und er hielt sogar darauf, dass die Letztere ebenfalls mit Jux verbunden sei. Demgemäß tat er sich mit dem Kardinal Crescentius zusammen, um die Kosten der gemeinschaftlich gebrauchten Konkubinen zu teilen. Ja, sogar die mit diesen Lustdirnen gezeugten Kinder sollten, da man natürlich nicht wissen konnte, wer der richtige Vater sei, gemeinschaftiche sein, oder sie wollten zumindest beide die gleiche Summe zu deren Erziehung beitragen. An Affen hatte der Papst sowohl wegen ihrer Sprünge, als auch wegen ihrer Geilheit eine besondere Freude, und deswegen hielt er sich einen eigenen Affenwärter, einen grundhässlichen aber äußerst spitzbübischen Taugenichts von 16 Jahren, mit Namen Innozenz, welcher fast ebenso tolle Sprünge machen konnte wie seine Affen, und daher in ganz Rom nur unter dem Spottnamen «Simia»[235] bekannt war. Dies alles hielt jedoch den Statthalter Christi nicht ab, besagten Affenwärter gleich beim Antritt seines Pontifikats mit dem Kardinalshut zu bedenken und ihm noch überdies verschiedene reiche Pfründe zuzuweisen. Eine solche Handlungsweise ist bezeichnend genug, um daraus den Charakter Seiner Heiligkeit zu erkennen; ebenso bezeichnend aber ist, dass der heilige Vater über alle in Rom befindlichen Lustdirnen Generalschau hielt, bei welcher Gelegenheit nicht weniger als 40000 besteuerbare Venusdamen aufgefunden wurden.

---

ganze Geschichte in das Reich der Märchen zu verweisen; aber in neuester Zeit ist ihre Wahrheit vollkommen bewiesen worden, denn nicht nur der Florentiner Varchi, sondern auch ein anderer Zeitgenosse, nämlich der berühmte Benvenuto Cellini, stehen dafür ein, und in unseren Tagen hat sie der mailändische Schriftsteller Affo sogar urkundlich bewiesen.

[235] Lat. Affe (Anm. d. Hg.)

Von Paul IV. (1555 – 1559) ist bekannt, dass er ein äußerst stolzer, leidenschaftlicher, grausamer und tyrannischer Mann war. Deswegen schlug auch das römische Volk bei der ersten Nachricht von seinem Tode der Bildsäule, welche sich der Papst drei Monate zuvor auf dem Kapitol selbst hatte setzen lassen, den Kopf und den rechten Arm ab, schleppte sie sodann unter furchtbaren Verwünschungen durch die Straßen und warf sie schließlich in den Tiber, wo derselbe am tiefsten war. Ebenso grausam wie Paul waren Pius V. und Gregor XIII. (1572 – 1585). Letzterer aber verband mit seiner Grausamkeit auch noch einen äußerst weltlichen oder vielmehr fleischlichen Lebenswandel. Von seinen verschiedenen Bastarden wollen wir übrigens nur den Giovanni Buoncampagni anführen, welchen der heilige Vater nicht nur zum Kardinal machte, sondern auch so mit Kirchengütern überhäufte, dass selbst unter den Kardinälen Unwillen darüber entstand. Auch einen Nepoten mit Namen Filippo Guastavillani, den Sohn seiner Schwester, bedachte er mit dem Kardinalshut und versuchte überhaupt nach allen Kräften für seine Familie zu sorgen.

Ganz in die Fußstapfen seines Vorgängers trat Sixtus V. (1585 – 1590), der Sohn einer Wäscherin. Seine Grausamkeit zeigt sich daran, dass er seine Lieblingsworte: «Ich sehe lieber die Galgen, als die Gefängnisse voll.» durch die Tat bekräftigte, denn nie wurden in Rom mehr Menschen hingerichtet, als unter seiner Regierung.[236] Den Beweis seiner Fürsorge für seinen Verwandtschaftskreis lieferte er aber dadurch, dass er sowohl seine Schwester Camilla, als auch deren Söhne und Töchter, aufs beste zu versorgen trachtete. Camilla erhob er zu der Würde und dem Rang einer Prinzessin, obgleich sie, wie ihre Mutter, sich bisher mit Waschen ernährt hatte, und ihre beiden Söhne Alessandro und Michele Peretti wurden mit den einträglichsten Würden bedacht, während ihre beiden Töchter hohe Herren, nämlich die eine einen Orsini, die andere einen Colonna, zu Gatten erhielten. An Geld und Gut ließ er es natürlich auch nicht fehlen, und im Ganzen genommen beläuft sich, was er seiner Familie schenkte, auf mehr als vier Millionen Dukaten.

Ein fast noch größerer Nepotenfreund war der Papst Paul V. (1605 – 1621), denn von ihm kann man mit Recht sagen, dass er den Grund zum Wohlstand des Hauses Borghese gelegt habe. Zwar war diese Familie sowohl in Siena, als auch in

---

[236] Mit besonders raffinierter Grausamkeit benahm er sich gegen einen Witzbold, welcher an die Pasquino-Säule angeschrieben hatte, der Papst suche eine Wäscherin, weil sich seine Mutter nicht mehr mit diesem Artikel abgebe. Kaum war der Witz dem Papst zu Ohren gekommen, so setzte er eine Belohnung von 1000 Dukaten auf die Entdeckung des Verfassers aus und ließ zugleich bekannt machen, dass Letzterer, wenn er sich selbst angebe, obige Summe ebenfalls erhalten, und überdies nicht am Leben gestraft werden würde. Auf dieses hin meldete sich der Autor und der Papst ließ ihm nicht nur nichts am Leben geschehen, sondern auch die 1000 Dukaten ausbezahlen; aber – man merke sich's, erst nachdem dem armen Witzbold die Zunge ausgerissen und die Hände abgehauen worden waren.

Rom schon seit längerer Zeit sehr angesehen, aber erst als es gelang, den Kardinäl Camillo Borghese unter dem Titel Paul V. auf den Stuhl Petri zu setzen, stieg das Ansehen derselben zu fürstlichem Glanz und Reichtum empor. Kaum war nämlich der neue Papst in seinem Amt warm geworden, so ernannte er seinen Bruder Francesco zum Gonfaloniere, das ist zum Oberbefehlshaber der päpstlichen Truppen, Marco Antonio Borghese aber, einem Sohn seines verstorbenen Bruders Battista, verlieh er das Fürstentum Sulmona und verschaffte ihm zugleich den Titel eines Granden von Spanien. Noch freigiebiger erwies er sich gegenüber einem Neffen mit Namen Scipione Caffarelli, welchen er, nachdem derselbe ebenfalls den Namen Borghese angenommen hatte, zum Kardinal erhob und zugleich so außerordentlich bereicherte, dass derselbe imstande war, die berühmte Villa Borghese, unweit der Porta del Popolo in Rom, zu erbauen.[237] Doch ein großer Teil dieser geschenkten Reichtümer war durch ein Verbrechen erworben worden, nämlich durch die gemeine Hinrichtung oder vielmehr Ermordung der überaus reichen Familie Cenci, deren Güter sofort konfisziert und dem Kardinal Scipione geschenkt wurden. Dies ging folgendermaßen zu: Francesco Cenci heiratete ums Jahr 1600, obwohl er mehrere erwachsene Kinder aus erster Ehe hatte, zum zweitenmal und kam bald in den Ruf, besagte Kinder aus erster Ehe auf grausame Weise zu behandeln. Namentlich beklagte sich der Erstgeborene Francescos, mit Namen Giacomo, öfters laut sowohl über seinen Vater, als auch besonders über seine Stiefmutter, und dasselbe tat seine Schwester Beatrice, welche durch ihre Schönheit ganz Rom elekrisierte. Nun traf es sich kaum ein paar Jahre nachher, dass Francesco Cenci auf der Straße ermordet aufgefunden wurde, ohne dass man wusste, wer die Tat begangen habe. Man stellte natürlich genaue Nachforschungen an, schon deswegen, weil der Ermordete, wie schon geagt, überaus reich und begütert gewesen war. Aber trotz allem Suchen wollte sich keine Spur des wirklichen Täters auffinden lassen. Da traten plötzlich zwei Menschen, offenkundige Banditen und Mörder, als Zeugen in der Sache auf, indem sie behaupteten, «die schöne Beatrice nebst ihrem Bruder Giacomo habe sie dingen wollen, Francesco Cenci umzubringen, und es sei daraus zu schließen, dass Beatrice, obwohl sie selbst den Antrag zurückgewiesen hätten, sich an andere Banditen gewandt haben werde, von welchen dann die Mordtat ausgeführt worden sei.» Diese Aussage war eine äußerst verdächtige, denn nicht nur musste man dem Charakter von Zeugen solcherlei Gattung von vorneherein misstrauen, sondern man flüsterte sich auch zu, dass die Banditen von Kardinal Scipione Caffarelli Borghese bestochen seien. Aber Papst Paul V. ließ dessen ungeachtet sowohl Giacomo als auch Beatrice gefänglich einziehen und verbreitete die Kunde, diese

---

[237] Diese Villa hat mit ihren reizenden Anlagen einen Umfang von einer Dreiviertelmeile und war ehemals wegen ihrer Kunstschätze außerordentlich berühmt. Letztere sind jedoch größtenteils nach Paris gewandert, darunter auch der sogenannte Borghesische Fechter, ein Meisterwerk des griechischen Bildhauers Agestas aus Ephesus.

beiden müssten schon deswegen die Schuldigen sein, weil sie sich früher oftmals bitterböse über ihren Vater hätten vernehmen lassen. Die Angeklagten leugneten die Tat, wie es scheint, im Bewusstsein der Unschuld; doch Paul V. kümmerte sich wenig hierum, sondern ließ sie vielmehr so lange auf die Folter legen, bis sie alles bekannten, was man von ihnen haben wollte. Darauf wurde Beatrice heimlich im Gefängnis hingerichtet und Giacomo mit einer Keule totgeschlagen; ihr beiderseitiges Vermögen aber erhielt, obwohl noch ein jüngerer Bruder lebte, der wegen seines knabenhaften Alters unmöglich eine Schuld tragen konnte, wenn auch seine älteren Geschwister schuldig gewesen wären, und also erbberechtigt war, der obengenannte Kardinal Scipione Caffarelli Borghese.

Wen sollte es nun unter solchen Umständen bei einem Besuch der Villa Borghese nicht kalt überlaufen?

Von dem Nachfolger Pauls, dem Kardinal Ludovici, der sich den Namen Gregor XV. (1621 bis 1623) gab, ist in Beziehung auf seine «naturalistischen» Studien nichts bekannt, als dass er sich (wie wenigstens Heidegger in seiner Geschichte des Papsttums berichtet) auch während seines Pontifikats nicht von der Frau trennte, welche während seines Kardinalamts seine unzertrennliche Gefährtin gewesen war. Ganz anders dagegen trat sein Nachfolger Urban VIII. (1623 bis 1644), der frühere Kardinal Barberini auf, denn er hielt sich nicht bloß eine ziemliche Anzahl von Mätressen, sondern sorgte auch für seine Kinder auf eine wahrhaft königliche Weise, obschon er sich wohl hütete, denselben einen anderen Namen, als den seiner «Nepoten» zu geben. Dem Francesco und Antonio Barberini gab er den Kardinalshut, wies ihnen die einträglichsten Pfründen zu und beschenkte sie noch überdies mit verschiedenen Güterkomplexen, welche entweder wirkliches Kirchengut waren oder doch zumindest von kirchlichen Geldern gekauft wurden. Einen dritten Nepoten, mit Namen Taddeo Barberini, ernannte er zum Präfekten von Rom und zum Oberbefehlshaber der päpstlichen Truppen; auch kaufte er ihm von den Colonnas die Stadt und Herrschaft Palestrina und verlangte sogar von dem Herzog von Parma, derselbe solle zugunsten Taddeos auf einen Teil des Fürstentums Castra verzichten. Natürlich weigerte sich der Herzog und berief sich auf sein gutes Recht; aber der Papst wollte nichts vom Recht wissen, sondern belegte vielmehr den Widerstrebenden mit dem Bann und schickte eine Armee gegen ihn. Doch sollte dies alles den Statthalter Christi nichts nützen, denn der Herzog wurde in seinem Widerstand von den Venezianern und anderen Mächten so gut unterstützt, dass Urban VIII. von seinem Unternehmen, ohne etwas ausgerichtet zu haben, ablassen musste. Nunmehr verlegte er sich auf ein anderes Mittel, seine Neffen zu bereichern, nämlich darauf, sowohl aus der Kirche, als auch aus dem Kirchenstaat so viel wie möglich herauszupressen und man hat ihm nachgerechnet, dass er auf diese Art über zwanzig Millionen Scudi zusammenraffte, welche alle in den Säckel seiner Familie flossen. Kein Wunder, wenn die Römer von ihm sagten: «*Orbem bellis urbem gabellis implevit.*», d. h. auf deutsch: «Die Welt überzog er mit Krieg, die Stadt aber mit Steuern.»

Nach Urban VIII. wurde Kardinal Pamphili, welcher den Namen Innozenz X. (1644 – 1655) annahm, zum Papst erwählt, und von ihm darf man wohl sagen, dass nie ein Mann auf dem Stuhl Petri saß, welcher mehr unter dem Pantoffel gestanden hätte, als er. Die Dame, die ihn beherrschte, war die Witwe seines Bruders, Donna Olympia, eine geborene Malbachini, mit welcher Innozenz schon, solange er Kardinal war, und solange sein Bruder noch lebte, in vertrautestem Umgang stand.[238] Sie soll sehr schön gewesen sein, aber jedenfalls wurde ihre Schönheit von ihrer Habsucht, sowie ihrer Herrschsucht übertroffen. Den Papst hatte sie ganz in ihrer Gewalt, so dass er es nie wagte, ihren Anordnungen zu widersprechen, und somit war sie es allein, welche während seines Pontifikats sowohl die Kirche als den Kirchenstaat regierte. Alle Dekrete gingen von ihr aus und die meisten derselben unterschrieb sie eigenhändig jedoch statt ihres Namens Innozenz' hinsetzend. Wer etwas vom Papst wollte oder eine Bittschrift abzugeben hatte, der musste sich bei ihr melden, durfte aber, wie man sich wohl denken kann, nie mit leeren Händen kommen. Mit Präsenten war übrigens die schöne Donna nicht einmal zufrieden, sondern sie verkaufte vielmehr fast alle weltlichen und geistlichen Ämter an die Meistbietenden, so dass man in Rom und Italien zu jener Zeit fast lauter ebenso unwissende als nichtswürdige Bischöfe oder Beamten antraf. Kurz, es war eine Mätressenwirtschaft, so ungefähr in derselben Manier, wie früher die Grävenitz'sche in Württemberg, die Degenfeld'sche in der Kurpfalz, die Pompadour'sche in Frankreich und die Marlborough'sche in England. Man kann sich daher wohl denken, dass die Liebe der Römer zu Innozenz X. nicht sehr groß gewesen sein kann, besonders als Olympia ihren altersschwachen Liebhaber auch noch dazu bewog, jenes berüchtigte Kornwucher-Gesetz, durch welches, wie ich schon früher berichtet habe, über den fruchtbaren Teil Italiens Mangel und Hungersnot kam, zu erlassen. Im Gegenteil, der Hass steigerte sich von Jahr zu Jahr mehr und machte sich, weil an einen Aufruhr nicht zu denken war, in den bittersten Satiren Luft. So ließ man z. B. in Florenz eine Medaille prägen, deren eine Seite die Olympia «im Papstornat» mit den Schlüsseln Petri in der Hand darstellt, während auf der Leerseite der Papst mit einer Taube auf dem Kopf am Spinnrocken sitzt. Aber alles wollte nichts helfen, denn wenn auch Innozenz auf die Vorhaltungen des Kardinals Pencirollo hin, welcher ihm von der Verachtung erzählte, in welcher man überall, besonders auch im Ausland von der päpstlichen Wirtschaft spreche, Olympia im Jahr 1649 auf eine kurze Zeit entfernte, so hielt er es doch so wenig ohne sie aus, dass das alte Verhältnis schon nach wenigen

---

[238] Die besagte Donna hat einen eigenen Biographen gefunden, nämlich den bekannten Papstschriftsteller Leti, welcher unter dem Namen Gualdi die Einzelheiten ihres Lebens ausführlich beschreibt. Das Buch heißt: «*Vita della Donna Olympia*» und kam schon im Jahre 1666, obwohl, wie gesagt, unter einem falschen Namen heraus.

Wochen wieder hergestellt wurde. Ja sogar, als er zum Sterben kam, durfte ihm niemand eine Arznei reichen, als nur sie allein; niemand durfte an seinem Bett sitzen als sie, und wenn sie sich nur auf einen Augenblick entfernte, so wollte er schon verzweifeln! Endlich starb er achtzig Jahre alt, in ihren Armen, von niemandem geliebt, von Hunderttausenden gehasst und von aller Welt verachtet.

Rom war nun schon so lange blutegelmäßig von den Papstgünstlingen ausgesogen worden, dass alle Welt sich danach sehnte, endlich einmal einen Priester auf dem Stuhl Petri zu sehen, welcher dem Begriff eines Papstes wenigstens halbwegs entspreche. Somit einigten sich die Kardinäle auf ihren Kollegen Kardinal Chigi, welcher als solcher ein Urbild von Enthaltsamkeit, Sparsamkeit und Tugendhaftigkeit gewesen war; aber kaum hatte Fabio Chigi seinen Namen in den Papstes Alexander VII. (1655 – 1667) verwandelt, so fing er an seinen wahren Charakter herauszukehren und sich als einen ebenso verschlagenen, hinterlistigen und tückischen, als eitlen üppigen und prachtliebenden Pontifex zu zeigen. Man hat daher jetzt noch zwei Sprichwörter über ihn, deren eines besagt, dass die Lüge sein Element gewesen sei, während das andere nur aus vier Worten besteht und heißt: «*Cardinale santo, pontifice Demonio*», d. h. «Als Kardinal ein Heiliger, als Papst ein Teufel» - Alexander VII. hatte den Kardinälen vor seiner Wahl geschworen, nie einen Nepoten auf dem Vatikan zu empfangen und überhaupt all die Missbräuche, welche unter seinen Vorgängern im Schwange gewesen waren, abzuschaffen. In der Tat schien es auch zu Anfang seiner Regierung, als ob er sein Wort halten wolle; denn er lebte so enthaltsam oder vielmehr mönchsmäßig, dass er den Tag über kaum etwas Brot und Feigen oder auch Kastanien und Trüffel genoss, das Fleisch aber gänzlich ablehnte. Überdies trank er nur Wasser, und zwar aus einem Totenschädel, um das Memento Mori stets vor Augen zu haben. Ja, er ließ sich sogar seinen Sarg in das Schlafzimmer neben das Bett stellen. Aber wie sah es dagegen nach einem Jahre aus? Gerade so, wie unter Urban VIII., als die Barberini das Land aussaugten! Der erste Nepote, welcher ankam, war ein Malteserritter und darum witzelten die Römer, als die das Kreuz auf dessen Mantel sahen: «Sehet her, das Kreuz, gleich wird die Prozession nachkommen!» So war es auch in der Tat, denn auf den ersten Nepoten folgten noch vier andere, und nun begann die Beutelschneiderei, wegen welcher sich Olympia so verhasst gemacht hatte, von Neuem. Doch hielt der Papst insofern sein Wort, «keine Nepoten auf dem Vatikan zu empfangen», als er jeden derselben weit über Rom hinaus bis nach Siena, entgegen fuhr. Kann es eine meineidigere Perfidie geben? – Ebenso perfide und meineidig verfuhr übrigens Alexander unter anderen auch gegen die Donna Olympia, denn ob er ihr gleich gegen ein Präsent von einer Million Scudi Sicherheit der Person und des Vermögens zugeschworen hatte, so verbannte er sie doch nachher nach Oviedo, indem er sie zugleich zu einem weiteren Opfer von fünf Millionen Scudi verurteilte. Ja, sogar damit wäre er nicht zufrieden gewesen, wenn nicht der Tod Olympias einen Erpressungen ein Ende gemacht hätte.

Nunmehr aber teilten die natürlichen Erben der ehemaligen Papstmätresse mit den fünf Nepoten des jetzt regierenden Papstes und retteten so wenigstens die Hälfte des großen Raubes. Über die drei nächsten Nachfolger Alexanders VII. gehen wir stillschweigend hinweg, da sie merkwürdigerweise keine Nepoten hatten; ein umso größerer Nepotismusfreund aber war Kardinal Ottoboni, welcher als Alexander VIII. (1689 bis 1691) den Stuhl Petri innehatte. Da er nämlich bei seiner Erwählung bereits 80 Jahre zählte, so meinte er, es sei an der Zeit, das, was er für seine Verwandten zu tun gesonnen sei, so schnell als möglich zu tun und bedachte daher alle seine Vettern augenblicklich mit den gerade vakanten Stellen, ja, er nahm sogar einen großen Kardinalsschub vor, nur um die Herren Nepoten zu befriedigen. Sein Günstling war übrigens ein zwanzigjähriger Bursche, welchen er, trotz dieses jungen Alters ebenfalls zum Kardinal befördert hatte, und dem er zugleich solche Vorrechte erlaubte, das fast niemand Zutritt zu ihm erlangte, wenn nicht vorher ein Präsent in die Hände des Günstlings gewandert war.

Doch der Leser wird nunmehr an der päpstlichen Nepotenliebhaberei genug haben und somit gehen wir nun über den Verwandtschaftshimmel der nachfolgenden Päpste so kurz als möglich hinweg, Wurde ja doch von nun an der Skandal so viel als möglich vermieden und der Dezenz wenigstens insoweit Rechnung getragen, dass die fromme Welt kein Ärgernis mehr nehmen konnte! Nur allein Clemens XI. (1700 bis 1721) schien eine Ausnahme machen zu wollen, indem er nicht bloß das Haus des berühmten Malers Carlo Maratti, welcher eine sehr schöne Tochter besaß, öfters besuchte, als es sich für den Heiligen Vater schicken wollte, sondern auch seiner eigenen Schwägerin, der Gemahlin des Horatius Albani, den Hof so sehr machte, dass man ihn fast für einen Liebhaber derselben halten musste. Überdies war er ein großer Freund des Bechers und schloss sich nicht selten mit einigen lustigen Mönchlein ein, um mit ihnen so lange zu trinken, bis sie samt und sonders unter dem Tisch lagen. Dem Nepotismus huldigte er übrigens nicht allzu sehr bedeutet, desto mehr aber Clemens XIII. (1758 bis 1769) und Pius VI. (1775 – 1800) letzterer musste aber diese seine Vorliebe für seine Verwandtschaft schwer büßen, denn als ihn die Franzosen im Jahre 1798 von Rom aus fast wie einen Gefangenen nach Florenz brachten, so stahl ihm sein begleitender Nepote seine jämmerliche Barschaft und verschwand damit um nicht wiederzukehren. Mit dieser schmählichen Tat des vielleicht letzten der Nepoten wollen wir das Buch von der Keuschheit der Päpste schließen, hinlänglich überzeugt, dass der Leser von den wenigen Bildern, die wir ihm vorführten, zur Genüge erbaut sein wird.

Ende des ersten Bandes.

Mysterien des Vatikans
Oder
Die geheimen und offenen Sünden
Des Papsttums
Zeit- und Geschichtsbilder

2. Band.

4. Buch.

Der Papst und die Duldsamkeit.

Motto:
Eine sehr nachhaltige Weise, seinen Gegner zum Schweigen zu bringen, ist diejenige, wenn man ihm die Zunge ausreißt. Gut ist es, wenn man hierzu noch das Abhauen der Hände fügt, damit außer dem Sprechen auch noch das Schreiben für immer ein Ende habe. Am allernachhaltigsten aber widerlegt man alle Kontroversen dadurch, dass man den Gegner ohne Weiteres totschlägt, hängt oder verbrennt.
Jesuitenmoral.

Ich will, dass in meinen Landen jedermann nach seiner eigenen Facon selig werden kann.
Friedrich der Große.

I. Kapitel.

Die Waldenser oder die Uranfänge des Ketzertums.[239]

Die christliche Lehre war, wie wir schon früher gesehen haben, von Christus und seinen Jüngern keineswegs als eine ganz fertige und vollendete hinterlassen worden, und eben deswegen entstanden in den ersten Jahrhunderten nach Christi Tod die größten Streitigkeiten darüber, wie es mit diesem oder jenem Glaubenssatz gehalten werden solle. Noch viel weniger fertig und ausgebildet als die Lehre, war die Verfassung der christlichen Kirche, indem diese, sozusagen, von den Nachfolgern der Apostel erst geschaffen wurde. Natürlich aber ging dieser Schaffungsprozess ebenfalls keineswegs friedlich vorüber, sondern die Gläubigen und ihre Anführer gerieten vielmehr oft und viel wegen dessen, was in der Kirche Gesetz sein sollte in Streit. Nach und nach jedoch bildete sich der Lehr- und Kirchenkodex zu dem, was er jetzt ist, aus und ums Jahr 900 stand, wie wir im zweiten Buch gesehen haben, das Papsttum mitsamt seiner Lehre und Kirchenverfassung fix und fertig da. Der Papst war Oberdespot der gesamten Christenheit geworden, und hatte es sogar weiter gebracht, als irgendein weltlicher Despot des Abend- oder Morgenlandes, denn wenn ein weltlicher Monarch sich damit begnügen muss, dass seine Untertanen «tun» müssen, was er haben will, so erzwang es dagegen Seine Apostolische Heiligkeit, dass die abendländischen Christen nicht bloß so «handeln», sondern auch «denken» mussten, wie er es haben wollte. Vom eigentlichen Christentum übrigens, d. i. von dem, was Christus gelehrt, war, wie wir im vorigen Buch gesehen haben, durchaus keine Rede mehr, sondern nur allein von derjenigen Lehre und Verfassung, deren Mittelpunkt Rom war, weswegen man sie auch die «römisch-katholische» nannte.[240] Um den Papst drehte sich alles und seine Aussprüche galten als Gesetze. Ja, er war nicht bloß das Kirchenoberhaupt oder, wenn man so will, der Mittelpunkt der Kirche, sondern er war vielmehr die Personifikation der Kirche selbst, und konnte mit demselben Recht, mit welchem

---

[239] Der Name Ketzer ist aus dem griechischen Worte Katharos entstanden. Es hießen sich nämlich die Albigenser, auf welche Sekte wir in Kurzem zu sprechen kommen werden, Katharer, d. h. die Reinen, und von dort an wurde es üblich, alle diejenigen, welche vom römisch-katholischen Glauben abwichen, oder, mit einem Wort, alle Häretiker (zu Deutsch Sektierer) mit dem Namen Katharer oder Ketzer zu belegen. Zum erstenmal kommt das Wort im zwölften Jahrhundert bei den Minnesängern vor, ist aber jetzt so gang und gäbe, dass man einen vom allgemeinen Glauben Divergierenden gar nicht anders zu nennen vermag, als eben Ketzer.

[240] Katholisch oder Katholikos heißt so viel, als allgemein und deswegen ist unter dem Namen römisch-katholische Kirche nichts anderes zu verstehen, als die allgemeine, das ganze Abendland umfassende Kirche, welche von Rom ihren Glauben, ihren Kultus und ihre Gesetze empfängt.

Ludwig XIV. sagte: «Der Staat bin ich,» behaupten: «Die Kirche bin ich.» Demgemäß wurde auch jede Beleidigung des Papstes, sowie jeder Angriff der weltlichen Macht auf das Papsttum als eine Beleidigung der christlichen Kirche, als ein Angriff auf die Religion angesehen, und die Päpste verabsäumten nie, jeden, den sie politischer Gründe halber mit dem Bann belegten, für einen Ketzer, d. i. für einen Abtrünnigen vom wahren Glauben zu erklären.[241] Hieraus ersieht man, wie leicht es war, in das Laster der Ketzerei zu verfallen, denn man dufte nur irgendeine Handlungsweise des Papstes oder des Klerus tadelnswert finden, so hatte man sich schon gegen den unangreifbaren Vizegott auf Erden versündigt und war der Strafe verfallen, welche einen mit dem Bann Belegten traf.

Trotzdem nun aber der Papst mit einer solch außerordentlichen Macht bekleidet war, dass sogar die größten Monarchen der Erde vor ihm erzitterten, und trotzdem, dass seine Söldner, welche als Priester und Mönche den ganzen Erdkreis überschwemmten, jedweden augenblicklich zur Rechenschaft zogen, der sich am Papsttum oder an der römischen Katholizität auch nur im Geringsten verging, - ja sogar jeden, auf welchem nur der Verdacht eines solchen Vergehens ruhte; trotzdem, sagen wir, gab es sogar in dieser Zeit der höchsten Blüte der päpstlichen Despotie, Männer, welche an derselben zu rütteln wagten und nicht bloß die Lehren des römischen Katholizismus, sondern auch die Grundsätze der römischen Hierarchie angriffen. Man hätte glauben sollen, die Angst vor der päpstlichen Allgewalt, die Angst vor dem Bann und den damit verbundenen furchtbaren Nachteilen würde alle Welt abgehalten haben, irgendeine Handlung zu begehen oder irgendeinen Gedanken auszusprechen, wodurch der Zorn Roms gereizt werden konnte; aber es kam gerade umgekehrt und der alte Satz, dass zu schroff angezogene Saiten regelmäßig springen, bewährte sich auch hier wieder. Man denke sich übrigens in die damaligen Zustände hinein; man vergegenwärtige sich die Barbarei und Rohheit, die Sittenlosigkeit und Unflaterei, in welche der ganze Priesterstand ohne Ausnahme versunken war; man erinnere sich, dass die damaligen Kirchenfürsten nach nichts trachteten, als nach Besitz, sowie, dass ihr Leben mit der von ihnen in Anspruch genommenen Heiligkeit im grellsten Widerspruch stand; man rufe sich ins Gedächtnis, dass die gesamte Laienschaft, Männer, Weiber und Kinder, Ritter, Bauern und Hörige sich, da sie keine christliche Predigt mehr vernahmen, nur allein dem Zeremonienwesen, den Pilgerfahrten und besonders dem Dienste der Heiligen zugewandt hatten; man bedenke dies alles, so wird man sich nicht mehr wundern, wenn solche Zustände endlich den einen oder den anderen mit Entsetzen über die Versunkenheit der Welt erfüllen mussten. «Wohl hatte das Papsttum einen furchtbaren Zauberkreis um die Christenheit gezogen,

---

[241] Diese Verfahrungsweise der Päpste ist zu allen Zeiten dieselbe geblieben und auch jetzt noch, sage jetzt in unseren Tagen behaupteten die Ultramontanen, ein Angriff auf irgendein päpstliches Besitztum sei ein Angriff auf die christliche Religion. Sie identifizieren also immer noch den Papst mit dem Christentum selbst.

aber eben weil es Zauberei war, erwachte in Einzelnen das Bewusstsein, dass jene Macht nicht vom Himmel stammte, und fingen an, sie zu bekämpfen, wie man den Antichrist bekämpft!

Schon der Bilderstreit, d. h. der Streit darüber, ob Abbildungen und Portraits von Gott, von Christus, von Maria, von den Aposteln, von den Märtyrern und Heiligen anzufertigen und anzubeten seien – ein Streit, der bekanntlich damit endete, dass die Anbetung der Bilder allgemein dekretiert wurde -, erregte vielfach Missbehagen und Missbilligung. Musste man sich doch deswegen sowohl von Juden als Muslimen verspotten und den Zuruf gefallen lassen: «Die Christen seien nichts anderes als Raubgesindel und beteten Holz und Steine an, gerade wie die Heiden des Altertums!» Das war eine bittere Wahrheit und veranlasste wohl manchen, drüber nachzudenken, ob denn ein solcher Fetischdienst wirklich im Christentum begründet sei oder nicht. Natürlich aber führten solche Forschungen weiter und weiter und es musste am Ende manchem klar werden, dass die römisch-katholische Kirche gar vieles enthalte, was der Lehre vom Evangelium und den kirchlichen Einrichtungen der apostolischen Zeit nicht entspreche. Wie viele nun am Ende auf ein solches Resultat gekommen sind, kann man jetzt mit Genauigkeit nicht mehr angeben, doch hat die Geschichte uns wenigstens die Namen von Dreien solcher Männer aufbewahrt und dürfen wir also das, was diese drei taten und sagten, als den Uranfang der nachherigen ketzerischen oder vielmehr reformatorischen Bewegungen betrachten. Die Namen dieser Männer sind Agobard von Lyon, Claudius von Turin und Beringar von Tours. Der erste wurde schon unter der Herrschaft Karls des Großen geboren und brachte es bald zu der Würde eines Landbischofs in der Diözese Lyon, wie er denn auch in politischer Beziehung unter Kaiser Ludwig dem Frommen keine unbedeutende Rolle spielte. Für unseren Zweck hat jedoch nur die Tatsache einen Wert, dass er den Zeremoniendienst ganz und gar verwarf und sogar frank und frei erklärte: «Der Teufel selbst habe dieses neue Wesen herbeigeführt, damit die Menschen von der geistigen Anbetung Gottes in eine rein fleischliche und sinnliche herabsänken.» Eine solche Behauptung war natürlich eine rein ketzerische, denn die römischen Bischöfe hatten schon früher alle diejenigen, welche den Bilderdienst verwarfen, ausdrücklich und zwar mit den heftigsten Worten mit dem Anathema belegt; aber zum Glück für Agobard reichte der päpstliche Arm damals noch nicht so weit, wie später, und überdies tadelte der Lyoner Bischof nur allein diesen Teil des römischen Katholizismus, während er in allem anderen mit der Kirche einverstanden blieb. So wurde er denn wegen der soeben angeführten Ketzerei nicht belästigt, sondern später, seines vortrefflichen Lebenswandels halber, unter dem Namen St. Agobbio, sogar unter die Heiligen erhoben.

Schon etwas weiter als er ging sein Zeitgenosse Claudius von Turin, so genannt, weil ihn Kaiser Ludwig der Fromme zum Bischof von Turin ernannt hatte. Derselbe schrieb eine Erklärung zu allen Briefen des Apostels Paulus du verwarf

darin nicht bloß den Bilderdienst, sondern auch die Lehre von der Intercession der Heiligen, d. h. davon, dass die Heiligen durch ihre Fürbitte bei Gott einen Menschen selig machen könnten. Ja, er ließ sogar die Bilder aus den Kirchen wegnehmen, predigte gegen das Wallfahren und hielt sich überhaupt in seiner ganzen Lehre nur allein an das Neue Testament. Hierdurch bekam er eine große Menge von Anhängern und die Bewegung, welche von seiner Predigt ausging, durchzitterte das ganze Piemontische bis ins südliche Frankreich hinein. Trotzdem durfte Claudius in Frieden sterben, denn wenn auch gleich der damalige römische Bischof, Eugen II., Kaiser Ludwig ermahnte, gegen den verruchten Ketzer mit Gewalt einzuschreiten, so wollte Letzterer, der von der Tugendhaftigkeit Claudius' vollkommen überzeugt war, doch nichts davon wissen, und gestattete nicht, dass dessen Anhänger auch nur im Geringsten belästigt wurden.
Ein Ketzer anderer Art war Beringar von Tours, Lehrer an der philosophischen Schule daselbst und seit 1010 Archidiakon zu Angers. Damals nämlich war der Glaubenssatz aufgestellt worden, Wein und Brot werde durch die Segnung des Priesters im Abendmahl in wirkliches Fleisch und Blut Christi verwandelt, und sowohl die Päpste, als auch der gesamte Klerus griffen mit Freuden nach diesem neuen Lehrsatz, weil durch ihn das Ansehen der Priesterschaft notwendigerweise sich ganz außerordentlich steigern musste. Bediente man sich doch von nun an des Ausdrucks, dass der Priester den Leib des Herrn «schaffe» und konnte man doch sogar behaupten, dass die priesterliche Kraft eine größere sei als die göttliche, da ja der Priester Gott kreieren könne, sooft er wolle! Aber, so sehr auch die römische Katholizität darauf drang, dass die neue Lehre überall als die allein orthodoxe anerkannt werde, so stellten sich ihr doch, besonders in Frankreich, viele Männer entgegen, worunter auch der durch seinen Scharfsinn und seine Kenntnisse berühmte Beringar, welcher frischweg behauptete, «Wein und Brot seien nur «Zeichen» oder «Sinnbilder», von einer Verwandlung aber (Transubstantiation) könne lediglich nicht die Rede sein.» Wegen solch kühnen Gebarens forderte Papst Leo IX. Beringar vor seinen Richterstuhl zu Rom und verdammte ihn im Jahr 1050, sozusagen in Abwesenheit, denn derselbe war nicht erschienen, sondern vielmehr unter dem Schutz des Königs von Frankreich in Tours geblieben. Neun Jahre später wiederholte jedoch Nikolaus II. die Zitation und nun musste Beringar nicht bloß gehorchen, sondern auch, wenn er anders nicht verbrannt werden wollte, zugeben, dass seine Lehre eine ketzerische sei. Ja, erst nachdem er dieses neue Glaubensbekenntnis abgelegt und geschworen hatte, er wolle von nun an die vollständige Wandlung des Brots und Weins ins greifbares Fleisch und Blut glauben, wurde er entlassen! Aber kaum war Beringar nach Frankreich zurückgekehrt, so widerrief er das ihm mit Gewalt abgenötigte Glaubensbekenntnis, in der Überzeugung, er werde in Tours vor dem weltlichen Arm des Papstes sicher genug sein. Doch hierin täuschte er sich, denn als im Jahr 1073 der gewaltige Gregor VII. den päpstlichen Stuhl bestiegt, so wurde er abermals ergriffen und

hätte sicherlich sein Leben auf dem Scheiterhaufen lassen müssen, wenn er es nicht vorgezogen hätte, zum zweitenmal zu widerrufen. Nunmehr zog er sich, um nicht am Ende doch noch mit dem Scharfrichter nähere Bekanntschaft zu machen, auf die kleine Insel St. Cosmas bei Tours zurück und lebte von nun an bis an seinen Tod im Jahr 1088 in vollkommener Zurückgezogenheit und Stille.

So viel von diesem drei berühmten Männern, welche übrigens, wie man sich wohl denken kann, keineswegs vereinzelt dastanden. Im Gegenteil, sie mussten notwendigerweise viele Genossen und noch mehr Schüler haben, denn man erfährt aus jener Zeit, dass besonders im oberen Italien und im südlichen Frankreich die Giftpflanze der Ketzerei eine äußerst verbreitete, obwohl nur im Verborgenen wuchernde, gewesen sei. Welcherlei Lehren und Grundsätze übrigens diese Ketzer aufgestellt hatten, darüber schweigen die Berichterstatter, und es heißt nur im Allgemeinen, «es sei zur Kenntnis der Kirche gekommen, dass gar viele in jenen Gegenden den wahren Glauben der römischen Katholiken nicht teilen.» Einen Namen gibt man diesen Ketzern allerdings, nämlich den Namen «Manichäer», aber nicht deswegen, weil dieselben den Glauben jener gnostischen Sekte geteilt hätten sondern deswegen, weil damals dieser Name so viel bedeutete, als das Wort «Häretiker» oder das nachherige «Ketzer». Ein Manichäer war jeder, der mit der römischen Katholizität nicht übereinstimmte, allein eben deswegen war ein solcher auch des Todes schuldig, denn die römischen Kaiser des fünften Jahrhunderts hatten auf den Manichäismus die Todesstrafe gesetzt. Somit drang man bereits im zehnten Jahrhundert von vielen Seiten darauf, nach den Ketzern oder Manichäern zu fahnden und dieselben ohne weiteres totzuschlagen. Doch scheint man damals noch ziemlich glimpflich verfahren zu sein; im elften Jahrhundert dagegen sprach man bereits aus einem anderen Ton. Im Jahr 1017 nämlich, zur Zeit des Papstes Benedikt VIII. macht ein Presbyter in Reims plötzlich die Entdeckung, dass zwei angesehene Priester jener Stadt mit Namen Heribert und Lisoius Ketzer seien und eine Menge von Anhängern zählen. Man berichtet an den Papst, sowie an den frommen König von Frankreich, und diese beiden ordnen an, dass die Ketzer auf einer, in der Stadt Orleans abzuhaltenden Synode gerichtet werden sollten. Heribert und Lisoius, nebst dreizehn ihrer Anhänger, werden vorgefordert und müssen über ihren Glauben Auskunft geben. Sie taten es und zwar, wie der damals lebende und über alle südfranzösischen Verhältnisse aufs Genaueste unterrichtete Schriftsteller Glaber Rudolph ganz naiv erzählt, mit solcher Klarheit und Verstandesschärfe, dass die versammelten Bischöfe nicht imstande waren, sie zu widerlegen; aber dennoch wurden sie alle fünfzehn, «weil sie nicht widerrufen wollten,» öffentlich verbrannt!

Diese fünfzehn waren, so viel man weiß, die ersten Ketzer, welche den Feuertod erlitten. Von der Art und Weise ihrer Ketzerei ist übrigens nicht viel mehr bekannt geworden, als dass sie das ganze Zeremonienwesen der Kirche verwarfen und überhaupt gegen das Priestertum, so wie es sich im Katholizismus gestaltet hatte, eiferten. Ohne Zweifel stimmte ihre Glaubensansicht mit den Grundsätzen überein, welche zwei Jahrhunderte früher Claudius von Turin aufgestellt hatte; aber in dem Synodalbeschluss von Orleans werden sie nur kurzweg Manichäer genannt, und als solche des Feuertodes für würdig erachtet.

Man glaubte nun ohne Zweifel, durch die Hinrichtung dieser Fünfzehn dem ganzen Ketzertum den Todesstoß gegeben zu haben; aber man täuschte sich gewaltig, denn schon im Jahr 1025 musste der Bischof Gerard von Arras abermals eine Synode halten, um dem überhandnehmenden Ketzertum zu steuern. Diese letzteren Ketzer nun behaupteten, ihre Glaubenslehre, welche sie von einem Mann aus Italien mit Namen Gangulpho erhalten hätten, sei die allein wahre und zugleich die älteste in der Kirche, denn sie gründe sich auf die Bibel selbst und könne daher von niemandem wiederlegt werden. Doch der Bischof nahm sich keinerlei Mühe, eine Widerlegung auch nur zu versuchen, sondern ließ die Ketzer, «weil sie nicht auf dem Boden der Katholizität stünden», kurzweg verbrennen, gerade wie man die Fünfzehn in Orleans verbrannt hatte. Aber auch damit war das Ketzertum nicht ausgerottet, sondern es verbreitete sich vielmehr immer weiter, wie eine im Jahr 1059 in Toulouse abgehaltene Synode beweist, denn dort fand man es bereits nötig, nicht bloß die Ketzer selbst zu verdammen, sondern auch diejenigen, welche mit ihnen umgingen oder sie gar vollends beschützten. Auch erfährt man nun, worin die Ketzerei eigentlich bestand, nämlich in er Verwerfung des Bilderdienstes und der Heiligenanbetung, in dem Eifern gegen die Sittenlosigkeit des Priestertums und Mönchtums, in der Nichtanerkennung der Werkheiligkeit, sowie überhaupt in der Erklärung, dass die katholische Kirche in ihrer damaligen Einrichtung nicht mehr mit dem Urchristlichen übereinstimme. Kein Wunder also, wenn die Bischöfe und der Papst mit aller Gewalt diese Lehre, deren Ausrottung für sie eine Lebensfrage war, zu unterdrücken versuchten, umso mehr, als es sich herausstellte, dass die Anhänger derselben bereits eine geordnete Sekte bildeten. Gab es doch zweierlei Klassen unter ihnen, die sogenannten *Credentes*, das ist die Gläubigen im Allgemeinen, und die sogenannten *Perfecti* oder *Electi*, das ist die Vollkommenen und Auserlesenen, welche den andern das Evangelium zu predigen und eben deswegen auch für ihren Glauben einzutreten (oder gar als Märtyrer zu sterben) die Verpflichtung hatten!

Doch mit dem Unterdrücken ging es nicht so leicht, als man es sich päpstlicherseits wohl im Anfang gedacht haben mag, denn wenn man auch da oder dort ein Dutzend der Ketzer verbrannte, so gewannen dagegen die im Lande herumreisenden und überall als eifrige Prediger auftretenden *Perfecti* für jeden Hingerichteten die zehnfache Anzahl von neuen Bekennern. Ja die Ketzerei nahm nun, die frühere Benennung «Manichäer» beiseite schiebend, einen eigenen Namen an, zum besten Beweis dafür, dass sie sich in dem, was sie wollte, ganz klar geworden sei. Dieser neue Name war der der «Waldenser», über dessen Ursprung Folgendes erzählt wird. «In der ersten Hälfte des zwölften Jahrhunderts, zu den Zeiten Papsts

Innozenz II. habe in der Stadt Lyon ein reicher Mann gelebt mit Namen Petrus Waldo oder auch Petrus de Waldo und ihm seien von einem katholischen Priester mit Namen Stephanus die Evangelien, sowie überhaupt der größere Teil der Bibel, übersetzt worden. Petrus habe nun aufs Eifrigste in der Bibel studiert und sei sofort von dem Geist derselben so ergriffen worden, dass er alle seine Güter verkaufte und das Geld unter die Armen verteilte. Darauf hätte er angefangen, das Evangelium zu predigen, und sei natürlich alsbald mit der katholischen Priesterschaft in Konflikt geraten, weswegen er auch verdammt worden sei und die Flucht habe ergreifen müssen. Aber trotzdem dass die Priesterschaft allerorts auf ihn fahndete und der Papst selbst ihn zur Verantwortung nach Rom zitierte, habe Petrus doch nie aufgehört, das reine Evangelium zu predigen, und es seien ihm deshalb eine ganze Unmasse von Anhängern zugeströmt, welche sich sofort, um sein Andenken zu ehren, nach seinem Namen Waldo - «Waldenser» genannt hätten.» So lautet die herkömmliche Erzählung von dem Ursprung der Waldenser; aber sie beruht auf einer reinen Fabel, denn es gab nie einen Mann mit Namen Waldo und ebenso wenig gab es einen Ort in Frankreich, welcher Waldo geheißen hätte. Der Irrtum kommt ohne Zweifel davon her, dass der bekannte Geschichtsschreiber Peter von Pilichdorf, welcher im dreizehnten Jahrhundert ein großes Werk über die Waldenser herausgab, unter den hervorragendsten Mitgliedern derselben auch einen gewissen Petrus anführt, welchem er den Beinamen «Waldensis» gibt. Hieraus schlossen nun die Leser jenes Werks, Petrus Waldensis sei der Stifter der Waldenser Sekte gewesen, und machten sofort bei der Oberflächlichkeit, mit der man überhaupt früher in der Geschichte zu Werk zu gehen pflegte, die Erzählung von dem Petrus Waldo daraus. Die Wahrheit an der Sache aber ist die, dass der Name Waldenser schon im elften Jahrhundert bekannt war und dass Pilichdorf dem Petrus, von dem er spricht, nur deswegen den Beinamen Waldensis gibt, weil derselbe eine hervorragende Persönlichkeit unter den Waldensern war. Um es übrigens kurz zu sagen, so hießen die Waldenser ursprünglich nicht einmal Waldenser, sondern die damaligen Schriftseller betiteln sie stets «Valenses» oder «Vaudois» oder auch «Wadoys», je nachdem man sich der lateinischen, der französischen oder der romanischen Schriftsprache bediente. Alle diese Namen hatten ihren Ursprung in dem Worte *Val* oder *Vaux*, welches auf Deutsch «Tal» heißt; denn man verstand unter ihnen im Anfang niemand anderes, als die Talleute, d. h. die Bewohner der piemontischen Alptäler, in welchen die Lehren des Claudius von Turin am meisten Eingang gefunden und sich diese ganze Zeit her erhalten hatten.[242]

---

[242] In dem kleinen Gedicht «La nobla Leyçon», welches dem Ende des elften Jahrhunderts angehört, werden die Waldenser Vaudes genannt, ein Namen, welcher offenbar denselben Ursprung hat, wie der des französischen Vaudois. Hierin liegt der beste Beweis, dass nicht Petrus Waldo, der erst im zwölften Jahrhundert lebte, der Stifter der genannten Sekte ist.

Hierüber, d. h. darüber, dass der Name Waldenser auf die angegebene Art entstand, herrscht gegenwärtig kein Zweifel mehr, eher aber darüber, was die Waldenser eigentlich für ein Religionsbekenntnis aufgestellt hätten, denn es sind nur wenige Überbleibsel ihrer religiösen Schriften bis auf unsere Zeiten erhalten worden. Aber auch hierüber wird man ohne viel Mühe ins Klare kommen, wenn man die Tatsache nie außer Augen lässt, dass wenigstens im Anfang nur der ärmere und weniger gebildete Teil der menschlichen Gesellschaft zu ihnen gehörte. Es waren lauter einfache Leute, «schlicht und recht», wie man zu sagen pflegt, und ebenso einfach gestaltete sich auch ihr Religionsbekenntnis. Von einem theologischen System oder auch nur von einem durchgebildeten Dogma ist nie und nimmer die Rede; dagegen besaßen sie eine romanische Übersetzung der Bibel (fast jede Familie besaß ein Exemplar) und führten ihre ganze Lehre auf die Bibel zurück, denn sie wollten nichts anderes sein, als apostolische Christen. Darum verwarfen sie auch alles, was seit der Zeit, dass die christliche Religion römische Staatsreligion geworden war, zum Christentum hinzugefügt wurde, und erklärten die römische Katholizität, wie sie sich seit dem römischen Bischof Sylvester gestaltet hatte, geradezu für etwas Gemachtes, etwas Unchristliches. Besonders hassten sie den Klerus oder das Priestertum, weil dieses die Reinheit des apostolischen Glaubens verdorben habe und zugleich ein Leben führe, welches mit dem Christentum im schnurgeraden Gegensatz stehe. Eben deswegen war ihnen auch die Spitze dieses Priestertums, d. i. der Papst, zu Rom ein Greuel und sie nannten ihn nicht selten den Bel zu Babel oder den Antichrist.

Unter solchen Umständen kann man sich wohl denken, dass die Kleriker über solches Ketzertum in keinem Fall erbaut sein konnten, trotzdem dass dessen Bekenner meist still und harmlos in den Gebirgstälern lebten und mit den Katholischen keineswegs in offene Feindschaft traten. Aber als der waldensische Glauben vollends die Talwände Piemonts überschritt und sich über das ganze südliche Frankreich ausdehnte, so dass sogar nicht wenige Adelige und Barone sich zu demselben zu bekennen begannen, da steigerte sich natürlich der Ärger des Klerus zum Zorn und es wurde beschlossen, der Waldenserei aufs strengste entgegenzutreten. Am wütendsten wurde die Priesterschaft über die sogenannten Glaubensboten der Waldenser, d. h. über diejenigen, welche die Lehre des Evangeliums offen zu predigen wagten, und mit besonderem Hass gedenkt die Kirchengschichte Zweier derselben, welche die Namen Peter und Heinrich von Bruys führten und sich durch ihr hervorragendes Ketzertum auszeichneten, weswegen sie auch durchweg mit den Namen *Heresiarchen*, d. h. auf Deutsch «die Fürsten der Ketzerei» bezeichnet werden. Sie sollen im Anfang des zwölften Jahrhunderts aus Italien nach Frankreich herüber gekommen und entlaufene Mönche gewesen sein, in Wahrheit aber haben wir sie ohne Zweifel zu den sogenannten «Vollkommenen» der Waldenser zu rechnen, deren Aufgabe es war, die Botschaft des Evangeliums immer weiter zu verbreiten. Sonderbarer Weise ist über ihren Lebenslauf nicht viel bekannt, und man weiß z. B. über Peter von Bruys nichts Weiters, als dass er von dem durch seine Priester fanatisierten Volk bei Saint-Gilles ums Jahr 1120 erschlagen worden ist. Etwas weitläufiger spricht die Geschichte von Heinrich von Bruys, denn es wird von ihm berichtet, dass er in Lausanne, Mons, Perigueux, Bordeaux, Arles, Poitiers und besonders in Toulouse als Glaubensprediger aufgetreten sei. Auch tat er dies nicht heimlich und im Verborgenen, sondern er hatte vielmehr immer ein großes Gefolge, weil der Ruf seiner Heiligkeit ihm weit voranging, und zog meist in großer Prozession und unter Voraustragung des Kreuzes, so dass ihn viele für einen katholischen Eiferer hielten, in die Städte ein. Auch fehlte es ihm unter solchen Umständen natürlich nicht an Zuhörern, indem das Volk schon des Spektakels halber zusammenlief, und nicht selten ließen sich sogar die Kleriker herbei, sich unter die Zuschauer zu mischen, wie dies von Bischof Hildebert von Mons ausdrücklich bezeugt wird. Er sagt nämlich, dass er neben verschiedenen Frauen, welche ihr früheres unkeusches Leben bejammerten, auch einige Priester gesehen habe, welche vor Heinrich von Bruys während seiner ganzen Predigt auf den Knien gelegen seien und durch tiefes Schluchzen ihre Reue wegen ihrer bisherigen Sündhaftigkeit an den Tag gelegt hätten. Aber Bischof Heribert selbst (sowie die meisten seiner Herren Kollegen) hatte keine so große Freude an der besagten Predigt, denn er reiste, als er Heinrich von Bruys angehört hatte sogleich in eigener Person nach Rom, um Papst Eugen III. von dem schlimmen Stand der religiösen Angelegenheiten in Südfrankreich zu benachrichtigen, und dieser sandte auch augenblicklich Kardinal Alberich von Ostia ab, damit er dem Waldenserunfug ein Ende mache. Besagter Kardinal zog nun mit vielem Pomp und unter Begleitung einer Menge von mit Rednertalent begabten Klerikern, worunter sich auch der berühmte Abt Bernhard von Clairvaux befand, in den der Ketzerei verdächtigten Städten und Ortschaften herum[243] und versuchte es, durch die Predigten seiner mitgebrachten Redner auf das Volk einzuwirken. Dabei unterließ er es aber nicht, nach Heinrich von Bruys nebst anderen waldensischen Glaubensboten fahnden zu lassen und dieselben, nachdem sie richtig eingefangen worden waren, nach Italien zu schicken, wo sie (hierüber ist man nicht im Klaren) entweder den Märtyrertod starben oder aber in ewiger Klosternacht verschwanden. Dies geschah im Jahr 1148 und gleich nachher, noch in demselben Jahr, reiste der Legat, nachdem er vorher alle Ritter und Barone des südlichen Frankreichs hatte schwören lassen, dass sie der römischen Kirche treu sein und die Ketzer verfolgen wollten, nach Rom zurück, vollkommen überzeugt, dass mit der Einkerkerung der ketzerischen Rädelsführer die Ketzerei selbst ein Ende habe.

---

[243] Bei dieser Gelegenheit wird auch der Stadt Albi in der Nähe von Toulouse, als eines Hauptsitzes der Ketzerei erwähnt und wir führen dies deswegen hier an, weil die Häretiker des gesamten südlichen Frankreichs später von dieser Stadt den Namen «Albigenser» erhielten.

Hierin jedoch täuschte sich der Kardinal Alberich vollkommen, denn trotzdem dass der Glaube der Waldenser hauptsächlich nur im gemeinen Volk Wiederhall fand, so waren die waldensischen Gemeinden doch schon zu gut als solche organisiert, als dass sie sich wegen des Verschwindens einiger ihrer «Vollkommenen» hätten auflösen sollen. Im Gegenteil breiteten sie sich immer mehr aus, und kümmerten sich auch nichts darum, als im Jahr 1163 Alexander III. den großen Bann über sie aussprach und den Fürsten Südfrankreichs befahl, die Ketzer wie Ausgestoßene aus der menschlichen Gesellschaft zu behandeln und ihre Güter zu konfiszieren. Ja sogar über Frankreich hinaus drang nun ihre Lehre, wie denn z B in der Stadt Trier um selbige Zeit vier Ketzer (worunter sogar zwei abgefallene Priester) entdeckt und mit dem Märtyrertum bedacht wurden. Ebenso streng verfuhr man gegen sie in England, wo ein Deutscher namens Gerold als waldensischer Glaubensbote auftrat und etwa dreißig Anhänger gewann. Ihn selbst nämlich verurteilte man zu Tode, seine Glaubensbrüder aber exkommunizierte man, konfiszierte ihre Güter und brandmarkte sie schließlich mit glühendem Eisen, damit sie von nun an jedermann als Aussätzige meide. Auch nach Lothringen kamen die Glaubensboten und erlangten besonders dadurch einen großen Anhang, dass sie für die Übersetzung der Evangelien in die lothringische Vulgärsprache sorgten, worüber jedoch Papst Innozenz III. so erbost wurde, dass er das ketzerische Machwerk verbrennen ließ. Einen ebenso fruchtbaren Boden fanden die Ketzerpredigten in den Niederlanden und es wird besonders eines Glaubensboten mit Namen Tamcheln erwähnt, welcher mit einem fulminanten Eifer gegen die katholische Priesterschaft gepredigt habe, dafür aber auch im Jahr 1126, wie billig, dem Tode überantwortet wurde. Am meisten jedoch musste es die Päpste mit Zorn erfüllen, dass die freche Ketzerlehre sogar nach Italien eindrang und in Arnold von Brescia einen fast außerordentlichen Sendboten fand. Arnold, welcher sich «von Brescia» hieß, weil er in letzterer Stadt geboren war, scheint mit dem oben angeführten Heinrich von Bruys schon in früher Jugend bekannt geworden zu sein und trat ums Jahr 1139 zum erstenmal in seiner Vaterstadt als Strafprediger gegen die durchaus verdorbene und der Äußerlichkeit verfallene Geistlichkeit auf. Seine Lehre fand alsbald großen Anklang und verursachte sogar eine revolutionäre Bewegung gegen den dortigen Bischof, welchem der kühne Prediger das Recht seines weltlichen Besitztums abzusprechen wagte. Von Brescia ging Arnold nach Rom, um daselbst, wo damals wegen der beiden Gegenpäpste Anaklet II. und Innozenz II. große Unordnung herrschte, das Evangelium zu verbreiten und zugleich mit der religiösen Freiheit auch die Herstellung der politischen Emanzipation zu erstreiten. Diese Doppelnatur seiner Predigt, in welcher er nicht bloß gegen die Sündhaftigkeit des Klerus, sondern auch insbesondere die irdische Hoheit und Macht des Papstes, als mit dessen Würde im Widerspruch stehend, abgeschafft wissen wollte, erwarb ihm auch hier eine Menge Freunde. Ja bald stand das ganze römische Volk zu ihm und es gelang ihm, in demselben den Gedanken zu erwecken, dass eine «weltliche» Regierung der ewigen Stadt besser anstünde denn eine «päpstliche». Nun starb aber im Jahr 1139 der Gegenpapst Anaklet, und da hierdurch Innozenz II. zur nunmehr unbestrittenen Alleinmacht gelangte, so benutzte er diese natürlich dazu, um sogleich den Bannstrahl auf seinen verwegenen Widersacher zu schleudern. Arnold sollte ins Gefängnis geworfen und seine Schriften verbannt werden, doch entging der Brescianer solchem Schicksal durch schnelle Flucht nach Frankreich, wo er mit dem berühmten Abaelardus, ebenfalls einem Ketzer, aber keineswegs einem waldensischen, bekannt wurde.[244] Doch auch bis hierher reichte der Arm des Papstes und Arnold floh daher in die Schweiz, wo er vom Jahre 1140 an, teils in Konstanz, teils in Lausanne und Zürich, für den waldensischen Glauben wirkte. Vierzehn Jahre lang lebte er hier unangefochten. Da, im Jahr 1154, gleich nach dem Tode des Papstes Anastasius IV., als eben Hadrian IV. den päpstlichen Stuhl bestiegen hatte, schickten die Römer eine Deputation an ihn und luden ihn ein, wieder in ihre Stadt zu kommen. Arnold folgte dem Ruf und seine Erscheinung hatte die Folge, dass Rom sich abermals aufraffte und den Papst verjagte. Zur Wiedervergeltung belegte Hadrian IV. den Aufwiegler, obwohl derselbe schon gebannt war, nochmals mit dem Bann, verhängte das Interdikt über Rom und wandte sich zugleich an Friedrich von Hohenstaufen, von diesem in seiner schweren Not Hilfe suchend. Aber auch die Römer schickten eine Gesandtschaft an den Kaiser und baten ihn, gleich den früheren römischen Kaisern, die Siebenhügelstadt zur Metropole seines Imperatoren-Reiches und zugleich zu seiner bleibenden Residenz zu machen. Eine Zeitlang schwankte Friedrich, doch endlich siegte der Papst, vielleicht wegen der Hochachtung, welche der Kaiser für das Kirchenoberhaupt hatte, wahrscheinlicher jedoch wegen der Verachtung, mit welcher er auf alle revolutionären Volksbewegungen herabsah, und Letzterer machte sich sofort anheischig, gegen das Versprechen der Krönung nicht bloß die Römer ihrem Oberhirten wieder zu unterwerfen, sondern auch den Erzevolutionär Arnold von Brescia in Hadrians Hände zu liefern. Dies geschah im Jahr 1155, und kaum befand sich der als Ketzer und Rebell bei dem Papst sehr verhasste Arnold in den Händen des Letzteren, so wurde er auch sogleich zum Scheiterhaufen verdammt. Vergeblich eilten die Römer, als sie von der Sache Nachricht erhielten, im Sturm herbei, den beliebten Volkstribun zu retten; sie fanden nur noch seine Asche, denn Hadrian hatte dem Urteilsspruch sogleich die Hinrichtung folgen lassen. So endete Arnold von Brescia, unter den waldensischen Sendboten vielleicht der kühnste!

---

[244] Abaelard zeichnete sich bekanntlich als scholastischer Philosoph und Theologe aus, ist aber durch seine Verbindung mit Heloise, der Nicht des Canonicus Fulbert, eines wunderschönen und geistreichen Mädchens, in die er sich, obwohl er Priester war und bereits 38 Jahre zählte, aufs unsterblichste verliebte, noch viel berühmter geworden, als durch seine rationelle Ansicht von der Dreieinigkeit. Weiß doch fast jeder Knabe und jedes Mädchen die Geschichte von Abaelard und Heloise auswendig!

Trotzdem aber die Päpste um diese Zeit bereits anfingen, den Mord und die Hinrichtung für das beste Mittel zur Ausrottung der Ketzerei zu halten, so dehnte sich diese doch immer mehr aus und man trifft nun die Waldenser, obwohl nicht immer unter diesem Namen, bald über den halben Teil von Europa verbreitet. In Lyon und Umgegend nannte man sie gewöhnlich «Boni homines» oder auch die «Armen von Lyon», «Pauperes de Lugduno» und in Oberitalien führten sie den Namen «Henricianer» oder auch «Petrobrusianer», ohne Zweifel den beiden Sendboten Heinrich und Petrus von Bruys zu Ehren. In der Lombardei wurden sie «die Armen von Lombardien» oder auch «Humiliati» d. i. die Demütigen genannt, und noch anderswo nannte man sie «Katharer» d. h. die Reinen, obwohl dieser Name weniger auf sie, als vielmehr auf eine andere Sekte, welche um diese Zeit auftauchte, passte. Diese neue Sekte war eine gnostische und aus dem Morgenland, wo ihre Anhänger den Namen «Paulikianer» (wegen ihrer Vorliebe für den Apostel Paulus) führten, herübergekommen. Am verbreitetsten waren dieselben in Armenien, sowie in den Bergketten des Kaukasus, wo sie eine förmlich abgesonderte Kirche bildeten und gegen den Bilderdienst, sowie überhaupt gegen die ganze jüdisch-sinnliche Auffassung des Christentums, wie dieselbe in der orthodoxen Kirche zuhause war, ankämpften; aber im neunten Jahrhundert wurden sie von den konstantinopolitanischen Kaisern so hart verfolgt, dass ein großer Teil von ihnen nach Bulgarien sowie nach anderen damals bereits von den Muslimen eroberten Provinzen flüchtete während ein kleinerer Teil sich dem Abendland und besonders Oberitalien zuwandte. Dort gelang es ihnen, in den Städten Alba, Florenz, Spoleto, Vicenza, Bagnolo du Concorezo Gemeinden zu gründen und sich später bis ins südliche Frankreich hinauf auszudehnen; aber da sie hier eine bereits gut organisierte ketzerische Sekte, die sogar vielfach mit ihnen übereinstimmte, nämlich die waldensische, vorfanden, so kam es gleichsam von selbst, dass sie sich nicht bloß an dieselbe anschlossen, sondern sich sogar förmlich mit ihr vermischten. Verwarfen sie doch beide (die Paulikianer wie die Waldenser) den Bilder- und Heiligendienst, sowie überhaupt die ganze Äußerlichkeit des römisch-katholischen Priestertums. Stellten sie doch beide den Grundsatz auf, dass nur allein Gott und sein Sohn Jesus Christus zu verehren sei! Hielten sie doch beide fest am neuen Testament, als der einzigen Urquelle der Wahrheit, und wollten nichts wissen von Tradition, Bullen und Papsttum! Was lag also daran, wenn sie in einigen anderen Lehren, z. B. in der über die Sakramente, über die Ehe, über die Schöpfung der Welt usw. auseinander gingen? Die Hauptsache war immer die, dass sie beide die römische Katholizität als einen Greuel verwarfen. Somit finden wir gegen das Ende des zwölften Jahrhundertes im südlichen Frankreich eine Menge ketzerischer Gemeinden, in welchen, wie z. B. in Toulouse, in Albi und in Cahors, Paulikianer und Waldenser so gemischt untereinander lebten, dass man sie nicht mehr unterscheiden konnte, und daher kam es denn auch wohl, dass die katholische Partei unter dem Namen «Katharer oder Ketzer» sowohl die

Paulikianer als auch die Waldenser, sowie überhaupt jeden Häretiker der damaligen Zeit zusammenfasste. Freilich kommen auch noch verschiedene andere Namen vor, wie z. B. Cotereller, Bescoler, Brabantionen, Navarrer, Arragoneser usw., doch alle diese Namen sind nur ein Beweis dafür, wie weit sich die Ketzerei damals schon verbreitet hatte[245], und es ist deshalb kein Wunder, wenn die Katholischen, an ihrer Spitze der Papst, endlich daran dachten, dem Unwesen ein Ende zu machen. Die Einsperrung oder auch Verbrennung einzelner hervorragender Ketzer, wie sie bisher im Schwung war, hatte zu nichts geführt, sondern im Gegenteil war die Ketzerei nur immer weiter gedrungen. Somit musste ein anderer Weg eingeschlagen werden wenn man nicht Gefahr laufen wollte, am Ende gänzlich zu unterliegen; dieser Weg aber war kein anderer, als «der Ketzermord im Großen», von welchem wir im nächsten Kapitel erzählen wollen.

2. Kapitel.

Der Ketzermord im Großen.

Am Ende des zwölften und am Anfang des dreizehnten Jahrhunderts hatte sich die Ketzerei bereits über Italien, England, Spanien und Deutschland verbreitet und sogar in Ungarn, Bosnien, Bulgarien und Dalmatien fanden sich Spuren derselben; ihren Hauptsitz aber hatte sie im südlichen Frankreich, sowie besonders in den Städten Toulouse und Albi. In diesen beiden Orten gehörte, wie es scheint, die ganze Einwohnerschaft oder wenigstens der größere Teil derselben zu den Katharern, und die Letzteren erhielten dadurch den neuen Namen Albigenser, ein Name, der bald als gleichbedeutend mit dem eines Ketzers in Schwung kam. Fragt man nach dem Grund, warum die Ketzerei gerade in diesem Teil Frankreichs so sehr zu Hause war, so liegt die Antwort nach den einstimmigen Berichten der Geschichtsforscher des dreizehnten Jahrhunderts darin, dass die Beherrscher der Grafschaft Toulouse der Ketzerei nicht abgeneigt waren. Schon Graf Alfons von Toulouse, welcher im Jahre 1176 starb, wird beschuldigt, dass er den Waldensern Schutz gewährt habe, und noch mehr tat dies sein Sohn und Nachfolger Raymond V., weshalb auch Papst Alexander III. einen eigenen Legaten mit Namen Petrus zu

---

[245] Auch Sabatater werden die Ketzer genannt, nach dem spanischen Worte Sabata, welches Sandale heißt; einfach deswegen, weil die Glaubensboten der Katharer Sandalen unter ihre Füße zu binden pflegten, um den Aposteln auch im Äußeren zu gleichen, aber so vielfach auch die Namen sind, welche man den Ketzern gab, so bedeuten sie doch keineswegs verschiedene Sekten, sondern zeugen nur dafür, dass die Katholischen die Grundsätze und Lehren ihrer Gegner nicht genu kannten, denn sonst hätten sie sich natürlich mit einem einzigen, aber bezeichnenden Namen begnügt.

ihm sandte, um die Sache näher zu untersuchen. Der Legat kam ums Jahr 1180 nach Toulouse und fand sowohl hier, als auch in anderen Städten und Ortschaften der Grafschaft verschiedene Ketzer vor, allein auf das Zureden Graf Raymonds schritt er weder zur Exkommunikation, noch zu Todesurteilen, sondern begnügte sich vielmehr damit, dass die vom Glauben Abgefallenen ihm versprachen, wieder in den Schoß der Kirche zurückzukehren und von nun an gehorsame Söhne derselben zu sein. Es scheint jedoch nicht, dass dieselben ihr Versprechen hielten, denn schon kurze Zeit darauf schickte der Papst den besagten Legaten Petrus zu König Ludwig VII. von Frankreich, sowie zu König Heinrich II. von England, welcher damals einen großen Teil von Frankreich zu eigen hatte, um diese Fürsten zu bewegen, gegen die Ketzer zu Felde zu ziehen und besonders den Grafen von Toulouse zu zwingen, dass er die Ketzerei nicht mehr beschütze. Die Könige gingen jedoch auf die Sache nicht ein, weil sie in zu viele anderweitige Händel verwickelt waren, und der Papst musste sich also damit begnügen, eine Bannbulle gegen die Ketzerei zu schleudern und zugleich alle Ritter und Herren, alle Bischöfe und Obrigkeiten aufzufordern, den Ketzern nachzuspüren und dieselben, nachdem man ihnen Hab und Gut konfisziert, gebrandmarkt aus dem Land zu jagen. Wenige Jahre später jedoch, nachdem im Jahre 1194 Graf Raymond VI. seinem Vater dem Grafen Raymond V in der Regierung gefolgt war und zugleich im Jahre 1198 Innozenz III., dieser Papst aller Päpste, den apostolischen Stuhl bestiegen hatte, sollte die Sache eine ganz andere Wendung nehmen.

Innozenz III. kennen wir aus dem zweiten Buch dieses Werkes bereits hinlänglich und der Leser wird daher keineswegs darüber erstaunt sein, wenn wir ihm sagen, dass er gleich von Anfang an daran dachte, der Ketzerei mit Gewalt ein Ende zu machen. Er sah nämlich wohl ein wie der Endzweck der Waldenser, Albigenser, Katharer und wie die Ketzer alle hießen, kein anderer sei, als die römische Katholizität zu untergraben und an ihre Stelle die Einfachheit des Evangeliums zu setzen, und darum übersprang er alle Bedenklichkeiten, denn es galt ja sozusagen die eigene Existenz! Ließ man den Ketzern noch fernerhin Ruhe, so breiteten sie sich natürlich immer weiter aus, und es war dann die Möglichkeit gegeben, dass Rom endlich vom Evangelium besiegt würde; also konnte es für Innozenz keine andere Wahl geben, als die Vertilgung der Ketzerei. Um die Lehre der Ketzer, um ihr Glaubensbekenntnis war es dem Papst eigentlich nicht zu tun, sondern nur allein darum, dass die priesterlich-päpstliche Gewalt anerkannt werde, denn diese Gewalt wollte er behalten und sollte auch eine Welt darüber in Trümmer gehen. Eben deswegen warf er die gnostischen Katharer mit den evangelischen Waldensern in einen Tiegel zusammen, weil ja beide die priesterliche Macht verwarfen, und eben deswegen forderte er von denen, welche als reuige Söhne zur Mutterkirche zurückkehrten, nicht sowohl Widerruf ihres ketzerischen Glaubens, als vielmehr den Schwur der strengsten Unterwürfigkeit unter die päpstliche Gewalt.

Gleich im ersten Jahr seines Pontifikats sandte Innozenz seinen Legaten Reiner ins südliche Frankreich und nach Spanien und gab ihm ein offenes Schreiben an alle Fürsten, Grafen und Barone, sowie an alle Bischöfe und Obrigkeiten mit, worin die härtesten Maßregeln gegen die Ketzer befohlen wurden. Der Papst begnügte sich keineswegs mehr mit dem Märtyrertum der Hervorragenden unter den Ketzern, denn dieses Märtyrertum hatte bis jetzt nicht nur noch zu keinem Resultat geführt, sondern es waren vielmehr aus der Asche der Verbrannten immer neue Glaubensboten hervorgegangen. Also gingen seine Maßregeln nicht mehr gegen Einzelne, sondern das ganze Ketzertum sollte vernichtet werden! «Auf einen Schlag (so dekretierte er) solle an sich sämtlicher Häretiker bemächtigen, und ihre Güter konfiszieren. Ja, selbst die Kinder eines Ketzers müssten ihrer Habe beraubt und sogar das Haus, worin ein Ketzer Aufnahme gefunden, niedergerissen werden. Niemand dürfe sich, von falschem Mitleid getrieben, der Ketzerverfolgung entziehen, sonst werde er ebenfalls ein Verdächtiger, und selbst die innigste Freundschaft oder die nächste Verwandtschaft könne nicht als Entschuldigungsgrund gelten. Nicht einmal ein Eid, den man einem Ketzer geschworen, habe Gültigkeit, denn den Ketzern gegenüber brauche man Treue und Glauben nimmermehr zu halten, sondern müsse dieselben vielmehr auf alle Weise bedrängen, belügen und betrügen.» Solche Aufträge hatte der Legat Reiner, aber nicht alle diejenigen, zu welchen er kam, um ihnen den Befehl des Papstes zu überbringen, wollten sich einer solchen grausamen Ordonnanz fügen, und besonders ließ der Graf von Toulouse, Raymond VI., das päpstliche Dekret vollkommen unbeachtet. Hierin lag eine große Gefahr für Rom, denn der besagte Graf war ein äußerst mächtiger Herr, indem seine Grafschaft mehr einem Fürstentum glich und er selbst sich der nahen Verwandtschaft mit den königlichen Häusern von Navarra, England und Aragonien rühmen konnte. Noch gefährlicher aber wurde die Weigerung des Grafen, gegen die Ketzer einzuschreiten, dadurch, dass auch seine ersten Lehenträger, besonders der Vicomte Roger von Albi, Beziers und Carcassone, sowie der Vicomte von Foix, unbedingt der Partei der Ketzer angehörten, und von ihnen deshalb natürlich nicht erwartet werden konnte, dass sie die Verfolgung ihrer Glaubensgenossen zulassen würden.
Was nun anfangen? War es vielleicht möglich, den Grafen und seine Vasallen doch noch zum Gehorsam zu bringen, oder wenn dies nicht ging, was war dann zu tun? Im Anfang sandte Innozenz Glaubensprediger über Glaubensprediger in das Land und selbst Religionsgespräche wurden veranstaltet, um die Ketzer zu bekehren. Aber auf solchen Zusammenkünften, wie z. B. auf dem Religionsgespräch zu Carcassone im Jahr 1207, blieben meist die ketzerischen Redner im Vorteil und konnten jedenfalls nicht widerlegt werden, da sie sich stets auf das Neue Testament, sowie auf die ältesten Kirchenväter beriefen. Der Papst sah also ein, dass mit solchen Palliativmitteln kein Resultat zu erzielen sei, und befahl sofort dem Erzpriester Peter von Kastelnau, einem der von ihm ausgesandten Glaubens-

prediger, den Grafen von Toulouse kategorisch zum Einschreiten gegen die Ketzer aufzufordern, und ihn augenblicklich mit dem Bann zu belegen, wenn er nicht gehorche. Peter von Kastelnau kam dem Befehl des Papstes nach und bannte den Grafen, da dieser sich durchaus nicht dazu bewegen ließ, die Ketzer zu verfolgen. Hierüber (nämlich über die Frechheit Kastelnaus) ergrimmte ein Ritter des Grafen von Toulouse so sehr, dass er den Pfaffen unweit St. Gilles erschlug (am 14. Januar 1208) und dadurch den Grafen selbst in den Verdacht brachte, die Tat befohlen oder doch wenigstens veranlasst zu haben. In der Tat fasste auch Innozenz III., sogleich Raymond schwor, der Ritter habe ganz ohne seinen Auftrag gehandelt, die Sache so auf und belegte den Grafen augenblicklich mit dem Anathema, zugleich über die ganze Grafschaft das Interdikt aussprechend. Der Papst wusste vielleicht wohl, dass der Graf unschuldig sei, aber er wollte die Gelegenheit, welche ihm der Mord Peters an die Hand gab, nicht unbenützt vorübergehen lassen und darum sandte er seine Legaten in ganz Frankreich und Deutschland herum, um das Kreuz gegen den exkommunizierten Grafen und dessen ketzerische Untertanen zu predigen. «Alle Welt sollte die Waffen ergreifen gegen die Verfluchten, die doch sicherlich nicht mehr wert waren, als die Ungläubigen im Orient, und dazu hin noch viel gefährlicher.» Darum wurde vom Papst einem jeden, sei er Rittersmann oder Knecht, vollkommenste Befreiung von allen Sünden, die er schon begangen oder noch begehen würde, zugesagt, sobald er nur das Schwert umgürte, um gegen die Albigenser zu Felde zu ziehen. Überdies, um einen solchen Feldzug noch anlockender zu machen, versprach Innozenz allen Teilnehmern den großartigsten Gewinn, indem die gemeinen Soldaten alle Städte und Dörfer des Landes umher zu plündern das Recht oder vielmehr sogar die Pflicht hätten, die Ritter und Herren aber sich in den Besitz der schönen Herrschaften und Baronien teilen dürften. Solchen Anlockungen konnten natürlich viele nicht widerstehen und es sammelte sich demnach bald ein ziemlich großes Kreuzheer, das meistenteils aus Franzosen und Deutschen bestand und vielleicht 30000 Mann zählte. Freilich war eine Masse Gesindel dabei, Menschen, welchen es um nichts zu tun war, als um Raub, Mord und Totschlag, um nachher das durch Blutvergießen Gewonnene in frecher Lust wieder zu vergeuden; aber was lag daran, wenn es bei dem Kreuzzug ein wenig greuelhaft zuging oder wenn, was natürlich ebenfalls nicht ausbleiben konnte, mit den Ketzern auch noch ein paar Tausend Katholische ausgeplündert und hingemetzelt wurden? Das Sacerdotium musste um jeden Preis gerettet werden, und wenn auch halb Frankreich darüber zugrunde gehen sollte!

Immer mehr schwoll das Kreuzheer an, und wenn auch der König von Frankreich, Philipp August, die persönliche Teilnahme wegen des Kriegs, in welchen er damals mit dem König John von England verwickelt war, ablehnte, so fanden sich dagegen umso mehr Bischöfe und Erzbischöfe mit ihren Vasallen ein. Überdies gab es der beutelustigen Strolche eine solche Menge, das in wenigen Monaten die Anzahl der

Kreuzfahrer, welche sich in und um Lyon sammelten, bis auf Hunderttausend stieg. Nunmehr organisierte der Papst das Heer, ernannte den Erzbischof von Sens und die Bischöfe von Autun und von Clermont zu Oberhauptleuten, zum Oberstkommandanten aber den Abt Arnaud von Citeaux und befahl, sofort mit dem Angriff zu beginnen. Dies geschah im Jahr 1209, in demselben Jahr, als Friedrich II., der berühmte Hohenstaufe, zum ersten Mal auf dem Schauplatz der Welt auftrat. Das Heer setzte sich gegen Toulouse in Bewegung und nunmehr, als er dies hörte, entsank dem Grafen Raymond VI. aller Mut, denn einer solchen Macht gegenüber erachtete er seinen Untergang für unausbleiblich. Somit fing er an, mit dem päpstlichen Legaten zu unterhandeln, und bat gar demütig, ihn wieder in den Schoß der Kirche aufzunehmen, von welcher er in seinem Innern nie abgefallen sei. Der Legat stellte ihm harte Bedingungen. Er musste schwören, an dem Mord Peters von Kastelnau keinen Anteil gehabt zu haben, musste versprechen selbst das Kreuz zu nehmen gegen die Ketzer, d. h. gegen seine eigenen Untertanen, und musste schließlich zum Beweis, dass er sich von nun an dem Willen des Papstes unbedingt fügen werde, sieben seiner festesten Schlösser, welche sogleich vom Kreuzheer besetzt wurden, ausliefern. Erst nachdem dies alles geschehen und nachdem er noch einen heiligen Eid darauf abgelegt, nicht zu ruhen, als bis alle Albigenser mit Feuer und Schwert vertilgt seien, nahm der päpstliche Legat die Zeremonie der Lossprechung vom Bann vor, eine Zeremonie, die er für den Grafen demütigend genug war, denn er wurde von dem stolzen Priester an einem Stricke neun Mal auf den bloßen Rücken mit Ruten gestrichen. So kam der Graf von Toulouse aus dem Bann heraus, und ganz auf dieselbe Weise löste sich auch der Vicomte von Foix und Narbonne, sein Vasall und naher Verwandter. Nicht so glücklich war aber ein anderer seiner Vasallen, der Vicomte Raymond von Beziers, Albi und Carcassone, denn obwohl er sich ebenfalls bereit zeigte, unbedingte Unterwürfigkeit zu leisten, so nahm man doch päpstlicherseits keine Rücksicht hierauf. War doch Raymond Roger nur ein unbedeutender Baron und hatte keine königlichen Verwandten! Überdies, ein Opfer musste man doch haben! So rückte denn das Kreuzheer gegen die Stadt Beziers vor, in welche sich der Vicomte mit den Seinen eingeschlossen hatte. Tapfer verteidigte er sich, und die ganze Einwohner- und Umwohnerschaft, Männer, Weiber und Kinder, zusammen ihrer 70000, schloss sich ihm mit dem Mut der Verzweiflung an. Doch schließlich wurde am 22. Juli 1209 die Stadt im Sturm von den Kreuzfahrern genommen und es begann nun eine Szene, welche noch jetzt die Herzen der Menschheit mit Schauder erfüllt. Die Kreuzritter fragten bei dem Legaten Milo und bei dem Abt Arnaud, als den beiden Oberlenkern des Heeres an, wie es mit den Einwohnern, unter welchen ein großer Teil gut katholisch geblieben war, gehalten werden solle, da man die Ketzer von den Katholischen doch nicht leicht unterscheiden könne. «Schlagt alles tot, der Herr kennt die Seinen», erwiderten die beiden Oberpriester, und so begann die grausigste Metzelei, von welcher man je in der Welt gehört hat.

Alt und Jung, männlich und weiblich, ketzerisch und katholisch, - alles wurde niedergeschlagen. Nur allein in der Magdalenenkirche, in welche sich hauptsächlich katholische geflüchtet hatten, wurden gegen siebentausend verbrannt und im Ganzen fanden über 60000 in dem grässlichen Blutbad ihren Untergang. Etliche wenige, darunter auch der Vicomte Raymond Roger, entkamen durch die Flucht die vielen Tausend aber, welche nach der Erstürmung noch lebten und kniend um Verschonung baten, schlachtete man förmlich, als wären es Ochsen oder Schweine. Welche Greuel nebenher durch Brand, Plünderung und Schändung verübt worden sind, davon zu erzählen, sträubt sich die Feder, und darum führen wir nur noch das an, dass, während diese grässliche Schlächterei vor sich ging, die Mönche, welche das Kreuzheer begleiteten, auf dem öffentlichen Marktplatz einen Hymnus zum Lob Gottes anstimmten!

Ein Schrecken ging durch ganz Europa, als man von diesem «Mord im Großen» hörte, Innozenz III. aber und mit ihm die ganze hohe Geistlichkeit jubelte in ungeheurer Freude auf, denn es war ja nun der Anfang zur Ausrottung der Ketzerei gemacht. Natürlich übrigens begnügte man sich mit diesem Anfang nicht, sondern das Kreuzheer machte sich sofort gegen Carcassone auf, um auch dieser Stadt das gleiche Schicksal zu bereiten. Zum Glück jedoch hatte sich der größte Teil der Einwohnerschaft geflüchtet und somit konnten nur einige wenige Tausende dem Schwert oder den Flammen überantwortet werden; dagegen aber fing man durch List den Vicomte Raymond Roger und beförderte ihn natürlich sogleich, trotzdem man ihm «eidlich» Verzeihung versprochen, in die andere Welt. Weiter zog dann das Kreuzheer, zerstörte in dem ganzen Gebiet des Vicomte Schlösser und Dörfer, verbrannte zur Kurzweil sowohl Ketzer als Katholische und richtete eine solche Verwüstung an, dass man glauben konnte, die ganze Bande habe nur aus Mordbrennern bestanden. Endlich jedoch war alles abgetan. Die Kreuzfahrer hatten ich am Blut der Ketzer vollgetrunken und fingen an, weil es nichts mehr zu zerstören und auszurauben gab, sich zu zerstreuen. Man konnte sie nicht hindern, denn sie hatten sich ursprünglich nur zu einem Kreuzzug von vierzig Tagen verpflichtet; doch gelang es, einen Teil von ihnen bei dem Grafen Simon von Montort, welchem der Papst Innozenz die nach der Ermordung des Vicomte Raymond Roger frei gewordene Vicomtei Beziers, Carcassone und Albi unter der Bedingung der Zinspflicht geschenkt hatte, zurückzuhalten, und ihnen schlossen sich auch der päpstliche Legat, sowie die meisten Bischöfe und kirchlichen Würdenträger, welche das Heer begleitet hatten, an. Es handelte sich nämlich darum, dass die Herrschaft des Schreckens und des Todes sich in ganz Südfrankreich nie mehr verliere, und um diesen Zweck zu erreichen, wollte man die neue Montofort'sche Vicomtei zum Mittelpunkt machen, von welchem aus man die Ketzer jederzeit überfallen konnte. In der Tat hatte also der Ketzerkrieg noch kein Ende; nur wurde er nicht mehr in dem großen Maßstab, wie bisher fortgeführt, sondern man begnügte sich, von Zeit zu Zeit bald diese, bald jene kleinere Ortschaft, in welcher Ketzer vermutet wurden, zu überfallen und mit Mord und Brand heimzusuchen. Sein Hautaugenmerk aber hielt der päpstliche Legat (nach seiner von Rom aus erhaltenen Instruktion) auf den Grafen Raymond VI. von Toulouse gerichtet, denn obwohl derselbe, seitdem man ihn vom Bann gelöst hatte, nicht vergaß, der Kirche große Schenkungen zu machen, so zeigte er ich doch in der Verfolgung der Ketzer in seiner großen Grafschaft nicht so feuereifrig, als man es gerne gesehen hätte, und Papst Innozenz lebte deswegen der vollen Überzeugung, dass eine «vollständige» Vertilgung der Ketzerei in Südfrankreich nur dann möglich sei, wenn der ketzerfreundliche Raymond mit seinem Geschlecht vom Schauplatz der Welt abtrete. Somit wurde letzterer schon im Jahr 1210 abermals vor den Legaten gefordert, um sich von Neuem wegen des Verdachts der Ketzerei zu verantworten. Der Graf erschien, aber da er nicht beweisen konnte, dass er «alle» Ketzer aus Toulouse vertrieben oder gar getötet habe, so wurde der Bann von neuem über ihn ausgesprochen und ein abermaliger Krieg gegen die Albigenser beschlossen.

Ein neues Kreuzheer sammelt sich und der Papst ernennt zu dessen Anführer den grausamen Simon von Montfort. Abermals werden Städte und Schlösser erstürmt, abermals müssen Tausende und Abertausende von Waldensern oder Katharern in den Flammen untergehen. Der Graf von Toulouse wendet sich an Philipp August von Frankreich, um von diesem, der sein Oberlehensherr ist, Schutz gegen die Kirche zu erlangen. Dasselbe Begehr stellt der Graf auch an den Kaiser von Deutschland, und beide Fürsten bringen es soweit, dass der Papst in Unterhandlung mit dem Grafen tritt. Der Vorschlag Innozenz III. ist: Raymond VI. solle im ungestörten Besitz seines Landes bleiben, sobald er nur die Ketzer verjagt und deren Hab und Gut einzieht. Hierauf kann Raymond VI., da er die Hälfte seiner Untertanenschaft hätte vernichten müssen, nicht eingehen, und nun bricht der Papst vollständig mit ihm. In Arles wird eine Synode versammelt (im Jahr 1211), welche den Grafen für abgesetzt erklärt, während zu gleicher Zeit der große Bann über ihn ausgesprochen und das Interdikt auf die Stadt Toulouse geschleudert wird. Simon von Montfort dringt mit einer großen Schar ins Toulousische ein, sengt und brennt überall, achtet aber das Eigentum und das Leben der Katholischen ebenso wenig als das der Ketzer. Nichts wird geschont, und mit einer unbeschreiblichen Freude wirft man Hunderte und Tausende in die Flammen, obwohl der Erzbischof Falco es versucht, die katholischen Bewohner der Stadt zu offenem Aufstand zu bewegen, denn der Aufstand endet damit, dass die ketzerischen Einwohner, welche sich zu einer «schwarzen Kompanie» zusammengetan haben, die «weiße Kompanie», d. i. die mit einem weißen Kreuz geschmückten Katholischen samt dem Erzbischof aus der Stadt jagen. Aber immer mehr vergrößert sich das Kreuzheer und immer enger schließt man den Grafen ein. Da wendet sich dieser an seinen nahen Verwandten, den König Pedro II. von Aragonien, und stellt diesem vor, dass es sich in dem ganzen Streit weniger um die

Ketzerei als vielmehr darum handle, dass der Papst sich zum Oberherrn über die Fürsten aufwerfen wolle. Pedro II. schreitet beim Papst ein und verlangt Sistierung des Kampfes, doch der Papst erklärt, «der Beschützer eines Ketzers sei schlimmer, als der Ketzer selbst» und bedroht den König mit dem Bann. Hierdurch lässt sich aber der Letztere nicht irre machen, sondern führt ein Heer gegen die Kreuzfahrer. Bei Muret im Jahr 1213 stoßen die beiden Heere zusammen, aber das Glück der Waffen entscheidet sich gegen den König von Aragonien, welcher in der Schlacht selbst den Tod findet. Nunmehr steht Raymond VI. gänzlich verlassen da und flüchtet, um nicht gefangen zu werden, mit seinem Sohn aus dem Land seiner Väter. Siegreich zieht Simon von Montfort gegen die mächtige Stadt Toulouse heran und erobert sie nach hartem Kampf, in welchem der größte Teil der Einwohnerschaft über die Klinge springen muss. Jetzt sind die Kreuzfahrer Herren über das ganze Land und zum Lohn für seine Taten wird Simon von Montfort von Innozenz III. zum Grafen von Toulouse ernannt. Unter atemlosen Greueln setzt sich die neue Herrschaft in Toulouse fest und gibt dem ganzen Land eine andere Gestalt. Wer der Ketzerei verdächtig oder vielmehr als Ketzer denunziert ist, wird ergriffen und hingerichtet, und sämtliche Grundbesitzer, d. i. die kleineren Ritter und Barone, welche in dem Kampf nicht gefallen sind, fliehen entsetzt in andere Länder. Ihrer Güter bemächtigt sich die Kirche und verleiht sie an adelige Abenteurer im Gefolge des Grafen von Montfort. So geht es durch volle drei Jahre hindurch und der Schrecken über die grässliche Wirtschaft ist so groß, dass die ganze noch lebende Einwohnerschaft der Dörfer und Städte ringsum von nun an den eifrigsten Katholizismus an den Tag legt, obwohl sie innerlich vom furchtbarsten Hass gegen Montfort übersprudelt. Da auf einmal, im Jahr 1217, erscheint Raymond VI. mit seinem Sohn und einer kleinen Schar Getreuer wieder in der Grafschaft und das ganze Land jubelt ihm zu. Simon von Montfort bekommt einen harten Stand. Er wehrt sich, so gut es geht, findet aber schon das Jahr darauf vor den Mauern von Toulouse, welches sich gegen ihn erhoben hat, seinen Tod. Allerdings gehen seine Ansprüche auf seinen Sohn Amaury über; jedoch dieser hat nicht die Tatkraft seines Vaters und kann, obwohl von einem Kreuzheer unterstützt, nicht gegen die rechtmäßigen Grafen aufkommen, besonders nachdem im Jahr 1222 Raymond VI. verstorben ist. Auf Raymond VII., seinem Nachfolger nämlich, ruht der Verdacht der Ketzerei nicht und somit hat die Kirche keinen Vorwand mehr, gegen ihn einzuschreiten. Immer härter wird Amaury bedrängt und wendet sich in der Verzweiflung im Jahr 1224 an den König von Frankreich, diesem gegen ein Jahrgehalt seine Ansprüche auf Toulouse abtretend. Nun überzieht Ludwig VIII. Raymond mit Krieg, stirbt aber bald darauf und sein Nachfolger, Ludwig IX., schließt einen Vergleich ab, wonach die ganze schöne Grafschaft nach Raymonds Tod an Frankreich fallen soll, während dem Papst, der auch einen Anteil will, die Grafschaft Venaissin zugesprochen wird. So endigt der große Albigenserkrieg, in welchem mehr als Hunderttausend Ketzer verbrannt oder geschlachtet wurden, im Ganzen genommen aber mehr als dreihunderttausend Menschen ihren Tod fanden.

Mit der Ketzerei im südlichen Frankreich hatte es nun ein Ende erreicht. Sie war vollkommen vernichtet, wenigstens äußerlich! Aber es war doch möglich, dass sie noch fortlebte im Innersten der Gedanken. Es war möglich, dass einzelne Herzen und Seelen noch an der evangelischen Lehre festhielten wenn sie es auch nicht mehr wagten, dieselbe mit dem Mund zu bekennen. Ja, es war sogar möglich, dass einzelne ketzerische Schriften, wenn gleich vor aller Welt verborgen, dennoch aufbewahrt wurden, um später wieder ans Licht zu treten und dem Papsttum neue Hindernisse zu bereiten. Somit beschloss Innozenz III., dafür zu sorgen, dass solche Möglichkeiten zu Unmöglichkeiten würden. «Alle ketzerischen Schriften,» das war sein Vorsatz, «mussten vernichtet, alle ketzerischen Gedanken stumm und schweigsam gemacht werden, und demgemäß stellte er ein eigenes Institut auf, eine stehende Behörde, Inquisition genannt, deren Aufgabe es war, jeden Gedanken, welcher sich gegen die Kirche und das Pontifikat rege, gewaltsam zu unterdrücken.» Da wir übrigens über dieses Thema schon im zweiten Buch das Nötige gesagt haben, so müssen wir uns auf einige Andeutungen, wie die Inquisition in diesem speziellen Fall zu Werke ging, beschränken.

Vor allem setzten sich die zu dem Ketzergericht auserkorenen Dominikaner in Toulouse fest und errichteten dort ein Tribunal welches nach kurzer Zeit der Schrecken von ganz Südfrankreich wurde. Ihre Agenten drangen in jedes Haus, in jedes Dorf in jede Stadt. Wer nicht alle Sonntage zur Messe ging oder wer irgendetwas Eigentümliches in seiner Lebensweise hatte, wurde als der Ketzerei verdächtig angegeben und natürlich auch sogleich gefänglich eingezogen. Ließ sich nun jemand dazu verleiten, über solches Verfahren ein missbilligendes Wort zu äußern oder auch nur eine missbilligende Miene zu machen, so galt dies ebenfalls als Anklagepunkt. Ja ein einziger Seufzer oder der Verdacht, dass man an der Inquisition keine Freude habe, brachte in das Gefängnis, und wenn einer sich vollends weigerte, über diesen oder jenen gefänglich Eingezogenen gravierende Angaben zu machen, so wurde er natürlich als Mitschuldiger betrachtet. War nun aber einer einmal gefänglich eingezogen, so durfte man darauf rechnen, dass er der Haft nicht mehr entlassen, sondern entweder zu ewigem Gefängnis verurteilt wurde oder auch, was die Hauptstrafe war, auf dem Scheiterhaufen verbrannt. Man hatte ja die Tortur, um Geständnisse zu erpressen, und es galt als Grundsatz, dass jeder, der einmal vor das Inquisitionstribunal gefordert war, so lang gequält werden solle, bis er gestand. Möglicherweise, dies gaben die Inquisitionsgerichte selbst zu, marterte man hundert Unschuldige, bis man nur einen einzigen Schuldigen fand, allein was lag daran? «Wurden ja doch nur die Leiber gemartert und getötet, die Seelen aber wurden gerettet und eben durch die Martern für die ewige Seligkeit zubereitet!» Da es nun so zuging, so kann man sich wohl denken, dass die Gefängnisse bald bis zum Übermaß voll waren, denn nach obigen Grundsätzen konnte man jeden, auch den Rechtgläubigsten, wenn man nur wollte, vor das furchtbare Tribunal ziehen. An dem «Wollen» aber fehlte es keineswegs, schon deswegen nicht, weil jeder Angeklagte durch die Anklage seines Hab und Guts verlustig ging. Stellte doch jedes Inquisitionsgericht eigene Beamten auf, die sogenannten *Receptatores bonorum publicatorum*, welche die Güter der Angeklagten einzuziehen und für die Kirche zu verwalten hatten! Unter solchen Umständen wird man sich nicht wundern, wenn die vermöglichen Klassen, diejenigen, bei denen es etwas zu konfiszieren gab, einer besonderen Aufmerksamkeit gewürdigt wurden und in verhältnismäßig weit größerer Anzahl ins Gefängnis wandern mussten, als die Armen und Besitzlosen. Überdies gab es auch viele, welche aus Hass und Rachgier Angaben machten, und da jedermann, selbst Trunkenbolde, Geistesschwache und überhaupt alle, welche vor anderen Gerichten nicht als Zeugen gelten konnten, nicht bloß das Recht, sondern sogar die Verpflichtung hatten (diese Verpflichtung wurde in allen Städten und Dörfern von der Kanzel herab bekannt gemacht), alles auszusagen, was man über die Ketzerei wusste, so wurden auch offenbar falsche Anklagen angenommen. Kurz man tat alles, was nur irgend möglich war, um die Menschen von allen ketzerischen Gedanken zu kurieren! Lebenslängliches Gefängnis oder der Tod auf dem Scheiterhaufen machten ja stumm auf immer und ewig.

Auf solch grässliche Weise verfuhr man gegen die armen Bewohner des südlichen Frankreichs. Ja, wir haben sogar noch viel zu wenig gesagt, denn die Grausamkeit begnügte sich hiermit noch keineswegs, sondern es ließ z. B. im Jahr 1236 der Ketzeroberrichter Robert innerhalb zweier Monate nicht weniger als fünfhundert Männer und Frauen wegen ihrer angeblichen Ketzerei lebendig begraben, sage: lebendig begraben! Allerdings berief Papst Cölestin IV. diesen wahnsinnigen Wüterich von seiner Mission ab, aber bestrafte er ihn vielleicht am Leben? Gott bewahre! Ein gelindes Gefängnis war die einzige Buße, welcher das Scheusal unterworfen wurde. Unter solchen Umständen wird man es natürlich finden, dass das ganze südliche Frankreich schon nach wenigen Jahren eine durchaus veränderte Physiognomie annahm. Reichte doch die Rache der Kirche selbst über das Grab hinaus, indem man solche Verstorbene, welche nachträglich als Ketzer denunziert worden waren, wieder ausgrub, ihre Leiber auf den Schindanger warf, ihr Vermögen einzog, ihre Häuser zerstörte und ihre Kinder als arme, verlassene Diffamierte, welche nicht mehr in die menschliche Gesellschaft gehören, in die Welt hinausstieß! So lagerte sich bald das Schweigen des Kirchhofs über die sonst so fröhliche Provence und es war, als ob das ganze Land mit dem Fluch des Himmels beladen sei. Aber die Päpste hatten ihren Zweck erreicht, die Ketzerei war ausgerottet![246]

---

[246] Möglicherweise könnte der eine oder der andere unserer Leser der Ansicht sein, dass die Grässlichkeiten der Inquisitionstribunale nicht den Päpsten sondern vielmehr den

3. Kapitel.

Die Vorläufer der Reformation.

Nach dem großartigen Ketzermord im südlichen Frankreich lag eine wahre Todesangst auf der ganzen Welt. Jedermann fürchtete für Freiheit, Vermögen, Ehre und Leben, und darum wagte es lange Zeit niemand, aus dem Zauberkreis herauszutreten, in welchen die päpstliche Gewalt die Menschheit gebannt hatte. Wohl möglich, dass im Innersten seines Herzens dieser oder jener noch dem Evangelium und der reinen Lehre der Waldenser anhing; wohl möglich, dass in den tiefen und verborgenen Tälern der piemontischen Alpen, von deren Existenz man in der übrigen Welt nichts wusste, sogar noch kleinere Gemeinden übrig blieben, welche äußerlich die katholischen Bräuche beobachteten, im Stillen aber dem apostolischen Glauben anhingen; im großen Ganzen genommen hatte jedoch das Sacerdotium vollkommen gesiegt und es durfte im ganzen Abendland niemand etwas anderes glauben, als das, was Rom zu glauben befohlen hatte. Vom Christentum, d. h. von demjenigen Christentum, welches Christus und die Apostel gelehrt hatten, wusste man freilich nichts mehr, sondern es war vielmehr eine römisch-katholische Religion daraus geworden, welche sich gleich der Buddha-Religion auf Wunder, Reliquien, Heilige, Fegfeuer und Ablass basierte. Mit der Reinheit des Judentums oder des Islam durfte sich der damalige Katholizismus nicht vergleichen, denn jene beiden Religionen lehrten doch keine Abgötterei, während man den Christen durch einen Konzilbeschluss vom Jahr 1368 einschärfen musste, dass es nicht «mehrere», sondern nur «Einen Gott» gebe! Die ganze Dämonenwelt des nordischen Heidentums war in den Katholizismus eingedrungen und der Aberglaube, die Unwissenheit und die Verdummung hatten sich so vermehrt, dass viele Leute in der Verzweiflung entweder zum Judentum oder zum Islam übertraten, oder sich dem Atheismus in die Arme warfen und weder von Gott noch der Unsterblichkeit mehr etwas wissen wollten. Nicht wenige kehrten sogar geradezu zum früheren Heidentum[247] zurück, indem sie erklärten,

---

Dominikanern in die Schuhe zu schieben seien; aber dies ist ein vollkommener Irrtum. Im Gegenteil war alle Gewalt, welche die Ordensgenerale der Dominikaner, und durch diese wieder die Inquisitoren besaßen, nur ein Ausfluss der Gewalt des römischen Stuhls, und eine Bulle des Papstes Urban IV. vom Jahr 1261 ermahnt die Ordensgenerale ausdrücklich, nie zu vergessen, dass ihrem Orden die Macht der Ketzerverfolgung nicht an sich selbst innewohne, sondern dass diese Macht vielmehr vom Papst gegeben worden sei und also auch jeden Augenblick zurückgezogen werden könne.

[247] Derlei Heidenchristen gab es in den Diözesen von Bremen, Mainz, Trier, Köln und Salzburg, besonders aber waren sie, wie aus den Briefen des Papstes Johann XXII. erhellt, in Italien zu Hause. Hier zogen sie die alten Götterbilder wieder hervor, beteten zu ihnen, wie zu den Zeiten des alten Roms, und erklärten offen, von den christlichen Kirchen nebst

dass in Letzterem doch wenigstens noch Tugend zu finden sei, während unter den Christen (natürlich die Priester voran) nur allein das Laser, die Sünde und die Rohheit dominiere.²⁴⁸ Kurz, es war Gefahr vorhanden, dass das Gebäude des Christentums selbst zusammenstürze, weil die Kirche in eine Höhle des Bösen verwandelt schien; ja ein großer Teil der Welt meinte, «wenn es einen Gott gäbe und das Christentum eine Wahrheit wäre, so könnte das Heer der Priester unmöglich Tag für Tag ungestraft solche Verbrechen verüben und so leben, wie es tue! Doch so trostlos auch dieser Zustand war – so trostlos, dass viele wie gesagt, am Christentum selbst verzweifelten und meinten, dasselbe müsse gänzlich abgeschafft und durch eine neue Religion ersetzt werden -, so kam doch eben aus dieser Trostlosigkeit die Regenration der Kirche, indem einzelne einsahen, dass das jetzige oder vielmehr das damalige Christentum eigentlich gar kein Christentum sei und so die Zurückführung desselben auf das Evangelium vorbereiteten. Die ersten, die dies taten, waren

I. Die Spiritualen und ihre Genossen

Der Orden der Franziskaner hatte es, wie wir früher schon gesehen haben, als Regel aufgestellt, nur vom Bettel zu leben, um dadurch die Armut der Apostel zu versinnbildlichen. Aber mit dieser Armut der Franziskaner nahm es ein gar schnelles Ende, wie schon der zweite Ordensgeneral Bonvantura klagt, und fünfzig Jahre nach ihrer Stiftung waren sie so reich, als irgendein anderer der bestehenden Orden. Zwar allerdings hörten sie nie auf zu betteln und zu behaupten, dass sie

---

ihren Priestern lediglich nichts mehr wissen zu wollen. Man darf übrigens nicht glauben, dass es nur einzele waren, die so dachten, sondern im Gegenteil ihre Zahl wuchs bald so bedeutend an, dass der besagte Papst anno 1322 einen Kreuzzug gegen sie veranstaltete, wobei die Stadt Recanati von Grund aus zerstört wurde. Auch müssen nicht bloß Ungebildete und Arme unter ihnen gewesen sen, denn an ihrer Spitze stand der Signor Federico von Monteferrato.

²⁴⁸ Was den letzteren Punkt angelangt, so sagt Clemengis in seinem Buch *de ruina ecclesiae* wörtlich Folgendes: «etwas Schlechteres und Verachtungswürdigeres kann es nicht geben, als die jetzige (Clemengis schrieb im vierzehnten Jahrhundert) Priesterschaft, und wenn sie nicht voller Frechheit wäre, so müsste sie vor Scham über sich selbst zugrunde gehen. Der ganze Stand ist sich hierin gleich, denn wenn auch einmal unter Tausend ein tugendhafter Mann das Priesterkleid anzieht, so wird er doch in kurzer Zeit ebenso wollüstig, ausschweifend und schlecht, wie die anderen, gerade wie wenn ein böser Zauber auf dem ganzen Sacerdotium läge. Betrachtet man aber vollends die Klöster, so kann man sie nicht anders nennen, denn die Stätten der fleischlichen Lust, und eine Jungfrau zur Nonne einkleiden ist so viel, als sie zu einer öffentlichen Dirne machen.» So urteilt Clemengis, und seine Zeitgenossen waren daher nicht im Unrecht, wenn sie behaupteten, unter der christlichen Priesterschaft herrsche nur das Laster, die Sünde und die Rohheit.

kein Eigentum besäßen, dagegen aber trugen sie schöne Kleider, lebten gut, kauften sich Häuser und Gärten, legten Gelder auf Zinsen an und häuften mit einem Wort so viele Vorräte zusammen, dass sie sogar von den anderen Orden darum beneidet wurden. Merkwürdigerweise jedoch hörten einzelne unter ihnen nie auf, den Grundsatz festzuhalten, dass sie, weil der Herr und die Apostel in dieser Welt nichts besessen hätten, ebenfalls keine Reichtümer ansammeln dürften, und obwohl bei weitem der größte Teil ihrer Brüder längst über solche Bedenklichkeiten hinweggekommen war, so blieben doch die Armutseiferer fest auf ihrer Ansicht und zwar umso mehr, als sie die Verachtung, mit welcher alle Welt auf die Klosterbewohner blickte, nicht auch auf sich laden wollten. Bald kam es zwischen ihnen und ihren reichen Brüdern zum offenen Streit, und schon unter Papst Clemens V. (1305 bis 1316) ging der Orden förmlich in zwei Teile auseinander. Diejenigen, welche für die Armut schwärmten, verließen die prachtvollen Wohnungen ihrer Brüder, taten sich als eigene Gesellschaft zusammen und nannten sich «Fratres de spiritualitate», d. i. «Brüder vom Geiste», die anderen aber, welche es mit der apostolischen Armut nicht so genau nahmen, wurden «Fratres de communitate», d.i. die «Brüder der größeren Gemeinschaft» genannt. Clemens V. wollte den Streit schlichten und erließ deshalb im Jahr 1312 eine eigene Bulle, aber es gelang ihm keineswegs, obwohl er deshalb die strengsten Befehle gab. Im Gegenteil, der Eifer der Eiferer wurde immer heftiger, so dass die Sache Papst Johann XXII., dem Nachfolger Clemens', schon ganz bedenklich wurde, «denn der Satz, dass Jesus und seine Apostel gar nichts besessen hätten und dass folglich, wer ihnen nachahmen wolle, auch nichts besitzen dürfe, wollte ihm gar nicht recht gefallen.» Wie wäre dies auch bei einem Mann wie Johann XXII. möglich gewesen! Er erließ daher (im Jahr 1322) eine scharfe Bulle, worin er erklärte, dass die apostolische Vollkommenheit nicht in der Armut, sondern in der Liebe bestehe, und ging sogar das Jahr darauf so weit, in einer anderen Bulle den Satz aufzustellen, dass die Behauptung, der Herr und die Apostel hätten nichts besessen, eine Ketzerei sei. Ja später, am Schluss des Jahres 1323, dekretierte er gar noch, dass die Apostel ein Gelübde der Armut niemals geleistet hätten, und dass überhaupt ein solches Gelübde weder den Glauben stärke, noch das Leben heilige, noch überhaupt etwas wert sei. Dieses alles tat er ohne Zweifel nicht deswegen, weil er etwa ein Interesse daran gehabt hätte, ob die Spiritualen gut oder schlecht, reich oder arm lebten, sondern deswegen, weil ihre Behauptung: «wer dem Herrn nachfolgen wolle, dürfe auf dieser Welt nichts besitzen,» den Grund des hierarchischen Baues, auf welchem das Papsttum fußte, notwendigerweise untergraben musste. Darum wollte er die Spiritualen, deren Behauptungen ganz waldensisch klangen, um jeden Preis zum Schweigen bringen; aber leider wurde durch seine Bullen gerade das Gegenteil zustande gebracht. Die aufgebrachten Mönche nämlich wiesen dem Papst nach, dass seine Behauptungen ketzerisch seien und erfüllten die ganze Welt mit ihrem Geschrei. Schließlich gingen sie so weit, den hierarchischen

Grundsatz, dass dem Pontifikat die Herrschaft «über die Welt» gehöre, für eine Hauptketzerei zu erklären, und nun natürlich gab es keine Schonung mehr für die Spiritualen. Im Gegenteil – die heilige Inquisition wurde angewiesen, sogleich mit aller ihr zu Gebot stehenden Macht einzuschreiten, und von da an erging es ihnen, wie es Ketzern damals zu ergehen pflegte. Mehreren von ihnen, wie z. B. dem berühmten Michael Cäsena, gelang es, zu Kaiser Ludwig dem Bayer, welcher, wie wir aus dem Vorherigen wissen, mit dem Papst im Kampf lag, zu entfliehen; nicht wenige aber wurden ergriffen und sogleich lebendig verbrannt. Merkwürdigerweise war von allen denen, die man einfing, nur ein einziger dazu zu bringen, zu widerrufen; aber da der Papst ihn deswegen doch nicht freiließ, sondern vielmehr zu ewigem Gefängnis verurteilte, so dachte später keiner mehr daran, aus seinen wahren Gesinnungen ein Hehl zu machen. Gerade umgekehrt setzten vielmehr viele Hunderte ihren Ruhm darein, in Ketten und Bande gelegt zu werden und als Märtyrer für ihren Glauben den Flammentod zu erleiden!

Nach wenigen Jahren gab es unter den Franziskanern keine Spiritualen mehr, denn die Inquisition hatte sie alle ausgerottet. Aber dessen ungeachtet wollte der Geist, welcher ihrer sogenannten Ketzerei zugrunde lag, sich nicht mehr bannen lassen, sondern lebte fort und fort, bald unter diesem, bald unter jenem Namen. So hören wir nun von «Flagellanten» oder «Geißelbrüdern», von «Pastorellen», das ist von Anhängern der apostolischen Predigt, von «Fraticellen»,o der «christlichen Brüdern», von «Beguinen und Begarden», das ist von Bettelbrüdern und Bettelschwestern (sie nannten sich auch Brüder und Schwestern der Büßung und des freien Geistes), von «Lollarden» und «Turlupinen», von «Pickarden» und «Adamiten» usw. Doch so verschieden auch die Namen klingen, so haben sie doch alle in ihrem innersten Wesen etwas Gemeinschaftliches und stammen ohne Zweifel von den unterdrückten und in alle Welt zerstreuten Spiritualen her. Bei den Fraticellen und Begarden zeigt dies schon der Name, denn das Wort Fraticelle ist nur die Übersetzung des «Frater minor» der Franziskaner und dr Name Begard oder Beguin kommt vom altsächsischen «Began» oder «Biggan», d. i. Betteln; allein noch mehr geht dies aus dem Grundsatz hervor, welchen diese Sekten alle befolgten, aus dem Grundsatz nämlich, dass nur vollständige apostolische Armut zur christlichen Vollkommenheit führe. Eben aber weil sie, wie die Spiritualen, nur allein den apostolisch Armen das Reich Gottes zusprachen, musste ihnen die «bestehende» Kirche als eine fleischliche tief verächtlich erscheinen und darum verwarfen sie das ganze römische Priestertum mitsamt allen seinen Prälaten und Päpsten.[249]

---

[249] Merkwürdig ist, dass die katholischen Kirchenschriftsteller jener Zeit allen diesen Sekten große geschlechtliche Ausschweifungen vorwarfen, besonders den Adamiten, bei welchen in ihren aus Männern und Weibern gemischten Versammlungen zu einer gewissen Zeit immer die Lichter ausgelöscht worden seien usw. Ebenso sollen auch die Begarden in Köln ein sogenanntes «unterirdisches Paradies, wo Weiber du Männer ihren Lüsten frönten,

Eine solche Lehre, wenn sie auch vielleicht nur versteckt auftrat, konnte päpstlicherseits unmöglich geduldet werden und die heilige Inquisition wurde daher, wie sie sich von selbst versteht, angewiesen, gegen diese Sekten ihre Pflicht ebenso gut zu tun, als früher gegen die Spiritualen und noch früher gegen die Waldenser. Natürlich erfüllten die Inquisitoren den päpstlichen Befehl mit größtem Vergnügen und überall, wo man solcher Sekten habhaft wurde, loderten alsbald die Scheiterhaufen, wie denn z. B. unter Innozenz VI. im Jahr 1354 nur allein in der Stadt Avignon neun Ketzerverbrennungen (unter ihnen auch die des Johann von Chatillon) vorgenommen wurden. Dessen ungeachtet ertönte im vierzehnten Jahrhundert katholischerseits die Klage, dass alle Länder Europas bis nach Armenien hinein von Fraticellen, Beguinen und anderen Ketzern angefüllt seien, und auf verschiedenen Synoden, besonders auf dem Konzil von Narbonne vom Jahr 1374, wurde insbesondere darauf aufmerksam gemacht, dass die Ketzerei so lange nicht aufhören werde, als bis man alle «Apostolen», d. i. alle nach Art der Apostel herumreisenden Begardenprediger dem Tod überliefert habe. In der Tat erwachte auch sofort der Zorn der Kirche und man verfolgte von nun an die herumwandernden und unter dem Deckmantel christlicher Armut evangelische Ketzerei verbreitenden Reiseprediger auf die grausamste Weise. Ja man predigte sogar das Kreuz gegen sie, wie denn z. B. im Jahr 1406 der Bischof von Bercelli gegen die beiden Ketzerprediger Dulcinus und Gerhardus Sagarelli von Parma nebst ihren Anhängern mit einer großen Armee zu Felde zog und alles schonungslos totschlug, was er von lebenden menschlichen Wesen in den Gebirgen bei Novarre am oberen Tessinfluss vorfand. Kurz, die Kirche tat alles, was in ihrer Macht lag, um die spiritualistische Bewegung gänzlich zu unterdrücken, ob es aber «vollständig» gelungen sei, möchten wir doch bezweifeln, denn es ist notorisch, dass es sogar zur Zeit der großen Kirchenreformation durch Luther noch Fraticellen und Begarden in ziemlicher Menge gab.
Von ebenso großem Einfluss als die Spiritualenketzerei, ja sogar von noch weit größerem war die Lehre des

2. John Wycliffe.

welchen man nicht mit Unrecht «den englischen Luther» nennt.
John Wycliffe war zu Richmond in der Grafschaft Yorkshire in England unter der Regierung Edwards II. um das Jahr 1324 geboren und widmete sich von Jugend an dem Studium der Theologie. Nun hatte er aber neben einer überaus energischen Natur einen sehr klaren Sinn und erkannte bald das jammervolle der damaligen

---

gehabt haben. Ob jedoch eine Wahrheit in diesen Vorwürfen liegt oder ob sie nicht vielmehr auf einem Missverstand der Lehre jener Sekten beruhen, lassen wir dahingestellt.

religiösen und kirchlichen Zustände. Somit leitete ihn sein kräftiges Gemüt gleichsam von selbst zum Nachforschen, ob der zu jener Zeit alleine geltende römische Katholizismus eine Wahrheit sei oder nicht, und hierdurch wurde er, wie natürlich, zum Studium der Urquelle des Christentums, d. i. der Bibel, getrieben. Auch brachte er es hierin bald so weit, dass er den Beinamen «Doctor Evangelicus» erhielt, zum besten Beweis, wie sehr er im Neuen Testament bewandert sein musste. Es scheint übrigens doch längere Zeit gedauert zu haben, bis die freiere geistige Regung, die ihn später durchglühte, bei ihm zum Durchbruch kam, denn erst ums Jahr 1360 machte er ich zum ersten Mal (wenigstens geschichtlich) bemerkbar. Damals war er als Lehrer am Mertums-Kollegium auf der Universität Oxford angestellt und da sich zu jener Zeit die Franziskanermönche, welche zum großen Teil (durch die Gunst der Päpste) die theologischen Lehrstühle an den Universitäten okkupiert hatten, mit ungeheurem Übermut benahmen und die Verdienste ihres Ordens sogar «über die Verdienste Christi» zu setzen wagten, so gab Wycliffe einige Broschüren gegen solche Wahnsinns-Anmaßung heraus, - Broschüren, in welchen er zeigte, welch großer Unterschied zwischen Christus und den Franziskanern sei. In diesem seinem Beginnen stand er aber nicht allein, sondern hatte vielmehr seinen Freund Nicolas Hereford, sowie den berühmten Fitz-Ralph, Erzbischof von Armagh und Primas von Irland, nebst dem hochgelehrten Grossetest, Bischof von Lincoln zur Seite, welche zum mindesten ebenso scharfe Hiebe austeilten als er selbst. Ja auch viele Laien hielten zu ihm, denn das englische Volk war von einer allzukräftigen Natur, als dass es sich je ganz in die Sklaverei des Papsttums begeben hätte. Überdies wehrten sich von jeher die Könige von England mit Wort und Tat, ja nicht selten sogar mit dem Schwert gegen die Übergriffe der römischen Hierarchie, wozu sie aber auch Gründe genug hatten. Einen Haupthass hegten sie, wie natürlich, vor allem gegen die toll übertriebenen geldlichen Ansprüche des Papstes, indem dieser teils durch den Petersgroschen oder «Römerzins», teils durch Stellenverkauf usw. bewiesenermaßen zu einer gewissen Zeit fünfmal so viel Einkommen aus England bezog, als der König selbst hatte, und sich damit noch nicht einmal zufrieden gab, sondern vielmehr die Schamlosigkeit so weit trieb, alle besseren und einträglicheren Kirchenstellen Englands mit seinen italienischen Söldlingen und Kreaturen zu besetzen.[250] Hierüber kam es, wie man sich wohl denken kann, nicht selten zu heftigem Streit und gerade

---

[250] Schon im Jahre 1232 hatte der englische Adel eine Konföderation geschlossen, um alle italienischen, d. h. alle vom Papst nach England geschickten und dort mit reichen Pfründen bedachten Kleriker mit Wafengewalt zum Land hinaus zu jagen. Noch weiter ging König Edward I., indem er im Jahr 1279 das Gesetz erließ, dass nicht bloß die Kirche ohne besondere Erlaubis des Königs weder etwas erben noch kaufen dürfe, sondern dass auch der Klerus ebensogut zu besteuern sei, als das Laientum. Überdies verbot er, den sogenannten Römerzins zu bezahlen, und ließ keinen italienischen Prälaten, welcher ein päpstliches Ernennungsdekret in der Tasche hatte, mehr ins Land.

damals, als Wycliffe in Oxford einen Lehrstuhl einnahm, loderte der Kampf aufs Heftigste auf. Zu jener Zeit regierte nämlich Edward III., ein Mann voll klaren Verstandes sowie voll ritterlichen Mutes, und dieser entfernte nicht bloß alle Italiener und Fremde, welche eine englische Kirchenstelle inne hatten, mit Güte oder Gewalt aus dem Reich, sondern er schlug auch Papst Urban V. den immer und immer wieder geforderten Lehenszins oder Petersgroschen rundweg ab. Natürlich erhob sofort der Papst ein mächtiges Geschrei, erklärte die «Religion» für gefährdet und drohte mit dem Bann; aber der König versammelte sein Parlament und dieses verpflichtete sich, nicht bloß dem Papst mit aller Macht zu widerstehen, sondern auch die Sache ihres Regenten zu ihrer eigenen zu machen und mit ihm zu stehen oder zu fallen.

So war also der Boden für die Bestrebungen Wycliffes ein äußerst günstiger, und zwar umso mehr, als er sich in dem Streit zwischen Königtum und Papsttum, oder vielmehr zwischen dem Recht der englischen Nation und der Anmaßung des römischen Pontifikats, wie man sich wohl denken kann, auf Seiten der ersteren Partei stellte und eine zündende Schrift gegen die Usurpation des Papstes herausgab. Letzteres hatte zu Folge, dass ihn König Edward III. selbst, noch mehr aber sein Bruder, der mächtige Herzog von Lancaster, in seine besondere Gönnerschaft und Gnade aufnahm. Man gab ihm die Pfründe von Lutterworth, ernannte ihn zum Doktor der Theologie und verwandte ihn sogar bei diplomatischen Verhandlungen mit dem Papst, wie er denn z. B. im Jahre 1373 und 1374 bei einer an den Papst Gregor XI. abgefertigten Gesandtschaft eine Hauptperson bildete. Der Papst versuchte ihn sofort durch Schmeichelworte und Versprechungen auf seine Seite zu ziehen, jedoch der Anblick des Hofes zu Avignon und die persönliche Überzeugung von der grässlichen Verdorbenheit des ganzen Hohepriestertums scheint gerade umgekehrt gewirkt und in den klaren Kopf Wycliffes «noch mehr Klarheit» gebracht zu haben, denn von nun an begann er einen Kampf mit dem Papsttum, welches dieses in seinen Grundfesten erschüttern sollte. Laut erklärte er, sei es in Schriften, sei es auf der Kanzel, dass die römische Priesterherrschaft in Kot und Schlamm versunken sei und dass sie dem Volk Fabeln und Lügen vorpredige, welche mit der Wahrheit keine Ähnlichkeit hätten. Ja, er ging so weit, dass er den Papst «den Antichrist», die Prälaten aber «seine Söhne» nannte, und überdem bewies, wie die Ansprüche des römischen Hohepriestertums «in Beziehung auf Macht und Herrschaft» auf kein Recht gegründet seien. Eine solche Sprache, so kühn sie auch war, fand Gnade in den Augen des englischen Königs und seiner Baronie, weil beide schon lange gerne die hierarchischen Übergriffe abgeschüttelt hätten; noch weit größeren Eindruck aber machte sie auf da eigentliche Volk, welches in nicht geringer Anzahl auf die Seite Wycliffes trat. Ja sogar ein Teil der Professoren und Doktoren der Theologie an der Universität Oxford, wie z. B. Nicolas Hereford, Philipp Reppyndon, John Ashton und andere bekannten sich zu seiner Fahne. Natürlich schlugen nun die Romtreuen, d. i. die Bischöfe und sonstigen Anhänger des Papstes, einen furchtbaren Lärm auf, und der Letztere (Gregor XI.) ließ nicht nur die Lehre Wycliffes in neunzehn Artikeln für ketzerisch erklären, sondern befahl auch sowohl der Universität Oxford als König Edward, nach dem Ketzer zu fahnden und denselben bis auf Weiteres in ein hartes Gefängnis zu legen. Aber weder die Universität, auf welcher die Freunde Wycliffes die Mehrzahl bildeten, noch der König kümmerten sich etwas um solchen Befehl und infolgedessen musste sich selbst der ebenso stolze als mächtige Erzbischof von Canterbury damit begnügen, den Ketzer vor eine öffentliche Bischofsversammlung in die St. Paulskirche zu London zu fordern, um dort Gericht über ihn zu halten. Wycliffe erschien wirklich an dem bestimmten Tag, aber er kam nicht allein, sondern in Begleitung des mächtigen Herzogs John von Lancaster und des kühnen Lords Henry Perry, sowie vieler anderer Barone und Ritter, und die für Wycliffe begeisterten Bürger Londons erregten, als die Bischöfe, den Bischof Wilhelm von London voran, den Ketzer verdammen wollten, einen so furchtbaren Lärm, dass der Erzbischof, in der Angst, die Paulskirche möchte gestürmt werden, die Versammlung sogleich auflöste, ohne irgendetwas ausgerichtet zu haben. Damit ruhte jedoch die Sache nicht, sondern einige Monate später wurde eine zweite Versammlung in die Kapelle zu Lambeth ausgeschrieben Abermals erschien Wycliffe, aber wiederum war er vom Herzog von Lancaster, vom Lord Henry Percy, vom Lord Louis Clifford und anderen begleitet und überdies standen alle Bürger von London für ihn, so dass auch diese zweite Versammlung kein anderes Resultat hatte als die erste. Alles dies ging im Jahr 1377 vor sich. Nun starb zwar König Edward III. noch im selben Jahr, aber sein Nachfolger Richard II., ließ Wycliffe denselben Schutz angedeihen wie sein Vorgänger. Überdies starb am 27. März 1378 auch Papst Gregor XI. und nun begann, wie wir aus dem zweiten Buch dieses Werkes wissen, das große kirchliche Schisma, in welchem sich der zu Rom residierende Urban VI. mit dem in Avignon herrschenden Clemens VII. um die päpstliche Würde herumbalgte. Die ganze Welt war damals zwischen diesen beiden Päpsten geteilt, und wenn nun auch die englische Regierung Urban VI. als den rechtmäßigen Oberherrn der Christenheit anerkannte, so durfte dieser doch nichts tun, was König Richard II. hätte beleidigen können, - aus Furcht, derselbe möchte zu Clemens VII. abfallen. So erhielt Wycliffe Ruhe und konnte sich ungehindert damit beschäftigen, seine Lehre immer mehr auszubilden und auszubreiten. Bald hörte man denn auch, dass seine Glaubensboten ganz England durchzogen und allüberall lehrten: «wie überaus notwendig eine Reformation der römischen Kirche sei und wie man damit anfangen müsse, dem Klerus die weltlichen Reichtümer zu nehmen», eine Lehre, zu welcher natürlich sowohl König Richard, als auch seine Barone von Herzen gern «Amen» sagten. Weit mehr noch als durch diese Lehre vermehrte sich Wycliffes Partei dadurch, dass derselbe in dieser Zeit anfing, die Bibel ins Englische zu übersetzen (eine Arbeit, mit welcher er um das Jahr 1383 fertig wurde); denn nunmehr fingen selbst die Laien an, den römischen Katholizismus mit der Einfachheit des Urchristentums zu vergleichen und einer scharfen Kritik oder vielmehr Verdammung zu unterwerfen.[251] Natürlich wurde hierdurch der Gegensatz zwischen Evangelium und Romanismus jedem Denkenden klar und gar viele stellten sich auf Wycliffes Seite, sogar als dieser in den Hauptlehren des Katholizismus ketzerisch wurde. Hierher rechnen wir besonders seine Verwerfung der Lehre «von der Transsubstantiation», d. h., davon, dass das Brot und der Wein im Abendmahl durch die Konsekration des Priesters in Fleisch und Blut Christi verwandelt werde, eine Lehre, auf welcher ein großer Teil der kirchlichen Macht beruhte, indem man ja den, welcher den Leib und das Blut Christi «machte», als ein übermenschliches Wesen verehren musste. Wie sich von selbst versteht schrie über solche Frechheit der ganze Klerus Ketzermordio und sogar die Doktoren der Universität Oxford, den Kanzler William von Barton an der Spitze, fühlten sich so sehr in ihrer priesterlichen Würde beleidigt, dass sie ihrem Kollegen bei Strafe der Exkommunikation und des Gefängnisses die Antastung des Sakraments vom Altar verboten. Wycliffe ließ sich jedoch auch hierdurch nicht irre machen, sondern reichte im Jahr 1382 dem König und Parlament eine Schrift ein, in welcher er, weil sonst die Welt durch die Lasterhaftigkeit und falsche Lehre der römischen Priesterschaft zugrunde gehen müsse, auf eine vollständige Reformation der Kirche drang und namentlich erklärte, dass das weltliche Gut der Priesterschaft der Grund aller Simonie, aller Ketzerei, alles Vergessens des Evangeliums, sowie alles Haders und Zwistes sei. Das Parlament beriet die Schrift und das Haus der Gemeinen erklärte sich für sie, das Haus der Lords aber, worin die Bischöfe das Übergewicht hatten, verdammte den Wycliffe als einen Ketzer. Der letzteren Meinung stimmte auch der König bei, auf welchen damals der Erzbischof von Canterbury einen großen Einfluss ausübte, und somit erließ Richard II., ohne sich um das Votum des Hauses der Gemeinen zu kümmern, im Juli des Jahres 1382 ein Dekret, dass die Ketzer John Wycliffe, John Ashton, Nicolas Hereford und Philipp Reppyndon gefangen genommen und vor den Erzbischof von Canterbury gestellt, ihre Schriften und Bücher aber verbrannt werden sollen. Ashton, Hereford und Reppyndon erschienen freiwillig vor dem Erzbischof und fügten sich «reumütig», oder vielmehr aus Furcht vor dem Tod. Wycliffe jedoch stellte sich weder, noch wurde er gefangen genommen, sondern das Haus der Gemeinen beklagte sich vielmehr so bitter über das Edikt des Königs, dass dieser, einsehend, wie es ein törichtes Beginnen sei, Wycliffe, der immer gegen

---

[251] Wycliffe übersetzte nicht die ganze Bibel, sondern nur einen Teil derselben, besonders das Neue Testament. Der Rest der Übersetung rührt von Johannes von Treviso her, der damit im Jahr 1387 fertig wurde. Wie außerordentlich aber schon die bloße Übersetzung der Evangelien auf das Volk wirkte, sieht man besonders aus den Jammerbriefen eines Zeitgenossen Wycliffes, nämlich des Geschichtsschreibers Knighton, der sich darüber entsetzt, dass nun selbst Frauen in dem Neuen Testament besser bewandert seien als gelehrte Kleriker.

Papst und Kirche für das Königtum gestanden habe, zu verfolgen, seinen eigenen Befehl bald widerrief und den sogenannten Ketzer unter seinen besonderen Schutz nahm. Allerdings zitierte nun Urban VI. den Mann vor seinen Richterstuhl nach Rom, doch Wycliffe blieb auf seiner Pfarrei zu Lutterworth und der Papst hatte keine Gewalt, ihn dort zu vertreiben, eben weil der König dessen Verfolgung nicht duldete.[252]

So blieb Wycliffe von nun an unangefochten in seinem Dorf, starb aber schon im Jahre 1384, gerade wie er die Kanzel besteigen wollte, kaum 60 Jahre alt und von seiner Gemeinde wie vom ganzen Land tief betrauert.

Es kann nun natürlich nicht unsere Absicht sein, die ganze Lehre Wycliffes näher auseinanderzusetzen, sondern wir müssen uns damit begnügen, dem Leser zu sagen, dass der Mann gerade wie die späteren Reformatoren verfuhr und in Glaubenssachen nur allein das Evangelium gelten ließ. «Es gibt,» sagte er, «keine Autorität, welche über oder neben der Schrift bestünde, und wir haben keinen Mittler, als nur allein den Herrn und Heiland.» Demgemäß verwarf er die Vermittlung der Heiligen, die Transsubstantiations-Lehre, die Lehre vom Ablass, das Fegefeuer, die sieben Sakramente, die Lehre von der Priesterweihe, usw. vor allem aber die Lehre von dem päpstlichen Supremat. Kurz er predigte fast ganz dasselbe, was nachher Luther und Zwingli gepredigt haben, und somit war seine Ketzerei eine so konstatierte Sache, dass er es nur dem Schutz seines Königs[253] und des Parlaments zu danken hatte, wenn er den Feuertod nicht erleiden musste. Eben von diesem Schutz aber kam es auch her, dass sein Lehre sich so schnell über ganz England verbreitete, denn seine Schüler und Anhänger, wie z. B. John Perney, John Parker, Robert Swinderly, Walter Disse (ein früherer Karmeliter-Mönch, der die ungeheuren Gemeinheiten und Verbrechen, welche in den Klöstern begangen wurden, ungescheut aufdeckte) und andere predigten ganz offen gegen den Katholizismus, und wenn je ein Bischof einen der Ketzer fassen lassen wollte, so trat sogleich die weltliche Macht, den Ketzer schützend, gegen den Bischof auf. So nahm z. B. der Bischof von Lincoln William Swyndurby im Jahr 1383 gefangen und wollte ihn kurzweg verbrennen lassen, aber der Herzog von Lancaster ritt mit einer Schar

---

[252] Statt Wycliffes ging Nicolas Hereford, welcher sich des geleisteten Widerrufs längst schämte, nach Rom, um die Wycliff'sche Lehre vor dem Papst freimütig zu verteidigen. Die natürliche Folge war, dass man ihn verdammte und ins Gefängnis warf. Doch wagte man es nicht, ihn zu verbrennen, weil der Papst, «des Gegenpapstes wegen», sich fürchtete, König Richard zu erzürnen. So blieb Hereford in hartem Gewahrsam, bis später das römische Volk sich gegen Urban VI. empörte und alle Gefängnisse öffnete. Hierdurch wurde auch der englische Ketzer befreit und beeilte sich, wie man sich denken kann, so schnell als möglich in sein Vaterland zurückzukehren.

[253] König Richard II. selbst scheint in religiöser Beziehung ziemlich gleichgültig gedacht zu haben, dagegen war seine Gemahlin Anna, die Tochter Kaiser Karl IV., mit welcher er sich im Jahre 1382 verheiratete, eine ganze offenkundige Wycliffitin und Ketzerin.

seiner Getreuen nach Lincoln und befreite den Gefangenen gewaltsam. Ebensowenig richtete der Erzbischof von Canterbury aus, als er Jakob Tailor und William Smeth gefangen nahm, indem der König selbst ihre Befreiung durchsetzte und den Erzbischof sogar zwang, das auf die Stadt Leicester wegen ihrer Ketzerei geschleuderte Interdikt zurückzunehmen. Kurz der Wycliffitismus breitete sich so sehr aus, dass man, wie der im Sinne Roms schreibende Historiker Knigthon selbst zugibt, in England nicht mit zwei Menschen reden konnte, ohne dass der eine ein Wycliffit gewesen wäre.

Solches musste anders werden, wenn das Papsttum nicht einen furchtbaren Stoß erleiden sollte. Der Wycliffetismus musste «unter jeder Bedingung» ausgerottet werden und sollte auch der Weg zum Sieg «über die Leiche eines Königs» hinwegschreiten müssen! Die Romtreuen sahen nämlich wohl ein, dass, so lange Richard II. lebe, nichts gegen die Ketzerei getan werden könne, und somit beschlossen sie, da man ihm nicht auf eine andere Weise beikommen konnte, seiner Regierung durch eine Revolution ein Ende zu machen. Nun war die Ehe Richards kinderlos, dagegen aber hatte er vier Oheime, Lionel, Lancaster, York und Gloucester, lauter Brüder seines verstorbenen Vaters, und wenn es nach dem England geltenden Gesetz der Erstgeburt ging, so musste ihm, wenn er ohne Leibeserben sterben sollte, der älteste Sohn Lionels (Lionel war längst gestorben), mit Namen Roger Mortimer, auf dem Thron folgen. Aber Roger Mortimer war nicht der Mann, welchen die Kirche sich wünschte, da er noch freisinniger dachte als Richard II selbst. Darum warfen die Romtreuen ihr Auge auf den ältesten Sohn des Herzogs von Lancaster mit Namen Henry, von welchem sie, weil er das gerade Gegenbild seines Vaters war, mit Bestimmtheit hofften, dass er alles das tun werde, was sie von ihm verlangen würden. Den Unterhändler machte Thomas Arundel, der im Jahr 1396 Erzbischof von Canterbury geworden war, ein Todfeind Richards II., weil dieser seinen Bruder, den Grafen von Arundel, offenen Hochverrats halber hatte hinrichten lassen. Prinz Henry, von der Hoffnung auf den Thron geblendet, ließ sich von dem Erzbischof gewinnen und nun traf der Letztere in Verbindung mit den übrigen Anhängern der Papstmacht alle Vorbereitungen zu einer großartigen Verschwörung. Richard II. war ein verschwenderischer, dem Wein und der Liebe zugetaner Regent und eben deswegen bei vielen vom Adel und Volk unbeliebt. Übte er doch, um in seiner Verschwendung fortfahren zu können, eine Menge Erpressungen, besonders in London, aus! Setzte er doch seinem Günstling, dem Grafen von Oxford, Robert Bere, zuliebe die meisten anderen Barone des Reichs zurück! Solche Unbeliebtheit benützte Thomas Arundel, um gar manchen Großen des Reichs für die projektierte Revolution zu gewinnen; aber Richard II. ahnte die Schliche und verwies sowohl den Erzbischof als auch seinen Vetter Henry von Lancaster im Spätherbst 1398 nach dem empörten Irland hinüber, um dort Ruhe zu schaffen; doch kaum war der König fort, so eilte Thomas Arundel trotz seiner Verbannung nach London, besprach sich dort mit den von ihm früher gewonnenen Großen und flog dann zu dem in Paris weilenden Herzog Henry von Lancaster, diesen durch die gängigsten Nachrichten, die er brachte, zum alsbaldigen Aufbruch nach England überredend. Alles ging nach Wunsch. Am 4. Juli 1399 landete Heinrich in England und sogleich gingen die Grafen von Northumberland und Westmoreland zu ihm über, so dass sich sein Heer bald auf 60000 Mann belief. Nun kehrte Richard II. von Irland zurück und da er ebenfalls ein starkes Heer besaß, so konnte man natürlich nicht wissen, wie die Dinge endigen würden, wenn es zum Kampf käme. Aber jetzt wusste es der Erzbischof von Canterbury, durch eine treulose List sondergleichen, so weit zu bringen, dass Richard II. eine Zusammenkunft mit dem Ergebenheit und Unterwürfigkeit heuchelnden Henry annahm. Die Zusammenkunft fand im August 1399 statt und endete damit, dass Henry den vertrauensvollen König hinterrücks gefangen nahm und zuerst in Flintcastle, dann aber am 1. September im Tower zu London einsperren ließ. Hier zwang er ihn, auf den Thron von England zu verzichten und brachte ihn sofort nach dem Schloss Pomfret, in der Grafschaft York, wo er ihn des langsamen Hungertods sterben ließ.[254]

Nunmehr hatten die Romtreuen erreicht, was sie wollten. Henry Lancaster stieg als Heinrich IV. auf den Thron Englands und nahm sofort Thomas Arundel, den gutpäpstlich gesinnten Erzbischof von Canterbury, den Hauptwidersacher der Wycliffiten, zum ersten Ratgeber! Was jetzt folgte, kann man sich denken. «Ketzer-Mord und nichts als Ketzer-Mord war die Losung!» Ganz im Anfang allerdings ging man etwas subtil zu Werke, ohne Zweifel um keine Empörung hervorzurufen, und das Priestertum begnügte sich, die Ketzer ins Gefängnis zu werfen, oder zum Widerruf zu zwingen. Aber schon nach kurzer Zeit trat man mutiger hervor und brachte den König dazu, förmlich inquisitorische Maßregeln anzuordnen. Somit wurde allen Magistratspersonen und königlichen Beamten aufs strengste befohlen, alle Wycliffiten zu fassen und an die Bischöfe abzuliefern. Damit dies aber umso leichter zu bewerkstelligen sei, stellte man gewisse Kennzeichen auf, an welchen man einen Ketzer zu erkennen vermöge. «Als solcher soll,» so steht in den Akten geschrieben, «jeder angesehen werden, der nicht vor den Heiligenbildern niedersinkt, oder sie nicht küsst, oder kein Zeichen von Verehrung gibt, wenn eine Prozession vorüberzieht, oder nicht vor dem Kreuz niederkniet, oder die Bibel in englischer Sprache besitzt, oder daraus vorlesen hört, oder Bekanntschaft mit Solchen hat, welche die Bibel besitzen, oder verdächtige Personen besucht, oder nicht jede Woche die Messe hört, oder verächtlich von einem Priester spricht, oder auch nur durch sein Mienenspiel zeigt, dass ihm der römische Katholizismus nicht über alles geht.» Man sieht hieraus, wie leicht es war,

---

[254] Der König starb am 14. Februar 1400 nachdem ihm seit dem ersten jenes Monats alle Nahrng entzogen worden war.

der Ketzerei verdächtig zu werden! Noch leichter aber war es, einen «Verdächtigen» in einen «geständigen Ketzer» zu verwandeln, da man es, wie man sich wohl denken kann, priesterlicherseits an den nötigen Tortur-Instrumenten nicht fehlen ließ! So loderten denn schon im Jahre 1401 die Scheiterhaufen hellauf und als der erste, welcher den Tod in den Flammen fand, wird William Savontre genannt. Ihm folgten bald hundert andere und das System der Denunziation dehnte sich nun so furchtbar aus, dass kein Nachbar mehr dem Nachbar, kein Freund dem Freund, kein Verwandter dem Verwandten traute! War doch mit der Einkerkerung auch die «Konfiskation» der Güter eines Angeklagten verbunden und zwar in der Art, dass der Denunziant den dritten Teil erhielt! Mit der Einkerkerung und Verbrennung der Ketzer begnügte man sich übrigens keineswegs, sondern man fahndete auch insbesondere nach dem geschriebenen Wort, von welchem die Ketzerei ausging (vor allem also nach der Bibelübersetzung), und verbrannte alle Exemplare, deren man habhaft werden konnte, auf dieselbe solenne Weise, wie die lebendigen Menschen. Ja sogar mit den Toten machte man sich zu schaffen und grub im Jahre 1412 die Leiche Wycliffes aus, um sie nachträglich öffentlich zu verbrennen und ihre Asche in die Lüfte zu zerstreuen! Dies war denn doch dem englischen Volk zu viel und das Haus der Gemeinen verlangte deshalb vom König, dass er seine strengen Strafgesetze wenigstens ermäßigen solle. Solches energische Auftreten der Volks-Abgeordneten blieb nicht ohne Erfolg, aber da das Oberhaus, in welchem die Bischöfe saßen, sich dem aufs äußerste widersetzte, so begann im Jahr 1413 das Wüten gegen die Ketzer von neuem und eine große Anzahl von Wycliffiten, darunter auch angesehene Männer, wie William Tailor, John Cleyton, John Brown, William Thorp., John Beverley, Thomas Budby und der Ritter Roger Acton mussten den Märtyrertod sterben. Nur wenige der Angeklagten z. B. William Tones, Rudolph Ontride und andere schworen die Ketzerei ab, um so durch einen Meineid ihr Leben zu retten. So ging es fort und fort, so lange Heinrich IV. reagierte, und auch unter seinem Sohn Heinrich V. wurde es nicht anders, wie die Geschichte des Lords Cobham beweist. Dieser, ein mächtiger Baron und dem König Heinrich V. persönlich befreundet, war dem Klerus nicht nur wegen seiner eigenen Ketzerei, sondern besonders auch deswegen verhasst, weil er die Wycliffiten auf seinen Territorien beschützte. Somit zitierte ihn der Erzbischof von Canterbury vor sein Tribunal und begehrte, da der Lord keine Folge leistete, vom König dessen Überführung. Der König willfahrte, ließ den Lord fangen und in der St. Paulskirche zu London im Jahr 1413 dem Erzbischof gegenüberstellen. Die Folge war, dass Cobham als hartnäckiger Ketzer vom Erzbischof exkommuniziert und dem weltlichen Arm zum Verbrennen übergeben wurde. Mit Letzterem (dem Verbrennen nämlich) ging aber es nicht so schnell, sondern der König, der sich denn doch scheute, einen solch mächtigen Vasallen ohne weiteres hinrichten zu lassen, befahl, den Lord in den Tower zu bringen, und gab ihm eine Bedenkzeit zum Widerruf von fünfzig Tagen. Nun aber gelang es dem Lord, aus dem Tower zu entkommen und auf sein gutes Schloss Comlyny zu entfliehen, wo er im Augenblick seine Getreuen um sich sammelte. Darauf zog der König gegen ihn zu Felde, schlug ihn und ließ alle seine, des Wyckliffitismus verdächtigen Untertanen, im Ganzen mehrere Tausend, teils hängen, teils verbrennen. Der Lord selbst hatte sich mit wenigen Tapferen durchgeschlagen und verbarg sich, flüchtig von Ort zu Ort ziehend, in den Gebirgen Schottlands; doch schließlich wurde auch er eingefangen und nach London gebracht. Nun war großer Jubel im Lager der Romtreuen und man sann darauf, die über ihn verhängte Todesstrafe mit so viel Grausamkeit als möglich zu vollziehen. Also hing man ihn an beiden Füßen, den Kopf nach unten, an einem eisernen Galgen auf und zündete unter ihm ein gelindes Feuer an, über welchem er langsam verschmorte!

Auf solche Weise verfuhr das römische Priestertum gegen die Anhänger Wycliffes, aber trotz dieser furchtbaren Strenge scheint es doch nicht möglich gewesen zu sein, das Ketzertum in England mit Stumpf und Stiel auszurotten, denn selbst noch im Jahre 1457 kommen Verurteilungen zum Scheiterhaufen vor, zum besten Beweis, dass der evangelische Glaube wenigstens im Stillen noch fortlebte!

3. Jan Hus und Hieronymus von Prag.

Was Wycliffe den Engländern, das war Jan Hus nebst seinem Freund Hieronymus den Böhmen. Geboren wurde Hus im Jahre 1373 zu Hussinecz bei Prachaticz im südlichen Böhmen und erwarb sich auf der Universität zu Prag, wo er seit 1389 mit Unterstützung seines Grundherrn, Nikolaus von Hussinecz, studierte, eine gelehrte philosophisch-theologische Bildung. Schon als dreiundzwanzigjähriger Jüngling rückte er zum Magister der Theologie vor, habilitierte sich sodann als Dozent auf besagter Universität und wurde 1402 nebenher noch als Prediger an der Bethlehems-Kapelle in Prag angestellt. Hier zeichnete er sich durch seine Beredsamkeit bald so sehr aus, dass ihn die Gattin des Königs Wenzel von Böhmen, die Königin Sophie, zu ihrem Beichtvater erwählte, und da er überdies als Universitätslehrer durch die Klarheit und Freisinnigkeit seiner Vorlesungen ein außerordentlich großes Auditorium gewann, so wurde sein Name bald durch ganz Böhmen genannt. Um jene Zeit wurde er mit Hieronymus von Faulfisch, einem geborenen Prager, welcher damals (wahrscheinlich im Jahr 1400) aus England, wo er sich längere Zeit aufgehalten hatte, in seine Vaterstadt zurückgekehrt war, um an der dortigen Universität Vorlesungen zu halten, bekannt, und diese Bekanntschaft war vom größten Einfluss auf sein späteres Leben. Hieronymus, ein geistig äußerst begabter Jüngling, hatte sich, da er von Haus aus mit Glücksgütern begabt, des Geldes nicht zu schonen brauchte, vielfach in der Welt herumgetrieben und wie in Paris, Köln und Heidelberg, so namentlich auch in Oxford studiert, wo er Magister der freien Künste und Baccalaureus der Theologie wurde. Seine

Hauptbeschäftigung in Oxford scheint jedoch das Studium der Wycliffitischen Schriften gewesen zu sein, denn wie er nach Prag zurückkam, konnte er bereits als vollkommener Ketzer gelten und erweckte nun auch in dem schnell zum Freund gewonnenen Hus die Sehnsucht nach der Erforschung des Evangeliums sowie nach der Reformierung der Kirche im Sinne Wycliffes. Der dritte im Bunde wurde Jakob von Misa, welcher eine Priesterstelle an der St. Michaelskirche zu Prag inne hatte und sich ebenfalls für die reformatorischen Bestrebungen Wycliffes begeisterte. Diese drei Jünglinge nun lasen zusammen die ketzerischen Schriften, welche Hieronymus von Oxford mitgebracht hatte, und machten sich dann, nachdem sie die Heilige Schrift vollkommen studiert und die Wahrheiten des Evangeliums ergründet, an das kühne Wagnis, die Faulheit der damaligen kirchliche Zustände, sowie die Widersprüche des Romanismus mit dem Evangelium aufzudecken. Ihr Zweck war, die Kirche von Grund aus zu reformieren! «Der sacerdotalische Stand sollte in seinem ganzen Wirken, Leben und Lehren umgestaltet und das Evangelium an die Stelle des Zeremoniendienstes gesetzt werden! Das Papsttum, so wie es war, erschien ihnen als der größte Feind des Christentums und die Lehren des Klerus von der Papstgewalt beruhten nach ihrer Ansicht lediglich auf keinem Recht, sondern nur allein auf lügenhafter Erfindung! Somit verwarfen sie das ganze römische Sacerdotium und erklärten, dass es nur eine einzige Lebensquelle gebe, nämlich die Heilige Schrift!»

Dies war ungefähr dasjenige, was Hus mit seinen Freunden anstrebte; doch dürfen wir nicht glauben, dass jeder von ihnen auf gleiche Weise und mit gleichem Eifer für die besagten Zwecke arbeitete. Im Gegenteil fiel die Hauptsache oder vielmehr das Hauptwerk Jan Hus zu, indem Jakob von Misa sich stets etwas furchtsam im Hintergrund hielt und auch in geistiger Beziehung der Mindestbegabteste war, während umgekehrt Hieronymus einen allzu hitzigen und feurigen Charakter hatte, als dass es ihn lange an einem Platz gehalten hätte, weswegen er auch im Ganzen genommen nur wenige Jahre in Böhmen selbst wirkte. Doch waren diese beiden Jan Hus eine mächtige Beihilfe und er wäre vielleicht nie zu der Klarheit und Kühnheit, mit der er auftrat, gekommen, wenn ihn nicht insbesondere die Mannhaftigkeit des Hieronymus angefeuert hätte.

Eine noch größere Beihilfe für ihn war aber der Umstand, dass die Böhmen auf die evangelische Lehre gleichsam bereits vorbereitet waren. Es hatten sich nämlich nicht wenige Katharer und Waldenser aus Südfrankreich, als man sie dort mit Feuer und Schwert verfolgte, nach dem Osten zu gerettet und sich dort, obwohl im Stillen, doch so fest eingenistet, dass schon im dreizehnten Jahrhundert König Przemisl Ottokar den Papst Alexander IV. ersuchte, Ketzermeister nach Böhmen zu schicken, um die Häresie auszurotten. Überdies hatten in ihrem Sinne drei berühmte Männer, nämlich Konrad Steken, Johannes Milicz und Matthias von Janow gegen die Laster des Klerus gepredigt und so den Boden zur Aufnahme des evangelischen Samens vorbereitet. Die Hauptsache aber war, dass die Slawen in

Böhmen eine uralte Übersetzung der Heiligen Schrift besaßen, welche sie sich nie entreißen ließen, und dass es sogar mehrere Kirchen im Lande gab, in welchen in böhmischer Sprache gepredigt werden durfte. Wie nun also Hus in der Kapelle zu Bethlehem böhmisch zu predigen anfing und die Laster des römischen Priestertums angriff, so fand man dies im Anfang nicht so sehr auffallend und dachte priesterlicherseits in keinem Fall daran, dass es auf einen förmlichen Bruch mit der Katholizität abgesehen sei. Somit blieb Hus eine geraume Zeit, nämlich bis zum Jahre 1408, wo der Erzbischof Sbinco von Prag zum erstenmal gegen ihn einschreiten wollte, unangefochten.[255] Übrigens auch dieses «Einschreiten-Wollen» brachte ihm keinen Schaden, denn zufälligerweise herrschte damals über Böhmen König Wenzel IV., welcher ein großer Feind der katholischen Kirche oder vielmehr der Pfaffen war und daher Hus nicht bloß in Schutz nahm, sondern ihn sogar zum Rektor der Universität Prag ernannte. Hierdurch wurde Hus immer kühner gemacht und je freier und offener er auftrat, umso mehr vergrößerte sich die Anzahl seiner Anhänger, so dass diese im Jahr 1409 bereits eine Partei bildeten. Nunmehr aber wurde Papst Alexander V. auf das ketzerische Treiben in Prag aufmerksam und erließ am 20. September selbigen Jahres eine feierliche Bulle an Erzbischof Sbinco, worin er diesen aufforderte, mit der Wycliffitischen Ketzerei in Böhmen ein Ende zu machen und namentlich das Wycliffitische Predigen in böhmischer Sprache zu verbieten. Sbinco versammelte also im Jahr 1410 eine Synode, auf welcher die Wycliffitischen Bücher als ketzerisch zum Feuer verurteilt wurden, und ließ sofort nach allen derartigen Schriften fahnden. In der Tat wurden ihm 200 Exemplare solcher «Wycliffiana», alle prachtvoll eingebunden, überliefert und diese ließ er ganz in der Stille im Hof seines Palastes verbrennen; aber König Wenzel war so wenig zufrieden mit diesem Schritt, dass er den Erzbischof verurteilte, sobald er genaue Kenntnis von der Sache bekam, den Wert der Bücher zu ersetzen. Umgekehrt jedoch gab sich auch der Papst nicht zufrieden und befahl dem Erzbischof, die Kapelle von Bethlehem, in welcher Hus predigte, mit dem Interdikt zu belegen. Ja, dieses Interdikt wurde sogar im Jahr 1411 auf die ganze Stadt Prag ausgedehnt, damit endlich das verhasste Predigen in böhmischer Sprache aufhöre! Aber darum kümmerte sich König Wenzel gar wenig, sondern nötigte vielmehr, kurzen Prozess machend, den Klerus, nach wie vor in Prag fortzupredigen und die gottesdienstlichen Handlungen gerade so zu versehen, als wenn es kein Interdikt gäbe. Hierdurch ermutigt zog Hieronymus von Prag in allen slawischen Landen umher, dem Volk das Evangelium verkündigend und den Fürsten und Herren zurufend, sie möchten sich doch nicht länger von der stolzen Priesterschaft vergewaltigen lassen. Ja er scheute sich sogar nicht, die Heiligenbilder

---

[255] Sbinco von Hassenberg bestieg im Jahr 1403 den erzbischöflichen Stuhl von Prag und war durch seine Kenntnislosigkeit so berüchtigt, dass man ihn gewöhnlich nur den Alphabetarius oder den ABC-Schützen nannte.

aus den katholischen Kirchen hinauszuwerfen und Klöster «als Faulnester der Verdorbenheit» mit bewaffneter Hand anzugreifen! Auch Hus trat jetzt immer kühner hervor und fing an die Lehren Wycliffes, obwohl sie vom Papst als ketzerisch verdammt worden waren, öffentlich zu verteidigen. Als er nun aber gar gegen einen gewissen John Stokes, welcher den Wycliffitismus wissenschaftlich zu widerlegen versucht hatte, in einer «offenen» Schrift auftrat, so glaubte Papst Johann XXIII., welcher auf Alexander V. gefolgt war, doch endlich einmal ernster auftreten zu müssen und schickte Kardinal Colonna nach Prag, um zu untersuchen, ob Hus ein Ketzer sei oder nicht. Der Kardinal kam in der Tat nach Prag und hatte dort mehrere Besprechungen mit Hus, welchen er auf alle Weise zu bewegen versuchte, zu widerrufen. Davon wollte jedoch Hus natürlich nichts wissen und somit konnte Johann XXIII. Nicht umhin, ihn vor seinen Richterstuhl nach Rom zu fordern. Hus wollte wirklich gehen, aber König Wenzel und noch mehr seine Gemahlin Sophia erlaubten ihm die Reise nicht, sondern es wurde vielmehr eine Gesandtschaft nach Rom abgeordnet, um den Papst zu bewegen, die Sache auf eine andere Weise zu regeln. Hierauf ging Johann XXIII. auch halb und halb ein, denn er wollte König Wenzel nicht vor den Kopf stoßen, aus Furcht, dieser möchte zu einem der zwei Gegenpäpste übergehen. Somit setzte er eine Kommission von vier Kardinälen ein, die Sache von neuem zu untersuchen, aber die Kardinäle hatten viel zu viel mit anderen Dingen zu tun, als dass sie eine solch langweilige Glaubensprüfung hätten vornehmen mögen, und so verschleppte sich die Sache mehrere Jahre lang, besonders da um diese Zeit (1411) Erzbischof Sbinco starb und dessen Nachfolger Albicus, ein Mensch, welcher sich nur mit dem Geldzählen beschäftigte, den Streit gänzlich ruhen ließ. Hus und seine Freunde konnten also ungehindert fortpredigen und dem Wycliffitismus immer mehr Eingang verschaffen.

Bald jedoch sollte die Sache eine andere Wendung nehme, nämlich im Jahr 1412, als einige Ablasskrämer nach Prag kamen und mit gewohnter Frechheit dort auftraten; denn nunmehr fingen Hus und Hieronymus an, offen gegen derlei wahnsinnigen Unfug zu streiten. Hus erklärte, die Majestät Gottes werde durch die Lehre vom Ablass beleidigt, und der Papst habe nicht das mindeste Recht, für elendes Kaufgeld von den Sünden loszusprechen. Noch heftiger eiferte Hieronymus, denn dieser verbrannte die päpstliche Ablassbulle auf offenem Marktplatz und gab den Ablasskrämern, wo er sie traf, nicht bloß die beleidigendsten Beinamen, sondern traktierte sie auch auf eine Weise, dass dieselben (weil alle Verständigen und Redlichen unter dem Volk auf der Seite des Hus und Hieronymus standen) in eiliger Flucht Prag verlassen mussten. Ein solches Verfahren schnitt Papst Johann XXIII. ins Herz, denn er sah sich dadurch einer Geldquelle beraubt, deren Ergiebigkeit er nicht entbehren wollte. Demnach schleuderte er sogleich (im Jahr 1413) die Exkommunikation über Hus und seine Anhänger, belegte die Stadt Prag von neuem mit dem Interdikt und forderte König

Wenzel auf, die Ketzer zu ergreifen und dem Scheiterhaufen zu überliefern. Zu Anfang nun hatte diese Aufforderung keinen Erfolg, sondern es blieb vielmehr alles beim Alten; aber mit der Zeit wurde das Interdikt dem König doch gar zu hart und drückend.[256] Und somit bewog er Hus, auf eine Zeit lang die Stadt Prag zu verlassen und sich nach seinem Geburtsort zurückzuziehen, wo derselbe übrigens vollkommen ungestört lebte.

Inzwischen hatte sich im Jahr 1414 zu Konstanz am Bodensee jenes berühmte Konzil versammelt, welches der christlichen Welt den religiösen Frieden wieder geben sollte und bald wurde auch Hus eingeladen, sich dort einzufinden. Wohl wusste er, dass sich seine erbittertsten Gegner unter den böhmischen Klerikern, nämlich Stephan Palecz, Michael de Causis, Andreas Broda und andere dort befanden; wohl konnte er sich denken, dass die römischen Kardinäle nach nichts anderem trachteten, als ihn in ihre Gewalt zu bekommen, um ihn sofort ohne Untersuchung zu verbrennen; aber die Gesandten, welche ihm den Einladungsbrief nach Konstanz brachten, wussten ihm, dem Mann ohne Falsch, den Glauben beizubringen, dass auf dem Konzil, welches ja dazu da sei, um die Kirche zu reformieren, eine ordentliche und redliche Untersuchung des Wycliffitismus vorgenommen werden würde, und überdies erhielt er von Kaiser Sigismund einen Geleitbrief, worin Letzterer «den ehrenwerten Jan Hus» (so wird er genannt) unter seinen ausdrücklichen Schutz nimmt und alle Untertanen des Reichs anweist, Hus «frei kommen, frei bleiben und frei zurückreisen zu lassen.» Wie hätte er unter solchen Umständen es verweigern können, auf dem Konzil zu erscheinen, besonders da der Kaiser noch extra zwei böhmische Barone, Johannes von Chlum und den Wenzel von Dubna beauftragte, ihn zu geleiten und zu beschützen? So ritt denn Hus im Herbst 1414 von Prag ab, um sich nach Konstanz zu begeben und kam am 20. Tag seiner Reise, am 3. November 1414, glücklich in der Stadt an, wo er mit seinem kleinen Gefolge bei einer Witwe namens Fida seine Einkehr nahm.[257] Er hatte sich in des Löwen Rachen begeben und der Löwe sollte ihn verschlingen!

---

[256] Wie drückend das Interdikt wirkte, sieht man am besten daraus, dass der König ein ganzes Jahr lang alle Verstorbenen durch seine Hofdienerschaft begraben lassen musste, weil jedes kirchliche Begräbnis durch den Bann des Papstes verpönt war.

[257] Eine Ahnung dessen, was ihm in Konstanz widerfahren werde, scheint Hus dennoch gehabt zu haben, denn er hinterließ in Prag einen Brief an seinen Hausfreund, den Magister Martin, welchen dieser erst öffnen sollte, «wenn er sichere Kunde von seinem Tod habe»; auf der Reise selbst aber wurde er wieder vollkommen heiter, da er überall, wohin er kam, mit großer Ehrerbietung und Zuvorkommenheit aufgenommen wurde. In mehreren Städten, durch die er kam, z. B. in Nürnberg, predigte er öffentlich unter außerordentlichem Beifall und es fiel dem katholischen Klerus nirgends ein, ihm ein Hindernis in den Weg zu legen. Überhaupt geschah seine Reise mit einem gewissen Pomp, indem ihm beinah immer Boten

Allerdings die ersten 26 Tage blieb er unbelästigt, nur allein den Umstand abgerechnet, dass schon am 4. November Michael de Causis eine öffentliche Anklage (in welcher Hus ein Ketzer und Exkommunizierter, ja sogar «ein wegen gemeiner Betrügereien aus Böhmen Verjagter» genannt wurde) gegen ihn an die Mauern und Kirchentüren anschlagen ließ, worauf jedoch Hus, auf Anraten seiner Freunde, gar keine Antwort gab! Allerdings schwor Johannes XXIII., welchem der Ritter Chlum die Ankunft Hus' meldete, dass dem Letzteren kein Haar gekrümmt werden solle und wenn derselbe seinen leiblichen Bruder erschlagen hätte! Allerdings wurde die früher über den Ketzer verhängte Exkommunikation aufgehoben und ihm erklärt, dass seine Freiheit von nun an eine ganz uneingeschränkte sei! Aber bald sollte er merken, welche Kraft römische Eide haben, denn am 28. November 1414 erschienen plötzlich die Bischöfe von Augsburg und Trident als Boten des Papstes, unter der Begleitung des Bürgermeisters von Konstanz vor ihm und luden ihn ein, «vor dem Kollegium der Kardinäle» über seine Lehre Rede und Antwort zu geben. Hus erklärte, dass er gekommen sei, vor dem ganzen Konzil, nicht aber vor den Kardinälen zu erscheinen, doch wolle er auch hierin sich fügen. So folgte er den drei Männern, begleitet von dem Ritter Chlum. Wie er jedoch in den Saal trat, in welchem die Kardinäle versammelt waren, riefen ihm diese wütend entgegen, er sei ein großer Ketzer, und auf einen Wink von ihnen erschien ein Haufe von Bewaffneten, welcher den armen, bitter getäuschten Mann in seine Mitte nahm, um ihn sofort als Gefangenen in das Kloster der grauen Mönche, ans Ufer des Rheins, zu transportieren. Wohl tat der Ritter Chlum tapfere Einsprache, wohl rannte er zum Kaiser, wie zum Papst, und schrie laut über Treulosigkeit und Verrat. Er schrie vergebens, denn die Gefangennahme Hus' war eine längst vorher beschlossene Sache. Nur der Tod allein sollte seine Bande lösen!

Zu Anfang war die Haft Hus' eine ziemlich gelinde, und man ließ ihn sogar ungehindert Briefe schreiben und mit seinen Freunden verkehren; doch schon zu Anfang des Jahres 1415 brachte man ihn in das Dominikaner-Kloster und hielt ihn von nun an weit strenger. Allerdings dem Begehren des Papstes, «dass man den Verhassten augenblicklich und ungehört den Flammen übergeben solle,» wurde nicht willfahren, sondern Kaiser Sigismund drang vielmehr auf eine ordentliche Untersuchung; dagegen aber kümmerte man sich auch nicht um die Einsprache der böhmischen Barone, von denen gleich nach der Gefangennahme Hus' viele in Konstanz erschienen, um den Kaiser an sein gegebenes Wort zu erinnern. Beide Teile, der Papst und die Romtreuen auf der einen, und der Kaiser mit den Deutschen auf der andern Seite, kamen vielmehr miteinander überein, eine Untersuchungskommission über Hus einzusetzen, und diese sogleich ernannte und aus drei Bischöfen bestehende Kommission leitete auch wirklich den Prozess ein,

---

vorauseilten, welche seine Ankunft verkündigten, so dass dann alle Straßen und Plätze, die er passieren musste, dicht mit Menschen gefüllt waren.

obwohl ihre Hauptbeschäftigung darin bestand, den Ketzer unter großen Versprechungen zum Widerruf zu bewegen. Hus blieb jedoch standhaft und verlangte unausgesetzt ein öffentliches Verhör vor dem versammelten Konzil. Darum brachte man ihn nunmehr zu Anfang April auf die Festung Gottlieben, weiter unten am Rhein, in der Hoffnung, ihn durch noch größere Strenge doch noch zur Nachgiebigkeit zu zwingen. Inzwischen war auch Hieronymus von Prag am 4. April ganz im Stillen in Konstanz eingetroffen, um seinem Freund Hus in der Verteidigung ihrer beiderseitigen Lehre beizustehen, aber da ihm der Kaiser das freie Geleit, um welches er bat, rundweg abschlug, entwich er bald wieder aus der Stadt, um sich einstweilen nach Überlingen zu begeben. Dahin ging er aber nur, nachdem er die Nacht vorher an sämtliche Kirchentüren, sowie an die Wohnungen der Kardinäle und der vornehmsten Bischöfe eine Schrift angeschlagen hatte, in welcher er sich erbot, sich freiwillig zu stellen, wenn man ihm freies Geleit verspreche. Die Antwort der Romtreuen hierauf war ein Befehl an den Pfalzgrafen Johann von Sulzbach, Hieronymus zu ergreifen und nach Konstanz zu bringen. Der Pfalzgraf gehorchte, und fest gebunden, sowie mit schweren Ketten belastet, brachte er den Ketzer nach Konstanz in dasselbe Kloster der Dominikaner, in welchem früher Hus gesessen hatte. So hatte man also nun, statt des einen, zwei Gefangene!

Während dieser ganzen Zeit fuhr man fort, Hus stark zuzusetzen und besonders oft kam Stephan Palecz zu ihm ins Gefängnis, um ihm zu drohen: «Widerrufe oder stirb!» Die Untersuchungskommission wurde bis auf fünfzig Doktoren vermehrt und fast alle Tage fanden Verhöre statt; es war aber in allen diesen Verhören ebenfalls nie darum zu tun, Hus zu widerlegen, sondern immer nur, ihn zu einem Widerruf zu bewegen! Doch alles half nichts, denn das Einzige, zu was man ihn bringen konnte, war die Erklärung: «habe er etwas gelehrt, was gegen die Heilige Schrift sei, so wolle er es gern widerrufen, so lange man ihm aber dieses nicht beweise, müsse er auf dem beharren, was er geschrieben und gepredigt habe.» Überdies bestand er darauf, vor dem versammelten Konzil, wie ihm Kaiser Sigismund versprochen hatte, seine Sache verteidigen zu dürfen, aber hiergegen stemmten sich mit aller Macht die Romtreuen, welche ihn gerne insgeheim verurteilt hätten. Sie fürchteten nämlich, es möchten, wenn er öffentlich vor dem Konzil verhört würde, Dinge an den Tag kommen, welche den Katholizismus in große Gefahr brächten, und soweit machten sie lieber am 5. Juni einen Versuch zu seiner «heimlichen» Verurteilung.[258] Doch Kaiser Sigismund gab dies unter keiner

---

[258] Sie kamen an diesem Tag statt in ihrem gewöhnlichen Sitzungssaal im Kloster der Minoriten zusammen und waren, nachdem die Husische Untersuchungskommission Bericht erstattet hatte, eben im Begriff, über den abwesenden Angeklagten, ohne ihn gehört zu haben, das Verdammungsurteil auszusprechen, «weil ja die Ketzerei desselben genügend erwiesen sei,» als plötzlich der Pfalzgraf Ludwig vom Rhein und der Burggraf Friedrich von Nürnberg in den Saal traten und auf Befehl des Kaisers verkündeten, es dürfe kein

Bedingung zu und somit musste schließlich am 6. Juni des Jahres 1415 das gefürchtete öffentliche Verhör angestellt werden. Nur auf welche Art geschah dies? Chlum und Dubna begleiteten Hus und Kaiser Sigismund war selbst zugegen. Kaum war aber Hus in den großen Saal vor die versammelten siebenhundert Prälaten und Doktoren getreten, und kaum war der erste von den siebenundvierzig Anklagepunkten, welche die Kommission aus den Husischen Schriften herausgefunden hatte, verlesen, so erhoben die ehrwürdigen Väter allesamt ein so wildes Geschrei und tobten so wahnsinnig, dass man sein eigenes Wort nicht mehr hören und noch viel weniger verstehen konnte. Auch dauerte diese Szene nicht etwa bloß einige Minuten, sondern vielmehr eine ganze Stunde lang, und von einer Verhandlung konnte also keine Rede sein. Endlich wurde es etwas stiller und da entfielen Hus die Worte: «er habe gemeint, auf einem Konzil müsse Anstand und Würde herrschen!» Eine solche Wahrheit konnten die heiligen Väter nicht hören; im Gegenteil der Lärm brach sofort aufs neue los und zwar womöglich noch ärger als zuvor. Kurz die Sitzung musste aufgehoben werden, ohne dass etwas ausgerichtet worden wäre. Nicht viel besser ging es am folgenden Tag, den 7. Juni, den auch an diesem ließ man den Hus kaum zu Wort kommen, sondern schrie ihn vielmehr so lange nieder, bis er still schwieg. Dann hieß es: «seht, der Ketzer schweigt, er ist überführt, was brauchen wir weiter Zeugnis.» Am dritten Tag durfte Hus sprechen, aber nur deswegen, weil seine Verurteilung eine schon im Voraus beschlossene Sache war. Wie hätte es auch bei dem Hass, den man gegen ihn hegen musste, da durch seine Lehre die ganze irdische Herrlichkeit des römischen Priestertums in Gefahr kam, anders kommen können? Nachdem man ihm also sämtliche Klagepunkte vorgelesen und er seine Lehrsätze in langer Rede aus der heiligen Schrift erklärt und bewiesen hatte, dachte kein einziger der Prälaten daran, ihn zu wiederlegen oder auch nur den Schein eines Gegenbeweises zu führen, sondern sie schrien am Schluss ganz einfach: «Er ist überführt!» Zuletzt stand der Kardinal von Cambrai auf und verlangte von dem Angeklagten, dass er sich dem Konzil unbedingt unterwerfe und widerrufe, denn sonst müsste er sterben. «Widerrufe, widerrufe,» schrie nun alles und auch Kaiser Sigismund stimmte dem bei, zugleich erklärend, dass Hus, sowie er den Widerruf geleistet, mit einer leichten Strafe entlassen werden solle. Doch Hus wankte nicht, und ergrimmt über solche Hartherzigkeit befahl der Kaiser, den Ketzer ins Gefängnis zurückzuführen. Nun trat eine lange Pause ein, denn obwohl die Kirchenfürsten

---

Urteil gefällt werden, ehe der Hus gehört worden sei. Die Herren Prälaten waren im höchsten Grade verblüfft, denn sie konnten sich nicht denken, wie der Kaiser hinter ihr Vorhaben habe kommen können, aber die Sache war ganz einfach zugegangen, indem ein gewisser Petrus Mlodauyeqicz, ein heimlicher Freund von Hus, die List der Kirchenfürsten durchschauend, die Barone Dubna und Chlum von der geheimen Versammlung in Kenntnis setzte und es ihnen hierdurch möglich machte, den Kaiser noch zu rechter Zeit zu benachrichtigen.

mit dem Todesurteil gleich bei der Hand gewesen wären, so schwankte doch Sigismund eine Zeit lang, da er ja Hus sein kaiserliches Wort gegeben hatte, ihn frei und ungefährdet nach Böhmen zurückreisen zu lassen. Noch zweimal, am 1. und 5. Juli 1415, wurde alles nur Denkbare versucht, einen Widerruf von Hus zu erlangen, aber als man nichts erreichen konnte, wurde am 6. Juli 1415 eine nochmalige Sitzung anberaumt und auf dieser das Verdammungsurteil sowohl über ihn selbst, als auch über seine Schriften ausgesprochen. Sobald dies geschehen war, fiel Hus auf seine Knie nieder und betete laut zu Gott, dass er seinen Feinden diese Missetat vergeben möge. Darauf zogen ihm sieben Bischöfe das priesterliche Gewand aus, nahmen ihm die Tonsur[259] ab und setzten ihm eine hohe papierne Mütze auf, welche mit drei abscheulichen Teufeln bemalt war. Sodann begann das Verfluchen und erst als die Seele des armen Märtyrers unter heftigen Verwünschungen dreimal dem Teufel überantwortet worden war, übergab man ihn dem weltlichen Arm, damit das Todesurteil an ihm vollzogen werde.

Die Vorbereitungen zur Verbrennung waren längst getroffen und somit ging es vom Sitzungssaal aus sogleich auf den Richtplatz. Man erlaube uns aber, so kurz als möglich über diesen grässlichen Augenblick hinwegzugehen. Am bischöflichen Palast machte man Halt und Hus musste zusehen, wie seine Bücher unter dem Jubel der Volksmenge verbrannt wurden. Bitter lächelnd meinte er, wie sie Schriften als ketzerisch verbrennen könnten, die sie zum Teil gar nicht verstünden und jedenfalls nicht zu widerlegen vermöchten. Auf dem Richtplatz angekommen, kniete er nieder und betete leise. Dann stand er auf und wollte zu dem in ungeheurer Masse versammelten Volk sprechen, aber man verstopfte ihm den Mund, band ihn sogleich an den in der Mitte des Scheiterhaufens befindlichen Pfahl und gab sofort Befehl, das Holz anzuzünden. Schändliche Szenen fielen dabei vor und besonders viele, von den Priestern vorher fanatisierte Weiber belegten den Märtyrer mit den grässlichsten Schimpfwörtern; doch Hus hörte von all den Gemeinheiten nichts, denn er wurde gleich zu Anfang vom Rauch erstickt. Nun, als sie sich hiervon überzeugt hatten, sprangen die Henkersknechte auf den toten Körper zu und rissen ihn mit eisernen Haken in viele Stücke, damit er umso vollständiger verbrenne; sein Herz aber steckten sie auf einen spitzen Pfahl und hielten es mit besonderer Sorgfalt über das Feuer. Endlich als alles geschehen und vom ganzen Körper nichts mehr übrig geblieben war als ein Häuflein Asche, sammelten sie diese mit großer Sorgfalt und trugen sie in den Rhein, damit ja niemand imstande sei ein Körnchen derselben als Andenken an den ehrwürdigen Märtyrer aufzubewahren.

---

[259] Während sie im Begriff waren dies zu tun, kamen sie in einen heftigen Streit miteinander, ob das Abnehmen der Tonsur mit der Schere oder mit dem Rasiermesser zu geschehen habe, so dass Hus ihnen am Ende zurief: «in dem Willen der Grausamkeit seid ihr einig, warum dann nicht auch in der Art und Weise der Ausführung?» Schließlich errang die Schere den Vorzug und damit hatte der Streit ein Ende.

So starb Hus, und der Papst mit dem ganzen römisch-katholischen Priestertum bewährte durch diesen Tod abermals, dass beide gegen die Ketzerei, zu Deutsch gegen die Aufklärung und Erforschung der Wahrheit, kein anderes Losungswort kennen, als das der «Vernichtung». Doch wenn auch Hus vernichtet war, so lebte ja noch ein anderer, Hieronymus, welcher dasselbe Verbrechen begangen und darum auch dieselbe Strafe verdient hatte. Erst wenn auch dieser zweite Oberfürst der Ketzerei tot war, durfte man hoffen, dass es mit der Häresie selbst ein Ende nehmen werde! Hieronymus von Prag lag damals, während Hus den Märtyrertod starb, in einem finstern Turm des Dominikaner-Klosters, mit den Füßen an einen schweren Klotz gefesselt und zugleich mit einer um seinen Leib gehenden Kette so fest geschlossen, dass er weder sitzen, noch stehen, noch liegen konnte. Die einzige Nahrung, die man ihm bot, war Wasser und Brot, aber auch diese erhielt er so spärlich, dass er bald einem Totengerippe ähnlicher sah, denn einem Menschen. Nie reinigte man das Zimmer oder vielmehr das Loch, in welches man ihn gesperrt hatte, und so musste, da seine Lagerstatt aus nichts als aus verfaultem Stroh bestand, die Luft in diesem Dunstlokal notwendig eine pestilenzialische werden. In Folge dessen fiel Hieronymus in eine schwere Krankheit, aber man benutzte auch diese nur, um ihn noch mehr zu quälen, und bewilligte ihm erst nach langer Zeit einen Arzt und Beichtvater. Die Absicht war, den armen Mann körperlich und geistig so herabzuwürdigen, dass er sich zu einem Widerruf seiner Ketzerei verstehen würde, denn ein solcher Widerruf, auf die rechte Weise in die Welt hinausposaunt, hätte dem Katholizismus natürlich mehr genützt, als ein Verbrennungstod. Somit ließen die Kirchenfürsten nicht nach, demselben Boten ins Gefängnis zu senden, welche ihm den Feuertod recht grausig vorstellen mussten, und in der Tat gelang es denselben am Ende durch diese und andere Mittel den schwer Gepeinigten zu dem zu bringen, was sie von ihm haben wollten. So trug man ihn denn (zum Gehen war er zu schwach), am 25. September 1415 in den großen Sitzungssaal des Konzils und hier erklärte Hieronymus: «wie er die Lehre Hus' und Wycliffes für verdammt erachte und von nun an in allen Lehrsätzen, Einrichtungen und Gebräuchen mit der römischen Kirche übereinstimmen wolle.» Das war ein Jubel, als man dies hörte, ein Jubel zum Verrücktwerden! Allerdings sprach Hieronymus nur nach, was man ihm vorsagte, und überdies war er ersichtlich allzu sehr gebrochenen Geistes und Körpers, als dass man hätte annehmen können, dieser Widerruf komme aus seinem Innern; aber was lag daran? Die Hauptsache war, dass man den Sieg erlangt hatte.
Von dieser Zeit an wurde die Haft des Hieronymus etwas leichter und man reichte ihm nicht bloß bessere Nahrung, sondern brachte ihn auch in ein menschlicheres Lokal; aber frei ließ man ihn deswegen doch nicht. Zwar erklärten sich ein Teil der Bischöfe, worunter sogar vier Kardinäle waren, für die Freigebung, indem sie meinten, ein neues Märtyrertum sei schon deswegen nicht wünschenswert, weil die Erfahrung lehre, dass jeder Feuertod einen tiefen Eindruck auf das Volk mache

und statt die Ketzerei zu vernichten nur neue Ketzer erzeuge; aber eine andere und zwar weit zahlreichere Partei auf dem Konzil, darunter besonders die beiden Böhmen Stephan Palecz und Michael de Causis war entgegengesetzter Ansicht und blieben dabei, dass nur in der Vernichtung eines Ketzers volle Sicherheit liege, indem ja ein Widerruf stets wieder zurückgenommen werden könne. Diese strengere Partei erreichte schließlich den Sieg über die mildere und wie sehr sie recht hatte, als sie meinte, der Widerruf des Hieronymus sei diesem nicht aus dem Herzen gekommen, zeigte sich nun sogleich, als derselbe am 26. Mai 1416 abermals vor das versammelte Konzil gestellt wurde. Schon längst, seit in dem besseren Gefängnis sein Körper wieder gesundet war, hatte er es bitter bereut, dem Drängen der Priesterfürsten nachgegeben zu haben, und demnach erklärte er jetzt frei und offen, wie er nur durch die Furcht, lebendig verbrannt zu werden, dazu gebracht worden sei, wider sein Gewissen zu bekennen und die Lehren zu verdammen, welche doch die allein wahren seien. Er nannte Jan Hus einen frommen und ehrwürdigen Mann, welchem keiner in der ganzen Versammlung auch nur die Schuhriemen zu lösen würdig sei, und versicherte aufs Feierlichste, dass ihm von allem, was er je getan, nichts mehr leid tue, als jener ihm abgenötigte sündhafte Widerruf vom 23. September 1415. Kurz, er bekannte sich so frei und offen für die Ketzerei des Wycliffitismus und trat seinen Feinden so groß und herrlich entgegen, dass selbst der gelehrte Florentiner Poggio, der Sekretär des Papstes Martin, der Verwunderung seiner Beredsamkeit, seines Mutes und seiner Standhaftigkeit voll ist.[260] Nicht so aber die ehrwürdigen Väter des Konzils, denn diese gaben ihm kurzweg zwei Tage Bedenkzeit, ob er sich eines Besseren besinnen wolle oder nicht. Doch diesmal täuschten sie sich, wenn sie glaubten, einen zweiten Widerruf erzwingen zu können. Hieronymus wies alle ihre Anerbietungen zurück und erklärte, dass er lieber den grausamsten Tod erdulden, als sein Leben auf Unkosten seines Gewissens retten wolle.

---

[260] Poggio schreibt wörtlich: «Nie habe ich einen Mann gehört, welcher den großen Rednern des Altertums näher gekommen wäre, als Hieronymus. Er verteidigte sich so schön, so bescheiden und so klug, dass ich nicht imstande bin, es auszudrücken, und ob es gleich Leib und Leben galt, so wusste er doch die ernstesten Wahrheiten mit Witz und Laune zu würzen. Er rührte alle Herzen, so dass vielen Tränen in den Augen standen, aber statt um Gnade zu bitten, sprach er vom Hus als von einem frommen und heiligen Mann, der durchaus ungerecht verurteilt worden sei, denn derselbe habe nichts gegen das Christentum gelehrt, sondern vielmehr nur gegen die Missbräuche der Kirche, gegen den Stolz und Hochmut der Priester, sowie gegen die Üppigkeit, mit der dieselben die Güter der Armen durch Saufen, Spielen, Jagen, Fressen und Huren verprassten, geeifert. Voll Mut und Eifer verteidigte er seinen verstorbenen Freund und man muss seine überaus treffliche Rede um so mehr bewundern, als er seit dreihundertundvierzig Tagen in einem feuchten und finsteren Turm gefangen war. Dessen ungeachtet zeigte er eine Geistesgegenwart und Todesverachtung, über die man staunen musste, und ich kann ihn daher nicht anders nennen, als einen zweiten Cato. Ja, sein Name verdient unsterbliche Ehre!»

Am 30. Mai wurde die Todessitzung über Hieronymus gehalten und noch an selbigem Tag erlitt er das Märtyrertum. Im Dom zu Konstanz riss man ihm die Priesterkleidung ab und setzte ihm dieselbe hohe papierne, mit Teufeln bemalte Mütze auf, welche auch Hus getragen hatte. «Es ist kein Spott darin,» sagte Hieronymus, «denn Jesus Christus trug ja auch eine Dornenkrone.» Auf dem ganzen Weg zur Richtstätte sang und betete er laut und als ihm, wie er am Pfahl angebunden war, der Henker dadurch Schonung bezeugen wollte, dass er Anstalt machte, den Scheiterhaufen hinter seinem Rücken anzuzünden, so rief Hieronymus mit klarer Stimme: «Zünde das Feuer vor meinen Augen an, denn hätte ich mich gefürchtet, so wäre ich nicht an diesen Ort gekommen, den ich so leicht hätte vermeiden können.» Also heldenmütig, ein zweiter Scaevola, starb Hieronymus von Prag; sein Märtyrertum war aber ein langes, denn es dauerte über eine Viertelstunde, ehe die Flammen seine letzte Lebensquelle verzehrt hatte.[261] Auch seine Asche wurde, wie die Hus', in den Rhein geworfen!

Die beiden großen Zeugen evangelischer Wahrheit waren also vernichtet, eben weil sie sich aufs Evangelium berufen hatten, aber hatte man hiermit den römischen Katholizismus selbst gerettet, oder gar vielleicht für immer gerettet? Gerade das Gegenteil, denn der aufgeklärtere Teil der Menschheit sah wohl ein, dass Hus und Hieronymus nur deswegen geopfert worden seien, weil dieselben die «weltlichen» Interessen des Priestertums angetastet hatten. Und was musste die notwendige Folge dieser Einsicht sein? Hass und Verachtung, Verachtung und Hass! Insbesondere wurden, wie man sich leicht denken kann, die Landsleute der beiden Märtyrer, die von Papst und Kaiser so bitter getäuschten Böhmen wütend. Ja, diese ihre Wut steigerte sich bald so sehr, dass der wildeste Kampf, den es je gab, mit Papsttum und Kaisertum zugleich losbrach und so das ganze Böhmische Reich von einem entsetzlichen Krieg heimgesucht wurde. Zu ihrem großen Unglück nämlich waren die Einwohner jenes Landes in zwei große politische Parteien geteilt, in die eigentlichen oder slawischen Böhmen und in die Deutschen. Letztere, die besonders seit Kaiser Karl IV. einen nicht geringen Teil des Grund und Bodens an sich gebracht hatten und eben deswegen von den ersteren aufs Bitterste gehasst wurden, hielten zum Deutschen Reich, während die slawischen Böhmen ein abgetrenntes, für sich bestehendes Königreich wollten. Diese politische Trennung nun führte auch zu einer religiösen. Allerdings nannten sich die meisten Böhmen, Deutsche wie Slawen, Anhänger des Hus, allein die Slawen verwarfen die ganze

---

[261] Das beste Zeugnis für die heroische Standhaftigkeit, mit welcher Hieronymus starb, gibt Aeneas Sylvius, der spätere Papst Pius II., wenn er sagt: «Er ging zum Gericht, wie zu einem Fest, und nicht ein einziger Laut kam aus seinem Mund, aus dem man auch nur die geringste Schwachheit hätte schließen können. Mitten in den Flammen sang er Loblieder, bis ihm der Atem ausging, und nie hat ein Philosoph des Altertums den Giftbecher mit solcher Standhaftigkeit ausgetrunken, wie er den langsamen Feuertod erduldete.» So schreibt wörtlich Aeneas Sylvius, der Augenzeuge vom Tode des Hieronymus.

römisch-katholische Priesterschaft mitsamt allen ihren Bildern und Heiligen, und stellten sich also auf den Standpunkt einer vollständigen evangelischen Reformation, während die Deutschen, welche dem Papsttum ohnehin immer geneigter gewesen waren, nur einige wenige kirchliche Verbesserungen verlangten, worunter besonders auch die Abschaffung der römisch-katholischen Neuerung, dass den Laien im Abendmahl der Reich nicht mehr gereicht werden solle, eine Neuerung, gegen welche Hus ebenfalls stark geeifert hatte.[262] So entstanden die beiden Parteien der Utraquisten und Taboriten, welche zwar nicht gleich im Anfang, aber doch später einander im bittersten Hass entgegenstanden und sich viele Jahre hindurch in brudermordähnlichem Kampf zerfleischten. Die Utraquisten hatten ihren Namen daher, dass sie das Abendmahl «sub utraque specie», d. h. unter beiderlei Gestalt (Brot und Wein) verlangten. Eben aus demselben Grunde nannte man sie auch Calixtiner, von dem lateinischen Calix, das ist «der Kelch». Die Taboriten dagegen schufen sich diesen Namen selbst, denn als sie sahen, dass die von den Utraquisten begehrte Reformation nur eine halbe sei und das Papsttum nicht ganz abschüttle, kam ihnen der Gedanke, dass sie, die sie von der ganzen Katholizität nichts mehr wissen wollten, sich ebensosehr gegen die «Lauen und Halbwarmen», als auch gegen die «Ganzkatholischen» zu sichern hätten. Darum nahmen sie den Berg Hradistin, auf welchem noch einige alte Befestigungen übrig waren, in Besitz, nannten denselben (nach jenem Berg in Palästina, auf welchem die Verklärung Christi stattgefunden haben soll) Tabor und legten auf ihm eine starke und befestigte Stadt an, die später, als der Kampf ausbrach, als der Mittelpunkt ihrer Macht galt.

Sollen wir nun dem Leser die schauerliche Geschichte der Hussitenkriege ausführlich und ins Einzelne gehend erzählen? Er wird sie besser in einer größeren Weltgeschichte nachlesen. Somit begnügten wir uns, auf die Punkte aufmerksam zu machen, welche im Zusammenhang mit dem Endzweck dieses Buches stehen, d. h. wir erlauben uns, nachzuweisen, welchen Einfluss die Päpste auf jenen mörderischen Kampf ausübten. Noch im Jahr 1416 wurden, um nach dem Tode Hus'

---

[262] Die frühere katholische Kirche hatte die Gewohnheit, das Abendmahl nach der Einsetzung Christi in der doppelten Gestalt von Wein und Brot zu reichen, und verschiedene Päpste wie auch Synoden erklärten es ausdrücklich für eine verruchte Ketzerei, nicht beides, das Brot wie den Wein, zu genießen. Als jedoch der Lehrsatz von der geheimnisvollen Wandlung des Brots und Weins in Fleisch uznd Blut Christi aufkam, fing man an besorgt zu werden, von dem Brot und Wein etwas auf die Erde fallen zu lassen, und es ergingen daher bereits im zwölften Jahrhundert von Rom Dekrete aus, das Brot nicht mehr zu brechen und auf den Wein besondere Obacht zu geben, weil so leicht ein Tropfen verschüttet werden könne. So enstand der Gedanke, um alles Verschütten unmöglich zu machen, den Laien den Kelch gänzlich zu entziehen, und dieser Gedanken wurde sofort am Ende des vierzehnten Jahrhunderts von den Päpsten zum Gesetz erhoben, sowie auch insbesondere von dem Konzil zu Konstanz im Jahr 1415 bestätigt.

und Hieronymus mit der Ketzerei vollständig aufzuräumen, nicht weniger als fünfhundertundfünfzig böhmische Ritter und Barone wegen ihrer bekannten Ketzerbeschützerei vor das Konzil in Konstanz zitiert, um sich dort zu verantworten. Kein einziger der Geladenen erschien. Trotzdem aber wagte das Konzil nichts Weiteres zu tun, denn Kaiser Sigismund konnte man doch nicht zumuten, seinen eigenen Bruder, König Wenzel, als den Hauptketzerfreund mit Krieg zu überziehen! Papst Martin V. aber kannte, nachdem er sich erst festgesetzt hatte, solche Rücksichten nicht, sondern schickte im Jahr 1418 ein fulminantes Drohschreiben an die böhmischen Barone, worin er erklärte, dass er zwar bis jetzt auf die Bitten Kaiser Sigismunds das Schwert der Kirche in der Scheide gelassen hätte, das er aber, falls nun nicht augenblicklich Gehorsam geleistet würde, gezwungen wäre, einen Kreuzzug gegen die Ketzerei zu veranstalten. Zugleich sandte er den Kardinal von St. Sixt, als seinen apostolischen Legaten, nach Prag, mit dem speziellen Auftrag, kein Mittel unversucht zu lassen, um alle Ketzer zur Katholizität zurückzuführen. Natürlich gehorchte der Kardinal, aber mit dem Bekehren ging es nicht so leicht; doch brachte er es im Sommer 1419 so weit, dass für die sogenannte Neustadt Prags, welche durchaus hussitisch gesinnt war, von der Regierung ein «antihussitischer» Stadtrat ernannt wurde, welcher sofort befahl, in allen Kirchen den Abendmahlskelch zu entfernen. Darüber entstand der Krieg. In voller Wut stürmten die Neustädter unter Führung des furchtbaren Ziska gegen das Rathaus an und warfen die Ratsherren zum Fenster hinaus in die Spieße des unten tobenden Volkes. Nun gab es keinen Halt mehr, sondern fast an allen Enden und Ecken brach der Aufruhr los. Zum Unglück für Böhmen starb jetzt auch (am 16. August 1419) König Wenzel, der bisherige Beschützer der Hussiten, ohne Kinder zu hinterlassen, und die Folge hiervon war, dass Kaiser Sigismund, sein Bruder, auf den böhmischen Thron Anspruch machte. Aber wie hätte man ihn, den anerkannten Papstfreund, ihn, der Hus und Hieronymus hatte verbrennen lassen, zum König annehmen können? Wohl erklärten sich die noch im Land befindlichen Katholischen für ihn, doch die anderen alle wollten nichts von ihm wissen. Die utraquistischen Barone schrieben ihm, dass sie ihn nur anerkennen würden, wenn er ihnen die Freiheit des Wortes Gottes und des Kelches verbürge, und die Taboriten begnügten sich nicht einmal damit, sondern griffen vielmehr geradezu zu den Waffen. Sigismund sammelte also ein Heer, um sich mit den Waffen in der Hand Gehorsam zu erzwingen, und der Papst sandte ihm seinen Legaten, Johann Dominico, mit dem Auftrag, alle guten Christen Europas zu einem Kreuzzug gegen die Hussiten in die Waffen zu rufen. Mit Übermacht drang der Kaiser in Böhmen ein und hauste «unter dem Segen der Kirche» mit der entsetzlichsten Barbarei. Mit Brand, Mord und Schändung der Weiber wütete er gegen die Neugläubigen; aber mit Schmach musste er von Prag, das sich aufs tapferste verteidigte, abziehen und gleich darauf schlug ihn Nicolaus von Hussinecz, der Unteranführer Ziskas, bei Tabor. Nun vergalten die Taboriten den

Katholischen mit gleicher Münze, zündeten Kirchen und Klöster an und warfen die Priester und Mönche in die Flammen. Kurz man bekämpfte sich nicht mehr menschlich, sondern zerfleischte sich den wilden Tieren gleich! Nicht lange hernach, im Jahr 1420, trugen die Calixtiner oder Utraquisten König Wladislaw von Polen, und da dieser nicht zugriff, dem Großfürsten Vitold von Litauen die Königskrone von Böhmen an, aber Ziska mit seinen Taboriten stimmte nicht zu, denn er wollte keinen auswärtigen Fürsten, und hierdurch kam die vollständige Trennung zwischen Taboriten und Utraquisten, von denen nun beide ihr eigenes Glaubensbekenntnis aufstellten, zustande. Von dieser Zeit an wüteten nicht mehr bloß die Katholischen und Hussitisch-Gesinnten gegeneinander, sondern es standen auch noch Hussiten gegen Hussiten, d. i. Taboriten gegen Utraquisten, oder Streng-Evangelische gegen Lau-Evangelische!

Bald war das ganze Land wie in Blut getaucht, aber immer neue Scharen hetzte der Papst von Deutschland her in den Kampf, denn nur mit der Vernichtung «aller» Hussiten, der Utraquisten wie der Taboriten, wollte er sich zufrieden geben. Endlich starb er am 27. Februar 1431, aber wenn die Böhmen sich nunmehr Hoffnung machten, es könnte ihrem Land der Frieden wieder gegeben werden, so täuschten sie sich über die Maßen. Es wurde nämlich nunmehr Kardinal Gabriel Condolmerio, ein Mann, welcher sich nur mit einem Johann XXIII. vergleichen ließ, zum Papst erwählt und dieser, der sich den Namen Eugen IV. gab, begann seine päpstliche Tätigkeit damit, dass er augenblicklich überall das Kreuz gegen die Böhmen predigen ließ, um endlich einmal mit den Ketzern vollständig zum Ende zu kommen. Die Lockungen waren groß, denn jedem Kreuzfahrer wurde das «Rauben und Morden» nicht nur erlaubt, sondern sogar zur Pflicht gemacht. Auf diese Weise kam ein mächtiges Heer zusammen, aber von welcher Gattung dasselbe war, kann man sich denken. Gesindel und nichts als Gesindel! Burschen, welche dem Galgen entlaufen oder wenigstens desselben wert waren! Sie drangen in Böhmen ein und hausten auf eine Weise, die als allzu schauderhaft kaum näher beschrieben werden kann. Taboriten und Utraquisten, Männer, Weiber, Kinder, kurz alles, was ihnen in die Hände fiel, wurde gemordet, denn es war ja den Kreuzfahrern ausdrücklich eingeschärft, dass «Vernichtung» der Ketzer das Gott wohlgefälligste Werk sei. Mit dem Würgen allein aber begnügten sie sich nicht, sondern das Sengen und Brennen, das Misshandeln und Quälen, das Rauben und Stehlen war ihnen ebenso sehr zur andern Natur geworden, als das Töten, und von ihrer grässlichen Rohheit mag sich der Leser einen Begriff machen, wenn er erfährt, dass sie ihre Pferde aus den Kelchen saufen ließen, aus denen die Hussiten vorher das Blut des Herrn getrunken hatten. Hand in Hand mit ihnen gingen die sie begleitenden Priester, welche überall die Scheiterhaufen anzündeten, um die noch lebenden Ketzer in deren Flammen zu werfen. Ist es nun unter solchen Umständen ein Wunder, wenn auch die Hussiten, von Wut und Verzweiflung getrieben, Greuel begingen, welche die Feder niederzuschreiben sich sträubt? Kam es doch oft vor, dass wenn eine katholische Stadt von ihnen genommen wurde, alles Menschliche, was sich in derselben vorfand, vom Säugling bis zum Greis die dunkle Straße des Todes ziehen musste, ja dass selbst die taboritischen Weiber sich in Tigerinnen verwandelten und katholischen Frauen und Kindern den Dolch in die Brust stießen! Kurz, es ist schwer zu sagen, welche Partei die andere an Grausamkeit überbot, aber das weiß man, dass die Schuld dieses grässlichen Wütens nur allein im Papsttum, dessen Losungswort Vernichtung der Ketzer war, zu suchen ist!

Ein so starkes Kreuzherr aber auch Eugen IV. zusammengebracht hatte, so zerstiebte es doch vor dem starken Arm der Hussiten[263], und die Hoffnung, die Letzteren zu besiegen, war abermals vergeblich gewesen. So dachte man denn daran, weil Feuer und Schwert sich als wirkungslos erwiesen, andere Mittel aufzufinden, welche sicherer zum Ziel führen würden, und man fand sie auch, diese Mittel! Natürlich aber waren sie keine anderen als «List und Betrug», denn wer könnte vom Pfaffentum etwas Besseres erwarten? Man erinnerte sich nämlich plötzlich an die weit auseinandergehenden Glaubensgrundsätze der Utraquisten und Taboriten und beschloss sofort, die Ersteren durch einige «scheinbare» Konzessionen zu gewinnen, um dann die hierdurch allein gelassenen Taboriten umso sicherer vernichten zu können; denn, wenn man erst so weit war, so konnte man ja immerhin die Konzessionen wieder zurücknehmen und danach auch die Utraquisten dem Untergang weihen! Diese List wurde klug genug eingefädelt und vermittelst des Konzils zu Basel zur Ausführung gebracht. Man sagte den Utraquisten: «Ihr seid ja nur in ganz Wenigen, nämlich hauptsächlich in der Lehre vom Abendmahlskelch von uns, den Katholischen verschieden, warum solltet ihr euch also nicht, wenn wir euch im Abendmahlskelch nachgeben, mit uns wieder vereinigen können?» Eine solch listige Sprache fand bei den utraquistischen Baronen, welche des verwüstenden Krieges, wie man sich denken kann, längst müde waren, leicht Eingang und zwar umso leichter, als die Taboriten, deren größter Teil den niedersten Volksklassen angehörte, offenbar nicht bloß die religiöse, sondern auch die bürgerliche Freiheit anstrebten. So wurde denn im Januar 1434 ein Landtag nach Prag ausgeschrieben und auf diesem erschienen als Gesandte des Papstes der schlaue Karidnal Polomar und der ebenso schlaue Bischof Philibert von Konstanz. Sie brachten eine vorher auf dem Basler Konzil aufgesetzte

---

[263] Das Heer der Kreuzfahrer, welches Kurfürst Friedrich von Brandenburg und Karidnal Julian anführten, zählte nicht weniger als 40000 Mann zu Pferde, 90000 Mann zu Fuß, 9000 Kriegswagen und 150 Kanonen. Dieser furchtbaren Masse hatte Procopius der Große, der Oberanführer der Hussiten nach Ziskas Tod, nur 5000 Mann zu Pferde, 40000 Mann zu Fuß und 3000 Kriegswagen nebst etlichen und 50 Kanonen entgegenzustellen, aber als es am 14. August zur Schlacht kam, ergriff das erbärmliche Söldnerheer der Katholiken schon nach kurzem Kampf die Flucht, indem es sowohl das Gepäck als die Geschütze im Stich ließ. So war der Sieg der Hussiten vollständig, denn sie eroberten sämtliche 150 Kanonen und erschlugen über 20000 der Kreuzhelden.

Eintrachtsformel mit, die sogenannten «Compactaten» (das ist die Übereinkunft mit der katholischen Kirche), und da in denselben festgesetzt war, dass den Böhmen der Gebrauch des Kelches im Abendmahl bewilligt sein solle, sofern sie im Übrigen in den Schoß der katholischen Kirche zurückkehren würden, so kam der Friede bald zustande.[264] Waren doch die Gemüter der Utraquisten auf solchen Ausgang der Dinge längst vorbereitet, besonders seit die beiden verkappten Katholiken Johannes von Przibram und Johannes Rocyczama, welche Letzterem noch extra päpstlicherseits das utraquistische Erzbistum von Prag versprochen worden war, die Oberleitung aller kirchlichen Angelegenheiten an sich gerissen hatten! Der Papst jubelte, als ihm dies Resultat gemeldet wurde, denn nunmehr konnte man mit Sicherheit darauf zählen, über die jetzt isoliert dastehenden Taboriten Herr zu werden.

In der Tat verbanden sich nun auch die Utraquisten bald mit den Katholischen, um das schwer heimgesuchte Land Böhmen zu befrieden. Sie wählten noch auf dem Landtag von 1434 den Alsaß Riesenburg zum obersten Feldhauptmann und beschlossen, als die Taboriten die Aufforderung, die Waffen niederzulegen und sich dem mit Rom abgeschlossenen Frieden zu fügen, verwarfen, ihre bisherigen Verbündeten sogleich mit Krieg zu überziehen. Vor allem übrigens musste die Stadt Prag besetzt werden, dieweil dieselbe der Herd des Aufstands gewesen war, und da nun zufällig der Oberanführer der Taboriten, Procopius der Große, damals gerade vor der Stadt Pilsen lag, welcher er wegen ihrer Katholizität schon lange den Untergang geschworen hatte, so hofften die vereinigten Katholischen und Utraquisten mit Leichtigkeit ans Ziel zu kommen. Ohne alle und jede Kriegserklärung wurde also die Hauptstadt Böhmens überfallen, denn man wollte mit ihr fertig werden, ehe ihr Procopius zu Hilfe kommen konnte. In der Altstadt, in welcher meist «laue» Hussiten wohnten, zeigte sich nur ein geringer Widerstand, umso stärker aber war derselbe in der Neustadt, worin die sogenannten Orebiten (sie nannten sich so nach dem Berge Horeb, waren aber von den Taboriten keineswegs verschieden, sondern bildeten vielmehr eine Sektion

---

[264] Die Utraquisten hatten ursprünglich noch zwei weitere Bedingungen emacht, von denen die erste, nämlich die, dass das Evangelium frei verkündigt werden dürfe, sogleich von dem päpstlichen Legaten angenommen wurde, jedoch mit der unschuldig klingenden Klausel, dass jeder Prediger des Evangeliums ein von der römischen Kirche ordinierter Priester sein müsse. Hierdurch aber wurde die scheinbare Konzession zum voraus total annulliert, denn natürlich war ja ein solcher Priester durchaus vom Papsttum abhängig und man konnte sich dann schon denken, welches Evangelium er predigen werde. Ebenso bereitwillig gingen die Legaten in die andere Forderung der Utraquisten ein, nämlich in die, dass die Priester und Bischöfe fernerhin kein weltliches Eigentum mehr besitzen sollten. Sie legten nämlich den Nachdruck auf das Wort Eigentum und begnügten sich mit dem Zusatz, dass das Kirchenvermögen nur «verwaltet» werden dürfe. Was konnte ihnen daran liegen, ob man das Ding so oder so nannte, wenn es nur in der Hauptsache beim Alten blieb?

derselben, oder wenn man so will, «einen besonderen Schlachthaufen» mit eigenem Anführer) ihren Sitz hatten und es begann sofort ein blutiger Kampf, der nicht weniger als drei volle Tage dauerte. Doch war es eigentlich weniger ein Kampf, als ein wildes Massaker, denn von Schonung war gegenseitig keine Rede. Erst am Abend des dritten Tages, nachdem nicht weniger als zweiundzwanzigtausend Orebiten (Männer, Frauen und Kinder untereinander) hingeschlachtet worden waren, ließ die Neustadt in ihrem Widerstand nach und bequemte sich die Compactaten anzuerkennen. Die vereinigten Katholischen und Utraquisten waren also Herren von Prag, nur deswegen hatte sich Böhmen selbst doch noch nicht unterworfen. Im Gegenteil der Hauptkampf stand erst bevor, denn nunmehr rückte Procopius der Große, welcher, nachdem er die grässliche Botschaft von dem Gemetzel in der Neustadt Prags erfahren hatte, sogleich die Belagerung von Pilsen aufhob, mit seinem kampfgeübten Heer heran. Die römisch-utraquistische Partei, wohl wissend, welch mächtiger Gegner zu überwinden war, übertrug nun den Oberbefehl dem tapferen Mainhard von Neuhaus, und dieser brachte in kürzester Zeit sein Heer auf nicht weniger als hunderttausend Mann, während Procopius kaum über dreißigtausend zu verfügen hatte. Am 30. Mai 1434 kam es bei Böhmischbrot, zwischen Lipan und Hrzrb, zur Schlacht und nie hat die Welt einen erbitterteren Kampf gesehen, als diesen. Der schwächste Teil der taboritischen Armee war ihre Reiterei und somit strengte Neuhaus alle seine Kräfte an, zuerst diese in die Flucht zu schlagen, hoffend, dass dann der übrige Teil des Feindes folgen werde. Es gelang. Die Reiterei floh; aber nun stürzte sich Procopius, umgeben von seinen tapfersten Kriegern, wie ein Rasender mitten in den Feind und so furchtbar war dieser Stoß, dass die Armee Neuhaus' trotz ihrer ungeheuren Überlegenheit beinahe gesprengt worden wäre. Wallähnlich türmten sich die Leichen um Procopius und seine Getreuen auf, und Tausende von Römischen oder Utraquisten fielen; aber auch die Taboriten litten furchtbare Not und ihr Häuflein wurde immer kleiner und kleiner. Schließlich gelang es, den tapferen Procopius zu fällen, doch nur erst als seine Hand vom Töten beinahe lahm geworden war. Ihm zur Seite fielen auch Procopius der Kleine und die meisten seiner übrigen Unteranführer. Jetzt war die Schlacht entschieden und was von den Taboriten noch lebte und nicht gefangen war, ergriff die Flucht, um sich auf die feste Burg Tabor zurückzuziehen.

Die vereinigten Katholiken und Utraquisten waren nun nach dieser großen Niederlage Herren von ganz Böhmen, nur allein die Stadt Tabor ausgenommen; aber sie benutzten diesen Sieg nicht wie Menschen, sondern – wie Mörder und Bluthunde. Gleich nach der Schlacht wurde ein großer Scheiterhaufen angezündet, in welchen man sofort alle Gefangenen warf. Nach dieser glorreichen Tat zerteilte sich das Heer im Land herum, um überall nach verborgenen Taboriten zu fahnden, und wo man eines derselben habhaft werden konnte, da wurde er auch sogleich dem Feuer übergeben. Mord und nichts als Mord war die Losung, gerade wie ehemals im südlichen Frankreich! Doch gelang es keineswegs, alle Taboriten umzubringen, sondern die in der Stadt und Burg Tabor Eingeschlossenen hielten sich noch mehrere Jahre lang mit den Waffen in der Hand, bis sie sich endlich, des Kämpfens müde, im Jahr 1453 nach der Grenze von Schlesien und Mähren auf die Güter des berühmten Georg von Podiebrand zurückzogen, um von nun an eine stille «Brüdergemeinde» zu bilden.

Durch Blut und Mord war das Papsttum abermals gerettet worden, aber die Reformation blieb deswegen doch nicht aus!

4. Kapitel.

Die Ausrottung des Protestantismus in aller Herren Länder.

Wie die große Reformation der Kirche durch Luther, Melanchthon, Zwingli, Calvin und andere begonnen und durchgeführt wurde, darüber werden die meisten unserer Leser im Klaren sein. Millionen schüttelten im Anfang des sechzehnten Jahrhunderts das furchtbare Joch ab, unter dem sie bisher hatten seufzen müssen und der Baum der Aufklärung, oder wenn man so lieber will des Urchristentums (denn die Reformation wollte ja nichts anderes als die Herstellung desjenigen Christentums, welches Christus und seine Apostel gelehrt hatten) wuchs so riesenhaft schnell in die Höhe, dass seine mächtigen Zweige sich nach wenigen Jahrzehnten fast über das ganze Europa ausstreckten. Überall, in jedem Land, wo bisher nur allein der Papismus geherrscht hatte, machte sich auch der Protestantismus geltend und an vielen Orten war es sogar nahe daran, das römische Priestertum total zu verdrängen. Nie noch, so lang es bestand, hatte das Papsttum eine stärkere Krise durchzumachen gehabt; aber auch nie griff es zu schrecklicheren Mitteln und zu scheußlicheren Taten, um seine Existenz zu erhalten. Nicht Tausende oder Zehntausende, wie in Toulouse und in Prag, nein Millionen von Menschen wurden diesmal mit einer Grausamkeit, die ihresgleichen in der Weltgeschichte nicht hat, hingeschlachtet! Millionen wurden gepeinigt, gemartert, gemordet, nur allein damit Rom bestehen bleibe! Auf welche Weise nun die Päpste dies angefangen haben, wie sie in diesem und wie in jenem Land zu Werke gingen, dies wollen wir nun beschreiben. Beginnen wir mit dem Land, in welchem die Reformation ihren Anfang nahm.

I. Die Ausrottung des Protestantismus in Deutschland.

Es liegt ein Widerspruch in den Worten, welche wir soeben gebrauchten, denn der Protestantismus wurde ja in Deutschland nicht ausgerottet, sondern er hat vielmehr dort immer noch seinen Hauptsitz und seine Hauptkraft; aber versucht wurde seine Ausrottung, versucht mit allen Mitteln, auch den schlechtesten, und auch gelungen ist sie, diese Ausrottung, zwar nicht überall, aber doch in einem großen Teil des Landes. Gelungen ist sie an vielen, vielen Orten, in welchen die neue Lehre bereits festen Fuß gefasst, gelungen durch die Mittel des Feuers und des Schwertes, gerade wie zu den Zeiten der Ketzerkreuzzüge! Ja sogar die Tatsache, dass von den 42 Millionen Deutschen etwa 19 Millionen Protestanten geblieben sind und vom Papsttum nicht überwältigt werden konnten, sogar diese Tatsache haben wir nur dem Umstand zu verdanken, dass das deutsche Kaiserreich von jeher aus verschiedenen kleineren Monarchien bestand, welche dem Obermonarchen, das ist dem Kaiser, immer nur eine bedingte Untertanenschaft zugestanden. Hätten die Habsburger dieselbe Macht über Deutschland besessen, wie die Valois und Bourbonen über Frankreich, dann wäre der Protestantismus Deutschlands schon im sechzehnten Jahrhundert sicherlich mit derselben Vollständigkeit ausgemerzt worden, als es später im siebzehnten und achtzehnten Jahrhundert der Hugenottismus in Frankreich wurde, denn die Habsburger waren seit der Begründung ihrer Macht so sehr «Männer nach dem Herzen der Päpste», dass diese Letzteren mit ihnen allen, einige ganz wenige Ausnahmen abgerechnet, stets anfangen konnten, was sie wollten.

«Vernichtung der Ketzer, d. i. der Lutheraner» (denn Lutheraner, Reformierte, Protestanten usw. haben in den Augen der Katholischen die gleiche Bedeutung, wie Ketzer) war von der ersten Minute an, da Luther auftrat, das Stichwort der Päpste und es wurde daher schon Clemens VII. im Jahr 1529 bitterböse, als Kaiser Karl V., mit dem er deshalb in Bologna zusammenkam, aus politischen Gründen sich weigerte, mit dem Schwert dreinzuschlagen, um auf diese Weise das Bannurteil des Papstes gegen die Lutheraner mit Gewalt zu vollziehen. Weit glücklicher war Papst Paul III. (1534-50), denn ihm gelang es im Jahr 1547, den ersten wirklichen Religionskrieg in Deutschland, den sogenannten schmalkaldischen, zu entzünden, aber umso wütender wurde sein Nachfolger Julius III., als der Kaiser am 31. Juli 1552, trotzdem ihm der Papst eine Hilfsarmee von 15000 Mann, ferner eine Kriegssteuer von 2000000 Dukaten, weiter die Beschlagnahme verschiedener Klostergüter in Spanien und endlich eine Menge verschiedener anderer Vorteile anbot, um den Krieg fortzusetzen, dennoch mit den Protestanten den sogenannten Passauer Vertrag abschloss, wodurch Letztere uneingeschränkte Religionsfreiheit erhielten! Eine noch viel bitterere Pille bekam einige Jahre später Paul IV. zu schmecken, als im Jahre 1555 in Augsburg gar ein Religionsfrieden abgeschlossen wurde. Ein Religionsfrieden? Als ob der Protestantismus statt einer bloßen Ketzerei eine Religion wäre! Paul IV. protestierte und verlangte von Kaiser Karl unter heftigen Drohungen, dass der abgeschlossene Reichstagsbeschluss für null und nichtig erklärt werde, «indem es an der Zeit sei, die Lutheraner mit Stumpf und Stiel auszurotten,» aber Karl V. konnte auf dieses Verlangen des Papstes nicht eingehen, weil er befürchten musste, dadurch einen Krieg zu erzeugen, der ihn die Kaiserkrone kosten könnte. So mussten die Päpste trotz ihres Zorns es erleben, dass der Protestantismus in Deutschland immer mehr erstarkte und sogar im Begriff war, den Katholizismus ganz zu verdrängen. Aber – sein Ziel ließ deswegen Rom doch nie einen Augenblick aus den Augen und endlich, endlich kam der Tag der Rache! Schon am 10. Juli 1609 war es dem Legaten Pauls V. gelungen, den größten Teil der katholischen Fürsten Deutschlands zu bewegen, dass sie unter dem Vorsitz des Herzogs Maximilian von Bayern ein Bündnis, die sogenannte Heilige Liga, gegen den Protestantismus schlossen. Überdies wurde Kaiser Matthias, ein Mann, welcher ganz in den Händen der Jesuiten war, dahin bestimmt, dass er in dem zu zwei Dritteln protestantisch gewordenen Böhmen dem Weiterumsichgreifen der neuen Lehre ein Ende zu setzen und deshalb die Zerstörung verschiedener neu erbauter protestantischer Kirchen befahl. So war alles vorbereitet, um endlich einen Hauptschlag gegen das verhasste Ketzertum zu führen und der Papst jubelte, als am 23. März 1618 einige erbitterte protestantische Edelleute zu Prag unter Anführung des Grafen Thurn auf das Schloss stürmten und die wegen ihres Ultrakatholizismus verhassten kaiserlichen Räte Martinitz und Slawata nebst dem Sekretär Fabricius zum Fenster hinaus in den Graben hinabwarfen, denn nunmehr musste doch endlich der längst ersehnte Krieg beginnen, jener Krieg zwischen Katholizismus und Protestantismus, der zum Vernichtungskrieg des Letzteren bestimmt war und auch wirklich erst nach dreißig Jahren ein Ende nehmen sollte, obwohl nicht dasjenige, welches sich die Päpste gewünscht hatten! Freilich im Anfang ging alles so, wie man es haben wollte. Herzog Maximilian von Bayern, welchem Paul V. einen geweihten Degen sandte, damit er ihn recht oft in Protestantenblut tauche, drang in Böhmen ein, schlug am 8. November 1620 die Protestanten auf dem weißen Berg bei Prag, vernichtete die bisher bestandene Religionsfreiheit, führte die Jesuiten nach Böhmen zurück, indem er zugleich allen akatholischen Gottesdienst verbot, vertrieb alle Reformierten und Lutheraner, im Ganzen über zweihundert Adelsgeschlechter und über 30000 der gewerbefleißigsten Familien, welche sofort in Preußen, Sachsen, Holland und der Schweiz, Zuflucht fanden, konfiszierte ihre Güter im Wert von mehr als vierzig Millionen Gulden und ließ schließlich zwanzigtausend von ihnen, die weder auswandern noch zum Katholizismus zurückkehren wollten, teils mit dem Schwert hinrichten, teils öffentlich verbrennen. Alles aber, wie natürlich, alles im Namen Christi, der nur Liebe predigte! Doch einige Jahre später wendete sich das Kriegsglück, besonders als der Schwedenkönig Gustav Adolph über die Ostsee herüber kam und die beiden großen Heerführer der Katholischen, Tilly und Wallenstein, schlug; aber da es natürlich nicht unsere Absicht sein kann, eine Geschichte des dreißigjährigen Krieges zu schreiben, so begnügen wir uns damit, anzuführen, dass alle während jener Kriegsdauer regierenden Päpste, Paul V., Gregor XV., Urban VIII. und Innozenz X., den gleichen Eifer zeigten, das Kriegsfeuer zu schüren und die katholische Partei sowohl mit Geld als mit Truppen zu unterstützen. Das am süßesten duftende Opfer war ihnen «Ketzerblut» und alle Hebel der Überredungskunst wurden in Bewegung gesetzt, um die katholischen Fürsten, besonders den Kaiser Ferdinand II., immer aufs Neue zu inflammieren, dass sie in der Ketzervertilgung nicht nachließen. Endlich im Jahr 1648 nahm dieser grässliche Krieg ein Ende, aber nur erst nachdem Tausende von Städten und Dörfern in Asche gelegt und die Hälfte der Einwohnerschaft Deutschlands ausgerottet, die andere Hälfte aber an den Bettelstab gebracht worden war! Das sonst so schöne und blühende Land glich großenteils einer Einöde und die Menschen, durch dreißigjähriges Elend herabgekommen, hatten zum Teil nicht nur Religion und Sittlichkeit, sondern auch alles menschliche Gefühl verloren. Kurz der Zustand Deutschlands war ein schauderhafter und darum geriet alle Welt in ein förmliches Entzücken der Dankbarkeit gegen den Allmächtigen, als endlich die Kämpfenden des Mordens müde wurden und sich die Herzen der Fürsten zu einem Friedensschluss neigten, welcher denn auch in der Tat zu Münster und Osnabrück unter für beide Teile ehrenwerten Bedingungen abgeschlossen wurde. Auf der ganzen weiten Erde gab es niemanden, der sich dieses Friedenswerkes nicht gefreut hätte, nur einen Einzigen ausgenommen. Und wer war dieser eine? Niemand anders als der Papst Innozenz X., welcher nicht nur während der in Osnabrück schwebenden Verhandlungen durch seinen Legaten Chigi gegen den Friedensschluss protestieren ließ, sondern sogar unter dem 26. November 1648 eine Bulle ausfertigte, in welcher er, nachdem der Frieden bereits abgeschlossen war, die zwischen den Katholiken und Protestanten abgeschlossene Übereinkunft, als der Religion zuwider und die Rechte des Papstes verletzend, für null und nichtig, für ungerecht und unbillig, für verworfen, eitel und verdammt erklärte; ja in welcher er zugleich aussprach, dass jener Friede ohne allen Einfluss und Erfolg für die Vergangenheit, Gegenwart und Zukunft sei, sowie dass niemand, und hätte er sich auch durch den feierlichsten Eid gebunden, sich im Einzelnen oder im Ganzen an ihn zu halten habe! So Innozenz X. Er allein verfluchte, was die ganze übrige Menschheit segnete! Doch wie die Welt jene Bulle ansah, das sieht man am besten daraus, dass man dieselbe «sogar in Österreich» von den Kirchtüren, an welche sie die päpstlichen Legaten anschlugen, abriss und öffentlich verbrannte!

Von jener Zeit an hatte der Protestantismus in Deutschland ein auch von den katholischen Mächten anerkanntes gesetzliches Recht zur Existenz. Es sollte fernerhin im ganzen Reich niemand seiner Religion wegen verfolgt werden, sondern vielmehr allen Christen, ob sie nun den Namen katholisch oder lutherisch oder auch reformiert führten, gestattet sein, an allen Orten und in allen Städten des Vaterlandes nach ihrer Weise zu Gott zu beten. So schrieb es der westfälische Frieden vor und sicherlich wäre dieser Frieden überall gehalten worden, wenn nur einer nicht gewesen wäre, nämlich der Papst zu Rom. Aber er kannte keine Duldung, ja er konnte sogar keine kennen, wenn er die Grundsätze des Papsttums nicht verleugnen wollte! Er als Papst, Er, der sich den Urquell und das Zentrum des Christentums nannte, Er konnte doch solche Menschen, die ihm nicht als ihrem Oberhaupt gehorchten, unmöglich als Christen ansehen! Er, von dessen Vorfahren die berühmte Ketzerverbrennungsbulle: «In coena domini»,[265] welche grundsätzlich alle Jahre öffentlich in den Kirchen Roms verkündigt wurde, ausgegangen war, Er konnte doch unmöglich aufhören, auf Mittel zu sinnen, welche den Untergang der Ketzer zur Folge haben mussten! Darum, wenn nun auch in Deutschland der «Ketzermord im Großen», weil die Fürsten ihre Hand nicht mehr dazu boten, aufhörte, so wurde deshalb doch fortgefahren, alles, was nicht katholisch war, auf jegliche, selbst die ungerechteste und gewalttätigste Weise zu verfolgen und zu bedrücken, indem man hoffte, dass hierdurch den Akatholiken ihr Glaube verleidet und sie infolgedessen bewogen werden könnten, zur römisch-katholischen Kirche zurückzukehren. Derlei Verfahren fand besonders im Österreichischen statt, weil dessen Regenten sich meistenteils von den Jesuiten am

---

[265] Die berüchtigte Bulle (man heißt sie die «Nachtmahlsbulle», weil sie mit den Worten «in coena domini» anfängt) rührt in ihrem ersten Entwurf ohne Zweifel von dem überstolzen Bonifaz VIII. her, wurde aber von Urban V., Julius II., Paul III., Gregor XIII. und namentlich von Pius V., sowie von Urban VIII. weiter ausgebildet und vervollkomnet, wie denn auch die beiden letzeren Päpste verordneten, dass dieselbe jedes Jahr am Gründonnerstag von allen katholischen Kanzeln der ganzen Welt herab verlesen werden sollte. Leider (für die Päpste nämlich) ging man in vielen Staaten nicht hierauf ein, indem ihr Inhalt doch gar zu großen Anstoß erregte; allein im Kirchenstaat und besonders in Rom wird sie jetzt noch alle Jahre an besagtem Tag verkündigt, «denn ihr Inhalt ist das wahre Konterfei dessen, was die Päpste wollen, denken und fühlen.» Einmal nämlich ist in ihr zu lesen, wie der Papst der Oberherr sei über die ganze Christenheit und zwar nicht bloß über den Klerus und die Bischöfe, sondern auch über die Fürsten, Könige und Kaiser. Zum zweiten steht darin der furchtbare Fluch, dem jeder verfällt, welcher in irgendetwas dem Papst oder überhaupt die römische Katholizität beleidigt. «Verflucht und gebannt werden im Namen Gottes des Vaters, Sohnes und heiligen Geistes, sowie der seligen Apostel Petrus und Paulus, erstens alle Hussiten, Wycliffiten, Lutheraner, Zwinglianer, Calvinisten, Hugenotten, Anabaptisten, Trinitarier, Unitarier, sowie alle und jede andere Ketzer; zweitens alle diejenigen, welche einen Ketzer aufnehmen, ihn verteidigen, oder sich nur wohlwollend gegen ihn bezeugen; drittens jeder, welcher ein religiöses Buch, das ohne die Sanktion des apostolischen Stuhls erschienen ist, kauft, liest, druckt, verbreitet, im Haus hat oder auf irgeneine Weise begünstigt; viertens alle Universitäten, Kollegien und Domkapitel, wenn sie an ein Konzilium appellieren; fünftens alle diejenigen, welche es verhindern, dass Gelder, Lebensmittel usw. an den päpstlichen Hof geführt werden oder welche gar Einkünfte des apostolischen Stuhls in Beschlag nehmen; ferner diejenigen, welche dem Klerus Abgaben auflegen und sollten es auch Kaiser und Könige sein, diejenigen, welche sich in die Rechtssachen des Klerus mischen und die geistlichen Angelegenheiten der päpstlichen Gerichtsbarkeit entziehen, diejenigen, welche den Befehlen der Päpste oder ihrer Legaten, Kommissare und Nuntien Widerstand entgegensetzen usw., schließlich jeder, dem dem Papst nicht so gehorcht, wie man Gott gehorchen muss!»

Gängelband führen ließen, ein mehr ins Große gehendes Beispiel aber lieferte auf den Antrieb Papst Benedikt XII. zu Anfang des achtzehnten Jahrhunderts der Erzbischof von Salzburg, Leopold Freiherr von Firmian. Obgleich nämlich sein Herrschergebiet zwischen dem gut katholischen Österreich und dem orthodoxeren Bayern eingeklammert lag, und obgleich man nicht glauben sollte, dass Untertanen eines Kirchenfürsten je ketzerisch denken lernen würden, so hatte der evangelische Glaube doch schon sehr früh, gleich nach dem Beginn der Reformation, in den Gebirgstälern des Salzburgischen Kreises Eingang gefunden. Allerdings ergriff der damalige Erzbischof Matthäus Lange von Wellenburg augenblicklich die strengsten Maßregeln und ließ z. B. den früheren Franziskanermönch Georg Schärer, der zu Radstadt das Evangelium predigte, sowie den feurigen Stöckel, einen Pfarrer im Gebirge, enthaupten, aber das Luthertum wurde dadurch nicht unterdrückt, sondern jedes Märtyrertum erwarb ihm vielmehr neue Anhänger. Nach kurzer Zeit war die lutherische Bibel das einzige Gebetbuch, welcher der Gebirgsbewohner Salzburgs noch anerkannte; ja ein Dutzend Jahre später hatte sich der Protestantismus selbst in der Stadt Salzburg festgesetzt, und unter dem Erzbischof Markus Siticus, Grafen von Hohen-Ems, wagten es einige Gemeinden im Gebirge gar vollends, «seine bischöfliche Gnaden um einen protestantischen Pfarrer zu ersuchen!» Markus Siticus zeigte sich jedoch schnell besonnen, schickte ein paar Dutzend Kapuziner nebst einigen Hundert Soldaten in die Gebirge, überzeugt, dass die Leute durch eine vom Schwert unterstützte Bußpredigt am besten zur Raison gebracht werden könnten. In der Tat verrechnete er sich auch nicht, denn alles kehrte sofort, wenigstens äußerlich, zum Katholizismus zurück, obwohl an heimlichen Orten immer noch verborgene Zusammenkünfte stattfanden. Während des dreißigjährigen Krieges jedoch, der merkwürdigerweise für Salzburg eine lange Zeit des Glücks brachte, erhob der Protestantismus von neuem und ungescheut sein Haupt. Damals herrschte nämlich Erzbischof Paris, ein ebenso feingebildeter und humaner als kriegskundiger und staatskluger Mann, und dieser wusste sämtliche Gebirgspässe, welche in sein Land führten, so gut zu verteidigen, dass in jenen ganzen dreißig Jahren kein fremder Soldat sein Gebiet betrat. Aber natürlich dachte er auch, so lange der Krieg währte, nie daran, irgendeinen seiner Untertanen «des Glaubens wegen» zu verfolgen, denn seine ganze Macht beruhte ja nur in der Einigkeit seiner Untertanen, und er brauchte, wie man sich denken kann, deren Gesamtstärke, um die Angriffe des Feindes abzuwehren. Weit bigotter war sein Nachfolger, Erzbischof Maximilian Gandolf, welcher zur Methode der gewaltsamen Bekehrung zurückgriff, doch gab auch er sich bald zufrieden, als er merkte, dass solche Verfolgungen ihm nichts eintrugen, sondern vielmehr umgekehrt sehr kostspielig waren. Ebenso ruhig verlief das Regiment des Erzbischofs Franz Anton, eines geborenen Grafen von Harrach (1709 bis 1727), denn, wenn man auch unter der Hand nie aufhörte die Ketzer zu quälen, so tat man ihnen doch keine offene Gewalt an.

Eine ganz andere Zeit aber begann, als Leopold Anton Freiherr von Firmian am 3. Oktober 1727 den erzbischöflichen Stuhl bestieg. Er war geizig, und da er für das Pallium hunderttausend Taler nach Rom hatte zahlen müssen, so lag ihm natürlich daran, solches Geld aus seinen Untertanen wieder herauszupressen. Überdies kostete ihn seine Geliebte, die Gräfin von Arco, viel Geld und für die aus dieser Liebschaft entsprossenen Jungen musste doch auch gesorgt werden. Neben dem Geiz besaß er übrigens noch eine andere Leidenschaft, nämlich den Ehrgeiz, und darum trachtete er nicht bloß danach, den Kardinalshut zu bekommen, sondern auch das Bistum Passau, welches sich dreißig Jahre zuvor von Salzburg unabhängig gemacht hatte, wieder unter seine Metropolitan-Herrschaft zu bringen. Da nun aber beides nicht anders zu erlangen war, als nur allein durch den Papst, so ersann er mit Hilfe seines Buchhalters und Kanzlers Hieronymus Christian von Räll einen wirklich teuflischen Plan, die Gunst des damals regierenden Benedikt XII. zu erringen. Die beiden beschlossen nämlich, sämtliche protestantischen Salzburger entweder mit Gewalt zu bekehren oder sie der Vernichtung zu weihen, um so dem Papst zu zeigen, dass das Interesse der römischen Kurie ihnen über alles gehe. Freilich musste man sich der westfälischen Friedensartikel wegen davor hüten, die Ketzer ohne weiteres zu verbrennen, aber man konnte sie ja so lange quälen und drangsalieren, bis sie in der Verzweiflung zur Rebelliion griffen und dann hatte man das Recht, sie entweder hinzurichten oder aber des Landes zu verweisen und ihre Güter zu konfiszieren. Es war ein prächtiger Plan, und die 50000 Florin, welche Räll von der römischen Kurie dafür erhielt, wohl wert!

Natürlich ging man sogleich an die Ausführung des Vorhabens und eine Menge von Jesuiten durchzogen sofort das ganze Land, um überall zur Buße zu mahnen, die Abgefallenen zu bekehren und besonders nach verbotenen Schriften, d. h. nach der Übersetzung der Bibel oder des Neuen Testaments zu fahnden. Wer ein solches Buch hatte und es verleugnete, wurde als ein Verbrecher behandelt und entweder ins Gefängnis gesteckt, in welchem er Monate lang, ohne Verhör, schmachten konnte, oder aber frischweg über die Grenze geschafft und ihm die Wiedereintritt ins Land bei Todesstrafe verboten. Hierbei zeigte sich der Amtmann von Werfen, mit Namen Franz Roman von Wetzel, besonders eifrig, denn um dem Erzbischof und dessen Kanzler zu gefallen, ließ er elf Familienväter, als verdächtig vom katholischen Glauben abgefallen zu sein, in den Turm werfen und behandelte sie darin derartig, dass sie bald versprachen, von nun an wieder den Rosenkranz zu beten, und ihm sogar noch überdies eine bedeutende Geldsumme als Lösegeld zahlten. Die Rechtsverletzung war eine schreiende, aber trotzdem wurde Roman von Wetzel nicht zur Verantwortung gezogen, sondern sogar wegen seines Diensteifers höheren Orts belobt, und nun natürlich, als sie dies sahen, ahmten die übrigen Amtleute des Salzburgischen Gebiets dem Amtmann von Werfen nach, bemüht, ihn wo möglich noch zu übertreffen. Bald waren alle Gefängnisse überfüllt, doch wurde niemand herausgelassen, als bis er der Ketzerei abgeschworen hatte. Die Gefangenschaft war übrigens nicht die einzige Qual, die man den Verdächtigen antat, sondern es gab auch noch viel raffiniertere Strafen, indem man z. B. einem Evangelischen jedes ehrliche Begräbnis verweigerte, so dass dem Sarg nicht nur kein Geistlicher folgen, sondern auch keine Glocke und kein Gesang ertönen durfte. Überdies musste der Tote auf irgendeinem Winkel beerdigt werden und was dergleichen Schmach mehr ist. In alle Häuser drangen die katholischen Priester ein, tauften die Säuglinge gewaltsam nach römischer Weise, malten den Weibern die ewige Verdammnis vor und verfluchten die ganze Familie bis in die unterste Hölle hinab, sofern nicht aller Gedanke an den Protestantismus aufgegeben werde. Den Katholischen verbot man natürlich allen Umgang mit den Ketzern, um die Letzteren vollständig zu isolieren, und überhaupt tat man alles, um die Evangelischen so elend als möglich zu machen. Nahm man ihnen doch sogar ihre bürgerlichen Rechte, indem kein der Ketzerei Verdächtiger als Taufpate oder überhaupt als Zeuge in einer Rechtssache zugelassen wurde! In solch großer Not fingen die Protestanten an, nächtlicher Weile an geheimen Orten sich zu versammeln, teils um sich gegenseitig aus dem Wort Gottes zu trösten, teils aber auch, um sich zu besprechen, wie diesem grenzenlosen Druck abgeholfen werden könnte. Kaum jedoch hatte Kanzler Räll von derlei Versammlungen Nachricht erhalten, so beeilte er sich, dieselben als Aufrührer zu behandeln, und Eilboten nach Wien zum Kaiser zu schicken, damit dieser ihm Truppen gegen die Rebellen bewillige. Aber auch die Protestanten hatten den Gedanken gefasst, Eilboten nach Wien und Regensburg zu senden, wo die Gesandten der evangelischen Stände tagten, um sich über die Verletzung des westfälischen Friedens zu beklagen, und in der Tat war es einigen ihrer Boten gelungen, nach Regensburg zu kommen, obwohl die Gebirgspässe sorgsam bewacht und die meisten der Abgesandten als Rebellen verhaftet wurden. Die evangelischen Stände in Regensburg nahmen sich der Unterdrückten an und ließen im April 1731 «eine Vorstellung» an den Erzbischof ergehen, sowie sie auch den Kaiser ersuchten, der Sache seine Aufmerksamkeit zu schenken. Doch was war die Folge hiervon? Der Erzbischof erklärte, seine protestantischen Untertanen seien «offene Empörer», und verschärfte deswegen die früher gegen dieselben ergriffenen Maßregeln noch ums Doppelte, indem die Aufruhrakte verkündigt und jedes Zusammenstehen von mehr als vier Personen für Rebellion erklärt wurde. Hieraus leitete man das Recht ab, mit den Protestanten anzufangen, was einem beliebte; aber da man sich keinen einzigen der Ketzer entgehen lassen wollte, so lag natürlich viel daran, ein genaues Verzeichnis sämtlicher Anhänger des Evangeliums in die Hände zu bekommen. Somit erklärte auf einmal Kanzler Räll, es sei der Regierung darum zu tun, alle Beschwerden ihrer protestantischen Untertanen kennen zu lernen, damit die bürgerliche Stellung derselben gesetzlich reguliert werden könnte, und verfügte sich um Jakobi 1731 persönlich von Amt zu Amt, um alle Beschwerden zu vernehmen und zugleich die Namen und das Vermögen der Protestanten aufzuzeichnen. Voll Freude, dass es nun endlich mit den Plackereien aus sein werde (der Kanzler gab, um die Leute kirre zu machen, die Erlaubnis, den evangelischen Glauben «innerhalb der Häuser» zu bekennen), eilten die Protestanten, sich in das Ketzerverzeichnis eintragen zu lassen und siehe da, es stellte sich sofort heraus, dass sich im Gebiet des Erzbischofs nicht weniger als 20.67 % Protestanten, worunter 850 reiche Familien, befanden. Kaum war man mit diesem Geschäft fertig geworden, so warf Räll die Maske ab und die Verfolgungen begannen aufs Neue. Ja man verfuhr sogar noch weit grausamer als zuvor, und zum Zeichen, was da kommen werde, ließ der Dechant zu Werfen die lutherischen Bibeln, welche man konfisziert hatte, auf öffentlichem Marktplatz verbrennen. Gleich darauf, schon im September 1731, rückten 6000 Mann kaiserlicher Truppen im Salzburgischen ein, angeblich, um die geheimen Versammlungen der Rebellen zu unterdrücken, in Wahrheit aber, um das Ketzertum mit Gewalt auszutreiben. Natürlich quartierte man die Soldaten nur allein bei den Evangelischen ein, denn man kannte dieselben ja nunmehr, und es begann sofort ein Plünderungssystem, wie man es sich grässlicher nicht denken kann. Der Soldat hauste wie in Feindesland und kannte nur Raub und Gewalttat. Bis aufs Blut ausgesogen, konnte bald kein Evangelischer mehr eine Steuer bezahlen und nun konfiszierte man sämtliches Eigentum, indem man die Leute als Bettler aus den Häusern trieb. Wer ein böses Wort fallen ließ oder auch nur eine schiefe Miene machte, wurde gefasst und, mit einem andern zusammengeschmiedet, ins Gefängnis geworfen; diejenigen aber, welchen es gelang, in die Gebirge zu entkommen, jagte man wie die wilden Tiere und schoss sie nieder, als wären sie Hasen. Noch schlimmer als die Männer war das weibliche Geschlecht daran, denn die entfesselten Begierden kannten keine Schonung jungfräulicher Ehre und nicht wenige, welche der Schande entgehen wollten, wurden unbarmherzig in den Tod getrieben. Kurz, es ist unmöglich, alle die Greuel zu schildern, welche in diesem Vernichtungskampf des Katholizismus gegen den Protestantismus verübt wurden, und es wäre kein Wunder gewesen, wenn letzterer endlich zu den Waffen der Wiedervergeltung gegriffen hätte. Doch hierzu kam es nicht, wohl aber zu etwas anderem.

Am Sonntag vor St. Lorenz fanden sich mehr als hundert alte Männer, gleichsam als Abgeordnete der verschiedenen protestantischen Gemeinden Salzburgs, in der einsamen Kluft des Dientnertales, unweit St. Veit an der Salzach, zusammen und hielten Rat, wie dem allgemeinen Elend abzuhelfen wäre. Sie sahen aber keinen anderen Ausweg, als Auswanderung, und so wurde denn beschlossen, ein anderes Vaterland zu suchen, unter welchem Himmel es auch sei. Sofort erboten sich einige der Kühnsten unter ihnen, ihr Leben zu wagen und über die höchsten Gebirge zu klettern, um sich mit den protestantischen Fürsten Deutschlands in Verbindung zu setzen. Auch gelang es in der Tat zweien, (die anderen wurden alle ergriffen und erschossen) über die Grenzen zu entkommen, und diese wandten sich nun an die mächtigsten protestantischen Regierungen Europas, namentlich

England, Schweden und Preußen, damit ihnen diese das Recht der Auswanderung auswirkten. Damals saß Friedrich Wilhelm auf dem Thron von Preußen und dieser sah sogleich ein, welchen Vorteil es ihm bringen würde, wenn er seinen wenig bevölkerten Landschaften die Salzburgische Emigration zu werben könnte. Kaum hatte er aber diese Einsicht gewonnen, so drang er auch mit aller Macht darauf, dass der Erzbischof all denen, welche sein Land verlassen wollten, freien Abzug gewähre. Ja, er erklärte kurzweg, dass er die katholischen Untertanen seines Reiches gerade so behandeln würde wie der Erzbischof die Salzburger, wenn Letzterer noch weitere Schwierigkeiten mache. Nun endlich gab der Kirchenfürst nach. Aber wie gab er nach? Er befahl nun die Auswanderung, statt sie zu erlauben, d. h. er jagte die Auswanderungslustigen mit Hilfe der kaiserlichen Dragoner aus dem Land, ohne ihnen Zeit zu lassen, ihr Eigentum zu verwerten und sich zu der vorgehabten großen Reise vorzubereiten. Mitten im Winter mussten sie fort, dem grässlichsten Unwetter preisgegeben, und wer nicht gehen wollte, wurde mit den Bajonetten hinausgetrieben. Den Katholischen sagte man, sie sollten doch den Ketzern nichts abkaufen, weil sie ja wenige Tage später von den herrenlosen Gütern unentgeltlichen Besitz nehmen könnten und jene natürlich ließen sich solches nicht zweimal sagen. Gelang es aber dennoch, dem einen oder dem andern der Protestanten, sich eine Barsumme zu verschaffen, so wusste man ihm dieselbe unter dem Titel von «Abzugsgeldern» abzunehmen, und man ließ nicht nach, als bis alle, ehe sie die Grenzen überstiegen, in Bettler verwandelt waren. Das war aber noch nicht einmal das Ärgste, sondern die religiösen Torturen übertrafen noch bei weitem die körperlichen. In der Stadt Salzburg nämlich, welche alle Auswanderungslustige, um Pässe zu erhalten, passieren mussten, hielt man sie wochenlang hin, stahl ihnen ihre Kinder unter dem Vorwand, dass diese erklärt hätten, katholisch werden zu wollen, und bediente sich überhaupt der verworfensten Mittel, um sie für die katholische Kirche zu retten. Aber alles war vergeblich. Je größer die Not, je furchtbarer der Druck, und je tiefer das Elend wurde, umso mehr wuchs die Begeisterung und kein einziger Evangelischer wollte zurückbleiben. In kurzer Zeit hatten achtzehntausend Menschen ihrem Vaterland den Rücken gekehrt, und an manchen Orten sah es so öde aus, als wäre die Pest hindurch gezogen. Aber was lag dem Fürst-Erzbischof daran? «Ich will keine Ketzer mehr im Lande wissen,» erklärte er, «und wenn Dornen und Disteln auf den Äckern wachsen sollten!» Für solch gutkatholische Gesinnung wurde er auch vom Papst großartig belohnt, denn Clemens XII,. gab ihm den Titel «Excelsus», das ist zu Deutsch «Hoheit»!

Später freilich ersah die neue Hoheit zu ihrem Schrecken, dass, je mehr die Bevölkerung abnahm, desto weniger Gelder in den Fiskus einliefen, und um also wenigstens den letzten Rest der Protestanten festzuhalten, ließ der Erzbischof allen seinen noch übrigen Untertanen folgenden Eid abfordern: «Ich schwöre zu dem lebendigen Gott und allen Heiligen, dass ich nicht allein zu dem alleinseligmachenden römisch-katholischen Glauben mit Herz und Mund mich bekenne, sondern auch glauben will, dass diejenigen, welche ausgewandert sind oder noch auswandern werden, wirklich zum Teufel fahren.» Jedoch dieses plumpe Mittel, die Leute vom Fortziehen abzuhalten, hatte gerade die umgekehrte Wirkung, denn plötzlich stiegen aus dem unterirdischen Salztempel bei Hallein an die tausend Bergleute hervor und zeigten dem Erzbischof ihr evangelisches Glaubensbekenntnis an. Da knirschte er denn doch mit den Zähnen, als er sah, dass sein herrliches Bergwerk, die beste Einnahmequelle seines Erzbistums, verwaist dastand! Den Bergleuten folgten noch etwa zweitausend Menschen nach, dann war die Auswanderung zu Ende. Im Ganzen hatten nicht weniger als zweiundzwanzigtausend das Land verlassen! Wie sah es nun aber aus? Kirchhofstille herrschte, wo früher rege Betriebsamkeit fröhliches Leben verbreitet hatte, und ganze Menschenalter gingen vorüber, ehe der ungeheure Riss sich nur wieder notdürftig zusammenfügte; dagegen aber konnte der Erzbischof voll Stolz sagen, dass in seinem ganzen Land kein einziger mehr lebe, der nicht den Rosenkranz bete und vor den Heiligen auf den Knien liege. Von jener Zeit an gab es übrigens in unserem Vaterland keine Ketzerverfolgungen «im Großen» mehr, denn man sah von Seiten der verschiedenen Regierungen ein, dass dieselben mehr Schaden als Nutzen brächten, und somit musste der Papst für die Zukunft des Vergnügens, einen Religionskrieg angefacht zu haben, für Deutschland wenigstens entbehren.

2. Die Ausrottung des Protestantismus in Frankreich.

Wie in Deutschland so hatte sich auch der Protestantismus in Frankreich sehr stark verbreitet, obgleich sowohl König Franz I. als auch sein Sohn Heinrich II. äußerst streng gegen die Bekenner der neuen Lehre auftraten und teils in der Stadt Paris, teils in Aix und Toulouse Verschiedene derselben auf dem Scheiterhaufen rösten ließen. Aber die Ruhe und Freudigkeit, mit welcher die zum Tode Verurteilten starben, erschien als ein Zeichen der Wahrheit ihrer Lehre und vermehrte demnach die Zahl ihrer Bekenner, statt sie zu vermindern. Dazu kam noch, dass der Hauptverbreiter der neuen Lehre, Jean Chauvin (Calvin) von Royon in der Picardie, durch Geburt, Sprache und Sitten den Franzosen nahe stand und in der geistreichen Königin Margaretha von Navarra, der Schwester Franz I., eine mächtige Gönnerin und Beschützerin fand. So verbreitete sich die neue Religion mit wunderbarer Schnelligkeit über alle Stände und Volksklassen und die besten Köpfe, die gelehrtesten Männer der Nation, die reichsten Bürger, sogar der vornehmste Adel und selbst einige Personen des Königshauses wurden heimliche Anhänger derselben. Offen jedoch wagten sie nur selten hervorzutreten, weil man jeden, der sich freimütig zum Calvinismus bekannte, ohne weiteres verhaftete und hinrichtete. Eine ganze andere Ära aber sollte für die Calvinisten oder Reformierten beginnen, als nach dem Tode Heinrichs II. im Jahr 1559 Franz II. den französischen Thron bestieg.

Der neue König nämlich, ein siebzehnjähriger, an Geist und Körper gleich schwacher Jüngling, war unfähig, die Zügel der Regierung selbst zu lenken, und Frankreich bedurfte daher notwendig einer Regentschaft. Aber wem sollte diese letztere zufallen? Der Katherina de Medici, als der Mutter des Königs, den Herzogen von Bourbon als den nächsten Verwandten des Königshauses, oder den Prinzen von Guise, als den angesehensten Edelleuten des Staates? Die «Guisen» stammten von dem uralten Haus der Herzöge von Lothringen ab, indem während der Regierung Franz I. Claudius, der zweitgeborene Bruder des Herzogs von Lothringen, die Grafschaft Guise in der Picardie erheiratete, eine Grafschaft, welche sofort von König Franz zum Herzogtum erhoben wurde. Im Jahr 1559 war das Haupt der Familie Herzog Franz von Guise, der älteste Sohn des Claudius, ein Mann von großer Tapferkeit, ausgezeichnetem Geist und grenzenlosem Ehrgeiz, und ihm zur Seite standen fünf Brüder, worunter der berühmteste der Kardinal Karl von Lothringen. Sie alle waren vom verstorbenen König mit Ehrenstellen überschüttet worden und hatten die Gunst desselben dazu benutzt, um einen großen Teil der Staatsstellen ihren Freunden zu verschaffen; am meisten jedoch versuchten sie ihre Macht dadurch zu festigen, dass sie als eifrige Verfechter des Katholizismus, sowie als entschiedene Gegner der neuen Religion auftraten. Die «Bourbonen» stammten von Robert, dem zweiten Sohn Ludwigs des IX. ab, indem derselbe die Grafschaft Bourbon, welche gleich darauf in ein Herzogtum verwandelt wurde, erheiratet hatte. Sie standen dem Thron am nächsten, und wenn Franz II. nebst seinen drei Brüdern ohne männlichen Erben starb, so ging das Recht der Thronfolge auf das Haupt der bourbonischen Familie, zu damaliger Zeit Anton von Bourbon, Herzog von Vendome und (durch seine Vermählung mit Johanna von Albret) Titularkönig von Navarra, sowie Besitzer der Herrschaft Bearn, über. Übrigens stand auch Anton von Bourbon, genannt König von Navarra, nicht allein da, sondern er besaß sowohl zwei Brüder, den Kardinal Karl von Bourbon, einen gutmütigen aber wenig begabten Mann, und den Prinzen Ludwig von Condé, einen kühnen und tapferen Helden, als auch verschiedene Vettern, wie z. B. den Herzog Mont-Pensier und dessen Bruder, den Prinzen von La Roche-sur-Yon. Katherina de Medici, die Witwe des verstorbenen Königs, war, wie man schon aus dem Namen sieht, eine Abkömmlingin der Herzöge von Florenz und zeichnete sich sowohl durch ihre Schönheit als auch durch ihren fast außerordentlichen Verstand, besonders aber durch die grenzenlose Verruchtheit aus, mit der sie alle ihre Pläne verfolgte.

Als einer nahen Verwandtin des Papstes Pius IV. lag ihr natürlich der Katholizismus sehr am Herzen, noch mehr aber war es ihr um das Regieren zu tun und darum beschloss sie auch, die Regentschaft an sich zu reißen, es möge kosten was es wolle.

Solches war übrigens nur möglich, wenn sie sich mit der einen der beiden sogenannten Parteien verbündete, denn nur hierdurch erlangte sie die gehörige Übermacht. Aber welchen von den beiden Konkurrenten sollte sie sich zum Verbündeten wählen, den Herzog von Guise oder den von Bourbon und Navarra? Die Wahl fiel für eine Verwandtin des Papstes nicht schwer, ohnehin als die Guisen, ganz von demselben Gedanken beseelt, ihr auf halbem Weg entgegen kamen. Der Bund wurde geschlossen und die ganze Macht zwischen Herzog Franz und Katherina de Medici nebst ihren beiderseitigen Anhängern geteilt.. Die nächste Folge hiervon war, dass die bourbonische Partei vom Hof entfernt und fast alles politischen Einflusses beraubt wurde, indem man das Haupt derselben, den König von Navarra, auf seine Besitzung Bearn verwies, den Prinzen von Condé in einer außerordentlichen Mission nach Madrid schickte und den Connetable d. i. den Generalissimus Frankreichs, Anne von Montmorency, einen nahen Verwandten der Bourbons, unter ehrenvollen Ausdrücken zur Ruhe setzte. Aber man kann sich nun wohl denken, dass die Bourbonen eine solche schmähliche Behandlung nicht mit kaltem Blut ertrugen, sondern im Gegenteil Tag und Nacht auf nichts anderes sannen, als wie sie den Guisen die Macht wieder aus der Hand reißen könnten. Besonders empört war der feurige Condé und derselbe veranstaltete daher bald mit seinen innigeren Vertrauten eine geheime Zusammenkunft auf seinem Schloss Laferte, an der Grenze von Champagne, um über das, was zu tun sei, zu beratschlagen. Unter diese Vertraute gehörte nun auch er Admiral von Frankreich, Caspar von Coligni, aus dem Hause Chatillon, ein durch seine Tapferkeit, Entschlossenheit und Kriegserfahrung hochberühmter Mann, sowie dessen Bruder Dandelot, der verwegenste und unerschrockenste Franzose, der vielleicht je geboren wurde. Von diesen beiden wusste man, dass sie der calvinistischen Religionslehre nicht abgeneigt seien. Daher kam es denn, dass, als der größere Teil der Versammlung den tollkühnen Plan, dem Despotismus der herrschenden Partei mit dem Schwert in der Hand ein Ende zu machen, zu adoptieren bereit schien, Coligni solchem Vorhaben, weil es bei der Übermacht der Gegner notwendig unglücklich ausfallen müsse, nicht nur entgegentrat, sondern auch vor allem darauf drang., sich mit den obwohl unterdrückten und verfolgten, doch zahlreichen und durch ganz Frankreich verbreiteten Bekennern der neuen Glaubenslehre in Verbindung zu setzen, um so nicht bloß eine mächtige Partei in Frankreich selbst zur Genossin zu bekommen, sondern sich auch zugleich der Beihilfe der Protestanten in Deutschland und England zu versichern. Solcher Plan fand allgemeinen Beifall. Man beschloss also einstimmig, die Guisen mit Hilfe der Protestanten zu stürzen, und beauftragte den Admiral, nebst seinem Bruder Dandelot und dem Vicedom[266] von Chartes, aus dem Haus Bourbon-Vendome, die Häupter der Calvinisten zu gewinnen, natürlich unter dem Versprechen, dass

---

[266] Ein Statthalter, Stellvertreter, Verwalter geistlicher Güter. Anmerk. d. Hg.

der Calvinismus von nun an eine in Frankreich ebenso berechtigte Religion sein solle, als der Katholizismus. So rief also die Verbindung Katherina de Medicis mit den ultrakatholischen Guisen eine entgegengesetzte Union, nämlich die der Bourbonen mit den bisher politisch unbedeutenden Protestanten hervor.

Fast aber hätte diese Verbindung gleich zu Anfang zur vollkommenen Unterdrückung des Protestantismus geführt. Es geschah nämlich, dass ein protestantischer Edelmann, mit Namen La Renaudie, ein tollkühner und über die bisher seiner Religion wegen erduldeten Unbilden äußerst erbitterter Mann, sich in der Hoffnung, die Prinzen von Bourbon werden als nunmehr erklärte Freunde des Protestantismus sein Vorhaben unterstützen, mit verschiedenen anderen Unzufriedenen verband, um die Häupter der Guisen, welche sich damals mit dem ganzen Hof in der Stadt Blois befanden, aufzuheben, und so König Franz zu nötigen, die Reichsstatthalterschaft dem Prinzen von Condé, dem Beschützer des Calvinismus, zu übertragen. Der Plan wurde jedoch verraten und die Guisen führten den König sofort von Blois auf das feste Schloss von Amboise, wo sie sich so gut als möglich verschanzten und alle verfügbaren Truppen an sich zogen. Aber als La Renaudie mit seiner tapferen Schar nachrückte und Gefahr da war, dass er das Schloss Amboise stürmen würde, so beschloss der Herzog von Guise eine List zu gebrauchen und sandte dem Anführer der unzufriedenen Calvinisten den Herzog von Nemours entgegen, mit dem Versprechen, dass die Forderungen der Protestanten, wenn sie mit Ehrfurcht vorgetragen würden, sofort bewilligt werden sollten. La Renaudie traute dem Versprechen und sandte fünfzehn seiner tapfersten Genossen als Unterhändler nach Amboise, doch kaum hatten diese das Schloss betreten, so wurden sie als Aufrührer verhaftet und gleich darauf erschossen. Über solche niederträchtige Treulosigkeit empört, rückte La Renaudie im Sturmmarsch vor, doch die Guisen hatten die Zeit, welche über den ersten Verhandlungen hingegangen war, zu Herbeiziehung neuer Truppen benutzt und die Calvinisten wurden daher, von der Übermacht erdrückt, sämtlich entweder getötet oder gefangen genommen. Mit den Gefangenen übrigens machte man kurzen Prozess. Sie wurden alle den andern Tag entweder ertränkt, oder gehängt oder enthauptet; der junge König aber, sowie seine Brüder nebst seiner Mutter und den sämtlichen Damen des Hofs, sahen diesen Hinrichtungen als einem ergötzlichem Schauspiel zu!

So endete die sogenannte Verschwörung von Amboise (18. März 1560) mit dem Untergang aller Verschworenen. Aber damit begnügten sich die Guisen nicht, sondern da sie von nun an die Überzeugung hegten, doch die Calvinisten oder Hugenotten (diesen Spottnamen erhielten die Reformierten seit der Verschwörung von Amboise)[267] ihre gefährlichsten und unversöhnlichsten Feinde seien, so

---

[267] Der Name «Hugenotten» hatte einen eigentümlichen Ursprung. In der Stadt Tours nämlich herrschte der Aberglaube, dass der längst verstorbene König «Hugi» nachts als ein

beschlossen sie die vollständige Vertilgung derselben und sandten in alle Provinzen Frankreichs die strengsten Befehle, den Protestantismus gänzlich zu unterdrücken. Diesen Befehlen kann man auch, zwar nicht allüberall, aber doch in den meisten Provinzen, besonders in der Duphiné, dem Gouvernement des Herzogs von Guise, und in der Provence, wo der Generalleutnant von Tavannes kommandierte, mit großem Eifer nach und die königlichen Gendarmen hausten dort auf eine wirklich himmelschreiende Weise. Übrigens nicht bloß an die Protestanten niederen Rangs wagten sich die Guisen, sondern auch an die Höhergestellten. Ja sie ließen sogar den Prinzen von Condé verhaften, und auch durch das Pariser Parlament (ein ihnen durchaus untertäniges Gericht) am 26. November zum Tode verurteilen, indem sie zugleich in den König drangen, den Parlamentsspruch zu unterschreiben und sogleich vollziehen zu lassen. Indessen erkrankte gerade an diesem Tag Franz II. gefährlich und starb gleich darauf am 2. Dezember 1560, ohne dass das Urteil von ihm unterschrieben worden wäre. Nun kam der erst zehn Jahre alte Karl IX. als ältester Bruder des Verstorbenen auf den Thron und hierdurch wurde natürlich eine vormundschaftliche Regierung notwendig. Auf solche hatte als Mutter des Königs Katherina de Medici den meisten Anspruch, aber die fürchtete die Einsprachen der Herzoge von Guise, deren fast unumschränkte Gewaltherrschaft unter dem verstorbenen König ihr in der letzten Zeit äußerst verhasst geworden war. Somit näherte sie sich nun aufs eiligste dem König von Navarra, und versprach, wenn er mit seiner Partei und seinem Einfluss zu ihr halten wolle, sofort den Prinzen von Condé, seinen Bruder, zu begnadigen, ferner die Hinrichtungen der Hugenotten zu sistieren und schließlich eine Reichsversammlung einzuberufen, auf welcher die Angelegenheiten der Calvinisten rechtlich geordnet werden sollten. Auf diese Bedingungen ging der König von Navarra ein und die Folge hiervon war, dass Katherina de Medici durch seine Hilfe zur Reichsverweserin und Vormünderin des Königs ernannt wurde.

Durch solchen schnellen Wechsel im Regierungssystem kamen die Protestanten Frankreichs auf einmal in eine ganz andere Stellung und statt der bisherigen Verfolgung trat nun eine Periode der Duldung ein. Ja, die Königin-Regentin erließ sogar am 17. Januar 1562 ein Edikt, welches den Hugenotten vollkommene Freiheit gab, ihre Religion in allen Städten Frankreichs auszuüben. Aber lange sollte diese Toleranzzeit nicht andauern, denn Papst Pius IV. wurde dadurch so erbittert, dass er mit ganz anderen Mitteln, als bisher zur Unterdrückung des

---

Gespenst durch die Straßen ziehe und jedesmal durch das sogenante «Hugothor» verschwinde. Nun versammelten sich die Calvinisten jener Stadt im Anfang stets gar heimlich und bei Nacht, und überdies kamen sie gewöhnlich in einem nahe bei dem Hugotor gelegenen Hinterhaus zusammen. Somit nannte man sie in Tours spottweise «Hugenotten». Da aber zufälligerweise die ersten Fäden der Verschwörung von Amboise in Tours entdeckt wurden, so hatte dies zur Folge, dass man den zu Anfang nur in Tours gebräuchlichen Spottnamen bald in ganz Frankreich auf die Calvinisten anwandte.

Protestantismus angewandt worden waren, zu Werke zugehen beschloss. Seine Absicht ging nämlich dahin, sämtliche katholischen Mächte, besonders aber den Kaiser von Deutschland, den König von Spanien, den Herzog von Savoyen und die Fürsten Italiens mit den Oberhäuptern des Katholizismus in Frankreich zu vereinigen, um so durch diesen gewaltigen Bund alles, was protestantisch hieß, vollständig zu erdrücken. Der Plan war großartig und die Guisen gingen sogleich auf denselben ein, indem sie sich zu seiner Ausführung sogar mit dem Connetable von Montmorency, ihrem bisherigen Feind, jedoch einem eifrigen Katholiken, verbanden; der Papst aber sandte den Kardinal von Ferrara, sowie den Jesuiten-General Lainez nebst einem ganzen Heer von Bettelmönchen nach Frankreich, um das Volk, besonders aber die Barone und Großen des Reichs für den bevorstehenden Kampf vorzubereiten. Von Dorf zu Dorf, von Stadt zu Stadt zogen die Mönche und forderten alle Welt auf, die Waffen gegen die Protestanten zu ergreifen. Noch tätiger erwiesen sich die Jesuiten, denn ihnen gelang es sogar, unter den Bourbonen selbst Unfrieden zu stiften und sowohl den schwachen Kardinal von Bourbon, als auch den König von Navarra durch große Versprechungen[268] auf ihre Seite herüber zu ziehen. Trotzdem aber stand es um die Sache der Hugenotten nicht schlecht, denn ihre Lehre fand besonders beim niederen Adel und bei dem angeseheneren Teil des Bürgerstandes immer mehr Eingang, so dass die Zahl der reformierten Gemeinden damals weit über zweitausend betrug. In der Normandie gab es fast keine Stadt und kein Dorf, in welchem nicht ihr Glaube die Oberhand gehabt hätte, und ebenso verhielt es sich in Guienne, in Languedoc, in den Cevennen, im Fürstentum Orange, in der Champagne, in der Dauphiné usw. Kurz es gab wohl nie mehr Protestanten in Frankreich, als gerade zu jener Zeit, und wenn es daher zum Krieg zwischen den beiden Parteien kam, so musste der Kampf voraussichtlich ein ebenso blutiger als langandauernder werden.

Den ersten Anstoß gab der Herzog von Guise. Im Begriff nämlich mit seinem Bruder, dem Kardinal von Lothringen, nach Paris zu reisen, kam er mit einem Gefolge von zweihundert Bewaffneten nach dem Städtchen Vassi in der Champagne. Es war ein Sonntag und die reformierten Einwohner Vassis hielten in einer Scheune vor den Stadtmauern gerade zu der Zeit, als der Herzog ankam, ihren Gottesdienst. Als sie solches bemerkten, umstellten die guisischen Reiter die Scheune, spotteten und schimpften über die darin Befindlichen auf die roheste

---

[268] Der Papst entblödete sich nicht, dem Titularkönig von Navarra das Versprechen zu geben, er werde den König von Spanien, welcher sich im faktischen Besitz des Königreichs Navarra befand, dazu bewegen, dieses Königreich herauszugeben, sobald der Titularkönig zu ihrem Bund trete. Sollte übrigens der König von Spanien sich zu dieser Herausgabe nicht verstehen, so mache er, der Papst, sich anheischig, dem König von Navarra die Insel Sardinien zu verschaffen! – Ganz ähnliche Versprechungen wurden auch anderen Oberhäuptern der Proetstanten gemacht, aber diese waren klüger und wiesen die meineidigen Anträge mit Verachtung zurück.

Weise und machten sofort, als die Reformierten die Antwort nicht schuldig blieben, von ihren Waffen gebrauch, indem sie in die Kirche einritten und alles, was ihnen in den Wurf kam, Männer, Weiber und Kinder, niederstießen. Über sechzig der unbewaffneten Hugenotten blieben tot auf dem Platz und mehrere Hundert wurden schwer verwundet, so dass der Namen «des Gemetzels von Vassi», welchen man dieser Schandtat gab, wohl gerechtfertigt ist. Aber obwohl sich nun ganz Vassi erhob, um den Mördern den Garaus zu machen, so gelang es dem Herzog doch, weiter zu ziehen, ohne einen Mann verloren zu haben. Dagegen aber konnte er sich wohl denken, dass ein Hugenottenaufstand nunmehr unvermeidlich sei und darum eilte er, nachdem er so schnell als möglich noch einige Tausend seiner Anhänger zusammengezogen hatte, mit diesen nach Paris, um sich der Hauptstadt des Reichs zu versichern. In der Tat gelang ihm dies auch, denn der größte Teil der von jeher gut katholisch gesinnten Bevölkerung jener Metropole stand auf seiner Seite und begrüßte ihn mit Jubel. Sogleich brachte er den minderjährigen König nebst dem ganzen Hof der Sicherheit wegen nach Melun, bewaffnete sämtliche zu ihm stehenden Pariser, ließ die Versammlungshäuser, welche die Hugenotten in den Vorstädten besaßen, niederbrennen, gestattete dem Volk die Plünderung und Niedermetzelung aller Ketzer und meldete schließlich sowohl dem Papst als dem König von Spanien diesen ersten Sieg seiner Waffen, indem er sie zugleich aufforderte, ihm die vertragsmäßig versprochene Hilfe zu leisten.

Hiermit hatte der Krieg – man nennt ihn den ersten Hugenottenkrieg – faktisch begonnen, denn natürlich vereinigte sich nun der Prinz von Condé, das seit dem Abfall seines Bruders, des Königs von Navarra, anerkannte Oberhaupt der Hugenotten, in der Stadt Orleans, deren er sich mit Hilfe der Reformierten am 2. April bemächtigt hatte, mit den Ersten und Vornehmsten seiner Partei, um der Gewalt – Gewalt entgegenzusetzen.[269] Zugleich erließ er ein Manifest an sämtliche reformierten Kirchen in Frankreich, in welchem er dieselben aufforderte, so schnell als möglich kriegserfahrene Leute nach Orleans zu senden, und schrieb auch sofort an die protestantischen Fürsten Deutschlands, besonders an den Kurfürsten von der Pfalz, sowie an die Königin von England, um deren Hilfe in Anspruch zu nehmen. Das Manifest Condés verfehlte seine Wirkung nicht. Nicht nur nämlich

---

[269] Zum Beweis, welch mächtige Herren zum Protestantismus sich bekannten, führen wir die Namen von einem Dutzend derselben an. Diese sind: Coligni, Dandelot, der Prinz von Portien mit Namen Anton von Croy, Franz von La-Roche-Foucauld, der mächtigste Herr in Poitou, dann der Graf von Rohan, das Haupt der Reformierten in der Bretagne, der Graf von Grammont aus der Gascogne, der Graf von Montgomery aus der Normandie usw. Diese zusammen unterzeichneten am 11. April eine Bundesakte, in welcher sie sich mit Gut und Blut verpflichteten, die Waffen nicht aus der Hand zu legen, als bis sie den König aus der Hand der Guisen befreit und sich das Recht der freien Religionsausübung erobert hätten.

strömten eine Masse Bewaffneter nach Orleans, sondern die Hugenotten brachten auch bald alle die Städte (darunter auch Lyon, Rouen, La-Rochelle, Nismes, Grenoble, im Ganzen über fünfzig!), in welchen sie den Katholiken überlegen waren, in ihrer vollkommene Gewalt, wobei natürlich Blutvergießen nicht immer ganz vermieden werden konnte. Fast dieselbe Taktik verfolgten auch die Guisen und ihre Anhänger. Sie forderten nämlich am 21. April alle Edelleute Frankreichs auf, bewaffnet zu ihnen zu stoßen, um «die schlechten Christen» zu bekämpfen und zwangen den in ihrer Gewalt befindlichen minderjährigen König zur Erlassung eines Edikts, worin er erklärte, dass in ganz Frankreich nur eine einzige Religion und zwar die römisch-katholische existieren dürfe. Natürlich bemächtigten sie sich auch aller Städte, in welchen die Protestanten die Minderheit bildeten, verfuhren aber hierbei auf ganz andere Weise als ihre Gegner taten, denn ihr Grundsatz war keineswegs «Überwältigung des Feindes», sondern vielmehr Vernichtung desselben. So entstand denn nun ein Bürgerkrieg, wie er sich grauenhafter und scheußlicher nicht gedacht werden kann. Raub und Plünderung, Morden und Zünden waren die Mittel, durch welche sich die Katholischen den Sieg zu verschaffen suchten, und mit gutem Beispiel ging der päpstliche Befehlshaber von Avignon voran, indem er in der von ihm am 6. Juni eroberten Stadt Orange alle Reformierten, selbst Kinder, Greise und Frauen, auf die martervollste Weise umbringen ließ. Besonders erpicht zeigten sich die Guisischen auf die Einfangung «reformierter Prediger» und der Papst befahl, dieselben sofort ohne Weiteres und ohne alle Ausnahme zu verbrennen. Ja, auf allen katholischen Kanzeln wurde jeden Sonn- und Festtag öffentlich verkündet, dass Hugenottenmord ein Gott wohlgefälliges Opfer sei, und so konnte es nicht fehlen, dass sich in kurzer Zeit große Banden von Dieben, Räubern und Mördern zusammentaten, um unter dem Deckmantel der Religion alle Verbrechen zu verüben, welche Hass, Raubgier und Mordlust ihnen eingaben. Es ist uns natürlich nicht möglich, alle die Grässlichkeiten, welche in diesem Krieg vorkamen, im Einzelnen zu schildern, allein wenn man bedenkt, dass z. B. der Marschall von St. André die Stadt Poitiers, welche er am 1. August erstürmte, acht volle Tage lang der Plünderung Preis gab und alle Reformierten mit keiner einzigen Ausnahme an den Fensterrahmen aufhängen ließ, dass in der Stadt Bar an der Seine nicht bloß alle Männer, Frauen und Kinder ermordet, sondern auch an den Leichnamen noch die schaudervollsten Greuel verübt wurden, dass in der Stadt Troyes, wo es ebenso zuging, der königliche Prokurator Ralet seinen eigenen Sohn, weil er sich zu dem neuen Glauben bekannt hatte, aufzuhängen befahl, dass in der Stadt Mâcon der Gouverneur St. Point, dessen Palast neben der Saone-Brücke stand, jedesmal, so oft er Damen bewirtete, zum Vergnügen derselben ein halbes Dutzend gefangener Reformierter von der Brücke herab in den Fluss stürzen ließ, dass Blaise von Monluc, später Marschall von Frankreich, nie anders ausritt, als von zwei Henkersknechten begleitet, und öffentlich von sich rühmte, es habe nie einen Mann gegeben, welcher mehr Hugenotten durch Schwert und Galgen habe hinrichten lassen, als er, dass in der Provence, in welcher der Generalleutnant Sommerive kommandierte, die Bekenner des reformierten Glaubens nicht bloß erschossen, niedergehauen und aufgehängt, nicht bloß zu Tode geschlagen, gesteinigt oder durch Öffnung der Adern getötet, nicht bloß verbrannt, lebendig vergraben oder von hohen Häusern auf Lanzen, welche man in den Straßen aufgestellt hatte, herabgestürzt wurden, sondern dass man sogar Lebenden einzelne Glieder abhieb oder ausriss, dass man ihnen den Bauch aufschnitt und die Eingeweide den Hunden und Schweinen vorwarf, ja dass man mit den abgeschnittenen Köpfen der Ermordeten wie mit Kegelkugeln spielte und in die Leiber von lebenden Weibern und Frauen dicke Spieße stieß, an welchen man sie nackt so lange herumtrug, bis sie endlich vor Schmerz wahnsinnig geworden und Gott lästernd den Geist aushauchten, - wenn man dies alles bedenkt, so wird man wohl zugeben müssen, das nie ein grausamerer Krieg geführt wurde, als dieser. Natürlich konnten die Hugenotten, obwohl sie anfangs strenge Kriegszucht hielten, am Ende nicht mehr abgehalten werden, Wiedervergeltung zu üben, wie denn z. B. der General Duras bei der Erstürmung der kleinen Feste Lautzerte in Quercy über 500 Menschen, worunter 174 katholische Priester, welche dort Zuflucht gesucht hatten, über die Klinge springen ließ; doch muss man der Wahrheit gemäß bezeugen, dass sie ihren Gegnern, den Katholischen, an Grausamkeit nicht zum zehnten Teil gleich kamen.

Ein ganzes Jahr lang dauerte der Krieg auf diese Weise fort; da kam es endlich auf der Ebene bei Dreux am 19. Dezember 1562 zu einer Entscheidungsschlacht, in welcher Condé geschlagen und sogar gefangen wurde. Nun zog der Herzog von Guise vor die Stadt Orleans, um mit der Eroberung dieses Hauptbollwerkes der Protestanten dem Krieg ein Ende zu machen, jedoch wurde er am Nachmittag des 18. Februar 1563, wie er eben nach dem Schloss Cornee, wo er sein Hauptquartier hatte, sich begeben wollte, von einem protestantischen Edelmann namens Jean Poltrot de Meray, welcher «als Überläufer» anscheinend zur Guisischen Partei hielt, aus einem Hinterhalt meuchlings erschossen und so schwer verwundet, dass er schon am 24. Februar starb. Dieser Verlust schien unersetzlich, und Katherina de Medici fühlte dies auch so sehr, dass sie sofort beschloss, mit den Reformierten Frieden zu schließen. Am 7. März fanden die ersten Besprechungen statt und schon am 12. März kam ein Vertrag zustande. Den Reformierten wurde allgemeine Gewissensfreiheit bewilligt und ihnen zugleich gestattet, in den Vorstädten größerer Städte öffentliche Gottesdienste zu halten; in Paris aber durften sie ihre Religion nicht ausüben, so wenig als man ihnen die Erbauung von Kirchen gestattete. Es war also keine Religionsfreiheit, welche ihnen bewilligt wurden, sondern nur Religionsduldung und von einer Gleichstellung mit den Katholiken konnte ohnehin keine Rede sein; aber dennoch wurden die katholischen Prälaten und besonders der Oberpriester in Rom, «über solche Nachgiebigkeit gegen verruchte Ketzer», wie er sich ausdrückte, aufs höchste erbittert. Der Bürgerkrieg, obwohl er nur ein Jahr gedauert, hatte Frankreich an den Rand des Verderbens gebracht. Zahllose Dörfer und Städte waren verheert, geplündert und in Einöden verwandelt. Tausende von Menschen, ihres Eigentums beraubt, liefen heimatlos als Bettler herum. Diebstahl, Raub, Ehebruch, Mord war an die Stelle des Rechts getreten und an Religion oder gar Frömmigkeit dachten nur Wenige mehr. Kurz der Zustand Frankreichs erschien so, dass es nur durch einen langen Frieden wieder gesunden konnte; aber dessen ungeachtet wurde der Papst über diesen Frieden wütend! Ja sein unablässiges und offenkundiges Bestreben ging nach nichts anderem, als die abgeschlossene Übereinkunft aufzuheben und den Krieg von neuem anzufachen. Somit belegte er die Königin von Navarra mit dem Bann, weil sie sich weigerte, ihrem Sohn, dem späteren König Heinrich IV., nur allein gut katholische Lehrer zu geben, und erteilte zugleich dem General-Inquisitor Espinosa von Spanien den Befehl, sich der in Bearn an der Grenze Spaniens residierenden Königin mit List oder Gewalt zu bemächtigen, um sie nebst ihrem Sohn in die Inquisitionskerker nach Sevilla zu bringen. Es war dies ein offenbarer Gewaltakt, der Befehl wäre dennoch richtig ausgeführt worden, wenn sich die kluge Königin nicht zu schützen und den General-Inquisitor zu überlisten gewusst hätte. Missglückte aber auch dieser Streich, so gelang dafür ein anderer. Der verschmitzte Kardinal Antinori nämlich, welchen der Papst in einer geheimen Mission nach Frankreich sandte, brachte es um jene Zeit dahin, dass auf dem Schloss Roussilon bei Vienne eine Zusammenkunft zwischen Königin Katharina von Frankreich und der Königin von Spanien stattfand, an welcher der berühmte Herzog von Alba, der Herzog von Savoyen, sowie die Kardinäle von Lothringen, von Armagnac, von Strozi und von Montluc teilnahmen. Auf diesem «Geheimkongress», dessen Seele Antinori war, wurde mitten unter den glänzendsten Festen, mit welchen man den eigentlichen Zweck der Zusammenkunft vertuschen wollte, zweierlei abgemacht, einmal dass sämtliche Katholiken Frankreichs, Spaniens und Italiens sich zu einer heiligen Ligue oder Verbrüderung zusammentun sollten, um die Ehre Gottes, der katholischen Kirche und des Papsttums zu verteidigen, sodann, dass man sich, um die Reformation in Frankreich gänzlich zu unterdrücken, vor allem der Häupter der Hugenotten zu versichern und dieselben, sei es auf diese, sei es auf jene Weise aus der Welt zu schaffen habe, ja dass sogar eine allgemeine Niedermetzelung der Ketzer das einzige Mittel sei, welches Frankreich den religiösen Frieden auf die Dauer wieder geben könne.[270]

Erst nachdem dieses und anderes besprochen und abgemacht war, gingen die beiden Fürstinnen wieder auseinander; die oberflächlich urteilende Welt aber

---

[270] Der Herzog Alba meinte, man solle sich nicht die unnütze Mühe machen, «Frösche zu fangen», sondern müsse sich vielmehr ernstlich mit dem Fange der «Lachse und anderer großen Fische» beschäftigen, da zehntausend Frösche nicht so viel wert seien, als ein einziger «Lachskopf».

meinte, die hohen Damen hätten sich nur deswegen in Roussillon ein Rendezvous gegeben, um sich gegenseitig zu belustigen und um gut zu essen und zu trinken. Die volle Wahrheit kam freilich erst viele Jahre lange später zutage, dennoch scheinen die Reformierten einigen Argwohn damals schon gehabt zu haben, denn als die Königin-Regentin befahl, sofort 6000 Schweizer anzuwerben und überdies aus abgefangenen Briefen klar wurde, dass die katholische Partei einen neuen Schlag im Schilde führe, riefen Condé und Coligni im August 1567 ihre tapfersten Leutnants zu einem geheimen Kriegsrat zusammen, und auf diesem wurde beschlossen, «jedenfalls nicht abzuwarten, bis man sie am Ende, an Händen und Füßen gebunden, in Paris auf das Blutgerüst schleppe!» Wussten die Hugenottenführer doch gar wohl, dass, wenn sie dem weit zahlreicheren Feind, der noch überdies alle festen Plätze Frankreichs inne hatte, auch noch den Vorteil des «ersten» Streiches gestatteten, ihr Untergang sicher wäre! Somit wurde abgemacht, dass sie am 29. September 1567 in ganz Frankreich auf einmal losschlagen, und so dem Feind zuvorkommen wollten. Es war also eine vollständige Verschwörung, und richtig gelang es ihnen, nicht nur das Geheimnis derselben bis zudem genannten Tage zu bewahren, sondern auch nicht weniger als fünfzig feste Plätze, worunter die Städte Nismes, Alby, Orleans, Montpellier usw. durch Überrumpelung in ihre Hände zubekommen. Ja ein noch Größeres wäre ihnen beinahe gelungen, nämlich das, sich der Person des Königs in der Stadt Maux zu bemächtigen, wenn nicht die 6000 neu angeworbenen Schweizer dem Hof zu Hilfe gekommen wären. So aber entkam die Königin-Mutter mit ihrem Sohn glücklich nach Paris und rief nun sogleich alle guten Katholiken unter die Waffen. Überdies sandte sie Eilboten nach Madrid und Rom um Hilfstruppen, und in der Tat stießen bald acht Kompanien spanisch-niederländische Gendarmen, nebst drei Regimentern Fußvolk, unter dem Herzog von Aremberg, zu der königlichen Armee, während zu gleicher Zeit der Feldherr des Papstes, Ludwig von Gonzaga, mit 14000 Italienern und Schweizern, welche er mit Kirchenfondgeldern angeworben hatte, heranrückte. Solcher Übermacht konnten die Hugenotten nicht widerstehen und deshalb zog sich Condé, nachdem er in der Schlacht von St. Denis, in welcher der Connetable von Montmorency seinen Tod fand, fast das Unglaubliche geleistet hatte, in die Champagne zurück, um sich daselbst mit dem Pfalzgrafen Johann Casimir, der ihm 6000 Reiter und 3000 Landsknechte aus Deutschland zuführte, zu vereinigen. Nun kam die Sache der Hugenotten wieder oben auf und zwar umso mehr, als die italienischen Hilfstruppen alle Kriegszucht in der königlichen Armee zu Schanden machten. Hierdurch bewogen und um einer fast sicheren Niederlage zu entgehen, schlug die Königin-Mutter einen Vergleich vor, welcher denn auch am 23. März 1568 abgeschlossen wurde und etwa auf denselben Bedingungen beruhte, wie der Frieden vom Jahr 1563. Gleich nachher ging Condés Heer auseinander und die deutschen Söldner kehrten in ihre Heimat zurück.

Abermals hatte also Frankreich Frieden; aber was für ein Frieden war es? Überall im ganzen Land herum zogen die Jesuiten und Bettelmönche und verkündeten laut und offen, dass man den Ketzern sein Wort nicht zu halten brauche, sondern dass es vielmehr Pflicht aller guten Christen sei, sich zu bewaffen und die Hugenotten zu vernichten. Hierdurch aufgestachelt rotteten sich die Katholischen an vielen Orten zusammen, fielen über die Reformierten her und töteten über zehntausend von ihnen in den Monaten April, Mai und Juni. Wohl beklagten sich die Reformierten, aber weder die Gerichte, noch der Hof, noch die Königin-Regentin gewährten Abhilfe. Im Gegenteil konnte man wohl merken, welches die Absichten Katharinas de Medici seien, indem Papst Pius V. ihr schon im Mai 1568 die Erlaubnis erteilte, gegen das Versprechen, den Erlös nur zu Ausrottung der reformierten Lehre zu verwenden. Kirchengüter bis zum Betrag von drei Millionen Livres zu verkaufen. Bald trat auch die Regentin offen auf und promulgierte im September selbigen Jahres zwei Edikte, in welchen sie den Reformierten befahl, binnen vierzehn Tagen alle Ämter und Würden niederzulegen und sodann bei Verlust des Lebens und Eigentums die Ausübung jeder anderen Religion als der katholischen in ganz Frankreich verbot. Nun brach der dritte Hugenottenkrieg aus, zu dem Papst Pius natürlich abermals sein Kontingent unter der Anführung seines unehelichen Sohnes, des Grafen von Santafiore, stellte, während die Hugenotten von England mit Geld, von Deutschland aber mit Soldaten verstärkt wurden. Zwei Jahre lang wurde mit abwechselndem Glück gestritten, aber endlich sah die Regentin ein, dass eine Besiegung der Protestanten durch Waffengewalt unmöglich sei, und schloss daher am 8. August 1571 zu St. Germain den dritten Frieden, in welchem den Hugenotten weit größere Rechte zuerkannt wurden als früher. Sie erhielten nämlich nicht bloß die Religionsfreiheit, nicht bloß die Befähigung zu allen öffentlichen Ämtern und Würden, sondern auch als Unterpfand, dass man es ehrlich mit ihnen meine, die Schlüssel der vier Städte La Rochelle, Montauban, Cognac und La Charité.

So schien es denn, dass dieser Frieden ein bleibender sein werde, und man schrieb dies dem Umstand zu, dass König Karl IX., welcher damals sein einundzwanzigstes Jahr erreicht hatte, einen weit größeren Einfluss auf die Regierung ausübte, als zuvor. Dieser Monarch nämlich, ein von seiner durch und durch schlimmen und verdorbenen Mutter zur größten Sittenlosigkeit und Herzensverderbtheit aufgezogener junger Mann, wusste in Wort und Miene so außerordentlich zu heucheln und sich so vollkommen zu verstellen, dass nicht bloß seine ganze Umgebung, sondern sogar seine Mutter selbst fast immer von ihm getäuscht wurde. Darum, als er sich während der Friedensverhandlungen der Abgeordneten der Hugenotten gegenüber nicht bloß freundlich und herzlich benahm, sondern sich auch gegen den tapferen La Noue, genannt «Eisenarm» (er ersetzte seinen ihm abgeschossenen rechten Arm durch einen eisernen), und gegen den ritterlichen Grafen von Teligny, den Schwiegersohn Colignys, in vertraulicher Weise dahin ausspricht, er werde im

Interesse Frankreichs und weil durch einen auswärtigen Krieg der Wiederausbruch religiöser Unruhen im Innern am sichersten verhindert würde, nicht bloß den protestantischen Niederländern, welche sich damals ihre Freiheit erkämpften, gegen den König von Spanien Hilfe leisten, sondern auch zugleich durch Vermählung seiner Schwester Margarethe mit dem Sohn des inzwischen verstorbenen Königs Anton von Navarra den Religionsfrieden befestigen, - schenkten ihm die Hugenotten vollständigen Glauben. Ja, Admiral Coligny beschloss sogar, der Aufforderung des Königs, an den Hof zu kommen, Folge zu leisten, und wurde, als Karl IX. ihn zu Blois vor dem versammelten Hof aufs Ehrenvollste empfing, ihn wiederholt Vater nannte und unter Tränen erklärte, wie er noch keinen schöneren Tag gehabt als diesen, weil er nun gewiss sei, dass die Unruhen in seinem Reich für immer ein Ende hätten, vollständig überzeugt, der König sei ein ehrlicher Freund der Hugenotten geworden und habe alle Unduldsamkeit des Papismus für immer beiseitegelegt. Wer hätte aber auch anders denken können, besonders da Karl nun wirklich Anstalt machte, seine Schwester mit Heinrich von Navarra zu vermählen und zugleich Coligny zum Oberanführer der gegen Spanien zu errichtenden Armee ernannte?

Nicht lange hernach, zu Anfang des Jahres 1572, sandte Papst Pius V. seinen Neffen, oder wie andere meinten, seinen Sohn, den Kardinal von Alessandria, an den französischen Hof, mit dem Auftrag, den König zu bewegen, Prinzessin Margarethe nicht mit dem Prinzen von Navarra, sondern mit dem König von Portugal zu vermählen. Solches war wenigstens die «offizielle» Seite der Mission des Kardinals, aber sie war nur darauf berechnet, die Hugenotten noch mehr über die wahren Gesinnungen König Karls zu täuschen. In Wahrheit nämlich war der Kardinal gekommen, den König daran zu erinnern, «dass er den längst beschlossenen und auf dem Schloss Roussilon abgemachten Plan gegen die Ketzer endlich zur Ausführung bringe.» Solches versprach ihm auch der König insgeheim, vor dem versammelten Hof dagegen in öffentlicher Audienz wies er den päpstlichen Legaten mit seinem Antrag wegen der Vermählung Margarethes streng ab und erklärte sogar gleich darauf der Königin von Navarra, welche damals mit ihrem Sohn Heinrich sowie mit dem Prinzen von Condé, dem Grafen von Nassau und einem zahlreichen Gefolge an den Hof nach Blois gekommen war: «er ehre sie, die Königin, mehr, als den Papst, und wenn daher der Letztere die Dispensation zur Ehe zwischen Prinz Heinrich und Prinzessin Margarethe wegen ihrer zu nahen Verwandtschaft verweigere, so werde er seine Schwester selbst an der Hand nehmen und zur Trauung führen.» Auf diese Art gelang es dem König, alle Welt über seine wahren Absichten zu täuschen, und besonders war es Admiral Coligny, welcher von der Ehrlichkeit des Monarchen vollkommen überzeugt war. Wohl erinnerten ihn einige seiner Glaubensgenossen von La Rochelle aus an den unversöhnlichen Hass der Katholiken gegen die Reformierten, an den Schwur Königin Katharinas, alle Ketzer zu vernichten, an den Charakter des Königs, welcher sich von Jugend auf die Grundsätze Macchiavellis angeeignet habe, sowie an das päpstliche Dekret, dass man Ketzern kein Wort halten dürfe; aber der Admiral erklärte standhaft, «es sei kein Anlass zu Argwohn und Verdacht mehr vorhanden, denn Gott habe den Sinn des Königs offenbar umgewandelt.» Dieser Überzeugung Colignys traten nach und nach die meisten Hugenotten bei und Karl IX. wusste sie hierin immer mehr zu bestärken, indem er den jungen Herzog von Guise, den Sohn des ermordeten Franz von Guise, bewog, sich mit Coligny zu versöhnen, trotz dass die Guisen dem Letzteren die Schuld jenes Mordes, wenigstens die moralische, zuschrieben. Ja, als nun gar am 18. August die Trauung König Heinrichs von Navarra mit Prinzessin Margarethe (diese Trauung war wegen des am 10. Juni erfolgten Todes der Königin von Navarra, d. i. der Mutter Heinrichs, um einige Wochen verschoben worden) vorgenommen wurde, so wäre es doch wahrhaftig ein Wahnsinn gewesen, an der Ehrlichkeit König Karls noch länger zu zweifeln!

So standen die Dinge in Paris, als eine voreilige Tat die heimlichen Pläne Karls IX. beinahe vollständig über den Haufen geworfen hätte. Es geschah nämlich, dass auf Admiral Coligny, als dieser am 22. August 1572, einem Freitag, vom Louvre, wo er mit dem König beisammen gewesen war, zu seiner Wohnung zurückkehrte, aus dem Fenster eines Hauses, unter dem er langsam vorüber ging, ein Schuss abgefeuert wurde, welcher demselben den Zeigefinger der rechten Hand wegriss und ihn zugleich am linken Arm schwer verwundete. Natürlich stürmten seine Begleiter sogleich in das Haus ein und ob sie gleich den Mörder selbst, welcher auf einem bereit gehaltenen Pferd durch die Hintertür entflohen war, nicht mehr trafen, so stellte es sich doch im Augenblick heraus, dass der Attentäter kein anderer sei, als Nikolaus Louviers de Maurevert, ein Mensch, welcher schon früher einmal einen Meuchelmord gegen einen vertrauten Freund Colignys begangen hatte und unter die zuverlässigsten Diener des Herzogs von Guise gehörte. Überdies war das Haus, aus welchem der Schuss fiel, Eigentum des Stiftsherrn Villemuire, der vormals Hofmeister des Herzogs von Guise gewesen war, und diente gewöhnlich, wenn der Herzog in Paris war, dessen Dienerschaft zur Herberge. Somit ließ sich fast nicht daran zweifeln, dass man die wahre Urheberschaft des Mordes in niemand anderem zu suchen habe, als in der Guisischen Partei, und die Hugenotten sprachen dies auch offen genug aus, indem sie zugleich (den König von Navarra und den Prinzen Condé an der Spitze) ihren Willen, Paris, wo ihr Leben in Gefahr sei, zu verlassen, kundtaten. Doch was geschah nun von Seiten des Königs? Er ließ sich augenblicklich den König Heinrich von Navarra, seinen nunmehrigen Schwager, den Prinzen von Condé, sowie die ersten Parteiführer der Hugenotten vor sich kommen, stellte sich, als wäre er über die an Coligny begangene Untat aufs furchtbarste erbost und schwor ihnen einen heiligen Eid, dass er die Anstifter, Ausführer und Mitwisser des Mordversuchs, und wenn sie auch noch so hoch stünden, sämtlich dem Galgen überliefern werde. Zur Bekräftigung dieses seines Schwures sandte er überallhin Reiter aus, den Mörder zu verfolgen, setzte eine besondere Kommission zur Untersuchung des Verbrechens nieder und erließ sogar einen Haftbefehl gegen den Herzog von Guise, wodurch Letzterer genötigt wurde, sich für die nächste Zeit (sie dauerte nur zwei Tage) zu verbergen. Ja mit diesen Maßregeln noch nicht einmal zufrieden, besuchte er am anderen Morgen, begleitet von seiner Mutter und seinen beiden Brüdern nebst vielen anderen hohen Herren und Damen, den verwundeten Admiral, sprach sich äußerst teilnehmend gegen ihn aus, bezeugte den tiefsten Schmerz über den versuchten Meuchelmord und beteuerte sich unter schrecklichen Flüchen, dass er eine Rache üben wolle, welche der Welt zum ewigen Beispiel dienen werde. Ganz auf dieselbe Art äußerste sich auch die Königin-Mutter und so gelang es, sowohl Admiral Coligny als auch Graf Teligny, dessen Schwiegersohn, sowie dem Prinzen von Condé und dem König von Navarra nebst den meisten der Hugenottenführer allen Verdacht zu nehmen. Sie blieben also mit ihrem ganzen Gefolge in Paris, denn dem Vizedom von Chartres, welcher in seiner kühnen Weise darauf drang, entweder augenblicklich an dem Herzog von Guise Wiedervergeltung zu üben und so den Krieg mit den Katholischen von neuem zu beginnen oder doch wenigstens Paris aufs eiligste zu verlassen und sich in La Rochelle zu sammeln, stimmten nur Wenige bei und ließen ihn, der sich um keinen Preis halten ließ, fast allein ziehen. Dessen ungeachtet sah König Karl ein, dass er den Eindruck, den die voreilige Tat Maureverts gemacht hatte, nicht ganz verwischen könne, und dass namentlich auch die vielen in Paris (hauptsächlich in den Vorstädten) ansässigen Hugenotten durch das neuerwachte Misstrauen zur Vorsicht ermahnt werden müssten, und darum beschloss er, «das, was er tun wollte, so schnell als möglich zu tun.» Das Versprechen nämlich, welches er dem Papst geleistet, sollte nunmehr in Erfüllung gebracht und der längst beabsichtigte Hugenottenmord im Großen ausgeführt werden!» Kaum war er also von seinem Besuch bei Coligny ins Louvre zurückgekehrt, so hatte er eine lange Unterredung mit seiner Mutter und dann wurden die Hochangesehensten unter der katholischen Partei auf den Abend in den Garten der Tuillerien beschieden, um über die Vollziehung des königlichen Beschlusses zu beratschlagen. Es war ein furchtbares Tribunal, welches dort nachts um 9 Uhr zusammen kam, und bestand außer dem König und seiner Mutter aus dem Herzog von Anjou, dem Herzog von Revers, dem Großprior Grafen von Angoulême, dem Siegelbewahrer Birago, dem Marschall von Tavannes und dem Grafen von Gondi-Retz. Der König trug seinen Plan vor und bald wurde einstimmig beschlossen, demselben unbedingt Folge zu geben. Welches war nun aber der Plan? Kein anderer, als dass alle Hugenotten in ganz Frankreich zugleich getötet werden sollten! Für Paris sollte schon die kommende Nacht die Mordnacht sein, während man den verschiedenen Gouverneuren im Land herum durch eigene Boten den Befehl erteilen wollte, augenblicklich das Beispiel der Hauptstadt nachzuahmen! So hatten es der Papst und der König miteinander abgemacht, und darum hatte

Letzterer «bei Gottes Tod», seinem Lieblingsfluch, geschworen: «es solle kein einziger Reformierter übrig bleiben, um ihm nachher über die Bluttat Vorwürfe zu machen, nur allein zwei, nämlich den König von Navarra und den Prinzen von Condé (ihrer Verwandtschaft mit dem königlichen Hause wegen) ausgenommen, das heißt dann ausgenommen, wenn sie in den Schoß der katholischen Kirche zurückkehren würden!» Kaum war man hierüber einig, so ging man auch an die Vorbereitungen zur Ausführung und zwar mit einer Schnelligkeit, Ruhe, Heimlichkeit und Energie, die wirklich Staunen erregt. Vor allem wurde der Herzog von Guise, der sich in den letzten paar Tagen, wie in der Komödie, «öffentlich-verborgen» gehalten, ins Schloss gerufen und ihm die obere Leitung des «En-gros-Mordes» übertragen sowie insbesondere die Tötung Colignys, mit welcher die grässliche Tragödie eröffnet werden sollte. Der Herzog versamelte sogleich die Hauptleute der Schweizergarde sowie die Obristen der königlichen Truppen und machte sie in Gegenwart des Königs mit dessen Willen bekannt. Dann berief er den ersten Bürgermeister von Paris, mit Namen Charon, sowie den Vorsteher der Kaufleute, Claude Marcel, ins Louvre und befahl ihnen (wiederum in Gegenwart des Königs) augenblicklich alle Tore der Stadt schließen zu lassen und die ganze katholische Bürgerschaft zu bewaffnen. Zuletzt kam er mit dem Marschall von Tavannes über folgende Instruktion überein: «nach Mitternacht stellt sich das Militär vor dem Louvre, die Bürgermiliz aber vor dem Hotel de Ville (Rathaus) auf: einzelne Abteilungen der bewaffneten Bürger verteilen sich in sämtliche Quartiere von Paris, und alle Katholischen tragen als Erkennungszeichen ein weißes Kreuz am Hut, sowie eine weiße Binde am linken Arm; das Signal zum Mord wird durch die Glocke des Louvre gegeben und sobald diese ertönt, müssen alle Ausgänge der Stadt mit Ketten gesperrt, sowie alle Häuser der Katholiken durch angezündete Pechfackeln erleuchtet werden; die Soldaten und bewaffneten Bürger aber dringen sofort in die Häuser der Hugenotten ein und hauen ohne Schonung alles nieder, was Ketzer heißt.»
Solches war der grausige Mordplan und ganz auf dieselbe Weise, wie wir soeben gesagt haben, wurde er auch ausgeführt. Nicht ein einziger von den vielen, welche um ihn wussten, schreckte vor dem furchtbaren Verbrechen zurück – nein, nicht ein einziger![271]

---

[271] Unter den hugenottischen Edelleuten, zu welchen sich Karl IX. dem Anschein nach besonders hingezogen fühlte, gehörten Teligny, La-Noue und der liebenswürdige Graf Franz von La Rochefoucauld, mit welchen dreien Karl an diesem Abend der Mordnacht noch gespeist und gespielt hatte. Dessen ungeachtet fiel es ihm nicht ein, dieselben zu retten oder ihnen auch nur Gelegenheit zu geben, durch eine schleunige Flucht dem Verderben zu entgehen, denn alles Gefühl der Menschlichkeit war ihm abhandengekommen. Nur allein seinen ersten Wundarzt Paré, dessen außerordentliche Kenntnisse er nicht entbehren zu können glaubte, ließ er zu sich rufen und verschloss ihn mit eigener Hand in sein Garderobenzimmer. Dann stieg er vollkommen gleichgültig in seine

Noch hatte am 24. August, einem Sonntag und zugleich dem Tag des heiligen Bartholomäus, die die zweite Stunde nach Mitternacht anzeigende Frühmettenglocke vom Turm der Abtei St. Germain l'Auxerrois nicht angeschlagen, da eilte schon der Herzog von Guise, von dem Herzog von Aumale, seinem Onkel, und dem Grafen von Angoulême nebst dreihundert Bewaffneten begleitet zu der Wohnung des Admirals. Sie klopften ans Tor und Ladonne, der Haushofmeister des Admirals, kam herab, um zu fragen, wer da sei. «Macht auf im Namen des Königs,» riefen sie und wie nun Ladonne, ohne etwas Arges zu denken, öffnete, wurde er sofort von hundert Stichen zugleich durchbohrt, - ohne Zweifel das erste Opfer dieser schrecklichen Nacht! Über den Lärm eilten die Diener Colignys, welche an seinem Krankenlager wachten, die Treppe herab, flohen aber entsetzt zurück, als sie den Hof voller Bewaffneter sahen. Sie verrammelten die Haustür, doch der Herzog von Guise ließ dieselbe sprengen und nachdem alles Lebendige, was sich seinen Leuten entgegenstellte, niedergemacht war, eilten drei guisische Edelleute, welche der Herzog selbst ausgesucht hatte, mit Namen Lebesme, Sarlabous und Achilles Petrucci, von einigen Schützen begleitet in das Zimmer hinauf, in welchem der Admiral lag. Dieser erhob sich mit Anstrengung und griff nach dem Schwert, das zu seinen Häupten hing, aber er war zu schwach, es zu führen und seufzend sank er zurück, während die drei Mörder ihm ihre Dolche in die Brust bohrten und seinen Körper wie sein Gesicht mit ihren Schwertern zerhieben. Kaum war dies geschehen, so nahmen sie den noch zuckenden Leichnam, warfen ihn durchs Fenster in den Hof hinab zu den Füßen ihres unten harrenden Oberanführers und übergaben ihn zuletzt dem Pöbel, der ihn durch die Straßen schleifte und schließlich an einem Galgen aufhängte. Nun durchsuchten sie das ganze Haus und ermordeten jeden darin Befindlichen, worunter sich auch der Schwiegersohn Colignys, Graf Teligny, sowie der tapfere Guerchi, der Adjutant des Admirals befanden, jedoch diese beiden nur nach dem heftigsten Widerstand und nachdem ihre Leiber mit Wunden bedeckt waren.
Der Anfang des Mordens war gemacht und ein Eilbote verkündete dem König, was mit Coligny geschehen war. Sogleich ertönte die Glocke des Louvre, allen anderen Turmglocken in Paris das Zeichen gebend, und wie im Nu loderten in der ganzen Stadt Fackeln und Pechkränze auf. Auf dieses Signal hin verwandelte sich die Totenstille der Nacht urplötzlich in lautes Getümmel, und gefolgt von ihren Bewaffneten eilten die Herzöge von Guise, von Revers und von Montpensier, sowie die Marschälle von Tavannes und von Retz durch die Straßen und riefen die Bürger von Paris zu den Waffen. «Nieder mit den Ketzern!» schreien Tausende. «Schlagt tot!» brüllten andere Tausende. In alle Wohnungen der Hugenotten wird eingebrochen. Wen man darin findet, ersticht man oder haut ihn nieder. Vom

---

Schmiedewerkstätte hinab und beschäftigte sich darin auf seine gewohnte Weise, die Stunde des Blutbades erwartend.

Schlaf aufgeschreckt, wehrlos, zum großen Teil nur halb angekleidet, werden die meisten der Hugenotten eine leichte Beute der Mörder; diejenigen aber, denen es gelingt, auf die Straße zu entkommen, werden gejagt und erlegt wie das Wild im festgezogenen Kreise. Nirgends ist Rettung und bald sind alle Straßen mit Blut und Leichen bedeckt. Weder Alter noch Geschlecht, weder Rang noch Verdienst wird geachtet. Man erschlägt Verwandte, als wären es Fremde, und selbst zehnjährige Knaben rennen mit dem Schwert herum, um Hugenottenkinder in ihren Bett zu erstechen. Bald hört man nichts mehr als das Knallen der Musketen, gemischt mit dem Ächzen der Verwundeten, mit dem Krachen und Klirren der zerschmetterten Türen und Fenster, mit dem Brüllen und Heulen der Raubenden und Mordenden, und von unsäglichen Grausen erfüllt, stoßen sich viele, die vielleicht dem Tod hätten entrinnen können, den Dolch eigenhändig in die Brust!

Ging es aber in den Straßen von Paris so furchtbar blutig zu, so bot das Louvre, die geheiligte Wohnung des Monarchen von Frankreich, eine noch weit grässlichere Szene dar. Gleich nach Mitternacht war König Karl IX., begleitet von seiner Mutter und seinen Brüdern, auf den Balkon des Schlosses getreten, um den Anfang des Blutschauspiels zu erwarten. Schweigsam sah er lange in die Nacht hinaus, da krachte endlich unter dem Balkon ein Schuss, das Zeichen des Eilboten des Herzogs von Guise, dass Coligny ermordet sei. Nun erhob sich der König mit wilder Lust und gab die Befehle, welcher er sich längst vorgenommen hatte. Sofort wurde die Schlossglocke geläutet und sowie ihr Schall ertönte, stellten sich die Schweizergarden am Eingang des Hofes in zwei langen Reihen auf, um jeden Hugenotten niederzuschießen, der ins Louvre eindringen oder dasselbe verlassen wollte; ein anderer Teil der Garden aber, unter Anführung der Kapitäne Coconna und Cruice, warf sich in die Gänge des Schlosses, drang in alle Gemächer, in welchen hugenottische Edelleute oder Bedienstete schliefen, riss sie aus ihren Betten hervor und schleppte sie in den Hof hinab, wo sie auf Befehl des Gardeobersten d'O sofort niedergemacht wurden. Doch tat man alles so still als möglich, um den in einem anderen Flügel wohnenden König von Navarra nicht zu früh aufmerksam zu machen und so die Möglichkeit eines bewaffneten Widerstandes zu schaffen. Heinrich von Navarra hatte am Abend des 23., eine Stunde vor Mitternacht, den Prinzen von Condé nebst den vertrautesten seiner Freunde in seine Gemächer geladen, um sich mit ihnen zu beraten, wie sie es halten wollten, wenn König Karl wegen des Mordangriffs auf den Admiral ihnen nicht diejenige Genugtuung gebe, welche sie verlangten. Die Beratung dauerte mehrere Stunden lang, endlich aber kamen sie überein, gleich am frühen Morgen vom König noch einmal Gerechtigkeit zu fordern und ihm zugleich zu erklären, dass sie sich solche selbst verschaffen würden, wenn sie Karl nicht gewähre. Natürlich jedoch legten sie sich nicht mehr zu Bett, da es bereits gegen drei Uhr morgens ging, sondern beschlossen, beim Mondlicht im Hof Ball zu spielen, bis der König aufgestanden sein würde. So wenig ahnten sie die schrecklichen Vorfälle dieser Nacht! Kaum aber waren sie auf den Vorsaal hinausgetreten, so wurden sie von einer starken Wache umringt und durch die Übermacht sowie durch die Überraschung gezwungen, sämtlich ihren Degen abzugeben. Den König von Navarra und den Prinzen von Condé führte man zum König auf den Balkon und hier erst kam ihnen das furchtbare Bewusstsein dessen, was vorging. Was erblickten sie nämlich? Auf dem Platz unter dem Balkon ein tobendes Menschengewühl und unweit davon ganze Haufen von Leichen durch Pechfackeln grässlich erleuchtet, neben sich aber auf dem Balkon König Karl, die Büchse in der Hand und nach seinen eigenen Untertanen, welche sich durch Schwimmen über die Seine retten wollten, schießend. «Tués! Tués!» brüllte der König eben, als sie auf den Balkon traten, und langte nach einer anderen Büchse, welche ihm sein Spanner frisch geladen überreichte, denn dies war seine Beschäftigung während der ganzen Mordnacht. Schaudernd wichen die beiden Prinzen zurück, aber der Monarch wandte sich im selben Augenblick um, schalt sie unter furchtbaren Flüchen Verräter und Rebellen und drohte ihnen den Kopf vor die Füße zu legen, wenn sie nicht binnen drei Tagen ihrem gottlosen Unglauben abschwören und zur katholischen Religion zurückkehren würden. Dann ließ er sie abführen und in strenge Verwahrung bringen, so dass sie, obwohl verhaftet, doch wenigstens ihres Lebens sicher waren. Ganz anders dagegen verfuhr man mit ihren Freunden und Genossen, denn diese wurden ergriffen, in den Schlosshof hinabgebracht, und ohne alles Weitere sogleich ermordet. Viele leisteten Widerstand und rissen, da sie selbst keine Waffen besaßen, den Gardisten ihre Wehr vom Leibe, um ihr Leben wenigstens so teuer als möglich zu verkaufen. Andere versuchten sich durch die Flucht zu retten, wurden aber von den Gardisten in alle Zimmer und Gänge verfolgt und überall, wo es war, unbarmherzig niedergemacht, so dass es um 4 Uhr morgens keinen Winkel im ganzen Schloss mehr gab, der nicht von Blut gedüngt gewesen wäre. Mehr als zweihundert der Tapfersten und Angesehensten unter den Hugenotten, welche im Schloss einlogiert waren, kamen außer Condé und Navarra nur Fünf mit dem Leben davon, und auch diese nur, weil es ihnen gelang, sich in das Schlafzimmer Margarethes, der Gattin des Königs von Navarra und zugleich der Schwester König Karls, zu flüchten![272]

---

[272] Diese Fünf waren der Herzog von Grammont, der Herzog von Duras, der Herr von Armagnac, erster Kämmerer Navarras, Herr von Bons, erster Stallmeister, und der Kapitän Gaston von Leyran. Aus vielen Wunden blutend und von einem Dutzend Gardisten verfolgt, stürmten sie die Zimmertür der Königin und diese, obwohl nur halb angekleidet, trat dem Anführer der Gardisten dem Hauptmann Nancai so mutig entgegen, dass dieser es nicht wagte, weiter vorzudringen, weil Letzteres nicht möglich gewesen wäre, ohne die Königin von Navarra, die Schwester seines Souverains, persönlich zu verletzen. Margarethe schloss also ihr Zimmer ab, wartete, bis das Hauptgemetzel vorüber war, und eilte dann zum König, um sich ihm zu Füßen zu werfen und so lange mit Bitten nicht nachzulassen, bis er die Begnadigung jener Fünf gewährte.

Während solches im Schloss vorging, hörte das Morden in der Stadt keinen Augenblick auf und nicht ein einziges Haus, in welchem man einen Hugenotten vermutete, blieb von der Durchsuchung verschont. Ja zum Morden kam auch noch das Rauben und Plündern, sowie die Gewalttat an Weibern, denn den bewaffneten Bürgern und Soldaten schlossen sich Pöbelhaufen und Banden vom niedersten Gesindel an, welche die Verwirrung benutzten, um mit dem Mord den Diebstahl zu verbinden und zugleich ihre viehischen Gelüste zu befriedigen. Nur allein mehrere der in der Vorstadt St. Germain, jenseits der Seine, wohnenden Reformierte, worunter der Graf von Montgomery, der Vidame (oder auch Vizedome) von Chartres und andere entgingen dem Mord. Als nämlich der Herzog von Guise nach jener Vorstadt aufbrach, fand er das Brückentor, durch welches man allein hinübergelangen konnte, verschlossen. Augenblicklich sandte er nach den Schlüsseln, aber bis diese endlich herbeikamen, verging eine geraume Zeit und inzwischen war es einem Reformierten, welcher den Mord an Coligny mit angesehen hatte, gelungen, über die Seine hinüberzuschwimmen und seine Glaubensgenossen von diesem Ereignis in Kenntnis zu setzen. Natürlich ergriffen diese sogleich die Flucht, obwohl freilich in einer solchen Verwirrung, dass viele, die zu Fuß waren, ohne Schuhe und Strümpfe, andere aber, die ein Pferd besaßen, ohne Sattel und Zaum forteilten. Trotzdem gelang es nicht Wenigen, zu entkommen und sich in Calais nach dem sicheren England einzuschiffen, den größeren Teil jedoch holte der Herzog mit seinen Reitern ein und gewährte natürlich keinem Einzigen Schonung.

Endlich brach der Tag an, aber welchen Greuel beschienen die Strahlen der erwachenden Sonne? Auf allen Türschwellen lagen Tote, und wo man hinblickte, sah man Verstümmelte mit noch zuckenden Gliedern. In den Rinnsteinen rieselte das Blut wie vor einem Schlachthaus und in der Seine stockten sich die Leichname, dass kein Nachen mehr durchkommen konnte. Trotzdem nun aber Tausende und Abertausende hingeschlachtet waren, hörte das Morden nicht auf, sondern wurde vielmehr am Tag mit demselben wahnsinnigen Eifer fortgesetzt, wie in der Nacht. Die Menschen schienen nicht mehr Menschen zu sein, sondern Kannibalen, die sich in Blut gebadet hatten! Trugen doch viele an ihren Hüten statt des vorgeschriebenen weißen Kreuzes die abgeschnittenen Ohren der Erschlagenen! Trieben doch andere selbst mit den Toten noch ihr Spiel, indem sie ihnen Köpfe und Hände abhieben und dieselben vor Lust wiehernd einander wie Bälle zuwarfen! Streiften doch wieder andere in Rotten umher und trugen gleichsam als Fahnenzeichen schreiende Wickelkinder herum, welche sie an hohe Stangen nach Art des gekreuzigten Jesus angenagelt hatten!

Erst am Abend, zur Vesperzeit, ließ der König durch alle Straßen von Paris bekannt machen, dass ein Jeder sich in seine Wohnung zurückzuziehen habe, indem es die Nacht durch nur den königlichen Garden gestattet sein solle, durch die Stadt zu marschieren. Aber nur Wenige kümmerten sich um diesen Befehl und das Morden und Rauben hörte weder in der Nacht, noch am andern Tag auf. Auch meinte es der König mit jener Bekanntmachung wohl nicht so ernst, denn gegen Sonnenuntergang ritt er mit seiner Mutter, seinen Brüdern und allen Damen des Hofs durch die mit Blut getränkten Hauptstraßen der Stadt und man konnte es aus den fröhlichen Gesichtern, sowie aus den scherzhaften Reden der vornehmen Gesellschaft nur zu deutlich ersehen, welch unendliche Freude ihnen die Schauerszenen machten, durch welche sie passieren mussten.[273] Sagte er ja doch lachend, als er auf seinem Spazierritt an dem Galgen vorbeikam, an welchem der Leichnam des Admirals in Ketten hing, «einen lieblicheren Anblick hätte er in seinem Leben nicht gesehen und der Verwesungsgeruch Colignys dufte wie eitel Rosen und Veilchen», wie hätten sich also die Pariser, wenn ihr König so dachte, in ihrem Ketzermord-Vergnügen stören lassen sollen?

Während nun aber Paris in Blut schwamm, ging es in den Provinzen, und besonders in den größeren Städten derselben, um kein Deut anders zu. Noch in der Nacht vom 23. auf den 24. waren überall hin Eilboten geflogen, um den Gouverneuren die strengsten Befehle zu bringen, sich der Güter und der Personen der Reformierten zu bemächtigen und die fanatische Wut des Volkes auf sie loszulassen. Natürlich gehorchten die Beamten fast ohne Ausnahme und somit wurde in den Städten Lyon, Orléans, Bordeaux, Toulouse usw. am 25. und 26. August ein ebenso großes Mordfest gefeiert, als in der Bartholomäusnacht zu Paris. Zwar widersetzten sich einige wenige Ehrenmänner, wie z. B. der Vicomte von Orthez, Gouverneur von Bayonne, welcher dem König schrieb, «er habe seinen Befehl den Einwohnern der Stadt sowie den Soldaten der Garnison bekannt gemacht, aber unter ihnen allen keinen einzigen gefunden, der sich zum Henker hergegeben hätte;» doch im Allgemeinen hielten sich nur wenige Orte von der großen Blutschuld rein und sogar in den kleinsten Dörfern wurden «Bartholomäusnächte» gefeiert. Kam es doch, weil alle Felder voll toter Leichname lagen, deren Ausdünstung die Luft verpestete, in manchen Gegenden zu gefährlichen Epidemien! Benutzten doch viele den Reichtum von Leichnamen dazu, um dieselben auszusiefen und einen Handel mit Menschenfett zu beginnen! Genau lässt sich übrigens nicht bestimmen, wie viel Calvinisten im Ganzen in jenen Mordtagen abgeschlachtet wurden und es variieren die Angaben zwischen Fünfzig-

---

[273] Als einen Beweis der grässlichen Sittenverderbnis des französischen Hofes zu jener Zeit fühlen wir uns gedrungen anzuführen, dass die königliche Gesellschaft besonders lange an dem Ufer der Seine verweilte, wo die «nackten» Leichname der im Louvre ermordeten hugenottischen Edelleute lagen. Königin Katharina und ihre wollüstigen Hofdamen weideten sich an diesem Anblick und insbesondere zog der Körper des Barons Karl von Soubise du Punt, dessen Gattin kurze Zeit zuvor wegen seines angeblichen Unvermögens auf Trennung der Ehe geklagt hatte, ihre Aufmerksamkeit auf sich!

und Hunderttausend.²⁷⁴ Wahrscheinlich liegt die richtige Zahl in der Mitte und die Bartholomäusnacht wird somit ungefähr 70000 Menschen das Leben gekostet haben.

Kein Wunder also, wenn die Freude der Ketzerfeinde eine fast außerordentliche war, und wenn besonders «der Mann in Rom» jubilierte. Hatte der Letztere doch nicht einmal so viel Schamgefühl, seinen Jubel zu verbergen, sondern er, der Statthalter Christi, verfügte sich sogleich, nachdem er die erste Nachricht erhalten hatte, mit allen seinen Kardinälen in feierlicher Prozession in die Peterskirche, um Gott den Dank für den herrlichen Sieg des Katholizismus darzubringen und auf der Engelsburg donnerten die Kanonen, während auf allen Anhöhen Freudenfeuer loderten. Ja, sogar ein Jubiläum mit unbegrenztem Ablass schrieb der heilige Vater in der Freude seines Herzens aus, und wie er vollends den abgeschnittenen Kopf Admirals Coligny in Weingeist wohlverwahrt vom König von Frankreich zugeschickt bekam, geriet er vor Entzücken und Dankbarkeit so außer sich, dass er dem König den Titel Piissimus, d. i. der Allerchristlichste, verlieh! Ja daran war es noch nicht einmal genug, sondern weil die hohe Geistlichkeit Roms nicht in der Lage gewesen war, dem Gemetzel in Person zuzuschauen, befahl er seinen besten Künstlern, die Hauptszenen jener Schaudernacht durch den Pinsel zu verewigen, damit die Herren Kardinäle und er selbst sich doch wenigstens an der sinnbildlichen Darstellung erlustigen könnten, und die drei großen Gemälde, welche der berühmte Vasari dem blutigen Gegenstand widmete, sind gegenwärtig noch als Zierde der päpstlichen Denkweise im Königssaal des Vatikans aufgehängt.²⁷⁵ Ebenso groß wie in Rom war auch die Freude in Paris und es wurden in allen Kirchen öffentliche Dankfeste gehalten. Ja, das Parlament ordnete an, dass für alle

---

²⁷⁴ Der berühmte Sully gibt die Zahl der Ermordeten auf 70000 an, während der Geschichtsschreiber Peresixe, dessen Lebensgeschichte Heinrichs IV. im Jahr 1661 herauskam, ihre Zahl auf 100000 schätzt. Jedenfalls ist so viel sicher, dass der grausamste Krieg nicht so viel Opfer kostete, denn nur allein in der Hauptstadt Paris zählte man nicht weniger als zehntausend Hugenottenleichen.

²⁷⁵ Das erste dieser drei Gemälde zeigt uns Admiral Coligny, wie er vom Meuchelmörder Maurevert durch einen Musketenschuss verwundet nach Hause getragen wird und darunter steht: Gregorius XIII. Pontif. Max. 1572. Im zweiten Gemälde sieht man, wie der Admiral in seinem Palast nebst Teligny, seinem Schwiegersohn und einigen anderen ermordet wird. Im dritten erfährt König Karl IX. vom Tod Colignys und hat seine Freude dran, im Hintergrund aber stürzen sich Meuchelmörder mit dem Kruzifix und dem Dolch in den Händen auf wehrlose Kinder und Frauen, während sie über Haufen von Leichnamen wegklettern, um in die Häuser der Hugenotten zu dringen. – So viel von den drei Gemälden! Nicht verschweigen aber dürfen wir bei dieser Gelegenheit, dass der Papst auch eine Gedenkmünze auf die Bartholomäusnacht schlagen ließ, welche er an die Gläubigen verteilte. Auf der Vorderseite befand sich das Bildnis seiner Heiligkeit selbst und auf der Rückseite stand ein Würgengel mit dem Kruzifix und einem Schwert, womit er alles, was ihm vorkam, durchstach, die Umschrift aber lautet: «*Ugonottom Strages*!»

Zukunft jährlich am Bartholomäustag eine große Prozession gehalten werden solle, um Gott für die Vernichtung der Hugenotten zu danken, und errichtete König Karl IX. am Ende der Brücke von Notre-Dame ein Ehrendenkmal, welches ihn darstellte, wie er die Hugenotten mit Füßen trat!

Natürlich schien nunmehr die Sache des Protestantismus in Frankreich für immer verloren, denn der Schrecken war so groß, dass die Überlebenden es nicht mehr wagten, sich offen zu ihrem Glauben zu bekennen, sondern vielmehr, wenigstens äußerlich, zum Katholizismus übertraten. Doch schon wenige Wochen hernach ermannten sich die Hugenotten wieder, und besonders waren es die Bürger der festen Stadt La Rochelle, welche den anderen mit gutem Beispiel vorangingen. Einsehend nämlich, dass sie sich entweder wehrlos der Raubsucht und Mordgier ihrer Feinde preisgeben oder aber mit den Waffen in der Hand für ihren Glauben streiten müssten, schlossen sie die Tore der Stadt und widersetzten sich mit Heldenmut allen Angriffen der Armeen Karls IX. Andere Städte ahmten ihr Beispiel nach und neue Hugenottenkriege entstanden, deren Ende, besonders als später Heinrich von Navarra und der Prinz von Condé sich an die Spitze der Reformierten stellten, nicht abzusehen war. Natürlich wurde hierdurch der Zorn des Papstes (Pius war längst gestorben, aber sein Nachfolger dachte wie er) abermals aufs furchtbarste erregt und auf seinen Befehl mussten Jesuiten und Kapuziner ganz Frankreich durchstreifen um alle Katholischen in Feuer und Flammen zu setzen. Die Liga wurde erneuert und allen katholischen Mächten, besonders aber dem König von Spanien und dem Herzog von Savoyen, Befehl gegeben, in Frankreich einzurücken, um die Ketzer zu vernichten. Ja Papst Sixtus V. predigte sogar überall den Kreuzzug und erklärte es für ein gottgeheiligtes Werk, wenn man König Heinrich von Navarra und seine Glaubensgenossen allesamt, und wär es auch im Schlaf, ermorde. Doch kann es natürlich nicht unsere Absicht sein, den weiteren Veerlauf der Hugenottenkriege in Frankreich zu schildern. Es lag uns vielmehr nur allein daran, den Beweis zu liefern, «auf welche Weise» die Päpste das Gebot der christlichen Duldsamkeit ausübten, und hierüber wird der geneigte Leser schon längst im Klaren sein. Der Erfolg der Hugenottenkriege war übrigens ein ganz anderer, als man zu Rom erwartet hatte, denn trotz der päpstlichen Machtsprüche kam nach dem Tode Karls IX. und seiner beiden Brüder nicht der Herzog von Guise, das rebellische Haupt der Ultrakatholischen, sondern Heinrich IV., der rechtmäßige Nachfolger des Hauses Valois, auf den Thron und dieser gab endlich unter dem 13. April 1598 durch das Edikt von Nantes, welches den Hugenotten freie Religionsübung zusicherte, dem zerrütteten Frankreich den Frieden wieder.

Allzulange dauerte aber dieser Friede nicht, denn wie hätten solches die Päpste zugeben können? Schon Urban VIII. wusste im Jahr 1628 König Ludwig XII. dahin zu bringen, abermals den Versuch zur Ausrottung der Ketzer zu machen und in der Tat wurde dem Papst die Freude, dass die Stadt La Rochelle, das Hauptbollwerk der Hugenotten, nach einer vierzehnmonatigen Belagerung von der schrecklichsten Hungersnot getrieben, sich den Katholischen ergeben musste. Aber seine Hoffnung, «dass Ludwig XII. auch alle übrigen Ketzer nächster Tage ausrotten werde» (so schrieb nämlich der Papst wörtlich an den König von Frankreich) ging nicht in Erfüllung, sondern es gelang vielmehr den Engländern, den König zu zwingen, dass er den Hugenotten freie Religionsübung gestattete. Weit mehr Glück hatte die jesuitisch-römische Partei mit Ludwig XIV., welchem in der Tat der grässliche Ruhm gebührt, gegen den Protestantismus mehr getan zu haben, als irgendein anderer Monarch in der Welt.

Unter seiner Regierung bildeten die Protestanten keine «bewaffnete» politische Partei mehr, sondern sie lebten unter dem Schutz des Edikts von Nantes als friedliche, arbeitsame Bürger, deren bescheidenes, frommes und anspruchsloses Benehmen selbst von den Katholischen anerkannt wurde. Nur allein der Papst und die von ihm abhängige Geistlichkeit ließ von dem Hass nicht ab, und dachte Tag und Nacht daran, wie man den Ketzern die Existenz untergraben könne. Lange Zeit jedoch war König Ludwig nicht beizukommen. Im Gegenteil, so lange er jung und kräftig war, trat er den päpstlichen Übergriffen mit großer Heftigkeit entgegen, aber später brachte ihn sein Beichtvater, der Jesuitenpater LaChaise, welchen er im Jahr 1675 auf die Bitten Papst Clemens X. hin annahm, sowie seine vom genannten Papst ebenfalls wohl bearbeitete und sogar mit der goldenen Rose[276] beschenkte Mätresse, die vielberüchtigte Frau von Maintenon, auf den Glauben an die Notwendigkeit, sich durch die Bekehrung der Reformierten der Gnade des ewigen Richters zu versichern, und von nun an dachte derselbe an nichts mehr, als an die Katholischmachung aller Hugenotten. Zuerst versuchte man es durch Einschränkungen und Bedrückungen, sowie durch Verlockungen aller Art, wie man denn z. B. eine besondere Kasse bildete, aus welcher man diejenigen bezahlte, welche zum Katholizismus übergingen. Als jedoch solche Mittel nichts helfen wollten, wurden vom Jahr 1680 an andere Seiten aufgezogen, und man verbot nicht nur alle Heiraten zwischen Katholiken und Reformierten, sondern man erklärte auch alle Hugenotten für unfähig, irgendein Amt zu begleiten oder ein Handwerk zu treiben und beraubte überdies mehr als 600 Ortschaften geradezu des Rechts, protestantischen Gottesdienst zu halten. Auf das Übergehen vom Katholizismus zum Protestantismus wurde die Todesstrafe gesetzt, hugenottische Kinder aber nahm man ihren Eltern zu Tausenden weg, unter dem Vorwand, dass diese Kinder Lust hätten, katholisch zu werden. Zu gleicher Zeit befreite man jeden Neubekehrten Erwachsenen auf zwei Jahre von allen bürgerlichen Lasten, sowie besonders der Last der Einquartierung, während man umgekehrt in die Häuser derjenigen Reformierten, welche ihrem Glauben nicht entsagen wollten, so

---

[276] Eine päpstliche Auszeichnung, die jährlich einmal an eine Person verliehen wurde, die sich besonders um die katholische Kirche verdient gemacht hat. (Anmerk. d. Hg.)

viel Soldaten ins Quartier legte, dass die Hausbesitzer es in die Länge unmöglich aushalten konnten. Man nannte diese Einquartierungen gewöhnlich nur «gestiefelte Missionen» oder auch «Dragonaden», weil sich unter den hierzu verwendeten Soldaten die Dragoner am unmenschlichsten benahmen; aber der Zweck dieser Dragonaden, welcher natürlich kein anderer war, als die Hugenotten durch die Not zu zwingen, sich zu bekehren, wurde doch nicht erreicht; im Gegenteil, all die vielen Plackereien und Schindereien hatten keine andere Folge, als die, dass die Hugenotten samt und sonders daran dachten, auszuwandern und diesen Entschluss, wo es nur irgend ging, zur Tat machten. Nun erließ Ludwig XIV. ein strenges Edikt (1682), nach welchem jeder Auswanderungsversuch mit lebensläglicher Galeerenstrafe, jede Beihilfe zur Auswanderung aber mit einer Geldstrafe von mindestens 3000 Livres belegt werden sollte. Überdies wurde allen Katholiken verboten, von einem Hugenotten Haus oder Güter zu kaufen, und jeder schon abgeschlossene Verkauf für null und nichtig erklärt. Zu gleicher Zeit bewachte man überall die Grenzen, besonders die gegen das Meer hin aufs Genaueste, um alle Auswandernden zu fassen, und befahl sogar die Verhaftung derer, welche nur «verdächtig» waren, Frankreich verlassen zu wollen. Überall, wo kleinere hugenottische Gemeinden, denen man ihre Kirchen längst geschlossen hatte, bestanden, streiften Soldaten und Milizen in Masse herum, um jede gottesdienstliche Versammlung, sei sie auf freiem Feld oder in den Häusern, mit Gewalt zu unterdrücken und alle Prediger, die man einfing, wurden sofort zum Rad, zum Galgen oder zu den Galeeren verurteilt. 1684 ging der König noch weiter und erklärte offen, dass in seinem Reich für die Zukunft nur noch eine einzige Religion existieren dürfe. Infolgedessen wurden die Dragonaden ins Große getrieben und jede protestantische Landschaft so lange mit einer Armee überschwemmt, bis die Bauern, von den Gewalttätigkeiten der Soldaten zur Verzweiflung getrieben (und um nicht Hungers sterben zu müssen) sich herbeiließen, ihren Glauben abzuschwören. Auf diese Art bekehrte man in Bearn, in Languedoc, Guienne, Poitou usw. binnen Jahresfrist gegen hunderttausend Reformierte und nun versicherte Papst Innozenz XI. dem frömmelnden König, dass, weil die noch übrig gebliebenen Ketzer nur aus Eigensinn an ihrem Glauben festhielten, die völlige Wiedervereinigung derselben mit der Kirche nicht einen einzigen Blutstropfen kosten werde. Auch gelang es ihm wirklich, dem Monarchen diese Überzeugung beizubringen und ihn in Folge dessen zu überreden, den Protestantismus geradezu und völlig zu verbieten. So wurde denn am 22. Oktober 1685 die Aufhebung des Edikts von Nantes dekretiert und den Reformierten «bei Todesstrafe und Konfiskation ihres Vermögens» die Ausübung ihrer Religion untersagt. Alle hugenottischen Kinder sollten augenblicklich katholisch getauft und von nun an auf Kosten ihrer Eltern in der katholischen Religion erzogen werden, den hugenottischen Lehrern und Predigern aber wurde anbefohlen, sich entweder zu bekehren, oder aber, sofern sie nicht auf die Galeeren wollten, Frankreich binnen vierzehn Tagen zu verlassen. Kurz der König wollte mit dem Protestantismus ein für allemal ein Ende machen!

Man kann sich nun wohl denken, wie den Hugenotten zumute war, als dieses fanatische Edikt erschien. Jeder dachte von dieser Zeit an nur noch an Flucht und obgleich Galeerenstrafe auf dieselbe, auf ihre Begünstigung aber Todesstrafe gesetzt war, so gelang es doch Tausenden und Abertausenden, über die Grenzen zu entkommen. «Fort! Aus dem Land hinaus!» war ihr Wahlspruch und somit verkleideten sie sich als Bettler, als Bauernknechte, als vagierende Musikanten, als Pilger, als Studenten, als Soldaten oder als was es nur irgend ging, und kamen so, fast alles, was sie besaßen, zurücklassend, trotz der scharfen Bewachung der Land- und Seegrenzen nach Deutschland, nach der Schweiz, nach Holland und sogar (auf elenden Nachen) nach England hinüber. Allerdings wurden viele ergriffen und sofort in Ketten auf die Galeeren gebracht oder auch nach Westindien deportiert, aber dies alles schreckte die anderen nicht ab, sondern sie setzten lieber ihr ganzes Vermögen daran, die Grenzwächter zu bestechen, um nur fortzukommen, und man hat berechnet, dass Frankreich auf dieser Weise binnen Jahresfrist um mehr als siebenhunderttausend seiner fleißigsten, wohlhabendsten und intelligentesten Einwohner kam. Mit offenen Händen nahmen die Deutschen, sowie die Schweizer-Regierungen die Flüchtigen auf, und da sich nunmehr der französische Gewerbsfleiß ins Ausland verpflanzte, so entstand dadurch für Frankreich ein Verlust, welcher durch keine Eroberungen zu ersetzen war.

Die Gesamtheit der reformierten Franzosen hatte übrigens, wie man sich denken kann, nicht entfliehen können und ebensowenig wollten von den Zurückgebliebenen alle auf einmal ihrem Glauben entsagen. Das Letztere war besonders in der Provinz Languedoc der Fall, über welche der Intendant Baville gesetzt war, und so kam es denn, dass dort selbst im Jahr 1685 noch, trotz der Aufhebung des Edikts von Nantes, die gottesdienstlichen Versammlungen der Reformierten nicht aufhören wollten. Baville schritt augenblicklich ein, ließ die Versammlungen durch Soldaten sprengen und befahl die dabei beteiligten Frauen und Kinder niederzuhauen, die Männer aber gefangen zu nehmen und auf die Galeeren zu bringen. Am wütendsten hauste er gegen die Prediger und ließ jeden, dessen er habhaft wurde, sofort entweder aufhängen oder ersäufen, oder rädern.[277] Trotz allem dem aber ließ sich der protestantische Glaube nicht vollständig bannen und wenn nun auch im Verlauf der Zeit kein Geistlicher es mehr wagte, Gottesdienst zu halten, so glaubten sich dagegen einzelne Männer aus dem Volk, welche der Bibel besonders kundig waren, dazu berufen, ihre Mitbrüder zu trösten und ihnen Buße zu

---

[277] Bei einer gottesdienstlichen Versammlung zu Orange wurden z. B. 28 Personen getötet, 13 aber, nämlich 97 Männer und 38 Frauen und Mädchen, nebst dem Prediger, gefangen genommen,. Diese alle brachte man nach Montpellier, hängte sofort den Prediger auf, sperrte die Frauen, nachdem man sie durch den Henker hatte stäupen lassen, auf Lebenszeit ins Gefängnis und brachte die Männer auf die Galeeren.

predigen. Solcher Bußprediger, die von Haus zu Haus gingen, finden sich schon im Jahr 1688 nicht wenige, in den folgenden Jahren jedoch verbreitete sich diese Schwärmerei (die Bußprediger benamen sich meist wie die Propheten des Alten Testaments und vermeinten auch die Gabe der Weissagung zu besitzen) über ganz Nieder-Languedoc und besonders in dem Cevennen-Gebirge. Natürlich ging der Intendant Baville mit dieser «neumodischen» Art von Predigern ebenso schonungslos um, als früher mit den «wirklichen» Geistlichen und verurteilte z. B. nur allein im Monat November des Jahres 1701 einundzwanzig, welche man ergriffen hatte, zum Tode; aber dessen ungeachtet vermehrte sich die Zahl der Propheten, statt sich zu vermindern, und noch mehr wuchs die Schar derer, welche aufhörten, die katholischen Kirchen zu besuchen. Papst Clemens XI., als er dies erfuhr, sandte Missionare, um die Propheten durch Gegenprediger zum Schweigen zu bringen; aber das Volk wollte nichts von den Kutten wissen. Somit stellte sich, weil man nun einsah, dass nur allein Gewalt helfen könne, der Vorsteher jener Missionare, der Erzpriester Langlade du Chaila, an die Spitze der Soldaten, welche zur Aufsuchung der gottesdienstlichen Versammlungen tags und nachts das Land durchzogen, drang in alle Schlupfwinkel, selbst die verborgensten, ein und ließ nicht bloß die eingefangenen «Prediger» sofort aufknüpfen, sondern versuchte es auch, die Zuhörer, deren man habhaft wurde, durch Qualen aller Art zur Angabe ihrer Glaubensgenossen zu zwingen, um so aller Ketzer mit einem Schlag Herr zu werden.[278] Eine solche Härte brachte die Leute völlig außer sich und da er nun einst mehrere vermögende Reformierte, welche auf der Flucht nach Genf ergriffen worden waren, in das neben seiner Wohnung errichtete Gefängnis bringen ließ und das von den Verwandten der Gefangenen angebotene ziemlich hohe Lösegeld nicht annahm, so bewaffneten sich diese Verwandten mit Sensen, Spießen und Hellebarden, umringten nachts sein Haus, zündeten dasselbe an und ermordeten schließlich, nachdem sie die Gefangenen befreit hatten, ihn selbst. Solches geschah am 23. Juli 1702. Natürlich wurden die «Aufrührer» augenblicklich von den Soldaten verfolgt, aber obwohl es gelang, mehrere von ihnen zu ergreifen, welche sofort hingerichtet wurden, so entkamen doch die meisten und zogen sich in die Gebirge zurück, fest entschlossen, ihr Leben gegen alle Angriffe zu verteidigen. Ihr Beispiel wirkte ansteckend. Bald bildeten sich noch andere Scharen und unternehmende Männer, wie Castanet, Roland und besonders Jean Cavalier, ein merkwürdig begabter Bauernsohn, traten an ihre Spitze. So entstand der «Krieg in den

---

[278] Er ließ z. B. den Gefangenen die Augenbrauen oder Barthaare Stück für Stück ausreißen, oder presste ihnen glühende Kohlen in die Hände, oder umwickelte ihnen die Finger mit öltränkter Baumwolle, die er sofort anzündete, oder steckte ihnen die Füße in ein Querholz, dass sie weder stehen noch liegen konnten, oder strafte die Eltern dadurch, dass er ihre Mädchen bis aufs Blut geißeln und ihre Buben entmannen ließ, woran nicht wenige starben.

Cevennen», auch Camisarden-Krieg[279] genannt, welcher nur erst endete, nachdem fast hunderttausend Menschen für den Glauben hingeopfert worden waren.

Im Anfang glaubte man mit den aufrührerischen Bauernsöhnen im Augenblick fertig zu sein und begann damit, dass man alle diejenigen, welche im Verdacht standen, die «Räuber in den Gebirgen» mit Lebensmitteln zu versorgen, ohne weiteres Verhör hinrichtete (nur allein in der Stadt Alais wurden 62 Reformierte jeden Alters und Geschlechts, wegen solchen Verdachts aufgehängt), aber als man sah, dass die sogenannten Räuber sich dennoch mehrten und die gegen ihre Verwandten ausgeübten Grausamkeiten mit Verbrennung katholischer Kirchen und Ermordung katholischer Geistlicher wiedervergolten, musste man doch daran denken, ernstere Maßregeln zu ergreifen. Papst Clemens XI. ließ also einen allgemeinen Kreuzzug predigen und bewilligte jedem, welcher sich bewaffnen würde, um diese «verfluchte und verabscheuungswürdige Brut» niederzuhauen und auszurotten, vollkommene Vergebung der Sünden. Auch sandte im Einverständnis mit ihm Ludwig XIV. im Anfang des Jahres 1703 den Marschall von Montrevel nebst zwanzig Bataillonen Infanterie usw. ins Languedoc, um den Aufstand zu unterdrücken; aber so schnell ging die Sache doch nicht, obwohl Montrevel mit einer Grausamkeit verfuhr, welche sozusagen, über alle Begriffe geht. Er ließ nämlich nicht bloß alle der Beihilfe Verdächtigen, Greise, Weiber und Kinder, ohne Weiteres auf gemeinsamen Scheiterhaufen verbrennen, sondern er zerstörte auch geradezu mehrere hundert Flecken, Dörfer und Weiler, alle daselbst befindlichen Bewohner dem Tode weihend und alles Eigentum mit den Häusern verbrennend. Trotzdem aber dachten die Camisarden nicht daran, sich zu ergeben. Im Gegenteil sie bestanden mehrere glückliche Gefechte mit den königlichen Soldaten, und es kommandierte z. B. nur allein Cavalier (im Jahr 1704) über ein Korps von tausend Infanteristen und zweihundert Reitern, welches allüberall hin Schrecken verbreitete und den Katholiken sicheren Tod brachte. Nun schickte Ludwig XIV. seinen besten General, den Marschall Villars, in die Cevennen und zwar mit einer so großen Armee, dass man hätte glauben können, die Zahl der Feinde betrage nicht wenige Tausend, sondern vielleicht das Zehn- und Zwanzigfache. Solcher Macht konnten die Camisarden nicht dauerhaft widerstehen; dennoch siegte auch Villars weniger durch Gewalt als durch List und Bestechung, sowie durch die Bekanntmachung, dass es jedem Hugenotten, welcher sich ergeben würde, gestattet sein solle, seine Habe zu verkaufen und ohne weitere Belästigung ins Ausland zu ziehen. Auf solche Weise gewann er viele, und als nun gar eine große Höhle, welche den Camisarden bisher als Hospital, Magazin und Pulverfabrik gedient hatte, entdeckt, die darin befindlichen Verwundeten ermordet und alle Vorräte

---

[279] Woher der Name Camisard kam, ist nicht ganz zuverlässig bekannt. Vielleicht von Camises, d. h. Oberhemden, weil die aufrührerischen Hugenotten solche trugen, vielleicht auch von Camis, d. h. Heerstraße, so dass ein Camisarde so viel als ein Wegelagerer wäre.

von Lebensmitteln und Kriegsbedarf fortgenommen wurden, so glaubte Cavalier dem verlockenden Anerbieten, ihn zum Oberst im Dienste des Königs zu machen, nicht mehr länger widerstehen zu dürfen, sondern trat mit dem größten Teil seiner Waffengefährten zu den Katholischen über. Wohl erklärten ihn die übrigen Anführer der Camisarden: Roland, Ravanel und Catinat, für einen Verräter und versuchten den Krieg fortzusetzen; aber Marschall Villars schickte Emissäre, die wohl mit Geld versehen waren, unter sie und bekam sie auch richtig durch Bestechung ihrer Leute in seine Hände. Auf diese Art wurde der Camisardenaufstand zu Ende gebracht, aber nur erst, nachdem im Ganzen über vierhundert Städte, Dörfer und Weiler vernichtet und über fünfzigtausend Hugenotten, nebst beinahe ebensoviel Katholischen getötet worden waren. Dennoch hörte die reformierte Religion nie ganz auf, in Frankreich zu existieren, wie man schon daraus sieht, dass im Jahr 1728 in Montpellier ein protestantischer Prediger aufgehängt wurde, und dass sogar im Jahr 1744 eine protestantische Synode in einem abgelegenen Ort von Niederlanguedoc zusammen kam, bei welcher nicht weniger als fünfzig heimliche hugenottische Gemeinden vertreten waren. Noch später, im Jahr 1746, erhob der Protestantismus sein Haupt wieder freier und obgleich damals nur allein in der Stadt Grenoble über dreihundert Personen ihres Glaubens wegen hingerichtet wurden, so wirkte doch die beginnende Aufklärung so stark, dass man von nun an der päpstlichen Aufforderung zum Ketzermord kein Gehör mehr schenkte. Der letzte Märtyrer unter den Reformierten Frankreichs war der Prediger Francois Rochette, welcher am 18. Februar 1762 in der Stadt Toulouse durch den Strang hingerichtet wurde; seit der Revolution von 1789 aber ist der Protestantismus zum großen Horror des römischen Stuhles eine gesetzlich gestattete Religion.

3. Die Ausrottung des Protestantismus in England.

Einen ganz anderen Verlauf als in Frankreich nahm die Sache des Protestantismus in England. Zwar allerdings im Anfang schien es, als ob nach dem Tode Heinrichs VIII. durch seine Tochter Marie, welche im Jahr 1553 den englischen Thron bestieg, der Katholizismus im ganzen Land wieder mit Gewalt eingeführt werden sollte, denn diese Königin setzte sich im Augenblick, also noch im Jahr 1553, mit Papst Julius III. im Verbindung, ließ sofort alle protestantischen Wortführer einkerkern, erteilte dem päpstlichen Legaten Pole Vollmacht, im ganzen Land katholische Bischöfe zu ernennen, und brachte sogar das Parlament dazu, die furchtbarsten Ketzergesetze zu erlassen. Noch ärger wurde es in den vier folgenden Jahren. Es gelang nämlich dem Papst, zwischen König Philipp von Spanien und Marie im Jahr 1554 ein Ehebündnis zustande zu bringen, und die bereits vierzigjährige, aber deswegen nur umso liebessüchtigere Dame tat nun alles, was ihr stolzer, herrschsüchtiger und bigotter sechsundzwanzigjähriger Gemahl von ihr wollte. Sogleich wurde nach dem Muster der spanischen Inquisition auf den Rat des Papstes Julius III. eine aus zweiundzwanzig Personen bestehende Ketzerkommission eingesetzt, an deren Spitze der Bischof Bonner von London, ein wilder, brutaler, barbarischer Mann, stand, und es begann nun einen Verfolgung, wie sie selbst Innozenz III. nicht grausamer verlangen konnte. Bei dem niederen Volk versuchte man es mit Strafen aller Art, dasselbe zum alten Glauben zurückzuführen, die Geistlichen aber mussten ins Gefängnis wandern und wenn sie sich nicht dazu bequemten, den Protestantismus zu widerrufen, ohne Gnade den Scheiterhaufen besteigen. Über achthundert protestantische Bischöfe und Pfarrer starben auf diese Weise unter den grässlichsten Martern, worunter die Bischöfe Latimer, Ridley, Ferrar und Hooper, sowie der berühmte Cranmer, und mit jedem Jahr schien sich der Blutdurst der Königin zu steigern. Der Papst hatte eine unendliche Freude und ließ der Königin zu Ehren sogar eine Ehrenmünze schlagen; aber nunmehr fing es an, unter dem Volk zu gären, und wenn die «Blutige» (so nannte man Marie in ganz England) nicht im Jahr 1558 gestorben wäre, so hätte ein Aufstand nicht ausbleiben können. Ganz anderer Gesinnung war die jetzt folgende Königin, die berühmte Elisabeth, denn diese verhalf, trotz der Bannbulle des Papstes vom 25. Februar 1570 und trotz des papistischen Aufstandes, welchen Pius V. gegen sie erregte, dem Protestantismus bald wieder zu seinem Recht [280] und dieses hat er auch seither innebehalten.

Solches Fehlschlagen ihrer besten Hoffnungen musste natürlich den Romtreuen äußerst schmerzhaft sein und es wurde alles versucht, um Elisabeth zu stürzen. Lange Zeit war dies vergeblich; doch schließlich, dreißig Jahre später, hatte Clemens VIII. die Genugtuung, in Irland einen Aufstand hervorzurufen, welcher vier Jahre lang fortwütete und die ganze Insel beinahe in eine Einöde verwandelt hätte. Der Aufstand begann im Jahr 1595, in welchem Jahr der Papst sie Gnade hatte, die Insel dem König von Spanien zum Präsent zu machen. Letzterer nahm auch in der Tat das Präsent an und sandte den Aufständischen eine starke Armee zu Hilfe, deren Anführer, Aquila, vom Papst den glorreichen Titel «eines Wiederherstellers des Glaubens» bekam. Aber nachdem am 24. Dezember 1601 die vereinigten Iren und Spanier von Lord Mountjoy bei Kinsale geschlagen worden waren, musste Irland dem englischen Zepter wieder gehorchen und die Aufhetzereien des Papstes hatten somit keine andere Folge, als dass ein großer Teil der

---

[280] In dieser Bannbulle wird Elisabeth vom Papst als die gottloseste und lasterhafteste Person, die es geben könne, geschildert, weil sie nicht zum römisch-katholischen Glauben zurückkehren wollte. Zugleich sprach Pius alle ihre Untertanen vom Eid der Treue los und forderte den berüchtigten Herzog von Alba auf, mit einer Armee nach England überzuschiffen, um die Papisten dort zu unterstützen; das Königreich England selbst aber schenkte er König Franz II. von Frankreich, welcher auch richtig den Titel und das Wappen eines Königs von England annahm, und ein Truppenkorps nach Schottland absandte, das jedoch von Elisabeth augenblicklich zur Kapitulation gezwungen wurde.

Urbewohner ausgerottet und ihr Vermögen konfisziert wurde. Vierzig Jahre lang war nun Frieden in Irland. Da endlich, im Jahr 1641, gelang es dem päpstlichen Nuntius Rinuccini eine abermalige Verschwörung der Katholiken gegen die Protestanten anzuzetteln, an deren Spitze sich die ganze Priesterschaft stellte. Der Plan war, das furchtbare Schauspiel der Pariser Bluthochzeit, welche wir im vorigen Kapitel geschildert haben, zum zweitenmal auszuführen, und am 23. Oktober 1641 griffen daher alle Iren zu gleicher Zeit zu den Waffen, fielen über die nichts ahnenden Protestanten her und ermordeten deren nicht weniger als fünfzigtausend. Weiber, Kinder, Greise, alles wurde niedergemacht und nur die eiligste Flucht konnte einige wenige vom Tode retten! Das Frohlocken Roms über diese Bluttat war ungeheuer und Papst Urban VIII. schrieb deshalb ein eigenes Jubeljahr aus; nur die Wiedervergeltung sollte doch nicht ausbleiben, wenn sie auch acht Jahre lang auf sich warten ließ. Im Jahr 1649 nämlich landete der berühmte Cromwell auf der Insel, nahm die bedeutendsten Städte im Sturm, ließ die Bevölkerung ohne Unterschied niederhauen und vergoss innerhalb neun Monaten mehr Katholikenblut als vorher Protestantenblut geflossen war! Von jener Zeit an ist die katholische Religion in Irland eine unterdrückte geblieben und so artete das Beginnen des Papstes in das Gegenteil dessen aus, was er bezweckte.

4. Die Ausrottung des Protestantismus in Spanien.

Dass nach Spanien, in welchem Land doch die Inquisition mit unerbittlicher Strenge wütete, je der Protestantismus eindringen könnte, hätte man für rein unmöglich halten sollen und es würde wohl auch sicherlich nicht dazu gekommen sein, wenn nicht durch die Vereinigung der beiden Kronen von «Deutschland und Spanien» auf dem Haupt Karls V. ein lebhafter Verkehr zwischen beiden Ländern entstanden wäre, durch welchen die Spanier schon sehr früh (1519) mit dem Luthertum bekannt wurden. Damals schon wanderten lutherische Schriften über die Pyrenäen und wurden mit solcher Begierde verschlungen, dass Leo X. sich veranlasst sah, unter dem 20. März 1521 den Großinquisitor von Spanien aufzufordern, sich aller solcher Schriften zu bemächtigen und ihre fernere Verbreitung zu verhüten. Natürlich gehorchten die Inquisitoren, durchsuchten alle verdächtigen Privathäuser und setzten jeden gefangen, der eine solche Schrift besaß, indem sie zugleich den Grundsatz aufstellten, «dass es eine ebenso verdienstvolle Handlung sei, einen Lutheraner zu erdrosseln, als einen Türken niederzuschießen». Trotz all dem fand die lutherische Ketzerei mehr und mehr Eingang – und es neigten sich selbst verschiedene höhergestellte Personen, wie Juan Valdez, einer der Sekretäre Karls V., und Rodrigo de Valer, ein reicher Edelmann in Sevilla, zu derselben hin. Natürlich wurden beide gefänglich eingezogen und durch Mittel der verschiedensten Art dahin gebracht, dass sie ihre Ketzerei abschwuren. Nachher sperrte man sie auf Lebenszeit ins Kloster, damit ihnen das Weiterverbreiten der neuen Lehre vergehe oder vielmehr unmöglich werde. Dennoch fand ihr Beispiel Nachahmer und der berühmte Prediger Juan Gil, gewöhnlich Dr. Egidius genannt, trat in Sevilla auf offener Kanzel mit Lehrsätzen auf, welche von denen Luthers nicht allzu entfernt waren. Allerdings wurde auch er dazu gebracht, jene Lehrsätze abzuschwören, und büßte seinen Freimut noch extra mit schwerem Gefängnis, aber der Samen, welchen er durch seine Predigten gelegt hatte, war auf fruchtbaren Boden gefallen und es bildete sich wirklich in genannter Stadt um das Jahr 1555 eine heimliche protestantische Gemeinde, welche sich gewöhnlich in dem Haus Isabellas de Baena, einer ebenso reichen als hochgestellten Dame, versammelte. Bemerkt muss übrigens werden, dass die Mitglieder dieser Gemeinde nicht sowohl den unteren Schichten des Volkes, als vielmehr dem höheren Adel angehörten, und daher kommt es auch wohl, dass die Gemeinde längere Zeit unangetastet fortexistieren konnte. Nicht lange hernach jedoch, als zuerst Francisco Enzinas das Neue Testament und Juan Perez fast die ganze Bibel ins Spanische übertrug und diese Bibelübersetzung nach Spanien eingeschmuggelt wurde,[281] drang die neue Lehre auch unter das Volk, und die Protestantengemeinden fingen nun an, sich ziemlich zu vermehren. Unter die bedeutendsten derselben gehörten (außer der von Sevilla, welche wir bereits genannt haben) die zu Valladolid, welche von Francisco San-Roman (der dafür auf dem Scheiterhaufen büßen musste) gegründet wurde, ferner die in der Stadt Toro, in der Stadt Zamora, in Valencia, in Osma, in Logrono usw. Kurz, die Verbreitung der lutherischen Lehre war eine sehr große und es ist sicher, dass, wenn die Inquisition mit ihren blutigen Gewaltmaßregeln nur einen Augenblick länger gezögert hätte, ganz Spanien vom Ketzertum in Brand gesteckt worden wäre.

Merkwürdigerweise hatten die Mitglieder der protestantischen Gemeinden ihr Geheimnis so gut bewahrt, dass die Inquisition bis zum Jahr 1557 nichts entdeckte. Da wurde ihr von einem Spion, den sie in Genf hielt, die Nachricht, dass eine große Anzahl ketzerischer Bücher, worunter besonders auch die Bibelübersetzung, nach Spanien geschickt worden sei, und nun natürlich ging es mit einem Eifer sondergleichen an die Auffindung derer, welche im Besitz jener Bücher

---

[281] Francisco Enzinas ließ sein Neues Testament in Löwen, Juan Perez aber seine Bibel in Genf drucken, doch gelang es längere Zeit hindurch nicht, viele Exemplare nach Spanien einzuschmuggeln, indem Papst Julius III. in einer Bulle vom Jahr 1550 die strengsten Maßregeln gegen diese Schmuggelei anordnete. Sieben Jahre später dagegen, 1557, machte sich Julian Hernandez, gewöhnlich nur «Julian der Kleine» genannt, ein schlauer Bursche, welcher in Genf als Korrektor in einer Druckerei lebte, anheischig, zwei große mit Bibel-Übersetzungen angefüllte Fässer über die Pyrenäen zu schaffen, und es gelang ihm auch wirklich, nachdem er die wachsamen Augen der Inquisitionsdiener (seine Fässer hatten lauter doppelte Böden) schlau getäuscht hatte, die Bibeln glücklich im Hause eines der eifrigsten Protestanten zu Sevilla abzuladen.

sein mochten. Julian Hernandez, von dem man wusste, dass er die Bibeln eingeschmuggelt hatte, war der erste, welcher verhaftet wurde. Man warf ihn in ein finsteres Gefängnis und erprobte während voller drei Jahre alle Qualen der Tortur, welche die Grausamkeit nur ersinnen konnte, an ihm, um ihn zu bewegen, seine «Mitschuldigen und Glaubensgenossen» anzugeben. Aber er blieb standhaft und die Inquisition hätte noch lange suchen können, wenn nicht in Valadolid die Frau eines Goldschmieds, mit Namen Juan Garcia, auf Zureden ihres Beichtvaters ihren eigenen Mann denunziert und das Lokal, in welchem die geheimen Zusammenkünfte der Protestanten stattfanden, verraten hätte. Nun hatte jenes furchtbare Tribunal einen Anhaltspunkt und in wenigen Tagen waren in Valadolid über zweihundert, in Sevilla aber über achthundert Verdächtige in die Kerker der Inquisition geworfen. Solches geschah zu Anfang des Jahres 1558 und Papst Paul IV., ein ebenso grausamer, als unerbittlicher Ketzerverfolger, erließ schon unter dem 15. Februar 1558 ein Breve, in welchem er den Generalinquisitor von Spanien, Fernando Valdez, beauftragte, «alle Protestanten und Protestantenfreunde, und wären es sogar Bischöfe, Erzbischöfe, Patriarchen, Kardinäle und Legaten, oder Barone, Grafen, Marquise, Herzöge, Prinzen, Könige und Kaiser, ohne irgendwelche Rücksicht, zu vernichten.» So lautete die Instruktion des Papstes und mit vollkommener Herzenslust ging der Großinquisitor darauf ein, die weltliche Macht aber unterstützte ihn, wie man sich wohl denken kann, da der kalte Tyrann Philipp II. damals auf dem spanischen Thron saß, auf alle Weise. Man wollte der Welt das Beispiel geben, wie es doch möglich sei, in einem Staat alle Ketzer mit Stumpf und Stiel auszurotten!

Zwei Jahre lang brauchte die Inquisition bis sie mit ihren nötigen Vorbereitungen zu Ende war. Dann mit dem Jahr 1560 begannen jene furchtbaren Glaubensgerichte, welche unter dem Namen «Autodafés»[282] bekannt sind. Das Erste fand

---

[282] Der Name «Autodafé» kommt von dem lateinischen *Actus fidei*, zu Deutsch «Glaubens-Akt». Gewöhnlich nahm man ein solches an einem Sonntag vor, und zwar immer auf dem größten freien Platz der Stadt. Mit Tagesanbruch ertönte der dumpfe Schall der großen Glocke der Hauptkirche, zum Zeichen, dass nunmehr das grässliche Schauspiel beginnen werde. Dann begaben sich die Inquisitoren in die Gefängnisse, um die zum Tode Bestimmten «einzukleiden». Alle erhielten den sogenannten «Sanbenito», d. i. einen weiten Mantel von gelbem Zeug, jedoch mit dem Unterschied, dass auf dem Sanbenito derer, welche vorher erdrosselt werden sollten, ehe man sie den Flammen übergab, abwärts brennende Flammen hingemalt waren, während der Sanbenito derer, welche verurteilt waren, lebendig verbrannt zu werden, mit aufwärts lodernden Flammen, um welche Reisachbüschel tragende Teufel herumgaukelten, bedeckt wurde. Ebenso sinnreich bemalt erschienen die hohen, spitzen, papiernen Mützen, welche man den Gefangenen auf den Kopf setzte, denn man wollte durch ein Auto-da-fé nichts anderes versinnlichen, als den Tag des Jüngsten Gerichts. War dies nun geschehen, und hatten sich alle Zivilbehörden mit der Geistlichkeit in den Sälen des Inquisitionspalastes versammelt, so begann die Prozession. Voraus eine Abteilung Soldaten, dann eine Schar Priester in

statt am 21. Mai 1559, dem Sonntag Trinitatis, und zwar in der guten Stadt Valadolid, in Gegenwart des Thronerbens von Spanien, Don Carlos, sowie der Königinwitwe Johanna, und vieler tausend anderer vornehmen Personen, und man brauchte volle acht Stunden, nämlich von morgens 6 Uhr bis mittags 2 Uhr, bis die vierzehn zum Feuertod verurteilten Ketzer (sechs Damen und acht Herren, deren Namen sogar – sie gehörten sämtlich den höheren Ständen an – uns die Geschichte aufbewahrt hat) hingerichtet waren. Das zweite Autodafé wurde am 8. Oktober 1559 ebenfalls in Valadolid gefeiert und der ganze Hof, König Philipp II. an der Spitze, wohnte demselben bei. Von nun an aber folgten die Glaubensakte schneller und schneller und dehnten sich auf alle Städte Spaniens aus, in welchen Ketzer gefunden wurden. Am großartigsten waren sie in Sevilla, denn dort wurden selten weniger als dreißig oder vierzig Ketzer gleichzeitig, meist hochadelige Personen, hingerichtet. Man darf übrigens nicht glauben, dass die Ketzerei sich nur allein auf die Laien beschränkte; im Gegenteil, auch viele Mitglieder der hohen Geistlichkeit, worunter nur allein fünfundzwanzig Dokoren der Theologie, acht Bischöfe und sogar ein Erzbischof (der von Toledo, mit Namen Bartolome de Carranza y Miranda) mussten sich dem furchtbaren Tribunal stellen, natürlich nicht, weil sie wirkliche und vollständige Lutheraner geworden waren, sondern weil sie vielleicht in diesem oder jenem Glaubenspunkt ein ganz klein wenig akatholisch dachten.

Mit dem Jahr 1570, nachdem man in zwölf Städten zusammen etwa 150 Autodafés abgehalten hatte, war man mit dem Protestantismus in Spanien fertig geworden, und von nun an tauchte derselbe nie mehr auf, denn wenn auch im Jahr 1680 bei einem, zur Feier der Vermählung des spanischen Monarchen Don Carlos II. mit Marie Louise von Bourbon, angestellten prächtigen Autodafé in Madrid, unter den hundertundachtzehn ausersehenen Opfern der Namen eines Protestanten steht, so war dies ein flüchtiger Ausländer, den man nur im Bildnis den Flammen übergeben konnte. Ganz anders dagegen fiel das Resultat der Protestantenausrottung in den spanischen Niederlanden aus. Als nämlich Philipp II. dort ebenfalls die Inquisition einführte, um wie in Spanien so auch hier jede freie Religionsmeinung zu töten, da erwachte der Zorn des Volkes und es entstand eine Revolution, über welche der König, trotz der geübten Heere, die er besaß, und

---

Chorröcken mit der Schuljugend, Lieder singend, drauf die Gefangenen, ein Kreuz in der Hand und einen Strick um den Hals, jeder von zwei Mönchen begleitet; nach den Gefangenen die Ortsbehörden, die Richter und Staatsbeamten, nebst einer Schar Adeliger zu Pferd; dann die weltliche und ordinierte Geistlichkeit und hinter diesen, in feierlich langsamem Schritt, die Mitglieder des heiligen Offiziums, voran ihren Fiskal mit der rotseidenen Fahne der Inquisition; den Schluss bildeten die sogenannten Familiaren des Inquisitionstribunals hoch zu Ross. So feierlich zog man auf den Platz, wo die Hinrichtung stattfinden sollte und wo, wie sich von selbst versteht, großartige Gerüste errichtet waren, um die vielen Tausend Zuschauern aufzunehmen.

trotz der furchtbaren Grausamkeit, die er anwandte, nicht Herr werden konnte. Im Jahr 1567 sandte er sogar seinen tüchtigsten Feldherrn, den blutgierigen Herzog von Alba, dahin und unter dessen Henkersbeil fielen nicht bloß Tausende aus dem gemeinen Volk, sondern auch die Häupter der Edelsten des Landes. Ja, dieser letztere Wüterich setzte einen Blutrat ein, welchem alle Behörden gehorchen mussten, und ließ, «angefeuert vom Papst, der ihm den Titel eines Verteidigers des katholischen Glaubens gab und ihn mit einem geweihten Hut und Degen, als wäre er ein gekröntes Haupt, beschenkte,» nur allein in Brüssel über achtzehntausend Menschen auf offenem Marktplatz hinrichten, während die Zahl der in sämtlichen übrigen Provinzen abgeschlachteten Protestanten bis auf hunderttausend stieg; aber was war das Resultat? Die Niederländer wurden frei und Spanien, das in diesem Krieg seine schönsten Truppen opferte und sich ein eine Schuldenlast von 800 Millionen Piaster[283] stürzte, sank zu einer Macht zweiten Rangs herab!

5. Die Ausrottung des Protestantismus in Italien.

Man sollte es kaum für möglich halten, dass der Protestantismus selbst nach Italien, dem Sitz des Papsttums, eindrang, und doch war es so, obgleich natürlich nicht in dem Maß, wie nach Frankreich, England und Deutschland. Schon gleich im Anfang des lutherischen Wirkens kamen verschiedene Schriften von Melanchthon, Luther, Zwingli und anderen über die Alpen hinüber und wurden sogar ins Italienische übersetzt;[284] doch drangen sie nicht so eigentlich ins Volk ein und kursierten mehr unter den Gebildeten und Gelehrten. Etwas ganz anderes war es, als der Florentiner Antonio Brucioli die Bibel übersetzte und im Jahr 1530 in Venedig drucken ließ, denn dieses Buch wurde hauptsächlich vom niederen Volk, sowie von der Bürgerklasse verschlungen und die Nachfrage nach demselben war so groß, dass es nicht nur verschiedene Auflagen erlebte, sondern dass auch neue Übersetzungen von Fra Zaccario, Filippo Rustici und anderen angefertigt wurden. Überdies kamen durch die Heerzüge, welche Kaiser Karl V. in seinem Krieg gegen Franz I. von Frankreich nach Italien machte, viele Protestanten über die Alpen hinüber und diese verfehlten nicht, ihre Ansichten gegenüber von den Katholischen geltend zu machen. So drang die leidige Ketzerei auch nach Italien ein und Papst Clemens VII. selbst schreibt vom Jahr 1530, wie er mit herzlichem Leidwesen vernommen, dass in mehreren Gegenden Italiens die abscheuliche Lehre Luthers

---

[283] Das waren 82,5 Millionen Kölnische Silbermark, wobei eine Mark mit einem Gewicht von 234 Gramm gerechnet wurde. Anmerk. d. Hg.
[284] Die Italiener gebrauchten dabei die Vorsicht, um der Wachsamkeit der Inquisitoren zu entgehen, jene Schriften unter «erdichteten» Namen zu drucken. So hieß Melanchthon bei ihnen: «Messer Ipposilo da Terra Negra», Zwingli hieß «Corricius Cogelius», Martin Bucer «Aretius Felinus» und Luther erhielt gar den Namen des «Kardinal Fregoso».

nicht allein unter Laien, sondern auch unter den Priestern und Mönchen eingerissen habe und zwar in einem solch hohen Grad «dass viele der Letzteren, sowohl in ihren Privatunterhaltungen, als auch, was das Allerschlimmste, in ihren öffentlichen Predigten die Menge mit diesem Übel anstecken». Bald bildeten sich förmliche protestantische Gemeinden, deren Mitglieder in Privathäusern zusammen kamen, um dort ihren Gottesdienst zu halten, so z. B. in der Stadt Faenza in Ferrara (wo der Hof selbst protestantisch dachte), in Modena (einige Modeneser standen schon im Jahr 1520 mit Luther im Briefwechsel), in Florenz, in Bologna, in Venedig (welches von jeher einer der ungehorsamsten Söhne des Papstes war), in Mailand, in Lucca und schließlich in Neapel sowie auf der Insel Sizilien. Kurz, es war eine allgemeine Bewegung zugunsten der evangelischen Freiheit und man darf sich daher nicht wundern, wenn der Kardinal Carassa (der spätere Paul IV.) Papst Paul III., anzeigte, dass, wenn man nicht schnell einschreite, ein allgemeiner Abfall von der Kirche zu befürchten sei. Solches geschah im Jahr 1542 und nun natürlich säumte der Papst keinen Augenblick mehr, den Evangelischen auf den Leib zu rücken.

Als das beste Mittel, durch welches man den Protestantismus vernichten könnte, erschien dem Papst die Inquisition in derselben Form, wie in Spanien. Es hatte nämlich in Italien schon seit lange her Inquisitoren, d. h. solche, welche Ketzer aufzuspüren und anzuzeigen hatten, gegeben: aber sie standen unter den Bischöfen und diese Letzteren leisteten dann die Ketzerprozesse ein. Eine «eigene» Jurisdiktion hatten also die bisherigen Inquisitoren in Italien nicht und noch weniger bildeten sie einen unabhängigen Gerichtshof, wie in Spanien. Nun sah man aber ein, dass nur allein durch die Herstellung eines Tribunals, wie es in Spanien üblich war, Italien vor der Überschwemmung der Ketzerei gerettet werden könne, und Paul III. gründete daher durch eine Bulle vom I. April 1543 zu Rom eine Kongregation des «heiligen Offizium» mit sechs Kardinälen als Generalinquisitoren, zugleich befehlend, dass alle Ketzerangelegenheiten nur allein von diesem Offizium untersucht und abgeurteilt werden sollten. Natürlich begann das neugegründete Tribunal sogleich seine Tätigkeit und errichtete überall in ganz Italien «Lokaltribunale». Kein einziger Staat auf der ganzen Halbinsel widersetzte sich und sogar Venedig nebst Neapel fügten sich, obwohl unter einigen unwesentlichen Einschränkungen. Jetzt ging es überall an Verhaftungen und der Schrecken wurde bald so groß, dass, wer sich irgend verdächtig wusste, die Flucht ergriff, um nach der Schweiz oder nach Deutschland zu entkommen. Trotzdem füllten sich die Gefängnisse fast riesenmäßig an, denn man überschwemmte alle italienischen Staaten und Städte mit einer Bande besoldeter Spione, welche, da sie von hohen Personen mit Empfehlungsbriefen versehen wurden, sich in alle besseren Familien als Hausfreunde einschlichen und das, was sie erfuhren, augenblicklich den Inquisitoren berichteten. In den ersten Jahren übrigens begnügte man sich mit dem Einsperren der Denunzierten, denn man hoffte, dieselben durch

Qualen aller Art, sowie besonders durch einsame Haft in finsteren Löchern dahin zu bringen, dass sie ihrer Ketzereien abschwuren. Aber von dem Jahr 1550 an fand man diese Prozedur viel zu langweilig und begann nun mit dem Verbrennen, gerade wie in Spanien und an anderen Orten.[285] Natürlich aber können wir die einzelnen Hinrichtungen nicht alle erzählen, ebensowenig, als wir alle diejenigen anführen können, welche unter den Qualen der Folter ihren Geist aufgaben, sondern wir müssen uns vielmehr begnügen, über einige wenige Hauptmassaker zu berichten. In Kalabrien nämlich gab es zwei Städte, mit Namen Santo Risto und La Guardia, welche von lauter Evangelischen (Nachkommen der alten Waldenser), zusammen etwa viertausend Seelen bewohnt wurden. Diese wandten sich im Jahr 1550, um protestantische Lehrer zu erhalten, nach Genf, aber hierdurch wurde das heilige Offizium zu Rom, welches seine Spione überall hatte, auf sie aufmerksam und sandte sogleich zwei Inquisitoren, mit Namen Valerio Malficino und Alphonso Urbino, nach Kalabrien, damit die Ketzerei sofort ausgerottet würde. Kaum waren die Inquisitoren an Ort und Stelle angekommen, so requirierten sie von Neapel ein Regiment Soldaten, marschierten nach Santo Risto, befahlen den Einwohnern, ihrer Ketzerei abzuschwören, und fielen, als diese sich weigerten, über dieselben, wie ein Rudel Wölfe über eine Herde Schafe, her. Zu gleicher Zeit befahlen sie, die Stadt an allen vier Enden anzuzünden, und erlaubten den Soldaten, nach Herzenslust zu plündern, zu schänden und zu morden. Nur wenige der Überfallenen entkamen in die Gebirge, wo sie übrigens zum größten Teil nach kurzer Zeit dem Hunger und Elend erlagen. Ein ganz gleiches Schicksal hatte auch die Stadt La Guardia, nur mit dem Unterschied, dass man hier die Einwohner nicht bloß kurzweg tötete, sondern einen Teil von ihnen, besonders Frauen, gefangen nahm und mittelst der Folter umbrachte. Man peitschte sie nämlich solange mit eisernen Ruten, bis ihnen die Eingeweide aus dem Leib heraushingen, oder auch überzog man ihren Körper mit Pech, zündete dieses an und verkohlte sie

---

[285] Nur allein in Venedig verbrannte man die Ketzer nicht, sondern ertränkte sie, allein die Einsamkeit und Stille, mit der man solche Morde vornahm, war fast noch schauererregender als das Verbrennen. Um Mitternacht nämlich holte man den zum Tode Bestimmten aus seiner Zelle, schob ihm einen Knebel in den Mund, setzte ihn in eine Gondel und ruderte ihn bis über die beiden Kastelle hinaus in die See, wo bereits ein anderes Boot wartete. Nun fesselte man dem Gefangenen die Hände, während man zugleich an seine Füße einen schweren Stein befestigte, legte sofort von einer Gondel auf die andere ein Brett, auf welches der Verurteilte treten musste, und gab dann den Schiffern das Zeichen auseinander zu fahren. Natürlich fiel sofort das Brett ins Wasser und der darauf Stehende wurde augenblicklich in die Tiefe versenkt. Auf diese Art starben in Venedig nicht wenige Protestanten, worunter auch sehr angesehene Männer, wie Julio Guirlando, Antonio Riccetto, Francesco Spiola, ein Priester, und der ehrwürdige Bruder Baldo Lupetino, für welchen sich sogar mehrere deutsche Fürsten, obwohl vergeblich, bemühten.

auf diese Art langsam. Mit solcher Grausamkeit wurde gegen die Evangelischen in Kalabrien verfahren, aber dieselbe ist noch eine Spielerei gegenüber von der Brutalität, welche im Jahr 1560 der Marquis von Buccianici, Herr von Montalto, gegen seine protestantischen Untertanen ausübte. Er hatte nämlich mit Papst Pius IV. einen Vertrag abgeschlossen, wonach er sich bereit erklärte, alle Lutheraner seiner Herrschaft unter der Bedingung, dass der Papst seinen Bruder zum Kardinal mache, einzufangen und sofort umzubringen. In der Tat ging er auch sogleich ans Werk, fing sechshundert von ihnen, Männer, Weiber und Kinder, und probierte nun alle Todesarten, die es nur geben kann, an ihnen aus. Viele hängte man an den Bäumen der Landstraße auf, anderen hieb man die Köpfe ab, wieder andere wurden geviertelt oder auch mitten durchsägt, und nicht wenige stürzte man von dem Gipfel hoher Felsen herab, dass sie förmlich zerschellten. 88 sperrte man in ein Haus zu Montalto, wie in einen Schafstall; dann ging der Nachrichter hinein, holte sich einen heraus, ließ ihn auf dem freien Platz vor dem Haus niederknien und schnitt ihm darauf die Kehle mit einem Messer ab, gerade wie der Metzger einem Lamm tut. Kaum aber war er mit diesem Ersten fertig, so nahm der blutige Meser zwischen die Zähne, ging abermals ins Haus hinein und holte sich einen Zweiten, um diesen ebenso abzuschlachten wie den Ersten. So ging es weiter, bis alle 88 ermordet waren! Was sagt nun der Leser zu solchen Scheußlichkeiten, welche man gerne als unglaublich verwürfe, wenn sie nicht von katholischen Schriftstellern selbst berichtet würden?

Am grausamsten verfuhr man in Rom selbst, denn dort verging vom Jahr 1560 an bis zum Jahr 1568 kein Tag, an welchem nicht mehrere Ketzer verbrannt, gehängt oder geköpft wurden, und doch waren alle Gefängnisse und Kerker so angefüllt, dass man genötigt war, neue zu bauen. Hier und da ließ man Gnade eintreten, nämlich «die» Gnade, dass man einen, statt ihn zu verbrennen, nur erdrosselte, wie dies bei dem bekannten Di-Monti gegen die Bezahlung von 7000 Kronen[286] geschah. Nicht selten aber wusste man die Todesstrafe noch zu verschärfen, wie z. B. Geliazo Trezio zuerst gehangen und dann, nachdem er halb erwürgt war, abgeschnitten, wieder zum Leben gebracht, sofort ins Feuer geworfen und schließlich buchstäblich zu Tode geröstet wurde. Mit diesen und anderen ähnlichen Mitteln gelang es, über die Ketzerei Herr zu werden, und am Schluss des sechzehnten Jahrhunderts gab es in ganz Italien, obwohl der Atheisten und Religionsspötter eine Menge, doch keinen einzigen Lutheraner mehr.

Solches ist päpstliche Duldsamkeit!

---

[286] Nach heutigem Wert rund 350000 Euro.

5. Buch.

Der Papst und die Unfehlbarkeit.

Motto:
Lässt ein Pfaff sich blicken
Geht das Recht auf Krücken,
Tut aber der Oberpfaff anrücken
Muss selbst der Teufel sich bücken.
(Altes Lied)

Die einzige vernünftige Liebe ist die Liebe zu sich selbst und ein Scheffelsack voll Recht wiegt nicht so viel als eine Handvoll Macht. (Paschalis I.)

I. Kapitel.

Die Zeit bis zu den großen Schismen.

«Der Papst ist unfehlbar!» Diesen Grundsatz stellten die Päpste schon sehr früh auf und bewiesen seine Wahrheit damit, dass sie sagten: «die Kirche in ihrer Gesamtheit kann nicht irren; nun sind wir aber nicht bloß das Oberhaupt der Kirche, sondern wir repräsentieren ihre Einheit, so dass dieselbe sozusagen in unserer Person konzentriert ist; folglich besitzen wir die Eigenschaft der Infallibität. Jeder Streit hierüber ist unnütz, da wir der Statthalter Gottes auf Erden sind, und demgemäß unsere Entscheidungen als göttliche Dekrete angesehen werden müssen. Aus uns spricht der heilige Geist und der heilige Geist ist es, der uns einsetzt, denn wir empfangen die heilige Tiara mit folgenden Worten: Nimm hin die dreifache Krone und wisse, dass du bist der Oberhirt der Fürsten und Könige, der Regent und Lenker der Welt und der Stellvertreter unseres Erlösers Jesu Christi auf Erden,[287] wie könnte es also anders sein, als dass mit dem Augenblick unserer Papstwerdung alles Menschliche unsere Person verlässt und nur noch der Geist Gottes in uns lebt? Wie könnte es anders sein, als dass, da unsere Ansprüche als Aussprüche Gottes anzusehen sind, unsere Berufung durch Gott selbst geschieht? Er, der die Welt erschaffen hat, wird diese doch nicht durch einen geringen, wankelmütigen und dem Irrtum unterworfenen Sterblichen regieren wollen?» Solcherart sind die Argumentationen der Päpste und ihrer Anhänger.

---

[287] Die Worte bei der Inthronisation eines Papstes lauten: *Accipe tiaram tribus ornatam, et scias te esse patrem principum et regum, rectorem orbis, in terra vicarium salvatoris nostri Jesu Christi.*

Sehen wir nun in Kurzem, wie es um diese angemaßte «Untrüglichkeit» steht! Sehen wir insbesondere, auf welche eigentümliche Weise das Wirken des heiligen Geistes bei ihrer Wahl sich kundgibt und von jeher kundgetan hat!
Was die päpstliche Untrüglichkeit in Beziehung auf die «Lehrsätze» der römischen Kirche anbelangt, so muss zugestanden werden, dass die römischen Bischöfe hierin eine wirklich bewundernswerte Konsequenz zeigten. Jeder trat in die Fußstapfen seines Vorgängers, jeder behauptete, was die Päpste, die zuvor gelebt, behauptet hatten, jeder handelte nach der Richtschnur, die ihm von seinen großen Vorbildern gezeichnet worden war, jeder bildete das, was vor ihm begonnen war, weiter aus, aber nur im Sinne des Beginners. Er fand dies seinem Vorteil gemäß, denn nur auf solche Weise konnte das stolze Gebäude errichtet werden, welches man unter dem Namen «Papsttum» begreift. Trotzdem aber gab es dennoch hier und da, sogar in den Lehrsätzen, kleine Verirrungen und der eine Papst verdammte das, was sein untrüglicher Vorgänger als allein wahr bezeichnet hatte. Zur Kurzweil unserer Leser wollen wir dies mit einigen wenigen Beispielen belegen. Bischof Julius I. (337 – 352) war mit dem berühmten Bischof Athanasius den Arianern gegenüber ganz einerlei Meinung; sein Nachfolger Liberius (352 – 366) aber verdammte Athanasius und schloss ihn sogar (aus Ehrerbietung gegen Kaiser Konstantius) von der Kirchengemeinschaft aus. Dies geschah im Jahr 353; zwei Jahre darauf aber besann sich der gute Liberius eines Besseren und fand nun auf einmal, auf das Zureden verschiedener abendländischer Bischöfe hin, aus, dass Athanasius vollkommen rechtgläubig sei. Solche Inkonsequenz ärgerte Kaiser Konstantius. Er setzte also Liberius ab, schickte ihn in die Verdammung und ernannte einen gewissen Felix zu seinem Nachfolger; nur hierüber wurden die Damen Roms so betrübt, dass sie in großer Deputation zum Kaiser gingen und ihn um die Wiedereinsetzung von Liberius baten. Seine Majestät ließ sich auch in der Tat rühren und versprach Liberius zu verzeihen, wenn derselbe seine Verstocktheit in dem Streit zwischen Athanasius und den Arianern aufgebe. Hiervon benachrichtigten die römischen Damen ihren Liebling im Augenblick und da derselbe den Umgang mit seinen holden Beschützerinnen ohne Zweifel schmackhafter fand, als die Trübseligkeit der Verdammung, so erklärte er sich mit Vergnügen bereit, die kaiserliche Bedingung zu erfüllen und wieder «Kontra-Athanasianer» zu werden. Somit wurde Felix in ein Kloster geschickt und Liberius durfte auf seinen Bischofsitz zurückkehren. Von nun an aber hütete sich Letzterer gar wohl, anders zu schreiben und zu predigen, als die «ketzerischen» Arianer taten, und es ist sogar jetzt noch ein Brief von ihm vorhanden, in welchem er den «rechtgläubigen» Athanasius vollständig verdammte. Ganz ähnlich verfuhr siebzig Jahre später Bischof Zosimus (417 – 418). Damals wurde nämlich die katholische Kirche durch die Irrlehren des Pelagius in eine große Aufregung versetzt und man teilte sich im christlichen Lager in Orthodoxe und Pelagianer. Papst Innozenz I.(401 – 417) hielt zur Partei der Rechtgläubigen und verdammte Pelagius mit allen seinen Anhängern, sein Nachfolger Zosimus

aber hob dieses Verdammungsurteil auf und erklärte Pelagius für rechtgläubig; aber nun legte sich Kaiser Theodosius II. in den Streit und verlangte von Zosimus, dass er die Pelagianer für Ketzer erkläre. Einem solchen Begehren konnte der römische Bischof natürlich schon Höflichkeitshalber nicht widerstreben und somit nahm er sein Anerkennungsurteil des Pelagius nicht nur zurück, sondern belegte denselben sogar mit dem ewigen Bannfluch, zum besten Beweis, wie vollkommen untrüglich die Aussprüche der Päpste sind!

Noch größere Widersprüche erlaubten sich die Päpste in Beziehung auf das heilige Abendmahl. Bischof Julius (337 – 352) z. B. sagte: «Das Austeilen des Brotes und des Weines, ein jedes für sich besonders, ist göttlicher Befehl und eine apostolische Einsetzung.» Leo der Große (440 – 451) ging noch weiter und befahl, diejenigen aus der Kirche auszustoßen, welche den Leib Christi, ohne zugleich auch sein Blut zu trinken, empfangen wollten. Papst Gelasius (492 bis 496) erklärte sogar geradezu, dass diejenigen, welche nur den heiligen Leib nehmen, sich aber des Kelches enthalten, vollständige Ketzer seien, weil die Teilung eines und desselben Geheimnisses nicht ohne einen großen Kirchenraub vorgenommen werden könne. Was taten nun aber die späteren Päpste? Erklärten sie nicht schon vom zwölften Jahrhundert an, dass den Laien, mit Entziehung des Kelches, nur allein das Brot gereicht werden dürfe? Ja, erhoben sie diesen ihren Ausspruch nicht zu einem auch jetzt noch geltenden Glaubensartikels, indem sie zugleich über all diejenigen, welche anderer Meinung zu sein sich erlaubten, den Bannfluch aussprachen?

Einige Widersprüche kamen also «trotz der Untrüglichkeit der Herren Päpste» immerhin vor, aber was sagt man dazu, wenn ein Papst von seinem Nachfolger geradezu für «blödsinnig» erklärt wird? Dieses Letztere passierte dem Bischof Hormisdas (514 bis 523), welcher den Satz, dass «Einer aus der Dreieinigkeit» gekreuzigt worden sei, für eine «grauenhafte» Behauptung erklärte, denn seine Nachfolger meinten, «sei keiner von der Dreieinigkeit gekreuzigt worden, so sei auch Gott Sohn nicht im Fleisch geboren; sei aber dies nicht der Fall, dann sei die heilige Maria keine Gottesgebärerin, was doch in der ganzen Kirche als längst bewiesener Glaubensgrundsatz gelte.» Darum machten auch die Päpste Johann II. (532 – 536) und Agapet I. (536 – 537) kurzen Prozess und erklärten, ohne irgendeine kollegialische Rücksicht zu nehmen, den Ausspruch des Hormisdas für ebenso gottlos als wahnsinnig, für was er auch heutzutage noch gilt

In eine noch fatalere Verlegenheit wurde die päpstliche Untrüglichkeit durch den Bischof Vigilius (538 – 555) gebracht. Damals nämlich beliebte es Kaiser Justinian, welcher sich mit der Theologie fast mehr befasste, als mit der Regierung seines Reiches, die Lehren der bereits verstorbenen Kirchenväter Theodor von Mopsveste, Theodoret von Cyrus und Ilas von Edessa für ketzerisch zu erklären, obgleich die Schriften dieser drei Männer von dem Konzil zu Chalcedon als orthodox anerkannt worden waren, und natürlich stimmten die Bischöfe des Morgenlandes mit der Hoftheologie Seiner Majestät des Kaisers sofort tiefuntertänigst überein. Nicht so schnell ging es bei den etwas weiter von Konstantinopel entfernt residierenden Bischöfen und besonders bei Bischof Vigilius von Rom, welcher die ihm vom Kaiser angemutete Verdammung der drei obgedachten Kirchenlehrer zwar höflichst aber bestimmtest ablehnte. Vigilius wurde also nach Konstantinopel zitiert und hier wusste ihn Kaiserin Theodora, nebst ihrem Gemahl, Kaiser Justinian, so zu traktieren, dass er nun auf einmal die Lehrsätze des Theodor von Mopsveste und seiner beiden Kollegen «für äußerst ketzerisch» erkannte. Somit sprach er das Verdammungsurteil über die drei verstorbenen Kirchenlehrer aus und ließ sich sogar herbei, dem Kaiser zu versprechen, dass er die bis jetzt abweichenden Bischöfe des Abendlandes ebenfalls zur Hofdogmatik bekehren wolle. Mit dem bloßen Versprechen aber begnügte sich Justinian nicht, sondern Vigilius musste «beim Evangelium, sowie bei den heiligen Nägeln», mit welchen Christus gekreuzigt worden ist (diese Nägel wurden in der Sophienkirche zu Konstantinopel aufbewahrt) schwören, dass er allem aufbieten wolle, was in seinen Kräften stehe, um die Verdammung der obgedachten drei Kirchenlehrer in der ganzen Christenheit durchzusetzen,. Nun erst wurde aufs Jahr 553 eine große Synode nach Konstantinopel ausgeschrieben, um auf derselben die Hofdogmatik aufs feierlichste bestätigen zu lassen, und der Kaiser zweifelte nicht im Geringsten mehr, dass er seinen Willen durchsetzen werde. Aber die abendländischen Bischöfe waren halsstarrige Köpfe und erklärten Vigilius, durch den Erzbischof von Mailand, dass sie unter keiner Bedingung auf die Verdammung der obgenannten drei Kirchenlehrer eingehen würden. Ja sie drohten sogar mit jedem, welcher dem kaiserlichen Ansinnen Folge leiste, die Kirchengemeinschaft abzubrechen und brachten hierdurch Vigilius in eine solche Angst, dass er bald närrisch geworden wäre. Anfangs lavierte er hin und her, aber schließlich kam er zu der Überzeugung, dass ihm, «als dem Patriarchen von Rom», an der Kirchengemeinschaft mit den italienischen, gallischen und spanischen Bischöfen mehr gelegen sein müsse, als an der Gunst des konstantinopolitanischen Kaisers, und somit schrieb er dem Erzbischof von Mailand, dass er seine Ansicht geändert habe und deshalb in die Verdammung Theodors von Mopsveste nebst Konsorten keineswegs willigen werde. «Nur könne er, solange ihn der Kaiser in Konstantinopel zurückhalte, natürlich nicht offen auftreten, sondern müsse vielmehr den Klugen spielen.» Diesen Brief sandte er durch einen Vertrauten ab, aber dessen ungeachtet erfuhr der Kaiser augenblicklich davon und zitierte sofort den meineidigen Priester vor sich. Vigilius flüchtete in eine Kirche, in er Hoffnung, diese werde von Justinian respektiert werden. Doch darin täuschte er sich, den der Kaiser ließ die Türen aufbrechen und Seine Heiligkeit ins Gefängnis werfen. Das Letztere muss aber nicht sehr fest gewesen sein, da es dem Bischof gelang, auszubrechen und bei Nacht und Nebel über die Meerenge von Konstantinopel hinüber nach Chalcedon zu entkommen, wo er sich in einem Kloster verbarg. Natürlich wurde der Kaiser hierüber aufs Äußerste erbost, und legte deshalb der kurze Zeit darauf in Kon-

stantinopel zusammengetretenen Synode die Urkunde vor, in welcher Vigilius «eidlich» versprochen hatte, die Lehre Theodors von Mopsveste usw. zu verdammen, indem er zugleich verlangte, dass der Name des genannten Bischofs, «als eines Meineidigen», aus den Kirchenbüchern gestrichen werde. Pflichtuntertänigst gehorchte die Synode. Der Name Vigiliu' wurde getsrichen und über die oben genannten drei Kirchenlehrer, sowie über alle ihre Anhänger, das große Anathema ausgesprochen. Was tat nun Vigilius? Nach Verfluss von sechs Monaten kam ihm das Exil in Chalcedon fast unerträglich vor und er schrieb deshalb an den Patriarchen von Konstantinopel, «dass ihn damals, wo er sich dem Willen des Kaisers durch die Flucht entzogen habe, der böse Geist geritten haben müsse; nunmehr aber sei er durch fortdauerndes Nachforschen zu der unwiderruflichen Einsicht gekommen, dass Theodor von Mopsveste nebst seinen beiden Genossen doch wirklich ein Irrgläubiger gewesen sei, und deswegen erkläre er sich bereit, nicht bloß die drei genannten Kirchenlehrer, sondern auch alle diejenigen, welche von deren Rechtgläubigkeit überzeugt wären, bis in die unterste Hölle hinab zu verdammen.» Eine solche Sprache hörte man in Konstantinopel gerne, aber dessen ungeachtet wurde Vigilius nicht sogleich wieder zu Gnaden angenommen, sondern musste zuvor in einer weitläufigen Schrift alles das für ungültig erklären, was er je zugunsten des Theodor von Mopsveste, des Theodoret vion Cyrus und des Ilas von Edessa gesagt, getan oder gelehrt habe. Nunmehr, nach diesem feierlichen und öffentlichen Widerruf, erhielt Vigilius die Erlaubnis, aus dem Exil zurückzukehren, um den Bischofsstuhl zu Rom wieder einzunehmen Doch erreichte er dieses Ziel nicht, indem er schon unterwegs den Geist aufgab, und somit hatten ihm alle seine Widersprüche und Meineide nicht einmal etwas geholfen!
In einen ebenso großen Widerspruch (als Vigilius mit sich selbst) trat Johann XXII. mit seinem Vorgänger Nikolaus IV. Dieser Letztere hatte nämlich die Lehre von der Armut Christi als einen Glaubensartikel festgesetzt, Johann XXII. Aber erklärte eine solche Lehre für ketzerisch und sogar gotteslästerlich. Welcher ist nun der Untrügliche: Nikolaus oder Johann? Auch in einem anderen Lehrsatz, welchen Papst Johann aufstellte, stimmte derselbe mit seinen Kollegen nicht überein, nämlich in dem, dass sowohl Maria, die Mutter Gottes, als auch die Apostel und die Heiligen erst nach dem Tage des Gerichts zur Anschauung Gottes gelangen würden, denn wenn es so war, «wie konnten dann die Heiligen bei unserem lieben Herrgott intervenieren und die Seele eines armen Verdammten aus dem Fegefeuer herausbitten?» Der Lehrsatz des Papstes erregte daher allgemeinen Widerspruch, besonders auch bei den Pariser Theologen, und auf deren Veranlassung ließ König Philipp von Frankreich «den Untrüglichen in Avignon» wissen, dass er, der König, ihn, den Papst, als einen Ketzer ergreifen und dem Feuer überantworten lassen werde, wenn nicht augenblicklicher Widerruf ergehe. Nun natürlich erklärte sich der Papst bereit, zu widerrufen und seine frühere Ansicht als ketzerisch zu erklären, denn vom Verbranntwerden war er kein besonderer Liebhaber!

Auch in neuerer Zeit sind die Päpste nicht selten in Widerspruch miteinander geraten, wie z. B. Clemens VIII. (1592 – 1605) mit Sixtus V. (1585 – 1590). Letzterer hatte nämlich die bekannte lateinische Bibelübersetzung, welche unter dem Namen «Vulgata» kursiert, besorgt und dieselbe, nachdem er sie höchsteigenhändig von Bogen zu Bogen durchgesehen, für die «einzig wahre, richtige und rechtmäßige» erklärt. Dessen ungeachtet ließ sie Clemens revidieren und zugleich solch wichtige Veränderungen mit ihr vornehmen, dass beide Texte nicht selten im Widerspruch miteinander stehen. Welche Übersetzung ist nun die vom heiligen Geist diktierte, die Clementinische oder die Sixtinische? Ein noch weit interessanteres Intermezzo in dem bunten Treiben «Ihrer Untrüglichkeiten» lieferte Urban VIII. (1623 – 1644) durch seinen Hader mit dem großen Mathematiker und Astronomen Galilei. Dieser nämlich klärte die Welt, teils als Professor auf der Universität Pisa, teils durch verschiedene Schriften, die er herausgab, über das von Kopernikus entdeckte Sonnensystem, nach welchem die Sonne ein Fixstern ist, um welchen sich die Erde dreht, auf und scheute sich nicht, die ewigen Grundwahrheiten der Natur laut zu verkünden. Aber schon Paul V. fand eine solche Lehre sehr bedenklich und setzte deshalb eine Kongregation von Kardinälen nieder, um das neue System einer genauen Prüfung zu unterwerfen. Die Kardinäle kamen dem Willen des Papstes nach, fanden jedoch in ihrer glorreichen Weisheit bald aus, dass die Erde sich keineswegs um die Sonne drehe, ebensowenig als sie rund sei, und erklärten demgemäß das System des Kopernikus für schriftwidrig und ketzerisch. Galilei musste also im Jahr 1615 vor dem Papst erscheinen, entging aber durch die kräftige Fürsprache seines großen Gönners, Cosmo II., Herzogs von Florenz, für diesmal noch einer Verurteilung. Doch musste er sich verpflichten, dass er von nun an jenes gotteslästerliche System weder mündlich noch schriftlich weiter verbreiten wolle, sondern vielmehr seine Tage in stiller Zurückgezogenheit verbringen werde. Sechzehn Jahre lang schwieg nun Galilei, aber schließlich konnte er sich doch nicht mehr halten, sondern es drängte ihn, die Wahrheit zu verkünden, mochte daraus entstehen, was da wollte. Somit schrieb er seinen berühmten «Dialog über das Ptolemäische und Kopernicanische System», welcher im Jahr 1632 erschien und sogleich das größte Aufsehen erregte. Ohne Zweifel dachte Galilei, die Vernunft und Wahrheit müsse am Ende doch über den alten Sauerteig, auch wenn dieser zum Kirchenglauben gehöre, Herr werden, und überdies verließ er sich wohl auch ein klein wenig auf die Freundschaft, welche ihm der nunmehrige Papst Urban VIII. früher «als Kardinal» erwiesen hatte. Aber in letzterer Beziehung täuschte er sich vollkommen, denn Urban setzte, sobald der «Dialog» erschienen war, ein Kollegium von Kardinälen ein, um das neue Buch zu studieren und zu sehen, ob es mit dem katholischen Christentum übereinstimmte. Wie diese Untersuchung ausfiel, kann man sich denken, da die Kardinäle natürlich weder Mathematiker noch Astronomen, wohl aber ebenso bigotte als borniere Menschen waren. Das Buch Galileis wurde für ketzerisch erklärt und sein Verfasser sofort im

Winter 1633 nach Rom vor den Papst zitiert. Was wollte der arme Mann anfangen, besonders da sein Beschützer, Cosmo II. inzwischen verstorben war und die Regierung von Florenz sich nunmehr in den schwachen Händen des jungen Herzogs Fernando II. befand? Er wusste nichts zu tun, als zu gehorchen! Somit stellte er sich dem Papst, welcher ihn trotz der früheren Freundschaft sofort ins Gefängnis werfen ließ, bis das Urteil über ihn gefällt sei. Dieses ließ ziemlich lange auf sich warten; aber schließlich wurden die Kardinäle doch mit der Untersuchung fertig. Was war nun das Resultat? Auf den Knien liegend, die Hand auf das Evangelium gestützt, musste Galilei am 20. Juni 1633 die großen Wahrheiten, welche er behauptet hatte, feierlichst und förmlichst abschwören, wenn er es nicht vorzog, den Tod auf dem Scheiterhaufen zu erleiden! Galilei, damals ein Mann von 70 Jahren (er war am 18. Februar 1564 zu Pisa geboren), bequemte sich zum Abschwören, aber die Wut über solche Schmach, sowie über den Sieg der Dummheit kochte so sehr in ihm, dass er, während er sich von seinen Knien erhob, mit den Füßen stampfte und ausrief: «e puer si muove», d. h. zu Deutsch: «die Erde bewegt sich doch.» Zur Strafe hierfür überantwortete man den Greis auf unbestimmte Zeit dem Inquisitionskerker zu Rom, verdammte ihn zu Wasser und Brot, und zwang ihn, durch drei Jahre hindurch täglich sechsmal den Rosenkranz, sowie die sieben Bußpsalmen Davids zu beten. Das war die Beschäftigung, die man dem großen Denker Galilei zumutete! Später, im Jahr 1637, wurde er zwar wieder freigelassen; aber zugleich unter die besondere Aufsicht des Bischofs von Siena gestellt, welchen man päpstlicherseits streng anwies, darüber zu wachen, dass der berühmte Mathemater nicht in seine alten Irrtümer zurück verfalle!

Was sagt nun der Leser zu diesem hübschen Stückchen päpstlicher Untrüglichkeit? Was sagt er besonders dazu, dass es bis zu Anfang des neunzehnten Jahrhunderts (erst Pius VII. dekretierte nämlich die Wahrheit des Kopernikanischen Systems) von den Päpsten bei Strafe der Exkommunikation verboten war, daran zu glauben, dass die Erde sich um die Sonne bewege? – Zum Schluss noch ein anderes Stückchen päpstlicher Unfehlbarkeit. Derselbe Urban VIII., von dem wir soeben gesprochen haben, erließ unter dem 30. Januar 1642 ein Gebot, dass sich kein Mensch, er sei nun Geistlicher oder Weltlicher, fernerhin unterstehen solle, in den Gotteshäusern «Tabak zu kauen, zu schnupfen, oder zu rauchen», und Innozenz XII. bedrohte diejenigen, welche die Frechheit hätten, in der St. Peterskirche Tabak zu schnupfen, gar mit dem großen Anathema. Benedikt XII. aber, der im Jahr 1724 auf den Thron kam und selbst ein großer Liebhaber des Tabakschnupfens war, hob alle diese untrüglichen Aussprüche seiner Vorgänger auf und gestattete den Gläubigen, unbeschadet ihrer ewigen Seligkeit, auch während des Gottesdienstes eine Prise zu nehmen! Punctum satis!

Weit lustiger noch als die Unfehlbarkeit der «Papstlehre» ist die Untrüglichkeit der Papstwahl, und es gehört fast mehr als ein «Berge-versetzender» Glaube dazu, nicht zu lächeln, wenn man einem sagt, «jede Papstwahl sei ein Akt des heiligen

Geistes.» Wie es nämlich bei diesen Wahlen zuging, darüber hat der Leser aus den früheren Büchern dieser Geschichte gelegentlich wenigstens Einzelnes erfahren, und schon aus diesem Wenigen muss er erkannt haben, dass bei allen Papstwahlen immer nur allein menschliche Interessen und menschliche Leidenschaften den Ausschlag gegeben haben. Wir erlauben uns nun, um der päpstlichen Unfehlbarkeit die Krone aufzusetzen, durch einige wenige Beispiele die Frage, ob bei einer Papstwahl «der heilige» oder «ein anderer, etwas schlimmerer» Geist die Hauptrolle gespielt habe, noch etwas klarer und deutlicher zu formulieren.

Nachdem die römischen Bischöfe durch die Christianisierung der bisher heidnischen Kaiser vornehme und reiche Herren geworden waren, musste der Besitz jenes Bischofsitzes notwendig der Zielpunkt aller Ehrgeizigen und Genusssüchtigen unter dem römischen Klerus werden. Daher kam es denn auch, dass schon im Jahr 366, nach dem Tode des Bischofs Liberius, zwei fromme Herren, mit Namen Damasus und Ursicinus (der erste ein Presbyter, der zweite ein Diakon) zu Rom sich die Ehre, den Stuhl Petri zu besteigen, streitig machten. Beide hatten ihre Anhänger sowohl unter dem Volk als unter der Geistlichkeit, und somit wurden auch richtig beide, obwohl natürlich jeder in einer besonderen Kirche, ordiniert. Aber zwei Bischöfe für einen einzigen Bischofssitz? Das ging nicht! Also gab es tagtäglich Streitigkeiten zwischen den beiden Parteien und nicht selten fielen sogar blutige Straßengefechte vor. Doch blieb es lange zweifelhaft, wem schließlich die Palme des Sieges zufallen würde, da die besagten zwei Parteien gleich stark waren und überdies der kaiserliche Statthalter (der damalige Kaiser Valentinian residierte in Konstantinopel) sich weigerte, ein entscheidendes Wort zu sprechen. Nun aber trieb Damasus eine große Summe Geld auf und brachte es damit bei dem Statthalter dahin, dass dieser dem Ursicinus befahl, mit seinen Hauptangängern Rom zu verlassen, wenn er nicht ins Gefängnis wandern wolle. Ursicinus flüchtete in eine Kirche, hoffend, dass deren Heiligkeit ihn schützen werde, und in der Tat zauderte nun auch der Statthalter, seinen Verbannungsbefehl zu vollziehen. Umso entschlossener aber war Damasus. Er sammelte seine Leute, bewaffnete sie mit Stangen, Schwertern und Äxten, stürmte die Kirche, und zündete dieselbe zugleich an allen vier Ecken an. Auf diese Art – Ursicinus nebst 137 seiner Anhänger wurden im Kampf getötet – entledigte sich Damasus seines Nebenbuhlers und regierte von nun an als alleiniger Bischof. Ja er wurde sogar später «trotz seiner Neigung zum Blutvergießen, und trotzdem er einige Ursicianer mit eigener Hand getötet hatte», unter die Heiligen erhoben und steht jetzt noch im Kalender als St. Damasus.

Ganz ähnlich wie nach dem Tode des Liberius ging es nach dem Tode Johannes I., im Jahr 526, zu, und da sich diesmal sogar drei Kandidaten mit ihrem Anhang um den Bischofssitz balgten, so waren die Straßen Roms nicht weniger als 58 Tage lang der Schauplatz der blutigsten Szenen. Endlich erschien der Langobardenkönig Dieterich vor den Mauern der ewigen Stadt, ernannte sofort Felix IV. zum Bischof, und drohte, jeden über die Klinge springen zu lassen, welcher den Letzteren nicht anerkenne. Nun gab es Ruhe, wenigstens auf die nächsten paar Jahre; aber kaum war im Jahr 530 Felix gestorben, so spaltete sich Rom abermals in zwei Parteien, an deren Spitze die beiden Priester Bonifazius und Dioscorus standen. Beide wendeten große Summen Geld auf, um ihre Anhängerschaft zu vermehren; ja sie scheuten sich sogar nicht, alle gottesdienstlichen Gefäße in den Kirchen, welche zu ihrem Sprengel gehörten, einzuschmelzen oder zu verkaufen, damit sie ihre Leute gut bezahlen könnten. Doch blieb der Kampf achtundzwanzig Tage lang unentschieden, bis es schließlich dem Bonifazius gelang, Dioscorus aus dem Weg zu räumen und so der Gegenpartei die Spitze abzubrechen. Nun war Bonifazius allein Herr und bewies die Heiligkeit seiner Gesinnung sogleich damit, dass er den von ihm ermordeten Gegner zum Überfluss noch bis in die unterste Hölle verdammte und diesen seinen Bannfluch an allen Kirchtüren anheften ließ. Nach seinem Tode kam jedoch der arme Gebannte wieder zu Ehren, denn Agapet I. erklärte das Anathema seines Vorgängers «für ein aus bloßem Rachedurst hervorgegangenes», absolvierte Dioscorus im Grab, und ließ die Bonifazischen Bannbriefe öffentlich in der Peterskirche verbrennen. Ist das nicht wieder ein hübsches Beispiel von der Unfehlbarkeit der heiligen Väter?

Noch blutiger ging es nach dem Tode Pauls I. im Jahr 767 in der ewigen Stadt zu. Kaum nämlich erfuhr der Herzog Toto von Negi, das Oberhaupt einer mächtigen römischen Adelsfamilie, dass der heilige Vater in den letzten Zügen liege, so sammelte er seine Freunde und Vasallen, bewaffnete seine Diener und Trabanten, besetzte die Peterskirche und ließ in demselben Augenblick, als Paul I. den letzten Atemzug aushauchte, zwar nicht sich selbst, wohl aber seinen Bruder Konstantin zum römischen Bischof ausrufen. Das Manöver gelang vollkommen und Konstantin, zum Nachfolger Petri ordiniert, bestieg den päpstlichen Stuhl. Aber einige andere römische Adelsfamilien nebst einem großen Teil der höheren Geistlichkeit waren mit dieser Wahl durchaus unzufrieden und wandten sich deshalb an den König der Langobarden nach Pavia, um sich mit dessen Hilfe des aufgenötigten Papstes zu entledigen. Der König entsprach ihrer Bitte und gab ihnen ein ansehnliches Heer mit, mit welchem sich sofort ihre eigene Partei vereinigte. Sie drangen also in Rom ein und riefen alle Bewohner zu den Waffen; aber Herzog Toto hatte sich vorgesehen und wusste ihnen mit den Seinigen einen so kräftigen Widerstand entgegenzusetzen, dass die Langobarden nach kurzer Zeit die Flucht ergriffen. Nun traf es sich aber, dass Toto, während er die Letzteren verfolgte, von zwei ihm feindlich gesinnten Römern von hinten mit dem Spieß durchbohrt wurde, so dass er augenblicklich den Geist aufgab. Hierdurch entstand die größte Verwirrung und einen Augenblick lang wusste niemand in Rom, wer Koch oder Keller sei. Dieses Untereinander benutzte ein dem Kloster des heiligen Vitus angehöriger Mönch, welcher einen großen Einfluss auf die untersten Volksklassen ausübte, dazu, um einen seiner Kollegen, mit Namen Philipp, der im

Geruch großer Heiligkeit stand und durch welchen er Rom zu beherrschen hoffen konnte, urplötzlich zum Bischof auszurufen. Mit mächtiger Stimme schrie er: «es lebe der Papst Philipp, der heilige Petrus selbst hat ihn erwählt,» und augenblicklich schrien ihm Tausende aus dem Volk nach. Der Mönch Philipp, der nicht wusste, wie ihm geschah, weigerte sich eine Zeit lang, die hohe Würde anzunehmen, aber das Volk erhob ihn auf seine Schultern, trug ihn in die Peterskirche und ruhte nicht, als bis er zum Bischof gesalbt war. Nun fand sich die Kutte, oder vielmehr der neue Papst, in sein Schicksal, erteilte dem Volk mit großer Feierlichkeit seinen Segen und veranstaltete auf den Abend ein großes Festessen, zu welchem er alle vornehmen Personen Roms, insbesondere auch die ersten Würdenträger der Kirche, einlud, um auf diese Art seiner etwas eigentümlichen Erhebung auf den Stuhl Petri die nötige Solennität zu verleihen. Aber es kamen nur wenige Prälaten und von den Oberhäuptern der verschiedenen römischen Adelsgeschlechter erschien gar keines. Das war ein böses Zeichen für den Mönch Philipp, denn er konnte sich nun wohl denken, dass man ihn nicht ruhig auf dem so unerwartet erworbenen Papststuhl lassen würde. Auch fanden sich in der Tat die Oberhäupter jener Adelsfamilien, welche von Pavia aus Hilfe herbeigeholt hatten, noch in derselben Nacht zusammen, und da die Anhänger des ermordeten Herzogs von Negi, weil sie ihres tapferen Oberhauptes beraubt waren, es nicht verstanden, den durch die Flucht der Langobarden errungenen Sieg zu nutzen, so gelang es jenen adeligen Führern, ihrer Partei neuen Mut einzuflößen und sogar die flüchtigen Langobarden bis zum Morgen wieder in die Stadt zu bringen. Nun bemächtigten sie sich der Engelsburg und nahmen den Mönch Philipp, der ihnen keinen Widerstand entgegensetzte, gefangen. Zu gleicher Zeit glückte es ihnen auch, einen Aufstand, welchen Konstantin, der Bruder des ermordeten Herzogs Toto (nunmehr freilich zu spät) erregte, mit Waffengewalt niederzuschlagen, und sich sogar Konstantins selbst zu bemächtigen. Natürlich wurde jetzt sogleich eine neue Papstwahl angeordnet, und wie sich von selbst versteht, ging kein anderer aus der Urne hervor, als derjenige, welchen die nun siegreiche Partei schon längst zu dieser Würde designiert hatte, nämlich Stephanus III. Dieser aber begnügte sich nicht damit, über seine beiden Nebenbuhler Herr geworden zu sein, sondern er wollte sich auch dafür rächen, dass dieselben es nur gewagt hatten, mit ihm zu konkurrieren. Somit wurde der arme Philipp für das kurze vergnügen, vierundzwanzig Stunden lang römischer Bischof gewesen zu sein, zum ersten tüchtig mit Schlägen traktiert und sodann auf Lebenszeit zu Gefängnis bei Wasser und Brot verurteilt; jenen Mönch aber, welcher Philipp zum Papst ausgerufen hatte, behandelte man noch viel grausamer, denn man riss ihm auf Befehl des neuen heiligen Vaters die Zunge heraus, warf ihn gebunden in eine Gosse und ließ ihn dort langsam verbluten. Am schlimmsten kam der arme Konstantin weg, denn dieser wurde, nachdem man ihm die Augen aus ihren Höhlen hinausgeschnitten hatte, in nacktem Zustand rücklings auf ein Pferd gesetzt und so durch alle Straßen Roms geführt, bis endlich ein barmherziger Samariter den vor Schmerz und Blutverlust wahnsinnig Gewordenen durch einen Dolchstoß von seinen Leiden erlöste. Ebenso furchtbar grausam verfuhr der Papst gegen die Anhänger Konstantins, und alle, deren man habhaft werden konnte, wurden den wahnsinnigsten Qualen und schließlich dem Tode geweiht. Nun fragen wir aber, ob ein vernünftiges Wesen es für möglich halten kann, dass bei solcherlei Papstwahlen der heilige Geist tätig gewesen sei? Müsste man nicht vielmehr versucht sein, eine solche Behauptung geradezu für eine Gotteslästerung zu erklären?

Nicht so gar grausam ging es bei dem Streit Benedikts III. (855 bis 858) mit seinem Gegner Anastasius zu, aber vom heiligen Geist war auch hierbei nichts zu verspüren. Sobald nämlich Benedikt durch die damals in Rom den Ton angebende Partei gewählt worden war, sandte man die Wahlakten nach Deutschland zu Kaiser Lothar, um dessen Bestätigung (wie damals üblich) einzuholen. Lothar ernannte zwei Kommissare, um die Richtigkeit der Wahl an Ort und Stelle zu untersuchen und diese beiden kaiserlichen Würdenträger machten sich mit einem stark bewaffneten Gefolge sofort nach Rom auf. Ganz in der Nähe der Stadt aber kam ihnen der Priester Anastasius, welcher einem ebenso reichen als vornehmen römischen Adelsgeschlecht angehörte und deshalb schon unter dem Vorfahren Benedikts, Leo IV., nach der Tiara getrachtet hatte, entgegen und wusste dieselben teils durch Schmeichelworte, teils durch große Präsente zu dem Versprechen zu bewegen, dass sie die Wahl Benedikts in keinem Fall als rechtmäßig anerkennen wollten. Dieses Versprechen hielten sie auch wirklich und verwarfen die Wahl Benedikts. Nunmehr zog Anastasius mit einer Schar seiner Leute zu dem Lateranpalast, welchen Benedikt inne hatte, nahm den Letzteren gefangen, riss ihm die Zeichen seiner Würde ab, misshandelte ihn aufs grausamste und warf ihn schließlich in ein festes Gefängnis, nachdem er sich selbst zum Papst hatte ausrufen lassen. Sein Papsttum dauerte aber nur kurze Zeit, denn kaum waren die kaiserlichen Kommissare wieder auf dem Heimweg nach Deutschland begriffen, so erhob sich die Partei des gefangenen Benedikt, welche an sich stärker war als die Fraktion Anastasius', die Fahne des Aufruhrs, jagte den Letzteren zum Tor hinaus und setzte den Ersteren wieder in seine Würde ein.

Damals also schon wurden die Päpste nicht eigentlich «gewählt», sondern vielmehr von derjenigen Adelspartei, welche die größte Macht besaß und die meisten Anhänger zählte (sei es mit, sei es ohne Gewaltanwendung) auf den Bischofsstuhl «erhoben», so dass also der heilige Geist, wie es sich von selbst versteht, ganz aus dem Spiel blieb! Noch eklatanter trat dies in der nun folgenden Periode, nämlich in der des päpstlichen Damenregiments hervor, denn in dieser wusste, wie wir in dem Buch «Der Papst und die Keuschheit» bereits ausführlicher dargelegt haben, die Partei der Grafen von Tusculum die päpstliche Würde in ihrer Familie nicht weniger als hundertundfünfzig Jahre lang sozusagen «erblich» zu machen, und wahrlich, von jener Zeit zu behaupten, dass auch nur ein Funken von Heiligkeit, nur eine Idee von christlichen Zwecken bei der Papstwahl mittätig gewesen sei, wäre ein vollständiger Wahnsinn! Die damaligen Päpste waren ja nur die Kreaturen der jeweiligen Machthaber in Rom und auch diejenigen, welche von den deutschen Kaisern, den großen Gegnern der tusculanisch-italienischen Partei, von Zeit zu Zeit auf den Stuhl Petri erhoben wurden, hatten diese ihre Würde ganz allein den weltlichen Interessen und den menschlichen Leidenschaften zu verdanken.[288] Ganz dieselben Gründe walteten bei den Papstwahlen der nun folgenden drei Jahrhunderte ob, bei welchen es sich ebenfalls stets nur um den Sieg irgendeiner Partei handelte, mochte nun diese Partei die deutsche, die italienische, die spanische oder die französische sein. Oder glaubt man etwa, bei dem Kampf zwischen den Welfen und Ghibellinen habe sich je ein anderes Interesse eingemengt, als nur allein das rein menschliche? Glaubt man denn, wenn ein Papst den andern und so wieder umgekehrt bannte und verfluchte, die Religion oder das Interesse des Reiches Gottes sei nur im Geringsten dabei ins Spiel gekommen?

Zum Beweis hierfür nur einige wenige Beispiele. Gegen den gewalttätigen Gregor VII. hatte Kaiser Heinrich Clemens III. zum Papst erwählen lassen, und diese beiden wechselten miteinander in der Inhaberschaft des Stuhls Petri verschiedene Jahre lang (je nachdem die italienische oder die deutsche Partei am Ruder war) ab; nach dem Tode Gregors VII. aber bemächtigte sich Clemens III. des Vatikans und der Peterskirche, in der Hoffnung, von nun an allein Herr in Rom zu bleiben. Doch hierin täuschte er sich, denn die italienisch gesinnten Kardinäle, obgleich sie in Rom nicht zusammen kommen konnten, erwählten anno 1086 zu Anagni den Abt von Monte Cassino, mit Namen Desiderius, zum Nachfolger Gregors, und dieser, der sich als Papst Victor III. nannte, rief seine guten Freunde, die Normannen, aus Unteritalien herbei, um seinen Gegner aus Rom zu vertreiben. Dies gelang übrigens nicht und Victor kehrte deshalb nach acht Tagen in seine Abtei Monte Cassino zurück. Nicht lange hernach rückte aber die berüchtigte Gräfin Mathilde, die Herrin von Toskana, mit einer großen Streitmacht gegen Rom heran und nötigte Clemens zur Flucht. Kaum waren jedoch die Truppen Mathildes wieder abgezogen, so bemächtigte sich die Partei Clemens' abermals der

---

[288] Bei dieser Gelegenheit wollen wir dem Leser das kleine Intermezzo erzählen, welches der von Kaiser Otto III. auf den päpstlichen Thron gesetzte Gregor V. mit seinem tusculanischen Gegner Johann XVII., genannt Johann Philagetes, aufführte. Letzterer fiel nämlich, als Kaiser Otto Rom zum zweitenmal eroberte, im Jahr 998 in die Hände Gregors und dieser ließ ihm sofort Augen und Zunge ausreißen, sowie Nase und Ohren abschneiden, befahl sodann den auf diese Art Verstümmelten rücklings auf einen Esel zu setzen, um ihn, den Schwanz des Esels in der Hand, durch alle Straßen zu führen, und warf ihn schließlich in einen Kerker, in welchem er ihn ohne Speise und Trank liegen ließ, bis er verhungert war. So handelte der vom Kaiser ernannte Papst, nur darf man sich über solch viehische Grausamkeit nicht wundern, da auch die von der italienischen Partei erkorenen Heiligkeiten, wenn sie ihrer Gegner habhaft wurden, auf dieselbe Weise zu Werke gingen.

Peterskirche und die Reihe des «Flüchtigwerden» kam nun wieder an Victor. So wechselte die Herrschaft zwischen den beiden Päpsten verschiedene Jahre lang, bis sie endlich beide selig verstarben, aber – welcher von ihnen war nun der richtige Papst? Sie hatten sich beide gebannt und verflucht; jeder war von dem andern «ein reißender Wolf, ein Vorläufer des Antichrists usw.» genannt worden; das «Anathema und die Verdammnis zur Hölle» lag auf dem Ersten wie auf dem Zweiten; nur welches Anathema, welche Verdammnis galt, und bei welchem der beiden Päpste war die Unfehlbarkeit zu suchen?

Ganz dieselbe Frage musste man sich aufwerfen, als nach Clemens III. Tod seine Anhänger einen neuen Papst, der sich Sylvester VI. nannte, erwählten, während die Partei der römischen Adeligen Paschalis II. (im Jahr 1099) auf den Stuhl Petri setzte. Auch diese zwei Päpste bannten und exkommunizierten sich gegenseitig nach Herzenslust, jedoch ohne dass das Anathema einem von ihnen an der Gesundheit geschadet oder auch nur den Appetit verdorben hätte. Welcher aber war der Untrügliche? Die katholische Welt meint, Paschalis sei es gewesen, und vielleicht war es auch so, da derselbe Sylvester überlebte und sich sogar das Vergnügen machen konnte, den Leichnam seines Gegners ausgraben und in die Tiber werfen zu lassen.

Nach dem Tode Paschalis' (1118) gab es abermals einen Skandal, indem die beiden großen Adelsgeschlechter Caetani und Frangipani sich darum stritten, aus wessen Mitte der neue Papst hervorgehen solle. Die meisten Kardinäle waren Caetanisch gesinnt und erwählten Einen, der sich Gelasius II. nannte; aber noch während die Kardinäle versammelt waren, brach Cencio, das Haupt der Frangipani, in ihren Sitzungspalast ein, packte den soeben gewählten heiligen Vater bei der Gurgel, schlug ihn, bis er ganz mit Blut bedeckt war, und warf ihn schließlich mit Ketten beladen in ein finsteres Gefängnis. Ganz ebenso erging es den Prälaten, welche ihn gewählt hatten, denn sie wurden alle von den Frangipanis so furchtbar misshandelt, dass sie für tot auf dem Platz blieben. Nunmehr wählte die Partei Cencios (es war dies die sogenannte «deutsche» Partei) einen aus ihrer Mitte, welcher den Namen Gregor VIII. annahm, aber «in Ruhe seiner hohen Würde sich zu erfreuen» wurde ihm leider nicht vergönnt, denn die Anhänger des Gelasius erregten einen Aufstand, holten ihren Separatpapst aus dem Gefängnis heraus und vertrieben Gregor aus der heiligen Stadt. Letzterer wandte sich sofort an den deutschen Kaiser Heinrich V., welcher auch wirklich mit einer starken Armee nach Italien rückte und Gelasius nötigte, nach Frankreich zu entfliehen, wohin sich gewöhnlich alle bedrängten Päpste wandten. Kaum jedoch war der Kaiser mit seiner Armee wieder abgezogen, so kehrte Gelasius aus Frankreich zurück und schlich sich in Rom ein, um zu sehen, ob er nicht abermals als heiliger Vater fungieren könnte. Anfangs lebte er verborgen, aber nach wenigen Wochen schon animierten ihn seine Anhänger, öffentlich aufzutreten. Demgemäß erschien er an einem schönen Morgen mit dem päpstlichen Ornat angetan in der Kirche von San

Lorenzo, um dort selbst das Hochamt zu halten; doch den Augenblick darauf stürmte Gregor VIII. mit den Frangipanis heran und es entspann sich ein blutiges Gefecht zwischen den beiden Parteien, welches bis in die Nacht hinein dauerte. Das Resultat war, dass Gelasius abermals flüchten musste, aber – welcher von beiden war der Untrügliche, Gregor oder Gelasius?

Die Kardinäle, welche den Caetanischen Papst auf seiner Flucht nach Frankreich begleitet hatten, wählten nach dessen Tode im Jahr 1119 den Erzbischof Guido von Vienne zu seinem Nachfolger, und dieser, der sich Calixt II. nannte, wusste es durch seine Klugheit und durch die Hilfe der Normannen so weit zu bringen, dass er im Jahr 1120 wieder nach Rom zurückkehren konnte. Ja es gelang ihm sogar, seinen Gegner Gregor gefangen zu nehmen. Doch wie behandelte er ihn? Etwa als Kollegen? Im Gegenteil, er ließ ihn in ein blutiges Hammelfell (als Zeichen des päpstlichen Purpurs) kleiden, setzte ihn auf ein schäbiges Kamel, das Gesicht nach dem Schwanz zugekehrt, und führte ihn unter dem Schall falsch gestimmter Trompeten durch die Straßen Roms, um ihn schließlich auf Lebenszeit bei Wasser und Brot ins Kloster zu sperren. Nunmehr war Calixt obenauf, aber war er der echte und wahre «Untrügliche»?

Wenige Jahre später, 1130, gab es abermals eine streitige Papstwahl. Die Frangipanis in Verbindung mit den Corsis ernannten Innozenz II. zum Papst, die entgegengesetzte Patei aber wählte den Kardinal Peter Leo, ein Mitglied der überaus reichen aber von jüdischen Voreltern herstammenden Familie Leonis, zum Kirchenoberhaupt. Auf des Letzteren Seite – Peter Leo nahm als Papst den Namen Anaklet II. an – standen die meisten Kardinäle sowie der normannische König Roger von Unteritalien, zu Innozenz aber hielt der deutsche Kaiser Lothar. Eine Zeit lang nun, nämlich so lange Lothar in Italien verweilte, war der frangipanische Papst Meister und erklärte sofort seinen Gegner Anaklet «für einen Sohn der Hölle, der ihm das Reich Gottes streitig machen wolle»; aber kaum hatte Lothar der Stadt Rom den Rücken gekehrt, so erschien der Sprössling Israels mit einem normannischen Heer vor deren Mauern und Innozenz musste sich nach Frankreich flüchten. Dort blieb er auch bis zum Jahr 1138, in welchem Anaklet starb. Doch nun erfolgte ein Umschwung zu seinen Gunsten, indem es ihm durch ungeheure Geldopfer gelang, die Hauptanhänger des verblichenen Papstes auf seine Seite, und sogar den von dieser Partei bereits erwählt gewesenen Nachfolger Anaklets zum Verzicht auf seine Würde zu bringen. In der Tat regierte er von nun an als alleiniger Papst bis zu seinem Tode, und wurde somit faktischer Inhaber der Untrüglichkeit; aber gebührte diese Eigenschaft nicht auch Anaklet, der doch vom Jahr 1130 bis 1138 den Stuhl Petri inne gehabt hatte?

Die Wahl Alexanders III. im Jahr 1159 führte abermals ergötzliche Szenen herbei. Die Kardinäle waren nämlich so sehr untereinander gespalten, dass sie während des Wahlaktes selbst arg in Streit gerieten und schließlich die Einen Alexander III., die Andern aber Victor III. ihre Stimme gaben. Voll tödlichen Hasses gingen die

Neugewählten sogleich aufeinander los und Victor riss Alexander den Purpurmantel von den Schultern, um ihn sich selbst umzuhängen. Doch Alexander, nicht faul, warf mit Hilfe seiner Anhänger Victor zu Boden und bemächtigte sich des Mantels zum zweitenmal. Nun stürmten die Anhänger Victors die Kirche, in welcher die Kardinäle tagten, und versetzten durch ihre Drohungen und Flüche die entgegengesetzte Partei in einen solchen Schrecken, dass die Matadore derselben nebst ihrem soeben erwählten Alexander in einen festen Turm flüchteten, in welchem sie sofort von dem Victorianern belagert wurden. Natürlich regte sich jetzt auch die Partei Alexanders und durch volle neun Tage hindurch bekriegte man sich in Rom mit Feuer und Schwert. Schließlich gelang es beiden Päpsten, dem Blutvergießen zu entrinnen und es ließ sich sofort Alexander im Kloster zu Nympha, Victor aber in der Abtei Forsa zum Untrüglichen ordinieren. Kaum war dies geschehen, so ging das gegenseitige Bannen und Verfluchen los. Alexander nannte Victor «den Vorläufer des Antichrist», Victor aber nannte Alexander «einen Sohn Belias, des Obersten der Hölle», und so ging es fort, so lange die beiden lebten. In Folge dessen trennte sich nun auch die Christenheit in zwei Parteien, und während die einen nicht höher schworen, als auf Alexander, beteten die anderen Victor als Vizegott an. Endlich, im Jahr 1164 starb Victor, doch die Spaltung zwischen den beiden Parteien hörte deswegen doch nicht auf, sondern es wurde dem Verstorbenen vielmehr sogleich ein Nachfolger bestimmt, welcher sich den Namen Paschalis III. gab. Nunmehr ging das Bannen von Neuem los und bald wäre es so weit gekommen, dass die ganze christliche Welt, besonders aber die Deutschen und Franzosen (die ersteren hielten zu Paschalis, die Letzteren aber zu Alexander) sich gegenseitig wegen der Frage, welche der wahre Untrügliche sei, zerfleischt hätten. Doch schließlich nach Paschalis Tod kam eine Versöhnung zustande und Alexander konnte im Jahr 1178 siegreich in Rom einziehen. Auch blieb er wirklich bis zu seinem Tode (1181) das alleinige Oberhaupt der Christenheit; doch war er deswegen untrüglicher, als seine beiden Nebenbuhler und Kollegen Victor und Paschalis?
Dieselben Streitigkeiten (wer der rechtmäßige Papst sei) erneuerten sich natürlich noch oftmals, doch dürfte es für den Leser allzu ermüdend sein, die näheren Details darüber zu hören. Somit wollen wir lieber dieses Kapitel schließen, jedoch nicht ohne einen lustigen, obwohl freilich sehr traurig endenden Papstwahl-Schwank zu guter Letzt aufzutischen. Im Jahr 1292 nämlich starb Nikolaus IV., und nunmehr konnten sich die Kardinäle zwei Jahre lang über einen neuen Papst nicht einigen. Jeder von ihnen hätte gern diese Würde für sich selbst erlangt und die Missgunst, mit der sie sich gegenseitig betrachteten, war so groß, dass keiner dem andern seine Stimme geben wollte. Endlich jedoch wurde das Ding den Römern gar zu bunt und sie drohten die päpstliche Herrschaft gänzlich abzuschütteln, wenn nicht sofort ein neuer Untrüglicher auf den heiligen Stuhl gesetzt werde. Bereits hatte auch wirklich Guido von Montefeltro, der tapfere Podesta von

Pisa, fast die ganze Romagna an sich gerissen und es war somit Gefahr vorhanden, dass das ganze Patrimonium Petri verloren gehen könnte. Demgemäß einigten sich endlich die Kardinäle nach Verfluss von sechsundzwanzig Monaten (4. April 1292 bis 5. Juli 1294) über einen Kandidaten; aber weil sie sich gegenseitig die Ehre nicht gönnten, fiel ihre Wahl auf einen alten Mönch mit Namen Peter de Murrhone, welcher als Waldbruder einige Meilen von Rom entfernt in einer Einöde lebte. Peter ließ sich nur mit vieler Mühe überreden, die päpstliche Tiara anzunehmen, denn sein Einsiedlerleben gefiel ihm weit besser, als die Untrüglichkeitsanmaßung zu Rom, und auch nachdem er unter dem Titel Cölestin V. den Papststuhl bestiegen hatte, konnte er sich in das päpstliche Wesen nicht recht finden. Es ging ihm viel zu weltlich und hofmäßig zu und der viele Saus und Braus wollte ihm gar nicht gefallen. Somit befahl er den Kardinälen von nun an ein eingezogeneres Leben zu führen, ihre großen Hofhaltungen aufzugeben, ihre Pferde zu verkaufen, ihre Bedienten zu entlassen, ihre Mätressen ins Kloster zu schicken und mit einem Wort so einfach, demütig und arm zu leben, wie die Jünger Jesu gelebt hatten. Er selbst ging mit gutem Beispiel voran und hielt sich z. B. statt eines Marstalls einen einzigen Esel nach dem Muster Christi, welcher seinen Einzug in Jerusalem bekanntlich ebenfalls auf einem Esel bewerkstelligt hatte. Kurz er tat Dinge, welche seit vielen Jahrhunderten in Rom nicht gehört worden waren, und die Kardinäle erschraken über solch grässlichen Neuerungen bis in den Tod. Ja als Cölestin gar vollends wegen künftiger Papstwahlen äußerst strenge Verordnungen erließ[289], waren sie nahe daran, wie Lots Weib, zu

---

[289] Schon Gregor X. hatte, damit für die Zukunft mehr Ehrlichkeit und Redlichkeit in die Wahl eines Papstes komme, im Jahr 1274 auf einer Synode zu Lyon folgende Bestimmung getroffen: «Wenn ein Papst gestorben ist, sollen sämtliche Kardinäle in einen gemeinschaftlichen Saal (Konklave) eingeschlossen werden, der Saal selbst aber muss so eingerichtet sein, dass ebenso viele Zellen, als es Kardinäle sind, an ihn stoßen und zwar lauter Zellen, die keinen anderen Ausgang haben, als nur allein den in den Sitzungssaal. Jedem Kardinal wird ein Diener beigegeben, aber nicht mehr als einer; auch darf keiner der Kirchenfürsten das Konklave eher verlassen, als bis die Papstwahl, zu welcher eine Zweidrittelmajorität gehört, vollzogen ist. Kam nach drei Tagen noch keine Wahl zustande, so soll für die nächsten vierzehn Tage jedem Kardinal täglich nur noch eine einzige Schüssel nebst einer Flasche Wein gereicht werden; sollte aber trotz der schmalen Kost auch dieser Termin vorübergehen, ohne dass es zu einem gedeihlichen Resultat gekommen wäre, so seien die Herren Kardinäle von nun an auf Wasser und Brot zu setzen und zwar auf so lange, bis die den Papst gewählt hätten-» So Gregor X., welcher, wie es scheint, kein besonderes Zutrauen in den Einfluss des heiligen Gesites setzte, sondern sich mehr auf die Einwirkung der Gefangenschaft verließ. Aber die Kardinäle wollten sich einer solch strengen Verordnung nicht fügen und darum musste schon der Nachfolger Gregors, Johann XXI., jenes Statut wieder abändern, respektive aufheben. Umso unangenehmer mussten sie sich berührt fühlen, als Cölestin die gregorianische Verordnung wieder hervorsuchte und sie sogar, damit künftig die Einigung bei einer neuen Papstwahl umso

Bildsäulen zu erstarren. Nur allein Kardinal Cajetan, ein schlauer und listiger Kamerad, verzagte keinen Augenblick lang, sondern beschloss die «Tollheit» des Papstes zu seinem Vorteil zu benutzen. Somit fragte er unter der Hand bei seinen Kollegen an, ob sie ihm ihre Stimme geben würden, wenn es ihm gelänge, Cölestin zur Aufgabe seines Amtes zu bewegen, und als ihm nun alle ihr Jawort gegeben hatten, bohrte er, ohne dass es jemand merkte, ein Loch in die Wand des päpstlichen Schlafzimmers, befestigte darin ein langes Sprachrohr und rief mit dem Schlag Mitternacht dem Papst die Worte zu: «Cölestin, Cölestin, lege dein Amt nieder, denn diese Last ist dir zu schwer!» Solches Manöver wiederholte er mehrere Nächte hintereinander, und natürlich glaubte der mit etwas wenig Verstand und sehr viel Aberglauben begabte Papst, jene Worte werden ihm unmittelbar «vom Himmel her» zugerufen. Somit dachte er bald in allem Ernst daran, die ihm so lästige Papstwürde niederzulegen und die Kardinäle beeilten sich natürlich, ihn in diesem Entschluss zu bestärken, obwohl eine päpstliche Abdankung bis dato etwas «Niegehörtes» war und gegen allen bisherigen usus verstieß. Der feierliche Akt der Entsagung wurde sofort am 13. Dezember 1294 vorgenommen. Cölestin zog inmitten der versammelten Kardinäle den päpstlichen Schmuck aus, legte seine alte Kutte wieder um und eilte voll Freude – der erste und einzige Papst, welcher «freiwillig» seines hohen Ranges entsagte – in seine Einöde zurück. Nun natürlich erinnerte Kardinal Cajetan seine Kollegen an ihr gegebenes Versprechen und er wurde auch wirklich am 24. Dezember 1294, obwohl er nach langem Kampf, auf den päpstlichen Stuhl gesetzt. Aber sobald er fest saß, so überkam ihn auf einmal eine große Angst, der Waldbruder Cölestin, dessen Abdankung von vielen für durchaus ungesetzlich erklärt wurde, könnte aus seiner Einöde zurückkehren und ihm die Tiara streitig machen. Solchem Beginnen wollte er zuvorkommen, und befahl daher, den abgedankten Papst aus seiner Einsiedelei nach Rom zu schleppen. In der Tat wurde der Eremit auch sogleich ergriffen, wusste sich aber auf dem Transport seinen Wächtern zu entziehen und entfloh gegen das Meer hin, um nach Dalmatien hinüberzuschiffen. Hier jedoch wurde er abermals eingefangen und auf Befehl Bonifazius' nach Anagni in ein festes Zimmer gebracht. Umsonst bat der arme Mann fußfällig, dass man ihn nach seiner Einsiedelei entlasse; umsonst versprach er mit dem teuersten Eid, dass es ihm gar nie einfallen werde und nie eingefallen sei, zum zweitenmal auf die Papstwürde zu reflektieren! Bpnifaz VIII. konnte eine solche Gesinnung nicht begreifen, sondern hielt vielmehr alles für pure Verstellung und ließ ihn daher, um sich vor dem vermeintlichen Nebenbuhler für immer und ewig zu sichern, von Anagni in einen engen Kerker des Schlosses Fumone bringen, wo derselbe am 19. Mai 1296, nachdem man ihm

---

schneller zustande komme, durch verschiedene Zusätze verschärfte, denn wenn ein solches Gebot durchgeführt wurde, so war ja alle Gelegenheit zum «Wühlen und Intrigieren», sowie zum «Handeln und Markten mit seiner Stimme» für immer abgeschnitten!

Monate lang selbst das Nötigste entzogen hatte, am Hungertyphus verstarb. Zum Lohn für seinen Märtyrertod wurde er jedoch später unter die Heiligen versetzt und von guten Katholiken wird sein Gedächtnistag (19. Mai) heute noch gefeiert.[290]

Sieht nun der Leser, welcher Geist bei den Papstwahlen herrschte? Erkennt er nun das wahre Wesen der päpstlichen Untrüglichkeit? Noch deutlicher wird ihm dies werden, wenn wir jetzt an die Zeit der großen Kirchenspaltung selbst kommen.

2. Kapitel.

Die Zeit der großen Kirchenspaltung.

Es ist eine unseren Lesern aus dem früher Gesagten längst bekannte Tatsache, dass mit dem Jahr 1377 Papst Gregor XI. aus Avignon wieder nach Rom übersiedelte, um diese Stadt von Neuem zum Sitz des päpstlichen Stuhles zu machen. In Avignon waren die Päpste nichts anderes gewesen, als die Untertanen der französischen Könige und es hatten daher in jener Zeit nur allein geborene Franzosen die Tiara erlangt. Solches musste anders werden, wenn nicht am Ende der Papst zu einem bloßen Werkzeug in der Hand Frankreichs herabsinken sollte, und eben darum verlegte Gregor, obwohl selbst ein geborener Franzose, die päpstliche Residenz in die zunächst nur vom Papst abhängige Stadt Rom zurück. «Lange genug,» so sagt ein berühmter Kirchenschriftsteller, «lange genug, um dem Volk allen Glauben an die Göttlichkeit des Pontifikats zu nehmen, war Letzteres von der französischen Politik ausgegangen; jetzt sollte es einmal wieder den Anschein bekommen, als ob die Papstwahl vom heiligen Geist diktiert werde!»

Ein Jahr nachdem Gregor zurückgekehrt war, starb er. Sogleich kam die ganze Stadt in die größte Aufregung und die Häupter der mächtigeren Adelsfamilien, sowie die Vornehmsten aus dem Volk einigten sich dahin, dass, um den apostolischen Stuhl fortan wieder in Rom zu erhalten, notwendigerweise ein Römer oder doch wenigstens ein Italiener zum Papst gewählt werden müsse. Diesen Entschluss teilten sie den Kardinälen mit und setzten, als diese erwiderten: «sie könnten jetzt noch nicht wissen, welchen Namen ihnen der heilige Geist im Konklave eingeben würde», mit Entschiedenheit hinzu, «dass der heilige Geist für diesmal keinen Franzosen zum Papst haben wollte,» so dass also die Herren Kardinäle wohl merken konnten, wie viel Uhr es geschlagen habe. Am 7. April 1378 gingen

---

[290] Cölestin oder vielmehr Peter de Murrhone war auch der Stifter des anachoretischen Mönchsordens der «Cölestiner», einer Unterabteilung der Benediktiner. Sie trugen weiße Kleidung mit schwarzen Kapuzen und lebten ganz dem beschaulichen Leben. Viele von ihnen waren Eremiten von Profession.

sechzehn von ihnen, nämlich elf Franzosen (während des Aufenthalts der Päpste in Avignon war der französische Einfluss so vorherrschend, dass immer zwei Drittel der Kardinäle aus Franzosen bestanden), ein Spanier und vier Italiener ins Konklave. Die Oberhäupter des Volkes hatten ihnen vollkommene «Sicherheit der Person» zugesichert, auf dem Weg in ihren Sitzungssaal aber konnten die Rothüte das Geschrei der zu vielen Tausenden auf der Straße versammelten Menge: «einen Italiener oder den Tod,» gar wohl hören. Noch ärger wurde der Tumult, als am 8. April in der Frühe noch keine Papstwahl zustande gekommen war. Man läutete die Sturmglocken und alles Volk strömte in den Palast, in welchem das Konklave abgehalten wurde. «Einen Römer oder doch wenigstens einen Italiener!» brüllte die Menge, und am Ende stieß man gar die Türen zum Konklave ein, indem man die Kirchenfürsten mit sofortigem Massakrieren bedrohte, wenn sie nicht augenblicklich so wählten, wie man von ihnen gewählt haben wollte. Mit vieler Mühe stellten die Oberhäupter des Volkes und Adels – sie führten damals den Namen Bannerets oder Bannerführer die Ordnung wenigstens in etwas wieder her, aber die Angst vor der Volkswut war im Konklave noch so groß, dass nunmehr nicht nur in aller Eile zur Wahl geschritten wurde, sondern dass auch ein Italiener, nämlich der Erzbischof von Bari, mit Namen Bartholomeo de Prignano, sämtliche Stimmen erhielt. Der neue Papst gab sich den Namen Urban VI. und die Freude in Rom, als man dieses Resultat erfuhr, steigerte sich bis zur Gluthitze, denn der Volkswille hatte ja gesiegt! Der Neugewählte war ja, wenn auch kein Römer, so doch wenigstens ein Italiener!

Sogleich wurden nun Schreiben in die ganze Welt hinausgesandt und die Christenheit von dem frohen Ereignis in Kenntnis gesetzt. Von nirgends her kam eine Protestation gegen die Wahl, selbst nicht einmal von den Kardinälen, welche nach dem Abzug Gregors XI. in Avignon zurückgeblieben waren. Im Gegenteil auch sie erkannten den neuen Papst ausdrücklich an und ließen sich von ihm verschiedene Benefizien erteilen. Nach kurzer Zeit jedoch begehrten die in der Mehrzahl befindlichen französischen Kardinäle, Urban solle den Papstsitz nach Avignon zurückverlegen, weil man nur dort zu leben verstehe. Urban weigerte sich und schalt sogar die Kirchenfürsten wegen ihres Hangs zu weltlicher Lust mit den härtesten Worten aus. Ja, im Bewusstsein, dass er nicht ihnen, sondern dem römischen Volk seine Wahl verdanke, behandelte er sie von nun auf solch stolze und zugleich verächtliche Weise, dass ihnen ihre Existenz in Rom vollständig verleidet wurde. Solches musste anders werden! Demgemäß machte sich von sämtlichen französischen Kardinälen, nachdem sie sich vorher insgeheim untereinander verständigt hatten, einer nach dem andern unter dem Vorwand, im Anfang des Monats Mai 1378 zu den Toren Roms hinaus, um sofort in Agnano im Neapolitanischen zusammenzukommen,. Hier waren sie sicher, denn Königin Johanna von Neapel, welche von Urban sogleich nach seiner Thronbesteigung mit der Absetzung bedroht wurde, wenn sie nicht seinen Nepoten Prignano zum

Gemahl und Mitregenten erhebe, musste natürlich eine Todfeindin des neuen Papstes sein. Kaum übrigens hatten sich die Kardinäle in Agnano festgesetzt, so verlangten sie von Urban, dass er abdanken solle. Urban weigerte sich; aber die Kirchenfürsten, hierauf vorbereitet, rückten nun mit einem Manifest hervor, in welchem sie die Art und Weise, wie die Wahl Urbans zustande gekommen sei, zum großen Ergötzen der Welt, genau darlegten. Zugleich setzten sie sich mit den bei Urban zurückgebliebenen fünf Kardinälen in Verbindung und machten denselben solch lockende Versprechungen, dass auch sie zu ihnen übertraten und nach Agnano flüchteten. Nunmehr stand der Papst ganz allein; aber er kümmerte sich nur wenig darum, sondern erklärte vielmehr alle sechzehn Flüchtige für abgesetzt und ernannte sofort ein neues, aus fast lauter Römern bestehendes Kardinalskollegium. Dies hieß Öl ins Feuer gießen, und in der Tat beantworteten die in Agnano versammelten Kardinäle das päpstliche Absetzungsdekret damit, dass sie am 20. September 1378 eine neue Papstwahl vornahmen, aus welcher Kardinal Robert von Genf, welcher sich den Namen Clemens VII. gab, als einstimmig Erkorener hervorging. Nun hatte man auf einmal «zwei Päpste», von denen jeder behauptete, dass er der einzig Rechte, der einzig Untrügliche sei; zwei Päpste, von denen keiner vor dem andern etwas voraus hatte, während doch nur einer wahrer Vizegott sein konnte! Von dieser Zeit an datiert sich die große Kirchenspaltung, welche nur erst nach einundfünfzig Jahren ein Ende nehmen sollte!

Das war nun eine tolle Zeit, die jetzt begann, eine Zeit, in welcher die ganze christliche Welt sich in zwei große Parteien spaltete; die Clementisten und die Urbanisten, die sich gegenseitig mehr hassten, als die feindlichen Brüder in der Tragödie! Eine Zeit, in welcher die beiden Gegenpäpste einander mit solch grimmigem Hass und mit solch grässlichen Flüchen verfolgten, dass man hätte meinen können, die heiligen Oberhirten der Christenheit seien mit allen ihren Anhängern durch einen Zauberspruch «in wilde Tiere» verwandelt worden! Ganz im Anfang freilich schien die Sache des Clemens eines verlorene zu sein, indem ja Urban von der ganzen Christenheit als Papst anerkannt worden war. Auch wollten deshalb König Wenzel von Deutschland und König Ludwig der Große von Ungarn Clemens geradezu verbieten, dass er die päpstlichen Insignien anlege; aber Königin Johanna von Neapel erklärte sich aus Hass gegen Urban sogleich für ihn, und Frankreich konnte natürlich auch nicht zurückbleiben, da es ja in seinem Interesse liegen musste, einen französisch gesinnten Papst zu haben. Überdies schien das Recht nicht auf Urbans Seite zu sein, da jedenfalls der heilige Geist seine Wahl nicht diktiert hatte. Kurz, das Schisma entwickelte sich schon nach ganz kurzer Zeit zur vollkommenen Tatsache, und Frankreich, Neapel, Kastilien, Aragonien, Navarra und Schottland erkannten den Franzosen, die übrigen europäischen Staaten aber, also namentlich Deutschland, Oberitalien, Ungarn, Polen, Dänemark usw. den Römer als Papst an. Jeder Teil behauptete steif und

fest, «sein Papst sei der rechte», und um dies zu beweisen, schlug man seinen Gegner mit der Faust nieder oder tat ihm auf sonst eine Weise Gewalt an! So ließ z. B. Clemens im Neapolitanischen sämtliche Kleriker, welche verdächtig waren, Urbanisten zu sein, mit Hilfe Königin Johannas aufgreifen und ohne Ausnahme entweder lebendig verbrennen oder hängen oder ersäufen, oder auf sonst eine Weise ums Leben bringen. Nicht weniger wild verfuhr Urban, wie denn in der Stadt Rom selbst sogleich nach Bekanntwerdung der Wahl Clemens' alle französisch-gesinnten Männer, Frauen und Kinder, ohne Weiteres niedergemacht oder aufgeknüpft wurden. Am Ärgsten ging es zu, wenn irgendwo ein Bistum neu zu besetzen war, auf welches sowohl die Urbanisten als die Clementisten Anspruch zu haben glaubten, denn dann ernannte jeder der beiden Untrüglichen einen Bischof und nun kam es regelmäßig zwischen den beiden Kandidaten und ihren Anhängern nicht bloß zu den blutigsten Raufereien, sondern auch zu Skandalszenen, die wahrhaft entsetzlich waren. So etwas hatte die Welt noch nicht gesehen, seit sie erschaffen worden war! Alle Ordnung der Dinge schien verkehrt worden zu sein und niemand wusste mehr mit Gewissheit, auf welcher Seite das Recht sei und auf welcher das Unrecht. Ja, die Wahrheit war zur Lüge und die Lüge zur Wahrheit geworden! Oder wie? Belegte nicht z. B,. Urban VI. König Johann von Kastilien, als dieser zum französischen Papst übertrat, mit dem Bann und entband seine Untertanen des Treueeides? Forderte er sie nicht auf, sich gegen ihren König und Herrn zu empören, und bedrohte er sie nicht mir den Strafen der ewigen Verdammnis, wenn sie dieses unterlassen würden, während umgekehrt Clemens sie wegen ihres Übertritts zu ihm segnete und ihnen Kraft seiner Machtvollkommenheit die ewige Seligkeit zuerkannte? Gerade aber wie König Johann, so erging es auch allen anderen Fürsten, Regenten und Menschen. Jeder, welcher den «anderen» Papst anerkannte, wurde vom «ersten» als ein Sohn der Verruchtheit, als ein schuftiger Ketzer, ja als das nichtswürdigste und Abscheulichste von allem, was da existierte, erklärt, so dass es auf der ganzen weiten Welt keinen Christen gab, der nicht, sei es von diesem, sei es von jenem der beiden Untrüglichen zur Hölle verdammt gewesen wäre! Wenn man aber vom «ersten» zum «andern» übertrat, ei, war man dann nicht «ein Gesegneter des Herrn», ein «Gebenedeiter, über den die Engel jauchzen», ein «Musterbild eines guten Christen»? Beim Himmel, eine lustigere Zeit konnte es nicht geben, denn man konnte jede Minute zwischen Himmel und Hölle wechseln!
Mit dem Tod des einen oder des andern der beiden Gegenpäpste glaubte man, werde die ärgerliche Spaltung ein Ende nehmen. Aber dem war durchaus nicht so. Nachdem nämlich Urban VI. am 18. Oktober des Jahres 1389 in großer Verachtung verstorben[291] war, wählten die in Rom befindlichen Kardinäle schon

---

[291] Die Verachtung hatte ihren guten Grund, denn es gab nicht leicht einen Papst, welcher mehr Abscheulichkeiten ausgeübt hätte als er. So nahm er z. B. seinen Nepoten Butillus,

am 2.November selbigen Jahres den Kardinal Peter de Tomacelli, der sich Bonifaz IX. nannte, zum Papst. Allerdings hatte es sich sowohl der Gegenpapst Clemens VII. als auch König Karl VI. von Frankreich sehr angelegen sein lassen, dieselben von einem solchen Schritt abzuhalten, um dem Kirchenschisma ein Ende zu machen; aber die italienische Partei unter der Geistlichkeit fürchtete, der Papstsitz könnte, wenn Clemens VII. «allgemein» anerkannt würde, definitiv in Avignon bleiben, und darum zog es sie vor, die Kirchenspaltung fortzusetzen. Einen solchen Papst nun aber, wie Bonifaz IX., hatte die Christenheit noch nicht gesehen, denn unter ihm wurde der römische Stuhl zu einem förmlichen Handels- und Wucherhaus. «Kein Verbrechen,» so erzählt ein zeitgenössischer Schriftsteller, «war so schwer, dass nicht um Geld Dispensation dafür zu haben gewesen wäre, kein Kleriker war so verrucht, dass er nicht für Geld ein Bistum hätte gewinnen können. Alles verkaufte der Papst und wenn er konnte, verkaufte er es lieber zweimal als einmal; ja sogar mitten in der Messe fragte er seine Sekretäre, ob sie Geld brächten, und wenn sie ihm mit Nein antworteten, so brach er in schreckliche Verwünschungen aus.» Kurz, es war eine grauenhafte Wirtschaft; nur die Römer hatten doch wenigstens einen Trost, nämlich den, dass es am Hof zu Avignon nicht viel besser zuging, obwohl hier natürlich den vom französischen König Empfohlenen die besten Benefizien zugeschlagen werden mussten.

Am 16. September 1394 starb Clemens VII. und nun war abermals Gelegenheit vorhanden, durch Anerkennung des Bonifazius dem Schisma ein Ende zu machen; aber die Avignoner Kardinäle, die keine Lust «nach Rom» hatten, gingen augenblicklich ins Konklave und wählten den Karidnal Peter de Luna zum Papst, welcher sich Benedikt XIII. nannte. Nun begann die gegenseitige Verfluchung von neuem und da in der ganzen Christenheit jeder Kleriker seiner Gemeinde nur allein denjenigen als den richtigen Papst anempfahl, von welchem er den größten Vorteil zu erlangen hoffte, so wurde das Ärgernis der Spaltung schlimmer, denn je. Endlich jedoch fingen wenigstens der «denkenden Welt» die Augen an aufzugehen und nicht wenige sprachen es offen aus, dass man recht gut auch «ohne Papst» existieren könnte, «denn das Doppelpapsttum, das sich gegenseitig verdamme, sei ja der beste Beweis, dass die ganze Geschichte nur auf Spiegelfechterei beruhe». Über solche Worte erschrak der hohe Klerus gar sehr und fing nun an, zu überlegen, wie es möglich wäre, dem Streit ein Ende zu machen. Um den «Frieden

---

welcher in Neapel eine vornehme Nonne geschändet hatte und deswegen von den Gerichten zum Tode verurteilt worden war, nicht bloß in Schutz, sondern begnadigte ihn sogar vollständig. So ließ er sechs seiner Kardinäle, welche er im Verdacht hatte, dass sie mit seinem Rivalen in heimlicher Verbindung stünden, ins Gefängnis werfen und in seiner eigenen heiligen Gegenwart so lange martern, bis sie den Geist aufgaben. So befahl er einmal, einige Dutzend Kleriker, welche sich auf einer Zusammenkunft tadelnde Äußerungen über ihn erlaubt hatten, mit dem ganzen Leib bis an den Hals herauf, so dass allein der Kopf heraussah, in Säcke einzunähen und ins Meer zu werfen!

der Kirche» war es den Herren Prälaten natürlich nicht zu tun, aber sie wurden von der Furcht getrieben, dass sie, wenn das Papsttum aufhöre, ihre Stellung als Kirchenfürsten ebenfalls verlieren würden. Das «Hohepriestertum» hängt ja mit dem «Priestertum» so genau zusammen, dass wenn eines fällt, auch das andere in den Sturz mit verwickelt wird! Kein Wunder also, wenn die Herren Bischöfe, Erzbischöfe und Kardinäle zu begreifen anfingen, wie die Kircheneinheit um jeden Preis wieder hergestellt werden müsse, und wenn sie in Folge dessen den Versuch machten, durch Agenten, welche sie zwischen den beiden Päpsten hin- und her sandten, dieselben für das Einigungswerk zu bearbeiten! Aber da kamen sie schön an. Der römische Papst ließ derlei Friedensstifter ins Gefängnis werfen, wenn nicht gar aufknüpfen, der Avignoner aber beförderte sie ohne Ausnahme kopfüber zum Fenster hinaus. Das war auch nicht mehr als billig, denn jeder der beiden Päpste, sowohl Benedikt als Bonifaz, war oder stellte sich davon überzeugt, dass er allein der rechtmäßige Papst sei und dass er darum auch nicht weichen und wanken dürfe, selbst wenn die ganze Welt darüber zugrunde ginge! Nun aber wurde die Sache den weltlichen Fürsten doch endlich gar zu bunt und insbesondere ärgerte sich König Karl VI. von Frankreich, weil ihm Benedikt XIII. so lange er noch Kardinal war, versprochen hatte, der Wiedervereinigung der Christenheit unter einem Haupt nicht entgegen sein zu wollen. Seine Majestät beschloss also, gegen Seine Heiligkeit Gewalt zu gebrauchen, und sandte den Marschall Boucicault mit einer Armee nach Avignon, um den widerspenstigen Papst Vernunft zu lehren. Der Marschall eroberte die Stadt, belagerte den Papst in seinem festen Schloss und zwang ihn schließlich zur Übergabe. Nun natürlich gab Benedikt nach und versprach abzudanken, «wenn auch sein Nebenbuhler abdanke». Solches fand man ganz in der Ordnung und es wurde also eine Gesandtschaft nach Rom gesandt, um Bonifaz zu der gleichen Erklärung zu bewegen. Aber was erwiderte dieser? Er meinte: «es gäbe nur einen einzigen Weg, die Einheit der Kirche wieder herzustellen und diese bestehe darin, dass der unrechtmäßige Papst abdanke; da nun aber er, der Römer, der rechtmäßige Papst sei, so komme das Abdanken natürlich dem Avignoner zu.» Über solche Antwort wurden die Gesandten Benedikts wütend, und erklärten, «ihr Papst sei nocht viel rechtmäßiger als der in Rom, denn Benedikt habe doch seine Stelle weder durch Simonie erworben, noch durch Wucher befleckt»; aber natürlich mussten sie nun Rom über Hals und Kopf verlassen und von einer Einigung konnte also nicht mehr die Rede sein.
Ebenso wenig kam es hierzu, als Bonifaz gleich darauf am 29. September 1404 verstarb, denn die römischen Kardinäle beeilten sich sofort, den Kardinal Guzmann, welcher den Titel Innozenz VII. annahm, zum Papst zu machen, und dieser brach nicht bloß augenblicklich alle Verhandlungen mit Frankreich ab, sondern wollte überhaupt von einem Frieden in der Kirche nichts wissen. Gerade so dachte auch sein Nachfolger – Innozenz VII. starb nämlich schon nach anderthalb Jahren -, der von den Römern im Jahr 1406 unter dem Namen Gregor

XII. auf den Stuhl Petri erhobene Kardinal Corrario, und «wenn man alle die Künste und Listen, all die Täuschungen, Nichtswürdigkeiten und Betrügereien schildern wollte, durch welche er die Union zu hindern und die Welt am Narrenseil fortzuführen versuchte, so müsste man ganze Bücher voll schreiben.»[292] Damit gab sich aber die der greuelhaften Wirtschaft überdrüssige Welt nicht zufrieden, sondern man drängte vielmehr von allen Seiten darauf, dass die beiden Päpste sich entweder vergleichen oder aber abdanken müssten. Endlich brachten es auch wirklich die Fürsten Europas so weit, dass in der Stadt Saona, deren Neutralität aufrecht zu erhalten die Genuesen sich verpflichtet hatten, eine Zusammenkunft zwischen den beiden Gegnern und zwar in Gegenwart ihrer beiderseitigen Kardinalskollegien stattfinden sollte; ja, dass sowohl Benedikt als Gregor sich «eidlich» verpflichteten, auf dieser Zusammenkunft die Einheit der Kirche wieder herzustellen! Benedikt XIII. ging auch wirklich (aber erst, nachdem er sich hinlänglich überzeugt hatte, dass sein Gegner nicht komme, wenn «Er» komme) mit seinen Kardinälen nach Saona, aber etwas saumseliger erwies sich Gregor XIUI., denn er brauchte nicht weniger als ein volles halbes Jahr, bis er nur nach Lucca kam, wo er abermals Halt machte. Offenbar war es ihm mit der Zusammenkunft kein Ernst, sondern er suchte vielmehr nach glimpflichen Ausflüchten. Darum erklärte er das eine mal, er könne nicht nach Saona, weil sein Gegner Benedikt auf nichts als Mord sinne, und das andere Mal schalt er seine Kardinäle Verräter, die es mit dem Franzosen hielten und ihn ans Messer liefern wollten. Hierüber erbost verließen ihn die meisten der Letzteren und flohen im Mai 1408 nach Pisa, wo sie in einem öffentlichen Manifest an ein allgemeines Konzil appellierten Nun wurde der Wirrwarr noch größer als zuvor. Gregor exkommunizierte seine Kardinäle und diese nannten ihn dafür einen Schismatiker und Ketzer, ja sogar einen Vorläufer des Antichrists. Somit wurde Italien in zwei Partien zerrissen, aber ohne dass es dem Avignoner Papst etwas genützt hätte. Im Gegenteil kam dieser noch schlechter weg als Gregor. Nachdem er nämlich sich eine geraume Zeit in Saona aufgehalten hatte, zog er mit seinen Kardinälen nach Avignon zurück und verkündigte der Welt mit triumphierender Stimme, «dass es nunmehr jedermann klar sein müsse, wie sein Gegner, der es nicht gewagt habe, nach Saona zu kommen, ein Usurpator sei, während ihm, Benedikt, die Papstwürde ganz allein rechtmäßig zukomme.» Darüber wurde der König von Frankreich, welchem Benedikt eidlich versprochen hatte, nie mehr mit solchen Ansprüchen zu kommen, wütend und befahl Marschall Boucicault, sich des Papstes zum zweiten Mal zu bemächtigen. Natürlich blieb Letzterem nichts übrig, als der Gewalt zu weichen. Er entfloh also nach Aragonien in Spanien, und beeilte sich, von da aus die Franzosen nebst ihrem König mit dem Interdikt zu belegen. Die betreffende

---

[292] Dies sind die eigenen Worte des gut päpstlich gesinnten Theodor von Riem in seinem berühmten Werk *De schismate ecclesiae*.

Bulle ist aus Perpignan vom März 1409 datiert, hatte aber nicht die Wirkung, welche Benedikt ohne Zweifel von ihr erwartete. Im Gegenteil spottete ein großer Teil der Franzosen über dieselbe und der König ließ sie auf öffentlichem Platz in Paris verbrennen.[293] Gleich darauf traf Benedikt ein neuer Schlag, denn auf die Aufforderung Karls VI. hin wurde er von dem französischen Teil seiner Kardinäle, die sofort nach Frankreich zurückkehrten, verlassen, und von allen den Ländern, welche früher seine Oberherrlichkeit anerkannt hatten, blieben ihm nur noch Aragonien, Kastilien und Navarra.

Ging aber Benedikt das Wasser bis an den Hals, so ging es Gregor XII. bis an den Mund. Nachdem ihn nämlich seine Kardinäle oder wenigstens der größte Teil derselben verlassen und die Römer in Folge dessen sich gegen ihn empört hatten, eilte er nach Venedig, um von hier aus seine Bannblitze gegen alle seine Gegner zu schleudern. Aber gleich darauf kündigten ihm auch die Venezianer den Gehorsam auf und nun musste er über Hals und Kopf in er Kleidung eines armen Fischers auf das Gebiet des Königs Ladislaus von Neapel, der ihm allein noch treu blieb, flüchten, wobei er fast von dem Patriarchen von Aquileia gefangen genommen worden wäre. Er also hatte durch den Streit mit seinen Kardinälen noch weit mehr an Terrain verloren, als Benedikt XIII. durch seinen Kampf mit Karl VI. Aber dessen ungeachtet fuhr jeder von ihnen Beiden fort, in allen Dekreten und Bullen «sich den einzig rechtmäßigen Papst, den andern aber den Abschaum der Hölle» zu nennen!

Wie sollte nun aber diesem grandios tollen Wirrwarr ein Ende gemacht werden? Das einzige Mittel war, weil an das Nachgeben des einen oder des andern der beiden Päpste nicht mehr gedacht werden konnte, «die beiden Gegner abzusetzen und einen neuen rechtmäßigen Papst zu wählen.» Somit erließ König Karl VI. von Frankreich ein Dekret, worin er allen seinen Untertanen bei Strafe seiner höchsten Ungnade verbot, irgendeinem der beiden Päpste zu gehorchen, und lud zugleich die Kardinäle ein, ein ökumenisches (oder allgemeines) Konzil zu berufen, auf welchem die Papstfrage endgültig entschieden werden sollte. Die Kardinäle (nämlich die französischen, welche von Benedikt XIII., und die italienischen, die von Gregor XII. abgefallen waren) kamen auch wirklich noch im Jahr 1408 in Livorno zusammen; doch konnten sie sich lange Zeit nicht entschließen, dem Begehren des Königs zu willfahren. Sie hatten ja seither das Recht gehabt, aus ihrer Mitte heraus bei jeder Vakanz den neuen Papst zu wählen, sollten sie nun dieses Recht einem Konzil abtreten? Es war freilich eine harte Zumutung, aber da der

---

[293] Die Überbringer der päpstlichen Bannbulle wurden vom König ins Gefängnis geworfen und darin bis an ihren Tod festgehalten; während des Verbrennens der Bannbulle aber, auf dem freien Platz vor dem Louvre in Paris, mussten sie von einer Schandbühne aus zusehen (man hatte sie überdies in Armesünder-Kleider gesteckt und ihnen einen Zettel angeheftet, worauf mit großen Buchstaben geschrieben stand, dass ihr Herr und Meister ein schuftiger Betrüger sei) und waren mehrmals nahe daran, vom Volk zerrissen zu werden.

Streit auf eine andere Art nicht beigesetzt werden konnte, so willigten sie doch endlich ein und schrieben also auf den März des Jahr 1409 eine ökumenische Synode nach Pisa aus. Dieser Aufforderung gaben die meisten weltlichen Fürsten ihre volle Zustimmung, und ebenso einverstanden war der größte Teil der Geistlichkeit, besonders der italienischen (die von Neapel ausgenommen), französischen und deutschen. Somit wurde die ausgeschriebene Kirchenversammlung außerordentlich stark besucht und als nun die beiden Gegenpäpste der Vorladung, sich auf der Synode zu stellen und derselben über die Anrechte auf den Papststuhl Rechenschaft zu geben, nicht nur keinen Gehorsam leisteten, sondern vielmehr das Konzil, weil es «von keinem Papst» berufen sei, für ein unrechtmäßiges und gesetzloses erklärten, und sogar so weit gingen, dass jeder von ihnen ein eigenes «rechtmäßiges» Konzil berief, nämlich Gregor XII. das seinige nach Ravenna und Benedikt XIII. das seine nach Perpignan[294], durch welche «Gegenkonzile» der Wirrwarr bis zum Wahnsinn gesteigert werden musste – als, sagen wir, dieses alles von den versammelten Prälaten, Bischöfen und Doktoren des Näheren überlegt wurde, so konnten sie nicht mehr umhin, die genannten Gegenpäpste «als des Meineides schuldige Ketzer und Schismatiker» feierlichst abzusetzen. Diese Sentenz wurde am 5. Juni 1409 ausgesprochen und zugleich allen Christen bei Strafe des Bannes und der ewigen Verdammnis verboten, irgendeinem der beiden abgesetzten Päpste auch nur noch den geringsten Beistand zu leisten. Gleich darauf schritten die Kardinäle zur Wahl eines neuen Papstes und die Mehrzahl ihrer Stimmen fiel auf den Kardinal Petrus von Candia, welcher sich den Namen Alexander V. gab.

Nunmehr glaubte natürlich sowohl das Konzil, als auch die Mehrzahl der Christenheit, dass es mit der Kirchenspaltung sofort ein Ende haben werde; aber diese Hoffnung erwies sich als leerer Wahn. Nicht bloß nämlich traten weder Gregor, noch Benedikt ihre vermeintlichen Rechte ab, sondern sie fuhren vielmehr fort, der eine in Neapel, der andere in Spanien, als Päpste zu fungieren und man hatte demnach nunmehr durch die Erwählung Alexanders V. «statt zweier», drei Päpste. Ja, nicht bloß drei Päpste hatte man, sondern sogar drei Kirchen, und zwar drei Kirchen, die sich gegenseitig, trotzdem dass die Lehren und Gebräuche in allen drei die gleichen waren, für ketzerisch erklärten und bis in die unterste Hölle verdammten! Der Wirrwarr hatte sich also nicht bloß nicht gelegt, sondern

---

[294] Das von Gregor nach Ravenna zusammengerufene Konzil kam nicht zustande, wohl aber das, welches Benedikt nach Perpignan ausgeschrieben hatte. Ja, das Letztere war sogar sehr zahlreich besucht und zwar nicht bloß aus Kastilien und Aragonien, sondern auch aus Navarra, Savoyen und sogar einem Teil von Frankreich. Es kam jedoch unter den Prälaten selbst zu großen Reibereien, indem viele von ihnen (die aus Frankreich und Savoyen) verlangten, dass Benedikt sich dem ökumenischen Konzil zu Pisa unterwerfen solle, und als der Papst sich weigerte, das Konzil sofort verließen, Benedikt mit seinen spanischen Bischöfen allein forttagen lassend.

womöglich noch verstärkt. Gab es doch keine Hoffnung, dass einer der drei Untrüglichen abtreten werde, und sogar, wenn einer derselben starb, war voraussichtlich die päpstliche Trinität alsbald wieder ersetzt! Die Wahrheit dieser Befürchtung zeigte sich auch sogleich beim Tode Alexanders V. im Jahr 1410. Kaum hatte nämlich der Papst die Augen geschlossen, so traten die Kardinäle auch schon ins Konklave und wählten Balthasar Cossa, welcher sich den Namen Johann XXII. Gab, zu seinem Nachfolger, so dass also die päpstliche Dreiheit fortdauerte. Auch die Bannflüche, welche die Untrüglichen aufeinander schleuderten, führten, wie man sich denken kann, zu keinem Resultat, denn wenn der eine glaubte, den ärgsten Fluch erlassen zu haben, so kam der andere mit einem noch ärgeren, und am Ende setzte der Dritte erst den allerärgsten darauf. Kurz, es schien kein Mittel zu geben, die päpstliche Einheit wieder herzustellen!

Balthasar Cossa oder vielmehr Johann XXIII. (der Leser kennt den grässlichen Menschen aus unseren früheren Schilderungen!) kam aber doch auf ein solches Mittel. Im Anfang seiner Regierung nämlich donnerte er mit seinen Bannflüchen nicht bloß auf seine Gegenpäpste, sondern auch auf die Länder los, von denen dieselben anerkannt worden waren, sowie auf die Regenten, unter deren Schutz sie standen. So belegte er namentlich König Ladislaus von Neapel mit dem Interdikt und befahl unter anderem allen Bischöfen, die ihm gehorchten, besagten König als einen Meineidigen und Gotteslästerer, als einen Ketzer und Hochverräter alle Sonntage bei brennenden Fackeln und unter dem Läuten der Glocken mit dem ewigen Fluch zu belegen. Ja, er forderte sogar die ganze Christenheit auf, das Kreuz gegen Ladislaus zu nehmen, und versprach einem jeden, welcher sich an solchem heiligen Krieg beteilige, nicht bloß vollkommenen Ablass; sondern auch (wenn einer im Kampf fallen würde) unmittelbaren Eintritt in den Himmel mit vollständiger Übergehung des Fegefeuers. Aber alle diese Machenschaften wollten nicht ziehen und Ladislaus blieb nach wie vor im ungestörten Besitz seines Königreichs. Nunmehr fiel es Balthasar Cossa ein, den besagten Regenten an einer anderen Seite zu packen und zwar an derjenigen, an welcher fast alle Menschen schwach sind. Er versprach ihm also fürs Erste die für die damalige Zeit ungeheure Summe von zweihunderttausend Dukaten, und fürs Zweite die Berechtigung zur Besetzung verschiedener höherer Kirchenpfründen nach eigenem königlichen Ermessen, sofern er sich herbeilasse, ihn, Johann XXIII., statt Gregor XII. als Papst anzuerkennen. Solch gewichtigen Gründen konnte der König nicht widerstehen, sondern er fand nun auf einmal heraus, dass nicht Gregor, sondern Johann der rechtmäßige Pontifex sei, und ließ bei Trompetenschall im Oktober 1412 durch sein ganzes Reich bekannt machen, dass bei hoher Strafe von nun an jedermann Johann, nicht aber Gregor, als Papst anzuerkennen habe, «denn nach genauer Erwägung der Sache sei die Untrüglichkeit Johanns aufs evidenteste klar geworden!» Das Volk gehorchte, weil es ans Gehorchen gewöhnt war (im Ganzen lag ihm auch nichts an der Person des jeweiligen Papstes) und auf diese Art wurde

Gregor XII. der mächtigsten Stütze, welche er noch in Italien hatte, beraubt. Ja er musste sogar in aller Eile, um nicht von Ladislaus gefangen genommen und nach Rom ausgeliefert zu werden, nach Rimini zu seinem Freund Karl Malatesta und von da nach Dalmatien hinüber flüchten. Dorthin freilich reichte der Arm des Papstes Johann nicht, aber derselbe hatte nun doch den Trost, dass wenigstens ganz Italien zu seiner Fahne schwor und dass hierdurch seine «Untrüglichkeit» einen bedeutenden Zuwachs erhielt.

Natürlich versuchte Johann dasselbe Manöver, welches ihm mit Ladislaus von Neapel so gut geglückt war, nun auch mit den Regenten von Kastilien, Aragonien und Navarra, welche bis jetzt Benedikt XIII. treu geblieben waren, aber diese wollten nichts von ihm wissen, sondern verlangten vielmehr ein allgemeines Konzil, auf welchem der unsinnige Zwiespalt endlich geschlichtet werden sollte. Eben darauf drängten auch die übrigen Fürsten und Könige Europas, besonders Kaiser Sigismund von Deutschland, denn obwohl das Konzil von Pisa ein so gar schlimmes Resultat gehabt hatte, so gab es doch sicherlich keinen anderen Ausweg, um die Einheit der Kirche wieder herzustellen und dadurch dem jetzigen trostlosen Zustand ein Ende zu machen,. Nur natürlich musste man sich diesmal nicht damit begnügen, die existierenden Päpste «für abgesetzt zu erklären» und an ihrer Stelle einen neuen Pontifex zu wählen, sondern man musste, ehe man zu einer solchen Neuwahl schritt, die bestehenden Päpste zur förmlichen Abdankung «nötigen» und zugleich die ganze Kirche an Haupt und Gliedern so «reformieren», dass eine ähnliche Konfusion nicht mehr vorkommen konnte! So dachten damals die Fürsten sowohl als die Völker, und sogar ein großer Teil der Priesterschaft stimmte dem allgemeinen Ruf nach einem reformatorischen Konzil bei. Aber hiergehen wehrte sich Johann XXIII., in der Voraussicht, dass es dann seiner Untrüglichkeit an den Kragen gehen würde, mit Händen und Füßen und erst als er im Frühjahr 1413 mit König Ladislaus Streit bekam und in Folge dessen, weil der Letztere mit einer Armee gegen Rom heranzog,[295] genötigt war, zu Kaiser Sigismund, der damals in Oberitalien verweilte, zu flüchten, um von diesem Hilfe in seiner Not zu begehren, - erst dann ließ sich der Oberpriester dazu herbei, die verlangte Synode auszuschreiben, welche denn auch ein Jahr später, im Jahr 1414, zu Konstanz zusammenkam.

---

[295] Die Freundschaft zwischen König Ladislaus und Papst Johann nahm deshalb ein so schnelles Ende, weil Letzterer Verschiedenes von dem, was er versprochen, nicht einhielt. Hierüber wurde Ladislaus so erbittert, dass er ohne Weiteres auf Rom loszog, um den Papst gefangen zu nehmen und sofort aufzuknüpfen. Diesen Zweck erreichte er allerdings nicht, weil Johann über Hals und Kopf mit seinen Kardinälen entfloh, aber der König rächte sich deswegen doch, denn er ließ die ganze Besatzung auf der Engelsburg nebst verschiedenen Prälaten, die sich dorthin geflüchtet hatten, über die Klinge springen, und gab sämtliche Kirchen der ewigen Stadt seinen Soldaten zur Plünderung preis. Kein Wunder also, wenn Papst Johann von Furcht erfüllt war!

Abermals hatte man also eine ökumenische Kirchenversammlung, welche sich das Recht herausnahm, über das Papsttum zu Gericht zu sitzen, und deswegen alle drei existierenden Päpste vor ihr Forum rief. Weder Gregor noch Benedikt erschienen in Person, wohl aber schickten sie Gesandte, um ihre Sache zu vertreten; Johann XXIII. jedoch zog, in der Hoffnung, die versammelten Prälaten hierdurch zu bestimmen, dass sie ihn als den allein rechtmäßigen Papst ansehen, die beiden Gegenpäpste aber als Betrüger und Usurpatoren behandeln würden, schon am 28. Oktober 1414 mit großem Gefolge in der Stadt Konstanz ein. Aber seine Berechnung war falsch, denn nicht nur wurde gleich zu Anfang vorgeschlagen, dass die Einheit der Kirche am besten dadurch erreicht werden könne, wenn alle drei Päpste zugleich abdankten, sondern es machte sich auch die Überzeugung geltend, dass das Papsttum selbst nur dann wieder zu Ansehen gelangen könne, wenn der total unwürdige (der geneigte Leser beliebe sich an das zu erinnern, was wir in dem Buch «Der Papst und die Keuschheit» von Balthasar Cossa erzählten) Johann XXIII. vom Stuhl Petri entfernt würde. Somit drängte man von vielen Seiten darauf, den Lebenswandel Johanns einer genauen Untersuchung zu unterwerfen, und hierüber erschrak der arme Man so sehr, dass er erklärte, des lieben Friedens willen, d. h. um die befürchtete Untersuchung zu vermeiden, abdanken zu wollen, sobald die beiden Gegenpäpste, Gregor und Benedikt ebenfalls abdanken würden Ernst war es ihm jedoch mit dieser Erklärung nicht. Dies sieht man am besten daraus, dass er am 21. März 1415 als Postknecht verkleidet heimlich aus Konstanz entfloh und sich nach Schaffhausen unter den Schutz Friedrichs des Herzogs von Österreich-Tirol, begab. Von dort aus schrieb er an Kaiser Sigismunds nach Konstanz und befahl zugleich den ihm ergebenen Bischöfen und Kardinälen, die Synode sofort zu verlassen und ihm zu folgen. Er hoffte nämlich, hierdurch einen Zwiespalt in die Kirchenversammlung zu werfen und es so möglich zu machen, dass er als Papst fortexistieren könne. Im Notfall wollte er nach Avignon übersiedeln, um wenigstens einen Teil des Gebietes, welches ihn bisher anerkannt hatte, zu retten. Doch alles war vergeblich! Allerdings folgten dem entflohenen Papst im Anfang gegen hundert Kardinäle und Prälaten, aber als sie sahen, dass die Zurückgebliebenen[296] in ihrer Großen Mehrzahl sich durch den Wegzug des Papstes durchaus nicht beirren ließen und als sie sich zugleich, weil der Kaiser Herzog Friedrich von Österreich-Tirol in die Acht erklärte, in ihrer eigenen Person nicht mehr sicher fühlten, sondern vielmehr befürchten mussten, eingefangen und ins Gefängnis geworfen zu werden, so beschlossen sie, durch Aufgeben

---

[296] Die Abreise von hundert Prälaten machte gar keine Lücke in die Versammlung, so groß war diese. Sie bestand nämlich aus 1 Kaiser, 26 Fürsten, 140 Grafen, 1 Papst, 25 Kardinälen, 7 Patriarchen, 20 Erzbischöfen, 91 Bischöfen, 600 Doktoren und Äbten und 4000 Priestern geringerer Sorte. Auch fehlte es nicht an den nötigen «Zugvögeln», wie man denn allein über 700 öffentliche Damen etc. zählte, die stabilen «Basen und Freundinnen» natürlich ungerechnet.

Johanns sich selbst zu retten, und kehrten sofort nach Konstanz zurück, wo sie als reuige Sünder mit aller Freudigkeit wieder aufgenommen wurden. So stand Johann bald ganz verlassen da, hütete sich aber wohl, der Aufforderung, sich vor dem Konzil zu stellen, Folge zu leisten. Hätte er ja doch in diesem Fall, da man nunmehr seinen früheren Lebenswandel untersuchte und die Scheußlichkeiten, die er begangen hatte, ungescheut ans Tageslicht brachte, Zeuge seiner eigenen Schande sein müssen! Einen Nutzen übrigens brachte ihm seine Abwesenheit von Konstanz nicht, denn nicht nur sprach das Konzil am 29. Mai 1415 die Absetzung und zugleich Verurteilung zu lebenslänglicher Gefängnisstrafe über ihn aus, sondern Kaiser Sigismund ließ ihn auch sofort durch den Kurfürsten von Brandenburg in Freiburg im Breisgau, wohin er sich zuletzt noch geflüchtet hatte, aufgreifen und wie einen anderen gemeinen Verbrecher in sicheren Gewahrsam bringen.[297]

«Ein» Papst von den Dreien wäre nun also glücklich beseitigt worden. Nun handelte es sich darum, auch den beiden anderen den Todesstoß zu geben, und somit begann man mit den Bevollmächtigten derselben zu unterhandeln. Am gefügigsten zeigte sich Malatesta, der Abgesandte Gregors, welcher, wie wir wissen, nach Dalmatien hatte flüchten müssen und nur noch über ein ganz kleines Territorium den geistlichen Oberherrn spielen konnte. Ein solches Pontifikat hatte offenbar keinen großen Wert mehr, schon deswegen nicht, weil es fast gar nichts mehr eintrug. Somit hatte Gregor seinem Gesandten keine andere Instruktion gegeben, als die: «seine Verzichtleistung auf das Papsttum so teuer als möglich zu verschachern,» und dies gelang dann auch vollkommen. Das Konzil gewährte nämlich dem abtretenden Papst außer einer nicht unbedeutenden Geldsumme die sehr einträgliche Stelle eines Legaten in der Mark Ancona, sowie den ersten Platz im Kardinalskollegium, und Gregor hatte wirklich das Glück noch zwei volle Jahre lang (er starb 89 Jahre alt) seinen beiden neuen Ämtern vorzustehen. Auf diese Art war man nun auch den «zweiten» Papst losgeworden und es blieb nur noch Benedikt XIII. übrig, aber dieser wehrte sich wie ein Verzweifelter und ließ sich durch keinerlei Versprechungen, nicht einmal die der reichsten Einkünfte, welche die Kirche bieten konnte, kirre machen. «Seine göttliche Würde,» meinte er, «lasse eine Abdankung gar nicht zu, und da nun die beiden Gegenpäpste glücklich entfernt seien, so habe man, um die Einheit der Kirche wieder herzustellen, gar nichts zu tun, als ihn, Benedikt, allgemein anzuerkennen.» Hierauf blieb er, man mochte ihm sagen, was man wollte. Ja, er erklärte sogar, dass er ganz sicher alle, welche seine Untrüglichkeit noch ferner bestreiten wollten, als gotteslästerliche Rebellen mit den härtesten Strafen belegen werde. Nun ging Kaiser Sigismund selbst nach Spanien, lud die Könige von Aragonien, Kastilien und Navarra nach

---

[297] Wie es diesem Papst später ergangen, haben wir früher schon gesehen und es dürfte daher eine Wiederholung des weiter oben Gesagten überflüssig sein.

Perpignan ein, wo Benedikt residierte, um den Letzteren mit Geld und guten Worten dahin zu bringen, dass er dem Frieden der Kirche nicht länger mehr hinderlich sein wolle. Die drei Könige erschienen und erklärten sich mit dem Kaiser einverstanden; nur Benedikt weigerte sich entschiedener denn je. Als er aber sah, dass er nicht durchlangte, sondern dass man ihn am Ende gefangen genommen hätte, hetzte er das Volk in Perpignan auf, einen Aufstand zu erregen, und benutzte die daraus entstehende Verwirrung, um mit vier seiner Kardinäle nach Penisola, einem festen, auf einem Felsen am Meer im Königreich Valencia gelegenen Ort, zu flüchten. Hier blieb er, obwohl das Konstanzer Konzil am 17. Juni 1417 seines Absetzung dekretierte, und obwohl am Ende auch der König von Aragonien, als der Letzte seiner Beschützer, von ihm abfiel und ihn aufforderte, seine Stelle niederzulegen, wie ein Adler im Felsennest unangetastet bis an sein Lebensende im Jahr 1424. Man wollte ihn nämlich nicht gewaltsam gefangen nehmen, da die Eroberung der Burg, auf welcher der eigensinnige Mann saß, eine Menge Blut gekostet hätte, und da man ja überdies wusste, dass mit seinem Tod auch sein Papsttum aufhören müsse. So ließ man ihn denn ungestört von Penisola herab auf die übrige Christenheit Bannflüche herabdonnern und die ganze Welt lachte über seine wahnsinnige Behauptung, dass er mit den vier Kardinälen, die ihm zur Seite standen, und mit den paar Hundert Einwohnern Penisolas «die ganze heilige katholische und apostolische Kirche» repräsentiere, während das ganze übrige Europa in Häresie und Ketzertum verfallen sei. Der Mann war offenbar wahnsinnig, und mit einem Wahnsinnigen ist nichts anzufangen. Man wartete also geduldig bis zu seinem Tod, aber merkwürdigerweise sollte das Schisma auch jetzt noch kein Ende nehmen. Der verrückte Benedikt hatte nämlich den oben genannten vier Kardinälen einen heiligen Eid abgenommen, dass sie nach seinem Tode einen neuen Papst wählen würden und diese Posse wurde nun auch in der Tat ausgeführt. Drei der Kardinäle wählten den vierten, mit Namen Ägidius Munoz, welcher sich den Namen Clemens VIII. gab, und so pflanzte sich das Schisma noch verschiedene Jahre lang bis 1429 fort, wo besagter Clemens VIII. sein Miniaturpontifikat an den rechtmäßigen Papst zu Rom gegen das Bistum Majorka verkaufte.[298] In Wahrheit übrigens d. h. faktisch hatte die Kirchenspaltung schon am 11. November 1417 mit der Wahl des Kardinal Colonna,

---

[298] Hierzu war er, sozusagen, durch die Not getrieben, da er im andern Fall leicht hätte Hungers sterben können. Zwei seiner Kardinäle hatten nämlich bei dem Tode Benedikts alles Geld, was er besaß, alle goldenen Kreuze und Kelche, alle Juwelen und Edelsteine, alle Reliquienschreine und Muttergotteszierraten heimlicherweise auf die Seite gebracht, um später gemütlich davon zu leben. Da nun aber das Papsttum in Penisola sich keiner Einkommensquelle erfreute, so musste am Ende notwendigerweise mit der Welt Frieden gemacht werden.

welcher sich den Namen Martin V. gab, ein Ende genommen, und man hatte nun wieder einen einzigen Untrüglichen, statt deren Zweien oder Dreien![299]

Was denkt nun aber der Leser von der Sache? Greift er sich nicht bedenklich an die Stirn, wenn das Wort «Untrüglichkeit» auch nur genannt wird? Muss ihm nicht jedes Konklave als ein Tummelplatz der wildesten Leidenschaften erscheinen und jeder Papst als ein Mensch, der nichts kennt, als die Selbstsucht, nichts als die blindeste und zugleich rücksichtsloseste Liebe zu seinem eigenen Ich? Man hätte nun übrigens denken sollen, dass das Kardinalskollegium, gewitzt durch die furchtbare Gefahr des kaum überwundenen Schismas, Vorsorge getroffen haben werde, dass ein solcher Zwiespalt nicht mehr vorkommen könne; aber schon nach wenigen Jahren wiederholte sich das tolle Spektakel. Nach dem Tode Martins V. nämlich, am 27. Februar 1431, wurde der Kardinal Gabriel Condelmerio, der sich sofort Eugen IV. nannte, zum Papst erwählt und ihm zugleich zur Pflicht gemacht, ein neues ökumenisches Konzil zu berufen. Der Grund lag nahe, denn zu jener Zeit wütete, wie der Leser aus dem früher Erzählten weiß, der Hussitenkrieg in seiner furchtbarsten Ausdehnung und alle gegen die verdammten Ketzer ausgesandten Kreuzheere waren gescheitert. So wollte man denn, nachdem sich die gewöhnlichen päpstlichen Mittel: «Feuer und Schwert» als vergeblich erwiesen, zur List seine Zuflucht nehmen, und die Hussiten durch «scheinbare» Konzessionen so berücken, dass sie freiwillig in den Schoß der Kirche zurückkehrten. Dieses war der eine Zweck des Konzils, ein Zweck, der, wie wir wissen, auch wirklich erreicht wurde, das andere Ziel, welches verfolgt werden sollte, war die «Verbesserung der Kirche an Haupt und Gliedern.» Die ganze Welt schrie ja damals nach einer Reformation! Die ganze Welt war ja damals über die grässliche Verdorbenheit, welche in der christlichen Kirche herrschte, entsetzt! Somit musste Eugen V., so ungern er es auch tat, dem Willen Kaiser Sigismunds und der anderen Fürsten Europas gemäß, das begehrte Konzil berufen und dasselbe am 23. Juli 1431 durch seinen Legaten in Basel eröffnen lassen; aber sein Grundsatz, wie er sich dieser Synode gegenüber zu verhalten habe, stand von Anfang an fest. «Er wollte, dass die ganze jetzige Kircheneinrichtung mit allen ihren Auswüchsen und Missbräuchen unverändert stehen bleibe, und namentlich wollte er, dass von der Gewalt, dem Einkommen und den Vorrechten des Papstes auch nicht ein Komma verloren gehe.» Eben dasselbe wollten auch sämtliche Kardinäle und höheren Kirchenfürsten, die niederere Geistlichkeit aber, insbesondere die Doktoren der Theologie an den Universitäten, sowie die wissenschaftlich Gebildeten unter den Mönchen,

---

[299] Festlicher, als Papst Martin, ist wohl noch kein Papst eingeweiht worden. Kaum nämlich war er gewählt, so ging es in feierlicher Prozession zur Domkirche und der Papst saß dabei auf einem weißen Pferd, welches vom Kaiser und dem Kurfürsten von der Pfalz, der eine rechts, der andere links gehend, geführt wurde. Der Zug bestand aus allen anwesenden Fürsten, Grafen, Prälaten und Priestern, zusammen über 5000 Herren, des zusehenden Volks aber war eine solche Menge, dass man die Köpfe nicht zählen konnte.

gestanden in Übereinstimmung mit der gesamten Laienwelt ein, dass der Zustand der Dinge unter der Priesterschaft ein entsetzlicher, dass die Kirche ganz dicht am Rande des Abgrunds angekommen und dass vor lauter Papsttum, Götzentum und Irrtum vom Christentum kaum noch eine Spur zu finden sei.

Der Papst konnte also nicht umhin, das von der Laienwelt wie von der Geistlichkeit, besonders aber von Kaiser Sigismund verlangte Konzil einberufen, und dasselbe wurde nach langem Zögern und Hinausschieben wie gesagt am 23. Juni 1431 eröffnet. Aber der Zudrang war kein so großer, wie bei dem in Konstanz, und besonders fehlten die höheren Prälaten (Kaiser Sigismund musste die deutschen Erzbischöfe bei hoher Strafe zum Erscheinen ermahnen), denn, da man wusste, dass die wirkliche und ernstliche Absicht vorhanden sei, das Konzil zu einer Reformation der Kirche zu steigern, eine Absicht, welche dem Papst und den übrigen Gewaltigen in der Kirche ein Greuel war, so wurde gleich von Anfang an alles versucht, um das Ansehen der Synode in den Augen der Welt zu schwächen. Dieser Versuch gelang auch wirklich, und um der Menschheit vollends «den Respekt» vor den Basler Reformatoren zu nehmen, sandte Eugen IV. schon im November 1431 seinem Legaten, Kardinal Julian, den Befehl zu, das Konzil, unter dem hohlen Versprechen, nach sieben Jahren ein anderes nach Bologna zu berufen, aufzulösen, und zwar «weil dasselbe seine Befugnisse überschreite und namentlich auf nichts anderes ausgehe, als die päpstliche Gewalt zu schmälern.» Allerdings widersetzte sich der Legat aus Klugheitsgründen der Ausführung dieses Befehls, indem er meinte, dass man dem Reformationsverlangen der Welt wenigstens «zum Schein» Rechnung tragen müsse; aber Papst Eugen wollte nicht einmal von einem solchen Schein etwas wissen und publizierte sofort im Januar 1432 eine Bulle, kraft welcher das Basler Konzil förmlich aufgehoben wurde. Er meinte natürlich, die versammelten Prälaten und Priester werden nunmehr seinem Befehl gemäß augenblicklich auseinander laufen, doch zu seinem Schrecken musste er erfahren, dass er falsch kalkuliert habe. Kaiser Sigismund nämlich, welcher mit vielen anderen Fürsten und Herren in Person nach Basel gekommen war, befahl der Versammlung, auszuharren, indem er den Papst dazu bewegen werde, sein Auflösungsdekret zurückzunehmen. Das Konzil blieb also und erklärte sich am 15. Februar 1432 «für ein rechtmäßig versammeltes», dessen Macht «über der des Papstes stehe. Kaum erfuhr dies Eugen IV., als er sein Auflösungsdekret wiederholte und namentlich allen Kardinälen und Klerikern, welche ihren Sitz in Rom selbst hatten, «bei Verlust ihrer Pfründen» befahl, sofort Basel zu verlassen. Diese letztere Motivierung blieb nicht ohne Wirkung, und es machten nun wirklich nicht wenige Prälaten Anstalt, dem geharnischten Diktat zu gehorchen. Doch Kaiser Sigismund intervenierte zum zweitenmal und diesmal auf eine ziemlich derbe Weise. Somit besann sich der Papst eines Besseren, d. h. er versöhnte sich «dem Schein nach mit dem Konzil, um seine Zwecke, weil offene Gewalt nichts nützte, auf Neben- und Schleichwegen zu erreichen. Zum Hass gegen die Versammlung hatte er übrigens auch Grund genug, denn dieselbe machte sich ernstlich daran, die Kirche wenigstens in etwas zu reformieren, und Einzelne unter den freisinnigeren Klerikern wagten es sogar, dem Papsttum vorzuwerfen, dass eine wüste Gier, die alle menschliche Ordnung mit Füßen trete, in ihm lebe. Ganz denselben Sinn atmeten auch die Beschlüsse, welche nunmehr gefasst wurden. «Von nun an nämlich sollten alle kirchliche Wahlen wieder kanonisch sein und alle Simonie (Bestechung, Kauf etc.) aufhören; von nun an sollten alle Kleriker (von unten an bis oben hinauf) ihre Konkubinen abschaffen und wer binnen zwei Monaten von der Bekanntmachung dieses Dekretes an keine Folge leistete, solle abgesetzt werden, und wäre er der römische Bischof selber; von nun an sollten die kirchlichen Einrichtungen der verschiedenen Länder nicht mehr durch päpstliche Willkür, sondern durch alljährliche Provinzialsynoden geregelt werden; von nun an sollte das Leben der Geistlichen ein christliches und ehrbares, das Leben der Mönche und Nonnen aber ein nach dem Muster der apostolischen Armut geregeltes sein; von nun an müsse der bisher von den Päpsten mit der Exkommunikation getriebene Missbrauch aufhören und es dürfe keine Stadt und kein Land mehr mit dem Interdikt belegt werden, außer im Fall offener Ketzerei; von nun an müssen die Possenspiele, Schmausereien, Tänze, Jahrmärkte und Narrenfeste, welche man seither in den Kirchen getrieben, aufhören.[300], damit der Gottesdienst

---

[300] In der damaligen Zeit hatte die Unordnung beim Gottesdienst einen solch hohen Grad erreicht, dass man wirklich befürchten musste, das ganze äußere Kirchengerüst möchte zusammenfallen. Ja von einem Gottesdienst war eigentlich gar nicht mehr die Rede, sondern nur noch von gewissen Zeremonien und Festaufzügen, welche das Auge blendeten und die Sinne reizten. Einige dieser Aufzüge, wie z. B. die Esels- und Narrenfeste, zeichneten sich übrigens nicht bloß durch das zur Schau gelegte äußere Gepränge aus, sondern auch durch eine wahrhaft kolossal-obszöne Sakrifizierung der Kirche selbst. Am Eselsfest nämlich (man feierte dieses Fest zweimal im Jahr, einmal um Weihnachten, zu Ehren des Esels, auf welchem Maria mit dem Jesuskind nach Ägypten flüchtete) putzte man einen Esel, den man zum Knien abgerichtet hatte, als Geistlichen heraus, setzte ihm ein Barett auf, zog ihm eine Stola an und führte ihn an den Altar, damit er daselbst eine Messe halte. Natürlich konnte der Esel weder sprechen, noch singen, sondern alles dies wurde von einem hinter ihm versteckten menschlichen Stellvertreter versehen; aber so oft es ans «Amen» kam, zwickte man den Esel so lange, bis er statt Amen «I-A» brüllte, worüber natürlich die versammelten Andächtigen in ein wieherndes Freudengelächter ausbrachen. Noch skandalöser ging es bei den Narrenfesten zu, welche, wie die Saturnalien der Alten, im Dezember d. i. von Weihnachten bis auf den letzten Sonntag nach Epiphanias gefiert wurden. Bei einem solchen Fest musste sich irgendeiner von der niederen Geistlichkeit, den man als lustigen Bruder kannte, in einen Abt oder Bischof oder gar Papst verkleiden, und nun führte man ihn in großer Prozession und unter Begleitung von einer Menge auf verschiedene Weise vermummter Gestalten, unter dem lautesten Jubel der Zuschauer, in die Hauptkirche, wo man ihn unter den tollsten und lächerlichsten Feierlichkeiten ordinierte. Nun nahm der Pseudobischof oder Pseudopapst den Altar ein und hielt das Hochamt ganz

wieder auf eine würdige Weise gefeiert werden könne; von nun an dürfe von der apostolischen Kammer d. i. von den Päpsten, weder unter diesem, noch unter jenem Titel irgendetwas für die Verleihung einer kirchlichen Stelle gefordert oder genommen werden, und es seien also die Annalen, die Palliengelder, die Reservationen usw. für immer und ewig als abgeschafft zu betrachten; von nun an habe ein Papst nicht mehr an die Schätze dieser Welt, sondern nur noch an die Schätze des Himmels zu denken und darum solle ihm auch jedes Jahr von einem Kardinal die Regel vorgelesen werden, wie er sich zu betragen habe, damit er ein Sittenspiegel werde für die ganze Welt » Also dekretierten die in Basel versammelten Väter und man kann sich nun wohl denken, dass der Papst nicht gut hierzu sehen konnte. Zwar allerdings wusste er wohl, dass die meisten jener Beschlüsse nur daraus berechnet waren, einen rechten Lärmen in die Welt hinaus zu machen, und dass es im Ganzen genommen durchaus beim Alten bleiben werde;[301] aber die den Geldpunkt betreffenden Dekrete griffen doch so sehr ins Fleisch des Papsttums ein, dass mit der Synode, wenn der römische Stuhl nicht zu Schaden kommen wollte, auf diese oder jene Weise ein Ende gemacht werden musste.

---

auf dieselbe Weise, wie wenn er ein wirklicher Bischof oder Papst gewesen wäre. Währenddessen aber verübten seine vermummten Begleiter, die ihm als Sakristane und Chorknaben dienen sollten, allerlei gemeine Kurzweil und Possenspiel. Die einen nämlich tanzten um den Altar herum und sangen die schmutzigsten Lieder dazu; andere benützten den Altar als Wirtshaustisch, zogen Würste hervor, um sie auf demselben zu verspeisen, legten ein Fass Wein auf und tranken sich gegenseitig zu, spielten Karten oder würfelten und bedienten sich dabei der gotteslästerlichsten Flüche; wieder andere, die als Mönche und Nonnen verkleidet waren, fingen an sich zu entkleiden und führten in diesem halbnackten Zustand die allerüppigsten und obszönsten Stellungen aus, während ein Vierter vielleicht ins Rauchfass pisste, oder eine andere Schweinerei auftischte. So ging es fort, so lange das Hochamt dauerte, der Hauptjubel aber entstand erst, wenn der Pseudopapst unter Verdrehung der Augen und mit heiliger Grimasse die Kirche entlang schritt, um dem Volk seinen Segen zu erteilen, denn hierin, in der Verspottung des Priesterstandes und seiner priesterlichen Funktionen lag gerade die Pointe des Festes. Man darf übrigens nicht glauben, dass nur der gemeine Pöbel sich dabei beteiligte; im Gegenteil, auch der hohe Adel nebst der ganzen Damenwelt fand sich regelmäßig ein. Ja selbst die Mitglieder der höheren Geistlichkeit, die Äbte, Bischöfe und Erzbischöfe schlossen sich nicht aus, sondern lachten gar herzlich, wenn der Pseudobischof seine Rolle mit Witz und Humor durchführte, hierdurch (wenigstens stillschweigend) zugebend, dass der ganze damalige Gottesdienst, d. h. das ganze damals übrige Christentum nichts sei, als ein großartiger pfäffischer Hokuspokus.

[301] Nicht einmal im geringsten Frauenkloster, so versichern Schriftsteller, welche unmittelbar nach der Zeit der Basler Synode lebten, ist es durch jene Beschlüsse anders geworden und von einer Besserung der Zucht und Sitte im großen Ganzen war ohnehin nicht die Rede.

An einem Vorwand, das Konzil «ohne Gewalttätigkeit» zu sistieren, fehlte es zum Glück nicht. Eugen stand nämlich damals mit der griechischen Kirche wegen ihrer Wiedervereinigung mit der römischen in Unterhandlung und verlangte deshalb, dass die Synode von Basel mit den griechischen Delegaten in ein «gemeinschaftliches» ökumenisches Konzil zusammentrete, welches, da man den Griechen eine Reise nach Basel doch unmöglich zumuten könne, am besten in einer italienischen Stadt, wo z. B. Ferrara, abgehalten würde. Der Vorschlag erschien ganz plausibel, aber die Basler Versammlung merkte bald, was des Pudels Kern sei, und als daher der Papst durch eine vom 18. September 1437 datierte Bulle die sofortige Verlegung der Synode nach Ferrara befahl, so weigerte sich die Mehrzahl der Anwesenden, dem päpstlichen Gebot zu folgen. Die Vornehmsten freilich, die Kardinäle, Erzbischöfe und Bischöfe, besonders die italienischen und französischen, «gingen», die untergeordneteren Geistlichen aber, d. i. die Abgeordneten der Domkapitel und Klöster, die Delegierten der Universitäten, die theologischen Doktoren und Professoren usw. «blieben» und erklärten sich für die einzig rechtmäßige ökumenische Synode, deren Gewalt von keinem Papst erschüttert werden könne, weil dieselbe «über dem Papst» stehe. Umgekehrt aber dekretierte der Papst die Synode für aufgelöst und drohte ihr, wenn sie nicht gehorche, mit dem Bannfluch. Nunmehr zitierten die Basler den Eugen vor ihr Forum und suspendierten ihn, da er nicht erschien, am 21. Januar 1438. Ja sie gingen noch weiter und erklärten die Synode von Ferrara «für eine Zusammenkunft von Schismatikern», welche auf dem Boden der Ketzerei angekommen sei. Hiergegen remonstrierten natürlich die in Ferrara oder vielmehr in Florenz (denn der Papst hatte die Synode schon nach kurzer Zeit, Bequemlichkeitshalber, in letztere Stadt verlegt) Versammelten aufs heftigste und erklärten, «nur allein sie, die vom Papst Berufenen, bilden das wahre ökumenische Konzil, in Basel aber tage bloß Lumpengesindel, lauter gemeine Bursche aus der untersten Klasse der Klerisei, bestehend aus Apostaten, Blasphemisten, Rebellen, Kirchenschändern und Zuchthauskandidaten, welche samt und sonders nicht mehr wert seien, als dass man sie zum Teufel jage, von dem sie ausgegangen.» Mit solcher Sprache war, wie man sich denken kann, der Papst vollkommen einverstanden, und darum belegte er auch sofort das Basler Konzil mit seinem Bannfluch. Das letztere jedoch ließ sich hierdurch nicht einschüchtern, sondern bezahlte Verachtung mit Verachtung, Schimpfwort mit Schimpfwort, Verfluchung mit Verfluchung. Ja es erklärte sogar am 25. Mai 1439 den Papst frischweg für einen Simonisten, Meineidigen und unverbesserlichen Ketzer, als einen Störer des Friedens, Verschwender der Kirchengüter und offenen Rebellen wider Gott, dekretierte deshalb in feierlicher Session seine Absetzung und erwählte schließlich in der Person des Herzogs Amadeus von Savoyen einen neuen Papst, welcher sich den Namen Felix V. gab.
Nun war das Schisma abermals fix und fertig und das gegenseitige Verfluchen und Bannen ging abermals los. Doch muss man es Papst Felix zum Ruhm nachsagen,

dass er sich weit mehr in den Grenzen des Anstandes und der Sitte hielt, als sein Gegner Eugen. Jener konnte selbst als Papst die gute Erziehung, die er genossen hatte, nicht verbergen, dieser aber entwickelte eine solche Bravour im Schimpfen, wie vielleicht kein anderer Papst weder vor ihm noch nach ihm. Er nannte Felix einen «Höllenhund und Antichrist», ein «goldenes Kalb und einen Muhammad», er nannte die Väter zu Basel «reißende Tiere und in Menschen verkleidete Teufel, welche einen Götzen Moloch errichtet hätten»; ja er ging in seiner Wut sogar so weit, «dass er die Straßenräuber, welche den Baslern die Lebensmittel abschneiden würden, absolvierte und segnete!» Dabei unterließ er es natürlich nicht, an alle weltliche Fürsten Schreiben zu erlassen, worin er sie aufforderte, mit dem Basler Konzil alle Verbindung abzubrechen, indem dasselbe ja offenbar auf nichts anderes ausgehe, als eine neue Kirchenspaltung hervorzurufen, und wandte zugleich alle Mittel der Überredung und der Bestechung an, um die Hervorragenderen unter den Theologen der Basler Synode für sich zu gewinnen. In der Tat gelang ihm auch Letzteres über Erwarten gut, und schon nach wenigen Jahren hatte das Basler Konzil dieselbe Stellung eingenommen, wie in neuester Zeit das deutsche Rumpfparlament, nachdem die große Mehrheit der angesehensten Abgeordneten dasselbe verlassen hatte. Das «formelle Recht» war offenbar auf Seiten Eugens und der Synode von Florenz. Kurz das Ende vom Lied war, dass das Basler Konzil im Jahr 1443 im Bewusstsein seiner Ohnmacht sich von selbst auflöste und der von ihm ernannte Papst Felix von freien Stücken abdankte. Auf diese Art wurde Eugen wieder alleiniger Untrüglicher! Und nun, o Leser, was hältst du von solcher Untrüglichkeit?

Seit jener Zeit hat es keine zweispältige Papstwahl mehr gegeben, aber – kehrte deshalb der heilige Geist im Konklave ein? Du lieber Himmel, nach wie vor gaben bei jeder neuen Papsternennung immer nur menschliche Interessen und Leidenschaften den Ausschlag! Jeder Kardinal beschäftigte sich während seiner ganzen Kardinalslaufbahn nur allein mit der Idee, wie er die höchste Stufe in der Kirche erklimmen könnte, und ließ daher kein Mittel unversucht, durch welches er sich das «Jawort» eines seiner Kollegen erkaufen konnte. Sah er aber bei einer Vakanz des päpstlichen Stuhls ein, dass es ihm für diesmal noch unmöglich sein werde, seinen großen Schluss-Endzweck zu erreichen, so wollte er doch wenigstens nur einen Solchen auf dem Papstsitz sehen, von welchem er hoffen konnte, dass derselbe recht bald das Zeitliche segnen und hierdurch zu einer neuen Papstwahl, welches möglicherweise zu «seinen» Gunsten ausfallen konnte, Gelegenheit geben würde. Daher finden wir denn auch, dass in den letzten paar Jahrhunderten meist nur schwächliche Greise die Tiara erhielten, welche schon nach wenigen Jahren ins bessere Jenseits hinübergingen; aber trotzdem, d. h. trotz des hohen Alters und der schwächlichen Gesundheit fast sämtlicher Papstkandidaten, ging es im Konklave doch beinahe immer ebenso stürmisch und leidenschaftlich zu, als auf dem berühmten polnischen Reichstag! Zum Beleg hierfür nur einige wenige Beispiele:

Nach dem Tode Clemens XI. im Jahr 1721 waren die Kardinäle in drei Parteien gespalten und keine wollte nachgeben. So etwas nun hatte man schon oft erlebt, nicht aber das, dass die Rothüte, wie es jetzt geschah, aufeinander losgingen, sich mit den Tintenfässern bombardierten und am Ende einander an den Haaren herumzausten. Erst nachdem sie sich gehörig gestoßen, geschlagen und getreten hatten, kam die Mehrzahl überein, den alten schwachen Kardinal Michael Angelo Conti, welcher offenbar keine drei Jahre mehr leben konnte, zu wählen, und dieser, welcher sich den Namen Innozenz XIII. gab, rechtfertigte auch wirklich die Hoffnung, die man auf ihn gesetzt hatte, indem er schon nach zwei Jahren und zehn Monaten den Geist aufgab. Indessen ging es bei der Wahl seines Nachfolgers nicht minder stürmisch zu, denn die Kardinäle stritten sich zwei volle Monate herum, bis sie endlich über den sechsundsiebzigjährigen Kardinal Orsini, der sich Benedikt XIII. nannte, einig wurden. Noch heftiger war der Streit, nachdem auch dieser Papst schon nach wenigen Jahren, nämlich 1730, verstorben war. Nicht weniger als vierundfünfzig Kardinäle gingen damals ins Konklave, aber es war drei volle Monate hindurch nicht möglich, den Geist der Einigkeit (vom heiligen Geist wollen wir natürlich nicht sprechen) unter ihnen einziehen zu sehen. Endlich jedoch erhielt der Kardinal Lorenzo Corsini die Mehrheit und zwar einfach deswegen, weil er achtundsiebzig Jahre alt und bereits halb erblindet war. Da musste doch offenbar der Tod in kurzer Zeit anklopfen! Aber siehe da, Clemens XII. (diesen Namen gab sich Corsini, als er Papst wurde) pontifikierte zum großen Ärger seiner Wähler noch volle zehn Jahre lang! Nach seinem Tode beschlossen die Kardinäle vorsichtiger zu sein und in keinem Fall einem solchen Kandidaten ihre Stimme zu geben, welcher fähig sei, den Stuhl Petri abermals zehn Jahre lang nicht für jemand anderen frei zu machen. Aber der Mensch denkt und Gott lenkt. Nachdem nämlich die Rothüte (es waren ihrer diesmal siebenundfünfzig) sich volle 6, sage sechs Monate lang über den tauglichsten Kandidaten gestritten und während dieses ihres Streites oft einen solchen Höllenlärm vollführt hatten, dass man sie eine halbe Meile weit hörte, einigten sie sich endlich, um nicht außer dem Gespött auch noch die Verachtung der christlichen Welt auf sich zu laden, auf den Kardinal Prosper Lambertini, welcher damals zwar erst fünfundsechzig Jahre (ein wahres Jünglingsalter für einen Papst!) zählte, aber von einer äußerst wankenden Gesundheit zu sein schien. Doch Lambertini – er nannte sich als Papst Benedikt XIV. – erholte sich ganz gegen die Prophezeiung seines Leibarztes, den die Herren Wähler vorher zu Rate gezogen hatten, von dem Tag seiner Thronbesteigung an mit jedem Jahr mehr, und machte erst am 3. Mai 1758 einem neuen Papstkandidaten Platz. Zum Glück gehörte er unter die besten Päpste, die je regiert haben, und somit sah die christliche Welt sein langes Regieren für eine wahre Wohltat an, im vollen Gegensatz gegen die Kardinäle, von denen sich viele wegen dieser päpstlichen «Unsterblichkeit» (so nannten sie sein langes Leben) ein Gallenfieber anärgerten.

Ganz auf dieselbe Weise ging es auch bei den folgenden Papstwahlen zu, aber es wäre zu ermüdend, all die Details zu erzählen. Zum Schluss nur noch ein lustiges Stücklein, welches der Kardinal Felice Peretti von Montalto nach dem Tode Gregors XIII. im Jahr 1585 zum großen Ergötzen aller damaligen (und jetzt noch lebenden) Christen aufführte. Felice Peretti war der Sohn sehr armer Eltern und musste in seiner Jugend als Schweinehirt arbeiten. Durch Vermittlung eines Onkels wurde er schon im dreizehnten Jahr seines Lebens, 1534, ins Franziskanerkloster zu Ascoli aufgenommen und studierte nun da so eifrig, dass er bald als ein künftiges «Kirchenlicht» galt. Nun stieg er schnell von Stufe zu Stufe empor, bis ihn sein Hauptgönner Papst Pius V. im Jahr 1570 zum Kardinal ernannte. Seit dieser Zeit ging all sein Streben dahin, die Papstkrone selbst zu erwerben, und er nahm sich vor, um jeden Preis zum Ziel zu kommen. Solches war nun natürlich auch das Bestreben seiner Mitkardinäle, aber in Beziehung auf die Wahl der Mittel ging Er ganz anders zu Werk, als seine Kollegen. Sobald nämlich Pius V. gestorben und Gregor XIII. Papst geworden war, zog sich der Kardinal Montalto «seiner angegriffenen Gesundheit wegen», wie er sagte, in die Einsamkeit zurück und beschäftigte sich dem Anschein nach mit gar nichts als seinem Seelenheil. Jedermann glaubte, dass er für die Welt und ihre Freuden gänzlich abgestorben sei, und er selbst stellte sich so, als ob er mit einem Fuß bereits im Grab stünde. Musste er aber je seiner Pflicht gemäß im Kardinalskollegium erscheinen, so kam er immer «schwankenden Schrittes, auf einen dicken Stab gestützt» und hustete bei jedem Tritt, wie ein Schwindsüchtiger, dem die Lunge abhandengekommen war. Mit schwacher Stimme gab er dann seinen Kollegen in allem Recht und meinte am Schluss einer jeden Sitzung, Gott werde ihn wohl bald aus diesem irdischen Jammertal erlösen. Tröstete man ihn darauf damit, dass er doch noch nicht so alt sei, um schon an den Tod denken zu müssen, so behauptete er immer acht Jahre älter zu sein, als er in Wirklichkeit war, und – wer hätte, wenn man sein eingefallenes, mit gemalten Runzeln überdecktes Gesicht, sein mattes, trübes Auge und seinen gebückten und schleichenden Gang betrachtete, seine Behauptung Lügen strafen mögen? Kurz er wusste sich so außerordentlich zu verstellen, dass ihn seine meisten Kollegen für einen hinfälligen, halb kindisch gewordenen Greis erachteten und ihn spöttisch unter sich nur «den Esel aus der Mark» (er war nämlich in Grotta a Mare unserem Montalto in der Mark Ancona geboren) nannten, worüber er jedoch, wenn er es erfuhr, immer nur sanft und blöde lächelte. Ein solcher Mann musste offenbar als der tüchtigste Papstkandidat gelten, denn nicht nur durfte man hoffen, dass seine Lebenszeit bald zu Ende wäre, sondern es stand auch zu erwarten, dass er die ganze Regierung den Kardinälen überlassen würde. Darum, als nun Gregor XIII. im Jahr 1585 verstorben und die Kardinäle zweiundvierzig Mann stark ins Konklave gegangen waren, um einen neuen Papst zu wählen, einigten sie sich auch zum großen Verdruss der beiden Kardinäle Farnese und de Medici, welche beide als die Vornehmsten die meiste Aussicht zu haben glaubten, schon nach kurzer Zeit auf Kardinal Montalto, der seinerseits seine Stimme dem Kardinal Rusticucci in «leisem, hinfälligem und völlig erschöpftem Tone» gab. Kaum jedoch wurde das Ergebnis der Abstimmung bekannt, und kaum überzeugte sich Montalto, dass er der erwählte Papst sei, so richtete er sich (wie sein Geschichtsschreiber Leti erzählt) stramm und kerzengerade auf, warf die Krücke, auf welche er bisher seinen scheinbar siechen Körper gestützt hatte, in eine Ecke und stimmte sofort das *Te Deum* mit einer solch kräftigen Stimme an, dass der ganze Sitzungssaal vom Donner seines Basses widerhallte! Verdutzt, verblüfft, vernichtet schauten die Kardinäle darein, als sich der schwache, hinfällige, ja fast blödsinnige Greis, für den sie ihn bisher gehalten, sich auf einmal in einen gesunden, kräftigen und energischen Mann verwandelte, aber – der Fehler war einmal gemacht und ließ sich für jetzt nicht mehr reparieren! Montalto blieb Papst und regierte während seines ganzen Pontifikats mit einer Strenge und Energie sondergleichen.

Ist das nicht eine lustige Geschichte, o Leser? Aber wenn es bei einer Papstwahl so komödienmäßig zugeht, wie bei der Wahl Sixt V. (diesen Namen gab sich der Kardinal Montalto), wo bleibt denn da die Untrüglichkeit und der heilige Geist?

6. Buch.

Der Papst und die Neuzeit.

Motto:
Ir Gwalt ist veracht,
Ir Kunst wird verlacht,
Ir Lügen nit g'acht,
Geschwächt ist ir Macht,
Recht ist's wie's Gott macht.
(Ambrosius Blaurer)

I.Kapitel.

Die Wiederauferstehung des Papsttums.

Am 29. August des Jahres 1799 war Pius VI. in der Gefangenschaft zu Valence an der Rhone verstorben und die ganze Welt meinte damals, dass es nunmehr mit dem Papsttum ein Ende haben werde. Rom und den Kirchenstaat, das Fürstentum Avignon und die Grafschaft Venessain hatten die Franzosen in Besitz genommen und dem früher so gewaltigen Kirchenfürsten war auch nicht ein einziges Fleckchen Erde übrig geblieben, welches er das seinige nennen konnte. Ja, der Hass seiner früheren Untertanen hatte sich nicht einmal damit begnügt, dass er selbst als elender Bettler in die Fremde geschickt wurde, sondern man verfolgte auch seine Bediensteten, sowie überhaupt alles, was mit der römischen Kurie zusammenhing, aufs grausamste und tötete jeden der als ein Päpstlicher bekannt war![302] Kein

---

[302] Besonders grausam ging es in Avignon zu, wo in der Nacht vom 16. Auf den 17. Oktober 1791 die wutentbrannten Avignoner, unter der Führung Jourdans, Duprats und Jouves, den letzten päpstlichen Vizelegaten Philipp Casoni mit allen seinen Leuten ohne Barmherzigkeit hinschlachteten, und noch jetzt zeigt man am Turm Trouillas die Stelle, von welcher die Ermordeten drei Stockwerke hoch hinabgestürzt wurden. Das Volk hatte aber auch Grund zu seinem Hass, denn die unterirdischen Folterkammern der Inquisition im Schloss und die tausend anderen blutigen Mysterien, welche dort während des Papstregiments spielten, mussten selbst eine Lammsnatur zum blutgierigen Wolf umwandeln. Nehmen wir nur allein die Geschichte, welche der «Salle brulee,» d. i. dem Brandsaal, ihren Namen gab, so wird der Leser schon genug haben! Es begab sich nämlich im Jahr 1509, dass der Neffe oder vielmehr der uneheliche Sohn des damaligen päpstlichen Legaten, nachdem er die Ehefrau eines Edelmanns geschändet hatte, von Letzterem ohne Weiteres erstochen und in die Rhone geworfen wurde. Die Tat geschah bei Nacht, ohne dass irgendjemand zusah. Somit blieb auch der Täter unbekannt und der Legat hatte

Wunder also, wenn die Kardinäle und Prälaten über Hals und Kopf aus Rom entflohen und sich dahin zurückzogen, wo sie in ganz Europa nur noch allein Schutz fanden! Wohin flohen sie nun aber? Nun natürlich, der Leser wird sich dies schon im Voraus gedacht haben – ins Österreichische, denn kein anderes Land, selbst nicht einmal Spanien, wollte um jene Zeit mehr etwas von der Statthalterschaft Christi wissen. Doch stand es beinahe ein ganzes Jahr an, bis sich die in alle Welt zerstreuten Rothüte in Venedig zusammenfanden, um der Christenheit ein neues Oberhaupt zu geben. Dies geschah am 14. Mai 1800 und der Erwählte war der Kardinal-Bischof Gregor Barnabas Chiaramonti, welcher sich den Namen Pius VII. gab!

Die Welt hatte also wieder einen Papst, aber freilich einen ziemlich nichtssagenden, da er kein Territorium mehr besaß und ihm außer Österreich niemand Gehorsam oder auch nur Glauben schenkte. Da geschah es, dass der berühmte General Bonaparte die Schlacht bei Marengo schlug und, nachdem er hierdurch Herr über die Geschicke Italiens geworden war, den Papst wieder in seine Rechte einsetzte. Verwundert fragt der Leser, aus welchem Grund dies geschehen sei, da doch Bonaparte keineswegs hierfür bekannt war, irgendwie «zu den Gläubigen» zu gehören; aber die Antwort hierauf ist sehr leicht. Bonaparte hatte damals schon im Sinn, sich zum Kaiser der Franzosen aufzuwerfen und somit schloss er Frieden mit der Kirche oder vielmehr mit der hohen Priesterschaft damit diese ihn in der Erreichung seiner Zwecke unterstütze. Die Franzosen sollten wieder päpstlich-römisch denken lernen, weil der freie Vernunftglaube in das Reich eines Despoten nicht passt, oder vielmehr, weil der Despotismus nur da gedeihen kann, wo den Untertanen das Denken abhandengekommen ist. Aus diesem Grund schloss Bonaparte im Jahr 1801 ein Konkordat mit Pius VII. und setzte ihn sogar wieder zum Beherrscher des Kirchenstaates ein. Natürlich erwies sich der Papst äußerst dankbar, ja nicht bloß dankbar, sondern geradezu devot, indem er hoffte, durch den nächtigen Helden, den zukünftigen Imperator der Welt, in alle seine früheren Rechte wieder eingesetzt zu werden. Demgemäß nannte er General Bonaparte «den Wiederhersteller der katholischen Religion», den «Beschützer des Glaubens» und «den Erretter der Kirche aus dem Abgrund

---

keinen Anhaltspunkt, denselben ausfindig zu machen, obwohl er sich denken konnte, wer es sei. Was tat er also? Er lud die ganze vornehme Welt Avignons und insbesondere alle Edelleute, welche junge schöne Frauen hatten, zu einem Fest ins Schloss ein, ließ dann, als die Geladenen bei Tisch saßen, die Türen des Saals schließen und zündete sofort mit eigener Hand große Pechfässer an, welche von oben herab in den Saal geworfen wurden. In Folge dessen entstand eine furchtbare Feuersbrunst und alle Geladenen, darunter also auch der Ehemann, welcher den Schänder seiner Frau erstochen, verbrannten elendig. Auf diese Art rächte der Legat seinen Sohn und von dort an bekam der Saal, in welchem die Greueltat vorfiel (man stellte ihn natürlich nach dem Brand wieder her) den Namen: «La Salle brulée».

der Revolution». Ja, er ging sogar so weit, dass er, als sich Bonaparte unter dem Titel Napoleon I. zum Kaiser von Frankreich emporgeschwungen hatte, zu Ehren desselben ein neues Fest, «das Fest des heiligen Napoleon», stiftete und der Aufforderung des Kaisers, ihn in Paris zu krönen, (am 31. Oktober 1804) aufs bereitwilligste Folge leistete. Aber schon damals, bei seiner Anwesenheit in Paris nämlich, konnte Pius sehr deutlich merken, dass es dem Kaiser der Franzosen keineswegs darum zu tun sei, die Macht des Papsttums wieder herzustellen, sondern dass ihn besagter Monarch vielmehr nur allein deswegen nach Frankreich hatte kommen lassen, um den Parisern ein Schauspiel zu geben. Napoleon I. wollte durch Pius VII. «der Gesalbte des Herrn» werden, gerade wie einst der Kronräuber Pippin durch Papst Zacharias, aber sobald dieser Zweck erreicht war, konnte der Papst wieder abziehen. So dachte Bonaparte, und Pius zog auch wirklich ab, aber nicht mit denselben Gefühlen, mit denen er nach Frankreich gekommen war. Im Gegenteil, er fühlte sich durch die Behandlung «von Oben herab», welche ihm Napoleon angedeihen ließ, tief gedemütigt, und der Groll, dass die französische Kirche durch die Verordnungen des Kaisers, sowie besonders durch die Wiederherstellung der sogenannten «gallikanischen Kirchenfreiheiten vom Jahr 1682»[303] von Rom fast gänzlich unabhängig gemacht wurde, fraß ihm wie ein nagender Wurm am Herzen. Namentlich musste es ihn mit dem tiefsten Schmerz erfüllen, dass aller und jeder «Geldabfluss» aus Frankreich an die römische Kurie aufs strengste verpönt war, dass ferner der Kaiser sich vorbehielt, alle Bischöfe und Erzbischöfe seines großen Reiches selbst zu ernennen, und dem Papst nur das formelle Recht der Bestätigung ließ, dass sodann mit den kirchlichen Reformen, d. h. mit der Unterdrückung des Obscurantismus[304] vollkommen Ernst gemacht wurde und dass schließlich von der Zurückgabe des «ganzen» Kirchenstaats an die römische Kurie nicht nur keine Rede war, sondern dass man dieser vielmehr fast handgreiflich zu verstehen gab, wie man sie sozusagen nur dulde und nur «aus Gnaden» fortexistieren lasse. Dazu kam dann noch der weitere Greuel, dass in ganz Deutschland die Klöster aufgehoben, ihre Güter eingezogen, und alle Bischofsitze säkularisiert[305] wurden, ja dass diese Säkularisation sich sogar bis nach dem bisher

---

[303] Über diese gallikanischen Kirchenfreiheiten, die sogenannten «vier Artikel» oder die quatuor propositiones cleri Gallicani, haben wir schon im zweiten Buche (pag. 349) des ersten Bandes berichtet und bemerken hier nur kurz, dass dieselben zwar durch die Könige Ludwig XIV. und Ludwig XV. modifiziert, von Napoleon aber in erweiterter Gestalt wieder hergestellt wurden.
[304] D. h. das Bestreben, durch alle möglichen Mittel, das Selbstdenken zu verhindern und das Volk in Unwissenheit zu erhalten. (Anmerk. d. Hg.)
[305] *Säculum* bedeutet in der Kirchensprache «die Welt und das weltliche Leben», im Gegensatz zur Kirche und zum kirchlichen Leben. Säkularisation ist daher die Verwandlung einer kirchlichen Sache in eine weltliche oder, um noch deutlicher zu sein, die

so gut katholischen Neapel (seitdem der Bruder Napoleons, der König Joseph, dort regierte) erstreckte. Wen wundert es also, wenn Pius VII. schließlich, da er im Zorn fast erstickte, so störrisch wurde, dass ihn ein Schriftsteller der damaligen Zeit «mit einem verhetzten Maultier» verglich, welches weder auf Worte, noch Schläge mehr geht!

Freilich, das konnte sich der Papst wohl denken, dass gegen die Übermacht eines Napoleon nichts auszurichten sei, aber er war einmal wütend darüber, das ihm der Kaiser die in Paris vorgenommene Salbung so schlecht lohne, und somit beschloss er, um keinen Preis mehr einen Schritt vorwärts zu machen, sondern vielmehr allen napoleonischen Peitschenhieben und Spornenstichen den Eigensinn und die Halsstarrigkeit eines zum äußersten Gebrachten entgegen zu setzen. Demgemäß wiegerte er sich König Joseph von Neapel anzuerkennen, und widerstand aufs hartnäckigste der Aufforderung Frankreichs, den *Code Napoleon* im Kirchenstaat einzuführen. Auch ließ er sich nicht darauf ein, seine Häfen den Engländern zu verschließen, sondern setzte sich vielmehr mit denselben, obwohl sie Ketzer waren und Kaiser Napoleon, welcher England durch die sogenannte Kontinentalsperre von allem Verkehr mit dem Festland Europas ausschließen wollte, hierdurch aufs höchste beleidigt werden musste, in die genaueste heimliche Verbindung. Natürlich vergalt nun der Kaiser Gleiches mit Gleichem und befahl dem General Miollis, in Rom einzurücken. Solches geschah am 2. Februar 1808, und natürlich wurde sofort das päpstliche Militär entwaffnet, dem Papst selbst aber die Alternative gestellt, entweder mit Frankreich ein Angriffs- und Verteidigungsbündnis, um endlich einmal der in Italien herrschenden Unordnung ein Ende machen zu können, einzugehen, oder aber des Verlusts seiner Hauptstadt Rom gewärtig zu sein. Napoleon behandelte also den Papst, wie man sieht, immer noch mit einer gewissen Rücksicht, oder vielmehr, er stellte nur solche Forderungen an ihn, welche naturgemäß waren; aber Pius VII. verschloss sich beharrlich allen Vernunftgründen, oder vielmehr er wurde immer starrköpfiger, je nachgiebiger sich der französische Kaiser zeigte. Statt also sich mit politischer Klugheit zu fügen, pochte er, dem Kaiser gegenüber «auf seine geistigen Waffen» und befahl seinem Legaten in Paris, seine Pässe zu verlangen. Nun natürlich war es mit der Geduld Napoleons zu Ende und derselbe vereinigte sofort am 2. April 1808, um dem römischen Oberpriester den Ernst zu zeigen, die päpstlichen Provinzen Urbino, Ancona, Macerata und Camerino mit dem Königreich Italien.[306] Trotzdem aber gab der

---

Verwandlung der Güter der geistlichen Herren in weltliche Herrensitze und das Inbesitznehmen der Bistümer durch die weltlichen Fürsten.

[306] In dem betreffenden Dekret Napoleons heißt es folgendermaßen: «In Anbetracht, dass Roms weltlicher Regent sich beständig geweigert hat, sich mit den Königen von Oberitalien und von Neapel zur Verteidigung der italienischen Halbinsel gegen die Engländer zu verbinden, während doch das Interesse jener beiden Reiche sowie des Kirchenstaates selbst solches notwendig erfordert; in Anbetracht fernerem, dass die

Papst auch jetzt noch nicht nach, sondern protestierte vielmehr aufs heftigste gegen solche Gewalttat, verbot den italienischen Bischöfen, von irgendeiner französischen Behörde Befehle anzunehmen, und ging sogar so weit, dass er dem Kaiser wegen seiner frevelhaften Besetzung eines Teils des Kirchenstaats in einem Breve vom 3. April 1809 geradezu, wie wenn die Zeiten Gregors VII. wieder gekommen wären, mit dem Bann und Interdikt drohte. Das war denn doch zu viel!

Bisher hatte der Kaiser die Stadt Rom nebst den unmittelbar dazu gehörigen Provinzen dem Papst noch gelassen, aber da Pius es, wie wir soeben gesehen, in der Frechheit aufs Äußerste trieb, so dekretierte Napoleon am 17. Mai 1809 vom Feldlager bei Wien aus, dass auch der letzte Rest des Kirchenstaates dem Königreich Italien einzuverleiben sei, während Rom selbst zu einer freien kaiserlichen Stadt erklärt wurde.[307] Die Ausführung des kaiserlichen Befehls ließ natürlich nicht lange auf sich warten und der Papst sah sich infolgedessen zu Ende des Monats Mai 1809 gerade eben so gut säkularisiert, als die übrigen Kirchenfürsten Europas. Doch zeigte sich Napoleon noch so großmütig, dass er dem halsstarrigen Oberpriester nebst dessen Kardinälen einen bedeutenden jährlichen Gnadengehalt aussetzte und seine unmittelbaren Güter, Domänen und Paläste von jeder Auflage und Steuer, sowie von der weltlichen Gerichtsbarkeit befreite. Man hätte also denken können, Pius werde sich nunmehr in dankbarer Annahme solcher Großmut in das Unvermeidliche fügen, aber es trat gerade der umgekehrte Fall ein. Voll Trotz und Wut wies der Papst das Anerbieten Napoleons ab und griff sofort, indem er sich zugleich auf der Engelsburg verschanzte, nach der alten vatikanischen Donnerbüchse. Er dachte in seiner

---

Schenkung Karls des Großen, unseres erhabenen Vorfahren, durch welche er dem Papst die den Kirchenstaat ausmachenden Länder verlieh, zum Wohl der Christenheit gemacht wurde, nicht aber zum Vorteil der Feinde unserer heiligen Religion; in Anbetracht schließlich, dass der Botschafter des römischen Hofes in Paris auf Befehl des Papstes am 30. März seine Pässe verlangt hat, haben wir beschlossen und beschließen: die Provinzen Urbino, Ancona, Macerata und Camerino werden unwiderruflich und auf ewig mit unserem Königreich Italien vereinigt.»

[307] Das betreffende Dekret lautet folgendermaßen: «In Anbetracht, dass unser erhabener Vorfahr, Karl der Große, die verschiedenen Güter und Grafschaften, welche er dem Papst schenkte, nur unter dem Titel von Lehen abgab, und dass also durch diese Schenkung Rom nie aufhörte, einen Teil des fränkischen Reiches auszumachen; in Anbetracht ferner, dass die Vermischung der geistlichen Macht, mit der weltlichen zu einer ewigen Quelle von Zwistigkeiten wurde, durch welche sich die Päpste nur zu häufig verleiten ließen, den Einfluss der geistlichen Macht zur Unterstützung ihrer weltlichen Ansprüche zu missbrauchen, in Anbetracht schließlich, dass im Papsttum die Angelegenheiten des Himmels, die doch keinem Wechsel unterworfen sind, auf so lange, als die römischen Bischöfe eine weltliche Gewalt haben, mit irdischem Interesse verwechselt und vermischt werden, haben wir beschlossen: die Staaten des Papstes sind auf immer und ewig mit dem französischen Reich vereinigt.»

Verblendung nicht daran, dass das Schloss der Büchse schon seit Jahrhunderten verrostet sei, und meinte in der Tat, Bann und Interdikt werde einen Napoleon vernichten. Ja am Ende träumte er gar noch von einem Kreuzzug gegen Frankreich, wie in den Zeiten der berüchtigten Waldenserkriege! Wahrhaftig man sollte es kaum für möglich halten, aber deswegen steht die Wahrheit doch nicht minder fest da: Der Papst erließ wirklich am 9. und 10. Juni 1809 zwei Bannbullen, in deren ersten er Kaiser Napoleon selbst als den Urheber der päpstlichen Säkularisation, in der zweiten aber alle Teilnehmer an der Besitznahme des Kirchenstaates zur untersten Hölle verdammte!

Das war ein freches Stückchen und sollte böse Früchte tragen! In der Nacht vom 6. auf den 7. Juli 1809 nämlich drang auf Befehl des französischen Kaisers der General Radel mit einem Trupp Soldaten durch ein Fenster und über die Gartenmauer in den befestigten Palast des Papstes ein, durchbrach die vermauerten Türen, entwaffnete die Schweizer Garde, erstürmte das Zimmer, in welchem sich Pius verschanzt hatte, und verlangte von diesem die kategorische Erklärung, dass er auf seine weltliche Macht verzichte und zugleich die Bannbullen widerrufe. Der Papst weigerte sich und erklärte, lieber das Ärgste über sich ergehen lassen zu wollen, als dass er einen solchen Verzicht unterschreibe. Überdies bedrohte er General Radel mit den härtesten Kirchenstrafen, falls derselbe sich etwa an ihm vergreifen wolle, aber der General scheint keinen großen Respekt vor den päpstlichen Blitzen gehabt zu haben, denn er ließ den Kirchenfürsten sofort auf einen Lehnstuhl festbinden und durch das eingeschlagene Fenster hindurch an einem Seil auf die Straße hinabbaumeln, wo ein verschlossener Wagen auf den hohen Herrn wartete. Im Galopp und von einer starken Eskorte begleitet, ging es durch Rom hindurch, zunächst nach Florenz, von da nach Turin und dann über den Mont-Cenis nach Grenoble. Hier machte man Halt und wies dem Papst einen kaiserlichen Palast zur Wohnung an. Überdies bot ihm Napoleon zum zeitenmal ein Gnadengehalt von zwei Millionen Francs, sowie einen fürstlichen Hofhalt in irgendeiner Stadt des südlichen Frankreichs an. Aber der Papst erklärte, «mit einem Gebannten» nichts zu tun haben zu wollen und benahm sich überhaupt so trotzig, dass ihn der Kaiser über Valence und Nizza nach Savona bringen und dort als Gefangenen bewachen ließ. Doch auch hier blieb Pius gleich hartnäckig und weigerte sich namentlich, den vom Kaiser ernannten Bischöfen die kanonische Bestätigung zu erteilen, mit der offen ausgesprochenen Absicht, hierdurch die Franzosen gegen ihren Kaiser aufzubringen. Ebenso bestimmt und entschieden erklärte er sich gegen die Scheidung Napoleons von Josephine und gegen dessen Wiedervermählung mit Marie Louise. Überdies sorgte er durch die beiden Priester Gregori und Sala, sowie durch den Kardinal di Pietro dafür, dass in Lyon deine Menge Pamphlete gedruckt wurden, in welchen die Verfahrungsweise Napoleons den härtesten Tadel erfuhr. Kurz, er tat alles, was er nur ersinnen konnte, um demjenigen zu schaden, welchem er doch (im Jahr 1801) sozusagen sein Dasein verdankte. Um nun solchen Umtrieben ein Ende zu machen, ließ Napoleon den Papst am Ende des Jahres 1812 nach Fontainebleau schaffen und brachte ihn da endlich so weit, dass derselbe durch eine vom 25. Januar 1813 datierte Urkunde die vier Artikel der gallikanischen Kirchenfreiheit anerkannte und sich zur Bestätigung der vom Kaiser nominierten Bischöfe verpflichtete. Kaum jedoch hatte er diesen Vertrag unterschrieben und kaum hatte man infolgedessen in Frankreich die Hoffnung gefasst, dass die Kirche nunmehr Frieden haben werde, so erklärte der Papst sein gegebenes Wort für null und nichtig, und widerrief alles, was er soeben versprochen hatte, «indem das Papsttum neben den in den bekannten vier Artikeln von 1682 enthaltenen Freiheiten unmöglich existieren könne.»[308] Napoleon wurde über solchen frechen Wortbruch aufs höchste empört und setzte den Papst augenblicklich wieder gefangen, aber einen Nutzen hatte er davon nicht, denn der Oberpriester fing nun an, im Stillen und in der Heimlichkeit für die Bourbonen zu intrigieren. Dennoch wäre der Papst wohl ohne Zweifel nie mehr zu seiner früheren weltlichen Herrschaft zurückgekommen, wenn nicht gleich darauf Kaiser Napoleon und mit ihm zugleich seine Dynastie gestürzt worden wäre.

Dasjenige Reich, auf welches der Papst in jener Zeit der Trübsal allein noch mit Sicherheit rechnen konnte, war, wie wir schon oben bemerkten, der österreichische Kaiserstaat, denn das Haus Habsburg hat sich von jeher nicht sowohl als gut katholisch, als vielmehr als gut päpstlich gesinnt erwiesen und auch der damals regierende Kaiser Franz war in der Überzeugung aufgezogen worden, dass die christliche Religion im Papsttum liege. Somit machte Pius keinen Fehlgriff, als er sich, natürlich auf Schleichwegen und mit der tiefsten Heimlichkeit, von Fontainebleau aus an den Kaiser von Österreich wandte, damit dieser sich auf dem Friedenskongress, welcher im Sommer 1813 zu Prag abgehalten werden sollte, für ihn verwende. Im Gegenteil, Kaiser Franz wäre von Herzen gern dazu bereit gewesen, aber leider hatte sich der besagte Kongress bereits aufgelöst, als das päpstliche Schreiben in Wien anlangte, und somit konnte für diesmal noch nichts geschehen. Das Jahr darauf jedoch drangen, wie dem Leser bekannt sein wird, die Truppen der vier gegen Napoleon alliierten Monarchen, der Kaiser von Österreich und Russland und der Könige von Preußen und England, siegreich nach Paris vor und machten damit der napoleonischen Herrschaft sowohl in Frankreich als in Italien ein Ende. Nunmehr war auch die Zeit der Wiederauferstehung für den

---

[308] Merkwürdigerweise berief sich der heilige Vater in dem Schreiben an Napoleon, in welchem er seinen Wortbruch zu bemänteln suchte, auf seinen Vorgänger Paschalis II., und meinte, da dieser einen mit dem Kaiser Heinrich V. abgeschlossenen Vertrag (dieser Vertrag betraf das Investiturrecht und das Nähere darüber haben wir dem Leser bereits im zweiten Buch erzählt), trotzdem, dass er ihn beschworen und sogar die Hostie darauf genommen hatte, doch gleich nachher widerrufen und für null und nichtig erklärt habe, so müsse ihm, dem Pius, ein solches Recht: «eidbrüchig zu sein» ebenfalls zustehen. Kann man sich wohl eine naivere Niederträchtigkeit denken?

Papst gekommen, und er verlor natürlich keinen Augenblick, seinen Nutzen zu wahren. Gingen doch die Alliierten darauf aus, die alte Karte von Europa, wie sie vor der französischen Revolution bestanden hatte, wieder herzustellen, und den durch Napoleon vertriebenen Herrschergeschlechtern zu ihrem alten Recht zu verhelfen! Somit wandte sich Pius zum zweiten Mal an Kaiser Franz,[309] sowie auch an die Monarchen von England, Preußen und Russland, und forderte von ihrer Gerechtigkeitsliebe, dass sie ihm den Kirchenstaat wieder überlassen sollten. Die vier Monarchen gingen auch wirklich auf das Verlangen ein, keinesweges jedoch aus religiösen oder kirchlichen Gründen (denn Drei von ihnen waren ja akatholisch und nur allein der Kaiser von Österreich bekannte sich zur Papstreligion), sondern vielmehr aus rein politischen Interessen. Wem hätte man nämlich den Kirchenstaat geben sollen? Etwa König Murat, welcher damals noch in Neapel florierte? Oder den Österreichern? Oder gar den Franzosen? Gott bewahre! Italien sollte wieder werden, was es vor der französischen Revolution gewesen war: ein in sich zerrissenes, ohnmächtiges Land! Überdies, musste es nicht wenigstens Dreien von jenen vier Monarchen, jenen Dreien nämlich, welche zusammen «die heilige Allianz» bildeten und das «Von Gottes Gnadentum» als ihren obersten leitenden Grundgedanken aufstellten, vor allem aber dem Kaiser von Österreich, welchem Oberitalien als Eigentum zugefallen war, ausnehmend viel daran gelegen sein, dass in ganz Italien auch die letzte Spur der Revolution vernichtet werde? Hätten sie also, da ein konservatives oder vielmehr reaktionäres Italien ohne Papst gar nicht denkbar ist, anders handeln können, als sie gehandelt haben? Nein, der Papst musste wieder eingesetzt werden, wenn das System der heiligen Allianz siegreich sein sollte, und darum wurde er eingesetzt!

Am 24. Mai des Jahres 1814 kehrte Pius VII. nach Rom zurück und nahm wiederum vom Kirchenstaat Besitz. Das Papsttum war also in all seiner Glorie wieder hergestellt!

---

[309] In dem Brief an Kaiser Franz schreibt der Papst unter anderem wörtlich Folgendes: «Nicht Herrschsucht oder Ländergier, sondern das Beste der Religion und unsere heiligen Pflichten gegen Gott und die Kirche, sowie gegen unsere Völker, besonders aber der von uns bei unserer Erhebung zum Pontifikat geleistete Eid, die Besitztümer des heiligen apostolischen Stuhls zu erhalten, zu verteidigen und zu wahren, verpflichten uns aufs dringendste zur Reklamation unserer Staaten, denn diese sind nicht etwa unser Erbgut, sondern das Erbgut des heiligen Petrus selbst, welchem sie Gott gegeben hat, um seine himmlische Gewalt, die Seelen zu regieren und die Einheit in dem ganzen Körper der Gläubigen zu bewahren, in so vielen Ländern und unter so vielen einander oft feindlich gegenüber stehenden Völkern frei und ungehindert ausüben zu können.» Auf diese Art motivierte der Papst seine Ansprüche auf den Kirchenstaat, wir aber überlassen es dem Leser, derlei schwunghafte Phrasen ins richtige Deutsch zu übersetzen.

2. Kapitel.

Die Päpste bleiben die Alten.

Ein einziges Mal, seitdem der Kirchenstaat gegründet worden war, hatten sich die Bewohner desselben für eine Zeitlang glücklich gefühlt. Dieser Zeitraum fällt in die Jahre 1809 bis 1814, in welchen Rom nebst allem was dazu gehörte von den Franzosen regiert wurde. Kaiser Napoleon hatte nämlich nach der Abführung des Papstes im Jahr 1809 für Rom und den Kirchenstaat einen außerordentlichen Staatsrat, unter dem Vorsitz des bekannten Generals Miollis, ernannt und dieser hob augenblicklich (8. Juli) das Inquisitionsgericht, die Freistätten für Verbrecher, sowie überhaupt das ganze mittelalterliche Statut, unter welchem die Päpste bisher regiert hatten, vollständig auf. Stattdessen wurde der *Code Napoleon* eingeführt und überall die strengste Gerechtigkeit gehandhabt. Nicht weniger zum Vorteil des Landes veränderte sich die Zivilverwaltung des Kirchenstaates, denn man warf den ganzen bisherigen Schlendrian gleichsam mit einemmal über den Haufen. Besonders tätig aber erwies sich die neugegründete Polizei und bald hörten die vielen Diebstähle, Einbrüche und Mordtaten, welche sonst unter dem Regiment des heiligen Vaters an der Tagesordnung gewesen waren, gänzlich auf. Kurz, die Bewohner des Kirchenstaates fühlten während der französischen Herrschaft, dass sie Menschen seien und das Recht hätten, als freie, denkende Wesen zu existieren, und darum wurde auch die Absetzung des Papstes in dessen ganzen früheren Gebiet von niemand bedauert, als nur allein von dem weitverbreiteten Korps der Banditen, welchen nunmehr von den Franzosen das Handwerk gelegt wurde. Wie ging es nun aber, als der Papst in sein Eigentum zurückkehrte?
Man hätte denken können, die lange Zeit der Gefangenschaft, welche Pius VII. durchzumachen hatte, werde nicht spurlos an demselben vorübergegangen sein, sondern er werde gelernt haben, wie man mit der Zeit fortschreiten müsse und wie es nicht möglich sei, gegen den Strom zu schwimmen. Aber nichts von allem dem! Der Papst blieb vielmehr vollkommen der Alte und zwar in jeglicher Beziehung. Darum, als in demselben Jahr 1814, in welchem er wieder auf den Thron gelangte, die Fürsten Europas auf dem Wiener Kongress zusammentraten, um die neue Weltlage zu regulieren, verlangte er durch seinen Legaten, den berüchtigten Kardinal Consalvi, die vollständige Wiederherstellung der früheren Kirchengewalt. Namentlich drängte es darauf, dass die in allen Ländern vorgenommene Säkularisation der Kirchengüter sogleich aufgehoben und alles wieder in den alten Stand zurückversetzt werden müsse. «Das heilige römische Reich, als der Mittelpunkt der politischen Einheit aller christlichen Staaten, sei sofort wieder herzustellen, denn sonst verliere das Papsttum, «als der Mittelpunkt der kirchlichen und religiösen Einheit der christlichen Staaten», seinen hauptsächlichsten Halt; überdies müssten die abgeschafften Klöster mit allen ihren Einkommens-

teilen wieder aufgerichtet und den Bistümern ihre Fürstentümer zurückgegeben werden; namentlich aber hätten die protestantischen Fürsten all die kirchlichen Ländereien, welche ihnen durch die Verträge der letzten zwanzig Jahre zugekommen seien, wieder herauszugeben, und insbesondere müsse Frankreich das in Besitz genommene Fürstentum Avignon nebst der Grafschaft Venessain dem heiligen Stuhl zurückerstatten, denn sonst begehe es das schrecklichste aller Verbrechen, nämlich einen Kirchenraub!» Solcherart war die Sprache des Papstes und man ersieht daraus nur allzuklar, wie die ganze Zeit von 1789 an für ihn eigentlich gar nicht existierte. Sein ganzes Dichten und Trachten ging nach nichts, als nach der Wiederherstellung des Mittelalters mit der ganzen mittelalterlichen Kirchengewalt und mit der ganzen mittelalterlichen Denkungsweise! Natürlich ging der Wiener Kongress auf die päpstlichen Forderungen nicht ein, denn es war ja rein unmöglich, die Geschichte von 1789 bis 1814 mit einem Strich auszuwischen, aber was tat nun der Papst? Er protestierte feierlichst wider alle Verfügungen, welche den Interessen und Ansprüchen des heiligen Stuhls nachteilig sein könnten und gab diese Protestation durch seinen Kardinal-Legaten zu den Akten!

Wenn nun aber auch die Zurückführung der gesamten europäischen Christenheit ins Mittelalter auf dem Kongress zu Wien nicht gelingen wollte, so versuchte der Papst dieses Experiment mit umsomehr Glück in seinen eigenen Staaten, denn hier schaffte er natürlich den *Code Napoleon*, sowie alle übrigen von den Franzosen gemachten Neuerungen sogleich ab und setzte ganz dieselbe Ordnung der Dinge wieder ein, wie sie vor dem Jahr 1789 geherrscht hatte. Die ganze Gerechtigkeitspflege, die ganze Zivilverwaltung, die ganze Polizei, kurz alles und alles wurde wieder mittelalterlich gemacht und blieb es auch unter den folgenden Päpsten bis auf die neueste Zeit herab. Ja, wenn heute Kaiser Karl V. wieder aus seinem Grab auferstände, so würde ihm der Hochgenuss zuteil, zu sehen, wie seine peinliche Halsgerichtsordnung mit ihren Folterqualen und Todesurteilen wenigstens noch in Einem Land der Welt zu Recht besteht, nämlich in dem Land, über welches der heilige Vater, der Stellvertreter Gottes auf Erden, herrscht! Eine detaillierte Schilderung der römischen Zustände wird uns übrigens der Leser nicht zumuten; aber damit derselbe doch wenigstens einen «kleinen» Begriff von der wirklich bodenlos erbärmlichen Wirtschaft im Kirchenstaat bekomme, wollen wir wenigstens auf einige wenige Tatsachen aufmerksam machen, - Tatsachen, durch welche sich das Papstregiment vor allen Regierungen in der Welt auszeichnet. Der ganze Kirchenstaat nämlich wurde bis in die neuestes Zeit, d. h. so lange der Papst Herr über denselben war, von oben bis unten herab von «Priestern» regiert, und es gab keine Beamtenstelle (wenigstens keine höhere), die nicht in der Regel von einem Geistlichen versehen wurde, - natürlich ohne die geringste Rücksicht darauf, ob diese Geistlichen etwas von dem Amt, das sie zu versehen haben, verstanden oder nicht,. So waren z. B., was die Justiz anbelangt, die Kriminalgerichtshöfe nur zur Hälfte aus rechtsgelehrten Richtern zusammengesetzt und die andere Hälfte bestand aus Priestern, welche von der Jurisprudenz gar keinen Begriff hatten. Noch ärger war es bei den Zivilgerichtshöfen, denn bei diesen fungierten unter drei Richtern immer zwei Priester und nur ein Jurist. Wie aber dann die Urteile ausfallen mussten, besonders da es kein Zivilgesetzbuch, nach dem man sich zu richten hätte, gibt, kann man sich denken! Daran war es aber noch nicht genug, sondern es bestanden und bestehen bis heute noch eine Menge von Ausnahmegerichtshöfen, wie denn z. B. jede kirchliche Korporation und jede adelige Gutsherrschaft ihre eigene Gerichtsbarkeit hat. Namentlich kann ein Priester, Geistlicher oder Mönch, es mag sich nun um ein Kriminalvergehen oder nur um einen Zivilprozess handeln, nicht vor die «ordentlichen» Gerichte, sondern nur allein vor die geistlichen Gerichtshöfe, in welchen, wie sich von selbst versteht, nichts als Geistliche sitzen, gezogen werden, und dass eine Krähe der andern die Augen nicht aushackt, darüber wird der Leser ohne Zweifel mit uns einverstanden sein! Der merkwürdigste aller dieser Ausnahmegerichtshöfe ist übrigens das sogenannte «Tribunal des heiligen Petrus», denn dieses hat das Recht, jedes Testament eines Verstorbenen noch vor der gesetzlichen Zeit der Publikation desselben «heimlich» zu öffnen, um nachzusehen, ob nicht dem heiligen Petrus und seiner Kirche ein Legat vermacht worden sei, oder ob sich ein solches Legat nicht nachträglich einschmuggeln lasse!

So stand es bis vor Kurzem mit der Justiz im ganzen Kirchenstaat und so steht es in dem Teil, der dem Papst noch gehört, bis zum heutigen Tag. Darum darf man auch wohl mit Recht sagen, dass es in jenem Land eigentlich nie eine Justiz gab, sondern dass vielmehr die reinste Willkür und Despotie die Stelle des Rechts vertrat. Hatte doch, da von einer Garantie für persönliche Freiheit keine Rede war, jeder Sbirre[310] oder Polizist das vollkommenste Recht, ohne irgendeinen richterlichen Haftbefehl, nur allein auf seine eigene Verantwortlichkeit hin, jeden, welchen er wollte, einzufangen und einzusperren! Gab es doch, um nur ein einziges Beispiel anzuführen, unter den 683 Gefangenen, die sich am 31. August 1855 im Fort Urban in Bologna befanden, nicht weniger als hundertvierundzwanzig Unglückliche, gegen welche niemals eine Klage erhoben worden war, sondern die man vielmehr, wie die Gefängnisliste sich ausdrückte, nur allein «aus Vorsicht» eingesperrt hatte! Fragt man nun aber, wie die Eingesperrten behandelt wurden, dann schaudert einem wirklich die Haut; denn schon die Lokalitäten sind von der Art, dass man verrückt werden könnte. Grässliche Löcher ohne Licht und Luftzug, entweder tief unten in der feuchten Erde oder hoch oben unter dem vor Hitze rauchenden Dach, - Löcher, in welchen ein solcher stinkender Qualm herrscht, das auch der Gesündeste in wenigen Wochen dem Siechtum anheimfällt, solche

---

[310] Bezeichnung für, besonders im früheren Kirchenstaat, eingesetzte behördliche Spitzel. (Anmerk. d. Hg.)

Löcher nennt man im Kirchenstaat Gefängnisse![311] Dazu kommen dann noch die Prügelstrafen, welche überall von den Untersuchungsrichtern nach Laune und Willkür angewendet wurden, sowie die übrigen Torturen und Marterungen, die nicht selten den Wahnsinn oder den Selbstmord des Gefangenen zur Folge hatten. Am allerübelsten waren natürlich die politischen Gefangenen dran, denn wenn man auch gegen einen Banditen oder Mörder noch hier und da wenigstens die äußere Form der Justiz beachtete, so fielen bei einem politisch Verdächtigen alle derlei Rücksichten weg. Ein solcher wurde ohne weiteres jahrelang im Gefängnis festgehalten, bis man ihn endlich verurteilte, und dann kam er schließlich regelmäßig ins Vagno (das päpstliche Zuchthaus), wo man ihn mit den gemeinsten Dieben oder Straßenräubern zusammensperrte. Der Leser glaubt vielleicht, eine solche grässliche Willkürlichkeit und Tyrannei sei unmöglich, aber er wird sich nicht mehr wundern, wenn wir ihm sagen, dass alle politischen Vergehen von einem «besonderen» Staatsgerichtshof, der sogenannten «heiligen Consulta», in welcher «nur allein Geistliche» Sitz und Stimme haben und die mit so besonderen Machtvollkommenheiten ausgerüstet ist, «dass sie einem Angeklagten weder eine Konfrontation mit einem Zeugen, noch auch nur einen Verteidiger zulässt», abgeurteilt werden, denn was lässt sich von einem «solchen» Gericht anders erwarten, als grausame Verfolgung und tyrannische Bedrückung?

Erbärmlicher noch, wenn irgend möglich, als um die Justiz des Kirchenstaats, stand es bis jetzt um die Polizeiverwaltung jenes Landes. Man darf nämlich mit Recht sagen, das vom Jahr 1814 an in keinem europäischen Staat die Sicherheit des Eigentums und der Person so gefährdet war, wie in dem vom Papst beherrschten Gebiet, in welchem es von Banditen und Räubern, wörtlich genommen, «wimmelte». Gibt es doch nicht wenige Städte im Patrimonium Petri, in denen es während der letzten vierzig Jahre geradezu lebensgefährlich war, sich abends nach Sonnenuntergang vor das Tor hinauszuwagen oder auch nur einen Spaziergang in

---

[311] Nachdem im Jahr 1859 der größte Teil des Kirchenstaats vom Papst abgefallen und zum neuen Königreich Italien gekommen war, wurde den Leiden des Volks so viel möglich Rechnung getragen, und da heißt es denn in dem «amtlichen» Bericht des Marchese Pepoli über die Gefängnisse Umbriens unter anderem folgendermaßen: «Als ich zu Orviedo mit einer Magistratsperson die Gefängnisse besuchte, waren wir beide genötigt, schon nach wenigen Augenblicken die Lokalitäten wieder zu verlassen, so stinkend und erstickend war die Luft darin! Es zeigte aber auch der sieche Anblick der Verurteilten deutlich genug, wie diese Gefängnisse, abgesehen von Hunger, Ketten und Schlägen, an und für sich schon die Macht hatten, einen Menschen, der in ihnen leben musste, zu töten. Nicht weniger schlecht beschaffen fand ich die Gefängnisse von Magione, Spelto, Gualto, Tadino, Fecoli, Castiglione und Perugia. Überall herrschte eine feuchte, faulende Luft, so dass die Wände von Wasser trieften und das Stroh in den Feldbetten vollkommen verfault war.» Dazu noch die ebenso kärgliche als erbärmliche Nahrung, dann die ewige Anwendung des Ochsenziemers und zuletzt die geistige Tortur durch die Priester! – Was will man mehr?

den Straßen zu machen! Ja, unter den Päpsten Pius VII., Leo XII, Pius VIII. und Gregor XIV., also vom Jahr 1814 bis zum Jahr 1846, haben die Räuber in der römischen Campagna eine Art von europäischer Berühmtheit erlangt, und die päpstliche Regierung sah sich nicht selten gezwungen, mit ihnen, wie mit einer legitimen Macht, förmliche Verträge abzuschließen. Wohl gab es päpstliche Polizeisoldaten und päpstliche Gendarmen in ziemlicher Anzahl, aber wagte man es je, mit Energie gegen das Banditenwesen einzuschreiten? Sicherlich nicht! Im Gegenteil, die größere Hälfte der Priesterschaft des Kirchenstaates stand mit den Räubern in geheimer Verbindung und benutzte sie, um die des Liberalismus Verdächtigen zu verfolgen oder gar zu töten! So kam es denn, dass einzelne Räuberchefs, wie z. B. der berüchtigte Passatore, nicht bloß diesen oder jenen Reichen und Vornehmen entführten, um von ihm ein bedeutendes Lösegeld zu erpressen, sondern dass sie sogar ganze Städte und Dörfer, in welche sie sm hellen Tag eindrangen, entweder brandschatzten oder ausplünderten, und überhaupt eine weit größere Macht ausübten, als die Päpste selbst mit allen ihren Schlüsselsoldaten und Gendarmen.[312] Was sagt nun der Leser zu einer solchen Wirtschaft?

---

[312] Statt aller weiterer Einzelheiten, welche zu Hunderten in den Zeitungen nachgelesen werden mögen, wollen wir zum Beleg des von uns Gesagten nur allein folgendes Räuberstückchen erzählen. Eines Abends war das Theater in Bologna eines neuen Stückes wegen sehr angefüllt, aber als der Vorhang aufgezogen wurde, sahen die Zuschauer zu ihrem Entsetzen statt der Sänger und Schauspieler, an die vierzig Banditen auf der Bühne stehen, welche ihre Flintenläufe auf das Parterre und die Logen gerichtet hatten. Einzelne glaubten einen Moment lang, diese Szene gehöre zu dem neuen Stück, aber sie wurden bald eines Besseren belehrt, denn der Chef der Räuber trat vor, rief verschiedene Vornehme und Reiche, welche in den Logen befindlich waren, bei ihren Namen auf und eröffnete ihnen, dass sie dazu ausersehen seien, die von dem gesamten anwesenden Publikum zu erlegende Brandschatzungssumme einstweilen vorzuschießen. Zugleich erklärte er, dass er, sofern jemand nur den geringsten Versuch machen würde, das Theater, dessen Türen natürlich von den Räubern sorgfältig verschlossen worden waren, zu verlassen, oder durch Schreien von Außen Hilfe herbeizurufen, unverzüglich auf die Zuschauer Feuer geben lassen werde. Was war nun in einem solchen kritischen Fall zu tun? Natürlich nichts anderes als sich zu fügen, denn jeder der Antwortenden meinte schon, eine Flintenkugel im Herzen sitzen zu haben. Die mit Namen Aufgerufenen verstanden sich also bereitwillig dazu, die verlangte Summe von mehreren tausend Scudi, die sie ihrer Größe halber natürlich nicht in der Tasche bei sich führten, von zu Hause zu holen, und der Räuberanführer gab ihnen zu diesem Zweck eine bewaffnete Eskorte mit, welche den strengsten Befehl bekam, jeden von ihnen, der Miene mache, auszureißen oder die Hilfe Vorübergehender anzusprechen, sogleich zu töten. Auf diese Art wurden die auserlesenen Geiseln in ihre verschiedenen Wohnungen gebracht und während der ganzen Zeit ihrer Abwesenheit musste das Publikum im Theater aus Furcht vor den Räubern, welche ihre Büchsen in stetem Anschlag hielten, ruhig ausharren. Endlich kamen die Eskortierten zurück, übergaben dem Banditenchef die verlangte Summe und den Augenblick darauf war Letzterer mit allen seinen Leuten verschwunden; nicht jedoch, ohne dass er vorher noch die Artigkeit gehabt

Gerade so schlecht, wie mit der Justiz und der Polizei stand es auch und steht es jetzt noch mit allem Übrigen; wir meinen den Handel, die Industrie, den Ackerbau und die Volkserziehung. Alle diese vier ersten Hebel des Glücks eines Landes liegen im Kirchenstaat förmlich darnieder und man darf mit vollkommenstem Recht sagen, dass die Regierung seit langen Jahren alles getan hat, was nur irgend geschehen konnte, um jeden beginnenden selbstständigen Aufschwung schon im ersten Keim zu ersticken. So ist denn der Kirchenstaat trotz seines ungeheuren Naturreichtums, welcher nur weniger fleißiger Hände bedürfen würde, um die prächtigsten Ernten zu erzeugen; - trotzdem er von den herrlichsten Flüssen bewässert wird, welche zu Fabrikanlagen sozusagen selbst auffordern; - trotzdem er an zwei Meere grenzt und im Besitz der sichersten Seehäfen ist, in welchen der Handel zur schönsten Blüte sich aufschwingen könnte; - trotzdem, sagen wir, ist der Kirchenstaat eines der ärmsten und tief heruntergekommensten Länder, welche es in Europa gibt. Aber, wie könnte dies auch anders sein, wenn man bedenkt, auf welcher Kulturstufe die päpstlichen Untertanen stehen oder vielmehr, in welcher Unwissenheit und Geistesträgheit sie mit aller Gewalt gehalten werden! Allerdings gibt es im Kirchenstaat nicht weniger als sieben Universitäten, nämlich fünf zweiten Rangs, wie zu Perugia, Camerino, Ferno, Macerata und Ferrara, und zwei ersten Rangs, wie die zu Bologna und die zu Rom, welch Letztere sogar mit dem Namen «Sapienza» oder die «Weisheit» beehrt wird. Aber wie steht es trotz solcher hochtönenden Namen mit dem Wissen der Professoren? Sind sie nicht bei weitem zum größten Teil Theologen oder doch wenigstens Angehörige des Priester- und Mönchsstandes, welche in Fächern dozieren, von denen sie entweder gar nichts oder nur sehr wenig verstehen? Wird es irgendeinem Gelehrten, und wäre er ein *Lumen mundi*[313], gestattet, sich auf einer jener sieben Universitäten zu habilitieren, wenn er nicht vorher ein Glaubensbekenntnis abgelegt hat, durch welches er beweist, dass er unbedingt dem Obscurantismus huldigt? Ja, ist nicht gerade diejenige Wissenschaft, welche die Grundlage aller Wissenschaften bildet, nämlich die Wissenschaft von der Natur und vom Geiste, oder mit anderen Worten die Philosophie, gänzlich von allen Kathedern des Kirchenstaates ausgeschlossen? Hieraus kann man zur Genüge sehen, wie es um das höhere geistige Wissen, trotz aller pompösen Namen, in den päpstlichen Staaten steht; aber hiervon wollten wir eigentlich nicht sprechen sondern vielmehr «von dem Volksunterricht im engeren Sinn», von den Schulen auf dem Land und in den Städten, in welchen die Söhne und Töchter der bürgerlich und bäurisch Geborenen im

---

hätte, dem Publikum die fest verschlossenen Türen zu öffnen. – Ist das nicht ein lustiges Stücklein, und zwar umso lustiger, wenn man bedenkt, dass dasselbe in einer Stadt von 72000 Einwohnern ausgeübt wurde?

[313] Lat. «Licht der Welt». Umschreibung für einen außergewöhnlichen, überdurchschnittlichen Universalgelehrten vom Rang eines Albertus Magnus, Leonardo da Vinci oder Paracelsus. (Anmerk. d. Hg.)

Lesen, Schreiben und Rechnen, sowie in der Geschichte, Geographie, Physik usw. unterrichtet werden sollen. Wie steht es da? Du lieber Gott im Himmel, es steht gar nicht! Der Papst meint, dass zum Seligwerden nichts anderes gehöre als recht viel Beichten und Rosenkranzbeten, nebst regelmäßigem Opfern und Messebesuchen, und somit scheint er die obengenannten Unterrichtsgegenstände für rein überflüssig zu erachten. Deswegen gibt es auch im ganzen Kirchenstaat noch nicht einmal ein Schullehrerseminar, um darin junge Männer zum Volksunterrichtgeben zu erziehen, sondern man überlässt vielmehr dies ganze Geschäft den Mönchen und Nonnen. Das glorwürdige Resultat hiervon aber ist, dass von allen Untertanen des Papstes kaum der fünfte Teil notdürftig lesen und schreiben kann! Auf diese Art erzieht der Papst seine Kinder und auf diese Art regiert er sein Land. Darum – hatten wir nicht recht, als wir oben sagten, «das Wiederheraufbeschwören des Mittelalters» sei ihm wenigstens in seinen eigenen Staaten gelungen?

Eine andere Frage ist jedoch die, ob die Bewohner des Kirchenstaates sich unter einem solch mittelalterlichen Regiment glücklich fühlen oder nicht. Leider aber fällt die Antwort hiervon durchweg und unbedingt verneinend aus. So verwahrlost nämlich auch der größte Teil der Bevölkerung durch das obengeschilderte päpstliche Regierungssystem werden musste, so fühlten die Leute doch instinktiv heraus, dass nie ein besserer Zustand der päpstlichen Verhältnisse eintreten könne, so lange «besagtes System» nicht über den Haufen geworfen und der Papst seiner weltlichen Herrschaft verlustig sei. Darum wird es wohl auch in der ganzen Welt kein Land geben, in welchem Jahr aus Jahr ein die Unzufriedenheit der Untertanen mit dem Regenten eine größere gewesen wäre als im Kirchenstaat. Ja, solche Unzufriedenheit steigerte sich nach und nach bis zur Verachtung und zum Hass, und das Volk ließ keine Gelegenheit aus, um diesen Gefühlen Luft zu machen. So entstanden denn alle Augenblicke Aufstände und Revolutionen, welche teils kleinere, teils größere Dimensionen annahmen, und nicht selten damit endeten, dass der Papst aus Rom und seinen Staaten vertrieben wurde. Allerdings dauerten solche Zustände nicht lange, sondern der Papst kehrte regelmäßig nach kurzer Zeit schon wieder auf den Vatikan zurück, aber – man merke wohl; er kam nie zurück durch die Anstrengungen einer ihm treu gebliebenen Partei oder der von ihm unterhaltenen Armee, sondern immer nur durch die Hilfe fremder Bajonette, und durch die Unterstützung auswärtiger Potentaten, so anhaltend und einstimmig war der Hass, den die päpstlichen Untertanen gegen ihren heiligen Oberhirten hatten. In dieser Beziehung erinnern wir nur an den Aufstand im Februar 1831, welcher der zeitlichen Herrschaft des Papstes sogar «in weniger als vier Tagen» (vom 4. Bis auf den 8. Februar) ein Ende machte, obwohl er damals 10000 Mann Schweizertruppen unterhielt. Allerdings wurde der Aufstand schon nach wenigen Wochen unterdrückt, indem am 21. März die Österreicher in Bologna einrückten. Aber wie wäre es Seiner Heiligkeit ergangen, wenn das Haus Habsburg nicht gar so «ultrapäpstlich» gedacht hätte? Ganz derselbe Fall trat schon im Jahr 1832 wieder ein, in welchem die Österreicher nach Bologna und die Franzosen nach Ancona zogen, um den heiligen Vater vor seinen «lieben Kindern» zu schützen, und in den späteren Jahren wiederholte sich dieselbe Geschichte so oft, dass die Österreicher und Franzosen eigentlich gar nicht mehr aus dem Kirchenstaat hinauskamen. Sie wussten ja, dass, sobald sie gehen würden, auch der Papst gehen müsste! Um nun einem solchen unnatürlichen Verhältnis endlich einmal ein Ende zu machen, erklärten später sämtliche Großmächte Papst Gregor XVI., dass seine Regierungsweise den Bedürfnissen und Interessen des Volkes nicht entspreche und dass daher unverzüglich Reformen eintreten müssten. Aber was tat der Papst? Er gab gute Worte und tat nichts! Im Gegenteil, so lange er regierte, wurde kein Lichtstrahl ins Land hereingelassen und es hätte deshalb ohne die fremden Bajonette die Ordnung nicht einen Augenblick lang aufrechterhalten werden können. Endlich starb er und nach seinem Tode, im Jahr 1846, kam Johann Maria, Graf von Mastai-Ferretti unter dem Namen Pius IX. an die Regierung. Man hatte ihn gewählt, anscheinend, um der Volkserbitterung über das erbärmliche Regiment seines Vorfahren Rechnung zu tragen, und in der Tat schienen auch die ersten Schritte, welche er tat, den Anbruch einer neuen Zeit zu verkünden. Er proklamierte nämlich eine Amnestie, nahm verschiedene Reformen in der Verwaltung vor, und umgab sich mit ganz anderen Ratgebern, als sein Vorfahr gehabt hatte. Der Jubel und die Begeisterung seines Volkes war daher grenzenlos und nie wurde ein Monarch von seinen Untertanen mehr verehrt, als Pius IX. Aber bald musste man einsehen, dass der Jubel töricht gewesen sei, denn wie wäre es möglich, dass die Päpste sich änderten? Sie müssten ja in diesem Fall ihr ganzes System, also sozusagen, «sich selbst» aufgeben, und so etwas wäre doch eine allzustarke Zumutung! Um es also kurz zu sagen, bereute der Papst schon nach kurzer Zeit seine im Anfang an den Tag gelegte durchaus unpäpstliche Freisinnigkeit und floh am 25. November 1848 mit Hilfe des bayerischen Gesandten, des Grafen Spaur, verkleidet aus Rom, um auf der Festung Gaëta im Neapolitanischen vor seinen aufrührerischen Untertanen Rettung zu suchen. Natürlich benutzten die Römer diese Flucht, um unbekümmert über den Bann und das Interdikt, welches der Papst schleuderte, eine provisorische Regierung zu bilden und sofort, nachdem die Herrschaft des Papstes auf ewige Zeiten für abgeschafft erklärt worden war, die Republik zu proklamieren; aber die Freude war nur kurz. Im März 1849 nämlich beschlossen die katholischen Mächte, die Herrschaft Seiner Heiligkeit auf dessen Bitte mit Waffen-gewalt wieder herzustellen und es besetzten demgemäß die Österreicher die sogenannten Legationen (den gegen das adriatische Meer hin gelegenen Teil des Kirchenstaates), während die Franzosen im April in Civita-vecchia landeten und nach blutigem Kampf sich in Rom selbst festsetzten. Nicht lange hernach, am 12. April 1850, zog Pius IX. wieder in Rom ein und kehrte sofort, «von allem Aufklärungsschwindel für immer geheilt», zu jenem früheren Regiment zurück, durch welches seine Vorgänger ihre Untertanen bekanntlich so unendlich glücklich gemacht haben. Der Papst war wieder der Alte, aber eben deswegen konnte er auch nicht existieren ohne den Schutz der Österreicher und Franzosen! Allerdings versuchte er es mit allen ihm zu Gebot stehenden Mitteln, eine eigene Armee zu bilden, um sagen zu können, dass seine Regierung auf selbstständigen Füßen stehe, aber von welcher Art war die Soldateska, die er zusammenbrachte? Sie bestand aus einem von allen Weltgegenden zusammengeworbenen Lumpengesindel, welches zu nichts zu benutzen war, als nur allein zu Mord und Brand,[314] dagegen aber vor jedem bewaffneten Feind aufs feigste und schmählichste davon lief. Eben deswegen gab es auch kein Mittel, jenen Teil des Kirchenstaats, welchen man die Mark Ancona und die Legationen nennt, nach dem Jahre 1859, d. h. nachdem die Österreicher in dem letzten italienischen Krieg Mailand verloren hatten und infolgedessen gezwungen waren, das päpstliche Gebiet sich selbst zu überlassen, - für den Papst zu retten, sondern im Gegenteil die Untertanen revoltierten sogleich, die päpstlichen Truppen wurden geschlagen und seither gehören jene Provinzen durch eigene Wahl zu den Untertanen des Königs Victor Emanuel von Piemont oder wenn man lieber will, von Italien. Mit einem Wort also, auch die letztvergangene Zeit hat aufs neue gezeigt, dass der Papst in seinen Staaten unmöglich existieren könnte, wenn er nicht von fremden Bajonetten gehalten würde, und es steht über allen Zweifel erhaben, dass, wenn die französischen Truppen, welche seit dem Jahr 1849 in Rom stehen und dort die Ordnung aufrecht erhalten, heute die ewige Stadt verlassen und sich in Civita-vecchia einschiffen würden, dass, sagen wir, in diesem Fall keine vierundzwanzig Stunden vergingen, ohne dass Pius IX. mit allen seinen Kardinälen und Oberpriestern, mit

---

[314] Wir erinnern den Leser nur an die Greueltaten, welche dieses päpstliche Söldnergesindel (die Italiener selbst schämen sich, in die Armee des Papstes einzutreten und überlassen solche ehre den Bayern, Württembergern, Schweizern, Badenern, Tirolern, Sachsen, Irländern usw.) in Perugia verübte, - Greueltaten, welche dem Anführer jener Truppe, dem Schweizeroberst Schmidt, den Namen «des Mordbrenners von Perugia» eintrugen. Bei jener Affäre nämlich verschonten die Päpstlichen, wie man zu sagen pflegt, das Kind im Mutterleibe nicht, sondern hantierten, nachdem längst aller Widerstand der damaligen Revolutionäre aufgehört und die Waffenfähigen die Stadt verlassen hatten, gegen die zurückgebliebene Masse auf eine solch kannibalische Weise, dass selbst die Panduren und Raitzen gegenüber von ihnen wie Engel erscheinen. Wurden doch Frauen und Mädchen, nachdem man sie aufs viehischste missbraucht, lebendig an Spieße gesteckt und so in den Straßen herumgetragen! Warf man doch Mütter mitsamt ihren Säuglingen in Ölfässer, die man sofort anzündete, oder stürzte sie zu den Fenstern hinaus, um sie dann unten mit den Bajonetten aufzufangen! Kurz selbst in Magdeburg ging es seinerzeit nicht grässlicher zu, als in Perugia; aber dessen ungeachtet fand sich Papst Pius keineswegs bewogen, den unmenschlichen Anführer jener Truppen mit dem Bann zu belegen, sondern im Gegenteil, - er ernannte ihn zum Lohn für solche Heldentaten in Gnaden zum General und Brigadekommandanten.

allen seinen Gendarmen, Spionen und Sbirren, sowie endlich mitsamt seiner ganzen Musterkarte von Militär zum Land hinausgejagt wäre. – Glaubt nun der Leser, da er sieht, dass der Papst auch nicht einen einzigen Untertanen (natürlich die Pfaffen abgerechnet) hat, auf den er sich verlassen kann, - glaubt er nun an die Erbärmlichkeit des Regiments des Statthalters Christi auf Erden?

Wie nun aber die Päpste der Neuzeit «hierin» die Alten sind, so auch in «jeglichem Anderen»! Nehmen wir nur einmal ihren Sinn für «apostolische Armut», - ist es hierin in irgendetwas anders geworden, als es zuvor war? Schon im ersten Buch dieses Werkes haben wir, als von den Pallien, Annalen und dergleichen ähnlichen Wucher-Einkommensteilen der römischen Kurie die Rede war, darauf aufmerksam gemacht, dass diese «Ernennungs-» oder vielmehr «Stellenkaufssteuern» auch jetzt, in unserer Zeit, noch nicht aufgehoben, sondern vielmehr nur in bestimmte «fixe Taxen» verwandelt seien, und wir brauchen daher in dieser Beziehung kaum etwas Weiteres hinzuzusetzen. Jede Ernennung, jede Beförderung zu einer höheren Kirchenstelle, also z. B. die Beförderung zum Bischof, zum Erzbischof, zum Kardinal usw. geht auch jetzt noch, wie früher, «vom Papst» aus, oder macht dieser wenigstens auf das Bestätigungsrecht Anspruch. Aber weder Bestätigung noch Ernennung geschieht «umsonst», sondern vielmehr nur gegen eine Prämie, und die alte Simonie dauert also immer noch fort. Gerade so verhält es sich auch mit den «Dispensationsgeldern», mit der «Heiligenfabrikation», mit dem «Reliquienhandel» und wie der Krimskrams alle heißen mag. Nicht auch nur um ein Tüpfelchen ist der Papst in derlei Dingen anders geworden, als seine Vorfahren, nur dass er vielleicht nunmehr mit etwas mehr Dezenz zu Werke geht, als man früher für notwendig hielt. Wurde ja doch nicht einmal der Ablasshandel eingestellt, obwohl derselbe, wie jeder denkende Mensch zugeben wird, die allerniedrigste und gemeinste der vielen schmutzigen päpstlichen Wuchererfindungen ist!

«Wie?» fragt der Leser. «Der Ablass besteht noch, und man kann noch immer für ein ordentlich Stück Geld Vergebung seiner Sünden erlangen?» «Ganz sicherlich, denn nicht einmal die von Leo X. erlassene «Taxa sacrae Poenitentiariae» d. i. die päpstliche Preisliste für die Sünden, ist abgeschafft, obwohl ein solcher Kurszettel von der gesamten aufgeklärteren katholischen Welt für eine fluchwürdige und gotteslästerliche Beutelschneiderei erklärt wurde! Ablaßscheine stehen also dem, der danach begierig ist, für sein Geld immer noch zu Dienst, nur wird nicht mehr der «Ablasskasten», wie zu Tetzels Zeiten, herumgetragen und überhaupt der Anstand, besonders in solchen Ländern, wo durch die Nähe des Protestantismus die Papisterei durch zu derbes Auftreten gefährdet wäre, bei weitem mehr beachtet. Sogar den hohen «Generalablass», das sogenannte Jubeljahr, haben die Päpste bis auf unsere Tage herab beibehalten und sich durch keinerlei Rücksicht auf den Zeitgeist, welcher jenes Institut nicht bloß für sündhaft, sondern was noch mehr ist, «für lächerlich» erklärt, abhalten lassen, dasselbe jedes 25. Jahr wie es Paul II.

1470 dekretierte, auszuschreiben. Allerdings, im Jahr 1800 wurde das Fest durch die großen politischen Wirren, in welche Europa verwickelt war, verhindert, denn es gab ja damals wie wir weiter oben gesehen haben, sozusagen «gar keinen Papst», wenigstens keinen, der in Rom residierte und etwas in der Welt zu sagen hatte; dagegen aber ließ sich 25 Jahre später Leo XII. (1823 – 1829) durch keine Rücksichten abhalten, die längst für begraben erachtete Generalwallfahrt nach Rom wieder ins Leben zu rufen. Meinte er doch in seinem Ausschreiben vom 24. Mai 1824: «es wäre eine Sünde, wenn man dem auserwählten Volk die große Wohltat des Jubeljahres, welches es 1800 habe entbehren müssen, noch länger vorenthalten würde», und lud daher die ganze Christenheit zum Besuch Roms «als der vorzugsweise heiligen und von Gott begnadeten Stadt» ein! In der Tat wurde nun auch das Fest ganz nach alter Weise und mit allen von den Vorfahren überlieferten Zeremonien am Tag vor Weihnachten, dem 24. Dezember 1825, mittags zur Zeit der ersten Vesper eröffnet und die Römer nebst den vielen in Rom zusammengekommenen Fremden zeigten einen großen Enthusiasmus. Doch bemerkte man sogleich, zum großen Leidwesen des heiligen Vaters, dass die meisten der fremden Wallfahrer aus «Bettlern, Gaunern und Banditen», sowie besonders auch aus «Liebesdienerinnen und Gelegenheitsmachern» bestanden, und Leo XII. erließ deshalb eine neue, noch dringendere Aufforderung an die Gläubigen, «doch ja die Gelegenheit zur Erlangung vollkommenen Ablasses nicht zu versäumen.» Ja, er verlängerte sogar die Zeit der Wallfahrt bis zum Jahre 1827, ohne Zweifel, um statt der vielen Armen, welche die Hospize füllten, auch «ordentliche und gesittete, sowie namentlich vermögende, d. h. opfernde» Fremde herbeizulocken! Aber es war alles vergeblich. Die Menschheit ließ sich einmal nicht ins Mittelalter zurückversetzen und somit blieb das besagte Jubeljahr in Deutschland, Spanien, Polen, Frankreich usw. fast gänzlich unbeachtet. Nicht einmal die besseren Klassen der Italiener nahmen daran teil und demgemäß wurde wenigstens der eine und Hauptzweck jenes festes, der Zweck nämlich, die etwas leeren päpstlichen Kassen mit den gefallenen Opfern zu füllen, total verfehlt. Dies hielt jedoch Papst Pius IX. ganz und gar nicht ab, ebenfalls Vorbereitungen zu treffen, um im Jahr 1850 die besagte Jubelfeier zu wiederholen; aber da kamen die Jahre 1848 und 1849 und in diesen konnte natürlich von einer solchen Friedensfestlichkeit ebenso wenig die Rede sein, als im Jahr 1800. Musste doch Pius seinen Staaten 1849 (wie wir oben gesehen) flüchtig den Rücken kehren, und kam erst im Sommer 1850 wieder, aber auch dann nicht, um in Frieden und Eintracht mit seinen Untertanen zu regieren! Die Zeiten hatten sich schrecklich geändert, denn nicht einmal die Aussicht auf ein Jubeljahr, das doch sonst ein Ernte- und Freudjahr für die Römer war, konnte diese für den Papst gewinnen! Einen solchen Starrsinn konnte Pius natürlich nicht begreifen, aber was war zu machen?
Besser als mit dem Jubeljahr glückte es den Päpsten mit dem Peterspfennig, d. i. jener anderen «Haupteinnahmequelle» der römischen Kurie, über die wir im ersten

Buch dieses Werkes ebenfalls schon berichtet haben. Allerdings ist der «heutige» Peterspfennig nicht mehr derselbe, welcher im Mittelalter von so vielen Völkern Europas nach Rom bezahlt wurde, denn von einer «Abgabe» oder gar «Steuer», die dem Papst zu entrichten wäre, ist jetzt nirgends mehr die Rede. Man versteht vielmehr zu unseren Zeiten unter jenem Pfennig ein «freiwilliges Almosen», welches dem oft gar so sehr bedrängten heiligen Vater dargereicht wird; aber eben weil priesterlicherseits auf das Wort «freiwillig» ein so großer Nachdruck gelegt wird, so erlauben wir uns die Frage: Ist dieses Almosen ein wirklich freiwilliges, oder ist es nicht vielmehr ein moralisch erzwungenes? Man wird antworten: «Nein, die Spende ist eine rein dem Willen des Spendenden überlassene und niemand wird gezwungen, denn eben durch diese Freiwilligkeit will man ja beweisen, wie tief die Verehrung gegen den heiligen Vater in den Herzen der Katholiken wurzelt.» Aber wie? Gehen nicht in den meisten Orten, in denen man für den Papst sammelt, die Priester und Mönche, ja sogar nicht selten die Nonnen und Schwestern von Haus zu Haus und von Familie zu Familie, um jeden katholisch Getauften persönlich aufzufordern, sein Scherflein auf dem Altar der Kirche niederzulegen? Ja, wird nicht derjenige, welcher sich weigert, ein seinen Verhältnissen entsprechendes Opfer darzubringen, als ein Feind, nicht des Papstes und Papismus, sondern vielmehr der katholischen Kirche und der katholischen Religion ausgeschrien und verfolgt? So und nicht anders steht es in den meisten Orten (obwohl natürlich nicht überall) um jene vielgerühmte Freiwilligkeit! Aber sei dem wie ihm wolle, so viel ist jedenfalls sicher, dass der Peterspfennig unserer Tage fast so viel, wenn nicht mehr einträgt, als jener Pfennig des Mittelalters, und dass die Päpste immer und immer wieder mahnen, keinen Augenblick im Eifer des Sammelns nachzulassen Deswegen betrug auch, um nur ein einziges Beispiel und zwar eines aus der neuesten Zeit anzuführen, die im Jahr 1860 gesammelte Summe nach der offiziellen römischen Zeitung (Giornale die Roma) nicht weniger als zehn Millionen und siebenhunderttausend Francs und in den ersten vier Monaten des Jahres 1861 gingen nur allein aus den nordamerikanischen Freistaaten, nebst Peru, Chile und einigen anderen zentralamerikanischen Republiken 4500000 Dollar, das ist 11250000 Gulden, ein. Sind das nicht recht hübsche Barsummen und wird so noch jemand denjenigen Glauben schenken, welche die Meinung zu verbreiten suchen, der Papst sei gegenwärtig in Kümmernis und Not verfallen? Freilich, wenn man nach der Verwendung dieser ungeheuren Silbermasse fragt, dann schweigen die Papstfreunde still; denn der größte Teil dieses merkwürdig vielen Geldes wird zu Zwecken vergeudet, die keineswegs kirchlicher Natur sind. Es geht drauf, einzig und allein um die Banditen- und Lumpengesindelhorden, welche Unteritalien unsicher machen, zu besolden; es geht drauf, um König Victor Emanuel, welcher Italien zu einem einzigen, geordneten und großen Staat heranbilden möchte, Schwierigkeiten zu bereiten und dagegen den von seinen Untertanen seiner Grausamkeit, Tyrannei und Barbarei wegen fortgejagten König von Neapel wieder in seine Staaten einzusetzen; es geht drauf, um die Zeiten des Mittelalters mit all den schrecklichen Auswüchsen jener Periode wieder heraufzubeschwören, und die Welt in dieselbe Finsternis, dieselbe Unwissenheit und dasselbe Elend zurückzuversenken, worin sie vor 400 Jahren versunken war! Ist es unter solchen Umständen ein Wunder, wenn die blinden Anhänger des Papsttums so sehr darauf drängen, dass der Peterspfennig nie aufhöre zu fließen?

In Beziehung auf die apostolische Armut also sind die Päpste «die Alten» geblieben, nicht weniger aber auch in Beziehung auf die apostolische Demut. Seitdem nämlich im Jahr 1814 Pius VII. wieder als Statthalter Christi anerkannt wurde, gingen alle seine und seiner Nachfolger Bestrebungen nur allein dahin, die alte Macht des «Pontifex Maximus» wieder herzustellen und Rom wieder zum Mittelpunkt der Christenheit zu erheben. Freilich war dies eine grandiose Aufgabe, denn um solchen Zweck zu erreichen, musste man es dahin bringen, dass der durch die Französische Revolution sowie durch den Geist der Neuzeit überhaupt total über Bord geworfene Glauben an die apostolische Heiligkeit wieder siegreich in die Gemüter einziehe, oder mit anderen Worten: man musste die Menschen zwingen, wieder so zu denken, wie unsere Voreltern vor vier- oder fünfhundert Jahren gedacht haben. Sicherlich also eine grandiose, und geradezu unerreichbar scheinende Aufgabe! Doch die Päpste verzagten nicht, sondern erinnerten vielmehr ihrer großen Vorgänger, welche auch das Unmögliche möglich zu machen wussten. Freilich nach den Grundsätzen der Ehrlichkeit, Redlichkeit und Humanität durfte man dabei, wie sich von selbst versteht, nicht immer (oder vielmehr nur selten) fragen, aber wenn man nur seinen Zweck erreichte, was lag am Übrigen? Und das war die Hauptsache! Voll von solchen Gedanken war auch Pius IX. und darum machte er es zu einer seiner ersten Regierungshandlungen, einen Orden wieder ins Leben zu rufen, der viele Jahrzehnte hindurch sich als die erste Stütze des Papsttums erwiesen hatte; dieser Orden aber war kein anderer, als der der Jesuiten, welcher von Papst Clemens XIV «als ein gemeinschädlicher und gegen das Christentum verstoßender am 21. Juli 1773 für alle Staaten der Christenheit auf immer und ewig abgeschafft worden war.» Pius sah nämlich nur zu deutlich ein, dass es nur allein diesen Gefürchteten, den ersten und größten Feinden der Aufklärung, nur ihnen, welche vor keinem Verbrechen, vor keiner Lüge und vor keinem Meineid sich scheuten, wenn sie nur dadurch zum Ziel gelangten; - er sah ein, sagen wir, dass es nur ihnen gelingen könnte, den Papstthron wieder aufzurichten und darum stellte er auch den Orden schon am 7. August 1814 wieder her.[315] Zu solcher Einsicht war er übrigens nicht erst im Jahr 1814 gekommen,

---

[315] Zur Zeit Clemens XIV. wurden die Jesuiten, sogar päpstlicherseits, als eine Art «Teufelsbrut» behandelt, welche man notwendig vernichten müsse, wenn man nicht selbst zugrunde gehen wolle; Pius VII. aber war voll Lobes über die Jesuiten und rühmte in seiner Bulle vom 7. August 1814 außer ihrer Gelehrsamkeit auch noch besonders «ihre Sittlichkeit und Religiosität», zwei Eigenschaften, welche man bisher an den Jesuiten noch

sondern er hatte selbigen Orden vielmehr schon zehn Jahre vorher auf der Insel Sizilien, auf welche sich der bigotte König Ferdinand von Neapel vor seinen aufrührerischen Untertanen geflüchtet hatte, mit dessen Einwilligung wieder hergestellt, und gleich nachher (natürlich ebenfalls insgeheim) noch bei verschiedenen anderen katholischen Potentaten angefragt, ob sie der Wiederaufrichtung des verpönten Institutes feindlich entgegentreten würden oder nicht. So kam es denn, dass der Schritt, welchen Pius an jenem berüchtigten 7. August wagte, nicht gar so auffallend gefunden wurde, sondern dass vielmehr die Söhne Loyolas in nicht wenigen Ländern Europas sogleich nach der offiziellen Wiederherstellung ihres Ordens eine günstige Aufnahme fanden. Ja, durch den Reichtum, welchen sie (von früher her schon) besaßen, durch die Schlauheit ihrer Politik, sowie durch die Rücksichtslosigkeit in der Wahl ihrer Mittel, erlangten sie bald den Einfluss, die Gewalt und die Verbreitung wieder, welche sie vor ihrer gewaltsamen Aufhebung gehabt hatten und es gibt nunmehr kein Reich, weder in der alten, noch in der neuen Welt, in welchem sie sich nicht, sei es offen oder heimlich, sei es mit oder ohne Erlaubnis der Regierung, in nicht geringer Anzahl eingenistet hätten, so dass ihre Macht bis vor wenigen Jahren fast allgewaltig genannt werden konnte. Überall, selbst in solchen Ländern, welche vorwiegend protestantisch waren, hatten und haben sie teils durch ihre gemeinen Emissäre, teils durch die öffentlichen Missionen (in welchem sie durch ihre mit viel theatralischer Beigabe gewürzten Beredsamkeit auf die Menge einwirken) ihre Hand mit im Spiel und in rein katholischen, besonders aber in rein monarchischen Staaten waren und sind sie durch die Vorspiegelung, dass sie allein imstande seien, dem revolutionären Element einen Riegel vorzuschieben, die förmlichen Hähne im Korb.[316] So

---

nicht entdeckt hatte. Dann sprach er von den einstimmigen Wünschen sämtlicher Regenten, sowie der ganzen katholischen Welt, den Orden wiederhergestellt zu sehen, und meinte, dass Volkes Stimme auch Gottes Stimme sei. Zum Schluss aber verriet er doch den wahren Grund, warum er jene berüchtigte schwarze Rotte wieder aus dem Grab hervorrief, indem er sagte «wir würden uns vor Gott eines schweren Verbrechens schuldig machen, wenn wir diese geschickten und erfahrenen Ruderer, die sich selbst anbieten, das Schifflein Petri durch die stürmischen, jeden Augenblick Schiffbruch und Tod drohenden Wellen zu leiten, verschmähen würden, und darum beschließen wir vermöge unserer päpstlichen Machtvollkommenheit, dass diese Bulle (die Wiedereinsetzungsbulle nämlich) in unseren, sowie in allen übrigen Staaten der Christenheit Geltung haben und weder einem Urteil noch einer Revision von Seiten irgendeines Richter, unterworfen sein sollte, bei Vermeidung des Zorns des Allmächtigen und der heiligen Apostel Petrus und Paulus.»
[316] Auch nach ihrer Aufhebung im Jahr 1773 hatten die Jesuiten im Stillen und unter veränderten (weltlichen) Namen nie aufgehört als Orden fortzuexistieren, sowie sie es auch verstanden, den größten Teil ihres unermesslichen Vermögens zu retten. Nach ihrer Wiederherstellung durch den Papst wurden sie sogleich von dem König der beiden Sizilien, von dem Herzog von Modena, dem König von Sardinien, sowie den übrigen Fürsten Italiens anerkannt. Ein Jahr später, am 29. Mai 1815, setzte sie Ferdinand VII. von

großartig waren die Folgen des Schrittes, welchen Pius IX. am 7. August 1814 vornahm!

Hiermit jedoch gab sich, wie man sich wohl denken kann, der heilige Vater nicht zufrieden, sondern nachdem ihm das Jesuitenstücklein gelungen war, versuchte er auch sogleich die heilige Inquisition wieder einzuführen. Dieselbe war ja, wie wir aus den früheren Darstellungen dieses Buches wissen, ein Hauptmittel zur Erhaltung der päpstlichen Macht, warum hätte er also dieses Mittel verschmähen sollen! Im Kirchenstaat ging dies natürlich sehr leicht, denn dort war ja der Papst Herr und Meister. Somit wurde schon im August 1814 ein Generalinquisitor ernannt, und das ganze glorreiche Institut, unter dem Titel «des heiligen Offiziums», als höchste Gerichtsbarkeit wieder aufgerichtet. Überall hin drangen nun die Spione des Offiziums und jeder, der sich auf irgendeine Weise verdächtig machte, dem Papsttum abhold zu sein, wurde sofort ergriffen und den düsteren Gefängnissen des heiligen Tribunals übergeben. Zum Überfluss machte man die Verbrechen, welche unter das Forum der Inquisition gehören sollten, noch express namhaft, und zwar waren dieselben: «Gotteslästerung, Immoralität, ungebührliches Benehmen gegen die Kirche, Nichtheiligung der Feste, Vergehen gegen die Fastenzeit, sowie insbesondere Abfall vom Glauben.»

Auch erklärt ein unter dem 14. Mai 1829 erlassenes Generalblatt ausdrücklich, dass alle diejenigen, welche entweder in ihrer eigenen Wohnung oder bei anderen Bücher von ketzerischem Inhalt (oder auch nur solche, welche von als ketzerisch bekannten Schriftstellern verfasst seien) besitzen oder je besessen haben, unter die vom wahren Glauben Abgefallenen zu rechnen seien, und hieraus kam man schließen, welch ungeheurer Spielraum den Inquisitoren gelassen war. Überdies erfahren wir aus jenem Generaledikt noch ferner, dass jeder, welcher einen bei der Inquisition angestellten Diener, oder einen ihrer Zeugen, Ankläger und Spione, sei es durch eine Handlung oder in Worten «beleidige» oder auch nur «zu beleidigen gedroht habe,», ebenfalls mit dem Inquisitionsgericht verfallen sei, und der Papst

---

Spanien wiederum in Besitz aller ihrer im Jahr 1767 entzogenen Güter und Rechte, und um dieselbe Zeit wurden sie auch unter dem Titel der «Redemptoristen» in Bayern sowie im Kaisertum Österreich anerkannt. Nicht weniger festen Fuß fassten sie in Belgien und der Schweiz, wo sie sich vor allem der Erziehung der Jugend bemächtigten, und sogar in Frankreich, trotzdem dass sie dort gesetzlich verboten blieben, wussten sie sich wenigstens Duldung zu verschaffen. Am allermeisten jedoch breiteten sie sich in den Vereinigten Staaten Nordamerikas aus, wo sie eine Menge von Erziehungshäusern gründeten, und dass sie in dem gutkatholischen Zentralamerika, sowie in den weiter südlich gelegenen Ländern jenes Weltteils ebenfalls eingebürgert sind, brauchen wir wohl nicht erst zu sagen. Von protestantischen Ländern blieben sie freilich ausgeschlossen, aber auch hier nur unter dem Namen nach; denn unter Titeln aller Art wussten sie sich fast überall an den Höfen einzuschleichen und auf das Volk wirkten sie durch jene berüchtigten Missionen, über welche besonders in den letzten Jahren so viel in den Zeitungen zu lesen gewesen ist.

weist ausdrücklich alle seine Sbirren, Gendarmen und Beamten an, den Dienern des heiligen Offiziums bei der Einfangung solcher Verbrecher behilflich zu sein. Ja, um das Maß des Grässlichen voll zu machen, wird von Papst Pius VIII. gar noch dekretiert, dass jeder, der ein Wort des Tadels über die Inquisition hört oder überhaupt Zeuge eines der vor die Gerichtsbarkeit des heiligen Offiziums gehörenden Vergehen ist, und das was er gesehen oder gehört hat, nicht sofort einem Inquisitoren denunziert, - dass, sagen wir, ein jeder Solcher gerade ebenso bestraft werden soll, als wenn er das Verbrechen selbst begangen hätte! Kurz das von den Päpsten der Neuzeit wieder ins Leben gerufene Inquisitionstribunal war ganz dasselbe scheußliche Institut, wie das, welches verschiedene Jahrhunderte vorher im südlichen Frankreich und in Spanien die Menschheit zur Verzweiflung brachte.[317] Doch da es unsere Pflicht ist, durchaus und in allem die Wahrheit zu sagen, so fügen wir der Konsequenz wegen hinzu, dass allerdings ein Unterschied stattfand, aber auch nur ein einziger. Man richtete nämlich, um die Menschheit nicht gar zu sehr vor den Kopf zu stoßen und um ein Einschreiten der europäischen Mächte zu verhindern, keine «Scheiterhaufen» mehr auf, sondern strafte, wie ein vom Jahr 1856 herrührendes Regulativ besagt, mit Exkommunikation, mit Vermögenseinziehung, mit Landesverbannung, mit lebenslänglichem Gefängnis, insbesondere aber mit Peitschenhieben, sowie in schwereren Fällen mit heimlicher Hinrichtung. Auf diese Art paradierte die Inquisition im Kirchenstaat und bis auf die neueste Zeit hat sie in den dem Papst noch unterworfenen Städten ihre Tätigkeit einzustellen nicht einen Augenblick für nötig gefunden. Aber wenn es nun auch den Päpsten möglich wurde, durch jenes Institut «für den Kirchenstaat» die Schrecknisse des Mittelalters wieder heraufzubeschwören, so wollte ihnen dies trotz aller Mühe, die sie sich gaben, in anderen Ländern Europas nicht gelingen. Überall, besonders in Frankreich, Deutschland, England, Portugal

---

[317] Ein besonderer Gegenstand der Qual und Furcht waren für die päpstlichen Untertanen die geheimen «Spione und Vertrauten» der Inquisition, denn man konnte in keiner Gesellschaft, ja nicht einmal im Familien- oder Freundeskreis sicher sein, nicht von einem von ihnen gehört und sofort angezeigt zu werden. Wurden dieselben doch von dem heiligen Offizium aus allen Ständen, den niedersten wie den höchsten, ausgewählt! Gehörten doch nicht wenige dem weiblichen Geschlecht an! Hüllten doch alle ihre Namen und Personen in das tiefste Dunkel, da sie wohl wussten, dass sie sowohl vom Volk als vom Adel aufs tiefste gehasst und verachtet wurden! Eben aber, weil ihr Handwerk ein so erbärmliches war, genossen sie auch (zudem dass man sie gut bezahlte) besondere Privilegien und waren, gerade wie wenn sie dem Priesterstand angehören würden, keinem bürgerlichen Gerichtshof unterworfen. Ja sogar, wenn sie bei der Verübung eines Verbrechens, und wäre es das schwerste gewesen, über der Tat ergriffen wurden, hatte der Großinquisitor das Recht, ihre Auslieferung unter dem Vorwand, selbst Gericht über sie zu halten, sofort zu verlangen und ihre Begnadigung zu dekretieren. Dass er aber von diesem Recht zu jeder Zeit vollen Gebrauch machte, kann man sich wohl denken, denn sonst hätte sich keiner der spionierenden Schufte mehr zu dem niederträchtigen Geschäft hergegeben!

usw. wies man den heiligen Vater mit seinem Ansinnen zurück und sogar die italienischen Fürsten wehrten sich, wenigstens einige Zeit lang, gegen dieses grässliche Tribunal. Nur allein König Ferdinand VII. von Spanien, als der Bigotteste aller Bigotten, gehorchte den Befehlen des Papstes Pius, ernannte sofort (bereits im Jahr 1814) eine Inquisitions-Junta und stellte gleich darauf das ganze Tribunal in seiner alten Glorie wieder her. Doch hatte es auch hier keinen Bestand, sondern wurde vielmehr, nachdem es im Jahr 1820 von den Cortes abgeschafft und 1826 von der Reaktion wieder eingesetzt worden war, endlich im Jahr 1835 (hoffentlich für immer) über Bord geworfen. Während nun aber Spanien (zu großer Betrübnis Papst Gregors XVI.) auf die eben angegeben Art den Geist der Finsternis abschüttelte, gelang es Seiner Heiligkeit, das genannte Tribunal in Sardinien, Modena und Toskana wieder einzuführen und zwar auf ganz dieselbe Weise, wie im Kirchenstaat selbst. Das war ein Hochgenuss für den Statthalter Christi, aber leider trug dieser Genuss den Stempel der Vergänglichkeit in sich. Sardinien nämlich erwachte schon nach wenigen Jahren (1847) zu einem besseren Bewusstsein, verjagte die Inquisitoren und zog sämtliche Güter des Tribunals ein. Etwas länger dauerte es, bis auch für Modena und Toskana die Stunde der Erlösung schlug, und es wurden z. B. in letzterem Staat, noch im Jahr 1852, die Eheleute Madiai wegen Übertritts zum Protestantismus vom Generalinquisitor zu den Galeeren verurteilt; aber mit dem Befreiungsjahr 1859 öffneten sich die Kerker des heiligen Offiziums, die Inquisitoren flohen und ihr Gerichtshof wurde für ewige Zeiten geschlossen. Somit existiert also, Rom ausgenommen, die Inquisition in keinem Teil der Welt mehr, aber wenn dies auch der Fall ist, so haben wir solches glückliche Resultat sicherlich nicht den Päpsten zu verdanken, denn wäre es nach ihrem Kopf gegangen, so würden jetzt noch überall die Scheiterhaufen brennen!

Weil nun aber das Gebot, die Inquisition wieder einzuführen, nirgends recht durchgreifen wollte, so versuchten es die Päpste auf andere Weise, der um sich greifenden Aufklärung einen Damm entgegen zu setzen, wohl wissend, dass Aufklärung und Papsttum nicht nebeneinander bestehen könnten. Sie fragten sich, woraus denn die Menschen die Aufklärung und insbesondere die Ketzerei, «das Papsttum nicht mehr anerkennen zu wollen», schöpften, und sie mussten sich antworten: «aus nichts anderem, als aus dem Evangelium oder «dem Wort Gottes», wie es die Ketzer nennen!» Hierin, in dem Wort, lag die größte Gefahr, denn wer dieses Wort las, dessen Herz wandte sich auch sofort notgedrungen von dem römischen Kirchentum ab! Darum musste man daran denken, dieses heilige Wort der Menschheit zu verschließen, nach dem Beispiel des großen Papstes Innozenz III., welcher im flagrantesten Gegensatz gegen die alten Kirchenlehrer den Satz aufstellte: «Dass die heilige Schrift ein selbst den Gelehrten unverständliches Buch sei,» sowie nach dem anderen Beispiel Innozenz IV., welcher schon im Jahr 1244 dekretierte, «dass alle Übersetzungen des Evangeliums in die

Landessprachen den Flammen übergeben werden müssten.» Man musste daran denken, die Menschheit glauben zu machen, dass das Lesen in der Bibel zum Ketzertum führe, weil sie die Lesenden entweder gar nicht oder falsch verstünden, und dass es also für einen guten Katholiken ein Verbrechen sei, eine in die Landessprache übersetzte Bibel im Haus zu haben. In diesem Sinne nun erließ Pius VII. unter dem 20. Juni 1816 ein Breve an den Erzbischof von Gnesen, worin er die von Ketzern in die Volkssprache übersetzten Bibeln rundweg «für verboten» erklärte und zugleich den Verbreitern solcher Bibeln, den sogenannten Evangelischen Bibelgesellschaften, mit den heftigsten Worten entgegentrat,[318] indem er zugleich jeden Katholiken bei Strafe der Exkommunikation ermahnte, nie und nimmer von einer solchen Bibel Gebrauch zu machen. In diesem Sinne veröffentlichte Papst Leo XII. bei seinem Regierungsantritt (3. Mai 1824) ein allgemeines Rundschreiben an die katholischen Bischöfe, worin er sagt, dass die von den Bibelgesellschaften verbreiteten Evangelien nichts anderes seien, «als großartige Fälschungen» oder vielmehr «Evangelien des Teufels», und «dass es daher die erste Pflicht eines Bischofs sein müsse, seine Herde vor solcher heilloser Erfindung zu warnen und so das gottlose Vorhaben der Bibelgesellschaften zu durchkreuzen.» In diesem Sinne wirkten auch Pius VIII. und Gregor XVI., welche sich sogar nicht entblödeten, darauf zu drängen, «dass die Pest der bösen Bücher dem Scheiterhaufen übergeben werde,» und in diesem Sinne schließlich verfuhr Papst Pius IX., wenn er noch in seiner neuesten Rede an die Kardinäle (vom Jahr 1860) die französischen und anderen Bibelübersetzungen «für Verdrehungen des Wortes Gottes und für himmelschreiende Fälschungen» erklärt! «Fort mit dem Evangelium», war der Wahlspruch der Päpste, und er musste es sein, denn die freie Luft, welche in demselben weht, drohte das fast zur Mumie erstorbene Sacerdotium in alle Lüfte fortzuführen und darum Wehe den Bischöfen, die es wagen würden, einer solchen künstlichen Verfinsterung entgegenzutreten, denn es würde ihnen ergehen, wie dem edlen Wessenberg, welchen im Jahr 1827 wegen seines bibelfreundlichen Wirkens der päpstliche Bannfluch traf!

Trotz all dem aber wollte auch das Bibelverbot nicht recht ziehen, Im Gegenteil, je mehr man, sei es im Beichtstuhl, sei es von der Kanzel herab, sei es in öffentlichen Zeitschriften, vor dem Lesen der Bibel warnte, um so erpichter wurden die Leute darauf, dieses grässliche Buch in die Hände zu bekommen und man musste daher

---

[318] In seiner Wut ging der Papst so weit, dass er die englische Bibelgesellschaft, welche es sich zum Grundsatz gemacht hat, die Bibel in alle Sprachen der Welt übersetzen und unter alle Völker verteilen zu lassen, «eine Anstalt boshafter Arglist, durch welche die Grundpfeiler der Religion untergraben würden, eine Pestilenz der Menschheit, einen Schandfleck des Glaubens und ein höchst sektengefährliches Institut, eine neue Art Unkraut, welches der böse Feind gesät habe» usw. nannte. Aus dieser wutentbrannten Sprache kann der Leser zur Genüge erkennen, wie höchst gefährlich dem Papst die aus dem Lesen der Bibel hervorgehende Aufklärung erschien!

abermals auf ein andere Mittel denken, um das Papsttum vor dem gänzlichen Umfallen zu schützen. Aber worin sollte dieses Mittel bestehen? «Für den Tod ist kein Kräutlein gewachsen,» sagt ein altes Sprichwort und – das Papsttum, schon einmal am Schluss des 18. Jahrhunderts halb totgeschlagen, war nun so altersschwach und elend geworden, dass es ans Sterben ging. Wo nun das Kräutlein finden, welches, wie die junge Bathseba dem alten David, dem wankenden Papstgreis neues Leben einhauchen sollte? Lange, lange dachten die Römischen nach, und immer und immer wieder fanden sie nichts, als dass sie, die Päpste – alt geworden, oder vielmehr die Alten geblieben seien, während sich die ganze übrige Welt verjüngt hatte und eine andere geworden war. Die große Masse hatte keinen rechten Respekt mehr, weder vor Papsttum, noch Kirchentum (kein Wunder, da die bearbeitenden Mönche fehlten!) und ließ sich nicht einmal ferner durch Bann und Interdikt schrecken; die Fürsten und Regenten waren durch die Säkularisation der Bischofssitze und Klostergüter Herren großer Ländereien geworden und nahmen es sich nun gar vollends heraus, bei der Besetzung der Bischofssitze und geistlichen Stellen, über die doch einzig und allein der Papst zu verfügen haben sollte, ein Wort mitzusprechen und so dem heiligen Vater sehr monarchisches Recht zu rauben; die Geistlichkeit selbst hatte sich vielfach vom Geist der Neuzeit anstecken lassen und parierte nicht mehr jedem Wink wie früher; ja es kam sogar vor, dass sie sich diesem oder jenem Befehl der römischen Kurie, unter Zeichen der Missbilligung geradezu widersetzte und in diesem Widerstand bei den weltlichen Fürsten Schutz fand. Solches alles musste anders werden, wenn das Papsttum bestehen wollte! Die Priesterschaft musste wieder zum Gehorsam zurückkehren, die Fürsten mussten ihren Einfluss auf die Besetzung der Kirchenstellen (somit auch auf die Geistlichen selbst) verlieren und die Menschheit musste, damit sie den Papst wieder als Vizegott anbete, in ihrer religiösen Anschauung um einige Jahrhunderte zurück gesetzt werden! Das war das Ziel, welches erreicht werden musste! Aber durch welches Mittel? Einfach durch die Konkordate!

Was ist ein Konkordat? Der Leser hat dieses Wort in den letzten zehn Jahren schon so oft in den Zeitungen gelesen oder in Gesellschaften darüber disputieren hören, dass es vielleicht als überflüssig erscheinen könnte, über den Begriff desselben sich weiter auszulassen, aber da es doch möglich wäre, dass Dieser oder Jener über die wahre Bedeutung der Konkordate noch nicht mit sich ins Reine gekommen ist, so müssen wir dem viel angefochtenen Wort immerhin einige Zeilen widmen. Wörtlich übersetzt heißt Konkordat nichts anderes als ein «Friedens- und Eintrachts-Vertrag» (vom Lateinischen Concordia), der historischen Bedeutung nach aber ist ein Konkordat ein Vertrag ganz anderer Art, nämlich eine zwischen dem Papst als dem monarchischen Oberhaupt der römisch-katholischen Kirche und einem weltlichen Regenten zur Feststellung der kirchlichen Verhältnisse abgeschlossene Übereinkunft. Eine solche Übereinkunft – das erste Konkordat, von dem man weiß – schlossen schon im Jahr 1122 Papst

Calixt II. und Kaiser Heinrich V. zur Beilegung des Investiturstreites miteinander ab, und in den darauffolgenden Jahrhunderten wurden noch manche ähnliche Konkordate zustande gebracht. Die Sache wurde immer «wie eine Art Friedensschluss zwischen zwei kriegführenden Mächten» angesehen, so dass bei dem einen Konkordat das päpstliche, bei dem anderen das weltliche oder staatliche Interesse besser wegkam und wir erinnern in dieser beziehung nur an das Konkordat zwischen Kaiser Sigismund und Martin V. vom Jahr 1418, an das Aschaffenburger oder Wiener Konkordat von 1447, an das Konkordat zwischen Franz I. von Frankreich und Papst Leo X. vom Jahr 1516, an das Konkordat zwischen Pius VII. und dem Konsul Bonaparte vom Jahr 1801 usw. Bei allen diesen Übereinkünften stand auf der einen Seite der Papst als der anerkannt unumschränkte Regent der Kirche, auf der anderen Seite der weltliche Monarch als das Oberhaupt der Regierung des betreffenden Staates da, und hierin, in dieser äußeren Form, sah also das eine Konkordat aus, wie das andere; in ihrem Inhalt dagegen, d. h. in den Vertragsbestimmungen, fand ein großer Unterschied statt und der Papst musste in manchem Land ein Recht opfern, welches er in einem anderen Staat, wo die Regierung wohlwollender für ihn gestimmt war, durchsetzte. Dies ist die kurze Geschichte der Konkordate. Aber so kurz sie auch ist, so wird der Leser doch daraus gesehen haben, dass es sich bei einer solchen Übereinkunft nie um etwas anderes handelt, als darum, welches Recht dem souveränen Oberhaupt der katholischen Kirche in diesem oder jenem Staat vertragsmäßig zukommen solle. Jede weltliche Regierung also, welche ein Konkordat abschließt, erkennt den Papst als «Mitregenten» in ihrem Staat an, weil sie ihm das Ordnen der kirchlichen Angelegenheiten zugesteht; ja nicht bloß als «Mitregenten» erkennt sie ihn an, sondern sogar als «völlig unabhängigen Nebenregenten», indem sie zugesteht, in kirchlichen Angelegenheiten entweder gar nichts mehr, oder nur so viel, als der Vertrag ausdrücklich festsetzt, mitsprechen zu dürfen.

Der «Aushängeschild» für die Konkordate ist nun allerdings hier und da ein anderes. Man hat nämlich, wenn von Konkordaten die Rede ist, römischerseits immer nur die Worte: «Freiheit und Unabhängigkeit der Kirche» im Mund und sagt: «Wir Katholiken wollen nichts anderes, als das Recht, unsere religiösen und kirchlichen Angelegenheiten selbst zu ordnen und wer uns dieses Recht nicht zugesteht, der übt einen Gewissenszwang auf uns aus.» Das ist die Sprache der Römischen und es hat schon viele gegeben, die sich durch das Hochtönende dieser und ähnlicher Phrasen täuschen ließen; aber wir fragen gar einfach: «Wer hat in der katholischen Kirche das Recht, die kirchlichen Angelegenheiten zu ordnen? Die Katholiken, d. i. die Gesamtheit der Gläubigen, oder der Papst als das Oberhaupt derselben?» Die Antwort ist einfach und lautet: «Nur allein der Papst hat dieses Recht, die Katholiken selbst aber müssen als Untertanen gehorchen». Wenn also verlangt wird, man solle den katholischen Einwohnern dieses oder jenes Staates die Befugnis einräumen, ihre religiösen und kirchlichen Angelegenheiten frei nach eigenem Ermessen zu ordnen, so verlangt man in Wahrheit nichts anderes, als dass dem Papst jene Befugnis erteilt werde, oder um noch deutlicher zu sein: «Wenn gesagt wird, die katholische Kirche dieses oder jenes Staates das Recht habe, sich selbst zu regieren,» so heißt dies auf gut deutsch: «Man muss den Papst und die mit ihm verbündete Hierarchie dominieren lassen», und somit sind jene prächtigen Phrasen «Freiheit und Unabhängigkeit der Kirche» nichts anderes, als eine Umschreibung vom päpstlichen Imperium. In der Tat steht auch in keinem Konkordat etwas vom «Glauben oder von der Religionsübung», sondern es handelt sich vielmehr immer nur darum, «wer die obersten Kirchenstellen zu besetzen habe,» ob der Papst oder der weltliche Regent, sowie «von wem die Ernennung der niederen Geistlichen ausgehen solle,» ob von den Bischöfen oder den staatlichen Behörden! Es handelt sich nur darum, ob der Staat ein Recht habe, ein Wort darein zu sprechen, wenn der Papst dieses oder jenes kirchliche Institut, das vielleicht bis jetzt nicht bestanden oder schon längst aufgehoben ist, ins Leben rufen will; ob er ein Recht habe, dagegen einzuschreiten, wenn der Papst seinen Beamten, den Klerikern, befehle, den Religionsunterricht des Volkes auf diese oder jene Weise einzurichten, ob er ein Recht habe, dagegen einzuschreiten, ob er ein Recht habe, sich zu widersetzen, wenn es dem Papst beliebt, diesen oder jenen seiner Untertanen aus irgendeinem Grund mit kirchlichen Strafen zu belegen! Man sieht also deutlich genug, was die Päpste mit einem Konkordat bezwecken. Sie wollen nichts anderes, als dass man sie für eine unabhängige Macht im Staat anerkenne, für eine Macht, welche ihr eigenes Beamtentum (die Geistlichkeit) habe, für eine Macht, deren Dekrete ebenso gut befolgt werden müssten, als die dekrete der Regierung selbst!

So und nicht anders verhält es sich mit den Konkordaten, aber wie kam es nun, dass trotz allem dem die weltlichen Regenten auf derlei Veträge eingingen? Sie mussten doch wohl einsehen, dass sie hierdurch gewisser «Hoheitsrechte» aufgaben, welche ihnen unbezweifelt gehörten, und hätten also schon ihres eigenen Interesses halber alle diesbezüglichen Vorschläge Roms abweisen sollen! Sie mussten doch wohl einsehen, dass es, um die kirchlichen Angelegenheiten ihrer Staaten zu ordnen, eine «auswärtigen» Macht, welche offenbar nur ihr eigenes Wohl im Auge haben konnte, gar nicht bedurfte! Man sieht, die Sache war klar genug; aber deswegen steht die Tatsache doch fest, dass die Päpste, wenn auch nicht überall, so doch in den meisten Staaten Europas zu ihrem Ziel gelangten. Und warum? Die Jesuiten mit ihrer Klugheit standen auf ihrer Seite und leiteten die Unterhandlungen! Am Leichtesten ging es in «rein katholischen» Staaten, besonders wenn diese noch nebenbei «rein monarchisch-absolutistisch» regiert waren, wie z. B. in Österreich, Neapel, Modena, Toskana, Sardinien usw., denn weltlicher Absolutismus und pfäffischer Despotismus pflegen stets Hand in Hand zu gehen. Überdies durfte man nicht hoffen, den Teufel der demokratischen Aufklärung durch ein übermächtiges Sacerdotium vom Land fern zu halten? Etwas schwerer hielt es mit solchen katholischen Staaten, in welchen «die Kammern» ein Wort zu sprechen hatten, und es musste deswegen z. B. in Frankreich das im Jahr 1817 zwischen Ludwig XVIII. und Pius VII. bereits abgeschlossene Konkordat des allgemeinen Unwillens der Nation wegen in den für den heiligen Stuhl günstigsten Bestimmungen im Jahr 1819 (der Papst erhielt aber doch noch Vorteile genug, wie schon daraus erhellt, dass ihm erlaubt wurde, achtzehn neue Bistümer zu kreieren, die natürlich nur von ihm abhingen) wieder abgeändert werden. Noch mehr Wandlungen erlebte das von Papst Pius VII. mit König Ferdinand von Spanien abgeschlossene Konkordat und kam erst, nachdem es von den Cortes mehrmals abgeändert worden war, endlich im Jahr 1845 definitiv zustande. Ein ähnliches Schicksal hatte die mit Portugal abgeschlossene Übereinkunft, und Russland (für Polen) ging sogar erst im Jahr 1847 auf einen Vertrag mit dem Papst ein. Weit gefälliger erwies sich das Königreich Bayern, denn hier kam schon 1817 eine für die päpstliche Kurie sehr günstige Übereinkunft (eingeführt wurde sie erst 1821) zustande; am allergefälligsten aber benahmen sich die katholischen Kantone der Schweiz, welche, nachdem sie mit dem Sturz Napoleons ihre Unabhängigkeit wieder erlangt hatten, sich bis zur förmlichsten Knechtschaft gegenüber dem Papismus erniedrigten. Doch nicht bloß «rein katholische» Staaten gingen Verträge mit den Päpsten ein, sondern es ließen sich hierzu auch solche Länder herbei, in welchen Katholiken und Protestanten (selbst wenn das protestantische Element das überwiegende war) zusammen lebten. So z. B. Preußen im Jahr 1821, Hannover 1824 usw. Kurz, es gelang den Päpsten durch ihre vortrefflich geschulten Unterhändler, welche kein Mittel der Überredung, der Bestechung, der Galanterie und des Höllenheißmachens (hauptsächlich katholische Mätressen spielten eine große Rolle in dieser Angelegenheit) unversucht ließen, beinahe mit allen Staaten der Christenheit Konkordate und zwar meist sehr günstige Konkordate abzuschließen. Ja, sie hatten sogar begründete Hoffnungen auch die wenigen Regierungen, deren Widerstand bis jetzt noch nicht besiegt war (vielleicht «die protestantische Schweiz» allein ausgenommen) vollends zu gewinnen, wie z. B. Baden, Württemberg usw., und dann, wenn auch dieser Coup vollends glückte, so stand das Dominium des Papstes fast wieder so festgegründet, als zur Zeit vor der Reformation.

Verwundert blickt nun vielleicht der Leser um sich und kann nicht begreifen, wie wir jenen Konkordaten eine solche Wichtigkeit beilegen mögen; aber man nehme sich einmal Zeit, einen Staat, in welchem ein solcher Prachtvertrag floriert, des Näheren zu betrachten und man wird dann über unsere oben ausgesprochene Ansicht sicherlich nicht mehr staunen.

Die erste Folge eines solchen Vertrags mit Rom war nämlich regelmäßig die Wiederaufrichtung der (infolge der Französischen Revolution aufgelösten) Klöster und man musste nur staunen, mit welche reißender Schnelligkeit die Mönche und Nonnen in Konkordatstaaten «pilzähnlich» aus der Erde hervorschossen. Einzelne wenige Regierungen hatten allerdings über die Zahl der Klöster, welche wieder neu errichtet werden dürften, in dem betreffenden Vertrag eine genaue Bestimmung getroffen, aber in den weitaus meisten Staaten ließ man «den Drang der Menschheit nach dem Klosterleben» oder vielmehr um klar zu sein, dem nach dem Mittelalter zurückgreifenden Papst und seiner Hierarchie gänzlich freie Hand, und überdies kam man römischerseits auch noch auf Mittel und Wege, um selbst da, wo die Klosterzahl fixiert war, das Mönch- Nonnentum zur höchsten Blüte zu treiben. Oder wie? Erfand man nicht neue Institute, welche zwar nicht die «Form», wohl aber den «Inhalt» von klösterlichen Orden besitzen und deren Namen doch so unschuldig klingt, dass man Furcht haben muss, für einen Barbaren gehalten zu werden, wenn man sie irgendwo nicht zulassen wollte? In dieser Beziehung erinnern wir den Leser nur an die «barmherzigen Brüder und Schwestern», welche zwar die klösterlichen Gelübde nicht ablegen, aber doch nichts anderes sind, als eine mächtige Abteilung der großen, geistigen Gendarmerie des Papstes.[319] Den Statuten nach nämlich können sie, wenn sie wollen, da sie nur «einen freien Verein» bilden, ins bürgerliche Leben zurückkehren, aber ihre Gesellschaftsverfassung, sowie besonders das solenne, bei ihrem Eintritt in den Verein abzulegende Versprechen, sich nur allein durch Armen- und Krankenpflege dem Dienst des Herrn zu widmen, macht eine solche Erlaubnis zur Rückkehr in den bürgerlichen, oder gar ehelichen Stand zur großen Illusion. In Wahrheit sind sie also nichts anderes als Mönche und Nonnen. Überdies haben sie sich seit den letzten dreißig Jahren stets

---

[319] Ursprünglich wurde der Orden der barmherzigen Brüder (in Frankreich Freres de la Charité, in Italien Fate ben Fratelli usw. genannt) im Jahr 1540 von dem Portugiesen Johannes di Dio zur Verpflegung von Kranken als ein Verein für Laien gestiftet, aber schon im Jahr 1572 verwandelte ihn Papst Gregor XIII. in einen förmlichen Bettelmönchsorden mit der Regel des heiligen Augustinus. Nunmehr verbreitete er sich mit reißender Schnelligkeit über ganz Europa und zählte schon im Jahr 1585 nicht weniger als 224 Klöster. 1634 kam der bekannte Franzose Vincent de Paula auf den Gedanken, den barmherzigen Brüdern «Schwestern» zu geben und rief mit Hilfe einer reichen Witwe namens Legras, unter dem Titel «Filles de la Charité» freie Vereine christlicher Jungfrauen zur Milderung des menschlichen Elends ins Leben, welche, da sie sich «grau» kleideten, auch den Beinamen Soeurs grises erhielten. Natürlich versagten die Päpste auch diesen Vereinen ihre Anerkennung nicht und Clemens IX. hatte sogar die Gnade, dieselben im Jahr 1655 mit denselben Rechten zu beschenken, wie die Freres de la Charité. Infolge der französischen Revolution wurde der weit verzweigte Orden (sowohl der männliche als der weibliche Teil desselben) überall in der ganzen Welt aufgehoben, aber er regenerierte sich bald wieder, nämlich im Jahr 1807 in Frankreich und im Jahr 1808 in Deutschland. Doch trat er von dieser Zeit an nicht mehr «als Klosterorden» auf, sondern vielmehr «als freier Verein zur Verpflegung der Kranken in den großen Hospitälern» sowie nebenbei auch «zur Übernahme des Schulunterrichts in Stadt und Land.»

und überall, besonders in Frankreich und Österreich,[320] als willenlose Werkzeuge in den Händen der Jesuiten gezeigt und führen also ihren unschuldigen Titel «barmherzige Brüder und Schwestern» sowie ihr Handwerk der Krankenpflege eigentlich nur als Aushängeschild, um desto weniger Anstoß zu erregen und eine umso größere Verbreitung zu finden. Solches Ziel ist ihnen auch vollkommen gelungen, denn es gibt nun fast kein Land oder Ländchen in Europa, in welchem sie nicht Zweigvereine gebildet hätten. Ja, nach genauer Berechnung beträgt die Anzahl ihrer aktiven Mitglieder nicht weniger als achtzigtausend[321] und man kann sich daher denken, wie ungeheuer groß ihr Einfluss auf das geringe Volk sein muss, mit dem sie es, sei es durch Krankenpflege, sei es durch Unterrichtgeben, fast allein zu tun haben.

Im selben Verhältnis, wie die barmherzigen Brüder und Schwestern vermehrten sich auch die älteren, von Papst Pius VII. wieder ins Leben gerufenen Mönchsorden, wie z. B. der der Benediktiner, der Dominikaner, der Karmeliter, der Augustiner und vor allem der Franziskaner und Kapuziner. Der Papst sah nämlich wohl ein, dass ihm die sogenannten «gelehrten» Orden wenig helfen, ja ihm sogar möglicherweise schaden könnten, und drängte daher vor allem auf die Wiederherstellung und Ausbreitung jener großen fliegenden Freikorps der Bettelmönche, welche, nachdem sie Innozenz III. erfunden, den Päpsten in den früheren Jahrhunderten bekanntermaßen den immensesten Nutzen gewährt hatten. Sie, welche mit dem gemeinen Volk aus einer Schüssel aßen, sie, welche die Gewissen aller Weiber ihres Sprengels in der Hand hielten, sie sollten wiederum des Papstes stehendes Heer werden und ihm mehr Siege erfechten, als einem weltlichen Monarchen die trefflich eingeschulte Armee! So erhoben sich denn in Frankreich, Österreich, Spanien, Neapel, Toskana, Bayern, Modena, Portugal, Irland, Belgien,

---

[320] Wir ersuchen den Leser, die verschiedenen Zeitungsberichte über das Wirken der barmherzigen Schwestern im Wiedener Krankenhaus zu Wien aus den Jahren 1859 und 1860, sowie die Berichte über das Resultat der von der österreichischen Regierung angestellten Untersuchung nachzulesen, dann wird er sicherlich nicht mehr im Zweifel sein, zu welcher Sorte von Vereinen der Verein der barmherzigen Schwestern gehört.

[321] Seinen Hauptsitz hat der Verein im Stift St. Lazarus (St. Lazare) in Paris, von welchem aus die Hauptreglements an die Zweigvereine gehen. Solche Zweigvereine aber gibt es nur allein in der Stadt Paris dreihundert, im übrigen Frankreich 831, in Belgien 301, in Spanien 179, in Deutschland 98, in den Niederlanden 75, in Sardinien 67, in den Vereinigten Staaten 51, in Irland 42, in Neapel 27, im Kirchenstaat 26, in der Schweiz 11, im Ganzen also 2008, wobei die in Toskana, in Modena, in Piemont, in Polen, in Ungarn und Böhmen, in Portugal usw. bestehenden Kongregationen, weil keine genauen Notizen vorliegen, noch nicht einmal mitgerechnet sind. Rechnet man nun, dass jeder Zweigverein ganz niedrig gerechnet zum mindesten vierzig aktive Mitglieder zählt, so ergibt sich die Summe von 80320 Brüdern und Schwestern, eine Summe, welche, wenn man die soeben angeführten noch nicht in Betracht gezogenen Länder ebenfalls in Rechnung bringt, sicherlich auf die Zahl von 100000 erhöht werden darf.

sowie im katholischen Teil der Schweiz die Bettelmönchsklöster wieder in ihrem alten Glanz und in manchem Ländchen, wie z. B. in Tirol und Altbayern konnte man bald keine zwei Schritte weit gehen, ohne auf ein halbes Dutzend jener Kuttenträger gestoßen zu sein. Ja, sogar in «paritätischen» Staaten, in welchen der Protestantismus die Übermacht hatte. Besonders in Preußen und England, gelang es der Erzpriesterschaft, derlei mittelalterliche Institute zur großen Verwunderung der denkenden Menschheit wieder ins Leben zu rufen! Rechnet man nun aber zu diesem allem noch jenen anderen, weit furchtbareren Orden hinzu, von dem wir schon oben gesprochen haben, nämlich den Orden der Jesuiten, welcher unter dem Titel des Ordens der Liguorianer oder Redemptoristen auch dahin eindrang, wohin die Jesuiten selbst nicht kommen durften, [322]so wird jedermann zugeben müssen, dass die Päpste es in der kurzen Zeit seit ihrer Wiedereinsetzung im Jahr 1814 in der Tat bereits wieder zu einer ganz außerordentlichen Macht gebracht hatten.

Damit war es aber noch nicht genug, sondern der Pontifex maximus wusste auch die weitere Konzession, welche er durch die Konkordate erhielt, die Konzession nämlich zur Ernennung der Bischöfe und Erzbischöfe, aufs vortrefflichste zu benutzen, indem er nur solchen Männern das Pallium oder die Insul verlieh, von denen er wusste, dass er sich ganz und gar auf sie verlassen könne. Derlei «sichere» Kandidaten unter dem höheren Klerus aufzufinden, konnte nicht allzu schwer fallen, schon wegen des Reizes, welchen der Besitz einer solch hohen, gewinnbringenden und einflussreichen kirchlichen Würde auf jeden Priester haben musste; umso schwieriger aber musste es erscheinen, die große Masse der niederen Geistlichkeit ebenfalls gänzlich ins Interesse des Papstes zu ziehen. Befanden sich doch die Pfarrer und Ortsgeistlichen weit besser dran, wenn sie unter dem Schutz des Staates standen, als wenn sie nur allein vom Kirchenoberhaupt und den von denselben ernannten Kirchenfürsten abhängig waren! Überdies gehörte zu der Zeit,

---

[322] Alphonso Maria de Liguori, ein im Jahr 1696 zu Neapel geborener und 1722 zum Priestertum übergetretener Rechtsgelehrter, stiftete im Jahr 1732 mit Genehmigung des Papstes Clemens XII. einen neuen klösterlichen Verein, dessen Teilnehmer sich «Mitglieder des Ordens vom Erlöser» (il santo redentore, daher der Name Redemptoristen) nannten und zur Verbreitung des wahren katholischen Glaubens sowie zum Jugendunterricht sich verpflichteten. Hierin schon lag eine große Ähnlichkeit mit dem Orden der Jesuiten, welche ja ebenfalls hauptsächlich als Missionare, Beichtväter und Erzieher der Jugend wirkten. Darum, als der Jesuitenorden aufgehoben wurde, übernahm der Orden der Redemptoristen dessen Rolle und wurde in Beziehung auf Proselytenmacherei und missionarische Tätigkeit ganz dasselbe, was jener gewesen war. Dessen ungeachtet ließ man die Redemptoristen sowohl in Frankreich als Deutschland ohne Anstand zu, da sie nicht den berüchtigten Namen der Jesuiten führten, und erkannte ihre Gefährlichkeit erst, als sie überall besonders auch in paritätischen Staaten, wie Preußen, Bayern, Württemberg, Baden, Nassau usw. anfingen, als Missionsprediger und Protestantenbekehrer eine ungemeine Tätigkeit zu entwickeln.

als die ersten Konkordate mit Rom abgeschlossen wurden, ein großer Teil der niederen Geistlichkeit in Deutschland und Frankreich sowie überhaupt im mittleren Europa jener freisinnigeren Richtung an, welche von einem Dalberg, Wessenberg und anderen vertreten wurde, und man konnte es sich deshalb in Rom nicht verhehlen, dass solange «solche» Geistliche auf der Kanzel stünden und den Religionsunterricht des Volkes leiteten, der Papismus keine rechte Wurzeln fassen könne. Diese grässliche französische Revolution und diese noch grässlichere Pest der Aufklärung, - nicht einmal an der katholischen Geistlichkeit waren sie vorübergegangen! Ja, es gab sogar Männer unter derselben, welche – es ist schauderhaft, nur daran zu denken! – es offen aussprachen, dass es weit besser wäre, wenn die katholische Kirche in jedem Land sich nach den dort bestehenden Gesetzen richten würde, statt sich ihre Befehle aus dem fernen Rom zu holen! Was nützte es nun, dass durch die Konkordate die Bischöfe das Recht bekamen, die Pfarrer in ihren Sprengeln zu ernennen, wenn der ganze niedere Klerus also schrecklich kontrapäpstlich dachte? Solchem furchtbaren Mißstand musste um jeden Preis abgeholfen werden!

Mit der damaligen Generation der Geistlichen aber, so viel war klar, konnte man nichts anfangen, denn diese war und blieb einmal von dem Gift der Aufklärung angesteckt; aber wie stand es um die zukünftige Generation, d. h. um die in den Seminaren und auf den Universitäten befindlichen Kandidaten der katholischen Theologie, aus denen man die kommenden Pfarrer kreieren musste? Konnte man nicht auf sie wenigstens einwirken? Konnte man nicht sie, die noch zu jung waren, um schon feste Grundsätze zu haben, so erziehen, dass sie für die Zukunft nicht höher schwuren, als auf den heiligen Vater zu Rom? Das war ein kluger Gedanke und alsbald gingen die Päpste an dessen Ausführung. Durch die Konkordate hatten sie ja das Recht erhalten, über den Erziehungsanstalten zu wachen und dafür zu sorgen, dass kein schlimmer Geist sich dort einniste. Was war daher leichter, als auf allen katholischen Universitäten, in allen Seminaren, Kollegien und Gymnasien diejenigen Professoren, «welche nicht römisch-katholisch genug dachten,» zu entlassen und ihre Stellen mit Jesuiten oder doch Jesuitenfreunden zu besetzen? Freilich so Knall und Fall ging die Sache nicht, sondern man musste, um die Regierungen und die Völker nicht allzusehr vor den Kopf zu stoßen, mit Klugheit und Zurückhaltung zu Werke gehen, aber Rom ist ja auch nicht in einem Tag erbaut worden und was man heute nicht erreichte, konnte man vielleicht morgen bekommen. Somit wurde der Plan, für den Unterricht der jüngeren Geistlichkeit nur solche Lehrer anzustellen, welche im Sinn des Papismus und Obscurantismus wirken würden, mit eiserner Konsequenz verfolgt und nach Verfluss von wenigen Jahrzehnten durften sich die Römischen mit Stolz gestehen, dass auf keiner Hochschule, in keinem Seminarium und auf keinem Gymnasium eines Konkordatsstaates mehr ein Professor doziere, welcher ihren Ansichten entgegenzuwirken imstande sei. Allerdings machte man sich durch die nunmehr fungierenden Lehrer hier und da zum Gespött der Welt, weil dieselben im Wissen sowohl als in der Bildung meistenteils gar sehr zurück waren;[323] allerdings musste der Unterricht in der Physik, in der Naturgeschichte, in der deutschen Literatur und besonders in der Weltgeschichte auf ganz andere Weise vorgetragen werden, als es die nunmehr so weit vorangeschrittene Wissenschaft gebietet; aber was lag daran? Hierdurch gerade erreichte man ja das hohe Ziel, welches man schon längst hatte erreichen wollen, das Ziel nämlich, dass die jungen Kleriker nur allein den Glauben an den Papst und seine Suprematie in sich einsogen und, mit Verwerfung des Gebrauchs der eigenen Vernunft, die Lehrsätze der alleinseligmachenden Kirche obenanstellten.

Nun endlich, da man nicht bloß der Bischöfe und Erzbischöfe, sondern auch der ganzen niederen Geistlichkeit, also aller Pfarrer, Kaplane und Prediger sicher war, nun endlich konnte man auf das Volk einwirken und dasselbe mit dem Geist erfüllen, ohne welchen der Papismus nicht bestehen kann. «Fort mit dem Denken, denn nur wenn das Volk dumm ist, vermag man es zu regieren!» Das war seit jener Zeit die Sprache des jüngeren Klerus, und in dieser Sprache wurde er natürlich von den Mönchen und Nonnen auf die nachdrücklichste Weise unterstützt. Ja beide Teile, die Ordensbrüder wie die Weltgeistlichkeit, wetteiferten förmlich miteinander in der Bearbeitung der großen Masse für die päpstlichen Zwecke und wussten bald allen ihren Beichtkindern den Glauben beizubringen, dass der Papst zu Rom und die katholische Religion «ein und dasselbe Wesen» seien. Wehe also demjenigen, welcher die Anmaßungen der römischen Bischöfe antastete, wehe denjenigen, welche gar an dem Papalsystem selbst rüttelten; wehe aber besonders denen, welche es wagten, die weltliche Macht des römischen Oberpriesters für überflüssig zu halten, - sie wurden sämtlich, ohne Unterschied, für Menschen erklärt, die mit der alleinseligmachenden Religion selbst ein Ende machen wollten! Ja man darf wohl sagen, dass einer, der Gott selbst ableugnete, in den Augen dieser betörten Menschen noch weit engelhafter dastand, als einer, der dem Papstkram auch nur mit einem Lächeln des Unglaubens begegnete!

---

[323] Es galt nämlich in mehreren Konkordatstaaten als Usus, dass bei der Besetzung einer Professorstelle den Jesuiten, ohne dass diese nötig gehabt hätten, eine Prüfung durchzumachen, der Vorzug gegeben wurde, und somit kann man sich wohl denken, welche Böcke von derlei Professoren hier und da geschossen wurden. So kam es auf einer bekannten Universität vor, dass ein Lehrer der alten Sprachen, welcher, da sein Lehrfach zum Laientum gehörte, eine ordentliche Bildungsstufe durchgemacht hatte, weil er den Dichter Goethe als ein Muster künstlerischer Vollendung hinstellte, von seinen jesuitischen Kollegen beim Bischof als Ketzer denunziert wurde. Ja einer dieser Kollegen nannte bei dieser Gelegenheit Goethe einen «schlechten Kerl und Saumagen!» Braucht es, wenn man solche Ausdrücke hört, noch weiteren Zeugnisses für die Höhe der Kulturstufe, auf welcher jene Jesuitenprofessoren standen.

Hand in Hand mit der Verbreitung dieses Glaubens ging auch die Verbreitung des Aberglaubens überhaupt. Was Sittenlehre! Was christliche Predigt! Hierin war nach der Ansicht des jüngeren Klerus die Religion nicht zu suchen, sondern vielmehr im Besuch der Messe, im Beten des Rosenkranzes, im Anrufen der Heiligen, in Wallfahrten und Prozessionen, kurz in lauter äußeren Zeremonien, welche das Denken überflüssig machten. Zugleich wurde, wie sich von selbst versteht, das Lesen in der Bibel, ja sogar das bloße Besitzen einer solchen (natürlich einer in die Landessprache übersetzten) nicht nur aufs strengste verpönt, sondern sogar als ein Verbrechen behandelt und dagegen eine andere Art von Literatur (zum Teil gratis) verbreitet, welche zwar des hirnlosesten Aberwitzes voll war, aber das Volk für die Verherrlichung des Papsttums und seiner Priesterschaft begeisterte.[324] Kurz, es geschah nun alles Mögliche, um die Vernunft, welche sich in den ersten Jahrzehnten dieses Jahrhunderts der Menschheit zu bemächtigen angefangen hatte, wieder auszutreiben, als wäre sie der Leibhaftige, und die Gläubigen ins Mittelalter zurückzuversetzen.

An Mitteln und Gelegenheiten, das Volk auf die genannte Art zu bearbeiten, fehlte es natürlich nicht, denn man hatte ja die Kirche und den Beichtstuhl und überdies drangen sowohl die Landpfarrer und Weltgeistlichen, als auch die Bettelmönche und Jesuiten in jedes Haus und in jede Familie ein, um da unter der Hand auf die Männer sowie besonders auf die Frauen einzuwirken. Ein Hautmittel aber war die Schule, besonders die Volksschule. Die Jesuiten wussten gar wohl, dass die ersten Keime, die man in einen Menschen legt, sich später selten mehr austreiben lassen, und darum ging ihr Bestreben dahin, dafür zu sorgen, dass überall in allen Konkordatsländern die Kinder von der frühesten Jugend an den Eindruck der tiefsten Verehrung für das Priestertum eingeimpft bekämen. Am Lernen, d. h. am Unterricht der Kinder in den Realien oder auch nur in den allerersten und geringsten Anfangsgründen des Willens lag ihnen nichts; im Gegenteil, sie wollten es womöglich vermeiden, dass die Jugend sich im Denken übe, und darum ging ihre Instruktion an die Landpfarrer dahin, die Schullehrer sorgfältigst zu überwachen, auf dass dieselben keine Übergriffe machen und Dinge lehren, welche der Jugend nicht zustehen. «Rechnen, Geographie, Naturgeschichte» – Torheit über Torheit! Zu was braucht ein Mensch, um selig zu werden, die Geographie und Naturgeschichte? Den Rosenkranz beten und die Credos auswendig lernen, ist mehr wert! Also – keine Extravaganzen, sondern man gebe hübsch viel religiösen Denkstoff auf, absonderlich Legendengeschichten und dergleichen, alles andere ist überflüssig und im allerhöchsten Fall das Schreiben- und Lesenlernen zu gestatten!» Auf diese Art trieb man es in den Volksschulen der glückseligen

---

[324] Wenn der Leser Lust und Liebe hat, sich nach solcher Literatur umzusehen, so braucht er bloß irgendeinen Wallfahrtsort, wie z. B. Kloster Einsiedeln in der Schweiz, zu besuchen, wo ihm um wenige Groschen Dutzende solcher prächtiger Büchlein zu Diensten stehen.

Konkordatsstaaten und darum hört man nunmehr, nachdem die Geistlichkeit ein Dutzend Jahre so gewirtschaftet, von überall her, aus dem Österreichischen wie aus dem Bayerischen, aus dem Französischen wie aus dem Spanischen (von Italien ohnehin gar nicht zu reden), die einstimmige Klage der weltlichen Behörden, dass siebzig bis achtzig Prozent der Bevölkerung nicht einmal notdürftig lesen und schreiben können, und dass leider in gar manchen Orten die Unwissenheit, die Verdummung und der Aberglauben eine Ausdehnung erlangt hätten, wie man dies im 19. Jahrhundert nicht für möglich halten sollte!

Damit jedoch war es noch nicht einmal genug, sondern die hohe Geistlichkeit bestrebte sich, ihr gottvolles Erziehungssystem auch auf die gebildeteren Schichten der Gesellschaft auszudehnen. Darum setzten sie es vor allem durch, dass in einem Konkordatsstaat weder an einer Mittelschule noch an einer Realanstalt noch an einem Gymnasium ein Lehrer angestellt werde, welcher nicht gut katholisch getauft und erzogen sei. Die Staatsbehörden sahen wohl ein, dass nicht wenige Zweige der Wissenschaften, die man in den verschiedenen Lehranstalten kultivierte, wie z. B. Geometrie, Physik, Naturgeschichte, Philologie usw. nichts mit der Religion zu tun hätten, und wollten deswegen nicht selten begabtere Lehrer, auch wenn sie dem Protestantismus angehörten, für solche Fächer herbeiziehen, aber die hohe Geistlichkeit, dem Gebot des Papstes folgend, erklärte, dass solches nicht geschehen könne, «weil sonst eine Störung in das ganze Unterrichtssystem käme». Ja einige Zeloten unter ihnen prophezeiten aus solchen Maßnahmen der Regierungen gar den Untergang der Welt und verlangten rundweg, dass bei Besetzung der Lehrstellen der Grundsatz der konfessionellen, d. h. der katholischen Ausschließlichkeit unbedingt gelten müsse. Gewöhnlich, ja fast regelmäßig gaben, um den Frieden zu erhalten (vielleicht auch im Bewusstsein, dass man, weil man so töricht gewesen sei, A zu sagen, nun auch B sagen müsse), die weltlichen Behörden nach und so kam es denn, dass nach dem allgemeinen Zeugnis der aufgeklärteren Konkordatsstaaten auf jene niedere Stufe des Wissens herabgedrückt wurden, auf welcher sie zu der Zeit des Mittelalters standen. «Es sei genug,» meinten die Jesuiten, «wenn den Jungen das zur Messe nötige Latein eingepaukt werde und das Hersagenkönnen des «Te Deum laudamus» sowie des «Gloria in excelsis» reiche vollkommen aus.» Demgemäß wurde jeder Professor, selbst wenn man von seiner guten Katholizität hinlänglich überzeugt war, aufs sorgfältigste überwacht und nicht wenige von ihnen mussten vor dem Bischof ihres Sprengels erscheinen, um sich sagen zu lassen, «wie sie ihre Vorträge einzurichten hätten.»[325] Gleichwie

---

[325] Besonders die Lehrer der Physik waren schlimm dran, da sie nichts vortragen durften, was gegen die altbiblische Lehre verstieß. Sie mussten also z. B. dabei bleiben, dass die Erde nicht älter als 6000 Jahre, dass die Sonne zu Josuas Zeiten still gestanden habe, dass Bileams Esel zu sprechen verstand und was dergleichen mehr ist. Am allerschlimmsten jedoch hatten es die Lehrer der Geschichte, denn diese mussten geradezu und wissentlich Fälschungen vornehmen, da es in den Augen der Päpste ein Greuel gewesen wäre, wenn

nämlich die Dorfschullehrer nichts anderes waren, als Leibeigene oder Hörige des Ortspfarrers, dem sie unbedingt gehorchen mussten, ebenso prägte man den höher gestellten Lehrern ihr Untertänigkeitsverhältnis gegen den Bischof ein. Ja man hielt die Letzteren fast noch mehr im Zaun, als die Ersteren, weil ihre Stellung eine viel wichtigere war, denn das große Endziel, «jede Regung freien Geistes und wissenschaftlichen Strebens in der höhergestellten Jugend auszulöschen, damit dieselbe dereinst im Staatsdienst für den Papismus und den Jesuitismus wirke,» musste um jeden Preis erreicht werden.

Ist es nun unter solchen Umständen ein Wunder, wenn in den Konkordatsstaaten die sogenannten gebildeten Klassen sich nur ein äußerst oberflächliches Wissen erwerben könnten und ohne Energie, ohne sittliche Hebung, ja sogar ohne Religiosität (denn der ihnen eingeprägte Zeremoniendienst konnte doch für keine Religion gelten) sozusagen nur in den Tag hineinlebten, während das niederere Volk auf dem Land gedankenlos, faul, arm, bettelhaft, trunksüchtig und verkommen wurde? Aber – was lag den Römischen daran, dass die von ihnen angeordnete Erziehungsweise solch schlimme Erfolge hatte? Sie erreichten ja dadurch den Vorteil, dass kein Mensch über die päpstlichen Anmaßungen auch nur noch nachdachte, viel weniger an deren Rechtmäßigkeit zweifelte! Doch damit gaben sich die Päpste selbst noch nicht einmal zufrieden, sondern sie suchten auch sofort den alten Kampf mit den vom Katholizismus Abgefallenen wieder zu erneuern. Ihr Wahlspruch hieß seit undenklichen Zeiten: «Ausrottung der Ketzerei,» damit in der ganzen Christenheit nur eine einzige Kirche, nämlich die katholische, und an ihrer Spitze der Papst herrsche. Sollten sie nun, da die abgeschlossenen Konkordate ihnen eine Handhabe gegen die Protestanten zu geben schienen, diesem Wahlspruch, welchem sie so lange Zeit mit Feuer und Schwert verfolgt hatten, in neuester Zeit untreu werden?

Die beste Antwort auf diese Frage gab schon Papst Pius VII. durch die Erneuerung jener vielberüchtigten «Nachtmahlsbulle», von der wir früher schon weitläufiger berichtet haben. Vierzehn Jahre lang war sie nicht mehr von den Kanzeln herabgedonnert worden und man hätte glauben können, auch die Päpste wären nunmehr zu der Einsicht gekommen, dass der Allbeherrscher im Himmel oben

---

man der Jugend über gewisse kirchliche und religiöse Umwälzungen und Revolutionen klaren Wein eingeschenkt hätte. Übrigens auch in der politischen Geschichte durften die Professoren durchaus nicht bei der Wahrheit bleiben, sondern sie mussten, um nur ein paar Beispiele anzuführen, Wilhelm Tell als einen Rebellenhauptmann, Kaiser Napoleon als einen General der Bourbonen und was dergleichen Unsinn mehr ist darstellen. Republiken existierten für sie gar nicht und hatten nie in der Welt existiert, sondern sie bestimmten jeder derselben irgendeinen beliebigen Souverain auf und wenn sie von den Schlachten erzählten, die früher zwischen den Welfen und Ghibellinen geschlagen wurden, so ließen sie die Letzteren natürlich jedesmal unterliegen. Kurz «ihre» Geschichte blieb von der wahren Geschichte immer so weit entfernt, als der Roman von der Wirklichkeit.

einem erbärmlichen engherzigen Sterblichen gleichen würde, wenn er das Seligwerden der Menschen von diesem oder jenem äußeren Kultus abhängig machen und etwa neun Zehntel der Bewohner dieser Erde zur Hölle schicken würde, um das übrig bleibende Zehntel in seinen Gnadenhimmel aufnehmen zu können. Aber Pius VII. war von solcher Einsicht so weit entfernt, dass er vielmehr am grünen Donnerstag des Jahres 1815 alle Ketzer und Akatholiken, alle Juden und Muslime, kurz alle, welche ihn, den Statthalter Christi, nicht anbteteten, gerade wie es die furchtbare Bulle «in coena domini» vorschreibt, mit höchsteigenem Mund verdammte, und seither ist in Rom, das Jahr 1849 ausgenommen, weil der Papst damals flüchtig war, kein grüner Donnerstag vorübergegangen, an welchem nicht die «Ketzerexkommunikation» en gros mit allem Pomp vorgenommen worden wäre. Hierin also schon liegt der klarste Beweis, dass die Päpste der Neuzeit, wie in allem anderen, so auch im Grundsatz der Duldsamkeit konsequent geblieben sind; aber sie betätigen diese ihre so echt christliche Gesinnung noch durch eine Menge anderer Dekrete und Handlungen. So erließ z. B. Pius VII. am 13. September 1821 eine große Verdammungsbulle gegen die Carbonari, weil dieselben eine in religiöser wie in politischer Beziehung für einen Papst allzu freisinnige Gemeinschaft bildeten, und sein Nachfolger, Leo XII., exkommunizierte sämtliche Freimaurer, indem er sie zugleich für ewige Zeiten aus seinen Staaten verbannte. Noch grausamer benahmen sich diese beiden Päpste, sowie auch ihre Nachfolger Pius VIII, Gregor XVI. und der jetzt noch lebende Pius IX. gegen die Juden, welche in Rom fast ärger als Aussätzige behandelt werden. Kein Jude nämlich darf dort anderswo wohnen, als im Judenviertel, dem sogenannten Ghetto, und der Umgang mit Christen ist ihm aufs strengste verboten. Wird bewiesen, dass ein Jude mit einem zum katholischen Gottesdienst gehörigen Gegenstand, z. B. einem Hostienteller, einem Messbuch, einem Kruzifix oder einem Rosenkranz Handel getrieben hat, so wird er um zweihundert Scudi gestraft und kommt sieben Jahre ins Gefängnis. Ebenso streng verfährt man gegen jeden, welcher sich ohne Erlaubnis der heiligen Inquisition aus der Stadt Rom entfernt; zum Tode verurteilt aber wird der, gegen welchen zwei Zeugen aussagen, er habe die katholische Religion oder einen ihrer Priester, sei es durch eine Rede, sei es durch eine Miene, gelästert. Kurz, der Jude ist im Kirchenstaat ein förmlich schutz- und rechtloses Subjekt und noch heutzutage besteht das Gebot der heiligen Inquisition, dass ein Arzt, sobald er zu einem Kranken im Ghetto gerufen wird, zuerst, ehe er irgendein Rezept verschreibt, den Versuch machen muss, denselben zu bekehren und sodann, wenn der Jude sich weigert, ihn augenblicklich, ohne sich weiter um ihn zu kümmern, zu verlassen hat. Ja, um das Maß voll zu machen, werden jeden Montag in der Woche zwei oder drei Judenkinder im besagten Judenviertel zu Rom eingefangen und sofort in eine katholische Kirche getrieben, um sie mit einigen

Tropfen Wasser zu Christen zu machen![326] Kann man sich wohl eine schändlichere Behandlung denken? Ja geht dieses letztere Stücklein nicht tatsächlich sogar über die Barbarei des Mittelalters hinaus?

Wenn nun die Päpste der Neuzeit auf solche Art gegen die Juden handeln, glaubt man dann, die Protestanten werden vielleicht besser wegkommen? Im Gegenteil; denn der Protestantismus ist dem Papst bei weitem verhasster als der Judaismus oder Islam, nach dem alten Grundsatz, dass Feindseligkeiten in der Familie und zwischen Brüdern mehr ins Herz treffen, als Händel und Zwietracht mit Fremden. Somit geht der heilige Vater zwar allerdings fürs erste immer darauf aus, die «Abgefallenen im Glauben» zu der alleinseligmachenden Kirche zurückzuführen, sein zweites und Hauptmittel aber, auf das er stets zurückkommt, wenn die Bekehrung nicht gelingen will, ist und bleibt die Vernichtung der Ketzer. Die Bekehrung der Protestanten liegt vor allem bei den Mönchen und zwar machen sich die Jesuiten mehr an die vornehme Welt, besonders an kleinere regierende protestantische Fürsten nebst deren Gemahlinnen und Kinder; die Bekehrung der niederen Volksklassen aber ruht fast durchaus in den Händen der Bettelmönche sowie der barmherzigen Brüder und Schwestern. Die Bettelmönche haben Zutritt in alle Strafanstalten der Konkordatsstaaten und benutzen diese Erlaubnis hauptsächlich dazu, um die akatholischen Insassen derselben durch Vorspiegelung von Begnadigungshoffnungen zum Übertritt ins katholische Lager zu bewegen. Ebenso heimisch, wie in den Strafanstalten, sind sie auch in den Waisenhäusern und ruhen nicht, als bis die kleinen unmündigen Bewohner solcher Anstalten, wenn sie das Unglück haben, von protestantischen Eltern geboren zu sein, sich bereit erklären, katholisch zu werden. Das ist dann jedesmal ein Jubel, wenn wieder solch ein armes Kind, welches, wie sich von selbst versteht, noch nicht selbstständig urteilen kann, den Satansklauen des Ketzertums entrissen wird, aber von den Versprechungen sowie umgekehrt von den Drohungen, welche in Anwendung gebracht wurden, um dieses Resultat zu erzielen, schweigen die Herren Bekehrer natürlich wohlweislich still! Noch weit schlimmere Mittel, als die Bettelmönche, wenden die barmherzigen Brüder und Schwestern bei ihrer Proselytenmacherei in den Spitälern an, denn sie benutzen die geistige und körperliche Schwäche der Kranken, um ihnen das Jawort, in den Schoß des Katholizismus zurückzukehren, abzulocken. Ja,

---

[326] Hierher gehört auch die Geschichte mit dem jungen Mortara, dem Söhnchen einer reichen englischen Judenfamilie, welches die Pfaffen den Eltern während deren Aufenthalt im Modenesischen ohne weiteres stahlen und mit Gewalt zum Christentum pressten. Die Sache machte damals, als sie passierte, d. h. vor vier Jahren, großes Aufsehen und zwar einfach deswegen, weil die Mortaras als Engländer sich die Sache nicht gefallen lassen wollten. Die Juden im Ghetto aber verhalten sich, wenn man ihnen der Bekehrung halber ein Kind stiehlt, wohlweislich ganz still, denn erstens würde sie eine Klage doch nichts helfen und zweitens dürften sie sicher sein, beim geringsten Mucksen für ihre eigene Person mit den Kerkern der Inquisition des Näheren bekannt zu werden.

es ist durch Hunderte von Fällen notorisch erwiesen, dass Einzelne jener frommen Schwestern und Brüder, das Verfahren des heiligen Vaters in Rom den Juden gegenüber nachahmend, protestantischen Kranken so lange die ärztliche Behandlung verweigerten (oder dieselben auf andere Weise vernachlässigten), bis sie schließlich das Versprechen gaben, ihrer Ketzerei zu entsagen! Auf solche Weise wird in Konkordatsstaaten die Bekehrung der Protestanten zu bewerkstelligen gesucht; umgekehrt aber belegt man die Letzteren mit schweren Strafen, sobald sie sich einfallen lassen, einen Katholiken zum Religionswechsel zu bewegen, oder sobald sie nur das große Verbrechen begehen, einem Römischgetauften die protestantische Bibel zum Lesen zu geben. Überdies, um das Maß der Rechtsgleichheit voll zu machen, haben die Päpste in den meisten Konkordaten die Bestimmung durchgesetzt, dass wenn evangelische Eltern zur katholischen Kirche übertreten, ihre unmündigen Kinder durch diesen Akt selbstverständlich ebenfalls katholisch werden, während umgekehrt, wenn katholische Eltern zum Protestantismus übergehen, ihre Kinder in der katholischen Kirche zurückbleiben müssen. Das ist die Duldsamkeit, welche die Päpste kennen!

Man sieht also, dass die Römischen das Proselytenmachen sich ziemlich bequem hergerichtet haben. Wenn aber dessen ungeachtet die Protestanten starrköpfig genug sind, auf ihrem verfluchten Ketzertum zu beharren, so hört die Milde, mit der man bisher zu ihnen gesprochen, auf einmal auf und die lammfrommen geistlichen Herren verwandeln sich urplötzlich in furchtbare Wüteriche, welche auf nichts anderes ausgehen, als darauf, den Protestantismus vollständig zu vernichten. Freilich das Anzünden der Scheiterhaufen geht nicht mehr, weil die weltlichen Regierungen leider ihre Zustimmung verweigerten. Ebenso wenig ist es dem Papst gestattet, zu jetzigen Zeiten einen Kreuzzug gegen die Ketzer zu predigen. Aber gibt es dagegen nicht andere Mittel, durch die man den Protestanten das Protestantensein verleiden und ihre Existenz vollständig untergraben kann?

Das erste Mittel ist die Verlästerung und dieses wenden die Päpste nebst ihren Helfershelfern im vollsten Maßstab an. Es werden nämlich in solchen Gegenden, in welchen Katholiken und Protestanten zusammenwohnen, eine Menge Flugschriften verbreitet, in welchen der protestantische Glaube geradezu als eine Ableugnung von Christentum und Moral dargestellt wird, so dass die guten Katholiken einen förmlichen Schauder bekommen müssen, wenn sie nur das Wort Protestantismus hören. Die grellsten Lügen, die gemeinsten Verdrehungen und Entstellungen werden aufgebracht, um den Abscheu der wahren Gläubigen vor den grässlichen Ketzern zu wecken, und schon die kleinen Kinder in er Schule hält man an, ein Kreuz zu schlagen, sobald der Name Luther nur genannt wird. Ja, Luther, Calvin, Zwingli und dergleichen Männer werden geradezu als leibhaftige Söhne des Satans hingestellt und um die Sache vollends recht klar zu machen, zeigt vielleicht ein an richtiger Stelle angebrachter Holzschnitt Luther oder Zwingli, wie sie von beschwänzten Teufeln festgehalten im Höllenfeuer braten.[327]

Das zweite Mittel, dem Protestantismus den Garaus zu machen, ist «die Isolierung seiner Bekenner.» Seit dem Ende des dreißigjährigen Krieges war in den Gegenden, wo Protestanten und Katholiken zusammen oder wenigstens in nächster Nachbarschaft wohnten, großenteils eine Art Duldungsverhältnis eingetreten, das oft bis zu gegenseitiger Achtung und Freundschaft, ja nicht selten sogar bis zu noch näherer Verbindung führte. Überall war dies allerdings nicht der Fall und besonders nicht da, wo die katholische Geistlichkeit eine große Gewalt ausübte, aber in Folge des seit dem Ausbruch der französischen Revolution wehenden Geistes hatte sich auch dieser letzte Widerstand gegen das Gebot der Toleranz wenn nicht gänzlich «gehoben», so doch wenigstens «gefügt»; und es herrschte überall in paritätischen Gemeinden Friede und Eintracht. Der Islam gestattet Christen wie Juden freie Ausübung ihrer Religion, und die Bekenner Jesu, die doch Ansprüche darauf machen, dass ihr Glaubensbekenntnis hoch erhaben stehe über allen anderen Religionen der Welt, sollten sich gegenseitig unter sich befeinden, weil sie in wenigen Einzelheiten, vielleicht nicht einmal in der großen Hauptsache des Dogmas, sondern nur in verschiedenen Äußerlichkeiten nicht übereinstimmten? So fragte man sich seit dem Beginn des 19. Jahrhunderts und schämte sich der früheren Religionskriege auf Tod und Leben! Nun aber, als die Päpste sich wieder erholt und die Konkordate erfunden hatten, sollte diesem friedlichen und einträchtigen Zusammenleben ein schnelles Ende gemacht werden. «Die Protestanten,» so erklärte der Mann in Rom, «sind einer viel zu tief stehenden Menschenklasse angehörig, als dass die Katholiken mit ihnen wie mit Ebenbürtigen Umgang haben dürften. Ist ja doch jenen als Ketzern der katholische Himmel verschlossen,

---

[327] Der Raum gestattet uns natürlich nicht, derlei verlästernde Schmähschriften dem Leser in Masse vorzuführen; dagegen erlauben wir uns, aus dem «Amico del Polopo» vom Jahr 1861, welcher unter unmittelbarer hoher päpstlicher Zensur erscheint, und wie schon sein Name «Volksfreund» besagt, hautsächlich auf die große Masse gerechnet ist, einige wenige Sätze anzuführen. Diese heißen wörtlich übersetzt also: «Worin besteht der Protestantismus?» Antwort: «Darin, zu glauben, was man will und zu tun, was man glaubt!» - «Luthers Moral bestand in folgendem Grundsatz: sündige nur frisch drauf los, und tue, was dich freut; darum ist auch unter allen Protestanten kein guter Christ zu finden.» - «Als Satan einst auf seinem Thron saß, trat Luther vor ihn hin, kniete nieder und sprach: Du bist mein Meister und mein Glaube.» - «Gibt es unter allen rasenden auf der Welt einen größeren Tollen als Luther?» - Antwort: «Keinen!» - «Luther wurde von Satan bewogen, die Messe abzuschaffen; darf es deshalb jemanden wundern, dass der Protestantismus ein Werk des Satans sei, wie er es auch wirklich ist? War es denn nicht der Teufel, welcher das Amt des Theologen bei Luther übernahm? Und doch sollte es noch Menschen, ja sogar Italiener geben, welche so frevelhaft sind, sich dem Protestantismus, d. i. dem Teufel zu überliefern?» - Auf diese Art zieht der «päpstliche Volksfreund» für 1861 gegen die Protestanten zu Felde, was brauchen wir also weiter Zeugnis?

wie könnten sie also irgend auf Gleichberechtigung Anspruch machen?» Solchem Grundsatz gemäß verschlossen die katholischen Geistlichen vor den Protestanten ihre Kirchen und Kirchhöfe und weigerten sich, einen Ehebund zwischen einem Protestanten und einer Katholikin oder umgekehrt einzusegnen. «Schon der bloße «Umgang» mit Ketzern», meinte sie, «sei gefährlich, da sogar die Luft, welche die Ketzer ausatmen, verpestet sei; wenn aber auch in paritätischen Orten ein solcher nicht ganz vermieden werden könne, so dürfe er sich wenigstens nicht bis zur Freundschaft steigern, und am allerwenigsten sei es erlaubt, es bis zur innigsten Vereinigung, die es gebe, nämlich bis zur Ehe, kommen zu lassen. «Einsegnungen gemischter Ehen,» wurden also in allen Konkordatsstaaten von der Geistlichkeit entweder geradezu verweigert, oder wenn eine Regierung fest genug war, sich solche Maßregelung nicht gefallen zu lassen, nur unter Bedingungen zugelassen, welche für den protestantischen Teil beinahe unannehmbar waren. Musste doch versprochen werden, dass die der Ehe entsprießenden Kinder unbedingt in der katholische Religion zu erziehen seien! Wurde doch der katholische Teil des Ehepaars vor der Hochzeit unter Androhung der ewigen Pein im Beichtstuhl so lange gequält, bis er sich verpflichtete, alles aufzubieten, um die protestantische Hälfte im Verlauf der Ehe in den Bund der alleinseligmachenden Kirche zurückzuführen! Demgemäß begann, wenn je eine «gemischte» Ehe zustande kam, erst nach der Hochzeit die Hauptsache, denn dann wurde an dem katholischen Teil so lange gearbeitet und geschürt, bis entweder die Bekehrung des ketzerischen Teils bewerkstelligt, oder (was weit öfter geschah) der eheliche Frieden und das eheliche Glück für immer verjagt war. Ja nicht einmal im Tode fanden die gemischten Ehen Ruhe, denn die Geistlichkeit gestattete den verstorbenen Ehegatten nie und nimmer dasselbe Grab, da ein Protestant als religiöser Paria nicht würdig sei, neben einem Katholischen zu ruhen![328] Wahrhaftig unter solchen Umständen war es für

---

[328] Es sind nun erst vier Jahre her, da verstarb in Wien ein katholischer Staatsrat, also ein Mann von großem Einfluss und hoher Stellung. Er hatte eine Frau protestantischen Glaubens, aber trotzdem war die Ehe eine äußerst glückliche gewesen, denn der Ehegatte wusste allen Pfaffenzuspruch von sich abzuhalten. Weil nun aber die beiden Eheleute also glücklich zusammengelebt hatten, wollten sie auch im Tode nicht getrennt sein und der Staatsrat hinterließ ein Testament mit der Bestimmung, dass seine Gattin dereinst neben ihm in derselben Gruft bestattet werden solle. In dieser Hoffnung starb er und zwei Jahre darauf folgte ihm die Frau im Tode nach. Aber was geschah nun? Die Erben wollten natürlich die Bestimmung des Testaments vollziehen und die Gattin in derselben Gruft bestatten lassen, in der ihr Gatte ruhte; aber der katholische Pfarrer des Sprengels verweigerte die Erlaubnis hierzu. Man wandte sich augenblicklich beschwerend an den Bischof, doch dieser bestätigte das Urteil des Pfarrers mit der ausdrücklichen Erklärung, dass ein Protestant nicht desselben Grabes teilhaftig sein dürfe, wie der Katholik. — Wenn nun ein so hochgestelltes Ehepaar auf diese Art behandelt wurde, so kann man sich denken, wie wenig Umstände man erst mit dem gemeinen Volk machte, und wir könnten in dieser Beziehung eine Menge Beispiele anführen. Aber es genüge an dem vorherigen, da ja der

die Protestanten keine Kleinigkeit, trotz der ewigen Quälereien, doch unbeirrt bei ihrem Glauben auszuharren.

Das dritte Mittel gegen den Protestantismus ist die «Vertreibung» seiner Anhänger. Morden darf man sie nicht mehr, wie schon oben gesagt; also «fort mit ihnen, zum Land hinaus, wenn sie sich nicht bekehren lassen wollen!» Das Mittel ist probat, aber es lässt sich natürlich nur da anwenden, wo die Protestanten in der großen Minderheit sind, denn im umgekehrten Fall könnte die Sache schief ausfallen. «Offene Gewalt» wird übrigens, wie man sich leicht denken kann, wo irgend möglich, nicht angewandt, denn man will alles öffentliche Aufsehen vermeiden; aber gibt es nicht der Mittel, diesen oder jenen Missliebigen in der Gemeinde so lange zu quälen, bis er von selbst geht, so viel, dass es ganz und gar nicht nötig ist, mit den Dreschflegeln drein zu schlagen? Oder wie? Erinnert sich der Leser, um aus der großen Anzahl von Beispielen, die vor uns liegen, wenigstens eines anzuführen, nicht an die Art und Weise, wie man es den Zillertalern in Tirol machte? Ein Teil der Bewohner dieses schönen Tales reist bekanntlich viel im Ausland herum, um Handschuhe, die sie selbst fabrizieren, zu verkaufen, und konnte es demgemäß natürlich nicht vermeiden, mit Protestanten in nähere Berührung zu kommen. Die Folge war, dass Einzelne die Bibel mit nach Hause brachten und nun, da sie den Winter durch in der freien Zeit stark darin forschten, über einzelne katholische Satzungen, wie z. B, über den Ablass, die Seelenmessen, das Fegefeuer, die Verehrung der Heiligen und was dergleichen mehr ist, in ziemliche Zweifel gerieten. Doch traten sie keineswegs aus dem katholischen Kirchenverband aus, sondern wurden nur etwas laxer im Besuch der Messe und im Ablegen der Ohrenbeichte. Dessen ungeachtet fanden die Priester und Bettelmönche den Sachverhalt bald heraus und nun – die Geschichte spielt in den Jahren 1826 bis 1827 – ging es an ein Beschreien und Verketzern, dass die armen Menschen keine leibliche Ruhe mehr hatten. Auf diese Art von den Pfaffen (wir gebrauchen diesen Ausdruck ungern, aber «derlei» Geistliche oder Priester kann man unmöglich anders nennen) aufgehetzt. Kam das ganze Tal in Aufruhr und es hätte wenig gefehlt, so würde man die der Ketzerei Verdächtigen nach amerikanischer Manier gelyncht haben. Dadurch aber ließen sich die Letzteren nicht einschüchtern, sondern im Gegenteil wurde ihre Überzeugung, dass sie das Wahre erfasst, nur umso intensiver, je mehr die Pfaffen in ihrer Wut außer sich gerieten, und im Jahr 1830 erklärten zweihundertundvierzig von ihnen offen heraus, mit der katholischen Religion nichts mehr zu tun haben zu wollen, sondern vielmehr zum Protestantismus überzutreten. Ja, sie wandten sich einige Zeit darauf sogar an den Kaiser Franz selbst, da dieser im Jahr 1832 nach Innsbruck kam, und verlangten den Schutz, er ihnen nach dem Paragraph XVI. der Bundesakte gebühre. Der

---

Leser aus der bischöflichen Entscheidung ersieht, dass eine derartige Verfahrensweise nicht zu den Ausnahmen, sondern als Regel diente.

Kaiser, ein gutmütiger Mann, welcher niemandem Unrecht tun wollte, sagte ihnen diesen Schutz zu, und wer war nun froher als die 240 Zillertaler? Aber sie hatten die Rechnung ohne den Wirt, oder vielmehr ohne die katholische Geistlichkeit respektive ohne den Papst gemacht, denn Gregor XVI. protestierte förmlich «gegen die Verunreinigung des bisher so glaubenstreuen Tirol durch diese schändlichen Ketzer,» und verlangte deren Vertreibung. Was wollte nun der gute Franz machen? Sollte er wegen der paar Ketzer dort mit dem Papst Streit anfangen? Das ging doch nicht! Also wurde den Zillertaler bekannt gegeben, entweder sofort wieder katholisch zu werden, oder aber nach Siebenbürgen, das ein paritätischer Staat sei, auszuwandern. Natürlich verweigerten dieselben sowohl das eine als das andere, aber nun stachelte die Geistlichkeit das Volk bis zum Fanatismus auf und die armen Verfolgten kamen wirklich in Gefahr, dass man ihnen ihre Häuser unter der Nase anzünde. Sie sahen also ein, dass ihnen nichts anderes übrig bleibe, als zu handeln, wie die Salzburger hundert Jahre zuvor gehandelt hatten, und schickten eine Deputation an den König von Preußen nach Berlin, um sich von diesem Monarchen eine Freistätte zu erbitten. Der Bitte wurde, wie man sich denken kann, augenblicklich stattgegeben und nun kehrten, zum Jubel des Klerus und des Papstes, welche darüber in ein förmliches Entzücken gerieten, im August 1837 sämtliche protestantisch gewordenen Zillertaler mit Weibern und Kindern, im Ganzen 399 Köpfe, der so innig geliebten Heimat den Rücken, um im fernen Norden, da sie das eigene Vaterland als religiöse Aussätzige ausstieß, sich eine neue Existenz zu gründen. Baucht es, wenn man solches liest, noch ein weiteres Zeugnis über das, was der Papst und seine Priesterschaft unter Toleranz versteht?

«Krieg, Krieg mit den Akatholischen» war die Losung in allen paritätischen Staaten, die mit den Päpsten Konkordate abschlossen, und das Wort Konkordat d. i. Eintrachtsbeschluss, wurde somit zur vollsten Ironie! Nie und nimmer wird einer, welcher die Tiara trägt, einer Partei, die «ihn» nicht anerkennt, das Recht der Existenz zusprechen, und darum können auch alle Verträge, welche der heilige Vater abschließt, unmöglich auf etwas anderes berechnet sein, als auf die Gewinnung der Möglichkeit, diejenigen, mit denen er sich verständigte, unter den Daumen zu bekommen. Also nochmals und nochmals: «Krieg, nicht Frieden, Verfolgung, nicht Duldung, Hass, nicht Liebe, sind die Folgen der Konkordate in paritätischen Staaten, denn das Nebeneinanderstehen der beiden Begriffe Papst und Toleranz ist eine Unmöglichkeit!

Noch viel weiter übrigens als in paritätischen Ländern gehen die Päpste in denjenigen Konkordatsstaaten, welche «nicht paritätischer» Natur sind. Bekanntlich ist es eine strenge Anforderung der Romtreuen, für den Katholizismus überall, auch in rein protestantischen Ländern, vollkommenste Religionsfreiheit zu fordern und sie stellen sich bei dieser Forderung sogar nicht selten mit jesuitischer Feinheit auf den Standpunkt des «Humanismus». Wie ist es nun aber, wenn man den Satz umdreht, und für den Protestantismus dieselbe Freiheit in Anspruch nimmt? Ei natürlich in diesem Fall ist es anders, denn sobald man so etwas verlangt, so hat es auf einmal mit dem Harmonismus ein Ende und alle und jede Toleranz wird über Bord geworfen! Oder wie? Erstattet vielleicht der Papst in seinen eigenen Staaten die Existenz des Protestantismus? Gestattet er dessen Existenz in den übrigen «gut katholischen» Ländern? Ist es z. B. in Spanien, oder in Portugal, oder in Mexiko, oder in Chile, oder in Brasilien oder in Peru erlaub, dass protestantische Kirchen gebaut und protestantische Gemeinden errichtet werden? Nie und nimmer! Der Protestantismus als Religion hat in den Augen des Papstes kein Recht zum Dasein, sondern gilt ihm vielmehr als ein giftiges, wucherndes Unkraut, dass unmöglich zugelassen werden darf, wenn man nicht Gefahr laufen will, dass die guten Pflanzen ebenfalls angesteckt werden.

Demgemäß verbietet man ihn in rein katholischen Staaten geradezu, und zwar nicht selten unter Androhung mit härteren Strafen, als auf Diebstahl, Raub und Mord gesetzt sind! Ja es fehlte nur noch, dass man an jedem Grenzpass ein Paar Schwarzkittel neben den Mautbeamten aufstellte, um nicht bloß den Eintritt akatholischer Reisender, sondern auch das Einschmuggeln protestantischer Ideen unmöglich zu machen! Der Leser schüttelt vielleicht den Kopf, aber er gehe in einen jener oben genannten Staaten und wird diese Aussage bestätigt finden; umso größer aber ist der Jammer, wenn eine Regierung von einer solchen inhumanen Richtung abgeht, und man tut dann, als ob der Weltuntergang vor der Türe stehe. Die Wahrheit dieses Satzes beweist sich am Besten durch das, was eben in diesen unseren jetzigen Tagen in dem kaum vorhin genannten Tirol vorgeht. Der Kaiser von Österreich, gedrängt von den Forderungen der Zeit, verkündete vor wenigen Monaten in allen seinen Landen das sogenannte «Protestantengesetz», d. h. das Gesetz, dass seine protestantischen Untertanen von nun an vollkommene Religionsfreiheit genießen und in jeglicher Beziehung den übrigen Bewohnern Österreichs gleichgestellt sein sollen. Damit war wenigstens die Möglichkeit gegeben, dass auch nach Tirol Protestanten kommen, sich dort ansiedeln, dort eine Gemeinde gründen und am Ende gar ein Gotteshaus bauen könnten. Ein grässlicher Gedanke, diese Möglichkeit! Was tut nun die hohe Geistlichkeit, um solcher schaudererregenden Möglichkeit zu entgehen? Sie wollte den Kaiser zwingen, das Protestantengesetz zurückzunehmen und brachte daher das ganze Land in Aufruhr! Eine Petition wurde aufgesetzt, in welcher gesagt wurde, «dass die Existenz des Protestantismus in Tirol eine Unmöglichkeit sei», und die Mönche kolportierten diese Bittschrift von Haus zu Haus, von Gemeinde zu Gemeinde. Riesenhaft schwoll sie an, die «Kontraprotestantismuspetition», denn wer es gewagt hätte, seine Unterschrift zu verweigern, der wäre in Gefahr gekommen, selbst als Ketzer verlästert zu werden! Riesenhaft schwoll sie an, denn man sparte weder Drohungen, noch Versprechungen und ließ sie selbst von Gymnasiasten und Schulbuben unterschreiben, nur um recht viele Namen darunter zu haben! Das ganze Land, so wollte es der Bischof von Brixen, der vertraute des Kardinals Rauscher, welcher seinerseits wieder der Vertraute des Papstes ist, - das ganze Land sollte sich wie ein Mann gegen die Zulassung der Protestanten erheben, damit der Kaiser von dem Weg der Verderbnis, den er eingeschlagen hatte, wieder zurückkomme! Ja, damit war es noch nicht einmal genug, sondern der Bischof stellte auch auf dem Landtag zu Insbruck den Antrag, dass der Protestantismus in Tirol «verboten» bleiben solle, und drang mit demselben siegreich durch, zum besten Beweis, wie schwer der geistige Druck der Kutten auf dem Land liegt! Allerdings hatte weder die Riesenpetition noch der Landtagsbeschluss eine Wirkung, denn die kaiserliche Regierung ging weder auf das eine, noch das andere ein; aber wenn die Romtreuen für diesmal auch nicht durchdrangen, so sehen wir doch daraus, wie sie gesinnt sind, und nun, Leser, antworte uns, ob du glauben kannst, dass die Päpste mit ihrem Anhang je «Andere» werden können, als sie bisher waren?

Nein, und abermals nein. Sie sind und bleiben die Alten!

3. Kapitel.

Schlusswort.

259 Päpste – bei dieser Zahl sind die vielen Gegenpäpste noch nicht einmal gerechnet – saßen schon auf dem Stuhl Petri, aber nur wenige waren darunter, die man als wackere, ehrenhafte Männer oder gar als Christen und Leute nach dem Herzen Gottes bezeichnen könnte. Die meisten legten eine ungemeine Herrschsucht und zugleich eine Geldgier an den Tag, die kein Mittel, auch nicht das gemeinste, verschmähte, um ihr Ziel zu erreichen. Viele, recht viele sogar, verbanden damit eine Genußsucht, eine Wollust und ein Lotterleben, von dem man in jetzigen Zeiten gar keinen Begriff mehr hat. Alle aber ohne Unterschied (seit nämlich aus den römischen Bischöfen Päpste geworden waren) zeichneten sich durch die größte Unduldsamkeit und Intoleranz aus, durch eine Intoleranz, die sich nur zu oft bis zur blutgierigsten und wahnsinnigsten Grausamkeit steigerte. Eine Zeitlang, d. h. durch verschiedene Jahrhunderte, regierten sie die christliche Welt fast unbeschränkt, dann sank ihre Macht tiefer und tiefer, bis sie endlich ganz und gar, einem abgebrannten Licht gleich, zu verlöschen drohte. Die Welt glaubte, von dem Papsttum befreit zu sein und atmete frei auf; aber siehe da, auf einmal flackerte das Licht von neuem und wurde stärker und stärker, so dass es fast schien, es sei noch die alte Flamme, die im Mittelalter geleuchtet hatte.

Sollte es nun wirklich so sein? Wäre es wirklich jene alte Flamme, welche die merkwürdige Eigenschaft hat, statt Licht Finsternis und statt Wärme Todesfrösteln zu verbreiten? Oder ist es vielleicht nur ein Irrlicht, das plötzlich auftauchte, um dann für immer und ewig zu verschwinden? Wir unseren Teils wollen hoffen, dass das Letztere der Fall ist, denn leugnen lässt sich nicht, dass das Papsttum sich überlebt hat und dass es an der Zeit wäre, wenn es nunmehr endlich den Weg alles Fleisches ginge. Freilich, wenn es reformiert werden, wenn es sich dem Zeitgeist anpassen, wenn es den Forderungen der fortgeschrittenen Kultur Rechnung tragen könnte, dann, aber auch nur dann, wollten wir ihm die Lebensfähigkeit nicht absprechen. Aber, hat es nicht bisher, haben nicht besonders die Päpste der Neuzeit bewiesen, dass jede Änderung zum Besseren für sie eine Unmöglichkeit ist? Sie sahen, ja sie mussten sehen, dass die Menschheit in den letzten siebzig Jahren eine ungeheuren Schritt nach Vorwärts getan hat; aber was taten nun sie ihrerseits? Sie machten einen noch ungeheureren Schritt nach Rückwärts, und versuchten das Mittelalter wieder heraufzubeschwören! Unglaublich, aber doch wahr! Bann und Exkommunikation wurden von ihnen wieder hervorgesucht, gerade wie wenn die Jahre 1780 – 1814 gar nicht existierten! Ja, auch der jetzige Papst, den man doch als einen Menschen von viel Gutmütigkeit und Sanftmut schildert, ist kein anderer als seine Kollegen, denn auch er versuchte schon (wie wir weiter oben gesehen haben) den donnernden Innozenz zu spielen und meint jetzt noch allen Ernstes, die Welt glauben machen zu können, dass ein Angriff auf seine weltliche Macht eine ebenso große Ketzerei sei, wie der Angriff auf ein kirchliches Dogma!

Wie wird es nun aber kommen, wenn das Papsttum der Reparation unfähig ist? Werden die Völker gehorsam und unterwürfig zum Glauben oder vielmehr zum Aberglauben des Mittelalters zurückkehren, wie die Päpste verlangen, oder werden sie umgekehrt das Papsttum über Bord werfen und im Meer, da, wo es am tiefsten ist, begraben? Das Erstere sicherlich nicht und zwar einfach deswegen, weil ein solcher Rückschritt auf die Dauer eine Unmöglichkeit wäre. Vielleicht aber auch nicht das Zweite, denn warum soll man denn Ihn angreifen, dessen Tod man ja ganz ruhig abwarten kann? Überdies, zu was würde es führen, sich mit einem in einen Streit einzulassen, der zum Voraus entschlossen ist, von seinem vermeintlichen Recht nicht ein Jota abzugeben? Weit praktischer wäre es für die Zukunft, wenn jeder Staat diejenigen kirchlichen Veränderungen und Verbesserungen, in welche der Papst nicht willigen will, ganz ruhig «für sich» vornehmen würde, ohne sich auch nur im geringsten um den heiligen Vater zu kümmern. Freilich würde dieser mit furchtbarem Zorn dreinfahren, er würde vielleicht sogar mit dem Weltuntergang drohen, aber – es würde doch sicherlich alles ganz ruhig ablaufen. In solcher Verfahrensweise läge der Anfang zu «Nationalkirchen», zu denen es später doch notwendig kommen muss, da ja jede Nation das Recht, sich ihre «kirchlichen» Institutionen selbst zu geben, ebenso gut hat, als jenes andere Recht, ihre «staatlichen» Einrichtungen nach ihren Bedürfnissen zu ordnen. Dem Katholizismus, d. i. der katholischen Lehre oder dem katholischen Dogmas geschähe hierdurch kein Eintrag, denn dieses könnte überall in allen Ländern das

Gleiche bleiben, wohl aber wäre diese Neuerung das Ende des Papstsystems und somit auch des Papsttums!

«Schäume – Träume!» ruft uns vielleicht dieser oder jener entgegen, und er mag Recht haben. Für die nächste Zeit nämlich, - aber ist nicht der Anfang zu diesem «sich nicht mehr um den Papst kümmern» bereits gemacht und zwar sogar in mehreren Staaten gemacht worden? Mit gutem Beispiel voran ging die Schweiz, wie wir ihr rühmend nachsagen müssen. Jahrhundertelang trennte Hass und Zwietracht, von Rom künstlich genährt und oft bis zum Fanatismus gesteigert, die Katholiken und Protestanten jenes schönen Landes. Da kam die seit 1848 erstarkte und gekräftigte Bundesregierung zu der Einsicht, dass sie das Recht habe, die kirchlichen Verhältnisse der Vereinigten Kantone durch ihre eigenen Faktoren gesetzlich zu ordnen, auch wenn der Papst seine Einwilligung versage oder gar mit Donner und Blitz drohe. Sogleich ging sie ans Werk, verjagte trotz römischer Proteste die Jesuiten, setzte dem Pfaffenübermut seine Schranken, stellte alle Konfessionen gleich, und gab jedem Staatsbürger, ohne Rücksicht auf seine Religion, dieselben Rechte und Pflichten. Von jener Zeit an herrschte die tiefsinnigste Eintracht zwischen Katholiken und Protestanten und darum segnet auch jeder Schweizer, gehöre er dieser oder jener Konfession an, den Augenblick, wo den Verhetzungen der Päpste und ihrer Kreaturen gesetzlich ein Ende gemacht wurde.[329] Ein gleiches Glück steht auch den Franzosen bevor, wenn anders der jetzige Kaiser der Bahn treu bleibt, welche er eingeschlagen hat. Freilich mag es dort ohne harte Stürme nicht abgehen, da die höheren Kirchenfürsten, die natürlich auf Seiten des Papstes stehen, einen nicht geringen Einfluss auf das Volk ausüben; aber der niedere Klerus erinnert sich mit Stolz jener berühmten vier Artikel der sogenannten gallikanischen Kirche, durch welche das Ordnen der kirchlichen Angelegenheiten den Händen Roms größtenteils entrissen wurde, und wird sich also wenigstens in seiner großen Masse zur Regierung schlagen, wenn diese die «Unbekümmertheit» um den Papst bis zum «Fallenlassen desselben» treibt. Von weit größerer Wichtigkeit übrigens, als das Verfahren der Schweiz und Frankreichs, ist das Vorgehen Victor Emanuels, des neuen Königs von Italien,

---

[329] Natürlich lässt Rom keine günstige Gelegenheit vorübergehen, um Unkraut zu säen. So kam erst dieser Tage der Pater Theodosius, der Coadjutor des Bischofs von Chur, nach dem vor wenigen Wochen total abgebrannten Glarus und verlangte von den dortigen Katholiken – Glarus ist nämlich ein paritätischer Ort und besaß bisher nur eine einzige Kirche, an welcher Katholiken und Protestanten gleichen Anteil hatten – dass sie nunmehr, um von den Protestanten isoliert zu sein, eine eigene Kirche erbauen müssten. Aber was erwiderten die wackeren Glarner? «Die Not,» sagten sie, «hat uns und unsere Brüder, die Reformierten, auf ganz gleiche Weise heimgesucht, und so wollen wir uns denn zur Milderung des Unglücks brüderlich die Hand reichen und uns gemeinsam eine gemeinsame Kirche zu neuem frischen Streben aufrichten.» Das war eine Antwort, wie sie sich gehörte, und der hinterlistige Förderer des konfessionellen Streites konnte beschämt abziehen!

gegen den Papst, denn besagter König ist im Begriff, durch die Besitznahme Roms der weltlichen Macht Seiner apostolischen Heiligkeit für immer ein Ende zu machen. Was ist aber der Papst, wenn er sein weltliches Besitztum verloren hat? Nur noch ein Schatten des Papstes von ehedem! Kein Wunder also, wenn er sich aufs heftigste wehrt und alle Hebel in Bewegung setzt, diesen furchtbaren Kelch von sich abzuwälzen; kein Wunder aber auch, wenn die Italiener anfangen darüber ins Klare zu kommen, dass der Papst mit allen seinen Kardinälen im Christentum kein Fundament habe, und in Folge dieser gewonnenen Einsicht sich darauf vorbereiten, für die Zukunft ohne die römische Kurie auszukommen!

Fast ebenso viel Grund und Boden als in Italien verlor der Papst in der allerneuesten Zeit in Deutschland. Hier spielte Baden den ersten Trumpf aus, dann folgte Württemberg und endlich kam gar Österreich, das alte Bollwerk des Papismus! Vor einem Jahr noch war Baden durch die Agitationen der Romtreuen auf dem Punkt angekommen, ein Konkordat mit Rom abzuschließen, durch welches die Herrschaft der Hierarchie vielleicht auf ein Jahrhundert hinaus versichert gewesen wäre, denn Verträge zwischen zwei Staaten und Monarchen lassen sich nicht so leicht aufheben. Da kam die Prüfung jenes Vertrags an die Landstände und die Folge war: Verwerfung desselben! Die Stände wussten wohl, was die Folgen gewesen wären, wenn die Papstfreunde gesiegt hätten, denn es lagen ja Beispiele vor, und zwar recht eklatante Beispiele. Darum, obwohl zum großen Teil aus Katholiken bestehend, beharrten sie standhaft darauf, das dem Staat das Recht gebühre, seine kirchlichen Angelegenheiten zu ordnen, und wiesen somit den Papst mit seinen Forderungen ab. Die Regierung, verfassungstreu wie sie ist, fügte sich und erwarb sich dadurch den Dank des ganzen Landes, ja des ganzen Deutschlands. Auf ähnliche Weise ging es auch in Württemberg, mit dem Unterschied jedoch, dass hier der Hauptentscheid in der Sache bei den Protestanten lag. In Österreich dagegen ging die neue Ordnung der Dinge, d. i. die «faktische» Aufhebung des Konkordats durch die Erlassung des Protestantengesetztes, dessen Hauptinhalt, wie wir schon weiter oben kurz berührt haben, die Gleichberechtigung der Akatholiken mit den Katholiken ausspricht, von einer rein katholischen Regierung aus und ist deshalb doppelt so hoch in Anschlag zu bringen. Überdies geschah diese Entschließung der kaiserlichen Regierung nicht in Folge eines Druckes von Außen und noch weniger in Folge einer Revolution, sondern sie geschah freiwillig, nach reiflicher Überlegung, aus bloßen Gründen der Gerechtigkeit und Staatsweisheit. Sind das nicht Zeichen der Zeit, die nicht hoch genug in Anschlag gebracht werden können?

Die Menschheit hat einen großen Schritt nach Vorwärts getan, aber noch lange ist das erhabene Ziel nicht erreicht, das anzustreben sie die Mission hat. «Aufklärung und Toleranz» sind die Hauptfaktoren dieses Ziels und eben deshalb auch Entfernung aller Hindernisse, welche den Weg zum Ziel versperren! Ist nun aber das Papsttum nicht auch als ein solches Hindernis zu betrachten, und zwar sogar als ein Haupthindernis? Gerade hierüber hoffen wir den Leser durch das Vorhergegangene ins Klare gesetzt zu haben, und sobald uns dies gelungen ist, so dürfen wir uns freudig zurufen, dass die viele Arbeit, die wir mit diesem Buch hatten, wenigstens keine ganz vergebliche war. Freilich andere, wir meinen die Anhänger «der schwarzen Rotte» und deren Zahl ist bekanntlich nicht klein, werden anders urteilen und uns dafür verfluchen, dass wir uns bemühten, dem Papsttum den Glorienschein abzureißen und es als das, was es ist, als ein menschliches Institut mit menschlichen Gebrechen und Verbrechen, sowie mit menschlicher Fallibilität und Mortalität hinzustellen; aber wir schließen deshalb doch mit dem Vers des wackeren Blaurer, den wir diesem letzten Abschnitt unseres Werkes als Motto vorgesetzt haben:

«Ir G'walt ist veracht,
Ir Kunst wird verlacht,
Ir Lügen nit g'acht,
G'schwächt ist ir Macht,
Recht ist's, wie's Gott macht.!»

Ende des zweiten und letzten Bandes.

Liste der römischen Bischöfe.

1. Petrus ... ca. 42 – 67
2. Linus ... 67 – 79
3. Anencletus ... 79 – 90
4. Clemens I ... 90 – 99
5. Evaristus ... 99 – 107
6. Alexander ... 107 - 116
7. Xystus oder Sixtus ... 116 - 125
8. Telesphorus ... 125 - 136
9. Hyginus ... 136 - 140
10. Pius ... 140 - 154
11. Anicetus ... 154 - 165
12. Soter ... 165 - 174
13. Eleutherus ... 174 - 189
14. Viktor ... 189 - 198
15. Zephyrinus ... 198 - 217
16. Callistus ... 217 – 222
    Hippolytus (Gegenpapst) ... 217 - 235
17. Urbanus ... 222 - 230
18. Pontianus ... 230 - 235
19. Anterus ... 235 - 236
20. Fabianus ... 236 - 250
21. Cornelius ... 251 – 253
    Novatianus (Gegenpapst) ... 251 - 258
22. Lucius I ... 253 - 254
23. Stephanus I ... 254 - 257
24. Xystus II ... 257 - 258
25. Dionysius ... 259 - 268
26. Felix I ... 269 - 274
27. Eutychianus ... 275 - 283
28. Cajus ... 283 - 296
29. Marcellinus ... 296 - 304
30. Marcellus ... 308 - 309
31. Eusebius ... 309 - 310
32. Miltiades ... 311 - 314
33. Sylvester ... 314 - 335
34. Marcus ... 336
35. Julius I ... 337 - 352
36. Liberius ... 352 – 366
    Felix II (Gegenpapst) ... 355 - 365

37. Damasus I ... 366 – 384
　　Ursinus (Gegenpapst) 366 - 367
38. Siricius ... 384 - 399
39. Anastasius I ... 399 - 401
40. Innocenz I ... 401 - 417
41. Zosimus ... 417 - 418
42. Bonifacius I ... 418 – 422
　　Eulalius (Gegenpapst) ... 418 - 419
43. Cölestin I ... 422 - 432
44. Xystus III ... 432 - 440
45. Leo I ... 440 - 461
46. Hilarius ... 461 - 468
47. Simplicius ... 468 - 483
48. Felix II ... 483 - 492
49. Gelasius I ... 492 - 496
50. Anastasius II ... 496 - 498
51. Symmachus ... 498 – 514
　　Laurentius (Gegenpapst) ... 498 - 505
52. Hormisdas ... 514 - 523
53. Johannes I ... 523 - 526
54. Felix III ... 526 - 530
55. Bonifacius II ... 530 – 532
　　Dioscurus (Gegenpapst) ... 530
56. Johannes II ... 533 - 535
57. Agapetus ... 535 - 536
58. Silverius ... 536 - 537
59. Vigilius ... 537 - 555
60. Pelagius I ... 556 - 561
61. Johannes III ... 561 - 574
62. Benedikt I ... 575 - 579
63. Pelagius II ... 579 - 590
64. Gregor I ... 590 - 604
65. Sabinianus ... 604 - 606
66. Bonifatius III ... 607
67. Bonifatius IV ... 608 - 615
68. Deusdedit ... 615 - 618
69. Bonifatius V ... 619 - 625
70. Honorius I ... 625 - 638
71. Severinus ... 640
72. Johannes IV ... 640 - 642
73. Theodor I ... 642 - 649

74. Martin I ... 649 - 653
75. Eugen I ... 654 - 657
76. Vitalian ... 657 - 672
77. Adeodatus ... 672 - 676
78. Donus ... 676 - 678
79. Agatho ... 678 - 681
80. Leo II ... 682 - 683
81. Benedikt II ... 684 - 685
82. Johannes V ... 685 - 686
83. Conon ... 686 – 687
    Theodor (Gegenpapst) ... 687
    Paschalis (Gegenpapst) ... 687 - 692
84. Sergius ... 687 - 701
85. Johannes VI ... 701 - 705
86. Johannes VII ... 705 - 707
87. Sisinnius ... 708
88. Constantin ... 708 - 715
89. Gregor II ... 715 - 731
90. Gregor III ... 731 741
91. Zacharias ... 741 – 752
    Stephan (Gegenpapst) ... 752
92. Stephan II ... 752 - 757
93. Paul I ... 757 – 767
    Constantin II (Gegenpapst) ... 767 – 768
    Philipp (Gegenpapst) ... 768
94. Stephan III ... 768 - 772
95. Hadrian I ... 772 - 795
96. Leo III ... 795 - 816
97. Stephan IV ... 816 - 817
98. Paschalis I ... 817 - 824
99. Eugen II ... 824 - 827
100. Valentin ... 827
101. Gregor IV ... 827 – 844
    Johannes (Gegenpapst) ... 844
102. Sergius II ... 844 - 847
103. Leo IV ... 847 - 855
104. Benedikt III ... 855 – 858
    Anastasius (Gegenpapst) ... 855
105. Nikolaus I ... 858 - 867
106. Hadrian II ... 867 - 872

107. Johannes VIII ... 872 – 882 (Dieser soll die berüchtigte Päpstin Johanna gewesen sein)
108. Marinus I ... 882 – 884
109. Hadrian III ... 884 – 885
110. Stephan V ... 885 – 891
111. Formosus ... 891 – 896
112. Bonifatius VI ... 896
113. Stephan VI ... 896 – 897
114. Romanus ... 897
115. Theodor II ... 897
116. Johannes IX ... 898 – 900
117. Benedikt IV ... 900 – 903
118. Leo V ... 903
119. Christophorus ... 903 – 904
120. Sergius III ... 904 – 911
121. Anastasius III ... 911 – 913
122. Lando ... 913 – 914
123. Johannes X ... 914 – 928
124. Leo VI ... 928
125. Stephan VII ... 928 – 931
126. Johannes XI ... 931 – 935
127. Leo VII ... 936 – 939
128. Stephan VIII ... 939 – 942
129. Marinus II ... 942 – 946
130. Agapetus II ... 946 – 955
131. Johannes XII ... 955 – 964
132. Leo VIII ... 963 – 965
133. Benedikt V ... 964
134. Johannes XIII ... 965 – 972
135. Benedikt VI ... 973 – 974
    Bonifatius VII (Gegenpapst) ... 974
136. Benedikt VII ... 974 – 983
137. Johannes XIV ... 983 – 984
138. Bonifatius VII ... 984 – 985
139. Johannes XV ... 985 – 996
140. Gregor V ... 996 – 999
    Johannes XVI (Gegenpapst) ... 997 – 998
141. Sylvester II ... 999 – 1003
142. Johannes XVII ... 1003
143. Johannes XVIII ... 1003 – 1009
144. Sergius IV ... 1009 – 1012

145. Benedikt VIII ... 1012 – 1024
    Gregor ... (Gegenpapst)1012
146. Johannes XIX ... 1024 – 1032
147. Benedikt IX ... 1032 – 1044
148. Sylvester III ... 1045
    Benedikt IX (Gegenpapst) ... 1045
149. Gregor VI ... 1045 – 1046
150. Clemens II ... 1046 – 1047
    Benedikt IX (Gegenpapst) ... 1047 – 1048
151. Damasus II ... 1048
152. Leo IX ... 1049 – 1054
153. Viktor II ... 1055 – 1057
154. Stephan IX ... 1057 – 1058
155. Benedikt X ... 1058 – 1059
156. Nikolaus II ... 1058 – 1061
157. Honorius II ... 1061 – 1064
158. Gregor VII ... 1073 – 1085
    Clemens III (gegenpapst) ... 1084 – 1100
159. Viktor III ... 1087
160. Urban II ... 1088 – 1099
161. Paschalis II ... 1099 – 1118
    Theodorich (Gegenpapst) ... 1100 – 1102
    Albert ... (Gegenpapst) 1102
    Sylvester IV (Gegenpapst) ... 1105 – 1111
162. Gelasius II ... 1118 – 1119
    Gregor VIII (Gegenpapst) ... 1118 – 1121
163. Calixtus II ... 1119 – 1124
164. Honorius II ... 1124 – 1130
    Cölestin II (Gegenpapst) ... 1124
165. Innocenz II. ... 1130 – 1143
    Anaklet II (Gegenpapst) ... 1130 – 1138
    Viktor IV (Gegenpapst) ... 1138
166. Cölestin II ... 1143 – 1144
167. Lucius II ... 1144 – 1145
168. Eugen III ... 1145 – 1153
169. Anastasius IV ... 1153 – 1154
170. Hadrian IV ... 1154 – 1159
171. Alexander III ... 1159 – 1181
    Viktor IV (Gegenpapst) ... 1159 – 1164
    Paschalis III (Gegenpapst) ... 1164 – 1168
    Calixtus III (Gegenpapst) ... 1168 – 1178

Innocenz III (Gegenpapst)... 1179 – 1180
172. Lucius III... 1181 – 1185
173. Urban III... 1185 – 1187
174. Gregor VIII... 1187
175. Clemens III... 1187 – 1191
176. Cölestin III... 1191 – 1198
177. Innocenz III... 1198 – 1216
178. Honorius III... 1216 – 1227
179. Gregor IX... 1227 – 1241
180. Cölestin IV... 1241
181. Innocenz IV... 1243 – 1254
182. Alexander IV... 1254 – 1261
183. Urban IV... 1261 – 1264
184. Clemens IV... 1265 – 1268
185. Gregor X... 1271 – 1276
186. Innocenz V... 1276
187. Hadrian V... 1276
188. Johannes XXI... 1276 – 1277
189. Nikolaus III... 1277 – 1280
190. Martin IV... 1281 – 1285
191. Honorius IV... 1285 – 1287
192. Nikolaus IV... 1288 – 1292
193. Cölestin V... 1294
194. Bonifatius VIII... 1294 – 1303
195. Benedikt XI... 1303 – 1304

- Die Päpste im Exil zu Avignon 1309 – 1376 -

196. Clemens V... 1305 – 1314
197. Johannes XXII... 1316 – 1334
　　　Nikolaus V (Gegenpapst)... 1328 – 1330
198. Benedikt XII... 1334 – 1342
199. Clemens VI... 1342 – 1352
200. Innocenz VI... 1352 – 1362
201. Urban V... 1362 – 1370
202. Gregor XI... 1370 – 1378
203. Urban VI... 1378 – 1389
　　　Clemens VII (Gegenpapst)... 1378 – 1394
204. Bonifatius IX... 1389 – 1404
　　　Benedikt XIII (Gegenpapst)... 1394 – 1424
205. Innocenz VII... 1404 – 1406

206. Gregor XII ... 1406 – 1409
207. Alexander V ... 1409 – 1410
208. Johannes XXIII ... 1410 – 1415
209. Martin V ... 1417 – 1431
    Clemens VIII (Gegenpapst) ... 1424 – 1429
    Benedikt XIV (Gegenpapst) ... 1424
210. Eugen IV ... 1431 – 1447
    Felix V (Gegenpapst) ... 1439 – 1449
211. Nikolaus V ... 1447 – 1455
212. Calixtus III ... 1455 – 1458
213. Pius II ... 1458 – 1464
214. Paul II ... 1464 – 1471
215. Sixtus IV ... 1471 – 1484
216. Innocenz VIII ... 1484 – 1492
217. Alexander VI ... 1492 – 1503
218. Pius III ... 1503
219. Julius II ... 1503 – 1513
220. Leo X ... 1513 – 1521
221. Hadrian VI ... 1522 – 1523
222. Clemens VII ... 1523 – 1534
223. Paul III ... 1534 – 1549
224. Julius III ... 1550 – 1555
225. Marcellus II ... 1555
226. Paul IV ... 1555 – 1559
227. Pius IV ... 1559 – 1565
228. Pius V ... 1566 – 1572
229. Gregor XIII ... 1572 – 1585
230. Sixtus V ... 1585 – 1590
231. Urban VII ... 1590
232. Gregor XIV ... 1590 – 1591
233. Innocenz IX ... 1591
234. Clemens VIII ... 1592 – 1605
235. Leo XI ... 1605
236. Paul V ... 1605 – 1621
237. Gregor XV ... 1621 – 1623
238. Urban VIII ... 1623 – 1644
239. Innocenz X ... 1644 – 1655
240. Alexander VII ... 1655 – 1667
241. Clemens IX ... 1667 – 1669
242. Clemens X ... 1670 – 1676
243. Innocenz XI ... 1676 – 1689

244. Alexander VIII ... 1689 – 1691
245. Innocenz XII ... 1691 – 1700
246. Clemens XI ... 1700 – 1721
247. Innocenz XIII ... 1721 – 1724
248. Benedikt XIII ... 1724 – 1730
249. Clemens XII ... 1730 – 1740
250. Benedikt XIV ... 1740 – 1758
251. Clemens XIII ... 1758 – 1769
252. Clemens XIV ... 1769 – 1774
253. Pius VI ... 1775 – 1799
254. Pius VII ... 1800 – 1823
255. Leo XII ... 1823 – 1829
256. Pius VIII ... 1829 – 1830
257. Gregor XVI ... 1831 – 1846

- 1860 – 1870 Zerschlagung der weltlichen Macht des Papsttums und Einverleibung des «Kirchenstaates» in das Königreich Italien -

258. Pius IX ... 1846 – 1878
259. Leo XIII ... 1878 – 1903
260. Pius X ... 1903 – 1914
261. Benedikt XV ... 1914 – 1922
262. Pius XI ... 1922 – 1939
263. Pius XII ... 1939 – 1958
264. Johannes XXIII ... 1958 – 1963
265. Paul VI ... 1963 – 1978
266. Johannes Paul ... 1978
267. Johannes Paul II ... 1978 – 2005
268. Benedikt XVI ... 2005 – 2013
269 Franziskus ... 2013 – *

Zur Person Theodor Griesingers.

Carl Theodor Griesinger wurde am 11. Dezember 1809 im schwäbischen Kirnbach geboren.

In seiner Jugend erhielt er eine solide schulische Ausbildung und schrieb sich schließlich als junger Mann an der Universität von Tübingen ein, wo er sich dem Studium der protestantischen Theologie widmete. Nach seinem Studium oblag er auch eine Weile dem geistlichen Amt, welches wohl sein Vater für ihn vorgesehen hatte. Jedoch war die Natur Griesingers stets eine andere. Er war zwar unzweifelhaft ein tief gläubiger Mensch, doch von einer weit anderen Gemütsart, als man sie vielleicht von einem Theologen erwarten würde. Er verfügte über einen hohen Grad von Intelligenz und Ehrgeiz, hatte zudem aber einen äußerst streitbaren, rebellischen Charakter und interessierte sich, in getreuer Nachfolge Luthers, sehr für Politik. Bald schon ließ er, unzufrieden mit seiner Lebenssituation, sein geistliches Amt fahren und gab sich seiner eigentlichen Leidenschaft, der Schriftstellerei, hin. In den Jahren von 1839 – 1841 arbeitete er für die Zeitschrift *Der schwäbische Humorist*, was ihm jedoch nicht zum Lebensunterhalt ausreichte, so dass er bis zum Jahre 1848 als Buchhändler tätig war. 1848, das Jahr der missratenen Deutschen Revolution, brachten ihn wieder ans Licht der Öffentlichkeit. Begeistert von den revolutionär-republikanischen Idealen gründete er das kämpferische Blatt *Die Volkswehr*. Nach dem Scheitern der Revolutionsbewegung 1849 sah er sich deshalb durch seine politischen Aktivitäten in jener Zeit, einem Hochverratsprozess ausgeliefert und verbrachte die folgenden zwei Jahre in Untersuchungshaft auf der Festung Hohenasperg. Verbittert und enttäuscht über das Erlebte kehrte er seiner Heimat nach seiner Entlassung aus der Haft den Rücken und wanderte wie viele ehemalige Revolutionäre nach den Vereinigten Staaten aus. Er bereiste einige Zeit das Land, konnte jedoch nirgends Fuß fassen, so dass er schließlich, von Heimweh getrieben, im Jahr 1857 wieder nach Stuttgart zurückkehrte. Dort angekommen, widmete er sich wieder ausschließlich der Schriftstellerei und begann seine größte Schaffensperiode, in welcher er großartige Werke zur Kirchen- Kultur-, Allgemein- und Zeitgeschichte verfasste. Stets unbequem, eckte er auch mit diesen Büchern stets bei der einen oder anderen offiziellen Stelle an. Bei den Behörden wegen seiner Schriften zu den im Lauf der Geschichte oft haarsträubenden unmoralischen Zuständen an den Fürstenhöfen, bei der jüdischen Glaubensgemeinschaft wegen eines in Teilen abgedruckten Romans über die Affäre Süß und letztlich bei der römisch – katholischen Kirche wegen zweier großvolumiger Bücher, zum einen über die Schandtaten des Jesuitenordens und, zum anderen, dem letztlich hier vorliegenden, über die Liederlichkeit und die Verbrechen des Römischen Stuhls im Laufe der Geschichte.

In den späten 1870er Jahren wurde es stiller um den streitbaren Historiker und Literaten. Zurückgezogen und bis zu seinem Ende in seine Studien vertieft, verstarb Carl Theodor Griesinger am 2. März 1884 in seinem Stuttgarter Wohnhaus.

Carl Theodor Griesinger – Bibliographie:

Silhouetten aus Schwaben. Heilbronn 1838.
Satyrische Briefe über Altes und Neues. Stuttgart 1840.
Skizzenbuch. Stuttgart 1841.
Universal – Lexicon von Württemberg, Hechingen und Sigmaringen. Stuttgart 1841.
Lebende Bilder aus America. Stuttgart 1858.
Emigrantengeschichten. Stuttgart 1858.
Die alte Brauerei, oder Criminalmysterien aus New York. Tuttlingen 1859.
Das politische Welttheater. Stuttgart 1860.
Mysterien des Vatikans. Stuttgart 1861.
Im hohen Norden. Reisen und Abenteuer in den Polarländern. Stuttgart 1864.
Von 1789 – 1866. Illustrierte Geschichte der Neuzeit. Stuttgart 1867.
Die Jesuiten. Stuttgart 1866.
Die hl. Maria von Mörl oder das glaubenstreue Tyrol. Ein Beitrag zur Kenntnis der jesuitisch – pfäffischen Theaterapparats. Stuttgart 1868.
Das Damenregiment an den verschiedenen Höfen Europas. Stuttgart 1866 – 1870.
Württemberg, nach seiner Vergangenheit und Gegenwart in Land und Leuten geschildert. Stuttgart 1866.
Die Geheimnisse des Escurial. Nachtbilder und Blutscenen vom spanischen Königshofe. Stuttgart 1869.
Zwölf Schicksalswege. Stuttgart 1870.
Heinrich von Mömpelgard und Elisabeth von Bitsch. Stuttgart o. J.
1870. Der große Entscheidungskampf zwischen Deutschland und Frankreich. Stuttgart o. J.
Geschichte der Deutschen von ihrem Beginn bis auf unsere Tage. Stuttgart 1872.
Die Maitressenwirtschaft in Deutschland im 17. und 18. Jahrhundert. Stuttgart 1874.
Leben und Treiben in Amerika. Stuttgart 1876.

Als Zeitschriftenherausgeber:
Die Volkswehr.
Die schwäbische Hauschronik.